HOMERS ILIAS
GESAMTKOMMENTAR

SAMMLUNG WISSENSCHAFTLICHER COMMENTARE

HOMERS ILIAS

GESAMTKOMMENTAR
(BASLER KOMMENTAR / BK)

AUF DER GRUNDLAGE DER AUSGABE VON
AMEIS-HENTZE-CAUER (1868–1913)

HERAUSGEGEBEN VON

ANTON BIERL UND
JOACHIM LATACZ

DE GRUYTER

HOMERS ILIAS

GESAMTKOMMENTAR
(BASLER KOMMENTAR / BK)

HERAUSGEGEBEN VON
ANTON BIERL UND
JOACHIM LATACZ

BAND XIII
VIERTER GESANG (Δ)
FASZIKEL 2: KOMMENTAR

VON
MARINA CORAY, MARTHA KRIETER-SPIRO
UND EDZARD VISSER

MIT UNTERSTÜTZUNG VON
RUDOLF FÜHRER, FRITZ GRAF, MARTIN A. GUGGISBERG,
IRENE DE JONG, SEBASTIAAN R. VAN DER MIJE,
RENÉ NÜNLIST, MAGDALENE STOEVESANDT,
JÜRGEN v. UNGERN-STERNBERG UND RUDOLF WACHTER

DE GRUYTER

Die Erarbeitung des Ilias-Gesamtkommentars
wird finanziert vom Schweizerischen Nationalfonds
zur Förderung der wissenschaftlichen Forschung, Bern,
der Freiwilligen Akademischen Gesellschaft, Basel,
der Max Geldner-Stiftung, Basel,
der Frey-Clavel-Stiftung, Basel,
und der Hamburger Stiftung zur Förderung von
Wissenschaft und Kultur.

Für vielfältige Unterstützung danken wir besonders
Herrn Prof. Dr. Peter Blome (Basel).

ISBN 978-3-11-046640-9
e-ISBN (PDF) 978-3-11-046847-2
e-ISBN (EPUB) 978-3-11-046785-7
ISSN 1864-3426

Library of Congress Cataloging-in-Publication Data
A CIP catalog record for this book has been applied for at the Library of Congress.

Bibliografische Information der Deutschen Nationalbibliothek
Die Deutsche Nationalbibliothek verzeichnet diese Publikation in der Deutschen
Nationalbibliografie; detaillierte bibliografische Daten sind im Internet
über http://dnb.dnb.de abrufbar.

Druck: Hubert & Co. GmbH & Co. KG, Göttingen
∞ Gedruckt auf säurefreiem Papier

Printed in Germany

www.degruyter.com

INHALT

VORWORT

Im vierten Gesang der Ilias beginnt nach langem Vorlauf der eigentliche Kampf zwischen den beiden feindlichen Heeren: Das letzte Drittel des Gesanges enthält die ersten Kampfschilderungen der Ilias. Die Komplexität der vorausgehenden Handlungsabläufe sowie der Schilderung der Massen- und Einzelkämpfe ließen es als sinnvoll erscheinen, orientierende Übersichten (Einbettung in die Ilias-Handlung, Typisierte Ereignissequenz^P bei der Darstellung des Schlacht-Ablaufs) und Einführungskapitel zur Forschungsgeschichte der homerischen Kampfbeschreibungen in die Kommentierung einzufügen. Für die Kommentierung haben wir den Gesang in drei inhaltlich kohärente Abschnitte unter uns aufgeteilt: Götterszene/Pandaros (1–219), *Epipolesis* (220–421) und Kampfbeginn (422–544).

Dem vorliegenden Kommentar liegt wie den bisherigen Kommentar-Bänden der griechische Text der Ilias-Ausgabe von Martin L. West zugrunde (Bibliotheca Teubneriana, 1998/2000).

*

Die Erarbeitung und Herausgabe dieses Kommentars wurde durch die große Hilfe und Unterstützung von verschiedenen Seiten ermöglicht:

In erster Linie danken wir herzlichst unserem verehrten Lehrer Herrn Prof. Joachim Latacz, der nicht müde wurde, uns mit vielfältigen Anregungen bis zur Endfassung zu begleiten. Ebenso gilt unser Dank Herrn Prof. Anton Bierl für die vielen Hinweise und Hilfestellungen bei der Interpretation des Textes.

Zu danken haben wir ferner unserem internationalen Expertenteam für wertvolle Hinweise und Korrekturen: Rudolf Führer, Fritz Graf, Martin Guggisberg, Irene de Jong, Sebastiaan van der Mije, René Nünlist, Magdalene Stoevesandt, Jürgen von Ungern-Sternberg und Rudolf Wachter. Sie alle haben auch diesmal wieder die Arbeit durch kritische Fragen und weiterführende Ergänzungen in dankenswerter Weise gefördert. Für die anregende Information über die Fahrtechnik von Streitwagen sind wir Daniele Furlan verpflichtet. Ferner danken wir herzlichst den Hilfsassistierenden Luca Agnetti, Marie Besso, Doris Degen und Nathalie Reichel für das sorgfältige Korrekturlesen und unserem Kollegen Claude Brügger für seine Hilfe bei der Herstellung und der Durchsicht der *camera-ready copy*.

An dieser Stelle möchten wir auch unseren langjährigen Projekt-Sponsoren für die großzügige Förderung unseren Dank aussprechen: dem *Schweizerischen National-fonds zur Förderung der wissenschaftlichen Forschung*, der *Hamburger Stiftung zur Förderung von Wissenschaft und Kultur* sowie der Universität Basel.

Ebenso dankbar sind wir für den regen wissenschaftlichen Austausch, den wir im 'Rosshof', dem Zentrum der Altertumswissenschaften an der Universität Basel, so-wie bei den interuniversitären klassisch-philologischen Kolloquien 2016 in Zürich und Basel erfahren durften. Den Mitarbeitern der Bibliothek der Altertumswissen-schaften und der Universitätsbibliothek Basel danken wir für die unkomplizierte Be-reitstellung der homerischen Fachliteratur, dem Verlag *Walter de Gruyter*, insbe-sondere Katharina Legutke und Serena Pirrotta, für die sorgfältige Betreuung der Publikation.

Basel, im März 2017   Marina Coray, Martha Krieter, Edzard Visser

HINWEISE ZUR BENUTZUNG

1. Im Kommentar sind vier Erklärungs-Ebenen graphisch voneinander abgesetzt (vgl. HK 41):

    a) In Normaldruck erscheinen die wichtigsten Erläuterungen für Benutzer aller Adressatenkreise. Griechischkenntnisse sind hier nicht vorausgesetzt; griechische Wörter werden in Umschrift wiedergegeben (Ausnahme: Lemmata des LfgrE, s. HK 41 [1]).

    b) In etwas kleinerer Schrift erscheinen genauere Erklärungen zum griechischen Text. Dieser Teil entspricht einem gräzistischen Standardkommentar.

    c) In Petit-Druck stehen spezifische Informationen zu verschiedenen Teilgebieten der Homer-Forschung.

    d) Unter einem Trennstrich erscheint am Fuß der Seite der 'Elementarteil', der besonders Schülern und Studenten eine Hilfestellung zur ersten Texterschließung bieten will.

    Der Elementarteil erklärt neben Prosodie und Metrik v.a. die homerischen Wortformen. Er basiert auf den '24 Regeln zur homerischen Sprache' (unten S. 1ff.), auf die mit dem Kürzel 'R' verwiesen wird. Sehr häufige Phänomene (z.B. fehlendes Augment) werden nicht durchgängig registriert, sondern ca. alle 100 Verse in Erinnerung gerufen. — Auf Angaben zum homerischen Wortschatz wurde weitgehend verzichtet; hierfür sei auf das Spezialwörterbuch von AUTENRIETH/KAEGI verwiesen.

    Komplexe Probleme werden sowohl im Elementarteil als auch im Hauptkommentar aufgegriffen; im Elementarteil werden sie kurz zusammengefaßt, im Hauptkommentar ausführlicher diskutiert. Solche Stellen sind im Elementarteil durch Pfeil (↑) kenntlich gemacht. Querverweise im Elementarteil (im Typus 'vgl. 73n.') beziehen sich dagegen auf *notae* innerhalb des Elementarteils, nie auf den Hauptkommentar.

2. Auf die Kapitel des *Prolegomena*-Bandes wird mit den folgenden Kürzeln verwiesen:

FG/FM   Zum Figurenbestand der Ilias: Götter/Menschen
FOR   Formelhaftigkeit und Mündlichkeit
G   Grammatik der homerischen Sprache
HK   Einleitung: Zur Homer-Kommentierung
GT   Geschichte des Textes
M   Homerische Metrik (samt Prosodie)
MYK   Wort-Index Homerisch – Mykenisch
xxx[P]   Hochgestelltes 'P' hinter einem Begriff verweist auf die Begriffs-Definitionen in der 'Homerischen Poetik in Stichwörtern'.*
STR   Zur Struktur der Ilias

In der englischen Ausgabe des *Prolegomena*-Bandes (Berlin/Boston 2015) ist außerdem folgendes Kapitel enthalten:

CG   Cast of Characters of the *Iliad*: Gods
NTHS   New Trends in Homeric Scholarship

3. Formelsprache

Nach dem Vorbild des 'Ameis-Hentze(-Cauer)' werden wiederholte Verse und Halbverse regelmäßig registriert (vgl. dazu HK 30); auf andere formelsprachliche Elemente (bes. Versanfangs- und -endformeln) wird nur so häufig hingewiesen, daß der Gesamteindruck von der Formelhaftigkeit der homerischen Sprache vertieft wird.

4. Typische Szenen[P]

Zu jeder Typischen Szene wird im Kommentar an geeigneter Stelle die 'Idealform' konstituiert, indem eine kumulative, durchnumerierte Zusammenstellung aller in Ilias und Odyssee vorkommenden charakteristischen Szenen-Elemente vorgelegt wird; die Ziffern der an der kommentierten Stelle tatsächlich aktualisierten Elemente erscheinen fett. Jede weitere Stelle verweist auf die Erstbehandlung und verwendet Numerierung und Fettdruck nach dem gleichen Prinzip.

---

* Mehrteilige Begriffe wie Dramatische Ironie[P], Sekundäre Fokalisation[P] und Typische Szene[P] sind in dem alphabetisch angeordneten Kapitel jeweils unter dem Anfangsbuchstaben des – durch die Majuskel als Teil des Begriffs gekennzeichneten – Adjektivs zu finden.

5. Abkürzungen

(a) Bibliographische Abkürzungen
Die bibliographischen Abkürzungen s. unten S. 235ff.

(b) Primärliteratur (zu den verwendeten Textausgaben s. unten S. 238f.)

Aisch.	Aischylos (*Ag.* = 'Agamemnon'; *Sept.* = *Septem contra Thebas*)
Anth. Pal.	*Anthologia Palatina*
Apoll. Rhod.	Apollonios Rhodios (*Argon.* = *Argonautica*)
Arr.	Arrian (*Tact.* = *Tactica*)
Chrest.	'Chrestomathie' (Inhalts-Angabe des Proklos zum 'Epischen Kyklos')
Cypr.	'Kyprien' (im 'Epischen Kyklos')
Eur.	Euripides (*I.T.* = 'Iphigenie auf Tauris')
Eust.	Eustathios
fgrE	frühgriechisches Epos (Sammelbezeichung für Homer, Hesiod und hom. Hymnen)
Hdt.	Herodot
Hes.	Hesiod (*Op.* = *Opera*, 'Werke und Tage'; *Th.* = 'Theogonie')
'Hes.'	Hesiod zugeschriebene Werke (*Sc.* = *Scutum*, 'Schild des Herakles', *fr.* = Fragmente)
hom.h.	Sammelbezeichnung für die homerischen Hymnen
h.Ap.,	einzelne homerische Hymnen: an Apollon,
h.Bacch.,	– an Bacchus/Dionysos,
h.Cer.,	– an Ceres/Demeter,
h.Merc.,	– an Mercurius/Hermes und
h.Ven.	– an Venus/Aphrodite
Il.	'Ilias'
Il. Pers.	*Iliou Persis*, 'Zerstörung Troias' (im 'Epischen Kyklos')
Od.	'Odyssee'
Oidip.	*Oidipodeia*
Paus.	Pausanias
Pind.	Pindar (Nem., Pyth. = 'Nemeische, Pythische Oden' [Siegeslieder])
Prokl.	Proklos (s.o. s.v. Chrest.)
Quint. Smyrn.	Quintus von Smyrna
Schol.	Scholion, Scholien
schol. A (etc.)	*scholion* in der Handschrift A (etc.)
Stat.	Statius (*Theb.* = *Thebais*)
Titan.	*Titanomachia* (im 'Epischen Kyklos')
Xen.	Xenophon (*Mem.* = *Memorabilia*)

(c) Übrige Abkürzungen

(Die allgemein üblichen Abkürzungen und die unter 2. und 3. genannten Kürzel sind hier nicht aufgenommen.)

*	rekonstruierte Form
<	entstanden aus
>	geworden zu
|	markiert Vers-Anfang bzw. Vers-Ende
↑	verweist vom Elementarteil auf das entsprechende Lemma im Hauptkommentar

a/b nach Verszahl bezeichnet die 1. bzw. 2. Vershälfte

a/b nach Verszahl bezeichnet nur im *app. crit.* angeführte Zusatzverse

A 1, B 1 (etc.)	bezeichnet Zäsuren im Hexameter (vgl. M 6)
abh.	abhängig
a.E.	am Ende
ähnl.	ähnlich
a.O.	am (angegebenen) Ort
app. crit.	*apparatus criticus*
archäol.	archäologisch
AT	Altes Testament
att., Att.	attisch, das Attische
Bed., bed.	Bedeutung, bedeutet
Bez., bez.	Bezeichnung, bezeichnet
dir., indir.	direkt, indirekt
ebd.	ebendort
ep.	episch
fgrE	frühgriechisches Epos
fr.	Fragment (*fragmentum*)
geogr.	geographisch
gr., Gr.	griechisch, das Griechische
hethit.	hethitisch
hist.	historisch
hom.	homerisch
Hss.	Handschriften
idg.	indogermanisch
Introd.	Introduction
i.S.v.	im Sinne von
jd., jm., jn., js.	jemand, jemandem, jemanden, jemandes
Komp.	Kompositum
Lit.	Literatur
metr.	metrisch
myk., Myk.	mykenisch, das Mykenische

n., nn.	lat. *nota, notae**
NS	Nebensatz
od.	oder
prosod.	prosodisch
Ptz.	Partizip
s.	siehe
sc.	*scilicet*
s.d.	siehe dort*
s.o., s.u.	siehe oben, siehe unten
s.v., s.vv.	*sub voce, sub vocibus*
test.	*testimonium*
t.t.	*terminus technicus*
typ.	typisch
u.	und
urspr.	ursprünglich
V., Vv.	Vers, Verse
VA	Vers-Anfang
VE	Vers-Ende
vgl.	vergleiche
VH	Vers-Hälfte
viell.	vielleicht
v.l.	*varia lectio*
Vok.	Vokativ
vorl.	vorliegend
z.St.	zur Stelle

---

* Mit '14n.' wird auf den Kommentar zu Vers 14 innerhalb des vorliegenden Bandes, mit 1.162n. auf den Eintrag zu V. 162 im 1. Gesang verwiesen. – Mit 'in 19.126 (s.d.)' od. 'vgl. 24.229ff. (s.d.)' wird primär auf die betr. Stellen im Homer-Text, sekundär auf einen oder mehrere Kommentar-Einträge dazu verwiesen (beim ersten Beispiel ist der relevante Kommentar-Eintrag unter 19.126–127 zu finden, beim zweiten steht Einschlägiges unter 24.229–234 und 24.229–231).

24 REGELN ZUR HOMERISCHEN SPRACHE (R)

Die folgende Zusammenstellung der charakteristischsten Eigenarten der homerischen Sprache legt den Akzent auf die *Abweichungen* von der attischen Schulgrammatik. Sprachgeschichtliche Erläuterungen sind hier nur ausnahmsweise beigegeben (sie sind in der 'Grammatik der homerischen Sprache' [G] im Prolegomena-Band zu finden, auf deren Paragraphen am rechten Rand verwiesen wird).

R 1   Die hom. Sprache ist eine **Kunstsprache**, die geprägt ist durch: G
1.1   das Metrum (kann Umgestaltungen aller Art bewirken);   3
1.2   die Technik der *oral poetry* (für viele häufig wiederkehrende Inhalte   3
      werden Formeln verwendet, oft in metrisch unterschiedlich einsetzbaren
      Varianten);
1.3   verschiedene Dialekte: Grunddialekt ist das Ionische; dieses ist mit For-   2
      men aus anderen Dialekten, insbes. dem Äolischen (sog. Äolismen),
      durchsetzt, die oft zugleich Varianten nach 1.1 bzw. 1.2 liefern.

Lautlehre, Metrik, Prosodie

R 2   **Lautwandel ᾱ > η:** Im ion. Dialekt ist älteres ᾱ zu η geworden, im   5–8
      nicht-att. Ion. (also auch bei Homer) auch nach ε, ι, ρ (1.30: πάτρης).
      Bei Homer dennoch nachzuweisendes ᾱ ist im allgemeinen:
2.1   'jung', d.h. *nach* dem ion.-att. Lautwandel entstanden (1.3: ψυχάς);
2.2   oder aus der äolischen Dichtungstradition übernommen (1.1: θεά).

R 3   **Vokalkürzung:** Langvokale (v.a. η) vor Vokal (v.a. o/ω/α) werden im   39f.
      Wortinnern häufig gekürzt, aber nicht durchgängig (z.B. G. Pl. βα-
      σιλήων statt metrisch unmöglichem viersilbigem -έων; auch die damit
      verbundene *Quantitätenmetathese* [Längung des kurzen zweiten Vo-
      kals] tritt oft *nicht* ein [z.B. G. Sg. βασιλῆος statt -έως]).

R 4   **Digamma (ϝ):** Der ion. Dialekt Homers kannte kein Phonem /w/ (wie in
      engl. *will*) mehr. Dieses ist aber
4.1   teils im Mykenischen oder in alphabetschriftlichen Dialekten direkt be-   19
      zeugt (myk. *ko-wa* /korwā/, korinth. ϙόρϝα);
4.2   teils etymologisch zu erschließen (z.B. hom. κούρη – mit Ersatzdeh-   27
      nung nach Schwund des Digamma – gegenüber att. κόρη);

Häufig ist das Digamma bei Homer zudem aus dem Metrum erschließbar, nämlich bei

4.3   Hiat (s. R 5) ohne Elision (1.7: Ἀτρεΐδης τε (ϝ)άναξ);   22

4.4   Hiat ohne Kürzung des langvokalischen Auslauts (1.321: τώ (ϝ)οι, vgl.   21
R 5.5);

4.5   Bildung von sog. Positionslänge bei Einzelkonsonanz (1.70: ὃς (ϝ)εΐδη).   24

4.6   Teilweise ist Digamma nicht mehr berücksichtigt (1.21: υἱὸν ἑκηβόλον,   26
urspr. ϝεκ-).

R 5   **Hiat:** Zusammenprall von vokalischem Auslaut mit vokalischem Anlaut
(*hiatus* 'Klaffen') wird vermieden durch:

5.1   Elision: Kurzvokale und -αι in Endungen des Mediums werden elidiert   30/
(1.14: στέμματ' ἔχων; 1.117: βούλομ' ἐγώ; 5.33: μάρνασθ' ὁπποτέροι-   37
σι), gelegentlich auch -οι in μοι/σοι (1.170). Aus Elision resultierender
Hiat wird belassen (1.2: ἄλγε' ἔθηκεν).

5.2   *Ny ephelkystikon*: Nur nach Kurzvokal (ε und ι), v.a. D. Pl. -σι(ν);   33
3. Sg. Impf./Aor./Perf. -ε(ν); 3. Sg. und Pl. -σι(ν); Modalpartikel κε(ν);
Suffix -φι(ν), vgl. R 11.4; Suffix -θε(ν), vgl. R 15.1; liefert zugleich
metrisch willkommene Varianten.

5.3   Kontraktion über die Wortfuge hinweg (als *Krasis* notiert: τἄλλα,   31
χἠμεῖς).

Hiat ist v.a. zulässig bei:

5.4   Schwund des Digamma (vgl. R 4.3);   34

5.5   sog. Hiatkürzung: langer Vokal/Diphthong im Auslaut wird gekürzt   35
(1.17: Ἀτρεΐδαι τε **καὶ** ἄλλοι ἐϋκνήμιδες; 1.15 [mit Synizese: R 7]:
χρυσέῳ ἀνὰ σκήπτρῳ);

5.6   metrischer Zäsur oder allgemein Sinneinschnitt;   36

5.7   nach -ι und 'kleinen Wörtern' wie πρό und ὅ.   37

R 6   **Vokalkontraktion** (z.B. nach Ausfall eines intervokalischen /w/ [Di-   43–
gamma], /s/ oder /j/) ist in der hom. Sprache häufig nicht durchgeführt   45
(1.74: κέλεαι [2. Sg. Med. statt -ῃ]; 1.103: μένεος [G. Sg. statt -ους]).

R 7   **Synizese:** Gelegentlich müssen zwei Vokale einsilbig gelesen werden,   46
insbesondere bei Quantitätenmetathese (1.1: Πηληϊάδεω: R 3), aber
auch beim G. Pl. -έων. (Im Text wird Synizese durch einen Bogen markiert, 1.18: θεοί.)

R 8   **Zerdehnung** (sog. *diektasis*): Kontrahierte Formen (z.B. ὁρῶντες) wer-   48
den oft 'zerdehnt' wiedergegeben (ὁρόωντες); damit wird die vom Me-
trum geforderte prosodische Gestalt der älteren, unkontrahierten Formen
(*ὁράοντες, ⏑⏑–⏑) künstlich wiederhergestellt. Ähnlich wird im Inf.
Aor. -εῖν als -έειν geschrieben (statt älterem *-έεν).

R 9   **Wechsel von Lang- und Kurzkonsonant** ergibt metrisch willkommene
Varianten (die meist urspr. aus verschiedenen Dialekten stammen:
R 1.3):

9.1   τόσ(σ)ος, ποσ(σ)ί, Ὀδυσ(σ)εύς, ἔσ(σ)εσθαι, τελέσ(σ)αι; Ἀχιλ(λ)εύς;   17
ὅπ(π)ως, etc.

9.2   Ähnliche Flexibilität ergibt der Anlautwechsel in π(τ)όλεμος, π(τ)όλις.   18

R 10   **Adaptation ans Metrum:** Drei (oder mehr) kurze Silben hintereinander   49f.
oder eine einzelne zwischen zwei langen (beides unmetrisch) werden
vermieden durch:

10.1   metrische Dehnung (ἀθάνατος, δῑογενής, οὔρεα statt ὄρεα; μένεα
πνείοντες statt πνέ-);

10.2   veränderte Wortbildung (πολεμήϊος statt πολέμιος; ἱππιοχαίτης statt
ἱππο-).

Formenlehre

Die hom. Sprache weist teils vom Attischen abweichende, teils zusätzliche Fle-
xionsformen auf:

R 11   Beim **Nomen** sind insbesondere zu nennen:

11.1   1. Deklination: 68
G. Pl. -άων (1.604: Μουσάων) und -έων (1.273: βουλέων);
D. Pl. -ῃσι (2.788: θύρῃσι) und -ῃς (1.238: παλάμῃς);
G. Sg. m. -ᾱο (1.203: Ἀτρεΐδαο) und -εω (1.1: Πηληϊάδεω);

11.2   2. Deklination: 69
G. Sg. -οιο (1.19: Πριάμοιο);
D. Pl. -οισι (1.179: ἑτάροισι);

11.3   3. Deklination: 70–
G. Sg. der *i*-Stämme: -ιος (2.811: πόλιος) und -ηος (16.395: πόληος);   76
G./D./A. Sg. der *ēu*-Stämme: -ῆος, -ῆϊ, -ῆα (1.1: Ἀχιλῆος; 1.9: βασι-
λῆϊ; 1.23: ἱερῆα);
D. Pl. -εσσι bei *s*- und anderen Konsonantstämmen (1.235: ὄρεσσι);

11.4   G./D. Sg./Pl. auf -φι (1.38: ἶφι; 4.452: ὄρεσφι); oft metrisch willkom-   66
mene Variante (z.B. βίηφι neben βίη).

R 12   Abweichende **Stammbildung** (und damit Flexion) zeigen u.a. folgende
Nomina:

12.1   νηῦς: G. Sg. νηός, νεός, D. νηΐ, A. νῆα, νέα; N. Pl. νῆες, νέες, G. νη-   77
ῶν, νεῶν, D. νηυσί, νήεσσι, νέεσσι, A. νῆας, νέας.

12.2   πολύς, πολύ (*u*-Stamm) und πολλός, πολλή, πολλόν (*o/ā*-Stamm) wer-   57
den *beide* durchdekliniert.

12.3 υἱός: G. Sg. υἱέος, υἷος, D. υἱέϊ, υἱεῖ, υἷϊ, A. υἱόν, υἱέα, υἷα; N. Pl. 53
υἱέες, υἱεῖς, υἷες, G. υἱῶν, D. υἱάσι, υἱοῖσι, A. υἱέας, υἷας.

12.4 Ἄρης: G. Ἄρηος, Ἄρεος, D. Ἄρηϊ, Ἄρεϊ, Ἄρῃ, A. Ἄρηα, Ἄρην, 53
V. Ἄρες, Ἄρες.

12.5 Ähnlich komplexe Flexionsreihen noch bei γόνυ (G. γούνατος neben 53/
γουνός, N./A. Pl. γούνατα nb. γοῦνα), δόρυ (δούρατος, -τι etc. neben 77
δουρός, -ί etc.); Ζεύς (Διός, Διΐ, Δία nb. Ζηνός, Ζηνί, Ζῆν/Ζῆνα).

R 13 Ungewohnte **Steigerungsformen** sind u.a.: χερείων, χειρότερος, χερει- 79
ότερος (neben χείρων); ἀρείων (neben ἀμείνων). Auch zu Substantiven
können Steigerungsformen treten, z.B. βασιλεύτερος, βασιλεύτατος.

R 14 Abweichende **Pronominalformen:**

14.1 Personalpronomen: 81
1. Sg.   G. ἐμεῖο, ἐμέο, μεο, ἐμέθεν (sehr selten: μοι, z.B. 1.37)
2. Sg.   G. σεῖο, σέο, σεο, σέθεν; D. τοι
3. Sg.   G. εἷο, ἕο, ἕθεν, ἑθεν; D. οἷ, ἑοῖ, οἱ; A. ἕ, ἑέ, ἑ, μιν
1. Pl.   N. ἄμμες; G. ἡμέων, ἡμείων; D. ἧμιν, ἄμμι; A. ἡμέας, ἄμμε
2. Pl.   N. ὔμμες; G. ὑμέων, ὑμείων; D. ὔμμι; A. ὑμέας, ὔμμε
3. Pl.   G. σφείων, σφεων; D. σφισι, σφι; A. σφέας, σφε, σφεας, σφας
1. Dual N./A. νώ, νῶϊ; G./D. νῶϊν
2. Dual N./A. σφώ, σφῶϊ; G./D. σφῶϊν
3. Dual N./A. σφωε; G./D. σφωϊν

14.2 Interrogativ-/Indefinitpronomen: 84
G. Sg. τέο/τεο; D. Sg. τεῳ; G. Pl. τέων; entsprechend ὅττεο, ὅτεῳ etc.

14.3 Demonstrativ-anaphorisches Pronomen (= 'Artikel', vgl. R 17): 83
gleiche Endungen wie bei den Nomina (R 11.1–2); N. Pl. m./f. oft mit
anlautendem τ (τοί, ταί).

14.4 Possessivpronomen: 82
1. Pl.   ἁμός
2. Sg./Pl.   τεός   ὑμός
3. Sg./Pl.   ἑός, ὅς   σφός

14.5 Relativpronomen: 83
Als Relativpronomen fungiert häufig das demonstrativ-anaphorische
Pronomen (14.3).

R 15 Die **kasusähnlichen Adverbbildungen** stehen im Grenzbereich For- 66
menlehre/Wortbildung. Sie können metrisch willkommene Varianten zu
den echten Kasus bilden:

15.1 'Genetiv':   -θεν (woher?, s. auch R 14.1), z.B. κλισίηθεν (1.391);
15.2 'Dativ':   -θι (wo?), z.B. οἴκοθι (8.513);
15.3 'Akkusativ': -δε (wohin?), z.B. ἀγορήνδε (1.54).

R 16   Beim **Verb** verdienen besondere Beachtung:

16.1   Augment: fehlt häufig (was zu Assimilation führen kann, z.B. ἔμβαλε   85
statt ἐνέβαλε, κάλλιπον statt κατέλιπον, vgl. R 20.1); dient der Anpassung ans Metrum.

16.2   Personalendungen: 86/
2. Sg. -θα (1.554: ἐθέλησθα)   93
1. Pl. Med. -μεσθα neben -μεθα (1.140: μεταφρασόμεσθα)
3. Pl. Med. (v.a. Perf.) -αται/-ατο neben -νται/-ντο (1.239: εἰρύαται)
3. Pl. -ν (mit vorangehendem Kurzvokal) neben -σαν (mit entsprechen-
dem Langvokal), v.a. Aor. Pass. -θεν neben -θησαν (1.57: ἤγερθεν)
Oft liegt der Unterschied zu att. Formen lediglich in der nicht vollzogenen Kontraktion (vgl. R 6) zwischen Verbalstamm und Endung.

16.3   Konjunktiv: 89
bei athemat. Stämmen oft kurzvokalisch (ἴομεν zu εἶμι, εἴδομεν zu
οἶδα); bei σ-Aoristen dann gleichlautend mit dem Ind. Fut. (1.80: χώ-
σεται). – Ausgang der 3. Sg. Konj. neben -ῃ auch -ῃσι(ν) (1.408: ἐθέ-
λῃσιν).

16.4   Infinitiv: 87
äol. -μεν(αι) (v.a. athemat. Verben) neben ion. -ναι (z.B. ἔμ(μ)εν und
ἔμ(μ)εναι neben εἶναι);
äol. -ῆναι neben ion. -εῖν (2.107: φορῆναι);
them. -έμεν(αι) (1.547: ἀκουέμεν; *Od.* 11.380: ἀκουέμεναι);
them. Aor. -έειν (2.393: φυγέειν; 15.289: θανέειν).

16.5   Formen mit -σκ- stehen für wiederholte Handlungen in der Vergangen-   60
heit (1.490: πωλέσκετο).

16.6   Als abweichende Formen von εἰμί sind v.a. zu merken: 90
Ind. Präs.: 2. Sg. ἐσσι u. εἶς, 1. Pl. εἰμεν, 3. Pl. ἔασι(ν);
Impf.: 1. Sg. ἦα, 3. Sg. ἦεν u. ἔην, 3. Pl. ἔσαν (vgl. 16.1);
Fut.: 3. Sg. ἔσ(σ)εται;
Ptz. ἐών, -όντος; zum Inf. 16.4.

Syntax

R 17   ὅ, ἥ, τό (zur Flexion R 14.3) ist selten 'reiner Artikel', sondern hat   99
überwiegend die ältere, demonstrativ-anaphorische Funktion.

R 18   **Numerus:**

18.1   Der Dual ist relativ häufig; Dual- und Pluralformen können frei kombi-   97
niert werden.

18.2   Der Plural dient gelegentlich nur der Anpassung ans Metrum (1.45:
τόξα).

R 19   Kasusgebrauch: 97
19.1 Akkusativ der Beziehung ist besonders häufig (u.a. im sog. σχῆμα καθ᾿
     ὅλον καὶ κατὰ μέρος: zwei Akkusative bezeichnen je das Ganze und
     einen Teil davon, 1.362: τί δέ **σε φρένας** ἵκετο πένθος;).
19.2 Gelegentlich erfolgen lokale Herkunfts-, Orts- und Richtungsangaben
     ohne Präposition (1.359: ἀνέδυ ... ἁλός; 1.45: τόξ᾿ ὤμοισιν ἔχων;
     1.322: ἔρχεσθον κλισίην).

R 20   Präpositionen:
20.1 Weisen eine größere Formenvielfalt auf: ἄν (= ἀνά; apokopiert, oft mit   59
     Assimilation: ἂμ πεδίον, 5.87; vgl. R 16.1); ἐς (= εἰς); εἰν, ἐνί, εἰνί
     (= ἐν); κάτ (= κατά; s. zu ἀνά); πάρ, παραί (= παρά); προτί, ποτί
     (= πρός); ξύν (= σύν); ὑπαί (= ὑπό);
20.2 sind in Verwendung und Stellung unabhängiger (1) in bezug auf das   98
     Nomen (d.h. eher adverbiell gebraucht), oft auch nachgestellt als Post-
     position, sog. *Anastrophe* (und dann häufig mit Akut auf der Anfangs-
     silbe: z.B. ᾧ ἔπι, 1.162); (2) in bezug auf das Verb (d.h. nicht zwingend
     als Präverb mit dem zugehörigen Verb verbunden, sog. *Tmesis*: ἐπὶ μῦ-
     θον ἔτελλε, 1.25); dies liefert metrisch willkommene Varianten.

R 21   Modusgebrauch: 100
21.1 Der Modusgebrauch und die Verwendung der Modalpartikel (κε/κεν
     = ἄν) sind weniger streng geregelt, als in der att. Schulgrammatik be-
     schrieben.
21.2 Die Funktionen von Konjunktiv und Futur lassen sich nicht immer
     scharf trennen.

R 22   Charakteristisch homerische Konjunktionen sind: 101
22.1 kondizional: αἰ (= εἰ);
22.2 temporal: εἷος/εἵως (= ἕως, ebenfalls belegt) 'während', ἦμος 'als', εὖτε
     'als', ὄφρα 'während, bis';
22.3 kausal: ὅ τι, ὅ;
22.4 komparativ: ἠΰτε 'wie';
22.5 final: ὄφρα.

R 23   Diathesenwechsel: Bei manchen Verben werden Akt.- und Med.-For- 100
     men als metrisch willkommene Varianten ohne erkennbaren Bedeu-
     tungsunterschied verwendet, z.B. φάτο/ἔφη, ὀΐω/ὀΐομαι.

R 24   Partikeln mit teilweise vom späteren Gebrauch abweichenden Verwen- 101
     dungsweisen:
24.1 ἄρα, ἄρ, ῥα, ῥ᾿: signalisiert oder suggeriert Evidenz, etwa 'ja, (denn) al-
     so, natürlich'; oft wohl v.a. aus metrischen Gründen gesetzt (bes. ῥ᾿ zur
     Hiatvermeidung, vgl. R 5).

24.2 ἀτάρ, αὐτάρ (etymolog. zu trennen, aber bei Homer nach metrischen Gesichtspunkten ohne Bedeutungsunterschied verwendet): 'aber, doch'; teils adversativ (1.127: σὺ μὲν ... αὐτὰρ Ἀχαιοί), teils progressiv (1.51: αὐτὰρ ἔπειτα), seltener apodotisch (wie δέ, s.d.).

24.3 Apodotisches δέ: δέ kann nach vorausgehendem Nebensatz (Protasis) den Hauptsatz (Apodosis) einleiten (z.B. 1.58). Gelegentlich werden auch ἀλλά (z.B. 1.82), αὐτάρ (z.B. 3.290, vgl. 1.133) und καί (z.B. 1.494) apodotisch verwendet.

24.4 ἦ: 'wirklich, in der Tat'; fast ausschließlich in direkten Reden. – Abgeschwächt in den Verbindungen ἤτοι (z.B. 1.68), ἠμὲν ... ἠδέ 'einerseits ... andererseits' und ἠδέ 'und'.

24.5 κε(ν): = ἄν (vgl. R 21.1).

24.6 μέν: nicht nur als Vorbereitung einer Antithese (mit nachfolgendem δέ), sondern häufig noch in seiner urspr. rein emphatischen Bedeutung (≈ μήν, μάν; z.B. 1.216).

24.7 μήν, μάν: hervorhebend; wenn alleinstehend, bei Homer fast nur in neg. Aussagen (z.B. 4.512) und bei Imperativen (z.B. 1.302); sonst verstärkend bei anderen Partikeln, bes. ἦ und καί (z.B. 2.370, 19.45).

24.8 οὐδέ/μηδέ: konnektives οὐδέ/μηδέ steht bei Homer auch nach affirmativen Sätzen.

24.9 οὖν: fast nur in Verbindung mit temporalem ἐπεί und ὡς, '(als) nun also' (z.B. 1.57).

24.10 περ: betont das vorangehende Wort; spez. konzessiv, bes. bei Partizipien (1.586: κηδομένη περ 'wenn auch betrübt'); steigernd (1.260: ἀρείοσι ἠέ περ ὑμῖν 'mit noch Besseren als euch'); limitativ-kontrastierend (1.353: τιμήν περ 'wenigstens Ehre').

24.11 'Episches τε': steht in generalisierenden Aussagen (z.B. 1.86, 1.218), bes. häufig auch im 'Wie-Teil' von Gleichnissen (z.B. 2.90).

24.12 τοι: zur Partikel erstarrter *dat. ethicus* des Personalpron. der 2. Person (und oft nicht klar von diesem zu unterscheiden); appelliert an die besondere Aufmerksamkeit des Adressaten, etwa '⟨denk⟩ dir, ⟨sag'⟩ ich⟩ dir'.

24.13 τοιγάρ: 'daher' (von τοι ≈ σοι zu trennen; das Vorderglied gehört zum Demonstrativstamm το-, vgl. τώ 'darum'); leitet bei Homer stets die Antwort auf eine Bitte ein (z.B. 1.76).

457–544   Es folgen sieben Einzelkämpfe bzw. -tötungen, bei denen drei Grie-
          chen und vier Troer fallen.

Kommentar

1. Zusammenfassung

Im 4. Gesang – vor dessen Beginn die Buchtrennung besonders störend wirkt (dazu s. STR 21 Anm. 22) – wird die im 3. Gesang (111–115) in ihrem Anfangsstadium sistierte erste militärische Auseinandersetzung zwischen den beiden in der Ebene vor Troia aufmarschierten Heeren der Belagerer und der Belagerten nach 767 Versen retardierender, reichen Hintergrund schaffender Zwischenhandlungen in V. 422 wiederaufgenommen und fortgeführt (s. die Graphik in 422–544n.).

2. Rückblick

Am Ende des 3. Gesangs hat der Erzähler[P] den Verlauf dieser Zwischenhandlungen (*ep-eis-hódia*/Episoden) in eine kritische Situation manövriert, die der Erwartungshaltung des Publikums entgegengesetzt ist und daher die Spannung stark erhöht: Die Oberbefehlshaber der beiden aufmarschierten Heere, König Agamemnon von Argos/Mykene und König Priamos von Troia, hatten im Raum zwischen den beiden Heeren öffentlich unter Eid und damit verbindlich einen Waffenstillstandsvertrag mit Option auf Frieden geschlossen: Wer von den beiden Urhebern des wegen der Entführung Helenas aus Sparta unternommenen Kriegszugs gegen Troia – Menelaos von Sparta, Ehemann Helenas und Geschädigter, und Paris von Troia, Entführer Helenas und damit Schädiger – in einem Entscheidungszweikampf siege, solle Helena erhalten; damit solle der Krieg beendet (bzw. abgeblasen, s. u. den *Hinweis zur gleitenden Rückwendung*) sein. Der Zweikampf war begonnen worden, aber Paris war mitten im Kampf plötzlich vom 'Turnierplatz' verschwunden. Der vor Wut rasende Menelaos, der ihn für geflüchtet hält, sucht im Troianerheer nach ihm (3.449f.), doch auch die Troianer, denen der Schönling ohnehin verhaßt ist (3.454), können nicht helfen. In die allgemeine Ratlosigkeit hinein reißt Menelaos' Bruder Agamemnon die Sache an sich, deklariert Menelaos vor Griechen und Troianern kurzerhand zum Sieger und fordert unter dem Beifall seines Heeres von Troia umstandslos die Herausgabe Helenas sowie die Zahlung exorbitanter Entschädigungen (3.455–461). Damit endet der 3. Gesang: Der Erzähler läßt das Problem ungelöst und hält das Ganze in der Schwebe. Denn wäre Agamemnon seiner Sache völlig sicher gewesen, hätte er sofort zum Sturm auf Troia blasen müssen. So aber muß er nun in Ungewißheit auf Antwort warten: Zustimmung oder Widerspruch, Krieg oder Frieden? Der Hörer/Leser wartet gespannt mit ihm. Er nämlich weiß *mehr* als die Figuren[P], die eine Alternative für möglich halten. Er weiß nicht nur, daß ein Göttereingriff (der Liebesgöttin Aphrodite) den Paris aus dem 'Ring' entrückt hat, Paris also *nicht* geflüchtet ist (3.380), sondern er weiß auch, daß Zeus Achills Mutter Thetis bereits im ersten Gesang (1.524–530) zugesagt hatte, die *Troianer* so lange siegen zu lassen, bis die Achaier ihrem Sohn die ihm von Agamemnon geraubte Ehre wieder zuerkannt hätten (1.508–510). Überdies weiß er genau – was Zeus in 1.526f. noch eigens betont hatte –, daß eine Zusage des obersten Gottes Zeus niemals unerfüllt bleiben kann. Von einer Erfüllung der Zusage kann aber an dieser Stelle der Erzählung noch gar keine Rede sein; denn Achilleus grollt, nach wie vor. Wie also könnte der Krieg wirklich bereits an dieser Stelle enden? Wie wird der Erzähler sich mithin aus dem selbstgeschaffenen Dilemma lösen?

3. Der 4. Gesang

Der Erzähler, der diese Gedanken des Hörers/Lesers ja evoziert hat, löst die Aufgabe so elegant wie konsequent nicht etwa durch eine Antwortbotschaft der Troianer und danach langwierige Verhandlungen, sondern durch einen Sprung hinauf zur Götter-Ebene:

3.1. Der Gesang beginnt auf dem Olymp. Während vor Troia Aufgeregtheit und Verwirrung herrschen, sitzen die Götter frohgemut im goldenen Haus des Zeus beim Mahle. Hebe schenkt Nektar ein, man trinkt sich zu, und nebenbei blickt man hinunter auf das waffenstarrende Bild vor Troia (V. 2-4). Zeus, der Wiedergutmachung für Achill versprochen hatte, sieht bei diesem Anblick die Einlösung seines Versprechens in Gefahr; denn eine *Einigung* der Kontrahenten unten auf der Erde samt Friedensschluß würde sein Versprechen annullieren. Der Krieg um Troia muß also weitergehen! Sofort plädiert er in einer seiner berühmten Reiz-, Spott- und Test-Reden an die Adresse Heras – scheinbar ernsthaft – für Friedensschluß und Troias Weiterexistenz (7–19). Hera widerspricht erzürnt (25–29), und über ein Tauschgeschäft – Troia gegen Argos, Sparta und Mykene (51–54) – einigt man sich schließlich definitiv auf Troias Fall und damit Fortführung des Krieges (62–68). Athene, Heras Verbündete, soll die Troianer zu einem nun wirklich evidenten und damit unbezweifelbaren Vertragsbruch provozieren und so die Achaier zum dadurch legitimierten unverzüglichen Angriff treiben.

3.2. Athene fliegt wie ein funkensprühender 'Stern' zur Erde – Griechen wie Troianer wissen das 'Zeichen' nicht zu deuten (81–84) – und verleitet Pandaros, einen Verbündeten der Troer, zu einem Pfeilschuß auf Menelaos und damit zum Bruch des Vertrages (69–147). Pandaros trifft das Ziel – das erste Blutvergießen in der Ilias –, und obwohl Menelaos nur leicht verwundet ist, werden die Troer damit eindeutig schuldig an der Fortsetzung des Krieges. Von ihrem Recht nunmehr voll überzeugt, greifen die Achaier wieder zu den Waffen und machen sich kampfbereit.

In diesen ersten beiden Szenen des 4. Gesanges wird also sowohl auf der Götter- als auch auf der Menschen-Ebene zunächst die Ungewißheit über den Fortgang der Handlung zum Ausdruck gebracht: (a) in der Befürchtung von Hera (25–29; 57) bzw. Agamemnon (158–168; 172–174a; 176–181), der Untergang Troias bzw. die Rückgabe der Helena könnten in unerreichbare Ferne rücken, (b) in der gespannten Erwartung der beiden Heere, ob das Götterzeichen (der 'Stern' [also wohl eine Sternschnuppe aus heutiger Sicht]) Krieg oder Frieden bedeute (75–85). Für die Figuren[P] ebenso wie für die Hörer/Leser wird diese Ungewißheit erst durch den evidenten Vertragsbruch 'Pfeilschuß des Pandaros' aufgehoben.

3.3. Die Achaier-Front hat sich erneut konstituiert und steht gerüstet wieder da. Agamemnon in seiner Funktion als Oberkommandierender schreitet sie ab. Sein Gang entlang den *Prómachoi* (den Vorn- und Vorkämpfern), von 'Bataillon zu Bataillon', begleitet von Kampf-Appellen (Paränesen) an deren Anführer, wird vom Erzähler als kleine Heeresschau gestaltet (222–421, sog. *Epipṓlēsis*, s. 231n.). Dabei erlauben Agamemnons Appelle an die Kampfmoral und die Reaktionen der angesprochenen 'Bataillonskommandeure' die feine Charakterisierung der wichtigsten Protagonisten in den folgenden Erzählungen (Agamemnon selbst, die Kommandeure Idomeneus, Aias, Nestor, Odysseus, Diomedes) bis zum Eingreifen des Patroklos (16.2), und beleuchten insbesondere die Einstellung des jeweiligen Kommandeurs zum Krieg und zu seiner Leitung unter Agamemnon.

Hinweis zur gleitenden Rückwendung

Die Verletzung des zuvor hochoffiziell geschlossenen Waffenstillstandsvertrages nach dem Zweikampf und die damit verbundene Schuld der troischen Kampfpartei am Krieg ist eine Episode, die vordergründig zwar im 9./10. Kriegsjahr spielt, von der Logik her aber ganz an den Anfang der Invasion, also ins 1. Kriegsjahr gehört – das hier wohl in einer gleitenden Rückwendung eingespiegelt wird, so wie das auch bei einzelnen Episoden im 2. und 3. Gesang der Fall ist (STR 22 [2] mit Abb. 2); s. auch 86–219n. [zur Figur[P] des Pandaros]; 13–19n. a.E.; zu diesem Phänomen der 'Einspiegelungen' von Episoden aus den ersten neun Kriegsjahren und noch weiter zurück s. ferner 2.362–368n., 3.67–75n., 3.121–244n., außerdem die Einleitungen zu den Kommentaren des 3. und 6. Gesangs).

3.4. Die nun folgenden Kampfszenen sind, typologisch gesehen, Teil eines die Kampfschilderungen der ganzen Ilias prägenden Schemas, einer Typisierten Ereignissequenz[P] (ausführliche systematische Darstellung und Erläuterung: LATACZ 1977); deren Ausprägung im vorliegenden *Endstück* des 4. Gesangs (422 bis Ende) ist als Paradebeispiel vorgeführt und erläutert bei LATACZ a.O. 82–90. Die *gesamte* Sequenz in ihrer *Idealform* ist als Graphik unten in der Einleitung zu den Versen 422–544 dargestellt, zusammen mit einem Überblick über die Forschungslage zur Kampfdarstellung in der Ilias.

Einen Überblick über die Handlung des 4. Gesangs ermöglichen u.a. auch folgende Kommentar-Einträge (s. auch die tabellarische Übersicht S. 8f.): 1–72n., 85–104n., 105–147n., 148–187n., 188–219n., 220–421n., 422–544n. Abschn. **II. B.2.–3.**, 457–544n.

Einzelnes:

zu den hom. Kampfschilderungen: 422–544n., 457–544n.

zu Kampfparänesen: 232–250n., 509–514n.

zu einzelnen Figuren[P]: Agamemnon 155–182n., 169–182n., 176–182n., 220–421n., 223–225n., 232–250n., 327–363n., 338–348n., 358–363n.; Apollon 101–102n., 507n.; Diomedes: 364–421n., 401–402n., 412–418n.; Machaon 193n., 213–219n.; Menelaos 98n., 183–187n.; Odysseus: 349–355n., 354n.; Pandaros 85–219n., 85–104n., 88–89n.

zu Theben und zur *Thebais*: 370–400n., 404–410n., 406n.

zum Motiv 'vorzeitiger Abbruch des Troia-Unternehmens': 1–72n., 17–19n., 169–182n.

zum Motiv der Rache (Bestrafung des Vertragsbruchs): 160–168n., 162n., 235–239n., 269–271n.

zu Loyalität und Solidarität: 242n., 251–271n., 338–348n., 370–400n., 412–418n.

zum Verhältnis Menschen–Götter: 25–86n., 85–104n., 160–168n., 235–239n., 370–400n.

zum Verhältnis zwischen den Generationen (das Alter): 292–325n., 320n., 370–400n., 374–375n., 404–410n.

zu Gleichnissen[P] und Vergleichen[P]: 75–81n., 130–131n., 140–147n., 141–142n., 243–246n., 253n., 275–282n., 422–432n., 422–426n., 433–438n., 436–438n., 452–456n., 462n., 471b n., 482n.

zu Typischen Szenen[P] und Typisierten Ereignissequenzen[P] (alphabetisch): Ablauf der Feldschlacht 422–544n. Abschn. **II.**; Ankunft 86–92n., 220–421n.; Botengang 69–92n.; Ortsveränderung einer Gottheit 69–92n.

zur Doppelten Motivation[P] 85–104n.; Tis-Reden[P] 81n., 176–182n.; 'Wenn nicht'-Situationen[P] 12n., 169–182n.

1–84 *Götterszene: Zeus stellt einen möglichen Friedensschluß zur Diskussion, leitet dann aber in einem Gespräch mit Hera die Fortsetzung des Krieges in die Wege. Er beauftragt Athene, einen feindlichen Akt der Troer auszulösen, durch den der Waffenstillstand verletzt wird. Athene begibt sich aufs Schlachtfeld und mischt sich unter die Troer.*

1–72 Der hier einsetzenden Götterszene geht der Abbruch des Zweikampfs zwischen Menelaos und Paris durch dessen Entrückung nach Troia voraus (3.313–447); Agamemnon hat daraufhin Menelaos' Sieg proklamiert und die Herausgabe der Helena und ihrer Güter gefordert (3.455–461); nun ist der weitere Verlauf in der Schwebe (vgl. 13–16). Diese Ereignisse sind, wie sich jetzt zeigt, von den Göttern beobachtet worden (vgl. 9–13). Die Szene erfüllt mehrere Funktionen in der Erzählstrategie: (1) Götterversammlungen dienen oft dazu, die zukünftige Handlung vorauszusagen, s. hier 64b–72 (s. dazu bes. 25–68n.), außerdem 8.5–40, 20.13–40 (zur Gestaltung von "zukunftsgewissen Vorausdeutungen" beim Erzählen grundlegend LÄMMERT 1955, 139–191); (2) hier dient sie auch dazu, die Handlung wieder in die gewünschte Richtung zu lenken; denn aus der Sicht der Kriegsparteien wäre eine gütliche Einigung möglich, zumal unter den Troern insgesamt eine gegenüber Paris widerwillige bis feindselige Stimmung herrscht (3.451–454: 3.57n.); aber sowohl aufgrund der 'Plot'-Strategie der Ilias (Zeus' Versprechen gegenüber Thetis im 1. Gesang) als auch aufgrund der vorgegebenen Erzähltradition über den Troianischen Krieg besteht die Notwendigkeit, daß der Krieg fortgesetzt wird (KIRK; BASSETT [1938] 2003, 184; WEST 2011, 139); (3) der Erzähler[P] baut Spannung auf, indem er das Publikum lange im ungewissen darüber läßt (3.68–4.67), auf welche Weise er die Handlung auf die im 1. Gesang angelegte *mēnis*-Linie (s. STR 21 Abb.1 u. 22 mit Abb. 2) und dadurch auf die "durch die Tradition vorgezeichnete Bahn" zurückführen wird (RENGAKOS 1999, 317f.; s. auch DUCKWORTH 1933, 55 Anm. 123); zur vorl. Szene s. auch PUCCI 2002, 22–26). Die Götterszene, in der Zeus das Ende der Kämpfe (scheinbar ernst-haft) in Erwägung zieht, ist somit eine Variante des in der Ilias hier und da auftau-chenden Motivs 'vorzeitiger Abbruch des Troia-Unternehmens' (s. dazu 17–19n., 169–182n.); der Erzähler[P] zeigt damit immer wieder auf verschiedene Weise, wie die Geschichte in einer anderen Version weitergehen könnte (MORRISON 1992, 112f.; NESSELRATH 1992, 18–20). Bemerkenswert an der vorl. Götterversamm-lung ist der Umstand, daß Zeus zwar allgemein zur Diskussion über die Fort-setzung des Krieges auffordert (14ff.), die Angelegenheit aber nur zwischen ihm und Hera entschieden wird (30–68; vgl. die ähnlich verlaufenden Diskussionen mit Athene 22.166ff., *Od.* 1.26ff.). Zudem wird seine Eröffnungsrede (7–19) als reines Provozieren und Taktieren im Hinblick auf Hera gekennzeichnet (s. bes. 5–6n., 13–19n.), enthält also in Wahrheit nicht den ehrlichen Wunsch nach einer of-fenen Diskussion. – Innerhalb der Ilias ist dies die zweite Zusammenkunft der Götter; die erste ist 1.536–611 beschrieben (1.533–535n., 1.571–611n.; zur Funktion dieser Szene s. auch WEST 2011, 97 [zu 536–611]). Götterversamm-lungen – die stets im Haus des Zeus auf dem Olymp stattfinden (vgl. 74) – fügt der Erzähler oft ohne Einleitung als gegebene Situation direkt in die Szene ein, vgl. 1.533ff., 7.443ff., 15.84ff., 22.166ff., 24.31ff., *Od.* 1.26ff., 5.1ff., 12.376ff. (anders *Il.* 8.1ff. und 20.4ff. [analog zu 19.40ff.]): KURZ 1966, 52; s. auch 24.31–76n.; zu denjenigen der Odyssee s. DE JONG zu *Od.* 1.26–95. Diese Vorstellung vom Zusammensein der Göttergemeinschaft im Palast des höchsten Gottes und das Debattieren der Götter – während sie sonst von den Griechen individuell in verschiedenen lokalen Kulten verehrt wurden – hat Parallelen in akkadischen und ugaritischen Texten, ebenso die Entscheidung oder die Billigung eines Vorschlags durch den obersten Gott (s. 37ff.). Ob es sich dabei um ein aus dem Nahen Osten übernommenes Motiv handelt, läßt sich jedoch nicht mit Sicherheit sagen (zur Diskussion s. DE JONG zu *Il.* 22.166–87, mit Hinweis auf WEST 1997, 177–181, und KEARNS 2004 [s. bes. 60–64]; zur Versammlung der Götter in idg. Lit. WEST 2007, 150f.).

1–4 Skizzierung einer geselligen Götterrunde: Beisammensitzen (1), einander Zutrinken (2b–4a), Zuschauen (4b) und Debattieren (1b); s. 1n. u. 3–4n. zu den gr. Verben. Der Szenenwechsel von der menschlichen auf die göttliche Ebene ist mit dem Motiv 'Figur beobachtet die vonstatten gehende Handlung' gestaltet, s. 4b (dazu 16.124n.), hier im besonderen Aphrodites vorangegangene Rettungsaktion und den darauffolgenden Abbruch des Zweikampfes, vgl. 9–13 (AH; FAESI; Stellen s. RICHARDSON 1990, 229 Anm. 6). Die Ereignisse um das belagerte Troia werden in der Ilias wiederholt von den Göttern beobachtet und in Götterversammlungen oder Gesprächen diskutiert, vgl. bes. 7.443ff. (Mauerbau), 22.166ff. (Zweikampf Achill–Hektor), 24.23ff. (Schändung von Hektors Leichnam): 19.340n.; oft werden so bedeutsame Angelpunkte der Handlung hervorgehoben, wie hier die Frage, wie es nun mit dem Krieg um Troia weitergehen soll (14–19, 64–72): GRIFFIN 1978; DE JONG zu *Il.* 22.166–87.

1 ≈ 7.443. — **οἱ δὲ θεοί:** Der Artikel mit demonstrativ-präsentierender Funktion ('*die* aber, die Götter') hebt den Gegensatz zu 3.461 ἐπὶ δ' ἤνεον ἄλλοι Ἀχαιοί hervor (G 99, 1.11n.); der Erzähler läßt auf die Reaktion der Achaier auf das Ende des Zweikampfes diejenige einer anderen Zuschauergruppe folgen (EDWARDS 2002, 45; anders HEIDEN 2000, 10f. u. 13–15; 2008, 59–61: der Übergang sei außergewöhnlich abrupt). Dieser Wechsel von der Menschen- auf die Götterebene dient als Schnittstelle für die (nachhom.) Bucheinteilung (allg. Lit. zu dieser s. 19.1–39n. a.E.). — **ἠγορόωντο:** ἀγοράομαι ist Denominativum zu ἀγορή (zur ep. Zerdehnung G 48); es ist meist im Aor. verwendet mit der Bed. 'in der Versammlung das Wort ergreifen' (1.73n.), hier im Präs.-Stamm (ebenso 2.337, 8.230) durativ 'waren am Reden, Debattieren' (neben ἀγορεύων 6) (LEAF; s. auch Porph. z.St. § 1 MacPhail).

2 Gegenstände der Götter sind oft aus Gold, hier der Fußboden, V. 3 die Becher (2.448n.; zu Göttern und Gold s. auch WEST 1997, 112; 2007 153f.). Als Material des Hauses signalisiert Gold v.a. die Pracht von Zeus' Palast (ähnlich beim Palast Poseidons 13.21f.): 18.370–371n.; vgl. schol. D. Die Kunde von derartig luxuriös ausgestatteten Bauten war offenbar verbreitet (HELBIG [1884] 1887, 115–117; s. auch 1.426n. und 14.173n. [zu Türschwellen aus Metall]). — **Hebe:** Die Tochter von Zeus und Hera, Göttin der Jugend, tritt auch sonst in dienender Funktion unter den Göttern auf: sie bereitet den Streitwagen für Hera und Athene vor (5.722ff.) und hilft dem von seiner Verwundung geheilten Ares beim Waschen und Ankleiden (5.905): FG 38; HE s.v. Hebe. Schon seit der Antike schien es erklärungsbedürftig, warum hier *sie* als Mundschenk fungiert und nicht etwa der von Zeus entführte troische Königssohn Ganymedes, vgl. 20.232–235 (Rede des Aineias),

---

1 πάρ: = παρά (R 20.1). — Ζηνί: = Διί (R 12.5).
2 χρυσέῳ ἐν: zur sog. Hiatkürzung R 5.5. — σφισι: = αὐτοῖς (R 14.1).

5.266 (Rede des Diomedes). Dieser tritt allerdings nie in iliad. Götterversamm-
lungen auf: Beim vorausgehenden Gemeinschaftsmahl der Götter fungiert in einer
Szene voll von "erhabenem Unernst" (1.571–611n.) Hephaistos als Mundschenk
(1.584f./596–600), ein Gegenbild zum jungen und schönen Ganymedes; in anderen Versammlungen werden Ankommende von Themis (15.85–88) oder Hera
(24.101f.) mit einem Becher empfangen (ERBSE 1986, 42–45). In der vorl. Szene
hätte Ganymedes' Anwesenheit die folgende Diskussion um Troias Schicksal
viell. kompliziert (schol. D, bT; KIRK). Die Wahl Hebes könnte der Kontrastie-
rung von Götter- und Menschendasein dienen: hier die Seligkeit der Götter, angedeutet in der verkörperten Jugendblüte, dort das düstere Schicksal der Menschen,
veranschaulicht durch den "makabren Handel" zwischen Zeus und Hera um die
Zerstörung von Städten (ERBSE a.O. 45).

πότνια ῞Ηβη: singuläre Verbindung, eine Variation der altererbten VE-Formel πότνια
῞Ηρη (25× *Il.*, 4× *h.Ap.*: 1.551n.); zu solchen Klang-Assoziationen s. FOR 25; zu πότνια
als titelähnlicher Bez. für Göttinnen s. LfgrE s.v. (mit Liste der Göttinnen 1502.18ff.).

3–4 2. VH von 3 ≈ *Od.* 3.472; 1. VH von 4 ≈ *Il.* 9.671. — Oft ist signalisiert, daß
'Nektar', das Getränk der Götter, analog zu Wein aufzufassen ist (19.38n. mit
Lit.); zur umstrittenen Etymologie des Begriffs s.u. — **Bechern:** Für Trinkgefäße
gibt es mehrere gr. Bezeichnungen; der hier verwendete, schon im Myk. belegte
Begriff *dépas* (MYK) läßt sich nicht einer bestimmten Gefäßform zuweisen
(24.101n.; zur Form eines Trinkbechers aus geom. Zeit s. z.B. den sog. 'Nestor-
Becher': LATACZ 2008, 68f. mit Abb. 6).

νέκταρ: Die Etymologie ist umstritten (idg. Kompositum 'den Tod überwindend' od.
ägypt. Lehnwort 'göttlich'?) s. 19.38n.; BEEKES s.v.; Doxographie s. GARCIA 2013, 80f. —
ἐῳνοχόει: doppelt augmentiertes Impf. von (ϝ)οινο-χοέω (zur Problematik der überlieferten
Augmentierung WACKERNAGEL [1885] 1953, 584f.; WEST 1998, XXVII). Es bed. 'ein-
schenken', die urspr. Bed. des Kompositums ('Wein eingießen') ist hier wie 1.598 u. *h.Ven.*
204–206 verblaßt (KIRK; LfgrE; SCHW. 2.73; CHANTR. 2.41; vgl. HK 11). — δειδέχατ(ο):
Das im fgrE mit unterschiedlicher Stammbildung verwendete Verb (δειδεχ-, δειδεκ-,
δειδισκ-, δεικανο-) bed. etwa 'respektvoll grüßen, durch einen Gruß ehren' und wird sowohl bei eigentlichen Begrüßungen als auch beim gegenseitigen Grüßen und Zutrinken bei
Gastmählern verwendet, vgl. die Erwähnung von Trinkbechern 9.224, 9.670f., 15.85f., *Od.*
3.41, 18.121; es bez. eine spezielle Form des Reverenz-Erweisens, hier eine Geste mit ge-
füllten Bechern (LfgrE s.v. δειδέχαται; HENTZE 1902, 324f.; FORSSMAN 1978, 3–12, bes.
11 mit Anm. 21). Die Etymologie ist unsicher, ebenso, ob es sich um einen Präs.- od. Perf.-
Stamm handelt; meist wird es mit der Wz. von δείκ-νυμι in Verbindung gebracht

---

3 τοί: demonstrativ-anaphorisches Pronomen (R 14.3). — χρυσέοις: zur Synizese R 7. —
δεπάεσσιν: zur Flexion 11.3.

4 δειδέχατ(ο): 3. Pl. 'sie grüßten, tranken zu' (zur Endung R 16.2; zur augmentlosen Form
R 16.1). — εἰσορόωντες: zur ep. Zerdehnung R 8.

(FORSSMAN a.O. 7f., 12–24; BEEKES s.v. δειδίσκομαι). — **Τρώων πόλιν**: Formel nach der Zäsur B 1 (4× *Il.*, 2× *Od.*).

5–6 1. VH von 6 = 5.419. — Der Erzähler[P] kennzeichnet Zeus' Rede deutlich als illokutionären Sprechakt: Zeus will Hera provozieren. Ihre Reaktion wird es Zeus erleichtern, die Handlung wieder in die gewünschte Richtung in Gang zu setzen (62–72); denn der Schwebezustand muß aufgehoben werden, der Krieg *muß* weitergehen (Einleitung zum 4. Gesang **2.–3.1**; 1–72n.; KIRK; vgl. schol. bT zu 5; s. auch 7–19n.). – Zum Patronymikon *Kronídēs* s. FG 26.

αὐτίκ(α): leitet den neuen Handlungseinsatz ein, nachdem mit wenigen Strichen das Zusammensein der Götter skizziert worden ist (BONIFAZI 2012, 278 Anm. 36: 'at that point', ein Bsp. für αὐτίκα mit "zooming-in effect"; ähnlich LfgrE s.v. 1601.54ff.: 'da', Verknüpfung von Situation und Handlung; ERREN 1970, 26). — **ἐπειρᾶτο ... ἐρεθιζέμεν ... | κερτομίοις ἐπέεσσι, ... ἀγορεύων**: Eine Rede-Einleitung[P] mit *verbum dicendi* in der Form eines Partizips ist eher selten bei Homer (3.350n.). In der vorl. Formulierung liegt das Gewicht auf der Absicht des Sprechers, mit höhnischen Worten zu reizen, also auf dem Ton und dem Ziel der Rede, hervorgehoben durch Enjambememt im Vier-Wort-Vers 6 (dazu 1.75n., 16.125–126n.; Zusammenstellung der Vier-Wort-Verse s. BASSETT 1919); allg. zur Kennzeichnung des illokutionären und perlokutionären Akts s. DE JONG (1987) 2004, 200–204. – ἐρεθίζω bed. 'provozieren, (zum Zorn) reizen' (hier mit Erfolg: χόλος 23f.), vgl. etwa 1.32 (Chryses den Agamemnon), 5.418f. (Hera und Athene den Zeus), 24.560 (Priamos den Achilleus: s.d.), *Od.* 9.494 (Odysseus den Kyklopen): LfgrE; THORNTON 1970, 85. – Das Adjektiv κερτόμιος, eine metr. bequeme Variante zu κέρτομος, bed. etwa 'neckend, höhnisch, spottend' (LfgrE s.v.); mit der Wortfamilie κερτομ- wird die Provokationsabsicht eines Sprechers markiert, teils ein Provozieren in offener und aggressiver, teils in subtiler Form, "oft mit Verstellung des Sprechers und [...] mit heftiger Reaktion des Adressaten" (24.649–658n. [mit Lit.]), s. hier 15ff. bzw. 24ff. — **παραβλήδην**: hom. *hapax legomenon*[P], eine Ableitung zum Kompositum παραβάλλω (zur Wortbildung RISCH 365f.), das im fgrE mit der Bed. 'hinwerfen' (v.a. Tieren das Futter: 5.369, 8.504, 13.35, *Od.* 4.41, 10.242), medial 'aufs Spiel setzen' (*Il.* 9.322) verwendet ist. παραβλήδην ist noch bei Apollonios Rhodios in der Bedeutung 'antwortend, entgegnend' belegt, z.T. mit der Implikation 'täuschend' (RENGAKOS 1994, 125f.). Für die vorl. Stelle gibt es verschiedene Interpretationen, am ehesten bed. es wohl 'provozierend hinwerfend', d.h. Zeus wirft stichelnde Bemerkungen in die Runde, ohne diejenigen, auf die er zielt, direkt anzusprechen (BERGOLD 1977, 136f. Anm. 2, mit Hinweis auf *h.Merc.* 54–56; LfgrE s.v., mit Hinweis auf ἀμβλήδην 'einleitend' [*Il.* 22.476] u. ὑποβλήδην 'ins Wort fallend' [1.292]; ähnlich LEAF).

7–19 Zeus' Rede hat, mit Ausnahme der Aufforderung V. 14, keine Anrede, sondern beginnt mit einer gezielten Stichelei gegen Hera und Athene, die umso brüskierender wirkt, als Zeus gleichsam seine Gedanken über die Leistungen der Göttinnen in die Runde wirft (zur fehlenden Anrede vgl. BASSETT 1934, 145f.); und

---

5 Κρονίδης: 'Kronos-Sohn' = Zeus. — ἐρεθιζέμεν: zur Form R 16.4. — Ἥρην: zum -η- nach -ρ- R 2.

sie endet mit einem Vorschlag an die versammelten Götter, der die beiden em-
pören muß (SCHÄFER 1990, 51–54): (A) die *zwei* Helferinnen des Menelaos, Hera
und Athene, schauen untätig zu, während Aphrodite ihren Schützling Paris *immer*
umsorgt und wieder einmal gerettet hat (7–12): 9–10n.; (B) der Sieg im Zweikampf gehört Menelaos (13); (C) Troias Zukunft steht zur Diskussion: Fortsetzung des Krieges oder eher Friedensschluß mit Fortbestehen von Troia und
Heimkehr der Helena? (14–19). – Die Tatsache, daß der Erzähler[P] Zeus' Stichelei
mit der Figuren[P]-Konstellation Aphrodite *vs.* Hera–Athene gestaltet, setzt die
Episode des 'Paris-Urteils' voraus, die in der Ilias nur im 24. Gesang erwähnt
wird (dazu 24.27–30n. mit Lit.; außerdem 31–49n.); denn aufgrund dieser Entscheidung des Paris verfolgen Hera und Athene unversöhnlich Troias Zerstörung
(s. bes. 20.313–317) und agieren dabei oft zusammen zum Vorteil der Achaier,
wobei meist Hera die Initiative ergreift und das Handeln Athene überläßt (s. 24ff.
bzw. 64ff.: 1.195n., 2.155–181n.; zu Heras Haß auf die Troer s. auch 18.362–367
mit n.); auf der anderen Seite unterstützt Aphrodite Paris in vielfältiger Weise
(FM 8 s.v. Paris; 3.373–382n.): KULLMANN 1960, 238f.

7 δοιαί: δοιοί (< δϝ-) ist metr. Variante für δύο, hier am VA auch mit stärkerer Betonung
der Zahl (*zwei*, nicht nur *eine*): LfgrE.

8 = 5.908. — **Hera … Athene:** Zur Verbindung der beiden Göttinnen s. 7–19n.
Ihre chiastisch angeordneten Epitheta, gr. *Argéiē* und *Alalkomenēís*, weisen wohl
auf ihre Kult-Orte hin (*Hḗrē Argéiē* noch 5.908, Hes. *Th.* 11f., *Phoronis fr.* 4
West; zu Hera und Argos s. auch 51–53) und damit auf ihre Stellung als Gott-
heiten, die von den Menschen als Beschützerinnen angerufen und verehrt werden
(AH; LEAF; KIRK). Bei Hera ist es das Heraion bei Argos in der ost-peloponne-
sischen Landschaft Argolis, das v.a. in nachhom. Zeit ihr wichtigster Kult-Ort
war, dessen Hera-Kult aber wohl alt ist (RE s.v. Hera Sp. 373f.; DNP s.v. Hera;
BURKERT [1972] 1997, 182–189; [1998] 2001, 166ff., bes. 172; zu den archäol.
Nachweisen für die geom. und archaische Zeit s. BILLOT 1997, 12–39). Für
Athene ist im boiotischen Alalkomenai ein Kultheiligtum bezeugt (Paus. 9.33.5:
AH, Anh. S. 28f.; LEAF; DNP s.v. Alalkomenai); zur Etymologie des Beinamens
s.u.

Ἀλαλκομενηΐς: Das Epitheton der Athene, im fgrE nur hier und im Iteratvers belegt, ist
eine Ableitung zum Ortsnamen Ἀλαλκομεναί, der seinerseits eine Form des Partizips von
ἀλαλκεῖν ist (mit typ. abweichender Akzentuierung): DELG s.v. ἀλέξω; RISCH 142;
BEEKES s.v. ἀλκή. Das Epitheton soll hier – parallel zu Ἀργείη – zwar in erster Linie auf
Athenes Kult-Ort hinweisen ('Athene von Alalkomenai') (s.o.); aber für das Publikum war
wohl auch der Bezug zum Verb ἀλαλκεῖν hörbar, galt doch Athene als Schutzgöttin von
Städten (6.86–101n.). Einige Interpreten deuten es daher auch hier als 'Beschützerin'

---

7 θεάων: *gen. partitivus* zu δοιαί; zur Flexion R 11.1.

(TSAGARAKIS 1977, 47 Anm. 5; NAGY [1979] 1999, 147 Anm. 6; zur antiken Diskussion s. ERBSE z.St.).

9–10 Zeus zielt darauf, Hera und Athene in ihrem Stolz zu treffen: Mit den Verben streicht er heraus, wie sie während des Zweikampfs als Zuschauerinnen (gr. *eishoróōsai*) fern vom Geschehen untätig dasitzen (gr. *nósphi kathḗmenai*) und sich daran erfreuen (gr. *térpomai*, vgl. 20.22–24; zu dieser Haltung von Zuschauern s. LATACZ 1966, 204ff.) – eine ironische Spitze. Dies kontrastiert er einerseits mit ihrer Stellung als sonst machtvolle Helferinnen (s. ihre Epitheta: 8n.), andrerseits mit dem hilfreichen Agieren von Aphrodite mitten im Kampfgeschehen (10–12: 12n.), deren Stärke – angedeutet im gr. Epitheton *philommeidḗs* (s.u.) – eigtl. im nicht-kriegerischen Bereich liegt (schol. b zu 10; AH zu 8; BOEDEKER 1974, 35; BERGOLD 1977, 137f.; FRIEDRICH 2007, 111). — **dem:** Von Paris ist zuletzt 3.449–454 die Rede gewesen (Menelaos hält vergebens auf dem Schlachtfeld nach ihm Ausschau). Daß dieser knappe Hinweis vom Sprecher als ausreichend angesehen wird, ist auch ein Indiz dafür, daß die Götterrunde den Zweikampf genau mitverfolgt hat.

ἀλλ' ἦτοι: Die Partikel-Verbindung steht meist in Ankündigungen od. Aufforderungen und bereitet oft eine Gegenüberstellung vor (s. τῷ δ' αὖτε; s. auch 13f.: RUIJGH [1981] 1996, 522f.; vgl. 1.140n., 24.462n., jeweils mit Lit.). Die an der vorl. Stelle bereits mit δοιαὶ μέν (7) eingeleitete Gegenüberstellung der Akteurinnen wird hier mit der Präzisierung ταὶ ... | τέρπεσθον fortgeführt (vgl. CUYPERS 2005, 63f.). — **καθήμεναι:** kann neben der Sitzhaltung auch Inaktivität signalisieren (V.1), wird z.T. auch in tadelndem Vorwurf festgestellt (vgl. Odysseus zu Thersites 2.255 mit n.; ähnlich Achilleus im Selbstvorwurf 24.542n., 18.104n.). — **αὖτε:** nimmt die in V. 7 eingeleitete Gegenüberstellung wieder auf (in chiastischer Anordnung: δοιαὶ μὲν Μενελάῳ vs. τῷ δ' ... φ. Ἀφροδίτη); zu dieser Funktion von αὖτε s. REVUELTA PUIGDOLLERS 2009, 92ff.; BONIFAZI 2012, 218ff. (bes. 220 Anm. 110). — **φιλομμειδὴς Ἀφροδίτη:** VE-Formel (5× *Il.*, 1× *Od.*, 2× Hes., 5× *h.Ven.*); das Epitheton ist ein Kompositum aus φιλο- und μειδάω u. bed. 'welcher Lächeln eigen/lieb ist' (3.424n.).

11 immer ...: Die Generalisierung von Aphrodites Fürsorge (als Vorbereitung auf den jetzigen Fall 12) ist in rhetorischer Übertreibung ein Mittel, die beiden Göttinnen zusätzlich zu hänseln (vgl. das Übertreiben als zeitloses Mittel der Streitrhetorik ['immer mußt du ...']: 1.106–108n., 24.63n.).

παρμέμβλωκε: Perf. zu παρα-βλώσκω (< *μλώσκω, zur Wz. von μολεῖν), mit präsentischer Bed. 'zur Seite stehen' (LfgrE s.v. βλώσκω); das Kompositum ist im fgrE nur noch

---

9 ἦτοι: R 24.4. — ταί: demonstrativ-anaphorisches Pronomen (R 14.3). — εἰσορόωσαι: zur ep. Zerdehnung R 8.

10 τέρπεσθον: 3. Dual Präs. von τέρπομαι, dazu die zwei Pl.-Formen καθήμεναι εἰσορόωσαι (R 18.1). — τῷ: zur demonstrativ-anaphorischen Funktion von ὅ, ἥ, τό R 17; gemeint ist Paris.

11 αἰεί: = ἀεί.

24.73 von Thetis' Beistand für Achill belegt (24.73n.; CHANTR. 2.198). — αὐτοῦ: ἀμύνω ist zwar sonst meist mit Dat. konstruiert, an einzelnen Stellen aber mit abl. Gen., s. bes. 12.402f. κῆρας ἄμυνεν | παιδὸς ἑοῦ. Die seit der Antike diskutierte Doppeldeutigkeit von αὐτοῦ – Gen. des Personalpron. od. lokales Adv. 'an Ort und Stelle'? (vgl. 16.742a n.) – läßt sich daher hier zugunsten des Gen. entscheiden ('wehrt von ihm ab'): AH; LEAF; WILLCOCK; CHANTR. 2.56. — κῆρας ἀμύνει: ebenso 12.402 (Zeus rettet seinen Sohn Sarpedon); κήρ bed. 'Tod(eslos), Verhängnis' (SARISCHOULIS 2008, 100–115; zu Appellativum und Personifikation 2.301–302n.); weitere Formulierungen für 'vor dem Tod retten' s. 16.442n.

12 2. VH = Od. 20.21; ≈ Il. 15.728. — Paris war von Aphrodite gerettet worden, als Menelaos ihn am Helm hinter sich her schleifte; sie hatte den Kinnriemen reißen lassen und Paris in einer Wolke vom Schlachtfeld entrückt (3.370–382 [s.d.]). Die vorliegende Formulierung ist die Variation der 'Wenn nicht'-Situation[P] in der Schilderung des Zweikampfs 3.373–375: Während dort im Erzähler-Text[P] Menelaos' Überlegenheit im Vordergrund steht ('er hätte ihn getötet, wenn nicht Aphrodite ...'), ist hier in Zeus' Rede dieser kritische Moment in Sekundärer Fokalisation[P] aus der Sicht des von Aphrodite Geretteten erwähnt ('meinend, er müsse sterben', gr. *oiómenon thanéesthai*) (Hinweis DE JONG).

ἐξεσάωσεν: bez. hier und 11.752 prägnant das Erretten vor dem Tod durch Entrücken vom Schlachtfeld, sonst allg. das Retten aus Gefahr oder das Bergen von Gefallenen (LfgrE s.v. σαόω).

13–19 Zeus stellt hier den weiteren Verlauf des Krieges nur scheinbar zur Diskussion, denn Troias Eroberung durch die Achaier steht für ihn fest (2.419f. [mit n.], 15.68–71; s. auch seine zurückhaltende Reaktion auf Thetis' Bitte 1.511–524; zu Zeus' Absichten s. 1–72n.; vgl. auch zu Zeus' Wille 1.5n., 16.103n.). Er war auch beim Vertragsschluß der beiden Kriegsparteien vor dem Zweikampf zwischen Menelaos und Paris nicht gewillt gewesen, die Hoffnung auf Frieden zu erfüllen (vgl. 3.302 mit n.). In dieser eidlich bekräftigten Vereinbarung zwischen Griechen und Troern war festgehalten worden, daß (1) der Tod eines der beiden Kämpfer entscheidend sei (3.281/284) und daß (2a) im Falle von Menelaos' Tod die Achaier heimkehrten, ohne weitere Ansprüche zu stellen (3.281–283), (2b) im Falle von Paris' Tod von den Troern zusätzlich zur Rückgabe der Helena eine Buße bezahlt werden müsse (3.284–291): 3.275–291n., 3.286n. Mit Paris' Verschwinden vom Kampfplatz ist zwar eine vertraglich nicht vorgesehene Situation entstanden, aber Beteiligte und Zuschauende sprechen den Sieg – im Einklang immerhin mit Paris' und Hektors urspr. Vorschlag 3.71/92 – dem überlegenen Menelaos zu: 3.403f. u. 3.429 Helena (indirekt angedeutet: 3.428–436n.), 3.439 Paris (dazu 3.438–446n.), 3.457/461 Agamemnon mit Beifall der Achaier (eine

---

12 καὶ νῦν: '⟨und so⟩ auch jetzt'. — ἐξεσάωσεν: = ἐξέσωσεν (R 6). — θανέεσθαι: zur unkontrahierten Form R 6.

Reaktion der Troer auf Agamemnons Rede wird nicht erwähnt; dazu 3.461n.: jedenfalls kein Widerspruch). Nun schwenkt der Erzähler[P] langsam wieder auf die vom Publikum erwartete Bahn der Handlung ein (1–72n.): Zeus manipuliert hier geschickt und erfolgreich mittels Emotionen (s. auch 5–6n.), um v.a. Hera für sein Ziel zu gewinnen (die Fortsetzung des Krieges), indem er zuerst Hera und Athene reizt (9–11), Menelaos zum Sieger erklärt (13) und schließlich die eine der Möglichkeiten, das Ende des Krieges mit friedlichem Weiterbestehen Troias, stärker gewichtet (16b–19); Hera votiert nun leidenschaftlich für die Fortsetzung des Krieges (25ff.). So haben am Schluß beide, Zeus und Hera, ihr Ziel erreicht (31–68), und zwar ohne daß eine Diskussion unter den Göttern stattgefunden hat. Zur Interpretation der Rede s. OWEN 1946, 37f.; REINHARDT 1961, 118; BERGOLD 1977, 138f.; ERBSE 1986, 229f.; SCHÄFER 1990, 53f.; NESSELRATH 1992, 19f. mit Anm. 33; TAPLIN 1992, 132; ELMER 2012, 42 mit Anm. 43. Einige Interpreten sehen hier eine Parallele zur *péira* im 2. Gesang, nämlich im Versuch, das Gegenüber zu manipulieren, indem das Ende des Krieges in Aussicht gestellt wird: Agamemnon scheitert, denn das Achaierheer reagiert anders, als er erwartet, Zeus hingegen erzielt die gewünschte Wirkung (WILAMOWITZ 1916, 298; REINHARDT a.O. 118f.; ELMER 2013, 147f. u. 264 Anm. 5); zum Sprachlichen vgl. die gr. Verbformen *epeiráto* (5) und *peirḗsomai* (2.73 mit n. ["durch Verstellung eine (Gegen-)Reaktion des Adressaten hervorrufen [...] und so seine Gesinnung testen"]) als Ausdruck der Hörerlenkung. Dies alles und die Tatsache, daß die troerfreundlichen Götter gar nicht einbezogen werden, spricht gegen die Annahme, es gehe hier um eine offene Diskussion und den Konsens aller anwesenden Götter (so etwa FLAIG 1994, 20–22, bes. Anm. 27; ältere Lit. zu dieser Frage s. bei SCHÄFER a.O. 51f. mit Anm. 121–126). – Eine Götterversammlung mit Zeus' Aufruf, über das Schicksal Troias zu diskutieren (vgl. 14–16), und das Feilschen um die Zerstörung der Stadt (vgl. 31ff.) würden in der Realität natürlich nicht erst im zehnten Kriegsjahr, sondern zu Beginn des Troia-Feldzuges stattgefunden haben; es liegt also auch hier ein Beispiel für die Technik des Erzählers[P] vor, an den Anfang des troianischen Kriegs zu erinnern bzw. ihn 'einzuspiegeln' (FINSLER 1906, 439; LATACZ [1985] 2003, 163f.; VAN ERP 2000, 388f.; zum Phänomen der 'Einspiegelung' von Elementen aus der Vorgeschichte der Ilias s. die Einleitung zum 4. Gesang: **3.3.** *Hinweis zur gleitenden Rückwendung*). Die vorl. Götterszene insgesamt und darin bes. Zeus' Reden sind allerdings ganz im Dienste der Erzählsituation innerhalb der uns vorliegenden Ilias-Handlung (die erst im 9./10. Kriegsjahr spielt) gestaltet (s.o.).

13 ≈ 3.457; 2. VH ≈ 20× *Il.*, 1× *Od.*, 4× Hes. — ἀλλ' ἤτοι ... μέν: Zur Partikel-Verbindung s. 9–10n.; sie bereitet hier ἡμεῖς δὲ φραζώμεθ(α) V. 14 vor (zur emphatischen Wortstellung von νίκη RUIJGH [1990] 1996, 641). — ἀρηϊφίλου: generisches Epitheton[P]

---

13 νίκη ... Μενελάου: sc. ἐστί ('gehört').

mit der Bed. 'dem Ares lieb, von Ares protegiert', am häufigsten bei Menelaos verwendet (25× fgrE): 3.21n.

14 = 14.61; ≈ *Od.* 17.274, 23.117; 2. VH = *Il.* 2.252, 20.116 (mit φράζεσθον in 115), *Od.* 17.78. — **ὅπως ἔσται**: indirekt fragend und zugleich voluntativ ('wie es ⟨nach unserem Willen⟩ werden *soll*'), s. die Konj.-Formen in 16 (AH; CHANTR. 2.297; LfgrE s.v. φράζω 1008.33ff.).

15 ≈ 82 (Nom.), *Od.* 24.475, Hes. *Op.* 161. — Kampf und Krieg werden in der Ilias oft negativ beurteilt, v.a. von den Menschen, z.B. 82, 1.284, 13.225, 16.494, *Od.* 22.152 (s.u. zu den Formeln; weitere Stellen und Lit. 1.162n., 2.453–454n.; ECK 2012, 197–201). Bemerkenswert ist, daß an der vorl. Stelle Zeus diese Wertung vornimmt, wohl als Teil seiner Strategie, die Variante 'Frieden' als bessere Möglichkeit darzustellen.

πόλεμόν τε κακὸν καὶ φύλοπιν αἰνήν: synonymische Doppelung mit Begriffen für 'Kampf' (dazu 1.492n.), bestehend aus zwei flektierbaren Formeln (Nom./Akk.): πόλεμόν τε κακόν vor der Zäsur C 1 (s. Iterata u. Hes. *Op.* 14; die Junktur außerdem noch *Il.* 1.284 [am VE], 13.225, 16.494, *Od.* 22.152); φύλοπιν αἰνήν am VE (insgesamt 11× *Il.*, 1× *Od.*, 2× Hes., 1× *h.Cer.*). πόλεμος bed. sonst im fgrE meist 'Kämpfen/Kampf', hier in Antithese zu 16 φιλότης 'Krieg' (LfgrE s.v. 1335.14ff.), φύλοπις ist ein überwiegend negativ konnotiertes Wort für 'Kampf, Schlacht' (6.1n., 6.330n.; dort jeweils auch zu den pejorativen Epitheta bei φύλοπις und πόλεμος); αἰνός bed. 'furchtbar, schrecklich' (Etymologie ungeklärt: DELG s.v.).

16 ≈ 83, *Od.* 24.476. — **φιλότητα μετ' ἀμφοτέροισι βάλωμεν**: φιλότης ist hier, als Gegenbegriff zu πόλεμος, i.S.v. 'Einigkeit, Einvernehmen' verwendet, vgl. die Antithese πόλεμος – εἰρήνη 2.797, Hes. *Op.* 228f. (LfgrE s.v.; TRÜMPY 1950, 184f.; s. auch die Junktur φιλότητα ἐλέσθαι 'Frieden schließen' 16.282n.). Die Verbindung mit βάλλω ist singulär (vgl. φιλότητα τιθέναι 83, *Od.* 24.476), aber vergleichbar mit der Formulierung des Gegenteils σφιν καὶ τότε νεῖκος ὁμοίϊον ἔμβαλε μέσσῳ (444; Subj. ist Ἔρις) und ἔριδα προβαλόντες (*Il.* 11.529): PORZIG 1942, 112 (ausgehend von der Vorstellung eines Gegenstandes, "den man unter die Leute wirft, so daß sie sich darum streiten"); es ist somit eine auffällige Formulierung für 'Frieden stiften zwischen jm.'. Weitere Wendungen mit (ἐμ-)βάλλω und abstrakten Objekten betreffen v.a. psychische Zustände wie μένος, χόλον, ἵμερον (LfgrE s.v. βάλλω 30.31ff.; KLOSS 1994, 49). — **μετ' ἀμφοτέροισι**: 'mitten unter den beiden' (CHANTR. 2.117), d.h. so daß es zur Einigung zwischen den beiden Kriegsparteien kommt.

17–19 Der vorzeitige Abbruch des Troia-Unternehmens wird vom Erzähler[P] immer wieder zur Sprache gebracht, z.B. 1.59ff. (Pest im Heer der Achaier), 1.169ff. (Achills Abreise: 1.169–171n.), 2.155ff. (Agamemnons Heeresprobe: 2.155–

---

14 τάδε (ϝ)έργα: zur Prosodie R 4.3; τάδε vorausweisend auf die Alternativen in 15f.

15–16 ἦ ῥ(α) ... | ... ἦ: 'ob ... oder'; ῥ(α) zur Hiatvermeidung (R 24.1, vgl. R 5.1). — αὖτις: = αὖθις. — ὄρσομεν: kurzvokalischer Konj. Aor. zu ὄρνυμι 'erregen' (R 16.3); hat wie βάλωμεν deliberativen Sinn. — ἀμφοτέροισι: zur Flexion R 11.2.

156n.), 3.71ff. (Zweikampfangebot: 3.71–75n., 3.159–160n.), 4.169ff. (Menelaos'
befürchteter Tod: 169–182n.), 7.345ff. (Antenors Kapitulationsvorschlag), 9.9ff.
(Agamemnons Ratlosigkeit): MORRISON 1992, 60–63; NESSELRATH 1992, 19f.
Zeus leitet hier diese Möglichkeit mit einer übertreibenden Formulierung ein
('allen lieb und angenehm': 17n.), bei der er mit Widerspruch rechnen muß (s. 29)
– ein Hinweis darauf, daß er den Krieg fortsetzen möchte, ohne daß dies zu
offensichtlich ist (AH; KIRK; s. auch 13–19n.).

17 2. VH = 7.387; VE = *Od.* 24.435. — αὖ πως: so der Text von WEST nach der Lesart von
Aristarch; αὖ knüpft an die zuletzt genannte Alternative an und leitet die Fokussierung
darauf ein, s. τόδε (KLEIN 1988, 270 ["annunciatory value"]; weitere Lit. zu dieser Verwendung von αὖ s. 16.477n., außerdem 9–10n. zu αὖτε). Die Hauptüberlieferung hat
αὔτως/αὕτως: 'allen in gleicher Weise' (LfgrE s.v. αὔτως 1682.31ff.). — φίλον καὶ ἡδὺ
γένοιτο: erweiterte Formulierung im Gegensatz zu φίλον εἶναι, einem Ausdruck für göttliche Neigung oder gar Willkür, vgl. 2.116 (14.69n.). ἡδύ ('süß, angenehm'; von der Wz.
*σϝαδ-, dazu auch ἀνδάνω: 1.24n.) suggeriert eine besondere Vorliebe (LfgrE s.vv. ἡδύς
u. ἀνδάνω; LANDFESTER 1966, 105. 107). Damit klingt der Vorschlag vordergründig sehr
zurückhaltend (vgl. 7.387: Paris' Vorschlag an die Adresse der Achaier), muß aber v.a. mit
dem Zusatz πᾶσι gerade für Hera und Athene wie Hohn wirken.

18–19 2. VH von 18 = 2.373, 4.290. — **Helena:** Die Rückgabe der geraubten Griechin im Falle von Paris' Niederlage ist Teil des Vertrags (3.285/458f.). Ihr Epitheton '(Frau) von Argos, Argeierin', d.h. 'Griechin' (2.161n.), ist viell. ein Anklang
an 3.458, wo Agamemnon den griechischen Anspruch auf die Griechin Helena
unterstreicht (zur Darstellung Helenas in den hom. Epen s. 3.121n.).

ἦτοι μέν: emphatische Ankündigung, fortgesetzt mit αὖτις δ(έ) (vgl. 9–10n.; außerdem
DENNISTON 389). — οἰκέοιτο ... | ... ἄγοιτο: Der Optativ der Apodosis hat potentiale Be-
deutung (CHANTR. 2.217), rückt aber in die Nähe eines Wunsches (LEAF; ihm folgend
WILLCOCK u. KIRK; vgl. auch LANGE 1872/73, 371f.; MONRO [1882] 1891, 271). οἰκέοιτο
hat passivische Bed.: '(be)wohnt werden' (LfgrE; JANKUHN 1969, 87f.). — Πριάμοιο
ἄνακτος: VE-Formel (7× *Il.*, 1× *Od.*), außerdem 1× *Il.* nach der Zäsur A 1.

20–25 = 8.457–462. — Mit den gleichen Worten beschreibt der Erzähler auch die
Empörung der beiden Göttinnen über Zeus' Befehl, sich aus dem Kampf herauszu-
halten (s. auch 8.28–40 Zeus und Athene). Die beiden Stellen haben durchaus
einen inhaltlichen Bezug: Beide Male geht es in Auseinandersetzungen zwischen
Zeus und Hera um schwerwiegende Entscheidungen, in der vorl. Passage (am ersten Kampftag der Ilias-Handlung) um das Kriegsziel, ob Troia zu Fall gebracht
werden soll oder nicht, im 8. Gesang (am zweiten Kampftag) um den konkreten
Kampf, der dazu führen könnte, in dem aber nach Zeus' Willen die Achaier Rück-

---

17 καὶ ἡδύ: zur Prosodie R 4.4 (↑).

18 Πριάμοιο (ϝ)άνακτος: zur Prosodie R 4.3. — Πριάμοιο: zur Flexion R 11.2.

19 αὖτις: = αὖθις. — Ἀργείην: zum -η- nach -ι- R 2. — ἄγοιτο: 'mit sich (nach Hause)
führen'; potentialer Opt. ohne Modalpartikel (↑; R 21.1).

schläge erleiden sollen, s. 8.470–483 (STR 22 Abb.2; SCHADEWALDT [1938] 1966, 96f. Anm. 2. 99; REINHARDT 1961, 150f.).

20 2. VH = 5.418, 8.447, 9.254, 11.45. — **ὣς ἔφαθ', αἳ δ(έ):** formelhafter Rede-Abschluß[P] (3× *Il.*, 6× *Od.*), mit Rede-Abschlußschema 'sprach' und Reaktion der Adressaten (vgl. 1.33n., 3.84n.). — **ἐπέμυξαν:** 'muckten dagegen auf', nur hier und an der Iterat-Stelle 8.457 belegt, eine Bez. für eine verhaltene Andeutung von Unwillen, s. 22–24a (LfgrE s.v. ἐπιμύζω; vgl. schol. D). μύζω ist ein lautmalerisches Verb ('μῦ machen'), das semantisch in zwei Ausrichtungen produktiv ist: '(geräuschvoll) saugen' (vgl. 218–219n. zu ἐκ-μυζήσας) und 'murren, brummeln' (TICHY 1983, 143f. 149; DELG u. BEEKES s.v. μύζω 1 und 2).

21 Zum Grund, warum die beiden Göttinnen Feindschaft gegen die Troer hegen, s. 7–19n., 31–49n.

αἵ γ(ε): nimmt αἳ δ(έ) 20 wieder auf und gibt der Aussage Gewicht: *diese* beiden agieren wieder einmal zusammen. — **κακὰ … μηδέσθην:** Wendungen wie 'Schlimmes sinnen' enthalten keine moralische Kritik, sondern beschreiben die – von den Verursachern inten-dierten – Auswirkungen der Handlung auf die davon Betroffenen (DE JONG [1987] 2004, 138 mit 241 Anm. 100 u. 102).

22–24 Emotionale Regungen wie 'Zorn' (gr. *chólos*) sind vielfach so dargestellt, daß sie eine Figur von außen ergreifen oder in sie eindringen (Zorn 1.387n., Sehn-sucht 3.446n.; zu Umschreibungen dieser Art allg. PORZIG 1942, 90. 130–134; s. auch 16.22n.). Wie Zorn sich im Innern ausbreitet oder verstärkt, wird mit ver-schiedenen Bildern beschrieben; hier: die Brust vermag ihn nicht mehr zu fassen (24, vgl. dt. 'platzen vor Wut'; daher Heras Zornesausbruch 25ff.); ferner: die Brust schwillt an (9.553f. und 9.646), er breitet sich in der Brust aus wie Rauch (18.108–110, s.d.), er wird hinuntergeschluckt und so unterdrückt (1.81f.): CLARKE 1999, 93; CAIRNS 2003, 24f.; zum gr. Begriff *chólos* 1.9n., 1.81–82n., 19.16a n. Zum Motiv 'Götterzorn' (Zeus' und Heras Zorn im folgenden Gespräch: 32–36, 42) s. IRMSCHER 1950, 9f. 40–42. 52–64; FENIK 1974, 208–230 (zur vorl. Stelle 219f.); YAMAGATA 1994, 93–101; DE JONG zu *Od.* 1.19–21.

22 **ἤτοι …:** leitet eine Präzisierung zu 20b ein: der Umgang mit unterdrücktem Zorn (RUIJGH [1981] 1996, 527; vgl. CUYPERS 2005, 64). — **ἀκέων ἦν οὐδέ τι εἶπεν:** rhetorisch Polarer Ausdruck[P] (TZAMALI 1997, 132); ἀκέων ist urspr. wohl ein Ptz., das in dieser Form erstarrt ist, da hier ja ein Fem. zu erwarten wäre (vgl. 8.459, *Od.* 21.89), und das etymologisch

---

20 ὥς: = οὕτως. — ἔφαθ᾽: = ἔφατο, 3. Sg. Impf. von φημί (mit Elision [R 5.1] und Hauch-assimilation); zum Medium R 23. — αἵ: demonstrativ-anaphorisch (R 17), auf V. 8 zurück-weisend, dazu Ἀθηναίη τε καὶ Ἥρη als Apposition.

21 πλησίαι: 'nahe beieinander'. — ἥσθην … μεδέσθην: 3. Dual Impf. von ἧμαι und μέδομαι (R 18.1); zur augmentlosen Form R 16.1.

22 Ἀθηναίη ἀκέων: zum Hiat R 5.6. — οὐδέ: Konnektives οὐδέ steht bei Homer auch nach affirmativen Sätzen (R 24.8). — τι (ϝ)εῖπεν: zur Prosodie R 5.4.

viell. zu *ak-* 'spitz' gehört, also 'die Ohren spitzend', daher '(aufmerksam und) still' (1.34n. mit Lit.).

23–24 2. VH von 23 = *Od.* 8.304. — **Vater:** Die Bezeichnung des Zeus als Vater ist altererbt, vgl. lat. *Iu-piter* (3.276n. mit Lit.; s. auch 68n.); hier zeigt sich mit der Formulierung das Bild der patriarchalen Familie, in der Athene als Tochter dem Vater gegenüber ihren Zorn zurückhält.

σκυζομένη: bed. 'jm. böse sein, zürnen', bez. ein verhaltenes Grollen (IRMSCHER 1950, 18f.), die Etymologie ist unklar (DELG s.v. σκύζομαι; BEEKES s.v. σκυδμαίνω), ebenso, ob es mit einer Lautäußerung (DE LAMBERTERIE 1994, 29f.: 'grogner') u./od. mit einem Gesichtsausdruck (CAIRNS 2003, 44: 'frown') verbunden ist. — χόλος ... | ... προσηύδα: Die unterschiedliche Auswirkung des Zornes ist sprachlich kunstvoll gestaltet: mit Polyptoton χόλος–χόλον in chiastischer Anordnung zum Prädikat (WALSH 2005, 132) und mit dem rhetorisch Polaren Ausdruck[P] οὐκ ἔχαδε ..., ἀλλὰ προσηύδα, dessen zweiter Teil mit absolut verwendetem προσηύδα sehr abrupt wirkt (zur Kürze vor πρ- 1.201n. [auf äol. ποταύδα zurückgehend]). — Ἥρῃ: zum Dat. der Beteiligung SCHW. 2.147; CHANTR. 2.71 ["valeur possessive"]). — ἔχαδε: themat. Aor. zu χανδάνω ('fassen, enthalten'), Subj. ist meist eine begrenzte Fläche (14.34 der Strand), ein geschlossener Raum (24.191f. θάλαμος) oder ein Kessel bzw. Mischkrug (23.268, 23.741f.); στῆθος ist also wie ein Gefäß gedacht (ähnlich 11.462 der Kopf), in dem es nicht genug Raum für den Zorn gibt (AH; LfgrE s.v. χανδάνω; zur Verbalwurzel SCHW. 1.699; RISCH 272).

25–68 In der Ilias-Handlung ist Zeus' angebliche Parteinahme für die Troer immer wieder Ursache für Streit zwischen dem Ehepaar (Stellen 18.356–368n.; s. auch 1.541–543n.; zu Heras Position als Gattin und Schwester des Zeus s. 14.153–353n. a.E.). Im vorl. Streitgespräch besiegeln Zeus und Hera Troias Schicksal: Hera akzeptiert nicht nur den Pakt, den Zeus ihr vorschlägt (eine von ihr geliebte Stadt gegen das ihm liebe Troia), sondern bietet von sich aus drei Städte an und versucht so, Zeus, dessen Überlegenheit sie anerkennt und der sich ihr gegenüber konziliant zeigt, ihrem Ziel geneigt zu erhalten; denn er signalisiert leichten Widerwillen und äußert Skrupel gegenüber den Troern (43–49 mit n.), sie aber möchte zielstrebig den nächsten Schritt in die Wege leiten (64b–67). In vielen Interpretationen dieser Szene wird die Ungeheuerlichkeit des Vorgangs und das 'unmoralische' Verhalten der Götter hervorgehoben. Tatsächlich erscheint Hera hier erschreckend unerbittlich (O'BRIEN 1993, 84f.; s. auch 51–53n.). Darüber hinaus läßt der Erzähler die Ohnmacht der Menschen sichtbar werden, die trotz Wohlverhaltens gegenüber den Göttern (48f.) und trotz Sympathie von seiten der Götter (46, 51) deren übergeordneten Interessen ausgeliefert sind (s. auch 24.525–533 mit 24.518–551n.): GRIFFIN 1978, 17 ("a nightmare picture for men"); AHRENSDORF 2014, 52–55 (mit z.T. zu weit gehenden Folgerungen). Aber dieses Streitgespräch, das der ersten in der Ilias beschriebenen Schlacht vorausgeht (vgl.

---

23 μιν: = αὐτήν (R 14.1).

STR 22 Abb. 2), hat auch weitere erzähltechnische Funktionen innerhalb der Ilias-Handlung: Der Erzähler[P] (a) erinnert das Publikum erneut (nach z.B. 2.67–70, 2.284–332 u.a.) daran, daß die ganze *ménis*-Handlung der Ilias vor dem Hintergrund der noch nicht entschiedenen Zerstörung Troias abläuft, er zeigt (b) den ersten, grundsätzlichen Streit des Ehepaars um Troia (vorbereitet 1.518–521, den letzten s. 18.356–368 [s.d.]), (c) Heras grenzenlosen Haß auf Troia (bes. 35f. mit n., 51–53n.), (d) Zeus' Überlegenheit, indem er sein Ziel auf einem Weg erreicht, bei dem sogar Hera befriedigt den allgemeinen Konsens festhält (62–64a); der Erzähler behält also virtuos die Kontrolle im Hinblick auf das in der Tradition vorgegebene Erzählziel, Troias Untergang (s. auch RICHARDSON 1990, 193; VAN ERP 2000, 400f.; PUCCI 2002, 28f.). Zur Frage nach einer möglichen 'Einspiegelung' der Vorgeschichte durch diese Szene s. 13–19n.

25–29 In Heras Ausbruch zeigt sich, wie *sie* Zeus' Darstellung der beiden Möglichkeiten interpretiert, nämlich daß er den Friedensschluß favorisiere; seine Strategie ist also aufgegangen. Die ganze Rede ist geprägt von ihrer Empörung angesichts der Möglichkeit, daß ihre bisherigen Anstrengungen zunichte gemacht werden könnten, s. auch 57–59 (ERBSE 1986, 193f. u. 196f.). – Die Rede hat sprachliche und inhaltliche Parallelen in 16.440–443 (s.d.) und 22.178–181 (zum einzelnen s. bes. 25n., 29n., außerdem 73n.): dort weisen Hera bzw. Athene Zeus' Vorhaben zurück, den Gang der Ereignisse zu ändern (nämlich Sarpedon bzw. Hektor vor dem Tod zu bewahren).

25 = 1.552, 8.462, 14.330, 16.440, 18.361; 2. VH = 8.209. — Der Formelvers ist nur in Reden Heras verwendet, in denen sie empört Kritik an Zeus übt (Lit. s. 14.330n.).

αἰνότατε: Ausdruck höchster Empörung; αἰνός ist außer in Götteranreden nur selten auf Lebewesen bezogen verwendet (16.440n.). — ποῖον … ἔειπες: Ausdruck des Widerspruchs, stets zu Beginn einer empörten Rede (vgl. 16.49n. zur VE-Formel ποῖόν/οἷον ἔειπες); μῦθον ἔειπες ist flektierbare VE-Formel (33× *Il.*, 20× *Od.*, 3× Hes., 7× *hom.h.*: 1.552n.; zum Aor. ἔειπες 19.76n.).

26 2. VH ≈ 57. — πῶς ἐθέλεις: ähnlich 24.203 (πῶς ἐθέλεις … ἐλθέμεν οἷος); Ausdruck für einen bitteren Vorwurf: 'Wie kommst du dazu, … zu wollen?' (AH; weitere ähnl. Formulierungen s. 24.203n.). — ἅλιον … ἠδ' ἀτέλεστον: ähnlich *Od.* 2.273; Emphase durch synonymische Doppelung (zum Phänomen 1.160n., 2.39n.): ἅλιος kennzeichnet oft etwas, was sein Ziel oder seine Bestimmung verfehlt (18.324n., dort auch zur Etymologie), hier ihre 'vergeblich' aufgewendete Mühe, sonst z.B. Worte, die unerfüllt bleiben (158–159n.), oder mit Negation ein Geschoß, das sein Ziel erreicht (498 οὐχ ἅλιον βέλος); bei

---

25 Κρονίδη: 5n. — ποῖον τὸν μῦθον ἔειπες: 'Was hast du da gesagt!, Was redest du da!'; ποῖον prädikativ ('als was für eines'), τόν ist deiktisch; ἔειπες = εἶπες.

26 θεῖναι: mit doppeltem Akk. 'jn. zu etw. machen'. — ἠδ(έ): 'und' (R 24.4).

ἀτέλεστος liegt das Gewicht auf dem Umstand, daß etw. nicht zum Ziel (τέλος) führt, 'erfolglos' bleibt (GUNDERT 1983, 161).

27 Heras Äußerung, hervorgehoben durch eine *figura etymologica* (gr. *hidrṓ ... hidrṓsa*), ist eine der Wut entsprungene Übertreibung, ein plastisches Bild für ihre übergroße Anstrengung. Schweiß und Erschöpfung sind sonst in der Ilias als Folgen physischer Anstrengung von Kämpfenden und ihren Pferden erwähnt (2.388–390n., 16.109–111a n.). Von den Göttern schwitzt nur der Schmiedegott Hephaistos bei der Arbeit (18.372 mit n. [s.v. ἱδρώοντα]).

μόγῳ: μόγος steht semantisch πόνος nahe ('Mühe, Anstrengung'; schol. D: ταλαιπωρίᾳ, καμάτῳ); es ist ein hom. *hapax*[P] (auch nachhom. selten belegt: LSJ s.v.), darüber hinaus aber als Bestandteil von Ableitungen und Komposita belegt (LfgrE s.vv. μόγος und μογέω; 19.103n. zu μογοστόκος).

28 1. VH ≈ 11.770. — Das Sammeln des achaischen Kriegsvolkes bezieht sich auf die Vorgeschichte der Ilias-Handlung (externe Analepse[P]: Sammlung des Heeres in Aulis); denn beim Aufmarsch des Achaierheeres im 2. Gesang (2.445–452) war v.a. Athene die treibende Kraft gewesen (BERGOLD 1977, 20 Anm. 1. 140 mit Anm. 2; zur langen Dauer der Mobilisierung s. schol. D zu 24.765 u. 24.765–766n.; vgl. auch *Cypria*, Prokl. *Chrest.* § 4–6 West).

λαόν: Der bereits im Myk. belegte Begriff für 'Volk' bez. – themabedingt – in der Ilias meist 'das (männliche) Volk unter Waffen, Kriegsvolk, Heer' (1.10n.; s. auch myk. /lawagetas/ *ra-wa-ke-ta*: MYK s.v. λαός). — **Πριάμῳ ... τοῖό τε παισίν:** Variante der Formel von 31 (s.d.); vgl. 6.283 Πριάμῳ μεγαλήτορι τοῖό τε παισίν.

29 = 16.443 (s.d.), 22.181. — Vers mit trotzig-drohendem Ton: 'Tu's nur!' i.S.v. 'Tu's nicht, sonst wirst die Folgen zu spüren bekommen!'. Das Gewicht liegt auf 'nicht alle': Hera droht damit, daß Zeus Uneinigkeit und Widerstand riskiere (ELMER 2013, 148f.); ähnlich Poseidon 15.213–217 (er droht mit Widerstand, falls Zeus gegen seinen Willen und den Willen von Athene, Hera, Hermes und Hephaistos Troia verschonen will). Diese Ankündigungen sind Ausdruck eines hilflos-wütenden Protests gegen Zeus; denn allen Göttern ist klar, daß sie nichts gegen Zeus ausrichten können, s. 1.560–569, 1.577–581.

πάντες ἐπαινέομεν: flektierbare Junktur im Vers-Innern (6× *Il.*, 5× *Od.*); zu ἐπαινέω als Ausdruck der Konsens-Äußerung in Versammlungen s. LfgrE s.v. αἰνέω; ELMER 2013, 4–6. 146–149. — **θεοὶ ἄλλοι:** VE-Formel (63n.).

---

27 ἱδρῶ: Akk. zu ἱδρῶς 'Schweiß'. — καμέτην: 3. Dual Aor. von κάμνω 'ermüden' (intr.), dazu ἵπποι als Subj. (R 18.1): Gespann von zwei Pferden.

28 κακά: 'zum Unheil', Apposition zu λαὸν ἀγορεύσῃ. — τοῖο: demonstrativ-anaphorisch (R 17; zur Flexion R 11.2), auf Πριάμῳ zurückweisend: 'dessen'.

29 ἔρδ(ε): 'tu's!'. — ἀτάρ: 'aber' (R 24.2). — τοι: = σοι (R 14.1). — ἐπαινέομεν: zur unkontrahierten Form R 6.

30 = 1.517 (s.d.); ≈ 7.454, Hes. *Th.* 558 (τόν); 1. VH (bis zur Zäsur C 1) = *Il.* 8.208, 15.184, 18.97; ≈ 16.48, 17.18, 19.419, 22.14, *Od.* 4.30, 4.332, 15.325 (τόν). — Rede-Einleitungsformel[P] (KELLY 2007, 224f.; allg. zu deren Flexibilität 1.58n. [mit Lit.]; FRIEDRICH 2007, 42f.).

τὴν δὲ ... προσέφη ...: Rede-Einleitung[P] mit typischer Struktur (τὸν/τὴν δέ + Ptz. + προσέφη + Nomen-Epitheton-Formel), im 4. Gesang noch 183, 188, 349, 356, 411 (1.364n., 24.55n.). — ὀχθήσας: kennzeichnet emotionale Erregung, die sich in einer Antwort auf ein Verhalten entlädt, das als Affront oder Mangel an Respekt empfunden wird (CAIRNS 2003, 22; LfgrE s.v.: 'gereizt'). Zeus' Ärger – wegen Heras Opposition und ständiger Kriegstreiberei gegen die Troer (31–36) – ist allerdings Teil seiner Strategie, Hera zu reizen. — νεφεληγερέτα Ζεύς: flektierbare VE-Formel, oft wie hier in Rede-Einleitungen[P] (16.666n.); das (Wetter-)Epitheton ist das häufigste bei Zeus (1.511n.; zu oriental. Entsprechungen WEST 1997, 115). Die Endung -ᾰ ist vermutlich vom Vok. übernommen (1.175n.); zu dieser Entwicklung in der ep. Kunstsprache s. JANKO 2012, 23.

31–49 Zeus läßt Hera ihren Willen – angeblich nur unwillig und nur unter der Bedingung, daß sie bereit ist, ihren Anspruch auf Troias Vernichtung durch Verzicht auf eine beliebige andere Stadt abzugelten (37–43), – und erreicht so endgültig sein Ziel. Seine Rede ist ringkompositorisch[P] aufgebaut (KIRK; O'BRIEN 1993, 82–85): In den Außenringen beschreibt Zeus sein und ihr Verhältnis zu Troia, indem er (A) Heras ungeheuer heftigen und unaufhörlichen Zorn hervorhebt (31–36) und (A') sein eigenes Wohlwollen herausstreicht (44–49), und er signalisiert sein Nachgeben (B/B': 37f./43); das Zentrum (C) bildet seine Bedingung (39–42), deren bereitwillige Annahme Hera umso rachsüchtiger erscheinen läßt. Denn Zeus erweckt z.T. den Eindruck, diese Sache mit Troia sei ihm eigentlich gar nicht so wichtig (s. bes. 37f.), und in seiner Forderung, irgendwann einmal eine Stadt zerstören zu dürfen, bleibt er sehr unbestimmt (40–42). Hera hingegen unterstellt er grenzenlosen Haß auf Troia (31–36), ohne einen Grund für diesen Haß zu benennen. Er ist wohl auf die Episode des 'Paris-Urteils' zurückzuführen, das in der Ilias nur 24.27–30 explizit erwähnt wird (s.d. mit Lit.): 7–19n.; KIRK zu 31–33; REINHARDT (1938) 1960; ERBSE 1986, 196f.; KULLMANN (1991) 1992, 109; PUCCI 2002, 25f. Und es ist anzunehmen, daß der Erzähler[P] die Rede so gestaltet, daß Zeus, wohl wissend, warum Hera Troia haßt, seine angebliche Unwissenheit als weiteres Mittel einsetzt, sie zu reizen.

31 δαιμονίη: Das meist im Vok. verwendete Adj. bedeutet urspr. 'unter Einwirkung eines δαίμων stehend'; der Sprecher bringt damit seine Verwunderung über ein für ihn unbegreifliches Handeln/Reden des Gegenüber zum Ausdruck ('du Wunderliche', s. 32b–33), wobei die genaue Nuance oft schwer bestimmbar ist (1.561n., 2.190n., 6.326n.): hier ist es entweder in gereiztem (BRUNIUS-NILSSON 1955, 29f.; BERGOLD 1977, 141: nur gespielt) oder spöttischem Ton (MINCHIN 2010, 390) verwendet. Weitere Stellen in einem Gespräch zwischen Eheleuten: 1.561 (Zeus zu Hera), 6.407/486 (Hektor und Andromache gegenseitig), 24.194 (Priamos zu Hekabe), *Od.* 23.166/174/264 (Odysseus und Penelope gegenseitig). — τί νυ: 'in bezug worauf, inwiefern nur' (AH); die Frage ist hier im Ton ungehalten

(K.-G. 2.119); zu νυ in formelhaften Wendungen RUIJGH 1957, 60ff. — **Πρίαμος Πριάμοιό τε παῖδες:** flektierbare VE-Formel (1.255, 3.288, 4.35; vgl. *Od.* 19.414); ein leiser, mit einem Polyptoton geschmückter Anklang an die 2. VH von 28 (GYGLI-WYSS 1966, 48f.). Zur erweiterten Formel s. 35–36n.

32 2. VH ≈ 22.10 (Achilleus), *Od.* 1.20 (Poseidon). — **ὅ τ(ε):** "motiviert die vorhergehende Frage" (AH; ähnlich RUIJGH 815), etwa '⟨wie sich darin zeigt,⟩ daß du …' (6.126n.; MONRO [1882] 1891, 243; CHANTR. 2.286). — **ἀσπερχὲς μενεαίνεις:** ἀσπερχές bed. 'mit Eifer, heftig' (Ableitung zu σπέρχω/-ομαι 'stürmen, hasten', mit α *copulativum* od. *intensivum*: SCHW. 1.433; DELG s.v. σπέρχομαι; RISCH 216 Anm. 29; LfgrE s.v. ἀσπερχής); μενεαίνω ist Denominativum zu μένος und bez. ein heftiges, zorniges Streben (19.58n.; zu μένος vgl. 1.103n.: "spez. aggressive Energie"); zur Formulierung vgl. die Varianten ἀσκελέως μενεαινέμεν 19.68n. u. σπερχνὸν … κοτέων 'Hes.' *Sc.* 454.

33 = 8.288; ≈ 21.433 (ἐκπέρσαντες), vgl. außerdem 2.133, 13.380 (mit gleichem VA und VE Ἰλίου … πτολίεθρον); 1. VH ≈ 5.642; ähnliche Wendungen mit ἐξαλαπάξαι s. 14.251n. — **Ilios:** der andere Name für Troia (1.71n., FOR 24; zur urspr. Verwendung der beiden Namen LATACZ [2001] 2010, 369–374).
Der Vier-Wort-Vers, hier mit epexegetischer Funktion (Inhalt des unablässigen Bestrebens Heras), macht mit Nachdruck auf den Inhalt aufmerksam, die Zerstörung der Stadt Troia (vgl. 5–6n.). — **Ἰλίου … πτολίεθρον:** Zum explikativen Gen. des Ortsnamens bei πτολίεθρον (Iterata), ἄστυ (103n.) od. ἔδος (406) s. 24.144n.; SCHW. 2.121f.; CHANTR. 2.62. — **ἐϋκτίμενον πτολίεθρον:** VE-Formel zur Umschreibung verschiedener Städte (7× *Il.*, 3× *Od.*, 2× 'Hes.'): 2.501n.; zum Kompositum ἐϋ-κτίμενον G 91 (Wurzelpräsens).

34 1. VH ≈ 14.169, *h.Ven.* 60; 2. VH = *Il.* 22.507; ≈ 22.99. — **πύλας καὶ τείχεα:** Die Junktur umschreibt die Befestigungsanlage, hier von Troia als Bild für die befestigte Stadt (s. auch Iterata), an gleicher Versstelle π. κ. τεῖχος vom Schiffslager (12.223, 13.679).

35–36 35b–36a ≈ 1.255f.; 2. VH von 35 ≈ 31 (s.d.); 2. VH von 36 ≈ *Od.* 3.145. — **roh:** Omophagie ist in den hom. Epen typisch für Tiere (LfgrE s.vv. ὠμηστής, ὠμόφαγος) – Kannibalismus wird nur dem Kyklopen Polyphem (*Od.* 9.287–298, 9.373f.) und den Laistrygonen (10.114–124) zugeschrieben (SEGAL 1971, 41). Das Motiv 'den Feind roh verzehren' ist ein drastisches Bild für exzessiven Rachedurst, das in dieser rhetorischen Funktion auch von anderen verwendet wird, allerdings in der Beschreibung ihres eigenen Rachedurstes: von Achilleus drohend gegen Hektor (als "impossible wish": *Il.* 22.346f., s. DE JONG z.St.) und von Hekabe in ihrem Wunsch nach Rache an Achilleus (24.212–213n. mit Lit.; zum Motiv BRAUND/GILBERT 2003, 278–280; BIERL 2016, 15–17 [mit Hinweis auf Dionysos]). An der vorl. Stelle ist es durch die Vorstellung, wie Hera in ihrem Drang, Troia zu zerstören, durch das Tor in die Stadt eindringt (34–36), besonders

---

32 τόσσα: zum -σσ- R 9.1. — κακὰ (ϝ)ρέζουσιν: zur Prosodie R 4.5.
33 πτολίεθρον: ep. Wort, Erweiterung zu πόλις/πτόλις (zum Anlaut R 9.2).
34 τείχεα: zur unkontrahierten Form R 6.
36 κεν: = ἄν (R 24.5).

realistisch ausgestaltet und dient so als Mittel zur Provokation; Zeus unterstellt ihr
krankhaften, völlig unverhältnismäßigen Haß (ähnlich KIRK; zum Motiv der Omophagie als Vorwurf bes. Roheit s. Hekabe über Achilleus 24.207 mit n.). —
Priamos … | … Troer: Mit ähnlichen Formulierungen wird sonst in der Ilias er-
wähnt, daß die Troer in gleicher Weise wie die troische Königsfamilie von etwas
betroffen sind (wie hier von göttlichem Zorn noch 24.27f., vom Krieg 2.304,
4.164f. = 6.448f., 6.283, 21.103–105); zum Formelsystem 'Priamos und die Troer'
s. 2.160n.

Die potentiale Periode wird von WEST als Frage aufgefaßt: Zeus tut so, als ob Heras Zorn
für ihn völlig rätselhaft sei (31–33); daher könne er nicht das Heilmittel benennen, sondern
allenfalls danach fragen (WEST 2001, 188). Als Aussage ist es eine provokativ wirkende,
üble sich scheinbar angewidert gebende Unterstellung. — βεβρώθοις: Opt. des Perf. zu βι-
βρώσκω ('fressen, verzehren'); zum Perf.-Suffix -θ- SCHW. 1.662; CHANTR. 1.429 (s. dagegen das Ptz. βεβρωκώς 22.94, *Od.* 22.403). — **Πρίαμον … παῖδας:** 31n. — **ἐξακέσοιο:**
ἐξ-ακέομαι bed. 'ausheilen, vollständig heilen' (hier i.S.v. 'völlig befriedigen'); das Präfix
ἐξ- drückt die Vollendung der Handlung bis zu ihrem Ende aus (SCHW. 2.462; CHANTR.
2.97f.). Das Verb ist neben dem konkreten Heilen von Wunden auch im übertragenen Sinn
verwendet, ähnlich wie hier 22.2 (Durst löschen), *Od.* 3.145 (der Versuch, Athenes Zorn
durch Hekatomben zu beschwichtigen), außerdem *Il.* 9.507 (den angerichteten Schaden be-
heben), *Od.* 14.383 (Schiffe ausbessern).

37 1. VH = *Od.* 13.145, 16.67, 24.481. — **ἔρξον ὅπως ἐθέλεις:** Zeus nimmt Heras Schlußwort wieder auf (29 ἔρδ'), ähnlich 22.181/185 (Catchword-Technik[P]); altorient. Parallelen zum Verhalten des obersten Gottes s. WEST 1997, 179 Anm. 33. — **ὀπίσσω:** temporal
'in Zukunft, später' (LfgrE s.v. 736.25ff.). — **τοῦτό γε νεῖκος:** 'dieser Zank', nämlich
einer, der sich um Angelegenheiten der Sterblichen dreht und daher für Götter eigtl. nicht
der Mühe wert ist (zu diesem Gedanken vgl. 1.574f., 8.427–431, 21.462–467), s. im Gegensatz dazu 38 μέγ' ἔρισμα (AH); Zeus tut also so, als ob für ihn die Frage, ob Troia
zerstört werden soll, nicht so wichtig sei. Zu τοῦτο als Verweis auf das den Sprechern Vorliegende vgl. SCHW. 2.209f.; BAKKER [1999] 2005, 76f.; DE JONG 2012, bes. 71ff. mit Anm.
26); zu γε (Hervorhebung des Ausdrucks) s. WAKKER 1994, 309f.; BONIFAZI 2012, 31.

38 2. VH = 3.110. — **ἔρισμα:** *hapax legomenon*[P], wie ἔρις eine Abstraktbildung zur Wortfamilie von ἐρίζω (zur Wortbildung RISCH 50). Diese Wortfamilie ist oft im Kontext von
Kampf gegen den Feind oder Rivalen verwendet (vgl. 1.8n., 18.535n.), diejenige von
νεῖκος (37) im Kontext verbaler Auseinandersetzung (LfgrE s.v. νεῖκος): der Zank um die
Sache der Sterblichen (37) soll nicht eskalieren und Anlaß für ein 'großes Zerwürfnis' werden (schol. D: μεγάλης ἔχθρας … αἰτία; PORZIG 1942, 187f.; HOGAN 1981, 29; LfgrE).
Die Begriffe ἔρις und νεῖκος in synonymischer Doppelung s. 2.376 (s.d.: im Pl. 'kleinliche
Zänkereien'), 20.251, 21.513, *Od.* 20.267, Hes. *Th.* 782, 'Hes.' *fr.* 43a 36 M.-W. (s. außerdem *Il.* 17.384, 20.253f.). — **μετ' ἀμφοτέροισι:** 'zwischen, unter uns beiden', ergänzend
zu σοὶ καὶ ἐμοί (vgl. 16n.).

___

37 ὀπίσσω: zum -σσ- R 9.1. — μή (+ Konj. Aor.): 'daß nur nicht …'.

39 = 1.297, 5.259, 9.611, 16.444, 16.851, 21.94, *Od.* 11.454, 16.281/299, 17.548, 19.236/495/570; ≈ *h.Ap.* 261; 1. VH = *Il.* 15.212, 23.82, *Od.* 24.248, *h.Merc.* 550; ≈ *Od.* 15.27, 'Hes.' *Sc.* 330; 2. VH = Hes. *Op.* 107; ≈ 274. — Die Überleitungsformel dient dem Sprecher dazu, die nachfolgende Aussage (oft eine Warnung, Drohung oder konkrete Anweisung), nachdrücklich zu unterstreichen (16.444n.).

ἐνὶ φρεσί: formelhaft, fast immer (80× fgrE) zwischen den Zäsuren B 2 und C 2 (JAHN 1987, 267; zur prosod. Variante mit μετά 245n.); φρήν/φρένες erscheint u.a. als Sitz seelisch-geistiger Regungen und intellektueller Prozesse, s. 1.24n., 19.169–170n.; LfgrE s.v. φρένες 1017.10ff. u. 1028.1ff.; JAHN a.O. 212ff.

40–42 Zeus betont zwar den Anspruch, seinen Zorn ebenfalls ausleben und eine Stadt Heras zerstören zu dürfen (gr. betonte Pronomina der 1. Person: 40 *kai egṓ*, 42 *ton emón chólon*), bleibt aber sehr unbestimmt und provoziert sie damit zu einem großzügigen Zugeständnis (51ff.).

40–41 μεμαὼς ... ἐξαλαπάξαι | ... ἐθέλω: Das Ptz. zum Perf. μέμονα ('streben, darauf aus sein') ist sehr oft mit einem Inf. verbunden (LfgrE s.v. 122.58ff; vgl. 6.120n.); ἐξαλαπάξαι ist hier aber auf ἐθέλω zu beziehen, ebenso μεμαώς (mit besonderem Nachdruck im Enjambement[P]: 'ich will ganz dringend ...': AH; KIRK). — πόλιν ἐξαλαπάξαι: variierbare VE-Formel (noch 2.367, 14.251, *Od.* 3.85, 4.176, Hes. *Op.* 189; s. auch 33n.). — τήν: demonstrativ-anaphorisch auf πόλιν zurückweisend und zugleich vorausweisend auf relativisches ὅθι, ähnlich 13.593f. (AH; weitere Stellen CHANTR. 2.162). — φίλοι ἀνέρες: φιλεῖ/φίλος (prädikativ) umschreibt oft die Begünstigung von Menschen durch eine Gottheit, s. in Heras Erwiderung 51 (24.61n. [mit Lit.], 16.94n. s.v. φιλεῖ); dies gilt auch für die vorl. Stelle (vgl. LfgrE s.v. φίλος 933.15ff.; anders LANDFESTER 1966, 31. 33). — ἐγγεγάασιν: '(ein)geboren sind in' → 'angestammt sind, leben'; dt. 'die Eingeborenen' (LfgrE s.v. γίγνομαι 154.56ff.); zu dieser Perf.-Form SCHW. 1.767 Anm. 7, 769; CHANTR. 1.425.

42 μή τι διατρίβειν ..., ἀλλά μ᾽ ἔασαι: Polarer Ausdruck[P] mit imperativischen Infinitiven (Präs. konativ, Aor. ingressiv: AH; CHANTR. 2.195): διατρίβω bed. eigtl. 'zerreiben', übertr. 'durchkreuzen, hintertreiben' (LfgrE s.v. τρίβω); ἐάω bed. 'jn. ⟨etw. tun⟩ lassen, nicht hindern' (LfgrE s.v. 383.77ff.; NUSSBAUM 1998, 78). Imperativische Inf. wurden zunächst als futurische Imp. gedeutet, da sie oft neben prospektiven Kondizional- od. Temporalsätzen stehen (hier 40f.): AH; TZAMALI 1996, 300f., mit älterer Lit. Anders als der Imp. enthält ein imperativischer Inf. jedoch eine eher indirekte Anweisung, deren Umsetzung der Sprecher nicht direkt beeinflussen kann; an der vorl. Stelle handelt es sich um ein erwünschtes soziales Verhaltensmuster, analog der Ausdrucksweise in Vereinbarungen (NEUBERGER-DONATH 1980, bes. 67: "obligative infinitives"; ALLAN 2010, 220ff., bes. 228:

---

39 τοι (ϝ)ερέω: zur Prosodie R 4.4; τοι = σοι (R 14.1); ἐρέω = ἐρῶ (R 6), ' ich werde sagen'. — ἐνί: = ἐν (R 20.1). — βάλλεο: 2. Sg. Imp. Med. — σῇσιν: zur Flexion R 11.1.

40 ὁππότε: zum -ππ- R 9.1. — κεν: = ἄν (R 24.5).

41 ἐθέλω, ὅθι: zum Hiat R 5.6. — ὅθι: 'wo'. — τοι: = σοι (R 14.1); abh. von φίλοι. — ἀνέρες: = ἄνδρες; Anfangssilbe metr. gedehnt (R 10.1).

42 τι: Akk. der Beziehung (R 19.1), verstärkt μή: 'nicht in irgendeiner Hinsicht, gar nicht, überhaupt nicht'.

"Agreement-script"; vgl. auch 16.87n.); zum Phänomen vgl. heutige Formulierungen wie 'Türen schließen!', 'ne pas ouvrir les fenêtres!' u.ä. — τὸν ἐμὸν χόλον: Der Artikel mit anaphorisch-demonstrativer Funktion weist auf 40 zurück und markiert den Gegensatz zu 36 (AH; CHANTR. 2.162; vgl. auch G 99).

43–49 Troias Eroberung durch die Achaier steht für Zeus fest (13–19n.). Dennoch signalisiert er durch die Formulierung, daß ihm die Preisgabe der Stadt widerstrebe, da sie und ihre Herrscherfamilie ihm immer die gebührenden Opfer dargebracht hätten, ein Argument, das auch sonst von Göttern vorgebracht wird (von Zeus noch im Zusammenhang mit Hektors Schicksal 22.169b–172a, 24.66–70): 24.33–35n.; KELLY 2007, 223f. Allerdings ist die Aussage V. 43 wohl nicht Zeichen eines echten inneren Konflikts (so FLAIG 1994, 25f.; ELMER 2013, 150. 153. 265 Anm. 8), sondern vielmehr ein Mittel der Täuschung Heras: Zeus kaschiert seine Absicht, indem er ihr scheinbar widerwillig nachgibt (AH) und mit der Schilderung seines engen Verhältnisses zu Troia (44–49, bes. 46f.) Hera wissen läßt, daß die Sache sie irgendwann einmal teuer zu stehen kommen kann.

43 2. VH ≈ 7.197. — δῶκα: absolut gebraucht: die "im Kontext beschriebene Handlung" 'erlauben, gestatten' (LfgrE s.v. δίδωμι 296.25ff.); Zeus gibt sich großzügig und täuscht damit über seine wahre Haltung in dieser Sache hinweg (43–49n.). — ἑκών, ἀέκοντί γε θυμῷ: die Verbindung ἑκών – ἀέκων noch 7.197, dort auf zwei Individuen bezogen (οὐ γάρ τίς με … ἑκὼν ἀέκοντα δίηται). An der vorl. Stelle umschreibt das Wortspiel[P] den (nur vorgetäuschten: 43–49n.) inneren Konflikt *eines* Individuums: Zeus signalisiert, daß er (angeblich) Hera freiwillig ein Angebot mache, das eigtl. nicht seiner Neigung entspreche (LEAF; KIRK; WILLIAMS [1993] 2000, 60; vgl. schol. A, T; Porphyrios z.St. §§ 8–10 MacPhail). Zur Antithese mit Wiederholung des Wortstammes s. FEHLING 1969, 282f., zum Oxymoron ebd. 292. – θυμός kann sowohl den Sitz von Emotionen und seelischer Energie als auch solche inneren Kräfte selbst bezeichnen (LfgrE s.v. 1081.51ff. [Attribute s. 1083.56ff.]; s. auch 152n., 1.24n.).

44 οὐρανῷ ἀστερόεντι: flektierbare VE-Formel (7× *Il.*, 4× *Od.*, 10× Hes.) mit ornamentalem Epitheton[P], das sowohl auf den Nachthimmel als auch auf den Himmel am Tag und auch auf den Gott Uranos bezogen verwendet wird (6.108n.); zu idg. Formulierungen 'unter der Sonne' und 'unter dem Himmel' i.S.v. 'auf der ganzen Welt' s. WEST 2007, 86.

45 Das gr. Adjektiv *epichthónios* ('auf der Erde lebend') weist auf das (räuml. und zeitl.) begrenzte Dasein der Menschen hin und ist eines der Epitheta, mit denen der Gegensatz zu den Göttern hervorgehoben wird (LfgrE s.v. ἄνθρωπος 890.3ff.; zu weiteren Epitheta bei Wörtern für 'Menschen' 1.266n., 19.22n.).
Vier-Wort-Vers (vgl. 5–6n.). — ναιετάουσι: bed. eigl. '(be)wohnen', hier intrans. mit der Lokalität als Subj. verwendet 'bewohnt sein, liegen' (ebenso *Od.* 4.177, 9.23, vgl. ναίουσι *Il.* 2.626); dieser Gebrauch geht viell. auf die VE-Formeln mit Ptz. εὖ ναιεταούσας/ναιετάοντας zurück (von Häusern u. Städten, 'wo sich's gut wohnt'): 6.370n.;

---

44 αἵ: Relativpron., wiederaufgenommen durch τάων 46. — ἠελίῳ: = ἡλίῳ.

45 πόληες: Nom. Pl. zu πόλις (vgl. R 11.3).

DELG s.v. ναίω. — **ἐπιχθονίων ἀνθρώπων**: VE-Formel, fast immer im Gen. Pl. (1× *Il.*, 4× *Od.*, 5× Hes. [davon 1× Akk. Pl.], 5× *hom.h.*).

46–47 2. VH 46–47 ≈ 164b–165 u. 6.448b–449 (ὀλώλῃ), 8.551b–552 (bei WEST nur im *app. crit.*) u. 24.27b–28a (ἀπήχθετο). — **μοι ... τιέσκετο**: Iterativ des Med.-Pass. von τίω, 'wurde geschätzt, stand in Ehren' (LfgrE), mit Dat. der beteiligten Person (dazu SCHW. 2.149f.; CHANTR. 2.72f.; GEORGE 2005, 51–60, bes. 56f. mit Anm. 25). Die in der vorl. Formulierung ausgedrückte Vorstellung, daß ein Gott eine ganze Stadt mit all ihren Bewohnern (47) 'ehrt', ist singulär und wirkt emphatisch (vgl. LfgrE s.v. τίω); die Begünstigung von Menschen durch eine Gottheit ist sonst mit φιλεῖ/φίλος ausgedrückt (vgl. 51; dazu 24.61n., 16.94n.). Die Vergangenheitsform ist viell. ein Hinweis darauf, daß Zeus jetzt gedanklich damit abgeschlossen hat (AH). — **περὶ κῆρι**: Die Junktur (8× *Il.*, 6× *Od.*; häufig nach der Zäsur A 4, außerdem am VE u. nach der Zäsur A 1) ist in den meisten Fällen in adverbielles περί ('überaus, mehr als andere'; s. auch 257) und lokativisches κῆρι ('im Herzen') aufzulösen, so auch hier (schol. A, bT; LEAF; AH; WILLCOCK; CHANTR. 2.126; HAINSWORTH zu *Od.* 5.36 [mit Hinweis auf *Il.* 9.117]; vgl. auch 24.61n.; zur Variante πέρι 18.549n.; anders FAESI; FRITZ 2005, 258f.: περί Präposition; von KIRK mit Hinweis auf 53 in Erwägung gezogen ["deep in the heart"]). — **Ἴλιος ἱρή**: flektierbare VE-Formel (5× Nom., 3× Gen., 15× Akk., insgesamt 21× *Il.*, 2× *Od.*); eine alte Formel, das Attribut ἱρή ist wohl mit aind. *iṣirá*- ('stark') verwandt (JANKO, Introd. 10. 19; weitere Lit. s. BEEKES s.v. ἱερός; zu ἱερός als generischem Epitheton^P bei Städten s. auch 1.38n., 16.100n. — **Πρίαμος καὶ λαὸς ... Πριάμοιο**: λαός bez. hier das Volk insgesamt, Frauen und Kinder eingeschlossen (LfgrE s.v. 1636.31ff., anders dagegen 28 [s.d.]), die ganze Formulierung ist eine Umschreibung für 'alle Bewohner Troias' (s. 35f. mit n.); die Aussage 46f. steht daher nicht im Widerspruch zu 20.306 (ἤδη γὰρ Πριάμου γενεὴν ἤχθηρε Κρονίων) (KIRK, gegen schol. bT; s. auch EDWARDS zu 20.306). Zum Polyptoton s. 31 (mit n.) und 35. — **ἐϋμμελίω**: 'mit guter Eschenlanze' (vgl. die meton. Verwendung von μελίη 'Esche' für 'Lanze' LfgrE s.v.), zur kontrahierten Form des Gen. s. SCHW. 1.252; CHANTR. 1.64f.; generisches Epitheton^P bei Helden, in der Ilias nur von Priamos und den Söhnen des Panthoos (LfgrE s.v.). Zu Epitheta mit Bezug auf die Bewaffnung von Helden oder Heeren s. 6.116n.; zu idg. Parallelen WEST 2007, 460.

48–49 = 24.69–70 (Zeus über Hektor).

48 2. VH = 1.468, 1.602, 2.431, 7.320, 23.56, 24.69, *Od.* 16.479, 19.425; ≈ *Il.* 15.95. — **ἐδεύετο**: Zu δεύομαι für att. δέομαι s. G 61. — **δαιτὸς ἐΐσης**: VE-Formel (s. Iterata) mit der Bed. 'gleich(mäßig verteilt)e Portion', im vorl. Kontext (Opfer für Zeus) viell. mit der Konnotation 'gebührende Portion' (LfgrE s.v. ἶσος 1229.70ff.; ULF 1990, 195 Anm. 52; BERNSDORFF 1992, 96f.; HITCH 2009, 108; s. auch 24.69n.; zur ep. Nebenform von ἶσος [mit prothetischem Vokal od. durch falsche Abtrennung von πάντοσε ϝίσην entstanden] s. 1.306n. mit Lit.).

---

46 τάων: partitiver Gen. — τιέσκετο (ϝ)ίλιος: zur Prosodie R 4.3; zur Iterativform (-σκ-) R 16.5. — ἱρή: = ἱερά.

47 ἐϋμμελίω: Gen. zu ἐϋμμελίης (↑).

48 ἐΐσης: = ἴσης.

49 1. VH ≈ 9.500. — Vers mit epexegetischem Inhalt: Der mit dem Rauch eines Brandopfers aufsteigende 'Fettduft' (gr. *knísē*) und das 'Trankopfer' (gr. *loibḗ*) sind der den Göttern zustehende Anteil (gr. *géras*) an einem Opfer (24.70n. mit Lit.; HITCH 2009, 102f.; NAIDEN 2013, 111–113); zum Ablauf eines Opfers s. 1.447–468n. (Typ. Szene^P), 1.460–461n. (Zubereitung von Schenkelknochen und Fett als Anteil für die Götter); zur Libation 1.469–474n. (Typ. Szene^P). Mit dem gleichen Argument tritt Zeus der wütenden Hera entgegen, wenn er sich dafür ausspricht, die Mißhandlung von Hektors Leichnam zu beenden (24.65–70); an der vorl. Stelle folgt allerdings keine konkrete Handlungsanweisung (vgl. 43–49n.).

λάχομεν γέρας: Zur Formulierung s. 24.70n.: γέρας kann sowohl 'Anrecht' als auch konkret '(Sonder)anteil' bedeuten (LfgrE s.v.; CLARKE 1999, 183); λαγχάνω wird ohne Bedeutungsunterschied mit Akk. od. Gen. konstruiert (SCHW. 2.104; CHANTR. 2.52).

50 = 1.551, 16.439, 18.360, 20.309; 1. VH (τὸν δ' / τὴν δ'): 48× *Il.*, 24× *Od.* 2× *h.Ven.* (Rede-Einleitungsformel^P: 1.121n.; KELLY 2007, 176 Anm. 1). — Ersatz des Rede-Abschlusses^P durch die Rede-Einleitung^P der Rede des Gesprächpartners ist häufig (19.28n.), s. z.B. auch 183, 188, 356, 411.

βοῶπις πότνια Ἥρη: flektierbare Nomen-Epitheton-Formel der 2. VH (Nom./Vok.: 14× *Il.*, 3× *h.Ap.*); zum Epitheton βοῶπις (bed. 'kuhäugig' i.S.v. 'großäugig'), zur VE-Formel πότνια Ἥρη (und zu ihrem Hiat) und zur prosod. identischen Formelvariante θεὰ λευκώλενος Ἥρη s. 1.551n., 14.159n.

51–67 Heras Rede ist zweigeteilt: Teil (1) knüpft an die Vorreden an (51–64a), Teil (2) enthält einen Vorschlag für das weitere Vorgehen (64b–67). Hera geht (um das prekäre Thema zu meiden) nicht auf Zeus' Frage nach dem Grund ihres Hasses ein (31–36), sondern nur auf seine Forderung (39ff.), indem sie (a) eine Gegenleistung anbietet, (b) die Machtverhältnisse und gerechten Ansprüche festhält und so (c) den Konsens zwischen ihnen beiden herstellt; s. die inhaltlichen Entsprechungen 51f./41b, 53f./40–42, 55f./42f., 62–63a/37–38 (s. auch VA 58/43); außerdem bekräftigt sie Aussagen aus ihrer ersten Rede, nämlich über ihre Empörung (57ff./26ff., bes. 57/26) und über die Haltung der übrigen Götter (63b–64a/29b). Zum Satz- und Versbau in der Rede s. KIRK, Introd. 35f.

51–53 Hera signalisiert Zeus sogleich ihre Bereitschaft, ihm dafür, daß er sie jetzt im Falle Troias gewähren läßt, gleich *drei* ihr aufs engste verbundene Städte zur Zerstörung zu überlassen, wann immer sie ihm in Zukunft verhaßt sein sollten; darin zeigt sich ihre Unerbittlichkeit und ihr Haß auf Troia (WILLCOCK zu 50;

---

49 τὸ ... γέρας: τό vorausweisend, γέρας prädikativ ('als Anrecht, Ehrengabe'). — λάχομεν: Aor. zu λαγχάνω 'zugeteilt bekommen, als Anteil erhalten'. — ἡμεῖς: betont 'wir Götter'.

50 τόν: zur demonstr.-anaphor. Funktion von ὅ, ἥ, τό R 17 (ebenso τάς, τάων 53f.). — Ἥρη: zum -η nach -ρ- R 2.

51 ἤτοι ἐμοί: zur sog. Hiatkürzung R 5.5. — ἤτοι: R 24.4. — μέν: ≈ μήν (R 24.6). — πόληες: 45n.

O'BRIEN 1993, 84f.; zu gr. *phíltatos* 'am liebsten' 24.61n.; LfgrE s.v. φίλος
947f.36ff.). Die drei genannten Orte sind als Herrschaftszentren unter mythologi-
schen Gesichtspunkten bedeutsam: **Sparta** und das in der nördlichen Argolis liegende **Mykene** gelten als Residenzen von Menelaos (*Od.* 1.285 u.ö.: 2.582n.,
3.140n.) bzw. Agamemnon (*Il.* 7.180; zur Bedeutung von Mykene s. das Epitheton 'goldreich' 7.180, 11.46, *Od.* 3.305; außerdem 2.569–580n., 2.569n.);
Argos, eine Polis in der südlichen Argolis (2.559 neben Tiryns genannt, *Od.*
21.108 neben Pylos und Mykene), ist immerhin der Hauptort im Herrschaftsgebiet
des Diomedes (vgl. *Il.* 6.224f.: 2.108n., 2.559–568n.), des nach Achilleus erfolgreichsten Kämpfers im Heer der Achaier, s. seine Aristie im 5., 6. und 8. Gesang
(FM 3; 6.12n., 6.96–101n.; zur Bedeutung von Argos s. auch 2.559n.; DNP u.
PECS s.v. Argos; zum Verhältnis Mykene–Argos und Agamemnon–Diomedes s.
VISSER 1997, 456–458; außerdem 364–421n., 376–381n., 401–402n.). Hera gibt
also die Städte der Atriden, d.h. der beiden von ihr favorisierten, künftigen Sieger
über Troia preis (NILSSON [1940] 1967, 428; DI BENEDETTO [1994] 1998, 260f.;
s. auch VISSER a.O. 482f. Anm. 7). Argos wiederum ist aufs engste mit dem Kult
der Hera verbunden (8n.). Für Mykene fehlen solche Belege (PECS s.v. Mycenae), für Sparta sind zumindest Hinweise bei Pausanias überliefert (Schrein und
Holzstatue, ein sog. Xoanon der Hera: Paus. 3.11.9; 3.13.8; 3.15.9; zu Spartas To-
pographie gemäß Pausanias' Angaben s. DNP s.v. Sparta); zu Heras Kult-Orten s.
RE s.v. Hera Sp. 370–382, bes. 372–375. – Die mögliche Zerstörung dieser Orte
wird von einigen Interpreten auch mit außer-iliadischen und historischen Ereignissen in Verbindung gebracht: (a) Reminiszenz an die Zerstörung der myk. Palast-
kultur (SCHADEWALDT [1938] 1966, 162f. Anm. 2; HÖLSCHER 1994, 14f.; SHEAR
2000, 136; WILSON 2002, 176 u. 212f. Anm. 45); (b) Einfluß des Mythos über die
Rückkehr der Herakliden (WILAMOWITZ 1916, 288; WEST 2011, 140, zu 40–2;
zur Rolle von Herakles-Nachkommen in der Ilias s. 2.653n. u. FM 6 mit Anm.
25).

52 Dreigliedrige Aufzählung, das dritte Glied ist durch ein Epitheton erweitert (vgl.
die Stilfigur mit wachsenden Gliedern 1.145n.; WEST 2004 [bes. 45f.]; 2007, 117–
119). Das gr. Adj. *euryágyia* ('mit breiten Straßen') ist ornamentales Epitheton[P],
v.a. von Troia, je einmal von Mykene und Athen (VISSER 1997, 85. 93 Anm. 25).

53 διαπέρσαι: imperativischer Inf. (dazu 42n.); das Subj. ergibt sich aus dem Kontext. —
ὅτ' ἄν τοι ἀπέχθωνται: Die Konj.-Form läßt sich aoristisch mit der Bed. 'sich js. Haß zu-
ziehen' (zum Präs. ἀπεχθάνομαι) oder durativ mit der Bed. 'verhaßt sein' (zu ἀπέχθομαι)
auffassen, hier etwa 'wann immer sie dir verhaßt werden' (MUTZBAUER 1893, 97f.; RISCH
242f.; LfgrE s.v. ἐχθάνομαι). — περὶ κῆρι: 46–47n.

---

53 τοι: = σοι (R 14.1).

54 VE nach Zäsur C 2 ≈ 7.408, *Od.* 2.235, 8.206, *h.Merc.* 465. — Heras Bereitschaft, Zeus gewähren zu lassen, wie er es wünscht (40–42), ist sprachlich hervorgehoben durch das betonte gr. Personalpron. *egṓ* und durch die Aussage, ihm weder mit äußerem noch mit innerem Widerstand zu begegnen.

πρόσθ' ἵσταμαι: 'sich vor jn. stellen'; die Wendung hat meist die Konnotation 'zum Schutz' (KURZ 1966, 92 mit Anm. 37; KELLY 2007, 141f.). — μεγαίρω: ist ein zur Wortfamilie von μέγας gehöriges Denominativum mit der urspr. Bed. 'als zu groß erachten' > 'ablehnen, verweigern' und wird hier wieder aufgenommen durch φθονέω in 55 (LfgrE s.vv. μεγαίρω u. φθονέω; DELG s.v. μέγας).

55–56 2. VH von 56 ≈ 1.169, 4.307, 6.158, 7.105, 8.144, 8.211, 10.557, 20.135, 20.368, 22.40, 5× *Od.* — In der Ilias wird verschiedentlich thematisiert, daß Heras Widerstand gegen Zeus aussichtslos ist und sie ihm letztlich immer unterliegt, s. etwa 1.544–569, 1.577–591, 15.13–52, 15.89–101, außerdem Zeus' Überlegenheit 8.4–27 (KIRK zu 58–61; KELLY 2007, 424f. [mit Lit.]).

Die Vv. wurden von Aristarch und anderen mit der Begründung athetiert, Heras Hinweis schmälere ihr Angebot und störe den Gedankenfluß. Sie sind aber wegen 57 unerläßlich (Erfolg ihrer Anstrengungen, s.d.); sie dienen zudem dazu, Zeus zu schmeicheln, als Reaktion auf dessen Aussage in 43 (er gebe sein Zugeständnis nur ungern): VAN LEEUWEN; LEAF; KIRK; zur Diskussion s. auch AH, Anh. S. 30f.; VAN DER VALK 1964, 391f. — εἰ ... φθονέω τε καὶ οὐκ εἰῶ διαπέρσαι: Wiederaufnahme der Aussage οὔ ... πρόσθ' ἵσταμαι οὐδὲ μεγαίρω (54 mit n.) in chiastischer Anordnung durch Formulierungen für 'verweigern' und 'verhindern' (φθονέω nur hier im fgrE von einer Gottheit): LfgrE s.v. φθονέω. Die Verbformen φθονέω und εἰῶ können als Indikativ oder Konjunktiv aufgefaßt werden; die Negation οὐκ (statt μή) läßt sich damit erklären, daß οὐκ ἐάω als begriffliche Einheit empfunden wird, vgl. 20.138f. (εἰ δέ κ' ... ἄρχωσι ... καὶ οὐκ εἰῶσι): SCHW. 2.593f.; CHANTR. 2.333 u. 2.339; weitere Bsp. s. 24.296n.; zur Form εἰῶ < *ἐάω (hier restituierbar) s. CHANTR. 1.356; NUSSBAUM 1998, 53–56. An der vorl. Stelle ist viell. eher Konj. anzunehmen (AH [futurisch]; FAESI; WILLCOCK [Eventualis]; vorsichtig RUIJGH 520: "un fait itératif et permanent"; für Ind.: LEAF ["Hera is here stating a fact"]; RUIJGH 734). ἀνύω in der Apodosis wird als Präs. mit Fut.-Bedeutung aufgefaßt (AH; FAESI; LEAF; RUIJGH 734; LfgrE s.v. ἄνυμαι). — ἦ: Der Sprecher markiert seine Äußerung als objektiv wahr (vgl. WAKKER 1997, 227–229). — πολὺ φέρτερός ἐσσι: flektierbare VE-Formel (auch 3. Sg./Pl., 1. Pl., Inf.: insgesamt 13× *Il.*, 5× *Od.*, 1× *h.Cer.*), als Aussage über Zeus noch 8.144, 8.211, 15.165/181 (erweitert mit βίῃ). φέρτερος bed. allg. 'überlegen' und wird als Synonym zu ἀμείνων verwendet (1.186n.; LfgrE).

57 2. VH ≈ 26 (s.d.). — Hera pocht nun in einem gewissen Sinn auf Gegenrecht: wenn Zeus alles durchsetzen könne, soll auch sie ihre Interessen verfolgen dürfen,

---

54 τάων: abhängig von πρόσθε, nimmt τάς 53 wieder auf; zur Flexion R 11.1.

55–56 φθονέω: zur unkontrahierten Form (ebenso V. 56) R 6. — εἰῶ: = ἐάω. — ἐσσι: = εἶ (R 16.3).

57 θέμεναι: = θεῖναι (R 16.4).

soll auch *ihre* Bemühung nicht vergebens sein (gr. betontes *kai emón ... pónon*, vgl. 40–42n.).

58–61 Hera begründet ihren Anspruch mit (a) ihrer Zugehörigkeit zu den Göttern, (b) ihrer Abstammung (der gleichen wie Zeus) und (c) mit ihrem besonderen Status unter den Töchtern des Kronos (s. 59n. zu πρεσβυτάτην) und v.a. als Zeus' Gattin. Der letzte Punkt ist viell. gegenüber Zeus ein eher schwaches Argument, da diese Tatsache in seinen Augen nur begrenzt Geltung hat (s. 1.545f., 1.562f., 5.892f.); aber Hera weist mit ihrer Formulierung auf ihrer *beider* Stellung unter den Göttern hin und schmeichelt so auch Zeus. Zur Bedeutung der Abstammung s. 6.145n., 6.152–211n. (in Herausforderungs- und Triumphreden).

58 γένος ... ἔνθεν ὅθεν σοί: erg. ἐστίν: Nominalsätze mit prädikativ gebrauchtem Adv. ἔνθεν bzw. ὅθεν (vgl. SCHW. 2.414f.; CHANTR. 2.2, 9; SOMMER 1977, 160ff.; weitere Bsp. 1.416n., 6.131n.).

59 2. VH = *h.Ven.* 22, 42; ≈ Hes. *Th.* 137. — **Kronos:** Zu Kronos in der Ilias s. FG 26; zu seiner Verbannung in den Tartaros 14.203b–204n.

πρεσβυτάτην: bez. bei Sterblichen den od. die Älteste(n) in einer Geschwisterreihe (6.24, 11.740, 13.429, 21.142f.). An der vorl. Stelle markiert das Epitheton wohl v.a. die größte Würde unter den Töchtern des Kronos, die von Hera sowohl mit der Geburt als auch mit ihrer Stellung als Gattin des Herrschers über die Götter erklärt wird, s. 60f. (LfgrE s.v. πρεσβύτερος: 'ehrwürdigste'; ähnlich LEAF: "senior in dignity"; DE LAMBERTERIE 1990, 916f.; HÄUSSLER 1995, 51), s. auch das Epitheton πρέσβα 'altehrwüdig' in ihrer Benennung als Ἥρη πρέσβα θεὰ θυγάτηρ μεγάλοιο Κρόνοιο (5.721, 8.383, 14.194, 14.243: 19.91n.; zur Etym. 14.194n.) und ἀρίστη in der ähnlich gestalteten Passage 18.364–366. Nimmt man jedoch die Bed. 'älteste' an (so KIRK), ergibt sich eine Diskrepanz zur außeriliad. Tradition (s. auch *Od.* 13.142 mit HOEKSTRA z. St.): Als Erstgeborene des Kronos gilt Hestia (*h.Ven.* 22, s. auch die Aufzählung Hes. *Th.* 454f: Hestia, Demeter und Hera, dann Hades, Poseidon und Zeus), die aber gleichzeitig auch die jüngste ist (*h.Ven.* 23); dies wird als Folge der 2. 'Geburt' aus Kronos interpretiert (SOLMSEN 1960, 2f.): sie sei als erste verschlungen und als letzte wieder ausgespieen worden; Hera sei demnach als letztgeborene Tochter als letzte verschlungen und als erste wieder ausgespieen worden (vgl. Hes. *Th.* 497): WEST zu Hes. *Th.* 454 u. 2011, 140; FAULKNER zu *h.Ven.* 22–3 u. zu 40–4; OLSON zu *h.Ven.* 22–23; s. auch JANKO zu 14.203–4; LfgrE s.vv. Ζεύς 860.66f. u. Ποσειδῶν 1472.13ff. — τέκετο: Der Aor. Med. von τίκτειν bez. im fgrE meist den Zeugungsakt des Mannes (Lit. 6.154–155n.). — Κρόνος ἀγκυλομήτης: flektierbare VE-Formel (Nom./Akk.: 1× *Il.*, 5× Hes., 2× *h.Ven.*); zur Etymologie und Bed. des gr. Epithetons (urspr. wohl 'mit krummer Sichel', umgedeutet als 'krummsinnig, verschlagen') s. 2.205n.

60–61 = 18.365–366; 2. VH von 61 ≈ 12.242, 14.94, *Od.* 7.23, Hes. *Th.* 506. — An der Iteratstelle begründet Hera mit denselben Worten ihre Behauptung φημὶ θεάων ἔμμεν

---

59 τέκετο: zur augmentlosen Form R 16.1.

60 γενεῇ: *dat. causae*, 'aufgrund meiner Geburt'; zum -η nach -ε- R 2. — οὕνεκα: Krasis für οὗ ἕνεκα (R 5.3), 'weil'.

ἀρίστη (18.364). Solche wörtlichen Wiederholungen in verschiedenen Dialogen zwischen den gleichen Figuren können dazu dienen, das Verhältnis zwischen den Passagen zu verdeutlichen, vgl. 25–68n. (erster und letzter Streit des Paares über Troias Schicksal) und den parallelen Ablauf des Disputs: (1) Zeus reizt Hera wegen ihres Agierens gegen die Troer bzw. für die Achaier (31–36 bzw. 18.357–359); (2) Hera pocht darauf, ihr Ziel zu erreichen, nämlich maximale Schädigung der Troer (57–61/18.364–367): DE JONG (1987) 2004, 189 u. 284 Anm. 92. Für die vorl. Stelle wird allerdings auch eine Konkordanzinterpolation angenommen (VAN LEEUWEN; WEST 2001, 13 Anm. 31). — ἀμφότερον: 'in beidem', Satz-Apposition zum Folgenden ('was aufgrund von beidem gilt'): SCHW. 2.617; s. auch 3.179n. — τε καί: verbindet die Satzglieder, die inhaltlich eng zusammengehören, syntaktisch aber unterschiedlich konstruiert sind (19.336n.) — γενεῇ: hier wegen 58f. auf die Geburt bezogen (LfgrE s.v. 127.8ff.). — σὴ παράκοιτις | κέκλημαι: zu ähnlichen Formulierungen in VE-Formeln 14.267–268n.; zur Wortbildung von παράκοιτις ('Bei-Schläferin, Lagergenossin, Gattin'), einem Possessivkompositum (RISCH 32: 'das Lager daneben habend'), vgl. ἄ-κοιτις (3.138n.; RISCH 216).

62–64a Hera sucht nun den Konsens zwischen ihnen beiden, der nach dem "Prinzip der vertagten Gegenleistung" erreicht werden (53) und den angedrohten Widerstand einiger Götter (29) abwenden soll (FLAIG 1994, 25; ELMER 2012, 43).

62 ἀλλ' ἤτοι μέν: steht in Ankündigungen od. Aufforderungen (9–10n.); bereitet hier die Gegenüberstellung σὺ δέ 64b vor (AH). — ὑποείξομεν: kurzvokalischer Konj. Aor. (s. dagegen mediales Fut. 1.294, 23.602, *Od.* 12.117): 'laß uns nachgeben', also ein Appell Heras an Zeus, er solle seine Bereitschaft, sie gewähren zu lassen (37f., 43), und ihr Eingehen auf seine Bedingung (53–56) als gemeinsame Übereinkunft anerkennen (FAESI; LfgrE s.v. εἴκω; CHRISTENSEN 2010, 561f.; für Fut.: AH u. AH, Anh. S. 32; MUTZBAUER 1893, 343).

63 1. VH (bis zur Zäsur A 4) ≈ 10.292, 16.498, 24.437, 24.595, *Od.* 3.382; 2. VH ≈ *Od.* 12.349. — σοὶ μὲν ἐγώ, σὺ δ' ἐμοί: Betonung der Reziprozität (ἀλλήλοισιν) durch Parallelismus (du–ich) und chiastisch angeordnete Antithese (weitere Bsp. s. FEHLING 1969, 304f.). — θεοὶ ἄλλοι: VE-Formel (ebenso 29): 11× *Il.*, 8× *Od.*, 1× Hes. *Th.*, wovon 10× nach καὶ/ἠδ' ἀθάνατοι (18.115–116n.), nur hier mit ἀθάνατοι im folgenden Enjambement[P]. – Hera unterstellt schmeichelnd, mit seiner Einwilligung werde er auch die anderen Götter alle zufriedenstellen – ein weiterer Vorteil für ihn.

64b–72 Heras Vorschlag, durch Athene einen feindlichen Akt der Troer in die Wege zu leiten, muß 'schleunigst' durchgeführt werden (gr. *thásson* 64b, *aipsa mal'* ['unverzüglich'] 70; s. auch *autík'* [sogleich] 69), denn die Troer müssen auf Agamemnons Forderung (3.455–461) jetzt reagieren (WEST 2011, 140 [zu 75–8]). Zum hier verwendeten Erzähl-Schema ("A proposes to B that he send C, B does so") in der babylonischen Epik s. WEST 1997, 357; s. auch a.O. 195.

---

61 μετά (+ Dat.): 'unter'. — ἀθανάτοισιν: Anfangssilbe metr. gedehnt, ebenso VA 64 (R 10.1); zur Flexion R 11.2.

63 ἐμοί· ἐπί: zum Hiat R 5.6. — ἐπὶ … ἕψονται: zur sog. Tmesis R 20.2.

64b θάσσον: 'schleunigst, unverzüglich', außer *h.Merc.* 212 immer in Aufforderungs- od. Absichtssätzen (LfgrE s.v. ταχύς 340.29ff.). Zum Akzent WEST 1998, XX (s.v. ἆσσον). — Ἀθηναίη: metr. bequeme Variante zu Ἀθήνῃ, s. auch 69 u.73 (vgl. 6.88n.); zu dieser auch inschr. belegten Form WACHTER 2001, 263. — ἐπιτεῖλαι: imperativischer Inf. (dazu 42n.); die Verwendung entspricht hier derjenigen in einem Auftrag an einen Boten (vgl. 18.142n.; ALLAN 2010, 218f.).

65 ≈ 5.379, 16.256; 2. VH ≈ 6.1. — Das Ethnikon 'Achaier' ist neben 'Argeier' und 'Danaer' eine der hom. Bezeichnungen für die 'Griechen' (1.2n.; FOR 24; LATACZ [2001] 2010, 191–194; [2011] 2014, 490–492).

Τρώων καὶ Ἀχαιῶν: flektierbare Junktur an verschiedenen Vers-Positionen (16.256n.): hier nach der Zäsur A 4 (insgesamt 11× *Il.*, 1× *Od.*), 70 am VE (insgesamt 9× *Il.*). — φύλοπιν αἰνήν: VE-Formel (15n.). φύλοπις ist hier als allg. Bez. für 'Kampf, Krieg' verwendet (vgl. 15).

66–67 = 71–72. — Bereits im Verlauf der Schwur-Zeremonie ist die Möglichkeit angedeutet worden, daß jemand aus den Reihen der Troer den durch eidlich be-kräftigte Vereinbarungen geschlossenen Waffenstillstand verletzen könnte, s. 3.105–107 (s. auch die Verfluchung der Eidbrecher 3.279, 3.299–301: 3.279n.). — **als erste**: Wie der Krieg seinen Anfang durch Paris' Verstoß gegen das Gast-recht nahm (s. 3.87, 3.100, 3.351f., 7.374), so sollen auch jetzt die Troer als erste den feindlichen Akt begehen und damit den Waffenstillstand brechen (105–221). Auf der menschlichen Ebene ist somit die Fortsetzung des Krieges zunächst v.a. für die Achaier legitim und sein Ausgang gerechtfertigt, s. 268–271 (VAN ERP 2000, 400f.; vgl. auch LATACZ [1985] 2003, 164).

66 πειρᾶν δ', ὡς: 'versuchen' i.S.v. 'sich darum bemühen', mit Finalsatz (LfgrE; KIRK:"'to try how', i.e. 'try to arrange it it'"; ähnlich WILLCOCK; BERGOLD 1977, 149f.). — κεν Τρῶες: Die Überlieferung des *ny ephelkystikon* ist oft unsicher (zum Phänomen zwecks Bildung von 'Positionslänge' s. 1.388n., G 33); zur Begründung, warum es hier im Gegen-satz zu 95 gesetzt wird, s. WEST 2001, 188: Füllung der "slightly longer duration" im *bi-ceps* als im *longum* (s. auch WEST 1998, XXVf.). — ὑπερκύδαντας Ἀχαιούς: nur hier und im Iteratvers belegte Variation der metr.-prosodisch gleichwertigen, sehr häufig verwende-ten flektierbaren VE-Formel ἐϋκνήμιδας Ἀχαιούς (diese insgesamt 37× fgrE: 80n.). Das Kompositum ὑπερ-κύδ-αντ- (der Nom. ist nicht belegt) bed. 'höchstgestimmt, über die Maßen stolz' (noch Hes. *Th.* 510 von Menoitios, einem Bruder des Prometheus); es enthält als zweites Element die Wz. von κῦδος, einer Bez. für das stolze Hochgefühl aufgrund von (milit.) Überlegenheit (95n.) und zeigt in der Komposition "wohl analogische Übertragung von anderen Bildungen auf -αντ-" wie ἀκάμας, ἀδάμας (RISCH 27; s. auch LEAF; DELG s.v. κῦδος). Die Wahl dieses Epithetons läßt Heras Ansicht erkennen: Nach der Waffen-stillstandsvereinbarung und dem Ausgang des Zweikampfs (vgl. 13) sind die Achaier jetzt

---

64 Ἀθηναίη: zum -η nach -ι- R 2. — Ἀθηναίη ἐπιτεῖλαι: zum Hiat vgl. M 12.2.
65 ἐς: = εἰς (R 20.1).
66 κεν: = ἄν (R 24.5).

in Höchststimmung und erwarten die Erfüllung des Vertrags, vgl. 3.455–461 (ähnlich schol. bT: Achaier triumphierend, da sie den Sieg für sich reklamieren; vgl. auch DE JONG 1998, 127f.). Da Paris aber keine sichtbare Niederlage erlitten hat, sondern vom Kampfplatz verschwunden ist, entsteht ein Moment der Unschlüssigkeit; für Hera ist das *die* Chance.

67 ≈ 3.299, 4.236, 4.271; 2. VH ≈ 3.107 (Reminiszenzen an die Fluchformeln des 3. Gesangs). — ἄρξωσι πρότεροι: Die rechtlich relevante Frage 'Wer hat angefangen?' ist doppelt hervorgehoben: durch πρότεροι 'als erste' (s. Iterata; in ähnlichem Kontext 3.351, 19.183, 24.369, Hes. *Th.* 166 u.ö.) und durch ἄρχω, u.a. *t.t.* der Rechtssprache (vgl. *Il.* 2.378, *Od.* 4.667, Hes. *Op.* 709, *h.Ap.* 312): LfgrE s.v. ἄρχω 1384.60ff.; vgl. 3.100n. — ὑπὲρ ὅρκια: 'über die Eide (hinausgehend), gegen die Eide', vgl. ὑπὲρ αἶσαν, ὑπὲρ θεόν (AH; CHANTR. 2.136). ὅρκια bed. 'zum Eid Gehöriges', es bez. einerseits die eidlich bekräftigten Vereinbarungen, andrerseits die dabei in Schwur-Zeremonien geschlachteten Opfertiere (LfgrE); zu den versch. Wendungen für die Vertragsverletzung s. 3.299n. — δηλήσασθαι: bed. 'verletzen, zerstören', wird sowohl in bezug auf Eigentum, Leib und Leben als auch auf die Verträge verwendet (LfgrE).

68 = 16.458; 1. VH (Rede-Abschlußformel^P) außerdem 19× *Il.*, 2× *Od.*, 2× *h.Cer.* (mit anderen Subjekten); 2. VH s.u. — Daß eine Figur^P ohne weitere Diskussion einer Aufforderung Folge leistet, wird oft vermerkt, hier durch die Rede-Abschlußformel^P, die unabhängig vom Autoritätsgefälle nach einer Auftragserteilung verwendet wird. Die Formel dient nicht dazu, Zeus als den im Streit Unterlegenen darzustellen, sondern sein Einverständnis anzuzeigen, s. seine folgenden Anweisungen 69ff. (1.345n.; zur gr. Litotes *oud' apíthēse* ['widerstrebte nicht, stimmte zu'] 24.300n.). — **Vater:** 23–24n.; bildet zusammen mit dem Polaren Ausdruck^P 'der Menschen und der Götter' eine Periphrastische Benennung^P des Zeus, die seine Autorität betont (24.103n.; NESSELRATH 2014, bes. 41–43; zu vorderorientat. Parallelen WEST 1997, 108f.). – Zeus wacht über Eide und Verträge und ist in den Gebeten der vorangegangenen Schwur-Zeremonie mehrfach angerufen worden (3.276, 298, 320, 351; s. dazu 3.103–104n., 3.298n.); daß er in diesem Fall deren Einhaltung nicht unterstützen wird, ist vom Erzähler bereits angedeutet worden, s. 3.298–302 seine Reaktion auf die Verwünschung potentieller Eidbrecher (3.302n.).

πατὴρ ἀνδρῶν τε θεῶν τε: Formel nach der Zäsur B 2 (12× *Il.*, 3× *Od.*, 18× Hes., 1× *Titan.*, 1× *h.Bacch.*): 1.544n.; ist metr. äquivalent zur Formel in V. 75 (s.d.); weitere VE-Formeln für Zeus s. 16.88n.

69–92 Typische Szene^P 'Botengang' (1.320–348a n.): **(1)** Auftragserteilung (69–73), **(2)** Aufbruch (74), **(3)** Ankunft (79f., 86–88), **(4)** Auffinden des Gesuchten (mit Situationsschilderung: 89–91), **(5)** Herantreten (92a), **(6)** Rede-Einleitung

---

67 πρότεροι ὑπέρ: zum Hiat R 5.6.

68 ὥς: = οὕτως. — ἔφατ(o): Impf. von φημί (vgl. R 5.1); zum Medium R 23. — ἀπίθησε: augmentloser (R 16.1) Aor. zu ἀπιθέω.

(92b) und Rede (93ff.). Darin enthalten sind auch die Elemente (3)–(5) der Typischen Szene[P] 'Ortsveränderung einer Gottheit' (1.43–52n.): Wegbeschrei–bung (74); Gleichnis (75–78); Ankunft (79–80, 86) und Realisierung der Ein-griffsabsicht (87ff.).

69 = 5.713, 21.419; ≈ 8.351, 19.341. — **αὐτίκ(α):** in Rede-Einleitungen zur engen Verknüp-fung der Handlung verwendet (LfgrE s.v. 1601.22ff.; BONIFAZI 2012, 277f. mit Anm. 35; vgl. 5–6n.). — **ἔπεα πτερόεντα προσηύδα:** formelhafte Rede-Einleitung[P] (55× *Il.*, 59× *Od.* [davon 6× προσηύδων], 3× 'Hes.', 8× *hom.h.*): 16.6n.; zur Bed. von πτερόεντα ('gefie-dert', d.h. 'sicher dahinfliegend, treffsicher wie ein Pfeil') s. 1.201n. mit Lit.; LfgrE s.v. πτερόεις; REECE 2009, 315–319; zu προσηύδα 23–24n.

69a ≈ 515. — Der für die vorl. Stelle nur in einem einzigen Papyrus überlieferte Zusatzvers (*app. crit.* von WEST) ist offenkundig eine Interpolation mit dem Zweck, die Rede mit einer Anrede beginnen zu lassen (APTHORP 1980, 73).

70–72 Gemäß epischer Konvention wird ein Auftrag bei seiner Ausführung mit engen sprachlichen Anklängen wiederholt (6.86–101n. mit Lit.), und ebenso eine Auftragsrede durch den Boten (2.28–32n. mit Lit.). Im vorliegenden Fall (64b–67/70–72) ist in Zeus' Rede der Zweck des Auftrags wörtlich wiederholt, nur die Syntax verändert: hier dir. Rede, 65–67 indir. Rede (dazu DE JONG [1987] 2004, 182f. u. 281 Anm. 72), d.h. Zeus tritt gegenüber Athene als alleiniger Auftragge-ber auf (weitere Beispiele s. 6.269–278n.). Der ungeheuerliche Vorgang des Ver-tragsbruchs durch die Troer erhält nicht nur durch die detaillierte Beschreibung im Erzähler-Text (73–147), sondern auch durch die mehrfache Erwähnung in Reden des 4. Gesanges besondere Emphase: hier auf der göttlichen Ebene (Auftrag von Hera an Zeus u. von Zeus an Athene), später auf der menschlichen Ebene (157 Agamemnon gegenüber Menelaos und 236 gegenüber dem Achaierheer, 271 Ido-meneus gegenüber Agamemnon); Beispiele für dreifache Wiedergabe s. 2.60–70a n., 24.118–119n., 16.666–683n.

70 1. VH = 24.112; 2. VH = 3.264, 7.35, 11.533, 17.458, 20.24. — **αἶψα μάλ(α):** 'unverzüg-lich'; VA-Formel (4× *Il.*, 5× *Od.*).

71–72 = 66–67 (s.d.). — **πειρᾶν:** Wechsel von Imp. (ἐλθέ) zu imperativischem Inf. (dazu 42n.), entsprechend den Formulierungen in Aufträgen an einen Boten (vgl. ALLAN 2010, 218f. u. 228 ["messenger-script"]; außerdem 18.142n.).

73 = 19.349, 22.186, *Od.* 24.487. — **vorher:** Dies ist bereits zu Beginn der Szene deutlich gemacht worden (20f.). Auch an den Iteratstellen geht es um Aufträge von Zeus an Athene, die ganz in ihrem Sinne sind: nämlich Achilleus vor dem

---

69 ἔπεα: zur unkontrahierten Form R 6.

70 αἶψα μάλ(α): = μάλ' αἶψα. — ἐς: = εἰς (R 20.1). — μετά (+Akk.): 'mitten unter, zu'.

71–72 = 66–67n.

73 πάρος: 'vorher schon'. — μεμαυῖαν: Fem. zu μεμαώς, Ptz. zum Perf. μέμονα ('streben, den Drang haben').

Auszug in die Schlacht zu stärken, Hektors Tod in die Wege zu leiten, Odysseus
in seinem Rachezug zu unterstützen.

ὣς εἰπὼν ὤτρυνε: flektierbare VA-Formel (εἰπών/εἰποῦσ': 13× Il., 2× Od.; Stellen s.
6.72n.); der Vorgang εἰπών fällt mit demjenigen von ὤτρυνε zusammen (SCHW. 2.301f.);
ὣς εἰπών (Rede-Abschluß[P]) ist flektierbare VA-Formel (Nom./Akk., meist Nom.: insgesamt 74× Il., 42× Od., 3× Hes., 11× hom.h.).

74 = 2.167, 7.19 (ῥα), 22.187, 24.121, Od. 1.102, 24.488; ≈ Il. 1.44 (s.d.). Der Vers
fungiert zugleich als Element 3 der Typischen Szene[P] 'Götterreise' und als Element 2 der Typischen Szene 'Botengang' (69–92n.). — **Olympos:** Im hom. Epos
gilt der thessalisch/makedonische Olymp als Wohnsitz der Götter (1.18n.); bisweilen wird auch der Himmel als ihr Aufenthaltsort genannt (s. z.B. 1.194f.); zur
Vermischung der Vorstellungen s. SCHMIDT 1976, 82 Anm. 36; NOUSSIA 2002,
491ff.; DE JONG zu 22.187; weitere Lit. s. LfgrE s.v. Ὄλυμπος.

βῆ δὲ κατ(ά): VA-Formel für das Herabsteigen einer Gottheit (10× Il., 2× Od.). — βῆ ...
ἀΐξασα: 'sie stieg eiligst hinab' (s. 78f. ἤϊξεν ... | κὰδ δ' ἔθορ(ε)). Die mit ἀΐξασα u. βῆ
beschriebenen Handlungen fallen zeitlich zusammen; die Verben zeigen versch. Seiten des
Gesamtvorgangs (vgl. 73n.).

75–81 Vergleiche[P] und Gleichnisse[P] bei Ortsveränderungen von Göttern veranschaulichen meist die Geschwindigkeit der Fortbewegung, die zielgerichtet abwärts auf die Erde erfolgt; dazu dienen v.a. der Vogelflug (bes. von Greifvögeln),
auch Schneegestöber im Wind oder der Fall einer Bleikugel (2.764n., 19.350–
351a n., 24.80–82n. [jeweils mit Lit.]). An der vorl. Stelle ist es ein hell leuchten-
der, am Himmel sich abwärts bewegender 'Stern', der einen Schweif aus Funken
nach sich zieht; dies ist wohl inspiriert vom Bild eines sich schnell bewegenden,
für kurze Zeit sichtbaren Meteors/Meteoriten. Mit dem Gleichnis wird aber nicht
nur Geschwindigkeit und Fortbewegung veranschaulicht, sondern auch das Beobachten eines Zeichens am Himmel (76 durch Seeleute od. ein Heer), also was
die Figuren[P] sehen können, wenn Athene herabspringt (sekundär fokalisiert[P]): Ihr
Sprung vom Olymp auf die Erde (74, 78–79a) erweckt den Eindruck von herabfal-
lendem Licht und Feuer (77), vergleichbar dem Flug eines Meteors/Meteoriten;
die außergewöhnliche Himmelserscheinung löst bei den Beobachtern Emotionen
aus (79b–80) und weckt die Vorstellung, es sei ein Zeichen von Zeus (vom
Erzähler 75f. passend zur Situation vorbereitet: Athene ist von Zeus geschickt),
das es zu deuten gilt (81–85): LEAF zu 75; KIRK zu 75–8 u. zu 78–84; FRÄNKEL
1921, 29f.; STOCKINGER 1959, 142f.; BERGOLD 1977, 150f.; DE JONG 1987, 73
Anm. 19; (1987) 2004, 134f.; BANNERT 1988, 63f.; WEST 2011, 140f. Mit dem
Betrachten der wundersamen Erscheinung entsteht eine Atmosphäre der gespannten Erwartung, wie es nun weitergehen wird (SCOTT 1974, 98f.; TSAGARAKIS

---

74 βῆ: zur augmentlosen Form 16.1. — Οὐλύμποιο: Anfangssilbe metr. gedehnt (R 10.1). —
ἀΐξασα: zu ἀΐσσω 'eilen, stürmen'; ebenso ἤϊξεν 78.

1982, 140f.). Zu weiteren Gleichnissen mit sekundärer Fokalisation s. DE JONG (1987) 2004, 135f.; zu altorientAL. Parallelen für den Vergleich (Göttin steigt herab wie ein Stern) und für die Deutung eines Meteors/Meteoriten als Vorzeichen s. WEST 1997, 49. 358f.; zu Sternen als Zeichen für Seeleute s. 18.486n. An der vorl. Stelle verwendet der Erzähler das nur selten sichtbare Phänomen eines Meteors/Meteoriten als Symbol für die Bedeutsamkeit der Situation, in der alles auf Messers Schneide steht. – In anderen Vergleichen steht das Leuchten eines Sterns für Schönheit (6.295n., 6.401n.), für die imponierende und bedrohlich wirkende Erscheinung eines Kriegers in Waffen (19.381b n.) oder für die strahlende Epiphanie Apollons (*h.Ap.* 440ff.).

75 1. VH ≈ 22.317; 2. VH s.u. — **Kronos':** 59n.

οἶον δ' ἀστέρα: vorangestellte Einleitung des Gleichnisses, syntaktisch durch τῷ (≈ τοίῳ ἀστέρι) 78 fortgeführt (RUIJGH 526. 538; MONTEIL 1963, 183f.). — ἧκε: In hom. Gleichnissen sind die Aor.-Formen meist augmentiert; viell. drücken sie wie das Präs. (hier ἵενται 77) nicht nur eine zeitlose Tatsache aus (so traditionell der sog. gnomische Aor.), sondern stehen auch für das Bestreben des Erzählers, den Sachverhalt zu vergegenwärtigen (Lit. s. 16.299–300n.). Abgesehen davon markiert der Aor. an der vorl. Stelle eine punktuelle Handlung (RUIJGH 264). Der Hiat vor ἧκε könnte durch die Lesart ἀστέρ' ἔηκε umgangen werden (LEAF; RUIJGH 538 Anm. 22; vgl. 14.182n.). — **Κρόνου πάϊς ἀγκυλομήτεω:** VE-Formel (7× *Il.*, 1× *Od.*: 2.205n.; zum Epitheton vgl. Hes. *Th.* 546, *Op.* 48 [von Prometheus]), metr. äquivalent zu πατὴρ ἀνδρῶν τε θεῶν τε (68n.); ist hier viell. in Anklang an 59 (s.d.) verwendet.

76 2. VH ≈ 209 (s.d.). — **τέρας:** ist Bez. für von Göttern (meist Zeus) geschickten Zeichen, aus denen die Menschen den göttlichen Willen zu erschließen versuchen (vgl. 81–85), u.a. Regenbogen, Donner, Sturm (6.183n.; LfgrE s.v.), hier von einem Meteor/Meteoriten, als Zeichen für Seeleute od. Heere, daneben auch von Sternbildern (18.485 [s.d.]). — **λαῶν:** 28n.

77 **σπινθῆρες:** 'Funken'; hom. *hapax*[P], s. noch die Ableitung σπινθαρίδες *h.Ap.* 442 in ähnlichem Kontext. Das Nomen läßt sich nicht sicher einer idg. Wurzel zuordnen (FRISK, DELG u. BEEKES s.v.).

78 **Παλλὰς Ἀθήνη:** VE-Formel (23× *Il.*, 18× *Od.*, 4× Hes., 1× *Cypr.*), daneben Παλλὰς Ἀθηναίη als flektierbare VA-Formel (4× *Il.*, 8× *Od.*, 1× 'Hes.', 2× hom.h.); zur umstrittenen Deutung von Παλλάς 1.200n.

79b–80 = 3.342b–343 (beim Zweikampf Paris–Menelaos). — Besonderes Gewicht ist auf die Tatsache gelegt, daß die Menschen in *beiden* Heeren den betr. Vorgang

---

75 οἶον: auf ἀστέρ(α) bezogen. — ἀγκυλομήτεω: zur Flexion R 11.1; zur Synizese R 7.

76 ναύτῃσι: zur Flexion R 11.1. — τέρας(ς) ἠέ: zur Prosodie M 4.6 (hier zudem an Zäsurstelle: M 8). — ἠέ: = ἤ.

77 λαμπρόν: sc. ἀστέρ(α). — τοῦ: demonstrativ-anaphorisch (R 17), abhängig von ἀπὸ ... ἵενται, 'von diesem schießen' (zur sog. Tmesis R 20.2). — τε: 'episches τε' (R 24.11).

78 τῷ (ϝ)εἰκυῖ(α): zu den Hiaten R 4.4 und 5.1.

beobachten (dazu 75–81n.) und diese Wahrnehmung die folgende Rede auslöst (81–84), ähnlich 148ff. (DE JONG [1987] 2004, 105–107. 267 Anm. 18).

79 2. VH = 3.342; ≈ 24.482 (ἔχει), 'Hes.' *fr.* 75.8 M.-W. (πάντας ὁρῶντας), vgl. *Il.* 23.815, *Od.* 3.372 (sowie 5× *Od.* σέβας μ᾽ ἔχει εἰσορ.). — **ἐς μέσσον:** in die Mitte zwischen die beiden gelagerten Heere (541n.), s. 3.67–91, 3.266, 3.341. — **θάμβος:** bez. die Reaktion auf eine unerwartete oder unheimliche Erscheinung (z.B. Verblüffung, ungläubiges Staunen, gebannte Faszination), hier passend zu einer durch eine Gottheit hervorgerufenen Himmelserscheinung (LfgrE s.v.; s. auch 3.342n.). — **ἔχεν:** Zur Vorstellung, daß eine emotionale Regung eine Figur 'im Griff hat' und beherrscht, vgl. 22–24n.

80 = 3.343; ≈ 3.127, 3.131, 3.251 (Gen., Ἀ. χαλκοχιτώνων); 2. VH = 3.156; ≈ 3.86, 7.67 (Nom.). — Der Vers besteht aus zwei flektierbaren Halbvers-Formeln: 1. VH (bis zur Zäsur B 1) insgesamt 13× *Il.*; 2. VH (von der Zäsur B 2 an) 31× *Il.*, 5× *Od.*, 1× 'Hes.'; zum Epitheton *ëuknḗmis* ('mit gutem Beinschutz') und zu den Realien s. 1.17n., 3.330n., 3.331n., 18.613n.

ἱπποδάμους: generisches Epitheton[P] von Helden und von den Troern (LfgrE s.v.), wörtl. 'Pferdebezwinger'; die neue Troia-Grabung (seit 1988) hat gezeigt, daß dahinter ein historisches Faktum steht, so daß es jetzt eher wiederzugeben wäre mit 'Pferdezüchter/Pferdetrainer' (2.230n.; LATACZ [2002] 2014, 459 mit Anm. 57 [neuere Lit.]; stark vertieft durch KORFMANN/ZIDAROV 2006; zum archäol. Befund s. auch UERPMANN 2006, 284).

81 = 2.271, 22.372, *Od.* 8.328, 10.37, 13.167, 18.72, 18.400, 21.396; 1. VH außerdem = 6× *Il.*, 6× *Od.*; ≈ 3× *Il.*, 3× *Od.* (85n.). — Der Blick zum Nebenmann ist typisch für den Kollektiv-Charakter dieser Art von Tis-Reden[P]: man tauscht in der Menge untereinander die Gedanken aus (2.271n., mit Hinweis auf DE JONG zu *Od.* 20.373–384); zu Tis-Reden s. auch 176–182n., 176n.

τις εἴπεσκεν … πλησίον ἄλλον: Der Iterativ steht hier für gleichzeitige Äußerungen verschiedener Figuren (2.271n.; zum Suffix G 60). τις kollektiv bed. 'manch einer' (SCHW. 2.214) und ist neben ἄλλον beinahe wie ἄλλος ἄλλον verwendet (LfgrE s.v. ἄλλος 554.23–32), dazu πλησίον substantivisch 'Nebenmann' (2.271n.; LfgrE s.v. πλησίος); möglich ist auch, πλησίον adjektivisch aufzufassen, 'manch einer … zum anderen nahe bei ihm' (DE JONG zu *Il.* 22.372).

82–83 ≈ 15f. (s.d.); 2. VH von 83 ≈ 3.321 (Obj. τάδε ἔργα, s.d.), *Od.* 3.136 (Obj. ἔριν), 24.546 (Obj. ὅρκια). — Die beinahe wörtliche Wiederholung von 15f. hebt den Kontrast zwischen göttlicher und menschlicher Ebene im Hinblick auf Wissensstand, Diskussions- und Handlungsmöglichkeiten hervor (Dramatische Ironie[P]): Die Krieger beider Kriegsparteien schwanken zwischen Furcht und Hoff-

---

79 κὰδ δ᾽ … ἔθορε: 'sprang herab'; Aor. zu κατα-θρώσκω; zur sog. Tmesis R 20.2 (apokopiertes κάδ: R 20.1). — ἐς μέσσον: zum -σσ- R 9.1. — εἰσορόωντας: zur ep. Zerdehnung R 8.

81 τις (ϝ)είπεσκεν: zur Prosodie R 4.5.

82–83 ἤ … | … ἦ: Doppelfrage '… oder …?' — ῥ(α): zur Hiatvermeidung (R 24.1, vgl. R 5.1). — αὖτις: = αὖθις. — ἔσσεται: = ἔσται (R 16.6).

nung angesichts des Zeichens, das sie als Hinweis darauf deuten, daß Zeus nun die
Entscheidung trifft; daß die Götter sich schon entschieden haben, und zwar für die
Fortsetzung des Kriegs, wissen sie nicht (DE JONG [1987] 2004, 283 Anm. 86.;
SCHNEIDER 1996, 85–87). Vergleicht man die Formulierung der Alternative hier
mit der Typischen Szene[P] des Erwägens zweier Möglichkeiten, in der oft die
zweite Möglichkeit gewählt wird (s. bes. 5.671–676, 14.20–24, 16.646–655,
22.174–185, *Od.* 6.141–147, 10.49b–54a, 18.90–94, 22.333b–339, 24.235–240),
kann man vermuten, daß der Erzähler die Menschen eher die Entscheidung für
Frieden erwarten läßt (zur Typ. Szene 1.888b–194n., 16.646b–655n.; AREND
1933, 109f.; DE JONG zu *Od.* 4.117–20); umso überraschender muß für die meisten
von ihnen der Pfeilschuß des Pandaros kommen.

τίθησιν: Die Junktur φιλότητα τιθέναι (hier u. *Od.* 24.476) bed. 'Frieden festlegen, schaffen' (LfgrE s.v. τίθημι 483f.45ff., zur vorl. St. 484.32f.).

84 = 19.224. — Die Bezeichnung 'Verwalter des Krieges' (mit alleinigem Ent-
scheidungsrecht) paßt auf der Figuren[P]-Ebene zur Stimmung der Menschen, die
das Phänomen am Himmel als ein Zeichen von Zeus deuten und die sich sowohl
allgemein als auch im Krieg seinem göttlichen Willen unterworfen fühlen (Ar-
gument-Funktion[P]), s. die Äußerungen von Odysseus 19.223f. und Achilleus
24.527–533 (dazu 19.223b–224n.; 24.529–530n.; s. auch DE JONG zu *Il.* 22.208–
13 zum Bild der Schicksalswaage des Zeus). Zudem wird mit ihr für den
Hörer/Leser auf die vorausgehende Götterszene zurückgewiesen (Schlüssel-
Funktion[P]).

85–219 Der Pfeilschuß des Pandaros.

Mit dieser Szene ergänzt der Erzähler[P] die Kausalkette, die zu Troias Untergang
führt (Urteil des Paris – Raub der Helena – Belagerung Troias) und entwickelt sie
aus der Ilias-Handlung selbst. Wie durch den Raub der Helena (Bruch des Gast-
rechts) werden die Troer nun durch Pandaros' Pfeilschuß während des zwischen
beiden Parteien vor Zeus und allen Göttern eidlich besiegelten Waffenstillstands
beim Publikum unwiderruflich ins Unrecht gesetzt (Bruch des Eids und Vertrags-
rechts, s. bes. 3.299): die Fortführung des Belagerungskampfes und der schließli-
che Fall Troias (vgl. 3.300f.) sind nun ein für allemal legitimiert. Die Figur[P] des
Pandaros hat zweierlei mit Paris gemeinsam: die Kunst des Bogenschießens (Paris
wird als Bogenschütze vorgeführt: 3.17n.) und die Tatsache, daß er wie dieser fun-
damentales Recht bricht; dies läßt Pandaros, der nicht aus Troia selbst, sondern
aus Zeleia stammt (88–89n.), als eine Variation des Paris erscheinen (24.27–30n.;
SCHADEWALDT [1938] 1966, 110. 154f. mit Anm. 1; KULLMANN 1960, 252;

---

84 τ(ε): 'episches τε' (R 24.11). — ἀνθρώπων: abh. von ταμίης πολέμοιο ('Kriegsver-
walter'), d.h. 'für die Menschen der …'. — πολέμοιο: zur Flexion R 11.2. — τέτυκται: 3. Sg.
Perf. Pass. von τεύχω ('machen'), hier verblaßt 'ist'.

LATACZ [1985] 2003, 164; TAPLIN 1992, 104f. u. 109; zu Reminiszenzen an das Paris-Urteil s. 7–19n., 31–49n.; zur 'Einspiegelung' von Elementen aus der Vorgeschichte des troian. Krieges s. die Einleitung zum 4. Gesang: **3.3.** *Hinweis zur gleitenden Rückwendung*).

85–104 *Athene tritt in der Gestalt des Antenoriden Laodokos auf und überredet Pandaros dazu, Menelaos mit einem Pfeilschuß zu töten.*

Um Zeus' Auftrag auszuführen, sucht Athene gezielt nach demjenigen Krieger im Heer der Troer (88), der zu ihrem Plan (einem überraschenden Schuß aus dem Hinterhalt auf Menelaos) paßt, nämlich einem Bogenschützen (94, mit n.). Die Figur[P] des Pandaros wird vom Erzähler in zweierlei Hinsicht als besonders geeignet gezeichnet: (1) er wird bereits im Troer-Katalog als Bogenschütze eingeführt, wobei sein Bogen als Geschenk des Apollon besonderes Gewicht erhält (2.827 [s.d.]; s. auch 105–111, 5.245f.); (2) mit dem Wortspiel in V. 104 und der Fortsetzung der Handlung 105ff. wird deutlich, daß er sich leicht durch das Argument des persönlichen Vorteils (95–99) zur Tat überreden läßt, ohne an mögliche Konsequenzen aus der Verletzung des von allen eidlich bekräftigten Waffenstillstands zu denken. So läßt der Erzähler gemäß dem Prinzip der Doppelten Motivation[P] menschliches und göttliches Handeln ineinander greifen (s. 104 mit n.): Die Tat (der Schuß auf Menelaos und damit Bruch des Eids) wird zwar von Göttern geplant und ausgelöst, aber Athene bedient sich eines Menschen, der aufgrund seiner Denkweise die Handlungsbereitschaft im erwünschten Sinn erwarten läßt. Pandaros ist somit nicht einfach als ein Opfer göttlicher Willkür gestaltet, sondern bleibt für sein Handeln verantwortlich (KULLMANN 1956, 106f.; LESKY 1961, 43f.; SCHMITT 1990, 82–84. 256 Anm. 255; TAPLIN 1992, 104–109; SARISCHOULIS 2008a, 32–40; ältere Lit. s. SCHMITT a.O. 255f. Anm. 252). Pandaros ist aber letztlich eine Nebenfigur, die der Erzähler nur als Werkzeug der Göttin Athene eingeführt hat: Die Tat als solche läßt der Erzähler durch bestimmte Handlungsfiguren wiederholt verurteilen (155–168 durch Agamemnon, 7.401–403 durch Diomedes, auf troischer Seite 7.351b–353 durch Antenor), jedoch ohne Nennung des Täters. Dieser wird nach seinem Schuß erst wieder im nächsten Gesang in Erscheinung treten und dann – ohne Verweis auf seine Tat – im Kampf gegen Diomedes fallen (5.95–296; zur effektvollen Gestaltung der Szene s. KIRK zu 5.291–3).

85 ≈ 3.297, 3.319 (ὧδε δέ), 7.300; 1. VH = 17.423, 22.375, *Od.* 4.772, 13.170, 23.152; ≈ *Il.* 4.81; 2. VH: flektierbare VE-Formel (10× *Il.*). — τις εἴπεσκεν: 81n.

86–92 Die Verse enthalten die Elemente (3) bis (5) der Typ. Szene[P] 'Botengang' (69–92n.); diese ist eine Sonderform der Typ. Szene[P] 'Ankunft' (dazu 1.496b–502n.), in der die Ankunft meist in Sekundärer Fokalisation[P] aus der Sicht des Ankömmlings beschrieben wird (1.329–333n., 2.169–171n.; DE JONG [1987] 2004,

---

85 s. 81n.

107ff.): (**2**) die Figur^P kommt an (86–88, mit besonderem Gewicht auf der gezielten Suche), (**3**) findet den Gesuchten (89–90a: Situationsschilderung: stehend); (**3a**) die Umstehenden werden genannt (90b–91); (**4**) die Figur^P tritt heran; (**5**) sie spricht (92).

86–87 2. VH von 86 (von der Zäsur C 1 an) ≈ 10.231, 10.433, 10.545, 13.307, 15.299, *Od.* 15.328; 2. VH von 87 (von der Zäsur C 1 an) ≈ *Il.* 3.179. — **Laodokos:** Wenn Götter vor Menschen auftreten, nehmen sie, um ihr Vertrauen zu gewinnen, oft die Gestalt von Verwandten oder Bekannten an; dabei kann es sich auch um eine *ad hoc* erfundene, nur in diesem Kontext auftretende Figur handeln (2.21n., 16.715–726n.). Athene z.B. erscheint in der Gestalt von Hektors Bruder Deiphobos (22.226f.), von Phoinix (17.555), von Penelopes Schwester Iphthime (*Od.* 4.796f.), von Nausikaas Freundin (6.22f.), ferner als Mentes und Mentor (z.B. 1.102ff. bzw. 2.399ff., 3.12ff., 22.205ff., 24.502ff.); vgl. auch die Göttin Iris in der Gestalt einer Tochter des Priamos und Schwiegertochter Antenors namens Laodike (*Il.* 3.122–124: 3.124n.). Die Figur^P des Antenor-Sohnes Laodokos kommt nur an der vorl. Stelle vor (viell. noch auf einer chalkidischen Vase mit der Darstellung des Kampfes um Achills Leichnam: WACHTER 2001, 312; außerdem ist 17.699 ein Achaier gleichen Namens erwähnt: FM 9 mit Anm. 35) und scheint ganz im Hinblick auf diese Aktion Athenes konzipiert zu sein. Der schon myk. belegte Name Lao-dokos (DMic s.v. *ra-wo-do-ko*) besteht aus zwei für gr. Namen typischen Bestandteilen, *lao-* 'Volk' und *dok-* zum Verb *déchomai/dékomai* 'aufnehmen' (s. auch MYK s.v. λαός); er bedeutet also etwa 'Volkaufnehmend', wobei zwei Deutungen möglich sind: 'Volk/Krieger gastlich aufnehmend' und 'Krieger im Kampf empfangend' (v. KAMPTZ 37. 73; KANAVOU 2015, 143f.). Vielleicht ist der Name vom Erzähler^P im Hinblick auf die Rolle seines Vaters Antenor gewählt (MÜHLESTEIN 1969, 78; DANEK 2006, 10f.): Dieser, ein Angehöriger des troischen Ältestenrates und Vertreter der Friedenspartei in Troia, war nämlich Gastgeber der griechischen Unterhändler gewesen – u.a. Menelaos und Odysseus –, die vor Ausbruch des Krieges in Troia die Rückgabe der Helena gefordert hatten (3.203–211, 11.123–125, 11.138–141; *Cypr.*, Prokl. *Chrest.* § 10 West; zu dieser Gesandtschaft s. 3.205–224n., FM 9; WEST 2013, 117; zum Phänomen, daß Söhne nach Eigenschaften oder Aufgaben ihres Vaters benannt werden, s. 354n. [Telemachos], 6.402–403n. [Astyanax]; v. KAMPTZ 31f.).

Die Information ἀνδρὶ ἰκέλη ('einem Mann gleichend') wird mit Nachdruck im folgenden Vers präzisiert durch: Füllung des Verses mit der Benennung dieser Figur (signalisiert ihre

---

86 ἥ: weist auf Παλλὰς Ἀθήνη 78 zurück; zur demonstr.-anaphor. Funktion von ὅ, ἥ, τό R 17. — ἀνδρὶ (ϝ)ικέλη: zur Prosodie R 5.4; ↑. — κατεδύσεθ': = κατεδύσετο, mit Elision (R 5.1) und Hauchassimilation.

87 Λαοδόκῳ Ἀντηνορίδῃ: zum Hiat R 5.6. — κρατερῷ αἰχμητῇ: zum Hiat vgl. M 12.2.

Bedeutsamkeit: 1.36n.); Vier-Wort-Vers (dazu 5–6n.), dreigliedrig aufgebaut nach dem
Gesetz der wachsenden Glieder (dazu 52n.). — ἀνδρί: Die Dat.-Endung -ι ist bei Homer
gelegentlich lang gemessen, oft wie hier vor einer Zäsur (24.119n.; s. auch 24.472n. zur
alten idg. Dat.-Endung auf -ei). — κατεδύσεθ' ὅμιλον: (κατα)δύνω hier vom Eintauchen
der Gottheit in eine Menschenmenge, in der sie untergeht und sich (möglicherweise fragen-
den) Blicken entzieht (LfgrE s.v. δύνω 358.50ff.; KURZ 1966, 108. 148); zur Entstehung
des themat. s-Aorists 3.262n. (zu βήσετο), 19.36n. (zu δύσεο). — αἰχμητῇ: Zur Wortbildung vgl. ἀσπιστάων 90n.

88–89 ≈ 5.168–169 (διζήμενος). — **Pandaros ... | ... Lykaon:** Pandaros, Sohn des
Lykaon (89, 93), wird als Anführer eines Troer-Kontingents aus Zeleia vorgestellt,
das am Fuße des Ida am Fluß Aisepos liegt (2.824–827, 4.91, 4.103 = 4.121) –
also südöstl. von Troia in der Troas – und zum Umland Troias gehört (2.824n.,
2.825n., 2.826n.); er stirbt in der folgenden Schlacht (5.290–296: 85–104n. a.E.).
Seine im 5. Gesang *Lykíē* genannte Heimat (5.105 und 5.173), die offenbar nicht
allzu weit von Troia entfernt ist (5.199–204: er kam zu Fuß, ohne Streitwagen
nach Troia), kann nicht mit der Landschaft Lykien mit dem Fluß Xanthos identisch sein (2.877), der Heimat von Sarpedon und Glaukos, den Anführern des lykischen Bundesgenossen-Kontingents (KIRK zu 90–1; LfgrE s.v. Λυκίη II; BRYCE
1977. 2006, 137; BENDA-WEBER 2005, 268–270; WEST 2011, 64 mit Anm. 41; zu
den iliad. 'Lykiern' der Troas s. die Anredeformel *Trôes kai Lýkioi kai Dárdanoi
anchimachētái* [Dreier-Allianz im Talkessel der Troas]: 475n., 6.78n.; LATACZ
[2002] 2014, 460f. mit Anm. 59; zur Landschaft *Lukkā* und seinen Bewohnern
und zum Problem der unscharfen Verwendung der Bezeichnungen 'Lykier/Ly-
kien' in der Ilias s. 2.877n.; DNP s.v. Pandaros; JENNIGES 1998, 125–127. 131–
141 [bes. 139]; BACHVAROVA 2016, 442f. [jeweils mit weiterer Lit.]). Pandaros
trägt wohl einen nicht-gr. Namen mit kleinasiat. Hinterglied *-(d)aros* (zu weiteren
Beispielen s. 16.328n.), dessen Deutung aber unsicher ist: viell. Ableitung zu einer
Ortsangabe, also 'der aus Panda' oder 'der aus Pandion' (v. KAMPTZ 129. 361;
WATHELET s.v.), viell. mit dem lyk. Ortsadjektiv *pñtreñni* zu verbinden (u.a.
JENNIGES a.O. 132–135 [dazu sehr zurückhaltend DNP s.v. Pandaros]; zum lyk.
Adj. *pñtreñni* NEUMANN 2007, 278f.), viell. zur luw. Bez. für 'Männlichkeit'
(NEUMANN a.O. 279). Der Name seines Vaters, über den sonst nichts weiter be-
kannt ist (2.826n.; zum gleichnamigen Priamos-Sohn s. FM 12), kann zum süd-
kleinasiat. Ethnikon *Lykáones* gehören, das aber erst bei Xenophon bezeugt ist
(v. KAMPTZ 162. 327).

Laut schol. A zu 88 endete in Zenodots Text V. 88 mit εὗρε δὲ τόνδε und 89 fehlte (ebenso
in einem Papyrus der ptolemäischen Zeit). Möglicherweise ist die kürzere, verdichtete Version (Suchen u. Finden im gleichen Vers, mit Obj. am VA u. VE) auf eine Rhapsoden-
Korrektur zurückzuführen, ausgelöst durch die Kritik an der Vorstellung, die Göttin könnte
daran zweifeln, den Gesuchten zu finden (schol. A; WEST 2001, 26); oder es sollte der Anklang an 5.168f. (Aineias sucht Pandaros) vermieden werden (NICKAU 1977, 101–103; s.

auch RENGAKOS 1993, 58f.; BIRD 2010, 50–52 [zum Nebeneinander von langen u. kurzen Versionen in Typischen Szenen^P]).

88 2. VH ≈ 5.168, 13.760, *Od.* 5.439. — **ἀντίθεον:** 'an eines Gottes Statt, einem Gott ähnlich'; generisches Epitheton^P mehrerer Heroen (LfgrE; DEE 2000, 497; s. auch 16.321n.).

89 ≈ 21.546; 2. VH ab υἱόν = 5.169, 18.55, *h.Ap.* 100; ab ἀμύμονα = Hes. *Th.* 1013, 'Hes.' *fr.* 141.14, 171.6 M.-W. — **διζημένη:** δίζημαι bed. 'suchen' und ist etymologisch viell. mit att. ζητέω verwandt (DELG u. BEEKES s.v. δίζημαι); im fgrE ist es meist in der Form des Partizips zwischen den Zäsuren B 1 und C 2 verwendet (5× *Il.*, 6× *Od.*, 2× Hes., 4× *h.Merc.*). — **ἀμύμονά τε κρατερόν τε:** generische Epitheta^P: ἀμύμων ist eines der am häufigsten verwendeten generischen Epitheta der ep. Sprache (1.92n.); es wird konventionell als 'vortrefflich' verstanden (6.22–23n., dort auch zur umstrittenen Etymologie); zum generischen Epitheton κρατερός s. z.B. 87, 90, 401 (s.d.), 462.

90 = 201; 2. VH ≈ 13.680. — In Element 3 der Typ. Szene 'Ankunft' (86–92n.), der Situationsschilderung, wird häufig vermerkt, daß der Ankommende den Gesuchten stehend oder sitzend vorfindet (VA gr. *hestaót[a]*: 2.169f., 4.200f., 4.328, 4.366 u.ö.; *hḗmenon*: 1.329f., 1.498 u.ö.), und bisweilen sind umstehende Figuren genannt (Stellen u. Lit.: 24.83–86n.). Beide Angaben bereiten hier die folgende Handlung vor. Während das Zuschauen beim Zweikampf – abgesehen von ein paar Ausnahmen (3.378, 3.449ff.) – noch sitzend erfolgte (3.326–327n.), hat sich dies mit der neuen Situation (Ende des Zweikampfs, Himmelserscheinung) in Erwartung der Folgen geändert (s. auch KURZ 1966, 67f.).

στίχες ἀσπιστάων: flektierbare VE-Formel (s. Iterata, außerdem im Hyperbaton 221 = 11.412), nur hier und 201 durch λαῶν im Enjambement ergänzt. ἀσπιστής bed. '(schildtragender) Fußsoldat, Krieger' (LfgrE s.v.) und ist – wie αἰχμητής 87, κορυστής 457 – eines der Denominativa bzw. Deverbativa auf -(τ)ής, die als Bez. für die Kämpfer verwendet werden (RISCH 34); die Schilde werden 113 zur Verdeckung des Hinterhalts gebraucht. Zur Deutung des Begriffs στίχες im Kontext von Kampfbeschreibungen s. 254n., ausführlich 427n.

91 1. VH = 202. — **Aisepos:** Fluß an der Ostgrenze der Troas, heute Gönen Çayı (2.825n.; s. auch 88–89n.).

λαῶν: 28n.

92 = 5.123, 18.169, 22.215, 22.228; ≈ (mask.) 4.203, 13.462, 14.356, 16.537, *Od.* 4.25, 17.552, 22.100; ≈ (fem. Pl.) *h.Cer.* 112. — **ἀγχοῦ δ' ἱσταμένη:** flektierbare VA-Formel (mask./fem.: 18× *Il.*, 6× *Od.*, 2× *h.Cer.*), stets mit einem Verb des Sagens in der 2. VH; oft

---

88 διζημένη, εἰ: zur sog. Hiatkürzung R 5.5.

90 ἑσταότ(α): = ἑστῶτα, Ptz. Perf. zu ἵσταμαι (vgl. R 6). — μιν: = αὐτόν (R 14.1). — ἀσπιστάων: zur Flexion R 11.1.

91 οἵ (ϝ)οι: zur Prosodie R 4.4. — οἱ: = αὐτῷ (R 14.1). — ἕποντο ἀπ(ό): zum Hiat R 5.6. — Αἰσήποιο: zur Flexion R 11.2.

92 ἱσταμένη (ϝ)έπεα: zur Prosodie R 4.4. — ἔπεα: zur unkontrahierten Form R 6.

wie hier als Element 5 der Typischen Szene[P] 'Botengang' verwendet (KURZ 1966, 87f.; vgl. 69–92n.). — ἔπεα πτερόεντα προσηύδα: 69n.

93–103 Athene-Laodokos gelingt es, Pandaros mit wenigen Worten zum Pfeilschuß zu überreden, indem sie ihm einen persönlichen Vorteil in Aussicht stellt (95–99) und indirekt an seinen Kampfgeist (VE 93) und an seinen Ehrgeiz (VA 94, 95, 97) appelliert (die passenden Worte zum passenden Mann: SCHMITT 1990, 83; TAPLIN 1992, 105; zu Handlungsaufforderungen verbunden mit einem Angebot s. BEDKE 2016, 92–94. 243–250). Die Rede enthält folgende Komponenten: (1) eine Anrede (93); (2) die Aufforderung zur Tat, ringkompositorisch[P] angeordnet: (A/A') Schuß auf Menelaos (94/98–100) und (B) Anreiz dazu (95–97); (3) eine Empfehlung für gutes Gelingen und Heimkehr (Gelübde an Apollon 101–103). Die Aufforderung zur Tat ist mit Elementen gestaltet, die denjenigen von Kampfparänesen ähneln: (2a) Kampf-Appell; zur formalen Gestaltung s. FINGERLE 1939, 125f.: zu Beginn z.T. eine (bisweilen provozierende) Frage (hier 94), am Schluß die Aufforderung (hier 100); (2b) Argumentation: Gewinn von Ansehen und materieller Belohnung (95–97). Lit. zu Kampfparänesen: 232–250n.; zu den positiven Anreizen in Kampf-Paränesen s. bes. STOEVESANDT 2004, 290–292 (Beute) und 298–304 (Ehre); vgl. auch zu Agamemnons Paränese mittels Provokation 338–348n.

In der Rede ist eine steigernde Adressatenlenkung erkennbar: 93–96 vorsichtige Präsentation einer Möglichkeit (Optativ), 97–99 Suggestion von Evidenz (δή: 97n.), 100–103 Handlungsanweisungen (ἀλλ᾽ ἄγ᾽: 100n.).

93 1. VH bis zur Zäsur B 2 = 7.48, 14.190; bis zur Zäsur A 4 = 6.215, 18.394, 19.315; ≈ 3.183, 10.401. — **Lykaon:** 88–89n.

ἦ ῥά νυ … πίθοιο: Die Rede beginnt mit Emphase (zu ἦ ῥά νυ 6.215n.) und einer suggestiven Frage, die signalisiert, daß noch eine Handlungsaufforderung folgt; der Optativ ohne Modalpartikel ist als Potentialis mit Nähe zu einem Wunsch aufzufassen (AH; LEAF; KIRK zu 94–5; SCHW. 2.324; CHANTR. 2.216f.), wobei sich mit der Partikel ῥα zeigt, daß der Sprecher Einverständnis voraussetzt: 'du folgst mir doch wohl?' (ein illokutionärer Akt: 14.190n.; GRIMM 1962, 30; WILMOTT 2007, 136; zur Verwendung des Potentialis als Aufforderung BEDKE 2016, 92–94. 111–124 [zur vorl. St. 119f.]). — Λυκάονος υἱὲ δαΐφρον: Vokativ-Variante der VE-Formel im Nominativ Λυκάονος ἀγλαὸς υἱός (5.95, 5.101, 5.179, 5.229, 5.276, 5.283); vgl. auch formelhafte Anreden mit υἱὲ δαΐφρονος vor der Zäsur C 2 (6× Il.). δαΐφρων ist generisches Epitheton[P], meist von Männern; es bed. urspr. wohl 'klug' (zur Wz. von δαῆναι), wurde dann aber sekundär interpretiert als 'kampfesmutig, dessen Sinn auf Kampf gerichtet ist' (zu δαΐ 'im Kampf': 6.161–162n.).

94–99 Vers 94 ist als Fragesatz aufzufassen (s. die Interpunktion bei WEST, außerdem zur Form des paränetischen Teils (2a) der Rede 93–103n.); er ist als Einleitung zu den Versen 95–99 und somit als eine parataktisch formulierte Protasis zu einem Konditionalgefüge im

---

93 ἦ: emphatisch (R 24.4). — ῥα: = ἄρα (R 24.1). — τι: 'in irgendeiner Hinsicht, irgendwie', Akk. der Beziehung (R 19.1).

Potentialis zu verstehen, also τλαίης κεν … ; | für εἰ τλαίης …, | … κε … ἄροιο … (zum Phänomen vgl. 3.52–53n.).

94 Pfeil und Bogen werden in der Ilias v.a. für Wettkampf und Jagd gebraucht, im Krieg haben sie weniger Gewicht (2.774–775a n. mit Lit.). Als herausragende Bogenschützen gelten auf gr. Seite Teukros, der Sohn des Telamon und Halbbruder des Aias (13.313f.: FM 4), ferner Odysseus (vgl. 354n.; s. Bogenprobe und Tötung der Freier im 21.–22. Gesang der Odyssee), auf troischer Seite Paris. Bogenschützen agieren aus der Deckung heraus, in einem Hinterhalt agierend oder in der Schlacht hinter den Schwerbewaffneten kauernd (113b–115n.), weswegen das Bogenschießen grundsätzlich eine ambivalente Wertung im hom. Epos erfährt (3.17n. mit Lit.; weitere Lit. s. KELLY 2007, 263 Anm. 1). – Zu Bogenschützen in der idg. Literatur s. WEST 2007, 485; zu archäol. Zeugnissen von Pfeil und Bogen aus myk. und archaischer Zeit s. LORIMER 1950, 276–300; BAITINGER 2001, 5–30; BUCHHOLZ 2010, 234–297; STEINMANN 2012, 57–62; zum Bogen als Herrschaftssymbol im Orient s. BUCHHOLZ 2012, 241f.

Μενελάῳ ἔπι προέμεν: so der Text bei WEST nach Aristarch (schol. A, bT), mit einfachem Kompositum προ-ίημι 'losschicken' und ἐπὶ Μενελάῳ als Angabe des Ziels des feindlichen Aktes (ebenso AH, Anh. z.St.; LEAF); andere bevorzugen die ebenfalls überlieferte Schreibart mit Doppelkompositum ἐπιπροέμεν (LfgrE s.v. ἵημι 1154.67).

95 2. VH ≈ 14.365, 16.84, 17.287, 17.419, *Od.* 22.253. — Der gr. Begriff *kýdos* bed. 'Erfolg, Ansehen, Ruhm' und bez. das aus dem – oft in milit. Kontext – errungenen Erfolg resultierende Prestige (LATACZ 1966, 128–133; dagegen gr. *kléos* 'Ruhm' als die sich über das Hier und Jetzt hinaus verbreitende 'Kunde': 19.204n.; DE JONG zu *Il.* 22.205–207); gr. *cháris* bed. 'Freude bereitende Wirkung oder Leistung', hier speziell im sozialen Bereich die 'Beliebtheit' (LATACZ a.O. 85; LfgrE s.v. χάρις; die Verbindung der beiden Begriffe außer hier noch *Od.* 15.320). Athene-Laodokos stellt Pandaros also umfassende soziale Anerkennung bei *allen* Troern in Aussicht, natürlich ohne einen Hinweis auf den mit dem Pfeilschuß verbundenen Eidbruch. Warum die Tötung des Menelaos dem Schützen höchstes Ansehen bringen könnte, wird in Agamemnons Rede nach dem Schuß 155ff. deutlich, bes. 169–182 (s.d.): das griechische Heer wäre nicht mehr motiviert, um Helena zu kämpfen, und würde heimkehren (BERGOLD 1977, 166).

πᾶσι … Τρώεσσι: 'bei allen Troern', s. noch 9.303 (bloßer Dat. σφι … ἄροιο) gegenüber 17.16 (ἐνὶ Τρώεσσιν ἀρέσθαι) (AH; LEAF); zum lokativischen Dat. ohne Präposition bei

---

94 τλαίης: Opt. zu τλῆναι, 'es fertigbringen, sich darauf einlassen'. — κεν: = ἄν (R 24.5), ebenso 95, 97f. — Μενελάῳ ἔπι: = ἐπὶ Μενελάῳ (R 20.2). — προέμεν: Inf. Aor. von προίημι 'losschicken' (zur Form R 16.4).

95 Τρώεσσι: zur Flexion R 11.3. — ἄροιο: Aor. Opt. Med. zu ἄρνυμαι 'erwerben, gewinnen'.

Personenbez. im Pl. s. SCHW. 2.155; CHANTR. 2.80. — κῦδος ἄροιο: flektierbare VE-Formel (11× *Il.*, 1× *Od.* 1× Hes.); zum Formelsystem s. 16.84n., 3.373n.

96 1. VH = *Od.* 2.433. — **Alexandros:** Zum Doppelnamen Paris/Alexandros als metr. bequeme Varianten s. 3.16n.; HE s.v. Alexandros. — **König:** Während der gr. Titel *basiléus* in der Ilias mehreren Anführern unter den Achaiern zuteil wird (1.9n., mit der myk. Vorgeschichte und Lit.; neuere Lit. 18.556b–557n.), ist er auf der troischen Seite fast ausschließlich Priamos und Anführern von Bundesgenossen (Pylaimenes, Rhesos, Sarpedon) vorbehalten, von den Priamos-Söhnen erhält ihn nur Paris/Alexandros hier (DEE 2000, 507f.). Athene-Laodokos weist ihn damit als Mitglied des Königshauses (ähnlich *basíleia* von Alkinoos' Tochter Nausikaa *Od.* 6.115) und der troischen Führungsschicht aus (vgl. *Il.* 20.83f.): LfgrE s.v. βασιλεύς 42.11ff.; HORN 2014, 39; anders CARLIER 1984, 143. 223 (Athene-Laodokos übertreibe Paris' Position).

97 Daß Paris Aktionen, die seinen Interessen dienen, fürstlich belohnt, hat sich schon früher gezeigt, als er Antimachos, der vor Ausbruch des Krieges gegen die Herausgabe der Helena agierte und die griechischen Gesandten angriff, mit Gold beschenkte (11.123–125, 11.138–141).

τοῦ ... πάρ(α): Da mediales παρα-φέρω im fgrE nicht belegt ist, muß eine rhetorische Überbrückung der metr. Zäsur B 2 angenommen werden (vgl. M 6 Anm. 10; ähnlich 18.191 mit n.). — δή: Mit δή suggeriert der Sprecher, daß seine Äußerung evident ist und vom Adressaten sicher geteilt wird (BAKKER 1997, 75 ["no less socializing than evidential"]. 78f.); CUYPERS 2005, 55f. — ἀγλαὰ δῶρα: Nomen-Epitheton-Formel, an der vorl. Vers-Position 2× *Il.*, 4× *Od.*, sonst am VE (19.18–19n.); das Epitheton ἀγλαός ('glänzend, attraktiv, lockend': 1.23n.) ist hier bes. passend.

98 ≈ 195, 205; 2. VH nach der Zäsur A 4 = 115; ≈ 17.79 (Nom.). — Passenderweise wird Menelaos hier und 100 von Athene-Laodokos mit Epitheta charakterisiert, die auf kriegerische Haltung oder kämpferischen Erfolg hinweisen (s.u. und 100n.), und mit Nachdruck namentlich genannt (AH).

Μενέλαον ἀρήϊον: flektierbare Formel nach der Zäsur A 4 (Nom./Akk. 9× *Il.* [s. noch 115, 195, 205]); ἀρήϊος ('mit Ares verbunden, kriegerisch') ist generisches Epitheton[P] von verschiedenen Kriegern (16.42n.). Zwischen der Häufigkeit von Formeln, die Menelaos als 'kriegerisch' bezeichnen (s. auch ἀρηΐφιλος 13n., κυδάλιμος 100n. und βοὴν ἀγαθός 2.408n.), und seinem eher geringen Leistungsausweis als Kämpfer in der Ilias herrscht eine gewisse Diskrepanz: der Erzähler läßt im Verlauf der Ilias-Handlung wiederholt andeuten, daß Menelaos' Engagement für seine Sache zwar groß ist, daß er aber als Kämpfer nicht

---

96 μάλιστα Ἀλεξάνδρῳ: zum Hiat R 5.6. — βασιλῆϊ: zur Flexion R 11.3, R 3.

97 τοῦ ... πάρ(α): = παρὰ τοῦ (R 20.2); zur demonstr.-anaphor. Funktion von ὅ, ἥ, τό R 17. — πάμπρωτα: Adv., 'zu allererst, vor allem'.

98–99 αἴ κεν ἴδη: prospektiver Konj., αἰ = εἰ (R 22.1), κεν = ἄν (R 24.5). — Μενέλαον ... | ... ἐπιβάντα: AcP abhängig von ἴδη; δμηθέντα (Ptz. Aor. Pass. zu δάμνημι/δαμνάω 'bezwingen, töten') ist Ergänzung zu Μενέλαον.

jedem Gegner gewachsen ist, s. bes. 7.104ff., 17.89ff. und 17.553ff. (s. auch 3.30ff.: Paris sucht eine direkte Konfrontation mit Menelaos zu vermeiden): 2.588–590n.; WILLCOCK 2002; möglicherweise war Menelaos in der vorhom. Erzähltradition durchaus ein großer Kämpfer (WILLCOCK 2004, 52f.). — Ἀτρέος: kurzvokalischer Gen. zu Ἀτρεύς (die urspr. Namensform war viell. *Atresion/-ias o.ä., zu ἄτρεστος 'nicht zitternd, standhaft'): 3.37n. mit Lit.

99 2. VH ≈ 9.546. — Die gr. Wendung 'auf den Scheiterhaufen steigen', eine Umschreibung für 'zu Tode kommen', ist vergleichbar mit dt. 'ins Grab steigen' (vgl. 9.546 'auf den Scheiterhaufen schicken' für 'töten'); zur im hom. Epos üblichen Brandbestattung s. 24.38n., 24.777–804n. Weitere Umschreibungen für (a) 'tot sein': 'die Erde hält jn. fest' (18.332n.); für (b) 'sterben': 'in den Hades / ins Haus des Hades gehen', 'unter die Erde gehen', 'die Erde beißen / ergreifen' (6.19n., 3.322n., 18.329n.). Die vorl. Formulierung ermöglicht es, den Aspekt des Zuschauens und damit die Sicht des Paris einzubringen, den das Schauspiel in eine für den Täter besonders günstige Stimmung bringen werde (ähnlich BERGOLD 1977, 153).

δμηθέντα: steht immer vor der Zäsur B 2 od. B 1, oft in der Form des Kompositums ὑποδμηθεῖσα/-δμηθέντα (insgesamt 2× *Il.*, 16× Hes., 1× *hom.h.*); häufiger ist die Form δαμέντ- am VE (19× *Il.*, 1× *Od.*, 1× Hes.; vgl. 479n.): AH; CLASSEN [1851–1857] 1867, 132.

100 ἀλλ' ἄγ(ε): Übergang von der Argumentation zur Handlungsanweisung (2.72n.). — ὀΐστευσον: 'einen Pfeil schießen', mit Gen. des Ziels wie bei anderen Ableitungen zu Waffenbezeichnungen und bei Verben des Zielens (SCHW. 2.104; CHANTR. 2.54). — Μενελάου κυδαλίμοιο: VE-Formel (7× *Il.*, 7× *Od.*); κυδάλιμος ist generisches Epitheton[P] mehrerer Kämpfer, eine Ableitung zu κῦδος ('Hochgefühl, [milit.] Überlegenheit': 95n.); zu seiner Bed. ('wacker' od. 'hochgemut') und Bildungsweise (zu -άλιμος RISCH 105) s. 6.184n.

101–103 ≈ 119–121. — Die Empfehlung eines Opfers an Apollon läßt sich vielfältig erklären: Er hatte einstmals dem Pandaros einen Bogen geschenkt (2.827), trägt selbst bevorzugt diese Waffe (101–102n.) und sollte daher um Beistand angerufen werden, wie es auch der Bogenschütze Meriones im Wettkampf tut (23.870–873; vgl. 1.64ff. die Furcht vor dem Zorn des Gottes, wenn er sich vernachlässigt fühlt). In der Formulierung sind Elemente der Typ. Szene[P] 'Gebet' erkennbar (1.37–42n.): (**2**) Verb des Betens, (**3**) Nennung der Gottheit, (**5**) ihre Kulttitel, (**6**) Nennung früher erbrachter oder empfangener Leistungen, hier ein an die Erfüllung der Bitte geknüpftes Gelübde. Die eigtl. Bitte (Element **7**) ist nicht ausgesprochen (sonst formuliert mit der Formel *da et dabo* [10.291–294, *Od.* 3.380–384] od. *da ut dem* [6.308a n., 14.233–241n.]). Das Gebet ist aber wohl so zu verstehen, daß das versprochene Opfer die Gegengabe für einen gelungenen

---

100 ἄγ(ε): urspr. Imp. zu ἄγω, in Verbindung mit Imp. od. Konj. zur Aufforderungspartikel erstarrt: 'auf!, los!'.

Schuß sein wird, wie beim Bogenschützen *Il.* 23.872f.; s. auch die Erwähnung von Gebeten im Kampf vor dem entscheidenden Schuß bzw. Stoß 3.351–356, 5.174–178, 17.45–50, und im Wettkampf vor dem Rennen 23.768–770 (WEST 2011, 135).

101–102 ≈ 119–120; 102 = 23.864 (gemäß WEST interpoliert), 23.873; 2. VH von 102 ≈ 7.450, 12.6, 23.146. — **dem Apoll:** In der Ilias ist Apollon derjenige Gott, der die troische Seite am tatkräftigsten unterstützt: Er stärkt die Troer im Kampf (bes. 507ff., 15.220ff., 15.306ff.) und sorgt mehrfach dafür, daß Troia nicht vorzeitig eingenommen wird, weder von Patroklos (16.698ff.) noch von Achilleus (21.544ff.): FG 5; 16.94n. mit Lit. – Zur Deutung seines gr. Beinamens *Lykēgenḗs* werden seit der Antike Bezüge zu verschiedenen Wörtern hergestellt (vgl. schol. A, bT, D; LEAF; GRAF 2009, 132): Die ausschließliche Verwendung im Kontext von Pandaros, als dessen Heimat eine Landschaft mit Namen 'Lykien' genannt wird (bes. 5.103–105: 88–89n.), läßt vermuten, daß der Beiname vom Erzähler als 'in Lykien geboren' verstanden wurde, obwohl schon in der ältesten literarischen Überlieferung die Insel Delos als Geburtsort genannt ist (AH; KIRK; LfgrE s.v. Λυκηγενής; TSAGALIS 2012, 240; WEST 2013a, 258). Diese Diskrepanz ist viell. damit erklärbar, daß der Betende den Gott mit Bezugnahme auf seine lokale Erscheinung in der eigenen Heimat anruft (so 1.37ff., 16.514 Apollon; vgl. 24.291n. zu Zeus). Daß aber der Gott Apollon *ursprünglich* lykischer oder kleinasiatischer Herkunft gewesen sein soll (so u.a. BEEKES 2003), läßt sich weder damit noch aus kleinasiat. Quellen sicher nachweisen (CG 5; 16.513n. mit Lit.; ERBSE 1986, 177 Anm. 7; BRYCE 1990/91, 144–148; EGETMEYER 2007; GRAF a.O. 136f.). Andere bringen den Beinamen etymologisch mit gr. Wörtern für 'Licht' oder für 'Wolf' in Verbindung und deuten ihn als 'licht-geboren' (AH; WEST a.O. 260f.) bzw. 'wolf-geboren' (LEAF; vgl. GRAF a.O. 120f. zu nachhom. *Lýkeios*). Zum gr. Kompositum s.u. – Das zweite Epitheton, gr. *klytótoxos* ('der mit dem berühmten Bogen': noch 15.55, *Od.* 17.494, 21.267), nimmt Bezug auf das – neben der Kithara – wichtigste Attribut Apollons, auf den Pfeilbogen (s. auch seine Bezeichnung als 'der mit dem silbernen Bogen' *Il.* 1.37 u.ö.); hier paßt es zur Aktion des Pandaros, sonst zeigt es v.a. seine Rolle als Gott, der Unheil bringt, nämlich Krankheit oder plötzlichen Tod, s. 24.758f., *Od.* 3.278–281, 15.409–411 (1.37n., 1.43–52n.; GRAF a.O. 14–16); zu idg. Parallelen für die besondere Waffe eines Gottes od. Helden s. WEST 2007, 460f. — **von Lämmern:** Schafe werden oft als Opfertiere verwendet; Jungtiere entsprechen am ehesten dem Gebot, daß die Opfertiere möglichst makellos sein sollen (Lämmer für Apollon noch 1.64–67, 23.872f.): 1.66n.; LfgrE s.v. ἀρήν 1243.57ff.

---

101 εὔχεο: zur unkontrahierten Form R 6.

εὔχεο ... | ... ῥέξειν: εὔχομαι bed. allg. 'eine offizielle Angabe machen', danach speziell 'feierlich versichern', promissorisch 'geloben', mit Inf. Fut. noch *Od.* 17.50f. (1.91n., 6.304n.; LfgrE s.v. (ἐπ)εύχομαι 820.23ff.; LATACZ 1969, 352f.; MUELLNER 1976, 53–56). — **Λυκηγενέϊ**: Kompositum mit Hinterglied -γενης (vgl. διο-γενής 'von Zeus stammend' 358n.); die urspr. Bed. des Vorderglieds λυκη- und der Vokal -η- in der Kompositionsfuge werden verschieden erklärt (WEST 2013a, 257–262 mit älterer Lit.): (a) zum geogr. Namen Λυκίη in der heth. Form *Lukka*, das -η- aus metr. Gründen (DELG s.v. Λυκηγενής; BEEKES 2003, 15; *contra* WEST 2013a, 258: erwartete Form wäre dann Lokativ *Λυκαι-; zum grundsätzlichen Problem einer lykischen Herkunft Apollons s.o.); (b) zu *λύκη 'Licht' (vgl. ἀμφι-λύκη 7.433 u. DELG s.v. *λύκη), mit alter Endung des Instrumentalis *lukē (vgl. ved. *rucā* 'mit Licht geboren' (EGETMEYER 2007, 212f.; WEST a.O. 261, mit Hinweis auf Ἰφι-γένεια); (c) zu λύκος 'Wolf' ('von e. Wolf geboren'), mit Bindevokal -η- statt -o- wie bei ἐλαφη-βόλος (LEAF; *contra* NILSSON [1940] 1967, 536f.; WEST a.O. 259: Mythenversionen, in denen bei Apollons Geburt ein Wolf od. Wolfsgestalt vorkommt, sind erst spät bezeugt). — **πρωτογόνων**: 'erstgeboren, Erstling' d.h. die Lämmer aus der Gruppe der zuerst Geborenen eines Jahres, außer hier u. Iterata noch Hes. *Op.* 543, 592 von Zicklein, vgl. auch πρόγονος *Od.* 9.221 (schol. bT; LfgrE s.v.; RICHTER 1968, 55; vgl. WEST zu *Op.* 543; anders STENGEL 1910, 2: 'eben geboren, neu geboren'; unentschieden LEAF). — **κλειτὴν ἑκατόμβην**: flektierbare VE-Formel (7× *Il.*, 1× 'Hes.'; außerdem ἀγακλ. ἑκ. 2× *Od.*), prosod. Variante der flektierbaren VE-Formel ἱερὴν ἑκατόμβην (4× *Il.*, 5× *Od.*). Das Possessivkompositum ἑκατόμβη bed. zwar urspr. '100 Rinder habend', wird aber für jedes Opfer bestehend aus einer großen Zahl an Opfertieren und für Opfertiere jeglicher Art verwendet (1.65n.).

103 = 121. — **Zeleia**: wird nur hier und 2.824 erwähnt, als Pandaros' Heimatort; zur geogr. Lage 88–89n.

οἴκαδε νοστήσας: flektierbare VA-Formel (5× *Il.*, 7× *Od.*, 1× 'Hes.'); νοστέω (im fgrE nur im Fut. u. Aor. bezeugt) bed. 'heil davonkommen, heimkehren' (LfgrE s.v.); zum Motiv 'Heimkehr' in der Ilias s. MARONITIS 2004, 64ff. – Dieser Nachtrag enthält in erster Linie die Zeit- und Ortsangabe und nur indirekt eine Bedingung für das versprochene Opfer (vgl. *Od.* 11.132, 23.279). Die glückliche Heimkehr ist an einen erfolgreichen Schuß und das daraus erhoffte Ende der Kämpfe gebunden (CORLU 1966, 63; MUELLNER 1976, 55f. mit Anm. 77; REYNEN 1983, 35; zur Interpretation des Gebets 101–103n.). — **ἱερῆς ... ἄστυ Ζελείης**: Zum explikativen Gen. des Ortsnamens (bei ἄστυ noch 14.281, 21.128, *Od.* 18.1f., 22.223) s. 33n. Zu ἱερός als Epitheton bei Städten s. 46–47n.

104 1. VH = 21.423, 22.224, *Od.* 2.296, 22.224, 24.533, 24.545; 2. VH ≈ *Il.* 16.842. — Der Erzähler-Kommentar in der 2. VH (gr. *phrénas áphroni péithen*) enthält ein WortspielP mit einem formalen, oxymoron-artigen Paradoxon: 'sie beredete ihm, der ohne ⟨eigenen festen⟩ Verstand war, den Verstand', d.h.: Pandaros hatte

---

103 ἱερῆς ... Ζελείης: zum -η- nach -ρ- bzw. nach -ι- R 2. — ἄστυ Ζελείης: Z- bildet gelegentl. keine 'Positionslänge' (M 4.5).
104 ὥς: = οὕτως. — φάτ(ο): Impf. von φημί (vgl. R 5.1); zum Medium R 23; zur augmentlosen Form R 16.1.

keinen derart selbständigen, sicheren Verstand, daß er logisch und klar denken konnte (ebenso 16.842 Hektor spöttisch zum sterbenden Patroklos [s.d.]; zu gr. *phrénes* als rationaler Instanz s.u.). Es illustriert die Doppelte Motivation[P], die der Aktion zugrunde liegt: die Göttin schlägt die Tat vor, Pandaros läßt sich durch die Aussicht auf Ansehen und Belohnung dazu bereden, ohne über die Konsequenzen nachzudenken (85–104n.; SULLIVAN 1988, 144f.; SCHMITT 1990, 84; zum Wortspiel s. auch SNELL 1977, 49; LfgrE s.vv. ἄφρων u. φρένες 1027.11ff.). Allg. zum wertenden Erzähler-Kommentar s. 2.38n.; DE JONG zu *Od.* 4.772; EDWARDS, Introd. 4–7; RICHARDSON 1990, 236 Anm. 29 (Stellenliste).

φρένας ἄφρονι πεῖθεν: Die Lexeme des Wortfelds 'Seele-Geist' sind zwar oft austauschbar (1.24n.), in den Wendungen mit πείθειν läßt sich aber erkennen, daß φρένας als Obj. auf die rationale Instanz der Figur weist (s. noch 12.173, *Od.* 1.42f.), θυμόν dagegen eher auf die emotionale (VAN DER MIJE 2011, 450. 453; s. auch BÖHME 1929, 40 Anm. 8). Das Possessivkomp. ἄ-φρων ('ohne φρένες'; zur Bildung RISCH 55. 184) ist ein Wort der Figuren-Sprache[P], im Erzähler-Text nur hier (GRIFFIN 1986, 38); zu seinen Konnotationen ('töricht, bedenkenlos') s. LfgrE. Das Impf. bei "verba dicendi im engeren und weiteren Sinne" läßt sich als Ausdruck der "nachhaltigen Wirkung" erklären, die sie "in dem Tun eines anderen haben" (SCHW. 2.277f.; CHANTR. 2.192f.; s. auch RIJKSBARON [1984] 2002, 18: das Impf. aoristisch, aber zusätzlich die Aufmerksamkeit auf die Folgen lenkend).

105–147 *Pandaros' Bogen und Schuß. Athene verhindert eine tödliche Verwundung des Menelaos.*

Entsprechend der Bedeutsamkeit dieses Moments für den weiteren Verlauf der Ilias-Handlung ist die ganze Passage nach dem Prinzip der ausführlichen Darstellung[P] gestaltet und, zur Erhöhung der Spannung, durch eine externe Analepse[P] (Herkunftsgeschichte), einen Vergleich[P] und ein Gleichnis[P] erweitert (WILLENBROCK [1944] 1969, 64f.; vgl. auch schol. bT zu 113 u. NÜNLIST 2009, 78): Nach Laodokos-Athenes Rede setzt zwar mit dem Griff zum Bogen sogleich die Handlung ein (105), sie wird aber durch die Gegenstandsbeschreibung des Bogens mit Herkunftsgeschichte gleich wieder unterbrochen (106–111; vgl. Pause[P]); das Erzähltempo wird durch weitere, den Schuß vorbereitende Handlungen verlangsamt (Retardation[P]; RENGAKOS 1999, 313–315): Pandaros macht den Bogen bereit und positioniert sich (112–115), macht den Pfeil bereit (116–118), betet zu Apollon (119–121), spannt den Bogen (122–124), Bogen und Sehne machen ein Geräusch, der Pfeil sucht sein Ziel (125f.). Die Verwundung des Menelaos ist in ähnlicher Weise durch die Wegbeschreibung des Pfeils hinausgezögert: Sein Flug wird durch Athene gelenkt (127–129), Vergleich (130f.), er durchdringt mehrere Schichten der Schutzbekleidung (132–139), es fließt Blut (140), Gleichnis (141–147). Während die Herkunftsgeschichte des Bogens in engem Bezug zur Schuß-Szene gestaltet ist (105–111n.), stehen der Vergleich und das Gleichnis mit Bildern aus dem friedlichen Leben in einem auffällig starken Kontrast zur konkreten

Kriegssituation (Fürsorge einer Mutter: 130–131n.; mit Purpur verzierte Kostbar-
keit aus Elfenbein: 140–147n.). – Die Beschreibung von Bogen, Pfeil und Schuß
enthält Motive, die auch in aind. Lit. zu finden sind: das Gebet, der befiederte
Pfeil (116f.), der kreisrund gespannte Bogen (124), das Geräusch beim Schuß
(125) und der Drang des Geschosses, sein Ziel zu finden (126): WEST 2007, 462.
485. Sprachlich ist die Passage mit vielen außergewöhnlichen Wendungen formuliert (*hapax legomena*, *t.t.*): 105–106n., 109n., 110–111n., 116–117n., 125n.,
126n.; KUMPF 1984, 114f.

105–111 Der Bogen als wichtiger Gegenstand dieser Aktion wird besonders sorgfältig vorgeführt, wobei – wie es bei Homer oft der Fall ist – die Herkunftsgeschichte den größten Raum einnimmt. Die Beschreibung geht nach dem ersten
Blick auf das Objekt (105) sogleich in Handlung über (Jagdszene u. Handwerk
106b–111), d.h.: beschrieben ist nicht der Gegenstand, sondern wie es zu seinem
Aussehen gekommen ist, durchsetzt mit Elementen der Gegenstandsbeschreibung:
(a) Qualität ('gut geglättet': 105, 111a), (b) Material und Beschaffenheit (105–
106a, 110f.), (c) Herkunftsgeschichte (106b–111): FRIEDRICH 1975, 48f.; BECKER
1995, 57–59; DE JONG 2012a, 32f.; TSAGALIS 2012, 409–411; weitere Lit. 18.478–
482n.; zu weiteren Gegenstandsbeschreibungen s. 2.101–108n., 24.266–274n.,
18.478–608n. (jeweils mit Lit.); Stellensammungen s. RICHARDSON 1990, 219
Anm. 46 u. MINCHIN 2001, 107. Der Erzähler beschreibt aber nicht die reale
Technik des Bogenbaues, auch nicht die Verarbeitung der Hörner zu einem
Bogen und die Größe des Produkts (CANCIANI 1984, 34; BUCHHOLZ 2010, 241f.
[mit älterer Lit.]; zur Bauart des Bogens s. 110–111n.); vielmehr legt er das Gewicht auf das Material Horn, seine Gewinnung und Verarbeitung (105b–110), da
dessen Herkunftsgeschichte (Erlegen des Bocks) ihm die Möglichkeit gibt, den
Schuß auf Menelaos vorzubereiten (106b–108n.). So ergibt sich zwar ein Widerspruch zu 2.826f., wo der Erzähler Pandaros' Rolle als Bogenschütze indirekt
vorbereitet, indem er seinen Bogen als eine Gabe Apollons bezeichnet; an der
vorl. Stelle hingegen illustriert er mit der Jagdszene Pandaros' *Exzellenz* auf dem
Gebiet des Bogenschießens (2.827n.; KULLMANN 1956, 58; SCHEIN 1984, 56f.).
Zum Motiv 'die besondere Waffe eines Heros' s. 6.319n., 19.387–391n.; DE JONG
zu *Il.* 22.133–4; READY 2011, 83f.; zu Pfeil und Bogen s. auch 94n.

105–106a αὐτίκ(α): leitet die unmittelbar anschließende Handlung ein (vgl. 5–6n.): hier
nach der Aufforderung den sofortigen Griff zum Bogen, 140 das Ausfließen von Blut nach
dem Aufprall des Pfeils; an beiden Stellen wird der Handlungsfluß danach gleich wieder
unterbrochen (106–111 Herkunftsgeschichte des Bogens, 141–147 Gleichnis): ERREN 1970,
34f. — ἐσύλα: Das Verb ist im fgrE nur in der Ilias belegt und außer hier u. 116 (σύλα
πῶμα φαρέτρης) immer im Kontext einer Spoliierung des besiegten Feindes verwendet; es
bed. dann '(Waffen als Beute) abnehmen' (zu den VA- u. VE-Formeln 16.500n.). Hier soll

---

105 ἰξάλου αἰγός: zur sog. Hiatkürzung R 5.5.

wohl mit der Verwendung dieses Verbs Pandaros' hastige, heftige Bewegung beim Ergreifen des Bogens angedeutet werden (BRAVO 1980, 708f.; PRITCHETT 1991, 116), viell. auch
das Herausziehen des Bogens aus einer Hülle, analog dem Herausziehen des Pfeiles aus
dem Köcher 116b (ἐκ δ' ἕλετ' ἰόν) (VAN LEEUWEN; FAESI; LEAF; KIRK; zu den sonst verwendeten Verben für das Ergreifen des Bogens s. LfgrE s.v. τόξον 579.36ff.); zu Hinweisen auf Bogenfutterale s. Odysseus' Bogen *Od.* 21.53–56 (Penelope nimmt ihn [ἐκ δ' ᾕρεε
τόξον] aus seiner Umhüllung [γωρυτός]) und archäol. Zeugnisse (BUCHHOLZ 2010, 260–
262). — **τόξον ἐύξοον:** Formel vor der Zäsur C 2 (2× *Il.*, 7× *Od.*); ἐύξοος ('wohlgeglättet')
ist generisches Epitheton[P] bei mehrheitlich aus Holz gefertigten Gegenständen (mit der
metr. bequemen Variante ἐύξεστος), v.a. bei τόξον, daneben auch bei ἅρμα, δίφρος, δόρυ,
τράπεζα u.a. (LfgrE s.v. ἐύξοος; PLATH 1994, 153–157). — **ἰξάλου:** *hapax legomenon*[P]
unbekannter Herkunft (anatolisch?, vorgriechisch?) und Bedeutung (DELG u. BEEKES s.v.),
s. auch die Umschreibungen in den Schol. b u. D: u.a. τέλειος, πηδητικός, τομίας (LfgrE
s.v.; RISCH 108f. [Tierbez., Lehnwort]; KIRK ['full grown']; BUCHHOLZ u.a. 1973, 56 [am
ehesten 'gut springend']; davon abgeleitet ist nachhom. ἰξαλῆ, die Bez. für das Fell des be-
treffenden Tieres (s.u.; LSJ s.v. ἰξαλῆ). — **αἰγός | ἀγρίου:** Zur genauen Identität des Tie-
res αἴξ, das durch ἄγριος (3.24, 15.271, *Od.* 9.118f., 14.50) od. ἀγρότερος (17.295) charakterisiert ist, gibt es versch. Meinungen (Wildziege, Gemse, Steinbock: 3.24n.; LfgrE s.v.
αἴξ); für die Verarbeitung beim Bogenbau hat man an Hörner eines Wildziegenbocks
(*capra aegagrus*) gedacht (BUCHHOLZ u.a. 1973, 55f.; BUCHHOLZ 2010, 241); zur brachy-
logischen Materialangabe analog dem *gen. materiae* ('aus ⟨Horn vom⟩ Bock') s. auch *Il.*
7.222f. σάκος ... | ταύρων, 3.375 u. 23.684 ἱμάντα(ς) ... βοός (LEAF; AH).

106b–108 Der Pfeilschuß auf den Bock nimmt den Schuß auf Menelaos gleichsam
vorweg; dem für die Pirschjagd typischen Auflauern in Deckung (107) entspricht
Pandaros' Agieren aus dem Hinterhalt, indem er sich hinter den Schilden der Ge-
fährten versteckt (113–115): s.d.; DUÉ/EBBOTT 2010, 59. Das Erlegen des Tieres
ist in Anlehnung an Darstellungen von Tötungen in Kampfszenen gestaltet (zur
Verbindung von Jagd und Krieg BURKERT [1972] 1997, 59). Dies zeigt sich in
drei Punkten: (a) in der Verwendung der dafür typischen Struktur 'den traf er am
Körperteil X; der aber fiel', mit Angabe der Fallrichtung (auf den Rücken od. aufs
Gesicht) und des Ortes, wohin der Getroffene fällt (vgl. 16.289–290n.); (b) im
Motiv 'Treffer in die Brust' (hier 106b/108a, das Auflauern in Deckung umrah-
mend), ein Hinweis darauf, daß der Angreifer dem Gegner von vorn entgegentritt,
wie z.B. 480 (s.d.), 528, 5.19, 11.144, 15.650, *Od.* 9.301, 22.286 (LfgrE s.vv.
στέρνον u. στῆθος; s. auch im Löwen-Gleichnis 16.753 mit n.); (c) in Anklängen
an Formulierungen aus Tötungsszenen im abschließenden V. 108 (s.d.). Diese Art
der Beschreibung erhöht die Spannung im Hinblick auf das Folgende, denn hervorgehoben sind Treffsicherheit und Effizienz des Schützen (vgl. schol. bT zu
106).

106b ὅν ῥά ποτ(ε) …: Rel.-Pron. + ποτε ist gebräuchliche Einleitung von Analepsen[P] (6.21n.); der Akk. ist ἀπὸ κοινοῦ von τυχήσας und βεβλήκει 108 abhängig, beide mit Angabe der getroffenen Körperpartie, wobei diese Angaben chiastisch angeordnet sind (LfgrE s.v. τυγχάνω; etwas anders AH; Leaf; CHANTR. 2.52: ὑπὸ στέρνοιο τυχήσας parenthetisch); zur derartigen Verbindung des Ptz. von τυγχάνω mit einem Verb des Treffens s. z.B. 5.98f., 5.580/582, 12.189, 15.581, 16.623 (s.d.). — **ὑπὸ στέρνοιο**: 'unten an der Brust' (SCHW. 2.527), wieder aufgenommen durch πρὸς στῆθος 108; beides sind Bezeichnungen für den Brustbereich, im Gen. Sg. ist jedoch nur στέρνοιο gebräuchlich (LfgrE s.v. στέρνον).

107 δεδεγμένος ἐν προδοκῇσιν: *figura etymologica* mit der Wz. δεκ-/δοκ- (DELG s.v. δέχομαι; RISCH 200; PORZIG 1942, 250f.; KIRK): Ptz. Perf. von δέχομαι 'erwartend' i.S.v. 'abpassend, auflauernd' (vgl. 8.296 vom Bogenschützen im Kampf, δέγμενοι 18.524 in der Beschreibung eines Hinterhalts), kombiniert mit dem *nomen actionis* προ-δοκή, einem *hapax legomenon*[P], das wohl die Bez. für den sog. 'Anstand' od. 'Ansitz' bei der Pirschjagd ist (vgl. schol. D; zum metr. nützlichen 'poetischen Plural' 2.588n.); das Wortspiel umschreibt also das Vorgehen des Schützen, in Deckung stehend od. sitzend auf das Wild zu warten (vgl. BUCHHOLZ u.a. 1973, 73).

108 ≈ 11.144; 1. VH = *Od.* 22.286; ≈ *Il.* 16.753; 2. VH ≈ 522, 7.145, 7.271, 12.192 13.548, 15.434, 16.289. — **βεβλήκει**: Die Plpf.-Form steht häufig am VA, wohl auch metrisch bedingt, da die Aor.-Formen ἔβαλ(ε), βάλ(ε) dort nicht zu gebrauchen waren. Die genaue Bed.-Nuance ist umstritten; nach den Kontexten am ehesten zutreffend die Erklärung von SCHW. 2.288: "[…] ein Verbalinhalt wird […] durch das Plusquamperfekt als schon in der Vergangenheit im Ergebnis vorliegend dargestellt" (ähnlich CHANTR. 2.200): der Pfeilschuß als blitzschneller Überraschungsschlag. — **ὕπτιος ἔμπεσε πέτρῃ**: ἔμπεσε πέτρῃ nimmt in chiastischer Anordnung die 1. VH von 107 auf. ὕπτιος ist sonst immer auf Menschen bezogen verwendet, meist von einem Kämpfer, der von einem Wurf od. Hieb getroffen fällt. Die ganze Formulierung ist Variation einer formelhaften Wendung in Kampfszenen: s. die Iterata zur 2. VH, darunter mit Enjambement ὕπτιος ἐν κονίῃσιν | κάππεσεν (522f., 13.548f., 16.289f.; ferner 15.434f. ὕπτιος ἐν κονίῃσιν | … πέσε), außerdem die Formel πέσεν ὕπτιος zwischen den Zäsuren B 1 u. C 2 (15.647, 17.523, *Od.* 9.371, 18.398): LfgrE s.v. ὕπτιος.

109 Die Längenangabe der Hörner ('sechzehn Handbreit', d.h. ca. 125–130 cm) ist in erster Linie ein Hinweis auf die imposante Erscheinung des von Pandaros erlegten Bocks, erst in zweiter Linie auf das Besondere des damit ausstaffierten Bogens und seines Trägers.

κέρα: Pl.-Form zu κέρας, noch *Od.* 19.211 (Nom.), 21.395 (Akk.), dort jeweils von 'Horn' als Material. Myk. ist sie in der Form ke-ra-a belegt (MYK; DMic s.v. ke-ra I); die hom.

---

106 ῥα: = ἄρα (R 24.1.).

107 προδοκῇσιν: zur Flexion R 11.1.

108 βεβλήκει … ἔμπεσε: zu den augmentlosen Formen R 16.1.

109 τοῦ: demonstrativ-anaphorisch (R 17), abhängig von κεφαλῆς. — κέρα ἐκ: zum Hiat R 5.5 od. 5.1 (s. ↑).

Form kann also entweder als κέρᾱ mit Hiatkürzung od. als κέρα(α) mit Elision gedeutet werden (SCHW. 1.515f.; DELG u. BEEKES s.v. κέρας; FERNÁNDEZ-GALIANO zu *Od.* 21.395). — **ἐκκαιδεκάδωρα**: *hapax legomenon*[P], die Maßangabe mit -δωρος noch Hes. *Op.* 426 (δεκαδώρῳ ἁμάξῃ); δῶρον in einer Längenangabe ist die Bez. für die Handbreite über vier Finger (schol. D: ὁ παλαιστής, ὅ ἐστιν ἔκτασις τῶν τῆς χειρὸς τεσσάρων δακτύλων; LSJ s.v. δῶρον).

110–111 Im Vordergrund steht nicht die Bauart des Bogens, sondern die Sorgfalt bei der Verarbeitung der Materialien und die Tatsache, daß diese von einem Spezialisten fachmännisch und kunstfertig zu einem herausragenden Produkt zusammengefügt wurden (viell. auch mit metapoetischem Bezug beschrieben). Von den Materialien, aus denen der Bogen besteht, sind nur diejenigen explizit genannt, die den Träger der Waffe besonders herausheben: das erjagte Horn (105–111n.) und als dessen Verzierung das noch wertvollere Gold; solche Waffenteile aus Gold (hier der Haken zum Einhängen der Sehne) dienen wohl der poet. Überhöhung des Waffenträgers (Beispiele s. LfgrE s.v χρύσε(ι)ος 1264.33ff.). – Da ein nur aus zwei großen Hörnern zusammengesetzter Pfeilbogen unbrauchbar wäre, ist an einen Kompositbogen zu denken, d.h. an einen Bogen mit Holzkernen, Hornstreifen zur Verstärkung und einem Sehnenbelag als Verkleidung (s. auch Horn an Odysseus' Bogen *Od.* 21.393–395); das Material Holz ist viell. durch gewisse gr. Begriffe impliziert (s.u. zu τέκτων und 105–106n. zu τόξον ἐΰξοον). Zum konkreten Aussehen des Bogens, besonders auch zur Frage, ob es sich um einen doppelt geschwungenen Bogen handelt (vgl. BUCHHOLZ u.a. 1973, 54 Abb. 11 u. 74 Abb. 29), läßt sich aus der Passage nichts Genaueres erschließen (VON LUSCHAN 1898, 189–193; 1899, 230f.; LORIMER 1950, 290–299; STUBBINGS 1962, 518–520; BUCHHOLZ 2010, 236–238, bes. 238).

ἀσκήσας: ἀσκέω ('mit Sorgfalt (be)arbeiten') ist v.a. für die fachgerecht und kunstvoll ausgeführte Arbeit von Spezialisten verwendet (14.179n. [Athene], 18.592n. [Daidalos]). — **κεραοξόος**: hom. *hapax*[P]; das verbale Hinterglied des Kompositums ist von ξέω ('glätten, polieren') abgeleitet, hier mit aktivischer Bed. 'Horn glättend', gegenüber pass. ἐΰξοος 105 (s.d.; zur Bildungsweise der verbalen Rektionskomposita RISCH 196–198). Das Vorderglied κεραο- ist singuläre Form eines Kompositums mit κέρας (üblich ist κερασ-/κερο-; dazu DELG s.v. κέρας: "influencé par la commodité métrique et par κεραός" [Adj. 'gehörnt': 3.24n.]). — **τέκτων**: bez. im fgrE den Handwerker, der aus festen Werkstoffen (v.a. Holz) Gegenstände baut, also u.a. den Zimmermann, den Schiffsbauer; der Begriff ist hier durch das Epitheton präzisiert, als Bez. für den Spezialisten im Bogenbau (ECKSTEIN 1974, 3 Anm. 12. 23–26; CANCIANI 1984, 103; LfgrE s.v.). — **κορώνην**: bed. 'Haken', hier Bez. für eine Art Haken am oberen Ende des Bogens, an dem die Sehne (mittels Öse oder Schlaufe) festgemacht wird (KIRK; CANCIANI 1984, 34 Anm. 128; BUCHHOLZ 2010, 239; vgl. zum Schiffsepitheton κορωνίς 1.170n.)

---

110 ἦραρε: themat. Aor. zu ἀραρίσκω.

111 πᾶν: bezieht sich auf den Bogen (τόξον), ebenso τό 112.

112–113a 1. VH von 112 ≈ 3.293, 6.473, 24.271, *Od.* 9.329, 13.20, 13.370, *h.Merc.*
63, 134. — Pfeilbogen wurden erst unmittelbar vor dem Gebrauch gespannt; um
die Spannkraft des Bogens zu bewahren, blieb die Sehne gelöst (BUCHHOLZ 2010,
238f.). So macht nun Pandaros den Bogen schußbereit, indem er ihn gegen den
Boden stemmt und biegt, um die Sehne in den 111 erwähnten Haken einzuspan-
nen (zur Interpretation der gr. Formulierung s.u.). Zu den unterschiedlichen Tech-
niken des Bespannens je nach Größe des Bogens s. VON LUSCHAN 1898, 190–193;
FERNÁNDEZ-GALIANO, Introd. 138; BUCHHOLZ 2010, 239f.

τανυσσάμενος, ποτὶ γαίη | ἀγκλίνας: τανύω bez. das Spannen des Bogens ('nachdem er
sich seinen Bogen bespannt hatte': LfgrE s.v. τανύω 311.35ff.; ähnlich mit trans. Med. s.
h.Merc. 51 [Hermes spannt die Saiten seiner selbstgebauten Phorminx]). ἀνακλίνω bed.
'zurückbiegen' (v.a. zum Öffnen eines Durchgangs *Il.* 5.751, 8.395, *Od.* 11.525, 22.156)
od. 'zurück-, anlehnen' (*Od.* 18.102f. Odysseus den Bettler Iros: μιν ποτὶ ἑρκίον αὐλῆς |
εἶσεν ἀνακλίνας), und ist hier die Erläuterung zu τανυσσάμενος (von einigen gedeutet als
Ausdruck für das Umbiegen eines sog. Reflexbogens, der unbespannt nicht gerade, sondern
in die Gegenrichtung gebogen ist: LORIMER 1950, 291; KIRK). ποτὶ γαίη gehört wohl syntaktisch zu ἀγκλίνας (s. Interpunktion bei WEST), dann 'ihn am Boden zurückbiegen'
(LfgrE s.v. κλίνω) od. 'ihn gegen den Boden stemmen' (AH; FAESI); zum *dat. loci* des
Ziels bei Bewegungsverben s. SCHW. 2.513; zum Sinneinschnitt nach dem *longum* des 5.
Metrums und nach einem langen, 'schweren' Wort (τανυσσάμενος) s. 14.175n. Andere beziehen ποτὶ γαίη auf κατέθηκε ('er stellte/legte ihn gut auf den Boden'), entsprechend den
Iteratstellen der Ilias u. *Od.* 6.75 mit ἐπί + Gen./Dat. (WILLCOCK; KIRK; von LEAF bevorzugt). Der beschriebene Vorgang läßt sich jedenfalls so deuten, daß Pandaros den Bogen
mit dem einen Ende gegen den Boden stemmt, um ihn für die Bespannung in die Form zu
biegen (FERNÁNDEZ-GALIANO, Introd. 138; BUCHHOLZ 2010, 239).

113b–115 Der Überraschungsangriff aus einem Versteck ist ein Element der Typisierten Ereignissequenz[P] 'Hinterhalt' (DUÉ/EBBOTT 2010, 58–60; vgl. 18.513n.).
Bogenschützen agieren auch in der Feldschlacht aus der Deckung heraus: Teukros
hinter dem Schild des Aias (8.266–272, mit Erfolg: 8.274ff.), Paris bei einer Grab-
stele (11.369–372/379), die Lokrer im Fernkampf in den hinteren Reihen (13.712–
722, bes. 721): MACKIE 1996, 50f.; DUÉ/EBBOTT a.O.

113b σάκεα: Die beiden Begriffe für 'Schild', σάκος und ἀσπίς (vgl. 90), scheinen bei
Homer austauschbar verwendet zu sein, jedenfalls ohne konsequente Unterscheidung von
Lang- und Rundschild (18.458n.). Als Sichtschutz für den mit dem Bogen Hantierenden
eignen sich hier aber eher Langschilde (s. dazu 6.117–118n.). — σχέθον: σχεθ- ist als
Aoriststamm zu ἴσχ- verwendet, 'hielten' (CHANTR. 1.329; 14.428n.). — **ἐσθλοὶ ἑταῖροι:**

---

112 τανυσσάμενος: trans. Med.: den *eigenen* Bogen; zum -σσ- R 9.1. — ποτί: = πρός
(R 20.1). — γαίη: = γῇ.
113 ἀγκλίνας: Ptz. Aor. zu ἀνα-κλίνω (zu apokopiertem ἄν R 20.1). — πρόσθεν: lokal:
'vorn', d.h. 'vor ihm'. — σάκεα: zur Synizese R 7.

flektierbare VE-Formel (Nom. Pl./Akk. Sg.: insgesamt 5× *Il.*, 7× *Od.*), mit ἐσθλός in der Bed. 'tüchtig, trefflich' (16.327n. mit Lit.).

114 2. VH = 11.800, 16.42, 18.200 (interpoliert, s.d.), 20.317 (von WEST athetiert), 21.376, *Od.* 23.220. — Der Großteil der Kämpfer auf beiden Seiten hat den Zweikampf sitzend, d.h. in der Position von passiven Zuschauern, verfolgt (90n.); das Aufspringen der Achaier wäre ein Anzeichen dafür, daß sie Pandaros' Vorbereitung sehen können und zum Angriff losstürmen (KURZ 1966, 77).

ἀρήϊοι: generisches Epitheton^P von Kriegern (auch von Menelaos: 98n., 115), hier (u. Iterata) in Erweiterung einer VE-Formel. — υἷες Ἀχαιῶν: flektierbare VE-Formel, periphrastische Kollektiv-Bezeichnung für die Achaier, vermutlich ein alter Semitismus, vgl. die biblische Wendung 'die Söhne Israel' (1.162n.; weitere Lit.: LfgrE s.v. υἱός 701.3ff.; GRAZIOSI/HAUBOLD zu 6.255).

115 2. VH nach der Zäsur A 4 = 98 (s.d.). — πρίν: bei Homer auch nach neg. HS mit Inf. bzw. bei Subjektswechsel mit AcI (SCHW. 2.654f.; CHANTR. 2.315). — βλῆσθαι: medialer Wurzel-Aor. zu βάλλω mit pass. Bed. ('getroffen werden'): CHANTR. 2.181; JANKUHN 1969, 63. — Ἀτρέος υἱόν: ist hier Hauptüberlieferung; es nimmt 98 wieder auf, viell. ein Hinweis auf Sekundäre Fokalisation^P (Sicht von Pandaros und seinen Leuten); zur *v.l.* ἀρχὸν Ἀχαιῶν s. 195n.

116–117 2. VH von 117 ≈ 191, 15.394. — **Köcher:** Zu Material und Aussehen von Köchern macht das hom. Epos keine Angaben, außer daß sie mit einem Deckel verschlossen wurden (s. auch 1.45 mit n., *Od.* 9.314). Gemäß archäol. Zeugnissen waren sie aus Leder u./od. Holz gefertigt (daher selten erhalten) und z.T. mit Metallbeschlägen versehen (BUCHHOLZ 2010, 262–268). — **Pfeil …:** Von 'gefiederten' Pfeilen ist auch 5.171, 16.773, 20.68 die Rede; die Befiederung diente der Stabilisierung des Flugs, s. auch 69n. zur gr. Formel^P 'gefiederte Worte' (nicht: 'geflügelte'). Zum Aussehen der hölzernen Pfeilschäfte und der Art ihrer Befiederung s. BUCHHOLZ 2010, 269–274. — **schwarzen:** Das gr. Adjektiv *mélas* dient u.a. der Beschreibung von physischen Schmerzen bei Verwundung (191, 15.394); es weckt Assoziationen mit Beschreibungen von Blut (140, 149) und mit Wendungen, die Bewußtlosigkeit nach einer Verwundung umschreiben (MAWET 1979, 45–48; NEAL 2006, 32; vgl. außerdem 14.438–439n. [zu Nacht u. Dunkelheit als Metapher für Ohnmacht]).

σύλα: 105–106a n.; hier mit bloßem (ablativischem) Gen. φαρέτρης, sonst mit ἀπό konstruiert (AH; LfgrE s.v. συλάω; BRAVO 1980, 711). — ἰόν | … πτερόεντα: πτερόεις ist im fgrE meist in übertragener Bed. als Epitheton bei ἔπεα verwendet (69n.), außerdem 4× *Il.* bei den beiden Begriffen für 'Pfeil', ἰός und ὀϊστός (Stellen 16.773n.). — ἀβλῆτα: ἀβλής ist hom. *hapax*^P mit der Bed. 'ungeworfen', charakterisiert also einen noch nicht benutzten

---

114 πρίν: Adv., 115 dagegen Konjunktion ('vorher …, | bevor; eher …, | als'). — ἀναΐξειαν: Opt. Aor. zu ἀναΐσσω 'aufspringen'. — υἷες: zur Flexion R 12.3.

116 αὐτάρ: 'aber' (R 24.2). — ὅ: demonstrativ-anaphorisch (R 17). — σύλα: Impf. zu συλάω (vgl. R 16.1), 'nahm weg'. — ἐκ … ἕλετ(ο): zur sog. Tmesis R 20.2.

und daher ganz geraden Pfeil, der perfekt fliegen sollte (schol. A, D; zur Bildungsweise mit Suffix -τ- RISCH 18. 196; zur hom. Verwendung von βάλλω u. Ableitungen TRÜMPY 1950, 104–107); zur Betonung der Qualität von Gegenständen durch den Hinweis, sie seien vorher noch nie benutzt worden, s. z.B. 5.194, 15.469, 24.267 (LfgrE s.vv. νεόστροφος, πρωτοπαγής). — μελαινέων ἕρμ' ὀδυνάων: singuläre Umschreibung eines Pfeils mittels dessen, was er auslöst (vgl. 140 αἷμα κελαινεφές, 149 μέλαν αἷμα); Modifikation der VE-Formel μελαινάων ὀδυνάων (s. Iterata, außerdem ὀδυνάων immer am VE: 15.60, *Od.* 4.812, 19.117, *hom.h.* 16.4) mit epichorisch-ion. Gen.-Pl.-Endung auf -έων (G 68). Die Bed. von ἕρμα an der vorl. Stelle ist seit der Antike eine *crux* geblieben (von Aristarch wurde der Vers daher athetiert); Apoll. Rhod. läßt das Wort ἕρμα in seiner Nachahmung der Formulierung weg: *Argon.* 3.279 ἀβλῆτα πολύστονον ἐξέλετ' ἰόν (LEAF; AH, Anh. S. 34–35; LfgrE s.vv. ἕρμα III u. ὀδύνη; MAWET 1979, 57f.; RENGAKOS 1993, 105). Im fgrE sind zwei etym. voneinander unabhängige Begriffe ἕρμα verwendet (s. FRISK u. DELG s.vv. ἕρμα u. εἴρω): (a) ein *t.t.* für die Unterlage (Balken od. Steine), auf die an Land gezogene Schiffe aufgestellt sind, also 'Stütze' (1.486n., metaphor. mit positiver Konnotation 'eine Stütze der Stadt': 16.549n.; daher schol. bT ἔρεισμα; von KIRK u. MAWET [ebd.] wird diese Deutung für die vorl. Stelle erwogen); (b) eine Bez. für Ohrgehänge (Pl. ἕρματα, eine Ableitung zu εἴρω 'reihen': 14.182n.; daher erwägt AH, Anh. S. 35, die Bed.: 'Gereihe, Gebinde, Kette von Schmerzen'); (c) nachhom. ist es auch eine Bez. für 'Ballast, Last' (eine Erweiterung der Bed. (a): PORZIG 1942, 266; DELG s.v. ἕρμα; daher LSJ s.v.: 'freight of dark pains'; von LEAF vorgezogen); (d) andere Deutung: 'Erreger von Schmerzen', mit nur hier belegter Vokalisation ἕρμ- zu ὁρμάω/ὁρμή, obwohl die Suffigierung mit -μ- in ἕρμα gegenüber ὁρμάω/ὁρμή unterschiedlich ist (AH z.St.; von WILLCOCK vorgezogen). Inhaltlich passen die Deutungen (a) und (d) am besten: der Pfeil des Pandaros als Basis oder als Auslöser von Schmerzen (Kausalzusammenhang), d.h. der konkreten Wirkung beim Verwundeten (vgl. NEAL 2006, 27f.).

118 κατεκόσμει: κοσμέω ist u.a. milit. *t.t.* für das (An)ordnen der Streitkräfte (1.16n.); hier signalisiert es bes. Sorgfalt beim Anlegen des Pfeils, s. dagegen die Formulierungen 8.323f. (θῆκε δ' ἐπὶ νευρῇ), 23.871 (ἴθυνεν), *Od.* 21.419 (ἐπὶ πήχει ἑλών). — **πικρὸν ὀϊστόν:** flektierbare VE-Formel (Nom./Akk. Sg.: 10× *Il.*, 1× *Od.*); in der Pandaros-Szene noch 134 und 217 (der Pfeil trifft Menelaos bzw. wird herausgezogen). πικρός als Epitheton von Geschossen bed. 'spitz, scharf', dann auf den dadurch ausgelösten Schmerz übertragen 'stechend' (LfgrE s.v. πικρός).

119–121 ≈ 101–103 (s.d.). — Das Gelöbnis an Apollon ist wörtl. wiederholt (zu diesem Phänomen bei der Ausführung eines Auftrags s. 70–72n.), die Wiederholung zur Erhöhung der Spannung zwischen das Anlegen des Pfeils und das Ausziehen der Sehne gesetzt (vgl. 105–147n.).

122 Der hölzerne Pfeilschaft war am hinteren Ende befiedert (116–117n.) und hatte Vertiefungen (gr. *glyphídes*): (a) eine Kerbe am hintersten Pfeilende zum Auflegen des Pfeils auf die Bogensehne (die sog. Nocke; hier gr. Pl.: zwei gekreuzte Kerben?), und/oder (b) zwei Vertiefungen, die beim Auszug, d.h. beim Ziehen

---

119–121 ≈ 101–103 (s.d.).

von Pfeil und Sehne, den Fingern des Schützen Halt geben sollen (LfgrE s.v. γλυφίς; zu den gr. Begriffen für die Bestandteile eines Pfeils s. FERNÁNDEZ-GALIANO, Introd. 139f.). Welche von beiden beim hier beschriebenen Vorgang gemeint sind, ist kaum zu entscheiden (für (a): KIRK; vorsichtig LEAF; LfgrE s.v. γλυφίς; für (b): AH; LORIMER 1950, 293f.; BUCHHOLZ 2010, 274).

νεῦρα βόεια: νεῦρα (ntr. Pl. zu νεῦρον) bed. 'Sehnen', hier vom Rind, 16.316 vom Menschen (s.d.); die Bogensehne, die sonst mit νευρή bezeichnet ist (118, 123 u. bes. *Od.* 21.419), bestand wohl aus gedrehten Tiersehnen (LORIMER 1950, 293; BUCHHOLZ 2010, 239f.; LfgrE s.v. νευρή).

123 Die Pfeilspitze aus Eisen ist im hom. Epos eine Besonderheit, denn als Material wird sonst nur Bronze genannt (13.650, 13.662, 15.465, *Od.* 1.262, 21.423); auch die übrigen Waffen sind fast durchweg aus Bronze hergestellt und nur ganz selten aus Eisen (Keule, Messer: *Il.* 7.141, 18.34, 23.30, *Od.* 16.294, 19.13): dieser Befund zeigt den Zustand, als Eisen noch ein seltenes und kostbares Metall war (6.3n., 6.48n.; LfgrE s.v. σίδηρος). An der vorl. Stelle paßt die Exklusivität des Metalls zur Bedeutsamkeit dieses Pfeilschusses, seine Härte zur Durchschlagskraft des Pfeils, der durch mehrere Schutzschichten aus Metall dringen wird (134–138, vgl. 187); von einigen Interpreten wird die Verwendung von Eisen auch in Zusammenhang mit Pandaros' kleinasiatischer Herkunft gesehen, da Eisenwaffen in Kleinasien schon länger verbreitet waren (LORIMER 1950, 119. 294; SHEAR 2000, 60; vgl. auch zur Verbreitung des aus Anatolien eingeführten Typus der Tüllenpfeilspitzen im 7. Jh. BAITINGER 2001, 28f.; anders KIRK: eher metr. Gründe). – Zu archäol. Funden von Pfeilspitzen aus Eisen s. POPHAM/LEMOS 1995, 152f. u. NIJBOER 2008, 367f. (Lefkandi Grab 79); BAITINGER a.O. 5–8 (Olympia); BUCHHOLZ 2010, 288; allg. zur Form und Beschaffenheit der Pfeilspitzen s. BAITINGER a.O. 8–30 (bes. 28f. mit Anm. 304); BUCHHOLZ a.O. 274–293.

124–126 Der Abschuß des Pfeils ist Schritt für Schritt mit höchst expressiven Formulierungen beschrieben (s.u.): (a) der Bogen wird zur Kreisform gespannt (gr. *kykloterés*), ein Hinweis auf die große Zugarbeit des Schützen, die sich auf den Pfeil übertragen wird und seine Durchschlagskraft erklärt (134–138); (b) Bogen und Sehne geben akustische Signale, ähnlich 1.49 Apollons Bogen, wenn er die Seuche im Lager der Achaier verbreitet (s.d.), *Od.* 21.411f. die Sehne von Odysseus' Bogen, mit dem er danach den Meisterschuß und den Freiermord durchführt (KRAPP 1964, 307; KAIMIO 1977, 21; s. auch DE JONG zu *Od.* 21.411); (c) indem der Pfeil 'den Drang hat' (gr. Ptz. *meneáinōn*), auf sein Ziel loszufliegen, wird einerseits die Wucht des Abschusses umschrieben, wenn der Pfeil losschnellt, andrerseits in der 'Vermenschlichung' der Waffe die Intention des Schützen auf seine Waffe übertragen (schol. bT zu 126; dazu NÜNLIST 2009, 210f.); vgl. auch von Lanzen *Il.* 8.111, 11.571/574, 15.314/317, 16.75; weitere Lit. zu diesem

Phänomen s. 16.75n. (zu μαίνεται); zur Diskussion um eine animistische Welt-auffassung Homers s. DE JONG 2012a, 36.

124 αὐτὰρ ἐπεὶ δή: häufige Junktur als Nebensatz-Einleitung am VA (16.187n.).

125 Der entscheidende Moment ist sprachlich auffällig gestaltet, in einem Vers mit drei Prädikaten und chiastischer Anordnung der Subjekte (Bogen, Sehne, Pfeil), das dritte durch ein Epitheton (im Enjambement) erweitert. — **λίγξε βιός:** βιός bez. urspr. wohl die Bogensehne; es ist im fgrE synonym mit τόξον verwendet, s. auch 123f. (LfgrE u. DELG s.v. βιός; BUCHHOLZ 2010, 240). λίγξε, der Ausdruck für das Geräusch des Bogens, wenn er beim Abschuß in die urspr. Form zurückschnellt, ist ein *hapax legomenon*[P], viell. eine onomatopoetische Bildung (TICHY 1983, 60; vgl. schol. bT); z.T. wird auch eine Verbindung zum Adj. λιγύς hergestellt, das einen hellen, oft durchdringenden Ton (u.a. des Windes, einer Phorminx) beschreibt (DELG u. BEEKES s.v. λιγύς; vgl. 19.5n.). — **μέγ᾽ ἴαχεν:** Steigerung gegenüber dem vorausgehenden Geräusch, s. auch die Sehne bei Odysseus' Bogenprobe *Od.* 21.411 (καλὸν ἄεισε, χελιδόνι εἰκέλη αὐδήν): Die Junktur μεγα(-λα) + ἰάχω ('laut schreien') bez. meist einen menschl. Aufschrei von bes. Intensität, seltener das Lärmen von leblosen Objekten (18.29n., 19.41n.; KAIMIO 1977, 20–22. 88). — **ἆλτο δ᾽ ὀϊστός:** die Vorstellung, daß der Pfeil von der Sehne 'springt', auch 15.313f. u. 15.470 (θρῴσκ-), 16.773 (θορ-), ähnlich vom Speer, der aus der Hand 'springt', 14.455 (s.d.); zum Akzent von ἆλτο WEST 1998, XX.

126 ὀξυβελής: hom. *hapax*[P]; das Kompositum, bestehend aus ὀξυ- ('scharf') und βέλος (zur Wz. von βάλλω) ist wohl ein Possessivkompositum, dann etwa 'ein scharfes Geschoß (d.h. Geschoßspitze) habend', s. βέλος ἐχεπευκές 129n. (RISCH 185; LfgrE s.v.). Das durch seine Position (progressives Enjambement[P]) hervorgehobene Epitheton betont die Gefähr-lichkeit des Geschosses, das dann um so effektvoller von Athene leicht abgelenkt wird. — **καθ᾽ ὅμιλον:** 'durch die Menge' (SCHW. 2.476; CHANTR. 2.114), 11× *Il.* vor der Zäsur B 2; auch in der Form ἀν᾽/ἐς ὅμιλον immer wiederkehrende Wendung, vorzugsweise für das Gewühl im Massennahkampf (Handgemenge) verwendet, daneben auch einfach als Orts-angabe 'in, durch die Menge', und dann jeden beliebigen 'Krieger-/Männerhaufen' (ὅμιλος λαῶν, ἀνδρῶν) bezeichnend. — **μενεαίνων:** Denominativum zu μένος, bez. ein heftiges Streben und Wüten (32n.), außer hier immer mit Personen als Subj. (LfgrE s.v.); ähnlich von Waffen μαιμώωσα (5.661, 15.542), μαίνεται (8.111, 16.75): LfgrE s.v. μαιμάω.

127–133 Athene behält jederzeit die Kontrolle über die Aktion; ihr Eingreifen ist erzähltechnisch notwendig, da Menelaos zwar verwundet, aber nicht getötet werden soll (vgl. 'Wenn nicht'-Situation[P]), und inhaltlich plausibel, da sie – in Zeus' Auftrag – den ganzen Ablauf des Vertragsbruchs steuert (70–72, 86–104) und insgesamt als Beschützerin der Achaier auftritt (19.342n.): WILLCOCK; WEST 2011, 141. Damit ergibt sich die nur scheinbar absurde Situation, daß Athene so-wohl den Angriff auf Menelaos, den eigtl. Urheber dieses Feldzugs, veranlaßt, so

---

124 αὐτάρ: 'aber, doch', hier progressiv 'und' (R 24.2). — **κυκλοτερές:** prädikativ, 'kreisför-mig, zur Kreisform' (proleptisch).

126 ἐπιπτέσθαι: themat. Aor. zu ἐπι-πέτομαι 'hinfliegen'.

daß die Griechen reagieren müssen, als auch den Schutz des Angegriffenen be-
werkstelligt, so daß er den kleinstmöglichen Schaden nimmt (139, 185–187), indem sie den Flug des Pfeils lenkt. Zu weiteren Darstellungen, wie Götter Waffen
unwirksam machen oder Treffer vereiteln, um ihren Schützling zu retten, s.
6.306n., 16.114–118n.; KULLMANN 1956, 133; KELLY 2007, 291f.

127 2. VH ≈ 14.143, *Od.* 12.61, 14.83, 18.134. — **Menelaos:** Die Anrede des Erzählers[P] an seine Figur[P] (sog. Apostrophe) kann ein Ausdruck der besonderen Beziehung des Erzählers zu dieser Figur u./od. ein narratives Gestaltungselement
sein (zum Phänomen der Apostrophe bei Homer s. 16.20n. mit Lit.). Menelaos
wird eine solche Anrede 7× zuteil (RICHARDSON 1990, 237 Anm. 5); hier, 146 und
7.104 steht sie – wie das auch bei an andere Figuren[P] gerichteten Apostrophen oft
der Fall ist – in der Schilderung einer für den Helden bedrohlichen Situation
(außerdem 13.603, 17.679, 17.702, 23.600). In der vorl. Passage dienen die beiden
Apostrophen – die ersten in der Ilias – dazu, im Moment der höchsten Dramatik
der Schußszene (125f. Anfang und 139f. Ende des Schusses) den Fokus auf das
Opfer (und sogleich auch auf seine Helferin) zu legen und das Pathos an diesem
bedeutsamen Punkt der Ilias-Handlung zu erhöhen (HOEKSTRA 1965, 139; PARRY
1972, 15; DI BENEDETTO [1994] 1998, 42–45) sowie Sympathie des Erzählers für
Menelaos zu signalisieren und auch beim Publikum zu wecken (schol. bT;
WILLCOCK; EDWARDS 1987, 38; KAHANE 1994, 107f.; COLLOBERT 2011, 209;
DUBEL 2011, 129. 141; s. auch PARRY a.O. 9).
θεοὶ μάκαρες: formelhafte Junktur, wie hier nach der Zäsur B 2 s. Iterata (außerdem
μακαρ. θ. an versch. Verspositionen: 1.406n., 14.73n.). Das meist als Epitheton der Götter
verwendete Adj. μάκαρ hat wohl v.a. die Konnotation 'sicher und sorglos lebend'
(1.339n.); die Vorstellung ist hier durch das zusätzliche Epitheton ἀθάνατοι im Enjambement verdeutlicht. — λελάθοντο: redupl. themat. Aor. zu λανθάνομαι (zu dieser Aor.-
Bildung CHANTR. 1.395–398), mit kausat. Bed. 'sich vergessen machen, außer acht lassen'
(19.136n. mit Lit.; LfgrE s.v. λανθάνω 1630.47f.), hier verneint i.S.v. 'sich Sorgen machen
um'.

128 2. VH = *Od.* 13.359. — Διὸς θυγάτηρ ἀγελείη: diese Verbindung noch *Od.* 3.378,
13.359, 'Hes.' *Sc.* 197. Διὸς θυγάτηρ ist formelhaft für versch. Göttinnen verwendet
(3.374n.); ἀγελείη ist ein Kulttitel der Athene, der als 'Beutezuführerin' gedeutet wurde,
der aber viell. eher als 'Anführerin des Kriegsvolks' zu verstehen ist (6.269n.).

129 πρόσθε στᾶσα: vgl. 54n. — βέλος ἐχεπευκές: im fgrE nur hier und 1.51 (Apollons
Pfeil). Das verbale Rektionskompositum ἐχε-πευκής bed. wohl 'eine Spitze habend, spitz'

---

127 οὐδέ: konnektives οὐδέ steht bei Homer auch nach affirmativen Sätzen (R 24.8). —
σέθεν: = σοῦ (R 14.1, vgl. R 15.1), abhängig von λελάθοντο.
128 ἀθάνατοι: Anfangssilbe metr. gedehnt (R 10.1). — ἀγελείη: zum -η nach -ι- R 2.
129 τοι: = σοι (R 14.1). — ἄμυνεν: zur augmentlosen Form R 16.1.

(SCHW. 1.441; FRISK, DELG s.v. u. BEEKES s.v. πεύκη; vgl. schol. D zu 1.51); zur metr. Struktur von βέλος in dieser Junktur (‿ –) s. 1.51n., M 13.2, G 14.

130–131 Vergleiche[P] und Gleichnisse[P] mit Mutter-Kind-Thematik betonen fürsorgliches Verhalten (einer Göttin auch 23.782f. [Athene und Odysseus], 18.358f. [Hera und die Achaier], s.d.) und die Hilflosigkeit des zu Beschützenden (zu Gleichnissen u. Vergleichen mit Kindern s. 16.7–11n. mit Lit.). Der Vergleich der Mutter, die eine Fliege von ihrem schlafenden Kind fortscheucht, zeigt ein Bild des friedlichen Alltagslebens, das in hartem Gegensatz zur gegenwärtigen Kriegssituation der Figuren[P] steht. Es illustriert Athenes Fürsorglichkeit gegenüber dem ahnungslosen Menelaos und v.a. die Leichtigkeit, mit der sie die Kontrolle behält und die Flugbahn des Pfeils nur wenig abändert; denn um größeren Schaden zu verhindern lenkt sie seinen Flug auf eine durch mehrere Schichten der Schutzbekleidung besonders gut geschützte Stelle (in der Bauchgegend: 137n., 186–187n.), wodurch letzlich plausibel bleibt, daß Menelaos nur leicht verletzt wird (139, 185–187): FRÄNKEL 1921, 12. 92; SCOTT 1974, 74. 112; EDWARDS 1987, 104; READY 2011, 182 mit Anm. 81. Zu weiteren Gleichnissen mit Fliegen (illustrieren laute, aufsässige Massen in Bewegung) s. 2.469–473n., 16.641–644a n.; Zusammenstellung der Gleichnisse mit Insekten allg. s. 2.87–94n.

τόσον μὲν ἔεργεν: ist fortgesetzt in V. 132 mit αὐτῇ δ᾽ … ἴθυνεν (τόσον ist adverbiell verwendet: 'soweit zwar …, aber'). Das Ganze erläutert den Vorgang βέλος ἄμυνεν (129), der 132–139 ausführlich beschrieben wird: Sie drängt das Geschoß nur so weit ab, daß es dort auftrifft, wo seine Wucht von der Schutzkleidung stärker abgeschwächt werden kann (AH, Anh. S. 36f.; WILLCOCK; zur Formulierung mit τόσον μὲν … δέ vgl. 18.378n.). Zur Wortwiederholung im Vergleich und im Erzähltext (ἔεργεν, ἐέργῃ) s. 16.211–217n. mit Lit. — χροός: bez. sowohl die Haut (139: oberflächliche Verletzung) als auch den (verletzlichen) Leib (Haut mit Fleisch, s. 137): 19.27n.; GAVRYLENKO 2012. — ὡς ὅτε: geläufige Gleichnis-Einleitung, mit Ind. oder – wie hier und 141– mit Konj. (mit u. ohne Modalpartikel): RUIJGH 627; EDWARDS, Introd. 26–28.

132–139 Der Erzähler läßt den Rezipienten gleichsam im Zeitlupentempo mitverfolgen, wie der Pfeil drei Schichten der Schutzkleidung durchdringt (134–139n.). Diese Beschreibung enthält die ausführlich gestaltete Version eines Elements der Typisierten Ereignissequenz[P] 'Zweikampf', in dem Speere oder Lanzen mehrere Rüstungsteile durchbohren, nämlich Element (3αβ) 'ein Geschoß dringt durch mehrere Schichten einer Rüstung, wird aber aufgehalten, bevor es tödlich verletzen kann' (3.340–382n., 3.360n.; FENIK 1968, 102–104): s. bes. 3.355–360 ≈

---

130 ἥ: zur demonstr.-anaphor. Funktion von ὅ, ἥ, τό R 17. — ἔ(ϝ)εργεν: Impf. zu εἴργω 'abdrängen'; zur unkontrahierten Form R 6 (ebenso 131). — χροός: = χρωτός, Gen. zu χρώς.

131 παιδός: ablat. Gen., abhängig von ἐέργῃ (vgl. 130). — ἐέργῃ: In verallgemeinernden (iterativen) Vergleichs- und Temporalsätzen steht bei Homer häufig der bloße Konj. (R 21.1). — ὅθ᾽: = ὅτε 'wenn', mit Elision (R 5.1) und Hauchassimilation. — λέξεται: kurzvokal. Konj. Aor. (R 16.3) zu λέχομαι 'sich (hin)legen', hier konfektiv, mit ὕπνῳ 'im Schlaf liegt'.

7.249–254 durch Schild, Panzer und Chiton (unter dem Panzer getragenes Unter-
gewand), wobei Paris bzw. Hektor rechtzeitig ausweichen können; 11.434–438
durch Schild und Panzer des Odysseus (Athene verhindert tödliche Verwundung);
ferner 5.537–539 ≈ 17.517–519 durch Schild und Gürtel (tödliche Verwundungen). Diese Erzählweise zeigt die Gefährlichkeit des Schusses und erhöht die
Dramatik (VAN DER VALK 1964, 424f.; ähnlich KIRK z.St.; s. auch 105–147n.). An
der vorl. Stelle ist der Vorgang an die Situation angepaßt: (1) kein Zweikampf,
sondern ein Angriff aus dem Hinterhalt, daher ein Pfeilschuß; (2) das Opfer ist
ahnungslos, nicht kampfbereit, kann sich also nicht hinter einem Schild decken
oder dem Schuß ausweichen (so Paris 3.360b bzw. Hektor 7.254b); (3) der Erzähler präsentiert die Umsicht und Präzision, mit der Athene Pandaros' Aktion
fest im Griff hat und den Schuß auf eine dreifach gesicherte Stelle lenkt, so daß
Menelaos zwar sichtbar verwundet wird, aber überlebt (139ff.). Zu Stellen, an denen ein Kämpfer in Rüstung von einem *Pfeil* verwundet oder getötet wird, s.
FARRON 2003, 172f.; Stellensammlung mit tödlichen Verletzungen im Bereich
von Brust und Unterleib s. MORRISON 1999, 144.

132–133 2. VH von 132–133 = 20.414f. — Die hom. Krieger tragen einen Brustpanzer (gr. *thṓrēx*), der entweder ganz aus Metall besteht oder aus Leinenlagen,
verstärkt mit Leder u./od. Metallplatten, gearbeitet ist (Glockenpanzer aus zwei
gegossenen Schalen od. Schuppenpanzer), und einen Gurt (gr. *zōstḗr*), der oft als
Prestige-Objekt gestaltet ist (hier mit goldenen Halterungen), aber durchaus auch
Schutzfunktion hat, s. 186 und bei Agamemnons Verwundung 11.236. Der *zōstḗr*
soll wohl den bes. gefährdeten unteren Bereich des Leibs schützen (in Kampfszenen dringen Wurfgeschosse durch den *zōstḗr* in den Unterleib: 5.538f., 5.615f.,
17.519): 3.332n.; 6.219–220n.; BRANDENBURG 1977, 121f. 127f.; BENNETT 1997,
70–73; SHEAR 2000, 46–48; zur archäol. Zeugnissen s. BUCHHOLZ 2010, 214–226
(bes. 216f.); STEINMANN 2012, 65–69. Mit der Beschreibung 'doppelt geschichtet'
(gr. *diplóos*) in der 2. VH von 133 ist von Anfang an vermerkt, daß die Einschußstelle mehrfach geschützt ist; sachlich ist die Aussage schwer zu deuten und hat zu
verschiedenen Interpretationen geführt (LfgrE s.v. διπλόος mit Lit.; EDWARDS zu
20.413–15; CATLING 1977, 100f.): (1) von Teilen der Schutzkleidung insgesamt,
d.h. entweder (1a) *zōstḗr* + Panzer oder (1b) Panzer + *mítrē* (137n.) oder (1c)
zōstḗr + *mítrē*; (2) als Eigenschaft des Brustpanzers allein, dann entweder (2a) von
überlappenden Metallteilen (SHEAR 2000, 47f.), (2b) von den beiden Schalen des
Panzers (die doppelt überlappenden Metallplatten des Brustpanzers sind aber nicht
vorne auf der Bauchseite, sondern auf den Seiten unter den Armen lokalisiert zu

---

132 ὅθι: 'dort, wo'.

133 σύνεχον: zur augmentlosen Form R 16.1. — διπλόος: zur unkontrahierten Form R 6.

erwarten: WILLCOCK; KIRK zu 132–3 u. 135–6) oder (2c) von Leder- od. Stoffunterlagen und Metallplatten.

αὐτῇ δ' αὖτ': so der Text von WEST, mit (1) αὐτῇ δ' ('aber dorthin') als Gegensatz zu τόσον μέν 130 und Korrelativ zu ὅθι (mit Hinweis auf Ortsangaben in 24.362 πῇ ... ἰθύνεις; und 20.479 τῇ) und (2) αὐτ(ό) als Wiederaufnahme von βέλος 129 (WEST 2001, 188f.). Allerdings ist adverbielles αὐτῇ im fgrE sonst nicht belegt. Die Überlieferung legt αὐτὴ δ' αὖτ(ε) nahe ('sie selbst wiederum'), wie 3.383 (s. auch VA von 13.642, 17.706, Od. 3.402), eine stark betonte Anknüpfung an ἣ δέ 130 zur Überbrückung des eingeschobenen Vergleichs. Erwarten würde man eine Aussage wie 'aber sie lenkte es immerhin dorthin, wo' (also eher δ' αὖτε). — ὀχῆες | ... σύνεχον: figura etymologica: ὀχεύς bez. eine Halterung, hier wohl die Gürtelschnallen, συνέχω ist hier (und 20.415, 20.478) intrans. verwendet ('zusammentreffen'): LfgrE s.vv. ἔχω 849.44f. u. ὀχεύς. — ἤντετο: bed. eigtl. 'auf jn. zugehen', hier etwa 'gegenübertreten', d.h. also 'dort, wo der Panzer doppelt entgegentrat'. Die Form ἤντετο wird meist als Aor. aufgefaßt (MONRO [1882] 1891. 37: MUTZBAUER 1893, 91), hier neben σύνεχον z.T. auch als Impf. (schol. D; LfgrE s.v. ἀντέσθαι: "die einzige Stelle, die für ἤντετο als Impf. spricht"); zur Verwendung der Form und zur Wortbildung von ἄντομαι s. 16.788n.

134–139 Der Erzähler läßt Vers für Vers den Weg des Pfeils mitverfolgen: den Aufprall, das Durchdringen von drei Schichten, das Eindringen in die oberste Schicht des Körpers (gr. chrós: Haut und Fleisch); zum Sprachlichen s.u. Dadurch schafft er Dramatik und macht zugleich durch die Nennung von *drei* Schichten deutlich, daß der Pfeil auf eine Körperstelle trifft, an der die Schutzkleidung höchstmöglichen Schutz gewährleistet (132–139n.). Daß der Erzähler bei der Aufzählung der drei Rüstungsteile (hier gr. zōstḗr, thṓrēx, mítrē) an späterer Stelle variiert (186f. ≈ 215f.: gr. zōstḗr, zṓma, mítrē), hat Anlaß zur Diskussion gegeben, ebenso die z.T. schwierige sachliche Deutung der gr. Begriffe, die dem zeitgenössischen Publikum jedoch vertraut gewesen sein dürften (132–133n., 137n., 186–187n.; LORIMER 1950, 248–250; BRANDENBURG 1977, 120–123; BENNETT 1997, 68–73; ältere Lit. bei BERGOLD 1977, 158 Anm. 1).

Mittels Präpositionen ist der Weg des Pfeils beim Auftreffen schrittweise von der obersten bis zur untersten Schicht nachgezeichnet (ἐν ... ἔπεσε – διά – διά – διάπρο – ἐπ-έγραψε); seine Geschwindigkeit ist durch die vielen Verbformen in der Wahrnehmung des Rezipienten verlangsamt, der eigtl. Vorgang aber durch die Verwendung von Aor. und Plpf. als bereits abgeschlossen angezeigt (Aor. ἔπεσε – Plpf. ἐλήλατο u. ἐρήρειστο – Aor. εἴσατο): BERGOLD 1977, 158f.; zum Plpf. 108n.

134 ἀρηρότι: Das Ptz. ἀρηρώς (u. ἀραρυῖα) ist sonst meist mit Adv. od. Dat. od. präpositionaler Wendung verbunden. Absolut verwendet bed. es vom Gürtel (hier und 213) 'eng anschließend' od. 'zusammengefügt', i.S.v. 'eng sitzend' (AH; KIRK zu 213), zu intrans. ἀραρίσκω 'aneinander stoßen, anschließen, zusammenhängen' (vgl. außerdem 13.800 und

134 ζωστῆρι ἀρηρότι: zum Hiat R 5.7.

15.618 von Kampfformationen von Kriegern, die 'geschlossen' anrücken): LfgrE s.v. 1179.30ff. — πικρὸς ὀϊστός: 118n.

135 διά: ungewöhnliche Position von διά am VA (mit metr. Dehnung des ι) mit rhetor. Funktion; durch diese Plazierung wird signalisiert, daß die beiden präpositionalen Wendungen hier und 136 korrespondieren ('Durch fuhr er da, durch … | und durch … | und …'), ebenso 3.357, 7.251, 11.435 (3.357n.; WYATT 1969, 215f.). — δαιδαλέοιο: 'kunstvoll verziert', wohl u.a. auch mit Metallteilen (s. 186/215 παναίολον: 186–187n.); zur Wortfamilie δαιδαλ- 19.13n. (mit Lit.).

136 = 3.358, 7.252, 11.436. — Der Vers wurde als Konkordanz-Interpolation verdächtigt, weil der θώρηξ bei der Wundversorgung 215f. (und 186f. von Menelaos) nicht mehr erwähnt werde und 137f. μίτρη als bester Schutz hervorgehoben sei (FENIK 1968, 102), s. dazu jedoch 134–139n. — πολυδαιδάλου: 135n.

137 Aussehen und Funktion des als *mítrē* bezeichneten Rüstungsteils sind unklar, ebenso die Abgrenzung zu Menelaos' *zōstḗr* und *zṓma* 186f./215f. (von manchen werden alle drei Begriffe als Bez. für eine Art Gurt interpretiert). Der Begriff *mítrē* ist im fgrE nur in der vorl. Szene und in einer Kampfszene des 5. Gesangs bezeugt; nachhom. bez. *mítrē* ein um den Kopf oder Leib gewickeltes Kleidungsstück. Die *mítrē* des Menelaos ist sein bester Schutz des Leibs gegen Speere und (zumindest zu einem Teil) aus Bronze gearbeitet (187/216); er scheint sie als unterste Schicht unter dem Panzer zu tragen. Zu diesem Befund passen die gr. Adjektivbildungen *aiolomítrēs* ('mit schimmernder *mítrē*': 5.707) und *amitrochítōnes* ('die den *chitṓn* ohne die *mítrē* tragen': 16.419 mit n.). Gemäß 5.857f. (Diomedes durchbohrt mit Athenes Hilfe die *mítrē* des Ares) ist ihr Platz am unteren Bereich des Leibs, viell. am unteren Rand des Panzers beginnend. Daher interpretiert man sie als eine Art Metallgurt, viell. auch in der Form einer Bronzeplatte, die den Panzer verstärkt od. auch verlängert und so die Weichteile im Unterleib schützt (KIRK; BRANDENBURG 1977, 119–126; VAN WEES 1994, 135f.; BENNETT 1997, 115–123; BUCHHOLZ 2010, 216). Zu weiteren Erklärungsversuchen hinsichtlich der verschiedenen Begriffe s. 186–187n.

ἕρκος ἀκόντων: VE = 15.646 (vgl. den Anklang an die VE-Formel ἕρκος ὀδόντων, 'Zaun aus Zähnen': 3× *Il.*, 7× *Od.*; vgl. FOR 25). Die Grundbed. von ἕρκος ist '(schützende) Einfriedung', übertragen 'Schutzwehr', v.a. von Kämpfern (299n., 1.283b–284n.; u.a. VE-Formel ἕ. Ἀχαιῶν 3× *Il.*), von Waffen noch 5.316 (Aphrodites Gewand als Schutz für Aineias), 15.567 (die Waffen, mit denen die Schiffe verteidigt werden), 15.646 (ein Schild): LfgrE s.v. ἕρκος.

---

135 μὲν ἄρ: fortgesetzt in 139 δ' ἄρ'; ἄρ: = ἄρα (R 24.1). — ἐλήλατο: Plpf. zu ἐλαύνομαι, 'hatte durch … geschlagen'. — δαιδαλέοιο: zur Flexion R 11.2.

136 θώρηκος: zum -η- nach -ρ- R 2. — ἐρήρειστο: Plpf. zu ἐρείδομαι, 'hatte sich gezwängt, war gedrungen'.

137 θ': = τε. — ἐφόρει ἔρυμα: zum Hiat R 5.6; φορέω ist Frequentativum zu φέρω, '(gewohnheitsmäßig) tragen'. — χροός: 130n.

138 ≈ 5.538, 17.518, *Od.* 24.524. — ἥ ... ἔρυτο: epexegetischer Rel.-Satz zum Begriff ἔρυμα 137, der im fgrE nur noch Hes. *Op.* 536 belegt ist, später öfter; dadurch wird ἔρυμα nach ἕρκος ἀκόντων noch zusätzlich und emphatisch präzisiert (BERGOLD 1977, 158f. Anm. 3, gegen die Lesart ἔλυμα von Zenodot u. Aristophanes, s. schol. A, T); zu solchen erläuternden Verstärkungen s. 1.238n., 24.479n.; vgl. Etymologisierung[P]. Lit. zur Formen-vielfalt des Verbs ἔρυμαι ('schützen, bewahren') s. 24.499n., 14.406n. — διάπρο: 'ganz hindurch', hier Präp. mit Gen. wie in 5.281, 14.494 (14.494–495a n.; zur Schreibweise WEST 1998, XVIIIf.). — εἴσατο: Aor. zu (ϝ)ἵεμαι 'eilen, streben', vgl. auch die Fut.-Bildung εἴσομαι (CHANTR. 1.142f., 293f.; DELG s.v. εἴσομαι 3; 24.462n. mit Lit.).

139 ἐπέγραψε: Die Grundbed. von γράφω ist 'ritzen', im hom. Epos v.a. im Kontext von Verwundungen verwendet (außer 6.169 [s.d.], 7.187).

140–147 erstes Blutvergießen, das in der Ilias beschrieben ist. Das vergossene Blut des Menelaos, das Auslöser für das weitere Blutvergießen sein wird (s. bes. 451b), wird wiederholt erwähnt (gr. *háima* 140, 146, 149, 218) und hier im Hinblick auf seine Sichtbarkeit beschrieben (TAPLIN 1992, 105f.; NEAL 2006, 48). Denn dieses an sich schreckensvolle Ereignis wird vom Erzähler[P] durch ein Gleichnis[P] (mit Purpur verziertes Elfenbein) v.a. in seiner Ästhetik illustriert, und zwar im Hin-blick auf (a) den Farbkontrast Rot auf Weiß (141; vgl. dagegen das 'dunkle Blut' 140 u. 149; s. auch *Od.* 18.196: Penelopes Haut wie Elfenbein), (b) die Kostbar-keit und Schönheit des Objekts (144f.; vgl. die Schönheit von Menelaos' Schen-keln und Knöcheln 147), (c) die Aufmerksamkeit, die der faszinierende Anblick erregt (143b–144a; vgl. Agamemnons Entsetzen beim Anblick des Blutes 148f.): FRÄNKEL 1921, 54f.; SCOTT 1974, 112; BERGOLD 1977, 160–162; PEIGNEY 2007. Indem Menelaos' Schönheit herausgestellt und mit seinem vergossenen Blut das Bild eines kleinen 'Prunkstücks' (gr. *ágalma*) heraufbeschworen wird, das von einer Frau hergestellt worden ist (141–142n.), enthält dieser stilisierte Beinahe-Tod des Menelaos eine stark ästhetisierende Komponente (KIRK zu 141–7: "one of the most striking and unusual of Iliadic similes"; vgl. den schönen Anblick eines jungen Getöteten *Il.* 22.71–73, Tyrtaios *fr.* 10.27ff. West; zum Konzept 'le beau mort' s. VERNANT 1982, 58–62). Zu sonstigen Darstellungen von Blutungen bei Verwundung s. 16.333–334n.; NEAL 2006, 48–60; HOLMES 2007, 60ff. (Stel-lensammlung von Gleichnissen und Vergleichen bei Verwundung und Tod: STOE-VESANDT 2004, 422f.). Manche Interpreten sehen in dem Gleichnis darüber hinaus eine Charakterisierung des Menelaos (MOULTON 1977, 93 Anm. 14: mit auffälli-ger Betonung des Unkriegerischen; KIRK zu 141–7 u. zu 147: Hervorhebung von Menelaos' großem Wert für die Achaier; NEAL 2006, 46–48: Kriegsdekoration und ehrenvolle Auszeichnung des Verwundeten).

---

138 ἥ (ϝ)οι: zur Prosodie R 4.4. — οἱ ... ἔρυτο: 'ihm ein Schutz war'; οἱ = αὐτῷ (R 14.1). — πλεῖστον: adverbiell 'am meisten'.

139 χρόα: Akk. zu χρώς ('Haut'), dazu ἀκρότατον, d.h. die äußerste Schicht der Haut.

140 αὐτίκα: 105–106a n. — αἷμα κελαινεφές: Nomen-Epitheton-Formel, vor der Zäsur C 2
noch 21.167, *Od.* 11.36, 11.153 (außerdem κελαινεφὲς αἷμα 3× *Il.* nach der Zäsur B 2).
κελαινεφής bed. eigtl. 'mit dunklen (Gewitter-)Wolken' und ist als Epitheton des Zeus verwendet (1.397n.), bei αἷμα im übertr. Sinn als "metr. Verlängerung" von κελαινόν
(16.667–668n.; LfgrE s.v.). Blut wird meist als 'dunkel' oder gar 'schwarz' (149) beschrieben, wodurch der Kontrast zwischen Blut und hellerer Haut und metaphorisch der 'dunkle'
Tod evoziert wird (1.303n., 16.529n.; LfgrE s.v. αἷμα 306.30ff.; Stellensammlung: NEAL
2006, 296). — ἐξ ὠτειλῆς: flektierbare VE-Formel (Sg. 6× *Il.*, 1× *Od.*; Pl. 1× *Od.*); ὠτειλή
bez. sowohl eine frische, oft tödliche Wunde als auch eine solche an einem Leichnam
(19.25n.; zu den verursachenden Waffen LfgrE s.v.).

141–142 Material und Färbung weisen dieses Wangenstück eines Pferdegeschirrs
als Luxus-Objekt aus: (a) Elfenbein (gr. *eléphas*, bereits myk. belegt: MYK) erscheint bei Homer oft im Zusammenhang mit anderen kostbaren Materialien und
ist häufig wie hier in Bezug zum kleinasiatischen Raum gesetzt: In der Ilias wird
es als Material an Pferdegeschirr erwähnt (hier und 5.583 dasjenige eines Wagenlenkers aus dem kleinasiatischen Paphlagonien), viell. in Kenntnis solch luxuri-
öser Pferde-Ausstattung aus Kleinasien (FOLTINY 1967, 14f.; CRIELAARD 2000,
253f.; zu den versch. Materialien des Zaumzeugs CROUWEL 1981, 101–107. 111;
1992, 46–51. 73); in der Odyssee taucht es als Material von Verzierungen an
einem Schwert od. an Möbeln und Hausrat auf (LfgrE s.v. ἐλέφας; HE s.v. Ivory;
FOLTINY 1967, bes. 12–16; WIESNER 1968, 108). (b) Färbung mit Purpur (gr.
phóinix, bereits myk. belegt: MYK) ist allg. ein Hinweis auf die Kostbarkeit des
Gegenstandes (im hom. Epos v.a. bei Objekten aus Leder und Textilien): LfgrE
s.v. φοῖνιξ; zur Purpurfärberei und Purpur als Statussymbol s. BLUM 1998, bes.
32–34. 68–75; BUCHHOLZ 2012, 105–108, bes. 107 (mit Lit.). Bemerkenswert ist,
daß im vorl. Gleichnis – anders als in den übrigen Gleichnissen und Vergleichen
aus der Sphäre des Handwerks – ein von einer Frau ausgeübtes Kunsthandwerk
herangezogen ist (140–147n.; Stellensammlung zu Handwerk in Gleichnissen s.
MOULTON 1977, 91 mit Anm. 8; s. auch 16.211–217n., 18.600–601n.); als typ.
Frauenarbeit gilt v.a. das Textilhandwerk (Spinnen und Weben: s. zu den phönizi-
schen Weberinnen aus Sidon 6.289–291n., ferner 3.125n., 3.387–388n., 6.90–
91n.). – Die Mēoner werden in ant. Texten oft mit den Lydern gleichgesetzt, das
Siedlungsgebiet der Karer liegt im Südwesten Kleinasiens (zwischen demjenigen
der Mēoner und der Lykier, gemäß Troer-Katalog v.a. die Gegend um Milet); beide sind Verbündete der Troer (2.864n., 2.867n.; DNP s.v. Maionia).

---

141 τ(ε): 'episches τε' (R 24.11). — μιήνῃ: Konj. Aor. zu μιαίνω (vgl. 131n.; zum -η- nach
-ι- R 2).

142 ἠέ: = ἤ 'oder'. — ἔμμεναι: = εἶναι (R 16.4); final-konsekutiver Inf. — ἔμμεναι ἵππων:
zur sog. Hiatkürzung R 5.5.

ὡς δ’ ὅτε τις: VA-Formel (7× *Il.*, 3× *Od.*; vgl. auch ὡς ὅτε τις vor der Zäsur B 1: 6× *Il.*, 2× *Od.*, 1× ‘Hes.’); zu ὡς ὅτε 130–131n. — μιήνη: Das Verb ist nur hier mit der Bed. ‘färben’ im technischen Sinn verwendet, sonst im hom. Epos im Pass. mit der Bed. ‘besudelt werden’, näml. von Blut u./od. Staub (146, 16.795ff. bei Verwundung, 17.439 bei Trauer, 23.732 von Ringern): KIRK; LfgrE s.v. μιαίνομαι; zur Wortwiederholung im Gleichnis und im Erzähltext (μιήνη/μιάνθην) 130–131n. Zur Bed. ‘färben’ läßt sich allenfalls die Verwendung des Adjektivs μιαρός (‘besudelt’: 24.420a n.) im Myk. heranziehen, das als Attribut von Textilien viell. ‘gefärbt’ bedeutet (DMic s.v. *mi-ja-ro-*; DELG s.v. μιαίνω [mit neuerer Lit.]). — Μῃονὶς … Κάειρα: Zur Namensform der Ethnien s. 2.864n. (hom. Μῃον-, später Μηῖον-) bzw. RISCH 135 (Motionsfemininum zu *Κάερες mit Suffix -*ja*). — παρήϊον: ‘Wangenstück’ (zu παρειά), die Backenplatte am Pferdegeschirr (WIESNER 1968, 20. 108; PLATH 1994, 360–363).

Purpurfärberei wird nur an der vorl. Stelle explizit mit den beiden Ethnien in Verbindung gebracht (Lit. s. BUCHHOLZ 2012, 107). Aber das Gleichnis gibt viell. – neben weiteren Stellen der Ilias – einen Hinweis auf den (kleinasiat.) Lebensraum des Ilias-Dichters (KIRK; LATACZ [2011] 2014, 74 Nr. 4).

143–145 Wechsel von Hypotaxe zu Parataxe “for aesthetic and pathetic effect” (KIRK); τε in V. 143 (anstelle einer Wiederholung von δέ) signalisiert das inhaltlich enge Verhältnis von κεῖται und ἡρήσαντο (RUIJGH 261. 779).

143 1. VH ≈ 24.600. — κεῖται: zur Verwendung i.S.v. ‘aufbewahrt liegen’ LfgrE s.v. 1362.5ff. — θαλάμῳ: bez. einen privaten Raum im Haus: Schlafzimmer, Aufenthaltsraum der Frauen od. – wie hier – Vorratsraum, Schatzkammer (6.316n.; LfgrE s.v.). — ἡρήσαντο: ἀράομαι ist bei Homer meist als Verb des Betens verwendet (1.35n.; LfgrE), hier profan ‘eine Bitte äußern, wünschen’ (ebenso 13.286, *Od.* 1.366 = 18.213).

144 ἱππῆες: im milit. Kontext Bez. für ‘Wagenkämpfer’, vgl. 297 (dazu 2.336n.), hier allg. für Pferdebesitzer (LfgrE). — ἄγαλμα: bed. ‘Prunkstück’, eine Ableitung zu ἀγάλλομαι (‘eine stolze Freude haben’), also Bez. für etwas, das beeindrucken und Freude bereiten soll (FRISK u. DELG s.v. ἀγάλλομαι). Es ist ein iliad. *hapax*[P] und bez. in der Odyssee ein bes. kostbares Objekt, das als Geschenk für eine Gottheit oder für den Herrscher od. die Herrscherin bestimmt ist (*Od.* 3.274, 438, 4.602, 8.509, 12.347, 18.300, 19.257), später auch einen Gegenstand des Kultes oder ein Objekt, das gleichsam als Statussymbol dient od. z.T. geradezu magische Wirkung haben kann (dazu GERNET 1968, 97–99. 130–137).

145 ἀμφότερον …: gleicher Versbau mit Chiasmus wie 3.179: ἀμφότερον (Nom.) ist Satzapposition zum Folgenden (3.179n.; SCHW. 2.617). — ἐλατῆρι: bed. ‘Treiber’; *nomen agentis* zu ἐλαύνω, von Wagenlenkern außer hier noch 11.702, 23.369 (jeweils in Wagenrennen) und *h.Ap.* 232, zudem von Rinderdieben (LfgrE s.v. ἐλατήρ; zum Suffix -τήρ RISCH 28–30; CHANTRAINE 1933, 322f.). — κῦδος: 95n.

---

143 δ(ὲ) … τε: konnektiv. — πολέες: = πολλοί (R 12.2). — μιν: = αὐτό (R 14.1).
144 ἱππῆες: zur Flexion R 11.3, R 3. — φορέειν: vgl. 137n. (zur unkontrahierten Form R 6); Zaumzeug als Obj.: ‘mit sich führen’.
145 ἵππῳ ἐλατῆρι: zum Hiat R 5.6.

146–147 Der Blick wird nicht auf die Wunde, sondern auf das sichtbare Blut gelenkt (vorbereitet durch das Gleichnis): Wie der Pfeil sich den Weg durch drei Schichten der Rüstung gebahnt hat (135–137), so fließt das Blut abwärts über drei Partien der Beine (LASER 1983, 15f., dort auch zu den gr. Begriffen *mēroí, knḗmai, sphyrá* für Ober-, Unterschenkel und Knöchel). — **Menelaos:** 127n.

μιάνθην: 3. Pl. Aor. Pass., wohl die langvokalische Version der Form auf -θεν (statt -θησαν: G 86): SCHW. 1.279, 664 mit Anm. 5; CHANTR. 1.471f.; zur Bed. 141–142n. — εὐφυέες: bed. 'gut gewachsen', im fgrE nur hier und 21.243 (von einem Baum). — ἰδέ: 'und', metr. Variante zu ἠδέ (2.511n.).

148–219 Agamemnon sorgt sich um den verwundeten Bruder. Er läßt den Arzt Machaon kommen, der die Wunde behandelt.

148–187 Der auf Menelaos' Verwundung folgende Handlungsablauf ist explizit aus den Wahrnehmungen der Figuren[P] entwickelt, durch die ihre Emotionen und Reden ausgelöst werden. Dabei läßt der Erzähler die Reaktionen der beiden Brüder nach dem ersten Schreck (148/150) höchst unterschiedlich ausfallen: Agamemnon sieht das Blut (149, vgl. 140) und wird von Emotionen überwältigt (155ff.), Menelaos sieht wichtige Details des Pfeils (151), gewinnt Zuversicht (152) und bleibt gefaßt und sachlich (184ff.; zu 185–187 vgl. 134–138). Zu solchen sekundär fokalisierten[P] Passagen s. DE JONG (1987) 2004, 105f.; vgl. auch 79b–80n.; speziell in Verwundungsszenen NEAL 2006, 72–74. Der kritische Punkt dieses Moments wird nicht aus der Sicht des Verwundeten, sondern aus der Sicht Agamemnons gezeigt, der sowohl als dessen Bruder als auch als Oberbefehlshaber des gesamten Heeres der Achaier agiert (s. die Epitheta 148, 153): Er befürchtet, mit dem Bruder (155, 169f.) auch die Sinngarantie des ganzen Troia-Unternehmens zu verlieren (170–181; vgl. 95n.). Zur Figurenzeichnung in dieser Szene s. 155–182n. und 183–187n.

148 = 11.254 (Agamemnon bei seiner eigenen Verwundung). — ῥίγησεν δ' ἄρ' ἔπειτα: Variante von formelhaften VA (meist mit τ' ἄρ', hier *v.l.*), in denen emotionale Reaktionen genannt werden (weitere Bsp. 3.398n.). ῥιγέω ('erschaudern') ist einer der Ausdrücke für ein Kältegefühl, mit denen Erschrecken als psychosomatische Reaktion beschrieben wird (LfgrE s.v. ῥιγέω; 19.325n.; zu weiteren Begriffen 6.344n.; LfgrE s.v. στυγέω). — ἄναξ ἀνδρῶν Ἀγαμέμνων: flektierbare VE-Formel (Nom./Vok.: 44× *Il.*, 2× *Od.*, 1× *Hes.*); zur Herkunft des Titels ἄναξ ἀνδρῶν 1.7n. (wohl myk. Titel für den Palastherrn und Oberbefehlshaber, s. MYK).

---

146 τοι: = σοι (R 14.1). — τε ἰδέ: zum Hiat R 5.6.

148 ἔπειτα (ϝ)άναξ: zur Prosodie R 4.3.

149 ≈ 5.870. — μέλαν αἷμα ... ἐξ ὠτειλῆς: vgl. 140n. – μέλαν αἷμα ist formelhafte Junktur
an versch. Verspositionen (16.529n.); das Epitheton verstärkt den Kontrast von Blut auf
heller Haut (s. das Gleichnis: 140–147n.).

150 1. VH s. 148n.; 2. VH s. 13n.

151 Menelaos realisiert, daß der Pfeil nicht tief eingedrungen ist; denn Teile des
vorderen Bereichs des Pfeils, kenntlich gemacht durch die Befestigung (gr.
néuron, also aus einer Sehne) und die Haken (gr. *ónkoi*) der Eisenspitze, sind
'außerhalb', d.h. wohl außerhalb der Wunde (KIRK zu 214; LASER 1983, 109f.;
BUCHHOLZ 2010, 290). Zu möglichen archäol. Entsprechungen der vorl. Pfeilspitze s. BUCHHOLZ 2010, 288–291. 246 Abb. 153–156 u. 158; zu den Typen
(Dornpfeilspitze od. Tüllenspitze) s. KOPPENHÖFER 1997, 312–314 mit Abb. 6
(aus Troia VIh/VIIb); BAITINGER 2001, 8f. 12f.

152 ἄψορρον: Adv. 'zurückgehend'; Kompositum mit Vorderglied ἄψ ('zurück', näml. zum
Ausgangspunkt: vgl. LfgrE s.v. ἄψ 1782.4ff.), der zweite Bestandteil ὀρρ- wohl zu ἔρρω
'weggehen' (so FORSSMAN 1980, 185ff.; BEEKES s.v. ἄψορρος), eher als zu ὄρρος 'Hinter-
teil' (so DELG s.v. ἄψ; FRISK s.v. ἄψορρος), das eine att. Form ist (s. dagegen 3.33 παλίν-
ορσος). – θυμὸς ... ἀγέρθη: Anklang an die Wendung ἐς φρένα θυμὸς ἀγέρθη, eine Formulierung für das Erwachen aus einer Ohnmacht (22.475, Od. 5.458, 24.349), ähnlich ἐσαγείρετο θυμόν nach einer Verwundung (Il. 15.240, 21.417). Im vorl. Kontext bez. θυμός
die vitale Energie, der Zusatz ἐνὶ στήθεσσι enthält die Angabe 'im Innern', d.h. die Le-
bensenergie sammelt sich in seinem Innern wieder; der Vorgang entspricht also etwa dem
dt. 'sich sammeln', hier nach dem Schock (BÖHME 1929, 101; BREMMER 1983, 56; s. auch
DE JONG zu Il. 22.475; etwas anders LfgrE s.v. θυμός 1080.52ff.: nach einer Ohnmacht des
Menelaos; zu θυμός s. auch 43n., 1.24n.). – θυμὸς ἐνὶ στήθεσσι ist flektierbare Junktur
(Nom./Akk.) vom 3. Metron an und am VA (20× Il., 24× Od., 4× Hes., 1× hom.h.).

153–154 153 ≈ 2.411; 2. VH von 154 ≈ 18.315/355, 19.301, 19.338, 22.429,
22.515, 23.211, 24.722, 24.746, Od. 9.467, 10.55. — Die Rede-Einleitung[P] enthält
Motive, die auch im Kontext von Totenklagen vorkommen: das Berühren des Toten zur Erhöhung des Pathos, hier ein Zeichen der Fürsorge und Anteilnahme, s.
auch 7.106–108 (TSAGALIS 2004, 59; vgl. auch ARNOULD 1990, 77f.), und das
Mitklagen der Umstehenden (s.u.; TSAGALIS 2004, 64f.). Vorzeitige Totenklagen
sind zwar in der Ilias durchaus zu finden; allerdings werden nur Heroen betrauert,
die tatsächlich im Krieg umkommen werden, nämlich Hektor (6.497–502n.) und
Achilleus (18.37–72n.). — **Gefährten:** Der gr. Begriff *hetáiroi/hétaroi* bez. so-

---

149 καταρρέον: unkontrahiertes (R 6) Ptz. zu καταρρέω; AcP αἷμα καταρρέον abh. von
εἶδεν.

151 δὲ (ϝ)ίδεν: zur Prosodie R 4.3. — ἐόντας: = ὄντας (R 16.6).

152 οἱ: = αὐτῷ (R 14.1). — ἐνί: = ἐν (R 20.1). — στήθεσσιν: zur Flexion R 11.3; zum Plural
R 18.2.

153 τοῖς: demonstrativ (R 17), vorausweisend auf ἑταῖροι 154.

154 χειρός: *gen. partitivus* zur Bezeichnung des Körperteils, der gehalten wird.

wohl allg. die '(Kriegs)kameraden' (s. 113) als auch speziell die engen Vertrauten oder Freunde eines Anführers (19.305n., 24.4n.).

τοῖς δὲ ... μετέφη ...: Rede-Einleitung[P] mit typischer Struktur (τοῖσ(ι) + Ptz. + Nomen-Epitheton-Formel): 24.55n.; zu μετέφη mit Dat. Pl. bei Reden an ein Kollektiv ('er sprach unter ...') 19.55n. — βαρὺ στενάχων: flektierbare Formel nach der Zäsur A 2 (8× *Il.*: Stellen 1.364n.). — κρείων Ἀγαμέμνων: VE-Formel (40× *Il.*, 1× *Od.*, 1× *Il. Pers.*), das generische Epitheton[P] κρείων bed. 'herrschend, gebietend' (1.102n.; vgl. die PN Κρείων, nachhom. Κρέων, Κρέουσα, lat. *Creūsa*). — ἐπεστενάχοντο δ' ἑταῖροι: Anklang an Formulierungen aus dem Kontext der Totenklage (s. Iterata): (a) vgl. die formelhafte Wendung für Responsion nach vorausgehender Klagerede ἐπὶ δὲ στενάχοντο + Subj. (19.301n., 24.722n.), bez. hier vor der Rede die Reaktion der Gefährten auf στενάχων; (b) Anklang an die Beschreibung der Totenklage im VE ἀνεστενάχοντο γοῶντες (dazu 18.315n.): DERDERIAN 2001, 26 Anm. 46.

155–182 Zwei Themen ziehen sich leitmotivisch durch Agamemnons Rede: die Besorgnis um den Bruder, für den er sich verantwortlich fühlt (155f., 169f., 174b–175, 181b), und die Angst davor, daß nun der ganze Feldzug umsonst gewesen sein könnte, s. bes. die Formulierungen für '(nicht) vollenden' (gr. *tel*- 160, 161, 168, 175, 178) und als Rahmen den Begriff 'vergeblich' (gr. *hálion* 158, 179). Beispiele für Agamemnons fürsorgliches Verhalten dem Bruder gegenüber finden sich auch an weiteren Stellen der Ilias, wenn er eingreift, um zu verhindern, daß Menelaos zu großer Gefahr ausgesetzt wird (7.107–119, 10.234–240), oder um ihn anderen gegenüber in Schutz zu nehmen (10.120–125), oder wenn er ihm Ratschläge erteilt (6.53–62, 10.36–72): ROUSSEAU 1990, 336f.; REICHEL 1994, 243f. – Bei der vorl. Rede zeigen sich nicht nur in der Rede-Einleitung, sondern auch in ihrem Inhalt und Aufbau Ähnlichkeiten mit Totenklagen; diese sind meist dreigeteilt und weisen eine ringkompositorische Struktur auf (19.286–339n., 24.725–745n., 24.749–750n.): Teil (1) mit Anrede und klagender Reflexion; (2) ein narrativer Teil, in dem ein Bezug zwischen der beklagten Person und dem eigenen Schicksal hergestellt und über die veränderte Situation und das eigene Los geklagt wird; Teil (3) mit Rückkehr zur allg. Klage und Aufnahme der Klage durch die Umstehenden. Agamemnons Rede ist zweigeteilt (die Klage der Gefährten ist 154b vorweggenommen): in Teil (1) dominiert das Thema Eidbruch und dessen Ahndung (155–168), in der Mitte steht Agamemnons Gewißheit, daß Troia untergehen werde (163–165); die Vv. 169–171 schließen diesen Teil ringkompositorisch[P] ab (Rückkehr zur Klage um Menelaos) und leiten zum persönlicheren Teil (2) über; dieser kreist um den möglichen Abbruch des Troia-Unternehmens, die ruhmlose Heimkehr und den Triumph des Siegers (172–182a) und zeigt dabei das künftige Schicksal des Adressaten und des Sprechers, die räumliche Trennung vom Toten (174b–175, 180f.) und den Todeswunsch des Hinterbliebenen (182b): TSAGALIS 2004, 42. 76f. 90–94. 112–118; KELLY 2012, 234–236; zur Binnenstruktur der Rede LOHMANN 1970, 43f.; SCHNEIDER 1996, 101–103. Mit dieser

Struktur der Rede, die von einer Mischung aus Trauer und Zorn geprägt ist, lassen sich die auf einige Interpreten widersprüchlich wirkenden zwei Teile sowie das Schwanken zwischen optimistischer und pessimistischer Zukunftsvision miteinander verbinden (vgl. TAPLIN 1992, 105). Agamemnons düstere Vision v.a. im zweiten Teil der Rede hat zwei erzähltechnische Funktionen: (a) Sie dient mit ihrem stark selbstbemitleidenden Ton und der defätistischen Haltung der Charakterzeichnung Agamemnons, v.a. auch durch den Kontrast zur beherrschten, sachlichen Haltung des Menelaos, s. 150–152, 183–187 (LOHMANN a.O. 44 Anm. 72; GRIFFIN 1980, 71f.; KIRK zu 155–82 u. 171–5; ZANKER 1994, 5f.; GAGLIARDI 2007, 128–132; s. auch 176–182n., 183–187n.); (b) sie ist zudem eine weitere Variante des Motivs 'vorzeitiger Abbruch des Troia-Unternehmens', mit dem der Erzähler[P] einen möglichen anderen Verlauf des Troianischen Krieges imaginiert, als er in der epischen Erzähltradition vorgegeben ist, was beim Publikum einen Moment der Unsicherheit schafft und die Spannung erhöht (dazu 169–182n.).

155 1. VH = 5.359, 21.308. — **φίλε κασίγνητε:** Anrede mit zwei prosod. Besonderheiten: Kürze im *longum* des 1. Metrums bei φίλε am VA (CHANTR. 1.103; zur metr. Lizenz in dieser Position M 15; vgl. 135n.; kaum mit WYATT 1969, 212–214, erklärbar); Kürze im *longum* vor der Zäsur bei κασίγνητε, θάνατον (M 8); zu metr.-prosod. Besonderheiten bei Vokativ-Formen vgl. 2.8n., 19.400n., 24.88n. – φίλος hat hier die Bed. 'lieb'; in weniger exponierter Stellung kann es, auch bei Verwandtschaftsbezeichnungen, als reines Possessivpron. fungieren (vgl. 1.20n., 3.31n., 19.4n.). — **θάνατόν ... ὅρκι' ἔταμνον:** θάνατον ist substantivische Apposition zur Bez. des Resultats von ὅ. ἔταμνον, 'zu deinem Tod hab' ich ...' (SCHW. 2.618f.; CHANTR. 2.14f.). ὅρκια τάμνειν ist die formelhafte Wendung zur Bezeichnung einer Schwur-Zeremonie, wie sie Agamemnon und Priamos im 3. Gesang durchführen ließen: ὅρκια bez. die Opfertiere und metaphorisch – wie hier – die durch ihre Schlachtung eidlich bekräftigten Vereinbarungen (2.124n., 3.73n.), die Wendung steht also für 'den Vertrag abschließen' (LfgrE s.v. τάμνω 298f., bes. 299.37ff.). — **νυ:** 'nun' (umgangssprachlich 'nu'), wird v.a. von Sprechern "in erregter Gemütsstimmung" gebraucht (K.-G. 2.118f.; RUIJGH 1957, 57ff.).

156 **οἶον προστήσας ... μάχεσθαι:** 'indem ich dich ganz isoliert hinausgestellt habe vor...'; οἶος bed. '(ganz) allein, allein auf sich gestellt', betont zusammen mit προ-στήσας πρὸ ... die räuml. Trennung (LfgrE s.v. οἶος 599.37ff.) und damit den Gegensatz zur Position der πρόμαχοι in der ersten Phalangen-Reihe (dazu 341n., 458n.). Die Fortsetzung πρὸ Ἀχαιῶν Τρωσὶ μάχεσθαι ist zudem eine Umschreibung für den Begriff πρόμος, die Bez. für den Kämpfer, der die Gemeinschaft in einem zeremoniellen Zweikampf vertritt (dazu 3.44n.), vgl. 7.116 πρόμον ἄλλον ἀναστήσουσιν Ἀχαιοί (SCHW. 2.506; CHANTR. 2.130f.; BERGOLD 1977, 162). — **Τρωσὶ μάχεσθαι:** Variante der flektierbaren VE-Formel Τρώεσσι μάχεσθαι (11× *Il.*, 2× *Od.*: 304n.), ähnlich VE 17.94.

155 τοι: = σοι (R 14.1).

157 Da Pandaros hinter den Schilden der Gefährten verborgen ist, können die Griechen den Schützen nicht identifizieren, er bleibt unerkannt (196f.). Der Pfeilschuß dieses einzelnen gilt als kollektiver Eidbruch der Troer, für den die ganze Stadt die Verantwortung trägt (164f.; zur Kollektivstrafe allg. vgl. Hes. *Op.* 240ff.), entsprechend dem kollektiven Charakter der Schwur-Zeremonie (*Il.* 3.297–302a): LOUDEN 2006, 195–197.

ὥς σ' ἔβαλον: ist als Erklärung zu 155 θάνατον … ἔταμνον aufzufassen, entweder als "indirect folgend[er]" Nebensatz mit ὡς … ('nach dem, wie dich …', 'wie sich daraus ergibt, daß …': FAESI; ebenso LA ROCHE; MONTEIL 1963, 358f., mit Hinweis auf CHANTR. 2.287; s. die Interpunktion von WEST: Komma nach dem vorausgehenden μάχεσθαι) oder als unabhängige Aussage ὥς … ('so … ', als Folgerung aus 156: AH u. SCHADEWALDT). — ὅρκια πιστά: 'Vertrauen stiftende Eidopfer' (vgl. 3.73n.). — κατὰ … πάτησαν: 'und nieder traten sie'; expressivere und emphatischere Formulierung (vgl. dt. 'mit Füßen treten') als diejenige in V. 67 (s.d.); zum Bild SOMMERSTEIN/TORRANCE 2014, 56 mit Anm. 26.

158–159 159 = 2.341. — Die beiden Verse enthalten eine Aufzählung von allgemein üblichen Bestandteilen einer Schwur-Zeremonie (vgl. 2.339–341), nämlich die für alle sichtbaren Elemente, durch die sich die Beteiligten binden: Eid und Blut der Opfertiere, Trankopfer von ungemischtem Wein und Handschlag (AH, Anh. S. 7f.; SOMMERSTEIN/TORRANCE 2014, 138–149; s. auch KITTS 2005, 79–84; vgl. 2.341n., 3.292–302n.). Bis auf den Handschlag sind diese auch bei der von Agamemnon und Priamos durchgeführten Zeremonie beschrieben, die Eidformel 3.276–291, die Schlachtung der Lämmer 3.245–274, 292–294, das Trankopfer 3.295f.

Obwohl der V. 159 in allen Hss. überliefert ist, hat er Anstoß erregt (WEST 2001, 12 Anm. 28. 189: 159 gehöre zu den "rhetorical expansions"; ältere Lit. s. AH, Anh. S. 7f. u. 38), weil mit ἐπέπιθμεν auf den konkreten Akt des 3. Gesanges hingewiesen werde und dort der Handschlag fehle (daher KIRK: hier nur metaphorisch zu verstehen; s. aber schol. bT: Leerstelle[P] im 3. Gesang). Die Vv. 158–161 lassen sich durchaus als allgemeingültige Aussage verstehen, die aber in gewissen Bezug zur Situation des Sprechers gesetzt ist (RUIJGH 268f.). — οὐ μέν πως: starke Verneinung ('überhaupt nicht'); zu dieser Verwendung von πως SCHW. 2.580. — ἅλιον … ὅρκιον: ὅρκιον (der Sg. nur hier im frgrE) bed. eigtl. 'das zum Eid Gehörige' (2.124n.), ist hier Bez. für die eidlich bekräftigte Vereinbarung (ähnlich *Od.* 19.302 ἔμπης δέ τοι ὅρκια δώσω) als *ein* Bestandteil der ganzen Schwur-Zeremonie, s. den Pl. ὅρκια 155 u. 157 (AH; BERGOLD 1977, 163; LfgrE s.v., dort auch eine andere Möglichkeit: ὅρκιον als Oberbegriff u. folgende dreigliedrige Aufzählung). – ἅλιος kennzeichnet etw., das sein Ziel verfehlt (26n.), hier Worte, die unerfüllt bleiben (s. auch *Il.* 24.92/224 ein Götterauftrag, 5.715 ein Versprechen): 18.324n. (dort auch zur mögl. Etym.). — πέλει: πέλω/πέλομαι ist oft als metr. bequeme Variante für εἰμί od. γίγνομαι ver-

---

157 κατὰ … πάτησαν: zur sog. Tmesis R 20.2.

158 μέν: ≈ μήν (R 24.6).

159 ᾗς: = αἷς (R 11.1).

wendet (WAANDERS 2000, bes. 266f. [z.St.]; ALLAN 2003, 207 mit Anm. 358); im Vergleich zu 24.92/224 mit Fut. ἄλιον … ἔσσεται wirkt die Aussage hier eher als zeitlos
gültig. — σπονδαί τ' ἄκρητοι: Zur Wendung 'Spenden ungemischten Weins' (Bez. der
Trankopfer, metaphor. des Vertrags) s. 2.341n. — ἐπέπιθμεν: intrans. Plpf. zu πείθω; zur
Form und zum Ablaut s. 2.341n.

160–168 Die Vorstellung, daß die Götter, insbesondere Zeus als Hüter der Eide,
Eidbrüchige bestrafen und die Selbstverfluchung erfüllen (160–162), ist auch Bestandteil der beiden großen Schwur-Szenen der Ilias, s. 3.276–280 und 3.298–301,
19.258–260 und 19.264f. (3.292–302n., 19.258–260n., 19.259n.; zu altoriental.
Parallelen WEST 1997, 125f.; LATACZ [2001] 2010, 166; KITTS 2005, 205–210).
Zur Vorstellung, daß Zeus früher oder später bestraft, s. auch Solon *fr.* 13.25–32
West und Aischylos' *Agamemnon* (KIRK zu 160–2; WEST 2011, 142). Im Verlauf
der Ilias-Handlung wird daher von verschiedenen Figuren[P] diese Vorstellung auf
den Eid vor dem Waffenstillstand bezogen und mit dem Untergang Troias ver-
knüpft: (a) von Agamemnon, zunächst als Strafe in unbestimmter Zukunft (163–
168; zum Motiv der späten Erfüllung s. den Erzähler-Kommentar 3.302 [s.d.],
außerdem 2.324–329 im Vogelzeichen zur Eroberung Troias), später als konkreter
Ausgang dieses Krieges (235–239 [s.d.]); (b) von Idomeneus (270f.); (c) vom Troer Antenor (7.351–353); (d) von Diomedes (7.400–402); von Hektor wird dieser
Zusammenhang jedoch verdrängt (7.69–72). Zur Vorstellung der strafenden Götter s. auch 16.384–393n. (zur Interpretation des Gleichnisses 16.384ff.). Für Agamemnon, der ja – im Gegensatz zum Rezipienten – nichts über die Ränkespiele
der Götter wissen kann, ergibt sich aus der allgemeingültigen Feststellung (160–
162) ganz natürlicherweise die Gewißheit, daß der Eidbruch Zeus' Zorn weckt
(168) und Strafe über die Bewohner Troias kommen wird, auch wenn das Troia-
Unternehmen der Achaier mit Menelaos' Tod enden sollte (172ff.) (TSAGARAKIS
1977, 20f.; GAGNÉ 2010, 372f.). Der Erzähler[P] läßt aber die Götter nicht nach mo-
ralischen Wertvorstellungen agieren, sondern imaginiert sie als Impulsgeber für
die Handlung (s. auch 85–104n. zu Pandaros): Da der Fall Troias in der Erzähltradition vorgegeben ist, läßt der Erzähler Zeus den Eidbruch veranlassen, so daß
der Kampf wieder ausbricht (VAN ERP 2000, 400–402; daher zu weitgehend
AHRENSDORF 2014, 51 u. 55 [eine Lektion Homers für das Publikum, daß die Be-
lange der Menschen den Göttern gleichgültig seien]).

160–161 εἴ … τε … οὐκ ἐτέλεσσεν, | … τε … τελεῖ, … τε … ἀπέτεισαν: kondizionale Pe-
riode generalisierenden Inhalts, mit gnom. Aor. (schol. A; CHANTR. 2.184, 356; LEAF;

---

160 τε: 'episches τε' (R 24.11). — Ὀλύμπιος: im Sg. nur von Zeus. — ἐτέλεσσεν: zum -σσ-
R 9.1 (s. dagegen τελέσει(ε) 178).

161 ἔκ … τελεῖ: zur sog. Tmesis R 20.2. — καὶ ὀψέ: konzessiv, 'wenn auch spät'. — τε
(μ)μεγάλῳ ἀπέτεισαν: zur Prosodie M 4.6, zum Hiat R 5.6. — ἀπέτεισαν: zu ἀπο-τίνω
'(Buße) bezahlen'.

WILLCOCK; KIRK; TABACHOVITZ 1951, 25–29; WEST 2001, 189; vgl. 1.81–82n.; anders AH
u. WACKERNAGEL [1920] 1926, 177: alles auf die konkrete Situation bezogen, mit Hinweis
auf 9.412f. [Aor. auf Zukünftiges bezogen]; vorsichtig RUIJGH 520f. 726. 832 Anm. 8: τε
… τε in 161 konnektiv); die Negation οὐκ bildet eine begriffliche Einheit mit dem Verb,
vgl. 168 (AH: 'unerfüllt gelassen hat'; zum Phänomen 55–56n.). — αὐτίκ' … | … ὀψέ:
zeigt Agamemnons Zuversicht: Wenn mit Menelaos' Tod das Troia-Unternehmen endet
(172–175, 180f.), kann die Realisierung der Selbstverfluchung zwar nicht unmittelbar auf
den Eidbruch folgen (zu αὐτίκα 105–106a n.), sie wird aber auf jeden Fall folgen (164–
168). — ἐτέλεσσεν, | ἔκ … τελεῖ: zu τελέω ('realisieren, in die Tat umsetzen') im Zusam-
menhang mit Eiden s. 7.69, h.Ven. 26. Die kontrahierte Form τελεῖ ist hier als Fut. zu deuten (schol. bT u. D; AH; SCHW. 2.282; FEHLING 1969, 265 [Stilfigur mit Vergangenheit und
Zukunft, s. bes. Il. 2.117f. = 9.24f., außerdem 15.140]; BERGOLD 1977, 163 Anm. 3; KIRK;
Präs. von LEAF erwogen, da das hom. Fut. von τελέω sonst unkontrahiert ist; zur Fut.-
Bildung CHANTR. 1.450 u. RISCH 351). — σὺν μεγάλῳ: 'mit einem großen Preis, mit Wert-
vollem' (KIRK; LfgrE s.v. μέγας 76.10ff.), aufgezählt in 162; s. dazu 3.300f.: mit dem eige-
nen Leben und dem ihrer Kinder und mit der Versklavung ihrer Frauen. — ἀπέτεισαν: Zur
Lesart ἀπέτισαν vgl. 3.28n.

162 Die Strafe für Eidbruch an den Eidbrüchigen und ihren Familien entspricht der
Selbstverfluchung in der Schwur-Zeremonie 3.299–301; s. dazu auch 'Hes.' fr.
30.19f. M.-W.; zur Verfluchung von mehreren Generationen s. GAGNÉ 2010 (bes.
362–370. 374–377).

σὺν σφῆσιν κεφαλῇσι: ähnlich σῷ δ' αὐτοῦ κράατι τείσεις Od. 22.218; zum Kopf als
Repräsentanten der ganzen Person s. 18.81–82a n.; CLARKE 1999, 174.

163–165 ≈ 6.447–449 (Rede Hektors); s.d. zu den Prolepsen[P] von Troias Ende und
zur Wirkung von wiederholten Versen auf den Rezipienten; zum vorl. Fall: Die
Wiederholung der Verse läßt ihn den "Untergang der Stadt aus der Perspektive der
Griechen *und* der Troer" betrachten; zu weiteren inhaltlichen und formalen Ähnlichkeiten der beiden Stellen s. DI BENEDETTO (1994) 1998, 184–187. In Agamemnons Rede sind die Worte Ausdruck großer subjektiver Zuversicht (163), die
sich zur objektiven Gewißheit steigert (168b), ein starker Gegensatz zum zweiten
Teil seiner Rede (155–182n.).

163 = Od. 15.211; ≈ Il. 6.447. — κατὰ φρένα καὶ κατὰ θυμόν: bed. etwa 'tief im Herzen';
VE-Formel (10× Il., 11× Od., 1× h.Ap.) bei versch. seelisch-geistigen Vorgängen, mit metrisch bequemer synonymischer Doppelung (6.447n.).

164–165 = 6.448–449; VH 164–165 ≈ 46b–47 (s.d.). — **Priamos und …:** 35–36n.

---

162 σφῆσιν: Poss.-Pron. der 3. Person (R 14.4); zur Flexion R 11.1 (ebenso κεφαλῇσι). —
τεκέεσσιν: = τέκνοις; zur Flexion R 11.3.

163 τόδε (ϝ)οἶδα: zur Prosodie R 4.3.

164 ἔσσεται: = ἔσται (R 16.6), ebenso 168f. — ἦμαρ: = ἡμέρα. — ὀλώλῃ (ϝ)ίλιος: zur
Prosodie R 4.4. — ὀλώλῃ: Konj. Perf. zu intrans. ὄλλυμαι 'zugrunde gehen'. — ἰρή: = ἱερά.

166 1. VH = 9.236; ≈ 2.111, 5.756, 9.18; 2. VH = Hes. *Op.* 18, 'Hes.' *fr.* 343.9 M.-W. —
Ζεὺς … Κρονίδης: Formelsprengung der flektierbaren Nomen-Epitheton-Formel (s. auch
Iterata); zu ihrem Formelsystem 16.845n. — **ὑψίζυγος:** Epitheton von Zeus; steht immer
an der gleichen Versposition und bildet mit Κρονίδης eine Formel vor der Zäsur C 2 (noch
7.69, 18.185, Hes. *Op.* 18, 'Hes.' *fr.* 343.9 M.-W.). Semantisch ist es unklar (LfgrE), bed.
viell. 'der hoch oben thront' (18.185n.).

167 Aigis: Funktion und Aussehen der Aigis werden je nach Kontext unterschiedlich interpretiert; oft scheint sie eine Art Schild od. schützender Umhang zu sein
(2.446b–454n., 2.448n., 24.20n.). Sie wird meist von Zeus getragen (s. auch zu
seinem Epitheton 1.202n.), bisweilen auch von Athene und Apollon; die Gottheit
kann damit einer Kriegspartei Mut einflößen oder Angst einjagen (18.203–204n.).
An der vorl. Stelle ist die 'dunkle Aigis' ein stark wirkendes Symbol für das Be-
drohliche, das von dem mit Groll strafenden Gott ausgeht (vgl. SCHADEWALDT
[1938] 1966, 31f.). Vergleichbar ist 17.593ff.: die Aigis ist zusammen mit Blitz
und Wolken Teil eines von Zeus ausgelösten Sturmes, mit dem er die Achaier in
Schrecken versetzt (EDWARDS zu 17.593–6).

168 κοτέων: Die Wortfamilie κοτέω/κότος bez. den schwelenden Groll, den Ingrimm (1.81–
82n.; zu Wörtern des Zorns s. auch 1.1n.); das Ptz. umschreibt hier also die anhaltende Ab-
neigung, die Zeus von jetzt an gegen die eidbrechenden Troer haben wird, bis die Stadt aus-
gelöscht ist (vgl. 16.385f. den Ingrimm des strafenden Zeus): CAIRNS 2003, 30f.; LOUDEN
2006, 229.

169–182 Der zweite Teil von Agamemnons Rede enthält einige Elemente, die denjenigen in Totenklagen ähneln: Bezüge zwischen dem Sprecher und dem (verstor-
benen) Adressaten (169f., 174f.) mit dem Motiv 'Sterben' und 'Nicht-mehr-
heimkehren' (171 *vs.* 175, vgl. 180f.): 155–182n. Die Gewichtung des Kummers
ist allerdings deutlich verschoben zur Besorgnis um den Gesichtsverlust, den der
Tod des Adressaten dem Sprecher brächte (169–172); aufgrund fehlender Gefolgschaft des Heeres müsste er (a) Helena aufgeben (173–174a, 181a), (b) den Bruder
ungerächt zurücklassen (174b–175a, 181b), (c) den Kriegszug erfolglos abbrechen
(175b, 178f.), und (d) würde er selbst zum Gespött des Feindes werden (176–
182a). All dies sind Gründe, warum er in seiner Heimat verachtet sein werde
(171). Sprachlich wechseln die Formulierungen zwischen Gewißheit (gr. Fut.: 169
Schmerz wegen Menelaos' Tod, 172 Heimkehrwunsch der Achaier, 174 Menelaos' Gebeine in troischer Erde, 176/182 Tis-Rede[P]) und Möglichkeit (gr. Optativ:
171 schmachvolle Heimkehr, 173 Verlust der Helena an die Troer): AH zu 171. —

---

166 σφι: = αὐτοῖς (R 14.1). — Κρονίδης: 'Kronos-Sohn' = Zeus. — αἰθέρι: Ortsangabe
ohne Präposition (R 19.2).
167 ἐπισσείησιν: 3. Sg. Konj. Präs. (R 16.3) mit Fut.-Bed. (vgl. R 21.2), zu ἐπισσείω 'entge-
genschütteln, schwingen gegen'; zum -σσ- R 9.1.
168 τῆσδ' ἀπάτης: *gen. causae*, abh. von κοτέων. — κοτέων: zur unkontrahierten Form R 6.

Agamemnons düstere Zukunftsvision ist eine Variation des Erzählmittels der 'Wenn nicht'-Situation[P], indem der Erzähler[P] hier eine Figur[P] einen alternativen Handlungsablauf ins Blickfeld rücken läßt, und eine weitere Version des Motivs 'vorzeitiger Abbruch des Troia-Unternehmens', s. dazu auch 1.169–171n. (Achills Abreise), 2.155–156n. (Agamemnons Heeresprobe), 3.71–75n. (Zweikampfangebot), außerdem 17–19n. (Zeus' Vorschlag): MORRISON 1992, 60–63; NESSELRATH 1992, 18–20.

169 1. VH ≈ 8.147, 15.208, 16.52, *Od.* 18.274. — **Weh:** Das gr. Wort *áchos* bez. einen plötzlich eintretenden seelischen Schmerz, der von Ohnmachtsgefühlen, Wut und Aggression begleitet ist; eine dafür typische Situation ist der Tod eines Kameraden im Kampf mit Triumphrede des Siegers (173, 176ff.), was *áchos* auslöst und einen Racheakt nach sich zieht (2.169–171n.). In der vorl. Situation verstärkt der drohende Abbruch des Troia-Feldzugs, der die angemessene Rache unmöglich macht, Agamemnons Frustration, s. 182 (MAWET 1979, 298).

αἰνὸν ἄχος: Formel zwischen den Zäsuren A 3 und B 1 (8× *Il.*, 1× *Od.*) und an weiteren Versstellen (16.52n.). — αἰνόν: Epitheton u.a. von heftigen Erregungen, neben ἄχος auch von κότος, χόλος und μῆνις, außerdem vom Krieg (φύλοπις αἰνή 15n.): 16.52n. — ὦ **Μενέλαε:** VE = 189, 10.43, 17.716, *Od.* 4.26, 4.561. Es ist umstritten, ob und und wie weit ὦ bei Vok. emotionale Beteiligung signalisiert od. metr. bedingt ist, s. Agamemnons erste Anrede φίλε κασίγνητε 155 und Μενέλαε 127, 146 (1.74n. u. 1.442n.).

170 μοῖραν ἀναπλήσῃς βιότοιο: so die Hauptüberlieferung (nachgeahmt von Apoll. Rhod. 1.1035 u. 1323 mit der Wendung μοῖραν ἀνέπλησεν/ἀναπλήσειν: RENGAKOS 1993, 160); gemäß Didymos las Aristarch πότμον statt μοῖραν, also eine Formulierung entsprechend 11.263 πότμον ἀναπλήσαντες (schol. A; weitere Obj. bei ἀναπίμπλημι: κακὸν οἶτον, κακὰ πολλά, κήδεα). In Verbindung mit dem Gen. βιότοιο paßt μοῖρα viell. besser als Obj. zu ἀναπίμπλημι ('den vom Schicksal zugeteilten Anteil am Leben erfüllen'): WEST 2001, 189, mit Hinweis auf Hdt. 3.142.3. u. 4.164.4 ἐξέπλησε μοῖραν und auf Eur. *I.T* 913f. πότμον | … βιότου ("the way one's life turns out"). Denn μοῖρα bed. eigtl. '(zugeteilter) Teil' (zu μείρομαι), übertragen 'das vom Schicksal Zugeteilte', auch 'der Lebenszeit-Anteil', und wird auch in der Bed. 'Todesschicksal' verwendet; πότμος bed. 'Los' (zu πίπτω) im übertr. Sinn ('Schicksal'), meist 'Todeslos', oft in der Verbindung (θάνατον καὶ) πότμον + ἐπισπεῖν 'sein Todeslos erreichen, sterben' (2.358–359n., 6.412n.): LfgrE s.vv. μοῖρα u. πότμος; DIETRICH 1965, 212f. u. 270f.; SARISCHOULIS 2008, 42–72 u. 116–121.

171 **Argos:** bez. hier das Herrschaftsgebiet Agamemnons auf der Peloponnes, die *Argolís* (vgl. 1.30n., 3.75n.; zur Verwendung als Bez. für das heimatliche Griechenland im Gegensatz zu Troia s. 2.287n).

---

169 σέθεν: = σοῦ (R 14.1, vgl. R 15.1); *gen. causae,* abh. von ἄχος.

170 αἴ κε: ≈ ἐάν (R 22.1, 24.5). — βιότοιο: βίοτος = βίος; zur Flexion R 11.2.

171 κεν: = ἄν (R 24.5). — πολυδίψιον Ἄργος: Richtungsangabe ohne Präposition (R 19.2).

ἐλέγχιστος: wörtl. 'Verworfenster', dann '(völliger) Versager', Superl. zum Subst. ἔλεγχος
(2.285n.; G 79); bez. hier denjenigen, der im Hinblick auf seinen Anspruch vor der Öffent-
lichkeit (als 'Schandkerl') bloßgestellt ist (176ff.; ähnlicher Kontext 2.285). — πολυδίψιον: 'vieldurstig'; hom. *hapax*[P], nur noch *Thebais fr.* 1 West (Ἄργος ἄειδε, θεά, πολυδίψιον, ἔνθεν ἄνακτες) u. Quint. Smyrn. 3.570 (Σπάρην εἰς ἐρίβωλον ἢ ἐς πολυδίψιον
Ἄργος) bezeugt. Die Peloponnes ist allerdings durch den Fluß Inachos nicht wasserlos;
möglicherweise ist das Epitheton auf gewisse Mythen über Trockenheit und Wässerung in
der Peloponnes zurückzuführen, vgl. 'Hes.' *fr.* 128 M.-W. Ἄργος ἄνυδρον ἐὸν Δανααὶ
θέσαν Ἄργος ἔνυδρον (schol. A, D; Eust. 461.1ff; LEAF; KIRK; LfgrE s.v. πολυδίψιος;
DAVIES 2014, 44). Seit der Antike wurde aber auch nach anderen Bedeutungen gesucht
(Äquivalent zu πολυπόθητος 'wonach man viel dürstet', Verschreibung für πολὺ δ' ἴψιον
[zu ἶπος 'Presse' und Verbalstamm ἰψ- 'bedrängen'] i.S.v. πολυβλαβές 'viel zerstört' od.
βλαβερόν 'zerstörerisch': schol. A, bT). — Ἄργος ἱκοίμην: flektierbare Junktur am VE
(noch 24.437) und nach der Zäsur A 3 (4× *Il.*); der Potentialis hier und 173 neben Futur-
Formen (169, 172, 174) ist Ausdruck des Wechsels von Gewißheit und Vermutung (169–
182n.).

172 Agamemnons Befürchtung, die Achaier würden sogleich heimkehren wollen,
ist durchaus berechtigt: So machen sie sich nach Agamemnons Trugrede in der
Heeresversammlung des 2. Gesangs sogleich an die Vorbereitungen für die Heimfahrt (2.110–162). Auch Achilleus stellt klar, daß Menelaos' Anspruch auf Helena
– die rechtmäßige Gattin des Königs von Sparta – der einzige Grund für den
Kampf der gr. Allianz gegen Troia ist, s. 1.152–160, 9.337–339, 19.324f.

πατρίδος αἴης: Gen.-Variante einer flektierbaren VE-Formel (6× *Il.*, 10× *Od.*, 1× 'Hes.',
1× *h.Ap.*; Dat./Akk. mit γαῖα [180n.], Nom. mit ἄρουρα): 2.140n., FOR 23.

173–174a ≈ 2.160–161a (λίποιεν), 2.176–177a (λίποιτε). – Anklang an den ersten
Beinahe-Abbruch des Troia-Unternehmens mit der Heeresprobe im 2. Gesang, wo
Hera (Rede an Athene) und Athene (Rede an Odysseus) die vorzeitige Heimkehr
der Achaier verhindern wollen. — **Helena:** Zu den Anspielungen auf Helenas
Entführung als Kriegsgrund s. FM 8 mit Anm. 30, 2.356n. (Raub od. freiwilliges
Mitgehen? vgl. z.B. Sappho *fr.* 23.5–13 Voigt); LATACZ 2007, 89–92; zu ihrem –
hier pointiert gebrauchten – Epitheton ('Frau von Argos' ≈ 'Griechin') s. auch 18–
19n.

173 εὐχωλήν: 'Gegenstand des Triumphes, Grund zum Prahlen', zu εὔχομαι in der Bed.
'(stolz) von sich sagen, prahlen' (2.15n. [zu εὖχος], 2.160n.). — **Πριάμῳ καὶ Τρωσί:** Formel nach der Zäsur B 1 (Iterata und 2.304): s. 35–36n. zur erweiterten Form.

---

173 κὰδ ... λίποιμεν: = καταλίποιμεν (R 20.1–2). — εὐχωλήν: prädikativ zu Ἑλένην, 'als
Gegenstand des Prahlens, zum Triumph'.

174b–175 2. VH von 175 ≈ 258, *Od.* 16.111. — Variation des sonst häufigen Motivs 'fern der Heimat sterben' (dazu 2.162n.; GRIFFIN 1980, 106ff.), indem Agamemnon ein drastischeres Bild verwendet. Die im hom. Epos übliche Bestattung ist die Einäscherung, wobei die übrig gebliebenen 'Gebeine' (gr. *ostéa*) sorgfältig eingesammelt und in ein Gefäß gelegt werden, das Gefäß in die Erde eingelassen und darüber ein Grabmal errichtet wird (177), s. die Bestattungen von Patroklos 23.237–257, Hektor 24.785–799 und Achilleus *Od.* 24.67–84 (24.777–804n., 24.795n.).

σέο: Gen. des Personalpron. anstelle des Possessivpron. ist bei Homer selten; es bewirkt stärkere Betonung (CHANTR. 2.155; vgl. SCHW. 2.201). — πύσει ἄρουρα: In dem drastischen Bild zeigt sich Agamemnons Befürchtung, er werde den toten Bruder nicht mehr mit den gebührenden Ehren bestatten können (anders 177), s. med.-pass. πύθεται von unbestatteten toten Menschen od. ihren Knochen 11.395, *Od.* 1.161, 12.46, 'Hes.' *Sc.* 153, s. auch *h.Ap.* 363–374 (LfgrE s.v. πύθω). — ἀτελευτήτῳ ἐπὶ ἔργῳ: ≈ 'unverrichteter Dinge' (LfgrE s.v. ἔργον 677.48ff.), ἐπί hier 'bei', "von den obwaltenden Umständen" (SCHW. 2.468).

176–182 eine der acht Tis-Reden[P] der Ilias, die von einer Figur[P] imaginiert werden: fünf von Hektor, je eine von Agamemnon, Menelaos und Sarpedon (6.459–463n.). Agamemnon stellt sich vor, wie der Feind auf Menelaos' Grab herumspringt und es entweiht, wie er triumphiert und nicht den Getöteten, sondern ihn selbst verspottet, und erweitert so das Bild seiner Schande in der Heimat (170f.) um diejenige im Feindesland. Der Vergleich mit der Gestaltung ähnlicher Situationen läßt Rückschlüsse auf die Figurenzeichnung durch den Erzähler[P] zu: (a) Die von Agamemnon geschilderte Situation (Triumphgeste des Siegers und Tis-Rede) ist bei Hektors Tötung drastisch gestaltet, indem die Achaier den Toten schmähen und den Körper mißhandeln (22.369–375); (b) in zwei von Hektor imaginierten Tis-Reden wird dessen Stolz über den eigenen Ruhm bei der Nachwelt gezeigt: im Gespräch mit Andromache stellt sich Hektor ihr bitteres Schicksal vor, wenn er selbst sterben werde und sie nicht mehr beschützen könne, zugleich aber auch voller Stolz seinen Nachruhm als bester Verteidiger Troias (6.459–463); er stellt sich vor, wie die Nachwelt am Grab eines von ihm Getöteten nicht seines unterlegenen Gegners, sondern *seiner* gedenkt (7.87–91). Mit der vorl. Tis-Rede verdeutlicht der Erzähler Charakterzüge Agamemnons, die sich in seiner ganzen Klagerede offenbaren (155–182n. a.E., zu Details s. auch 178–181n.): Selbstbezogenheit, Emotionalität, eine gewisse Unsicherheit und Hilflosigkeit in einer Situation, in der das Heer eine starke Führung brauchte, s. Menelaos' Reaktion V. 184 (zu den

---

174 σέο: = σοῦ (R 14.1). — πύσει: Fut. zu πύθω, kausat. akt. 'verrotten machen, verfaulen lassen'.

175 κειμένου ἐν: zur sog. Hiatkürzung R 5.5. — ἀτελευτήτῳ ἐπί: zum Hiat vgl. M 12.2. — ἐπὶ (ϝ)έργῳ: zur Prosodie R 4.3.

erzähltechnischen Funktionen der Tis-Rede SCHNEIDER 1996, 98–109; TSAGALIS 2004, 116–118). Auch im Laufe der Ilias-Handlung wird wiederholt diese Schwäche Agamemnons und der daraus resultierende Autoritätsverlust im Heer gezeigt (1.150n., 2.186–187n., 14.42–51n. a.E., 19.79–84n.), ebenso seine Furcht vor Gesichtsverlust bei erfolglosem Abbruch des Troia-Unternehmens (2.114f., 2.119–122, 9.18–22); zu neg. 'Nachruhm' s. 6.356–358n.; allg. zur großen Bedeutung des Nachruhms im Helden-Epos s. 2.325n., 3.287n., 16.31n.; DE JONG zu *Il.* 22.304–5.

176 κε … ἐρέει: prospektives Fut. mit Modalpartikel anstelle von prospektivem Konj. (1.139n.; SCHW. 2.351f.; CHANTR. 2.225f.; zur funktionalen Nähe von Ind. Fut. und Konj. s. 6.459n. mit Lit.; G 100); an die Situation angepaßte Variation der formelhaften Rede-Einleitung[P] von Tis-Reden[P] ὧδε δέ τις εἴπεσκε(ν) (SCHNEIDER 1996, 21–31, bes. 23). — **ὑπερηνορεόντων:** wird meist mit 'übermütig' wiedergegeben (eigtl. 'das Maß eines Mannes übertreffend'); ist ein nur in der Form des Ptz. belegtes Denominativum zu ὑπερήνωρ (im Nom./Akk. Sg.), ähnlich wie ὑπερηφανέων, ὀλιγοδρανέων, ὀλιγηπελέων (zu diesen RISCH 308f.: "versfüllend"; SCHW. 1.731; CHANTR. 1.349). Es steht immer am VE (2× *Il.* [Gen. Sg./Pl.], 12× *Od.* [Nom./Gen./Akk. Pl.]), ist in der Odyssee als Epitheton des Kollektivs der Freier (häufig in der VE-Formel νέων ὑπερηνορεόντων, wo ὑπερήνωρ metr. nicht verwendbar war) und einmal der Kyklopen verwendet und hat eher negative Konnotation (LfgrE s.vv. ὑπερηνορέων u. ὑπερήνωρ). Seine Verwendung an der vorl. Stelle zeigt Agamemnons Sicht auf die Troer; denn die versfüllende Formel mit Gen. Pl. Τρώων nach der Zäsur B 1 ist andernorts Τρώων … τ'/ἠδ' ἐπικούρων (5× *Il.*), am VE lautet die Formel Τρώων ἀγερώχων (5× *Il.*: 16.708n.): KIRK.

177 Das imaginierte Gebaren eines Troers auf dem Grabhügel steht anstelle der sonst unmittelbar nach der Tötung vollzogenen Triumphgesten (s. bes. 22.372–375) und der von siegreichen Kämpfern in Triumphreden angedrohten Mißhandlung des Leichnams (SCHNEIDER 1996, 100. 108f.; CAMEROTTO 2009, 216 Anm. 76; zu diesem Motiv 24.22n.; DE JONG zu *Il.* 22.337–54). — **Grabhügel:** Von einem Grabmal in der Troas für einen gefallenen Achaier und davon ausgehend vom Urteil der Nachwelt über die eigene Leistung spricht auch Hektor (7.84–90), er über seinen Ruhm, Agamemnon über seine Schande (zu den formalen Parallelen der beiden Stellen SCHNEIDER 1996, 107–109). Zu Grabmälern in der Troas, zum Grabhügel als Ehrenmal für den Bestatteten und Zeichen seines Ruhms und zur Kontroverse um das Phänomen des Heroenkults im hom. Epos s. 6.419a n., 16.456–457n., 24.16n., NTHS 50–53 (jeweils mit Lit.).

Vier-Wort-Vers, "adding picturesque details" (BASSETT 1919, 224) in der Form einer Partizipialkonstruktion; von WEST (2001, 189f.) als Rhapsoden-Interpolation verdächtigt, da der Zusatz unpassend und untypisch für die Einleitung einer Tis-Rede[P] sei; er gibt aber ein für die Situation wichtiges Detail an (s.o. und SCHNEIDER 1996, 108f.). — **ἐπιθρῴσκων:** Zur Orthographie (mit ι *subscr.*) s. WEST 1998, XXXI. — **Μενελάου κυδαλίμοιο:** 100n.

---

176 ἐρέει: Fut. 'wird sagen' (att. ἐρεῖ, vgl. R 6).

178–181 Der Erzähler[P] läßt Agamemnon dem imaginären Troer *das* in den Mund legen, was er, Agamemnon, selbst fühlt: seine persönliche Schmach, die aus dem Mißerfolg in seiner Funktion als Heerführer resultiert. Sprachlich ist dies im Triumphieren des Feindes in zweifacher Weise markiert: (a) in dem höhnischen Wunsch 178, mit dem vor Augen geführt wird, wie wirkungslos sein Zorn verpufft sei; denn wer die Macht dazu hat, ruht nicht, bevor sein Zorn befriedigt ist, s. 1.80–82 (Kalchas über den Zorn des Mächtigen), 4.34–36 (Zeus' über Heras Zorn); zum gr. Begriff *chólos* 22–24n.; (b) in der Formulierung des vergleichenden Wunsches 'wäre/geschähe doch x so wie y' 178–181, womit ein Sprecher die Gewißheit eines Ereignisses y zum Ausdruck bringen kann, hier des erfolglos endenden Feldzugs (Lit. s. 18.464–467n.).

178 οὕτως: weist viell. auf eine Geste des imaginären Troers, eine wegwerfende Gebärde (vgl. DE JONG 2012). — χόλον τελέσει(ε): 'den Zorn befriedigen'; zur Formulierung vgl. 1.81f. (mit n.): ἔχει κότον, ὄφρα τελέσσῃ.

179 ἅλιον στρατόν: viell. Anlehnung an formelhafte Wendungen mit οὐχ ἅλιον βέλος ἧκεν (z.B. 498f. [s.d.]), d.h. an ein Geschoß, das nicht vergeblich losgeschickt wurde, sein Ziel also nicht verfehlte. Inhaltlich entspricht dies der Formulierung ἀτελευτήτῳ ἐπὶ ἔργῳ 175b (vgl. 26 mit n.): in den von Figuren[P] imaginierten Tis-Reden[P] sind oft Elemente der sie umgebenden dir. Reden wieder aufgenommen, s. auch 158, 160f., 168 (DE JONG 1987, 83).

180 ≈ 2.158, 2.174, 5.687, *Od.* 5.204, 10.562; 2. VH insgesamt 16× *Il.*, 13× *Od.*, 1× 'Hes.'. — δή: 97n. — πατρίδα γαῖαν: flektierbare VE-Formel (2.140n.: 68× Akk. im fgrE; zur Gen.-Variante 172n.; vgl. FOR 23); das Attribut φίλην hat in dieser Formel die Bed. eines Possessivpron. (16.832n.; NUSSBAUM 1998, 108).

181 mit leeren Schiffen: Agamemnon käme nicht nur ohne Helena (173f.), sondern auch ohne sonstige Kriegsbeute nach Hause; zur Bedeutung der Beute s. auch Odysseus' Argumentation 2.295–298 und Agamemnons Forderungen nach Bußzahlungen im Falle von Menelaos' Sieg im Zweikampf 3.284–291.

λιπὼν ἀγαθὸν Μενέλαον: Variation der flektierbaren VE-Formel βοὴν ἀγαθὸν Μενέλαον (Nom./Akk.: 16× *Il.*, 9× *Od.*); βοὴν ἀγαθ. fungiert als generisches Epitheton[P] (25× bei Menelaos, 21× bei Diomedes [außerdem 10.559 ohne βοήν], 5× bei anderen): 2.408n.; DEE 2000, 475. In der vorl. 'Rede in der Rede' signalisiert die Wendung nicht Ironie des Troers gegenüber Menelaos, sondern enthält als positive Charakterisierung den Schluß-Hieb gegen Agamemnon selbst, den Sprecher: Der Feind lobt Menelaos und verhöhnt indirekt ihn, der einen großen Verlust erleidet (AH; LfgrE s.v. ἀγαθός 26.10ff.; DE JONG 1987, 79; SCHNEIDER 1996, 100; anders schol. bT: entweder Ironie des Troers od. Totenlob des Agamemnon).

---

178 αἴθ(ε): = εἴθε. — ἐπὶ πᾶσι: 'bei allem'. — τελέσει(ε): zur Elision R 5.1.

179 ἅλιον: 'vergeblich', prädikativ zu στρατόν.

180 οἴκόνδε: = οἴκαδε; zur Form R 15.3. — ἐς: = εἰς.

181 κεινῇσιν: = κεναῖς 'leer'; < *κενϝ- (R 4.2; zur Flexion R 11.1). — νηυσί: zur Flexion R 12.1.

182 1. VH = 6.462, 7.91; ≈ 6.479, 22.106, 22.108, *Od.* 21.324; 2. VH = *Il.* 8.150. —
mög … auftun: Agamemnon beendet seine Klage mit großem Pathos. Im Vergleich zu Hektors Todeswunsch 6.464 oder zu Formulierungen für sterben wie
etwa 'unter die Erde gehen' wirkt sein Wunsch viel dramatischer: gr. *moi chánoi
… chthṓn* bed. 'möge sich mir die Erde auftun', enthält das Bild der sich zum
Schlund öffnenden Erde und drückt den Wunsch aus, vom Erdboden zu verschwinden (dasselbe Bild auch 6.281f. [Hektors Verwünschung des Paris], 8.150,
17.416f.) (CLARKE 1999, 179f.; LfgrE s.v. χανεῖν; vgl. 99n.). Sein Todeswunsch
entspringt der Frustration und der Furcht vor Schande angesichts der Tatsache,
daß er als erfolgloser Heerführer und Hüter seines Bruders erscheinen werde; denn
dessen Grabmal und Andenken würde er nicht vor dem Triumphgebaren der Feinde schützen können. – Das Motiv des Todeswunsches erscheint in weiteren ähnlichen Situationen, als Ausdruck höchster Verzweiflung: (a) wegen drohender
Schande: 8.148–150 (Diomedes, wenn Hektor ihm Feigheit vorwerfen könnte),
ferner 6.464f. (Hektor wegen Andromaches Leid), 7.129–131 (Peleus wegen Feigheit der Achaier), 17.415–419 (Achaier, falls sie Patroklos' Leichnam aufgäben);
(b) beim Tod eines geliebten Menschen: 6.410f. (Andromache, falls Hektor fallen
sollte), 18.98f. (Achilleus, da Patroklos tot ist). Zu den versch. Formen des Todes-
wunsch-Motivs s. 24.224b–227n. (mit Lit.); speziell in Totenklagen TSAGALIS
2004, 42–44.

εὐρεῖα χθών: VE-Formel (4× *Il.*, 2× Hes., 3× *hom.h.*); zu den Formulierungen für 'breite
Erde' in idg. Dichtung s. SCHMITT 1967, 181; WEST 2007, 178f.; zu Entsprechungen im
Akkad. WEST 1997, 221.

183–187 Die Gestaltung von Menelaos' Reaktion dient der Figurenzeichnung in
dieser Szene, in der der Erzähler die Reaktionen der beiden Brüder höchst unterschiedlich ausfallen läßt (SALAZAR 2000, 149f.): Agamemnon wird von Emotionen überwältigt, die sich in einer Klagerede ergießen, in der vielfach Selbstmitleid
durchschimmert (155–182n., 176–182n., 182n.). Dieser Eindruck wird durch den
Kontrast zwischen seiner langen Klage und Menelaos' kurzer Rede, die unmittelbar darauf folgt, verstärkt. Für Menelaos steht die Verantwortung dem Heer gegenüber an erster Stelle (184), im Weglassen der Anrede zeigt sich die Dringlichkeit seines Anliegens, jetzt Panik im Heer zu vermeiden (BASSETT 1934, 143f.); er
erreicht mit einer kurzen Beschreibung des Sachverhalts (185–187), daß Agamemnon sinnvoll und zielgerichtet agiert (190–207); zu weiteren Beispielen für
Menelaos' Verantwortungsgefühl gegenüber den Achaiern s. WILLCOCK 2002,
222–224. Die von vielen Interpreten monierten Unterschiede bei den Begriffen für
Menelaos' Schutzkleidung, d.h. die unterschiedliche sprachliche Gestaltung der
Passagen läßt sich mit ihrer poet. Funktion erklären: Im Erzähler-Text 135–137

---

182 χάνοι: themat. Aor. Opt. zu χαίνω 'gähnen, sich auftun'.

liegt der Fokus auf dem *Prozess* (Pfeil dringt durch drei Schichten), es wird Dramatik erzeugt (132–139n., 134–139n.); Menelaos' Rede enthält eine undramatisch und nüchtern wirkende *Aufzählung* (186f.: drei Teile haben ihre Funktion erfüllt), die orientierungslose Panik verhindern soll. Die gleichen Worte verwendet der Erzähler 215f., wo er sachlich beschreibt, wie der Arzt Machaon Menelaos' Schutzkleidung abnimmt und fachmännisch die Wunde behandelt (Abklingen der Spannung am Ende der Szene: 188–219n.).

183 der blonde: generisches Epitheton[P], das im fgrE meist für Menelaos verwendet ist (s.u.). Helle Haare gelten als besonders schön (1.197n.) und sind ein Charakteristikum mehrerer Helden im idg. Mythos (WEST 2007, 427f.).

τὸν δ' … ξανθὸς Μενέλαος: zur Rede-Einleitung[P] vgl. 30n.; ξανθὸς Μενέλαος ist flektierbare VE-Formel (16× *Il.*, 15× *Od.*, 2× 'Hes.').

184 1.VH ≈ 10.383, *Od.* 4.825, *h.Ven.* 193. — μηδέ τί πω: τι ('in irgendeiner Hinsicht') verstärkt die Negation, πω hat hier modale Bed. (LEAF), die ganze Verbindung etwa 'und überhaupt nicht in irgendeiner Hinsicht, und auf gar keinen Fall' (LfgrE s.v. πω 1670.14f.; ähnlich AH), wobei eine zeitl. Bedeutungsnuance i.S.v. 'noch nicht' mitschwingen mag (vgl. 3.302n.). — δειδίσσεο: Imp. Präs. zu δειδίσσομαι, einem Deverbativum zu δείδω/δέδοικα mit faktitiver Bed. 'jn. einschüchtern, erschrecken'; der negierte Imp. Präs. (statt Konj. Aor.) signalisiert, daß die Handlung nicht fortgeführt werden soll, also 'erschrecke nicht ⟨länger⟩ …' (SCHW. 2.343; CHANTR. 2.230f.). — λαὸν Ἀχαιῶν: flektierbare Formel (Nom./Akk., nur *Il.*), meist am VE (19× *Il.*): 6.223n.

185 οὐκ ἐν καιρίῳ … πάγη βέλος: Der asyndetisch anschließende Satz begründet die Aufforderung 184 (AH), er bed. 'nicht an einem entscheidenden Punkt blieb … stecken'). Die Verbindung ἐν καιρίῳ … πάγη klingt an Formulierungen für die Lokalisierung von Treffern an, s. bes. 528, 5.616, 10.374, 20.486, 22.276 (ἐν … + (ἐ)πάγη), ebenso 20.283 (ἄγχι πάγη βέλος). – καίριον ist eine Ableitung zu καιρός ('der entscheidende Punkt'), das im hom. Epos nicht belegt ist (LfgrE s.vv. u. WEST zu Hes. *Op.* 694) und dessen Etymologie unsicher ist (zu κείρω, κεράννυμι?: DELG u. BEEKES s.v.). Die Ableitung ist im fgrE immer im Zusammenhang mit einer verhängnisvollen Verwundung an einer explizit erwähnten Stelle des Körpers verwendet: 11.439 οὔ τι βέλος κατὰ καίριον ἦλθεν (ähnliche Situation wie hier: Odysseus erkennt, daß das Geschoß ihn nicht lebensgefährlich verletzt hat, was er Athene verdankt; vgl. auch 135–139 mit 11.435–137); ferner 8.84 = 8.326 μάλιστα δὲ καίριόν ἐστι (ein Geschoß hat eine entscheidende Stelle am Körper getroffen); nachhom. ist es u.a. Attribut von πληγή u. σφαγή ('tödlich': LSJ s.v.; TRÉDÉ 1992, 25–31). — πάροιθεν: viell. eher temporal 'vorher' (AH; LEAF) als lokal 'davor' (FAESI: mit εἰρύσατο 'davor bildete … eine Schutzwehr'; unentschieden KIRK; LfgrE s.v.).

---

183 τόν: zur demonstr.-anaphor. Funktion von ὅ, ἥ, τό R 17.

184 μηδέ: konnektives οὐδέ/μηδέ steht bei Homer auch nach affirmativen Sätzen (R 24.8). — δειδίσσεο: zur unkontrahierten Form R 6.

185 καιρίῳ ὀξύ: zur sog. Hiatkürzung R 5.5. — πάγη: 'blieb stecken'; Aor. Mediopass. zu πήγνυμι; zur augmentlosen Form R 16.1.

186–187 ≈ 215f. — Der Anklang an die Schilderung des Wegs, den der Pfeil beim Auftreffen durch drei Schichten der Rüstung genommen hat (s. 134–137: 132–139n., 134–139n.), kann den Eindruck erwecken, dieser Weg werde hier und 215f. wiederholt, die Reihenfolge der Schichten sei beibehalten. Diese Interpretation und der Versuch, die Formulierungen in den Vv. 135–138 ('durch *zōstḗr*, *thṓrēx* und *mítrē*') und 186f. ('*zōstḗr*, *zṓma* und *mítrē*') miteinander in Einklang zu bringen, bereitet jedoch auf der Ebene der Realia große Schwierigkeiten (132–133n., 137n. und das Folgende). Eine exakte Aufzählung von Schichten einer Krieger-Ausrüstung ist aber vom Erzähler[P] kaum intendiert, eher ein Hinweis darauf, daß der Pfeil irgendwo in der unteren Bauchgegend steckt (vgl. 146f.: Blut fließt über Oberschenkel, Unterschenkel und Knöchel) und daß der Körper dort durch *drei* Schichten geschützt ist, so daß es für alle plausibel wirkt, daß Menelaos nicht tödlich verwundet wird. Der Erzähler nennt daher an beiden Stellen *drei* spezifische Begriffe aus der Sphäre der Schutzkleidung, mit deren Hilfe sich das Publikum eine Vorstellung von der getroffenen Körpergegend machen kann. Die sprachliche Variation hängt viell. mit der poetischen Funktion der jeweiligen Gestaltung dieser Dreiheit zusammen (dazu 132–139n. u. 183–187n.; vgl. VAN DER VALK 1964, 424f., gegen die Einschätzung von LORIMER 1950, 205 ["the chaos of the wounding of Menelaos"]; MORRIS 1992, 4f.); der Ersatz von gr. *thṓrēx* durch gr. *zṓma* kann dabei auch der Metrik geschuldet sein (s. die Version im Akk. 216). Die Verwendung unterschiedlicher Begriffe wird z.T. auch mit der Annahme erklärt, es seien Elemente der Rüstung aus der myk. und aus der zeitgenössischen Epoche vermischt (sog. Amalgam-These: LfgrE s.v. μίτρη; BRANDEN-BURG 1977, 123. 142f.; BENNETT 1997, 119. 122f.); allg. zu diesen beiden Erklärungsansätzen s. RAAFLAUB 2011, 10–14. – Zu den Realia: Die beiden mit gr. *zṓma te kai mítrē* bezeichneten Rüstungsteile lassen sich nicht mehr ganz eindeutig identifizieren. Die *mítrē* mit Teilen (od. Beschlägen) aus Metall (187b) ist wohl als eine Art Metallgurt zu denken, als Schutz für die Weichteile im Unterleib (137n.); für *zṓma* (eigtl. 'das Umgebundene') weisen die anderen hom. Belegstellen auf ein textiles Element der Bekleidung, auf einen Lendenschurz od. ein gürtelähnliches Kleidungsstück (23.683 Lendenschurz eines Boxers [RICHARDSON z.St.; zu Darstellungen in minoisch-mykenischer Kunst s. MARINATOS 1967, 22–24]; *Od.* 14.482 ein um den Körper gewickeltes Gewand unbekannter Größe [LfgrE s.v. ζῶμα]). Die Formulierung umfaßt also einen textilen und metallenen Teil der Schutzkleidung für die Lenden- u./od. Leistengegend, die beide unter dem *zōstḗr* ('Gurt') liegen (LORIMER a.O. 375–377; BRANDENBURG a.O. 122f.; SHEAR 2000, 68; s. auch PAGE [1955] 1979, 220f., zur Aufzählung von Rüstungsteilen

---

186 ἠδ(έ): 'und'; zur Elision R 5.1.

187 μίτρη: zum -η nach -ρ- R 2. — τήν: in der Funktion eines Rel.-Pron. (R 14.5). — χαλκῆες: zur Flexion R 11.3, R 3. — κάμον: zur augmentlosen Form R 16.1.

bei Alkaios *fr.* 140.13 Voigt; vgl. schol. D zu 187: *zȭma* sei eine Art *chitȭn* [dazu
2.42n., 18.25n.]); andere Deutungen: *zȭma* sei eine [lederne?] Unterlage für den
zōstḗr (BENNETT a.O. 70 Anm. 15) od. eine andere Bez. für den Brustpanzer (s.
136) oder eines – viell. aus Leder bestehenden – Teils davon (schol. A u. T zu 133
u. schol. A zu 187; LEAF, Appendix B, S. 581; HELBIG 1887, 287 Anm. 1 [der un-
tere Panzerrand]. 293 Anm. 5; BERGOLD 1977, 158 Anm. 2).

τε ... ἠδ(έ): sekundäre Verbindung entsprechend τε καί (RUIJGH 196). — παναίολος: bed.
'ganz schimmernd' (im fgrE immer zwischen den Zäsuren B 2 und C 2), ist ein Epitheton
von Gürtel (ζωστήρ: außer hier noch 10.77, 11.236) und Schild (ἀσπίς/σάκος: 11.374,
13.552, 'Hes.' *Sc.* 139): LfgrE s.v.; es verweist auf den Glanz des Metalls, vgl. Possessiv-
komposita mit Rüstungsteilen und dem Adj. αἰόλος wie etwa αἰολοθώρηξ (16.173n.), αἰο-
λομίτρης, κορυθαίολος (6.116n.). — χαλκῆες ... ἄνδρες: Zur Verbindung von Berufsbe-
zeichnungen und Gattungsbegriffen (ἀνήρ, γυνή) s. 2.474n. mit Lit.; LfgrE s.v. ἀνήρ
862.20ff. (Stellen). — κάμον: trans. verwendetes κάμνω bed. 'etw. mit Mühe (d.h. sorgfältig, kunstvoll) verfertigen' und wird für verschiedene handwerkliche Arbeiten verwendet
(LfgrE s.v.; ECKSTEIN 1974, 6f.).

188–219 Agamemnons Erleichterung (vgl. 189) mündet sogleich in pragmatisches
Handeln (190–197). Mit dem Auftrag, den Arzt Machaon herbeizuholen, und der
Beschreibung der fachmännischen Wundversorgung läßt der Erzähler[P] Spannung
und Dramatik abklingen, bevor er mit dem Szenenwechsel und der Reaktion der
Heere (220ff.) neue Spannung aufbaut (andere Gewichtung der Wundbehandlung:
die Beschreibung diene der Heroisierung des Verwundeten [SALAZAR 2000,
126ff.; NEAL 2006, 33ff. u. 89f.]).

188 = 1.130, 1.285, 2.369, 10.42; 1. VH (insgesamt, mit τόν/τήν) 36× *Il.*, 68× *Od.*, 1× *h.Ap.*;
2. VH = *Il.* 4.356, 7.405, 14.41. – Zur Versstruktur s. 30n. — **κρείων Ἀγαμέμνων:** 153–
154n.

189 VE = 169 (s.d.). — **φίλος ὦ Μενέλαε:** Der Nom. φίλος neben dem Vok. ist wohl aus
metr. Gründen gesetzt (CHANTR. 2.36); in Anreden steht sonst der Vok. φίλε als Attribut
(155n.), der Nom. φίλος als alleinige Anrede, z.B. 9.601, 21.106, 23.313, *Od.* 1.301 u.ö.
KIRK); zum Phänomen Nom. anstelle von Vok. s. auch SCHW. 2.63; MEIER-BRÜGGER 1992,
148f.; zur Anrede mit ὦ 169n.

190 ἰητήρ: Zum Suffix -τηρ 145n. — **ἐπιμάσσεται:** μαίομαι bed. 'suchen' und 'berühren'
(Grundbed. viell. 'ertasten'), das Kompositum ἐπι-μ. hier mit Obj. ἕλκος wohl 'untersu-
chen, abtasten' (LASER 1983, 126 Anm. 337a), vgl. *Od.* 9.446 (der geblendete Polyphem
untersucht mit den Händen tastend [s. 9.415–417] den Widder); damit ist die ärztliche Untersuchung umschrieben, zu der das Herausziehen des Pfeils (213f.) und das Begutachten
der Wunde gehört (s. auch 195/205 und 217): LfgrE s.v. μαίομαι; SALAZAR 2000, 150f.

---

189 αἲ γάρ: = εἰ γάρ (vgl. R 22.1), εἴθε. — οὕτως: zum Hiat R 5.7.
190 ἰητήρ: zum -η- nach -ι- R 2. — ἐπιμάσσεται: Fut. zu ἐπιμαίομαι ; zum -σσ- R 9.1. —
ἠδ(έ): 186n.

191 ≈ 15.394; 2. VH ≈ 117 (s.d.). — Physische Schmerzen von Helden werden im
hom. Epos nur bei nicht-tödlichen Verletzungen thematisiert (16.518n. mit Lit.).
φάρμαχ', ἄ: φάρμακον bez. allg. einen Wirkstoff (sowohl Arzneimittel als auch Gift, Dro-
ge oder Zaubermittel), der teils äußerlich, teils oral angewendet wird. Bezeichnet es Arzneimittel, ist die beabsichtigte heilende Wirkung meist durch Attribute kenntlich gemacht
(ἤπια 218 [s.d.], ὀδυνήφατα ['schmerztötend'], ἀκέσματα), hier durch einen Rel.-Satz mit
konkreter Beschreibung der gewünschten Wirkung. Die Etymologie des Wortes ist umstritten (LfgrE s.v. [mit Lit.]; LASER 1983, 126f.) — **παύσῃσι ... ὀδυνάων:** *t.t.* für
'Schmerz stillen', vgl. 16.528 (MAWET 1979, 49f.), der Konj. ist prospektiv ('die ... stillen
sollen/werden'); zur Orthographie von παύσῃσι G 89; WEST 1998, XXXI; zur Wendung
μελαινάων ὀδυνάων 116–117n.
192–208 Typ. Szene[P] 'Botengang' (dazu 69–92n.), mit den Elementen (**1**) Auftragserteilung (192–197), (**2**) Aufbruch (198–200a), (**4**) Auffinden des Gesuchten (mit
Situationsschilderung: 200b–202), (**5**) Herantreten (203a), (**6**) Rede-Einleitung
(203b) und Rede (204–207).
192 Sprach's aus und ...: kurzer, formelhafter Rede-Abschluß[P] bei gleichbleibendem Subjekt, durch den die Handlung im gleichen Vers fortgeführt werden kann;
die Suche nach dem Arzt wird sofort in die Wege geleitet (193ff.) (vgl. 19.238–
240n.; eine zweite direkte Rede auch 20.353, 20.428, *Od.* 5.28, 6.198, 14.494 u.ö.;
zur Abfolge von zwei dir. Reden der gleichen Figur 1.513n.).— **Talthybios:** gehört zu Agamemnons persönlichen Gefolgsleuten, dient ihm als Herold und genießt offenbar sein besonderes Vertrauen: Er holt für ihn Briseïs aus Achills Hütte
(1.320ff.), sekundiert ihm bei den Eidopfern im 3. und 19. Gesang (3.118ff.,
19.196ff.) und verwahrt für ihn den Kampfpreis (23.896f.); er handelt aber auch
selbständig als 'Herold der Achaier' (1.320–321n., 19.196–197n.; LfgrE s.v. Ταλθύβιος). Zu seinem Namen ('mit blühendem Leben' od. 'mit strotzender Kraft') s.
1.320n. — **Herold:** Ein im Dienste eines Königs stehender Herold (gr. *kḗryx*)
fungiert als dessen Diener und Begleiter (24.149n., 18.558n.). Darüber hinaus sind
Herolde für das Einberufen und den geordneten Ablauf von Versammlungen
(2.50–52n.) sowie für die Vermittlung zwischen Angehörigen verschiedener Ge-
meinschaften zuständig und stehen als Träger eines öffentlichen Amtes unter dem
besonderen Schutz des Zeus, s. 8.517, ferner 1.334, 7.274–280, 10.315 (FG 24,
1.334n.; LfgrE s.v. θεῖος: Epitheton von Menschen, die eine von Göttern
geschützte Tätigkeit ausüben).
κήρυκα: schon myk. belegt (*ka-ru-ke*), scheint dort einen religiösen Würdenträger zu bezeichnen; ist idg. Erbwort (1.321n., 24.149n., jeweils mit Lit.). — **προσηύδα:** 23–24n.

---

191 φάρμαχ': = φάρμακα, mit Elision (R 5.1) und Hauchassimilation. — κεν: = ἄν (R 24.5).
— παύσῃσι: 3. Sg. Konj. Präs. (R 16.3), prospektiv. — μελαινάων ὀδυνάων: zur Flexion
R 11.1.
192 ἦ: 3. Sg. Impf. zu ἠμί 'sagen'.

193–197 Trotz der gebotenen Eile, und obwohl für alle Umstehenden klar sein sollte, was passiert ist (s. 211f.), gibt Agamemnon präzise Hinweise und nennt außer
dem Gesuchten (dem Arzt) auch zusätzliche Details, die der Bote wiederholen
wird (195–197/205–207), nämlich die Identität des Verwundeten (Menelaos,
Heerführer), die Art der Verwundung (durch Pfeilschuß) und die Gefährlichkeit
des Vorfalls. Damit läßt der Erzähler die Dringlichkeit des Auftrags und die Bedeutsamkeit des Moments unterstreichen (zur antiken Diskussion über diese Ausführlichkeit s. LÜHRS 1992, 245f.).

193 Machaon: führt mit seinem Bruder Podaleirios, der ebenfalls Arzt ist, ein thes-
salisches Kontingent an (2.729–733, 4.200–202); beide nehmen aktiv am Kampf
teil (11.504–520, 11.833–836). Machaon ist der wichtigste Wundarzt in der Ilias
(vgl. 11.512–515, *Iliou Persis fr.* 2 West, schol. bT zu 193) und wird in der vorl.
Passage mehrfach als Sohn des heilkundigen Asklepios vorgeführt (194f., 204,
219): 2.732n., FM 5; LASER 1983, 97–100; LfgrE s.v. Μαχάων; zum Berufsstand
der Ärzte im hom. Epos (es behandeln sowohl Kämpfer als auch 'professionelle'
Ärzte) s. 16.28–29n.

194 ≈ 11.518; 1. VH bis zur Zäsur C 2 ≈ 21.546. — **Asklepios:** heilkundiger Heros
und Schüler des Kentauren Cheiron (219); wird auch als Sohn des Apollon angesehen und später als Heilgott verehrt (2.731n.; DNP s.v. Asklepios; LASER 1983,
96f.).
φῶτ' … υἱόν: Appositionen zum PN in 193 (LEAF; WILLCOCK; LfgrE s.v. φώς 1082.2ff.).
— ἀμύμονος: 89n. — ἰητῆρος: 190n.

195 ≈ 98 (s.d.), 205. — ὄφρα ἴδῃ: flektierbare VA-Formel (8× *Il.*, 2× *Od.*), auch nach der
Zäsur A 3 (3× *Il.*, 1× *Od.*) und am VE (6× *Il.*, 4× *Od.*). ἴδῃ bez. hier (u. 205, 217) die ärztliche Untersuchung, vgl. dt. 'sich jn. ansehen' (BECHERT 1964, 69–71; LfgrE s.v. ἰδεῖν
1125.28ff.; KIRK); zur weiteren Umschreibung dieser Untersuchung s. 190n. — Μενέλαον,
ἀρήϊον: 98n. — ἀρχὸν Ἀχαιῶν: ἀρχός + Gen. Pl. eines Völkernamens ist Bez. für Anführer von Kontingenten, mit Ἀχαιῶν nur hier von Menelaos und *Od.* 4.496 (ἀρχοὶ … δύο
μοῦνοι Ἀχαιῶν) von einigen der führenden Helden vor Troia, v.a. Aias und Agamemnon
(LfgrE s.v. ἀρχός 1374.45ff. u. 1375.19ff. [bes. 25ff.]). ἀρχὸν Ἀχαιῶν ist hier Hauptüberlieferung, Ἀτρέος υἱόν Nebenüberlieferung; dies wiederum ist 115 Hauptlesart (Erzähler-
Text, fokalisiert: Anklang an 98 in der Rede von Athene-Laodokos), mit *v.l.* ἀρχὸν
Ἀχαιῶν. An der vorl. Stelle ist die Abweichung von 98/115 sinnvoll: der Atreus-Sohn Agamemnon nennt den Bruder nicht 'Sohn des Atreus', sondern bez. ihn als Heerführer, was
dem dringlichen Auftrag eine offiziellere Note gibt; denn Menelaos' Bedeutung für das
Kriegsunternehmen ist ihm bewußt (172ff.): vgl. ROUSSEAU 1990, 339; anders AH, Anh. S.
39 (Ἀτρέος υἱόν, weil die Bruderliebe relevanter sei). Fraglich ist hingegen das VE von 205
(Rede des Boten), wo ebenfalls beide Versionen überliefert sind: Eine Auftragsrede wird
vom Boten gewöhnlich mit engen sprachlichen Anklängen wiederholt (70–72n.); dies sprä-

---

193 ὅττι τάχιστα: = ὡς τάχιστα; zum -ττ- R 9.1. — κάλεσσον: zum -σσ- R 9.1.
195 ὄφρα (F)ίδῃ: zur Prosodie R 4.3. — ὄφρα (+ Konj.): final (R 22.5).

che für ἀρχὸν Ἀχαιῶν an beiden Stellen (so WEST 2001, 188); *contra* JANKO 2000, 3: Die
Varianten 195/205 können Reflex mündlicher Dichtung sein; FÜHRER/SCHMIDT 2001, 28 u.
APTHORP 2005, 53–56: V. 205 spricht die Überlieferung eher für Ἀτρέος υἱόν (bei der Wie-
derholung einer Auftragsrede kann die Formulierung über die grammatikalisch zwingenden
Anpassungen hinaus abgeändert sein: DE JONG [1987] 2004, 184. 282 Anm. 75; s. z.B.
3.88–94n., 6.269–278n.).

196–197 = 206–207; 1. VH von 197 ≈ 6.78. — Die Verse machen deutlich, daß die
Achaier die Identität des Schützen nicht kennen. — **Lykier:** bez. hier in der Ver-
bindung 'von den Troern oder Lykiern' die Kämpfer aus Lykien im südwestl.
Kleinasien, die milit. wichtigsten und tüchtigsten Bundesgenossen der Troer
(LEAF; KIRK; 2.877n.; vgl. 88–89n.). — **Ruhme ... Trauer:** Agamemnon nennt
kurz die möglichen Auswirkungen des Schusses, ein Hinweis auf die Dringlich-
keit des Auftrags: Der gr. Begriff *kléos* bez. eigtl. das, 'was man über jn. hört,
Kunde' (zur Etymologie vgl. 2.742n.), den 'Ruhm', der sich über das Hier und
Jetzt und auch über den Tod hinaus verbreitet (2.325n.); Pandaros war von
Athene-Laodokos mit der Aussicht auf *kýdos* gelockt worden ('Ansehen, Ruhm,
Prestige' nach einer erfolgreich verrichteten Tat: 95n.; zu 'Ruhm' in idg. Dichtung
s. WEST 2007, 401–410). Der gr. Begriff *pénthos* bez. eine lang andauernde Trauer (häufig auf ein Kollektiv bezogen), meist nach dem Verlust eines Angehörigen,
aber auch das Leiden an der Schmach nach einer Niederlage, s. auch die Gegenüberstellung mit *kýdos* – *pénthos* 415–417 (1.254n.; MAWET 1979, 276. 278).
Zur Überlieferung der Vv., die in einigen wenigen Papyri u. Hss. fehlen, s. APTHORP 2003,
3–5. 7f.; 2005, 56. 58. — τόξων εὖ εἰδώς: VE-Formel (6× *Il.*), generisches Epitheton[P] für
Bogenkämpfer (Pandaros noch 5.245, ferner Philoktet und Teukros). εὖ εἰδώς ist flektierbare VE-Formel (15× *Il.*, 10× *Od.*, 3× *hom.h.*; außerdem am VA: 1.385n.), oft wie hier
durch einen partitiven Gen. erweitert (SCHW. 2.107f.; CHANTR. 2.55f.). — Τρώων ἢ Λυ-
κίων: flektierbare VA-Formel (sonst καί statt ἤ; insgesamt 14× *Il.*): 6.78n.; Stellen s.
16.564n. — κλέος ... πένθος: prädikativ, Satzapposition zu ὅν ... ἔβαλεν (AH; CHANTR.
2.15 u. 2.48; RUIJGH 151. MAWET 1979, 91. 276. 278).

198 = 12.351; VA (ὣς ἔφατ', οὐδ' ἄρα) = 2.419, 15.236, 16.676, 'Hes.' *Sc.* 368. — Variante
der gebräuchlicheren Rede-Abschluß[P]-Formel nach Auftragsreden ὣς ἔφατ', οὐδ' ἀπίθησε
+ Nomen-Epitheton-Formel (68 mit n.). Mit ἀκούσας in der 2. VH ist das Gewicht auf das
Entgegennehmen des Auftrags durch den Adressaten gelegt (DE JONG [1987] 2004, 285
Anm. 10).

199–203 Elemente (3)–(5) bzw. (2)–(5) der Typ. Szenen 'Botengang' (69–92n.)
bzw. 'Ankunft' (86–92n.). Die Beschreibung des Botengangs mit der gezielten
Suche nach einer bestimmten Person in der Menge des Heeres erinnert sowohl in-

---

196 εἰδώς: mit Gen. 'sich verstehend auf'.

197 τῷ: demonstrativ-anaphorisch (R 17). — ἄμμι: = ἡμῖν (R 14.1).

198 ὥς: = οὕτως. — ἔφατ(ο): Impf. von φημί (vgl. R 5.1); zum Medium R 23. — οἱ: = αὐτῷ.
— ἀπίθησε: augmentloser (R 16.1) Aor. zu ἀπιθέω.

haltlich als auch durch sprachliche Anklänge an Athenes Botengang 86–92 (s. bes. 90–92 und 201–203) und schließt die Pandaros-Szene ringkompositorisch^P ab (KURZ 1966, 67–69; BERGOLD 1977, 170f.).

199 ≈ 2.163; 2. VH nach der Zäsur A 4 ≈ 15.56. — **βῆ δ' ἰέναι:** wörtl. 'schritt aus, um zu gehen', d.h. 'machte sich auf den Weg'; variierbare VA-Formel (βῆ/βῆν/βάν, δ'/ῥ', ἰέναι/ἴμεν(αι)): 29× *Il.*, 41× *Od.*, 4× *hom.h.*; ferner 3× *Il.* nach der Zäsur A 3; die Wendung ist expressiver und zeremonieller als βῆ ohne Inf. (6.296n.). — **κατὰ λαόν:** vgl. 126n.; zu λαός ('Kriegsvolk, Heer') 28n. — **Ἀχαιῶν χαλκοχιτώνων:** VE-Formel (22× *Il.*, 2× *Od.*, 1× Hes.); χαλκοχίτωνες, 'mit ehernem Panzer(hemd)', ist generisches Epitheton^P bei Völkernamen, meistens der Achaier (1.371n.; LfgrE s.v.).

200 παπταίνων ... ἐνόησεν: Zur Kombination der beiden Verben s. auch 12.333–336a, 17.115f., 22.463, *Od.* 19.552. παπταίνω bed. 'umherspähen, Ausschau halten', oft in einer gefährlichen Situation (KELLY 2007, 264f.; LfgrE); passend dazu ist das Verb ἐνόησε statt des in diesem Szenentypus üblicheren ηὗρε (vgl. 89f.) gewählt (AREND 1933, 55; DE JONG [1987] 2004, 267 Anm. 23). — **ἥρωα:** generisches Epitheton^P versch. Haupt- und Nebenfiguren (6.34–35n. [dort auch zur Diskussion um soziale Konnotation]; HORN 2014, 14f.).

201–203 ≈ 90–92 (s.d.).

202 Trike: entspricht dem heutigen Trik(k)ala am Westrand der westthessalischen Ebene (2.729n.). Zu Hinweisen auf Pferdezucht in Thessalien s. RICHTER 1968, 75 Anm. 542.

Τρίκης ἐξ ἱπποβότοιο: Anklang an die VE-Formel Ἄργεος ἱπποβότοιο (7× fgrE: 2.287n.); Τρίκη ist metr. bedingte Variante statt Τρίκκη (2.729) zur Anpassung an die Versstruktur von 91/202 (vgl. G 17). ἱππόβοτος ist generisches Landschafts-Epitheton^P mit der Bed. 'pferdenährend' (ἵππος + βόσκω: 6.152n.).

204–207 Eine Auftragsrede wird durch den Boten gewöhnlich fast wörtlich wiederholt (70–72n.), oft wie hier mit zusätzlicher Angabe des Auftraggebers (zu ausführlichen Botenreden 2.23–34n.); zur vorl. kurzen Form (204: Aufforderung, Anrede und Auftraggeber; 205–207 Referat) s. BEDKE 2016, 188–191. Dies ist die einzige Rede des Talthybios in der Ilias; zu weiteren Figuren, die zwar mehrmals auftreten, aber nur einmal sprechen, s. 19.286–300n. (a.E.).

204 ὄρσ(ο) ... καλέει: ≈ 3.250, 24.88 (s.dd. zur begründenden Asyndese). ὄρσ(ε)ο am VA (gefolgt von einer Anrede) ist typ. Aufforderung am Anfang einer Rede (6× *Il.*, 2× *Od.*, 1× *h.Ven.*); der Nachdruck ist auf die Eile gelegt, unabhängig davon, ob der Angeredete sitzt oder schon steht (201): 19.139n.; LfgrE s.v. ὄρνυμι 799.54ff. — **κρείων Ἀγαμέμνων:** 153–154n.

205–207 ≈ 195–197 (s.d.).

201–203 90–92n. — ἱπποβότοιο: zur Flexion R 11.2.

204 ὄρσ(ο): athem. Imp. Aor. zu ὄρνυμαι 'sich erheben, sich aufmachen' (vgl. R 5.1). — καλέει: zur unkontrahierten Form R 6.

205–207: 195–197n.

208 = 11.804, 13.468; ≈ (τῇ) 3.395, *Od.* 17.150; ≈ (τοῖσι δέ) *Il.* 2.142; ≈ (VE ἔπειθεν) 6.51 (s.d.); vgl. auch 17.123. – Rede-Abschlußformel[P], leitet i.d.R. zur Handlung über, die durch die Rede ausgelöst wurde; gr. *orínō* bed. urspr. 'in Bewegung setzen, aufwühlen', umschreibt hier das Erregen einer Emotion (gr. *thymós*): 2.142n.; LfgrE s.v. ὀρίνω.

θυμὸν ἐνὶ στήθεσσιν: 152n.; Erweiterung der flektierbaren VE-Formel θυμὸν ὄρινεν (8× *Il.*, 3× *Od.*, 1× 'Hes.': 24.467n.); zu θυμός 43n.

209 1. VH ≈ 199 (s.d.), 11.469. — **καθ' ὅμιλον:** 126n. — **ἀνὰ στρατὸν εὐρὺν Ἀχαιῶν:** variierbare VE-Formel (nur *Il.*; 4× mit κατά, je 1× mit ἀνά/μετά/ἔσω; Stellen: 1.229n.); ἀνὰ στρατόν (insgesamt 7× *Il.* nach der Zäsur B 2) bez. – wie konsonantisch anlautendes κατὰ στρατόν (21× *Il.*) – die horizontale Erstreckung im Raum, στρατός primär das gelagerte Heer (1.10n.).

210 1. VH bis ὅθι = 5.780; ≈ 10.526, 18.520; *Od.* 15.101. — **ἀλλ' ὅτε δή:** VA-Formel (52× *Il.*, 53× *Od.*, 6× Hes., 5× *hom.h.*); markiert einen neuen Punkt in der Handlung (Übergangsformel), oft wie hier bei der Ankunft an einem bestimmten Ort (1.493n.). — **ξανθὸς Μενέλαος:** 183n. Mit Ausnahme der vorl. Stelle und V. 183 verweisen die Epitheta von Menelaos im 4. Gesang sowohl im Erzähler-Text als auch in den Reden auf seine Kriegstüchtigkeit od. seine Stellung im Heer (13, 98, 100, 115, 150, 177, 181, 195, 205, 220), d.h. auf Eigenschaften, die weniger Empathie zu wecken vermögen.

211 2. VH nach der Zäsur A 4 ≈ *Od.* 11.388, 24.21. — **βλήμενος ἦν:** βλήμενος ist Ptz. zum medialen Wz.-Aor. βλῆτο mit pass. Bedeutung, also 'war getroffen worden' (CHANTR. 1.380; ALLAN 2003, 169f.). Die Umschreibung Ptz. + ἦν anstelle der einfachen Verbform betont den Zustand des Subjekts (vgl. K.-G. 1.38f.; AH: 'als Verwundeter sich befand').

212 2. VH ≈ 11.644, 23.677, *Od.* 20.124. — **κυκλόσ(ε):** nur hier und 17.392 bezeugtes Lokaladverb zu κύκλος, mit Suffix -σε zur Richtungsangabe ('zu einem Kreis'), gebildet wie τηλόσε, κεῖσε, πάντοσε, πόσε etc. (CHANTR. 1.246; RISCH 360. 367). Damit entsteht ein Gegenbild zum Schützen Pandaros, der von seinen Gefährten (90) Deckung für den Schuß erhalten hatte (113). — **ἐν μέσσοισι:** 'in ihrer Mitte'; zur Konstruktion LfgrE s.v. μέσ(σ)ος 163.15ff. — **ἰσόθεος φώς:** VE-Formel (12× *Il.*, 2× *Od.*), für verschiedene Helden ohne bes. Profil verwendet, z.T. – wie hier – stellvertretend für den Eigennamen (2.565n.).

213–219 Schritte der fachmännischen Wundversorgung bei der Verletzung durch ein Geschoß: Entfernen des Geschosses (213 durch Herausziehen; andernorts auch durch Herausschneiden), Inspizieren der Wunde (217; viell. auch durch Abtasten:

---

208 φάτο: vgl. 198n.; zur augmentlosen Form R 16.1. — ἐνί: = ἐν (R 20.1). — στήθεσσιν: zur Flexion R 11.3; zum Plural R 18.2.

209 βάν: 3. Pl. Wz.-Aor. (= ἔβησαν: R 16.1, 16.2).

210 ῥ(α): zur Hiatvermeidung (R 24.1, vgl. R 5.1). — ὅθι: 'wo'.

211 ἀγηγέραθ': = ἀγηγέρατο, mit Elision (R 5.1) und Hauchassimilation; 3. Pl. Plpf. pass. zu ἀγείρω, 'waren versammelt' (zur Endung R 16.2). — ὅσσοι: zum -σσ- R 9.1.

212 ὃ δ(έ): apodotisches δέ (R 24.3); ὅ demonstr.-anaphor. (R 17), dazu ἰσόθεος φώς als Apposition; gemeint ist Machaon. — μέσσοισι: zur Flexion R 11.2; zum -σσ- R 9.1.

190), Reinigen und Applizieren von schmerz- und blutstillenden Mitteln (218). Ähnlich ist das Vorgehen im 11. Gesang beschrieben (11.828–836 der vom Pfeil des Paris getroffene Eurypylos bittet Patroklos, seine Wunde zu versorgen, da kein Arzt abkömmlich ist; ausgeführt 11.844–448, 15.392–394); in der Odyssee ist auch das Besingen der Wunde zwecks Blutstillung belegt (*Od.* 19.455–458 mit RUSSO z.St.). Machaons Professionalität basiert an der vorl. Stelle explizit auf Heilkunst übermenschlicher Herkunft; er ist als Sohn des Asklepios im Besitz von Heilmitteln des Kentauren Cheiron (194n., 218–219n.). Zur Wundbehandlung im hom. Epos s. LASER 1983, 106–117 (bes. 109–111). 125–127; TZAVELLA-EVJEN 1983, 186f.; SALAZAR 2000, 138–158; NEAL 2006, 34–36; zur Erstversorgung von Verwundeten in der Schlacht s. auch 14.421–439n.; zur äußerlichen Anwendung von pflanzlichen Heilmitteln (gr. *phármaka*) in myk. Zeit und im hom. Epos s. LASER a.O. 119–127.

213 ἀρηρότος: 134n.

214 Daß die Haken des Pfeils beim Herausziehen aus dem Gürtel, also der obersten Schicht der Schutzkleidung, abbrechen, könnte gegenüber V. 151 leicht widersprüchlich wirken. Dort geht es jedoch um Menelaos' Erkenntnis, daß der Pfeil mit seinen markanten Teilen des vorderen Bereichs nicht in den Leib eingedrungen ist; denn gefährlich wäre es, wenn der Pfeil tiefer eingedrungen wäre und die Haken jetzt abbrechen würden (151n.; KIRK zu 214; SALAZAR 2000, 141f.; BUCHHOLZ 2010, 290).

πάλιν ἄγεν: πάλιν ('zurück') verweist auf die Richtung, die der Bewegung des Pfeils beim Herausziehen entgegengesetzt ist, also hier 'brachen rückwärts ab' (AH; KIRK; LfgrE s.v. πάλιν; zum Aor. zu intrans. ἄγνυμαι CHANTR. 1.400; RISCH 251).

215–216 ≈ 186–187; 1. VH von 215 ≈ 16.804 (Apollon löst Patroklos' Panzer). — Durch die beinahe wörtliche Wiederholung wird die Tatsache von drei Schichten betont (186–187n.). Auf die erste Inspektion der Einschußstelle folgt nun das Entfernen der Schichten zwecks Inspektion der Wunde (215–217).

217 αὐτὰρ ἐπεί: 124n. — πικρὸς ὀϊστός: 118n.

218–219 2. VH von 218 ≈ 11.515, 11.830; 2. VH von 219 ≈ 16.143, 19.390. — **sog ... Blut heraus:** Diese Art der Wundreinigung ist im hom. Epos nur hier erwähnt;

---

214 τοῦ ... ἐξελκομένοιο: abhängig von ὄγκοι, 'die Haken von diesem (sc. dem Pfeil) ...', als er herausgezogen wurde'. — πάλιν (ϝ)άγεν: zur Prosodie R 4.5; ἄγεν = ἐάγησαν, 3. Pl. Aor. zu intrans. ἄγνυμαι, 'brachen' (R 16.1, 16.2).

215 δέ (ϝ)οι: zur Prosodie R 5.4. — οἱ = αὐτῷ (R 14.1). — ἠδ(έ): 'und' (R 24.4).

216 187n.

218–219 ἐπ' ... | πάσσε: 'streute darauf'; zur sog. Tmesis R 20.2. — φάρμακα (ϝ)ειδώς: zur Prosodie R 4.3. — τά: in der Funktion eines Rel.-Pron. (R 14.5). — οἱ: = αὐτῷ (R 14.1); *dat. ethicus*, der dopp. Dat. οἵ ... πατρί i.S.v. 'seinem Vater'. — πόρε: defektives Verb πορεῖν, 'verschaffen, geben'.

an anderen Stellen wird das Blut abgewischt (5.416, 5.795–798) u./od. mit Wasser abgewaschen (11.829f., 11.845f.) (KIRK; LASER 1983, 110). Daß die Wunde ausgesaugt wird, nachdem die Pfeilspitze aus Eisen (123n.) mehrere Materialschichten durchstoßen hat, wirkt durchaus plausibel. Dennoch wird von einigen Interpreten angenommen, das besondere Verfahren an der vorl. Stelle impliziere Furcht vor einem vergifteten Pfeil (so u.a. TZAVELLA-EVJEN 1983, 187). Vergiftete Pfeile sind aber explizit nur *Od.* 1.260–262 und 'Hes.' *Sc.* 130–132 erwähnt (dazu WEST zu *Od.* 1.257ff.), und im Falle des Pandaros-Schusses wird die Annahme im Ablauf der Szene nicht gestützt (das gr. Adj. *pikrós* 217 bed. eigtl. 'spitz, scharf' [118n.], auf die dadurch ausgelöste Empfindung übertragen 'stechend' [vom Schmerz z.B. *Il.* 11.269–272] od. 'bitter' [von Medizin 11.846]): LfgrE s.v. πικρός; DIRLMEIER 1966, 9; LASER 1983, 110 Anm. 296 (eher Glaube an Heilkraft des Speichels od. situationsbedingter Notbehelf). — **Kräuter:** Die Anwendung von Heilpflanzen in pulverisierter Form (gr. *phármaka*) wird mehrfach erwähnt, s. 5.401, 5.900, 11.515 und bes. 11.830–832: Eurypylos bittet Patroklos, seine Wunde mit *phármaka* zu behandeln (*phármaka* des Achilleus, der seinerseits von Cheiron in der Heilkunde unterwiesen wurde), danach 11.846–848: Patroklos zerreibt eine bittere Wurzel über der Wunde (LASER 1983, 125–127; HAINSWORTH zu 11.842–8; weitere Lit. 213–219n.). — **Cheiron:** Im hom. Epos nimmt Cheiron eine Sonderstellung unter den Kentauren ein: Er gilt als der 'gerechteste' von ihnen und tritt als Vermittler der Heilkunde in Erscheinung (s. auch 11.830–832: Vermittlung an Achilleus); ferner wird auf seine Verbindung zu Achills Vater Peleus angespielt (er hatte ihm die Lanze geschenkt, die nun Achilleus benutzt: 16.143 = 19.390): 2.744n., 19.390n. (mit Lit.); LfgrE s.v. Χείρων; zu Anspielungen auf Mythen um die Kentauren s. 1.262–270n., 2.740n.

ἐκμυζήσας: Aor.-Bildung zum Präsens μύζειν, das Kompositum bed. '(aus-)saugen'; s. dagegen den Aor. ἐπ-έμυξαν 20 (s.d.; TICHY 1983, 103f.; TUCKER 1990, 219). — ἤπια φάρμακα: Das Epitheton bed. bei φάρμακα 'wohltuend, lindernd', es kennzeichnet sonst meist Personen od. ihr Verhalten anderen gegenüber ('entgegenkommend, freundlich'): LfgrE s.v. ἤπιος; zu φάρμακα 191n. — εἰδώς: signalisiert Kompetenz ('kundig'); das VE klingt an die VE-Formel εὖ εἰδώς an (10× *Il.*, 1× *Od.*; mit Gen. erweitert 196–197n., 310n.) oder an VE-Formeln mit Akk.-Obj. wie μήδεα εἰδώς (24.88n.). — φίλα φρονέων: flektierbare Formel nach der Zäsur B 2 (2× *Il.*, 6× *Od.*) mit der Bed. 'freundlich gesinnt' (LfgrE s.v. φίλος 1042.21ff.; LANDFESTER 1966, 108). — Χείρων: ist in Vaseninschriften mehrfach in der Form Χίρōν belegt, wurde aber früh als Namensbildung zu χείρ od. χείρων verstanden (WACHTER 2001, 263f.).

220–421 Die Troer rücken erneut vor, die Achaier bewaffnen sich. Agamemnon geht an der Front der Achaier entlang und treibt sie Mann für Mann an.

220–421 In wenigen Worten wird eine Veränderung der Lage erzählt (220–222), die die Voraussetzung für das im Folgenden bis 421 Geschilderte darstellt: Die

Troer beginnen heranzurücken, die Achaier rüsten sich entsprechend (221f.). An deren Situation wird auch anschließend an die Überleitung immer wieder erinnert: Einzelne achaiische Anführer ermahnen ihre Leute (253f., 294ff.) und bewaffnen sich (274), und gewisse Abteilungen setzen sich schon in Bewegung (274ff.), während andere noch dastehen und warten, z.T. auf dem Wagen (328ff.; 366f.): WEST 2011, 143. Erst in 422ff. setzt dann die Schilderung des Aufmarsches beider Heere ein. Bis dahin findet somit noch kein Kampf statt (RENGAKOS 1995, 23f.; zu vermeintlichen Hinweisen auf Kampf s. 240n. zu Sprachlichem). Um das Heer nach dem Eidbruch durch Pandaros zu diesem Kampf zu ermutigen, spricht der Oberanführer Agamemnon vorher nochmals alle an, indem er die Front abschreitet. Diese Heeresmusterung, die sog. *Epipólēsis* (zum gr. Begriff 231n.), wird nun in einer Variation der Typischen Szene[P] 'Ankunft' breit ausgestaltet (223–421). Nach einer Art Prooimion (223–231n.) und einem einleitenden Überblick (232–250n.) wird in einer Ritornellkomposition[P] in fünf Einzelszenen Agamemnons Abschreiten der Kontingente von Idomeneus und Meriones (251–271), von Aias und Teukros (272–291), von Nestor (292–325), Odysseus und Menestheus (326–363) sowie von Diomedes und Sthenelos (364–421) vorgeführt. Diese durch Agamemnons Gang rhythmisierte Struktur der Erzählung wird durch wiederkehrende Elemente unterstrichen: Die Szenen werden durch die Mitteilung von der Ankunft Agamemnons und seiner Reaktion auf die Schlachtvorbereitungen der jeweiligen Kontingente eingeleitet (zuerst dreimal freudig: 255, 283, 311, dann zweimal ärgerlich: 336, 368; zu dieser Ritornellkomposition[P] mit weiteren Bsp. VAN OTTERLO 1944, 161–163; zu den Elementen der variierten Typ. Szene[P] Ankunft AREND 1933, 30; 255n., 256n., 274n., 292–325n.; zur Typ. Szene allg. 86–92n.). Darauf folgt eine entsprechende Rede; einer Reaktion der Angesprochenen (einer Bekräftigung der Loyalität bzw. einer Rechtfertigung) schließt sich ein Übergangsvers an, der z.T. Agamemnons Stimmung ausdrückt, wenn er zum nächsten Kontingent aufbricht (272, 292, 326, 364): LATACZ 1966, 137; BANNERT 1988, 125–128. Die Fünfzahl der Szenen erlaubt eine schöne Symmetrie, welche den Ältesten, Nestor, ins Zentrum stellt; möglicherweise hat sie auch mit der sonst beobachtbaren Gliederung von Heereseinheiten zu tun (16.171n.). Auch die Reihenfolge der Angesprochenen hat Parallelen: (a) Idomeneus steht gemäß der katalogartigen Mauerschau in der Nähe von Aias und wird als letzter aufgezählt (3.230ff.); vielleicht finden wir ihn auch deshalb hier in der relativ bald nach der Mauerschau einsetzenden Erzählung der *Epipólēsis* in der ersten Szene (VON DER MÜHLL 1952, 86), wieder in der Nähe von Aias (in folgender Szene auftretend; AH zu 251). Ferner steht (b) Diomedes später im Kampf bei Odysseus (8.91f., 11.312ff.: AH zu 365), ähnlich in der *Epipólēsis*: in der Nähe von Odysseus' Frontabschnitt (Agamemnon gelangt von Odysseus' Kontingent zu Diomedes' Leuten). Außerdem entspricht die vorl. Reihenfolge an der Front etwa derjenigen der Hütten und

Schiffe der Anführer im Schiffslager (auch im 10. Gesang so vorausgesetzt): CUILLANDRE 1943, 77; CLAY 2011, 48f. Warum die Kontingente von Odysseus und Diomedes noch nicht vorrücken und entsprechend gerügt werden, erklärt sich möglicherweise auch durch ihre Stellung: Sie liegen vielleicht vom Ort des Geschehens (d.h. dem Schuß des Pandaros und seinen Folgen) etwas weiter weg als die zuerst angesprochenen Anführer und sind dadurch weniger gut informiert (LA ROCHE zu 332; vgl. die Skizze bei JANKO zu 13.681; 331–335n.; schol. bT zu 240 und schol. A zu 331; CUILLANDRE a.O. 78–86). So warten sie auf das Schlachtgebrüll (331–335n., 332n.). Die Einzelszenen sind aber nicht nur durch Agamemnons unterschiedliche Reaktionen variiert, sondern auch durch weitere Mittel: (a) ihre uneinheitliche, zunehmende *Länge* (was der Diomedes-Szene entsprechend ihrer Funktion ein besonderes Gewicht verleiht, s.u.); (b) die Anzahl der *Reden* (evtl. Antworten der Angesprochenen und Gegenreden Agamemnons: 2/1/3/3/3); (c) die Anzahl der *Angesprochenen* (2/2/1[nur Nestor]/2/2); (d) verschiedene *Motive* in den Reden (Eidbruch der Troer: 235–239n., 269–271n.; Loyalität und Individualismus, z.T. *vs.* Bevorzugung beim Ehrenmahl: 259–263n., 285–291n., 301–307n., 338–348n.; das Alter: 313–316n.; das Verhältnis der Generationen bzw. der Götter und Menschen zueinander: 364–421n.). Der Abwechslung dient auch ein längeres Gleichnis[P] (275–282n.). Die *Epipṓlēsis* ist somit ein sehr sorgfältig strukturiertes Stück, das auch gut mit der umgebenden Erzählung verzahnt ist: Es bildet als retardierender und somit Spannung erzeugender Auftakt zur ersten großen in der Ilias erzählten Schlacht einen Teil der in 2.86 beginnenden Typisierten Ereignissequenz[P] 'Schlachtvorbereitung' (422–544n., 2.86b–401n.; SCHADEWALDT [1938] 1966, 29f.). Nochmals werden wichtige achaiische Anführer katalogartig vorgeführt; im Unterschied zum Schiffskatalog (2.484–759, s.d.) und der Teichoskopie (3.121–244n.), die die *Epipṓlēsis* ergänzt (schol. bT zu 251; WEST a.O. 143), werden sie aber in ihren Reden dargestellt (POSTLETHWAITE 2000, 81); einigen, wie Aias und Diomedes, wird auch erst hier mehr Raum gegeben (AH, Anh. S. 5. 10; ROBERT 1901, 210). Die Heeresmusterung ergibt sich als Folge des Eidbruchs auf troischer Seite, auf den mehrmals verwiesen wird (s.o.) und bereitet auf die entsprechende Abwehr auf achaiischer Seite und die Tötung des Eidbrechers Pandaros durch Diomedes im 5. Gesang vor. Auf den Ausbruch der Kämpfe und Diomedes' 'Aristie', seine Erfolge, ist sie denn auch angelegt: Diomedes als zeitweilige Ersatzfigur für Achilleus wird zum Abschluss in seiner Loyalität und Kampfbereitschaft vorgeführt (364–421n.). Neben dieser Hauptfunktion hat die *Epipṓlēsis* auch den Zweck, die übrigen Anführer zu charakterisieren (ΜΠΕΖΑΝΤΑΚΟΣ 1996, 267), in erster Linie Agamemnon. Jedes seiner Treffen mit einem Anführer wird aus der Sicht Agamemnons geschildert (Sekundäre Fokalisation[P], 232n.). Er erscheint einerseits gefestigt in seiner Rolle als Anführer, der wirkungsvoll die Initiative ergreift und seine Pflicht übernimmt, mit Lob und Tadel zum

Kampf aufzustacheln (223–225n., 231n., 412–418n.; LOWENSTAM 1993, 80f.; vgl. 2.480–483n.); andererseits zeigt sich doch wohl in seiner übertriebenen, ungerechten Kritik, auf die heftige Reaktionen folgen (349–355n., 404–410n.), ein Mißtrauen, das sich auch aus den Erfahrungen der mißglückten Heeresprobe nähren mag (DONLAN 1971, 112f.; ähnl. KELLY 2007, 270), und eine Ängstlichkeit (232–250n.), wie sie sich schon nach der Verwundung des Menelaos zeigte (176–182n., 183–187n.). Sein Einlenken gegenüber Odysseus (358–363n.) mag denn auch von einer gewissen Schwäche und zuerst falschen Einschätzung seines Gegenübers zeugen (BERGOLD 1977, 77; zu weit gehend STANLEY 1993, 71; BECK 2005, 154f. 164). Auch die angesprochenen Anführer werden in ihren Handlungen und Reden sorgfältig charakterisiert: Idomeneus als älterer loyaler Kämpfer; Aias und Teukros, aktiv und dabei ohne Interesse an einer Erwiderung; Nestor als erfahrener Kämpfer und Stratege, beschwert vom Alter; Odysseus, redegewandt und schnell reagierend; Sthenelos als leidenschaftlicher Gefährte; und schließlich der besonnene, überlegene, zum Kampf drängende Diomedes (BECK a.O. 164). Die Technik der Anpassung der Reden in der *Epipólēsis*, bes. der Kampfparänesen, an die jeweiligen Empfänger, wurde denn auch später für nachhomerische Epik und die Geschichtsschreibung prototypisch (DENTICE DI ACCADIA 2012, 145f.).

220–222 Nach der Anknüpfung an die soeben geschilderte Wundversorgung (220) nimmt die Erzählung die nach Pandaros' Schuß in V. 127 verlassene troische Seite in den Blick (221), um sich gleich darauf wieder der achaiischen Reaktion zu widmen (222–421).

220 Menelaos: Wie gut die Bemühungen wirken werden, läßt der Erzähler in 5.50 erkennen: Menelaos erscheint wieder als kräftiger Kämpfer.

ἀμφεπένοντο: in gleichem Zusammenhang (Behandlung eines Verwundeten) auch in 13.656, 16.28, *Od.* 19.455 (LfgrE). — βοὴν ἀγαθὸν Μενέλαον: zur flektierbaren VE-Formel 181n. Das generische Epitheton[P] βοὴν ἀγαθόν (25× bei Menelaos) bezieht sich wohl auf die gute Kommando-Stimme von Anführern (2.408n.).

221 = 11.412; bis zur Zäsur C 2 = 17.107. — Die Feststellung, daß die Troer beginnen vorzurücken, knüpft an die Schilderung ihres Anmarsches in 3.1–14 an (220–421n. zur Ereignissequenz; zur Handlungskette s. die Einleitung zum Kommentar u. 1–72n.). Warum ihre Motivation nicht explizit angegeben wird, hat man seit der Antike verschieden interpretiert, so z.B. mit der naheliegenden Erklärung, es sei vorausgesetzt, die Troer wollten die Unruhe im achaiischen Lager nach Menelaos' Verwundung ausnutzen (schol. bT; zur Gefahr einer Panik 183–187n.; zu analyti-

---

220 ὄφρα: 'während, solange' (R 22.2), dazu korrelativ τόφρα (221). — τοὶ ἀμφεπένοντο: zur sog. Hiatkürzung R 5.5. — τοί: demonstr.-anaphor. Pronomen (R 14.3); sc. die Achaier. — βοήν: Akk. der Beziehung (R 19.1).
221 δ(έ): 'apodotisches δέ' (R 24.3). — ἐπὶ … ἤλυθον: 'begannen heranzurücken'; zur sog. Tmesis R 20.2. — ἤλυθον: = ἦλθον. — ἀσπιστάων: zur Flexion R 11.1.

schen Erklärungen [Überarbeitungen]: AH, Anh. S. 17–19; HEITSCH 2008, 236–238; vgl. 220–421n.). Der Angriff ist jedenfalls hinreichend motiviert: Die Troer sind durch Pandaros' Schuß zu Aggressoren geworden, und dieser unumkehrbaren Situation folgt zwangsläufig ihr erneuter Anmarsch (vgl. auch 85–219n.; AH, Anh. S. 19, jedoch als nicht ausreichende Erklärung; KIRK: möglich); die Troer werden ja auch kollektiv für den Eidbruch verantwortlich gemacht (160–168n., 235–239n.; es wird auch erzählt, daß die Gefährten des Pandaros den Bogenschützen gedeckt und ihn so beim Eidbruch unterstützt hatten, 113f.). Im Mittelpunkt der Erzählung steht ohnehin die Reaktion der Achaier auf den Schuß – die Behandlung des Menelaos, Agamemnons Rede –, ähnlich wie nur die Reaktion der Achaier auf Agamemnons Rede nach Paris' Rettung durch Aphrodite erwähnt wird (3.461n.; Hinweis auf diese Stelle bei AH, Anh. S. 18; vgl. Leerstelle[P]).

ἐπὶ ... ἤλυθον: Der Aor. wurde als unpassend für den langdauernden Prozess des Heranrückens empfunden (LEAF, gefolgt von WEST 2011, 143, mit analytischen Folgerungen zur *Epipṓlēsis*). τόφρα ist jedoch i.S.v. ὅτε wie in den Iteratversen aufzufassen (Aor. dort ebenso nach einem Impf.), 'indessen', und dazu paßt hier ein ingressiver Aor., der die neue Handlung signalisiert. Die Reaktion der Achaier folgt sofort (222 Aor. ἔδυν, μνήσαντο); erst daran schließt sich mit ἔνθα (223) eine breitere Schilderung ihrer Vorbereitungen an (220–421n.). — στίχες ... ἀσπιστάων: 90n.

222 Die Rüstung auch der Achaier signalisiert das endgültige Ende des Waffenstillstandes. Alle hatten die Waffen vor dem Zweikampf zwischen Paris und Menelaos abgelegt (3.114n.).

αὖτις: betont die Wiederholung (vgl. κατὰ τεύχε' ἔδυν mit 3.114 τεύχεα τ' ἐξεδύοντο). — μνήσαντο δὲ χάρμης: flektierbare VE-Formel (7× *Il.*, 1× *Od.*). Zu den häufigen Verbindungen von μιμνήσκομαι 'seine Gedanken/Aufmerksamkeit richten auf, denken an' mit χάρμη 'Kampf-Eifer, Angriffslust' 6.265n. und 19.147–148n. Die Konzentration auf den Kampf zeigt sich gleich bei Agamemnons eifrigen Bemühungen (223–225: LATACZ 1966, 31f.); an sie wird im folgenden auch immer wieder appelliert (234, 418: BANNERT 1988, 125).

223–231 Eine Art Prooimion zur eigentlichen Heeresmusterung: summarische Charakterisierung Agamemnons, die aus 222 entwickelt ist (s.d.; 223–225), Schilderung seiner Vorbereitungen (226–230), Angabe der nun beginnenden Handlung (231). Ähnlich aufgebaut sind die Einleitungen zu den Götterkämpfen in 21.385–390 bzw. zu den Leichenspielen in 23.257–261 (NICOLAI 1973, 119f.).

223–225 Agamemnons wiedergefundene Stärke wird zusammenfassend ausdrücklich hervorgehoben, indem durch mehrere Negationen zuerst ein allfälliger falscher Eindruck korrigiert wird (RICHARDSON 1990, 176): Jetzt liegt der Oberfeld-

---

222 οἵ: zur demonstr.-anaphor. Funktion von ὅ, ἥ, τό R 17; sc. die Achaier. — κατὰ ... ἔδυν: zur sog. Tmesis R 20.2. — τεύχε' ἔδυν: zum Hiat R 5.1. — ἔδυν: = ἔδυσαν (R 16.2). — μνήσαντο: zur augmentlosen Form R 16.1.

herr nicht im Schlaf (223), den ihm der von Zeus gesandte Traum in 2.23–25 vorgeworfen hatte (s.d.; das Motiv 'Schlafen statt Agieren' klingt an; BUCHAN 2012,
19); ebenso drückt er sich nicht, sondern ist willig zu kämpfen (224), ist also weit
entfernt von jener Haltung, die ihm Achilleus vorwurfsvoll unterstellt hatte
(1.226–228, s.d., bes. 1.228n.).

Dreigliedrige Aufzählung mit negierten Partizipien (223f.), welcher eine affirmative Aussage gegenübergestellt wird (225), mit emphatischem Effekt, ähnlich wie in 8.78–80, *Od.*
6.43–45: AREND 1933, 15; GÖBEL 1933, 29.

223 βρίζοντα: βρίζω 'dösen, schläfrig sein', sonst nur noch bei Tragikern (LSJ), ἀποβρίζω
Od. 9.151, 12.7 (Odysseus u. seine Gefährten nach einer Landung); hier mit der Konnota-
tion 'lässig sein' und ähnlich wie μεθίημι in *Il.* 4.516, 13.229 gebraucht (LfgrE). — **ἴδοις:**
Potentialis der Vergangenheit; immer mit κε(ν)/ἄν, 'du hättest sehen können' (3.220n.).
Mit dieser rhetorischen Figur wird die Aufmerksamkeit verstärkt auf das Folgende gelenkt:
Der Narrative Adressat[P] soll sich Agamemnon vor Augen führen und ihn bewundern, ähnlich wie in 5.85 den Kämpfer Diomedes (DE JONG [1987] 2004, 56. 58; COLLOBERT 2011,
184). — **Ἀγαμέμνονα δῖον:** flektierbare VE-Formel (2.221–222a n.). δῖος ist ornamentales
generisches Epitheton[P] (1.7n.).

224 καταπτώσσοντ(α): (κατα)πτώσσω, 'sich (vor Furcht) ducken', auch in 340, 371 u.ö., ist
eine Ableitung von der gleichen Wurzel wie der Aor. πτῆξαι ('niederdrücken, sich nieder-
ducken': 2.312n., 14.40n.), πτώξ ('der sich duckt, Hase', 17.676, 22.310) und πτωσκάζω
('sich im Hintergrund halten': 372n.): FRISK u. BEEKES s.v. πτήσσω. Das Verbum wird immer mit negativer Konnotation verwendet, konkret 'sich ducken' (21.14, 21.26, *Od.*
22.304), übertragen 'sich feige im Hintergrund halten' statt Vorkämpfer zu sein (340, vgl.
341 u. 372f.), allg. 'sich drücken, den Drückeberger spielen' (*Il.* 5.476, 5.634, 7.129,
20.427, außer hier immer in direkter Rede) (LfgrE s.v. πτώσσω; WISSMANN 1997, 28f.). —
οὐκ ἐθέλοντα μάχεσθαι: formelhafte Junktur (14.51n.). οὐκ ἐθέλοντα wird öfter i.S.v.
'widerwillig' mit Bezug auf mangelnden Kampfeinsatz verwendet (6.522–523a n.); hier
bildet es mit οὐδ(έ) eine Litotes und wird anschließend mit σπεύδοντα (225) positiv
formuliert (DE JONG [1987] 2004, 56).

225 2. VH = 12.325; ≈ 6.124, 7.113, 8.448, 13.270, 14.155, 24.391. — **σπεύδοντα μάχην ἐς
κυδιάνειραν:** resultiert aus der Konzentration auf den Kampf (222n.). μάχην ἐς κυδιάνειραν ist VE-Formel (Varianten μάχῃ/μάχην ἐνι/ἀνὰ κυδιανείρῃ/κυδιάνειραν; s. Iterata);
κυδιάνειρα bed. 'wo die Männer groß herauskommen, Ruhm erwerben'; "it is interesting
to note that this adjective, one of the few downright positive qualifications of war, is used
almost exclusively by characters" (DE JONG [1987] 2004, 233 Anm. 3; zur Beurteilung von
Kampf und Krieg s. auch 15n.); zur Wortbildung s. TRONCI 2000, 282f.

226–230 Die vornehmeren Krieger sind im Besitz zweispänniger Streitwagen, die
sie v.a. als Transportmittel nutzen: Sie fahren darauf zum Schlachtfeld oder ver-
wenden sie in Flucht- und Verfolgungsphasen sowie zur Bergung Verwundeter

---

223 βρίζοντα (ϝ)ίδοις: zur Prosodie R 4.3.
225 ἐς: = εἰς (R 20.1).

(2.384n.). Zum Kämpfen steigen sie i.d.R. ab (zu dieser sog. Apobatentechnik 2.384n.); die Wagenlenker müssen dann aber den Wagen in der Nähe hinter ihnen bereithalten, um sie sofort wieder aufnehmen zu können (11.339f., 13.384–386, 16.145–147 [s.d.]; LATACZ 1977, 218; HELLMANN 2000, 114f. 144f.; zur bild- lichen Darstellung eines Apobaten-Wettkampfes als Kampftraining auf einem geometr. Gefäß s. REBER 1999, 134–141). Hier steigt der Oberfeldherr vor der Schlacht ab, um leichteren Zugang zu seinen Leuten zu finden und sie anzuspor- nen (231). Sein Auftrag an den Wagenlenker wurde oft als ein etwas unpassender Einschub des Erzählers beurteilt (so KIRK 229–230); er hat aber wie etwa 2.455– 483, 3.182–190 (s.dd.) die Funktion, die Größe des achaiischen Heeres hervorzu- heben: Die Länge der Front ist so groß, daß es sehr anstrengend ist, sie abzu- schreiten, noch dazu in einer schweren Rüstung (ähnl. PADUANO/MIRTO 913; zur Frontlänge LATACZ a.O. 54. 61; allg. zum Fahren als Erleichterung für Kämpfer in Rüstung 2.384n.; HELLMANN a.O. 146 mit Anm. 54).

226 ≈ 10.322; 2. VH = 10.393, *h.Ven.* 13. — **erzbeschlagnen:** Die Verkleidung der Wagenkästen mit Metallblech ist für die myk. und geometr. Zeit sehr wahrschein- lich und für den Orient seit sehr früher Zeit belegt (WIESNER 1968, 14. 47. 82. 102f.; zu den myk. Täfelchen VENTRIS/CHADWICK [1956] 1973, 371. 375).

ἔασε: 'ließ (da), ließ stehen', "seems to imply no more than that he descended from the chariot" (KIRK): Agamemnon geht nun zu Fuß voran (231), der Wagenlenker soll die Pfer- de aber in seiner Nähe bereithalten (229f.). — ἅρματα: bez. *einen* Wagen, wie meistens (2.775b n.). — ποικίλα χαλκῷ: formelhaft am VE, mit ἅρματα (s.o.) oder τεύχεα (14.420n.) verbunden. ποικίλος 'kunstreich, verziert, bunt' ist ein Epitheton von Wagen und muß auf Bronzebeschläge hinweisen (14.431–432n.).

227 bis zur Zäsur C 2 ≈ 11.341. — θεράπων: 'Diener, Gefolgsmann' (1.321n.), oft als Wa- genlenker im Einsatz (LfgrE s.v. θεράπων 1017.49ff.). — ἀπάνευθ(ε): 'abseits entfernt' (LfgrE); das bedeutet wohl hinter den jeweiligen Schlachtreihen, vor denen Agamemnon spricht (AH). — φυσιόωντας: 'schnaubend' (16.506n.), galt als Zeichen ungeduldigen Kampfgeistes (223–225; AH; WEST 2011, 144 mit Hinweis auf Aisch. *Sept.* 393; eine bibl. Parallele ist *Hiob* 39.20: WEST 1997, 556).

228 Eurymedon: nur hier erwähnt; ähnlich ist Nestors Gefolgsmann mit dem glei- chen Namen in 8.114, 11.620 mit Pferden beschäftigt (WEST 2011, 144; zu einem weiteren Namensvetter LfgrE). — **Ptolemaios:** nur hier erwähnt.

Typischer Vier-Wort-Vers, in dem die Verwandtschaft mit einem Eigennamen angegeben wird, mit einem Gen. auf -ου vor bukolischer Dihärese, wie z.B. 2.705, und mit Angabe dreier Generationen mit Hilfe eines Patronymikons am VE wie 17.467, 19.123, *Od.* 1.429, 2.347, 20.148 (16.174n.; LfgrE s.v. Πειραΐδης; allg. zu Vier-Wort-Versen 5–6n.). —

---

226 μέν: ≈ μήν (R 24.6). — ἔασε: = att. εἴασε.

227 τούς: demonstrativ-anaphorisch (R 17). — φυσιόωντας: zur ep. Zerdehnung R 8.

228 Πειραΐδαο: zur Flexion R 11.1.

Εὐρυμέδων: Kompositum zu εὐρύς und μέδομαι 'sich kümmern um, bedacht sein auf etw.'; vgl. das formelhafte εὐρὺ κρείων (1.102n.; v. KAMPTZ 84; RISCH 211). — Πτολε-μαίου: Ableitung mit dem Suffix -αιος zu π(τ)όλεμος 'Kampf, Krieg': 'Kämpfer' (v. KAMPTZ 38. 119. 217); zum Anlaut G 18 u. LfgrE s.v. πόλις 1345.64ff., mit Lit.; Ableitungen von πτόλεμος sind schon in myk. Namen belegt, darunter *po-to-re-ma-ta* /Ptolemātās/ (s. MYK). — Πειραΐδαο: Patronymikon auf -ίδης zu Πείραιος (< *Πειραι-ϝίδης); wohl ein sprechender Name mit der Bed. 'Abenteurer' (abgeleitet von dem zuerst bei Alkman *fr.* 125 Page belegten πεῖρα 'Wagnis' [dor. πῆρα]: LfgrE; RISCH 126. 149; zurückhaltender v. KAMPTZ 118f. 243), mit dem Namen von Eurymedons Vater, Ptolemaios, semantisch kombiniert ('Kämpfer, Sohn von Wagemut'), ähnlich wie in anderen Namensgruppen, z.B. Amyntor (zu ἀμύνω), Sohn des Ormenos (zu ὄρνυμι), in 9.448. Solche Verbindungen entsprechen wohl realen Namensgebungen in Familien und gehen auf idg. Gewohnheiten zurück; vgl. auch die vom Erzähler gegebenen Namen der miteinander verwandten Laodamas und Laodokos (86–87n.): v. KAMPTZ 36–38; HE s.v. Names; vgl. auch 3.124n. zu Laodike.

229 1. VH ≈ 9.179, Hes. *Th.* 995. — μάλα πόλλ' ἐπέτελλε: sonst ans VE gestellte Formel für eine nachdrückliche Ermahnung ('sehr eindringlich einschärfen'): 6.207n.

230 ergriffe: Die Verbindung von abstrakten Nomina (bes. Bezeichnungen von körperlich-seelischen Zuständen) mit Verben des Ergreifens, Kommens u.ä. ist im Gr. häufig, vgl. 1.387n., 24.5n. (mit weiteren Stellen), mit der Erschöpfung als Agens z.B. auch 13.711, *Od.* 1.192, 5.457 (LfgrE s.v. κάματος).

λάβῃ: Der Gebrauch des prospektiven Konjunktivs statt des obliquen Optativs nach der Vergangenheitsform ἐπέτελλε in 229 erklärt sich daraus, daß der Erzähler sozusagen in die Person des Sprechers schlüpft, für die die Handlung in der Zukunft liegt (LEAF; allg. zu solchen Verwendungen der Form der direkten Rede K.-G. 2.449, 555; zu dem relativ freien Gebrauch der beiden Modi in Nebensätzen nach einem Vergangenheitstempus CHANTR. 2.223). — πολέας διὰ κοιρανέοντα: zur dreisilbigen Form πολέας ohne Synizese CHANTR. 1.220f. (ion. Herkunft); WACHTER 2012, 73 Anm. 21 (sehr wahrscheinl. äol.). κοιρανέω, zu κοίρανος 'Heerführer' (2.204n.), bed. in milit. Kontexten 'gebieten' i.S.v. 'organisieren, antreiben' (2.207a n.). διά ist wohl Präverb (SCHW. 2.448 Anm. 5); die räuml. Bed. 'durch (… hin)' so wie auch in 2.40 ist beim Akk. außerhalb des fgrE selten (LSJ; WACKERNAGEL [1924] 1928, 214).

231 1. VH = 11.230; ≈ 11.721; 2. VH = 250 (s. 232–250n.), 11.264, 11.540; ≈ 3.196, 15.279. — Die nun beginnende Handlung, die bis 421 dauert, wird kurz angekündigt (223–231n.). Die Musterung und Ermutigung der eigenen Leute ist übliche Taktik aller Anführer sowohl vor dem Kampf (wie hier) als auch während der Schlacht (6.104n.; Agamemnon: 5.528–532, 8.218–244). Das Abschreiten der

---

229–230 παρισχέμεν: zur Form R 16.4. — ὁππότε: = zum -ππ- R 9.1. — κεν: = ἄν (R 24.5). — μιν | γυῖα: Akk. des Ganzen und des Teils (R 19.1); μιν: = αὐτόν (R 14.1).

230 πολέας: zur Flexion R 12.2. — κοιρανέοντα: zur unkontrahierten Form R 6.

231 αὐτάρ: 'aber, doch' (progressiv, ≈ 'und': R 24.2). — ἐών: = ὤν (R 16.6).

ganzen Front entspricht Agamemnons Aufgabe als Oberfeldherr und hebt ihn entsprechend in seiner Funktion hervor (DEGER 1970, 109 mit Anm. 425; CARLIER 1984, 170f.).

πεζός: prägnant 'zu Fuß', d.h. nicht auf dem Wagen, der aber bereitgestellt ist; hier vor der Schlacht, in 11.341, 13.385 von Kämpfern, die während eines Gemenges vom Wagen abgestiegen waren: zur besonderen Verwendung des Wagens hier 226–230n. πεζός kann auch einfach, in adjektivischer oder substantivischer Funktion, 'Fußkämpfer, Infanterist' bedeuten (274, 298 u.ö.): 24.438n.; LfgrE s.v. 1090.64ff. (beide auch zur Bed. 'auf dem Landweg'). In adjektivischer Funktion wird πεζός immer prädikativ verwendet, weshalb das Partizip ἐών wohl nur aus metr. Gründen hinzugesetzt ist (LfgrE a.O. 1091.4f. mit weiteren Stellen); hier ist πεζός außerdem mit αὐτάρ verbunden (s. die Iterathalbverse; am VE noch 11.341). — ἐπεπωλεῖτο: Wegen des hier verwendeten Verbums ἐπιπωλέομαι mit der Bed. kontrollierend 'abschreiten' haben die Alexandriner die ganze Szene *Epipόlēsis* genannt (3.196n., mit Lit.; vgl. κοιρανέοντα im vorhergehenden Vers [s.d.], das die auf die Kontrolle folgende Anfeuerung bezeichnet). Die anschließende Erzählung wird denn auch durch Hinweise auf Agamemnons Musterungsgang strukturiert (250f., 272f., 292, 326, 364). — στίχας ἀνδρῶν: VE-Formel (3.196n.); zur Bed. von στίχες 90n.

232–250 Die in 231 angekündigte Kontrolle und Ermutigung des Heeres wird zunächst in allgemeiner Form vorgeführt (232–250), bevor die Musterungen einzelner Heeresabteilungen wiedergegeben werden (251–421), ähnlich wie z.B. auch in Kampfschilderungen vor den Erzählungen von einzelnen Auseinandersetzungen oft ein Überblick geboten wird (z.B. 446–456, s.d., 12.175–180, 13.333–344, 15.405–414; WEST 2011, 144); zu diesem Erzählstil, der dem Hörer die Einordnung der Einzelheiten erlaubt, KRISCHER 1971, 132–136, speziell zur vorl. Stelle 133f. Der erste, allgemeine Teil ist von einem Rahmen umgeben (231, 250), der zwei Reden (234–239, 242–249) mit je einer Einleitung (232f., 240f.) umschließt. Dabei zeigen die iterativen Verbformen in den Einleitungs-Formeln[P] (233, 241; EDWARDS 1970, 22), daß die beiden Paränesen exemplarisch für eine Vielzahl ähnlicher Reden stehen (wie das Reden-Paar in 2.188–206, s.d., mit weiteren Stellen u. Lit.): die erste als ermutigende Ansprache an die Kampfwilligen (232), die zweite als tadelnde Kampfparänese an die Nachlässigen (240); durch die parallel gebauten Einleitungen wird der Gegensatz noch unterstrichen. Entsprechend unterschiedlich sind ihre einzelnen Teile: Die Anrede ist neutral (234) bzw. enthält einen Tadel (242 mit n.), der Kampf-Appell (234) und die Argumentation (235–239) der ersten Rede sind in der zweiten ersetzt durch provozierende Fragen (242–245, 247–249), ein Gleichnis (243–245) und eine Feststellung (246), die alle Kritik ausdrücken (s.dd.; vgl. 12.267f.; allg. zur Kampfparänese und ihren Elementen Anrede, Appell, Argumentation s. 16.268–277n., zur tadelnden K. 16.421–425n., jeweils mit Lit.; WISSMANN 1997, 54–62; BEDKE 2016, 197–226). Gemeinsame Motive verklammern die beiden Reden: Der Aussicht auf Sieg und Beute und der göttlichen Unterstützung für eine offensive Haltung wird die Vision des Unter-

gangs fern von der Heimat ohne göttliche Rettung als Folge der Kampfunwillig-
keit entgegengestellt (235–239n., 238–239n., 247–249n.; ähnlich ΜΠΕΖΑΝΤΑΚΟΣ
1996, 257). Das Bild der die Beute heimführenden Sieger am Ende der ersten
Rede (238f.) kontrastiert dabei wirkungsvoll mit dem gleich folgenden der hilflo-
sen, furchtsamen Hirschkälber (243–245, s.d.). Agamemnon erscheint so als Oberfeldherr, der seiner Aufgabe gewachsen ist, nämlich das Heer vor dem Kampf mit
Autorität zu ermutigen oder durch Schmähungen zu provozieren und anzuspornen;
die strukturelle Ähnlichkeit der Szene mit derjenigen im 2. Gesang, als Odysseus
seine Aufgabe übernimmt und die Masse erfolgreich lenkt, mag seine Autorität
noch betonen (zur Darstellung Agamemnons in der *Epipṓlēsis* allg. 220–421n., zu
seiner Aufgabe 231n.; PATZER 1996, 185f.; WISSMANN a.O. 57f. 62f.; zur Struktur
der beiden Szenen 2.188–206n.; 2.207a n., s.o.; zum Vergleich mit Odysseus BER-
GOLD 1977, 77). Es folgt zwar wie üblich nach Paränesen keine verbale Reaktion
(BECK 2005, 152. 155), aber die Erfolge des ersten Kampftages auf seiten der
Achaier lassen durchaus eine Wirkung der Reden ahnen (422–Ende 7. Gesang, s.
422–445n., 431b–432n., 505–516n. sowie die Übersicht bei STOEVESANDT 2004,
384ff.). Allerdings deutet die Szene auch Agamemnons Grenzen an: Er reagiert
auf seine Wahrnehmung hin (zur Fokalisation 232n.), die nicht immer zutreffend
sein muß (vgl. 338–348n.: Ausgangspunkt seiner Provokation gegenüber Odysseus), und seine Einschätzung der göttlichen Hilfe wird sich lange als unzutreffend erweisen (235–239n., 247–249n.), ähnlich wie er sich von seinem Traum
täuschen läßt (2.36–40n.); die Sorge um die Schiffe verrät auch seine tiefsitzende
Angst vor Mißerfolg seit Achilleus' Boykott, wie sie sich auch später immer wieder äußert (14.42–51n.; zu provozierenden Fragen wie derjenigen in 247–249, die
den Sprecher charakterisieren, SCODEL 2012, 324).

232 2. VH ≈ 15.320. — **sah:** signalisiert wie in 240, 255, 283, 311, 336 und 368 die
Sekundäre Fokalisation[P] (DE JONG/NÜNLIST 2004, 71); danach folgt die durch diese Wahrnehmung ausgelöste Rede (3.154n.).

οὕς: Die Hinzufügung von τις (wie in 240) bei Relativsätzen mit allgemeinem und distri-
butivem Sinn ist bei Homer noch fakultativ und vor allem eine willkommene metr. Variante (MONTEIL 1963, 138–140; RUIJGH 18. 326f.). — ἴδοι: im Zusammenhang der Musterung
(LfgrE s.v. ἰδεῖν 1123.23f. 37f.) fast i.S.v. 'antreffen, ertappen' (vgl. 2.198 ἴδοι βοόωντα
τ' ἐφεύροι: BECHERT 1964, 135 Anm. 3). — Δαναῶν ταχυπώλων: flektierbare VE-Formel,
auch in 257 (insges. 1× Nom., 9× Gen.). Das Epitheton, ein Possessivkompositum, bezieht
sich wohl auf ein besonders gutes (d.h. junges, kräftiges) Gespann vor dem Streitwagen
(24.295n.).

---

232 ῥ(α): = ἄρα (R 24.1).

233 2. VH = 3.249; ≈ *Od.* 7.341.

234 2. VH = 12.409, 13.116. — Die Ermahnung zeigt, daß die Kampfbereitschaft
(222) dem Oberfeldherrn nicht überall gleich hoch zu sein scheint (zur Fokalisation 232n.); am Ende der Szene appelliert denn auch Diomedes erneut daran (418,
s.d.; BANNERT 1988, 125f.). — **Argeier: 65n.**

μή πώ τι: 'in keiner Weise irgend, ja nicht etwa' (AH); πω ist modal wie öfter bei einem
Imp., so auch in Reden in 184 (s.d.) u. 15.426, 17.422: LfgrE s.v. πω 1670.17f. —
μεθίετε: μεθίημι bed. in Verbindung mit einem konkreten Akk.-Obj. 'loslassen' (z.B. ein
Geschoß: 21.72, vgl. 1.48n.), übertragen 'fallenlassen' (3.414n.), 'überlassen' (vgl.
14.364n.). In Verbindung mit einem Gen. wie hier wird es in der Bed. 'nachlassen, ablassen
von' gebraucht (z.B. mit μάχης 12.268, πολέμοιο 240, 351, 6.330, βίης 21.177; zur
Verbindung mit θούριδος ἀλκῆς wie hier s.o. die Iterathalbverse): LfgrE s.v. ἵημι
1155.24ff. Es ist in dieser Verwendung naturgemäß ein Schlüsselwort in Kampfparänesen,
das zur Erinnerung an die eigene Kampfkraft und oft zur Vorbeugung gegen Initiativlosig-
keit und Resignation dient (6.330n.; ebenso in Kallinos *fr.* 1.3 West; WISSMANN 1997, 29.
55; weitere ähnl. Formulierungen s. bei STOEVESANDT 2004, 300 mit Anm. 897). Das Präsens im verneinten Befehl ist wie in 24.560 u.ö. durativ (CHANTR. 2.230); zur metr. Dehnung des Stammanlauts in aktiven Formen wie μεθίετε, die durch das als zugehöriges
Medium empfundene ἵεμαι noch gefördert wurde, WYATT 1969, 155 mit Anm. 27. —
θούριδος ἀλκῆς: VE-Formel (21× *Il.*, 1× *Od.*), stets nach Verben des Erinnerns, Wissens,
Vergessens, Erstrebens od. Nachlassens (so auch 418, vgl. oben): 16.270n. ἀλκή bed.
'Wehrkraft, Kampfgeist' (3.45n., 19.36n.); zum Epitheton θοῦρις 'stürmisch, ungestüm'
18.157n.

235–239 Zeus ist Garant des Rechts (3.103–104n.; TSAGARAKIS 1977, 19ff.); beide
Kriegsparteien äußern deshalb immer wieder die Erwartung, daß Zeus Schuldige
bestrafen wird: Die Achaier rechnen mit göttlichen Strafen für Paris und die mit
ihm kollektiv verantwortlich gemachten Troer, weil der Königssohn mit Helenas
Raub das Gastrecht verletzt hat (3.103–104n., 3.351 [s.d.], 13.623ff.; THALMANN
1984, 86 mit Anm. 21 [S.212]); sie bitten auch zusammen mit den Troern nach
den vertraglichen Abmachungen zum Zweikampf von Paris und Menelaos in
einem Verfluchungsgebet um die Bestrafung von Eidbrechern (3.302n.). Nach
dem Bruch des Abkommens durch Pandaros wird wiederholt daran erinnert, daß
die Troer als die eidbrüchige Partei nun definitiv göttliche Strafe ereilen wird
(160–168n.); zur kollektiven Verantwortung für den Eidbruch, die durch die Eid-
zeremonie unterstrichen wird, 162n., 271–274n.; vgl. Hes. *Op.* 240f. (LOUDEN
2006, 196). Wenn hier Agamemnon als Sprecher diesen Glauben äußert, paßt das
einerseits zu seinem Selbstverständnis als Repräsentanten der geschädigten Partei
und seinem rachsüchtigen Charakter (6.55–60n.), andererseits zur Situation: Wie

---

233 τούς: demonstrativ-anaphorisch (R 17), nimmt οὕς (232) auf. — θαρσύνεσκε: Iterativ zu
θαρσύνω (R 16.5). — παριστάμενος (ϝ)επέεσσιν: zur Prosodie R 4.5. — ἐπέεσσιν: zur Flexion R 11.3.

andere Feldherrn versucht er, die Kämpfer mit der Erinnerung daran zu stärken, daß ihr Sieg göttlichem Willen entspreche, und ihre Zuversicht so zu vergößern (s. diese Taktik z.B. in 2.299–330, 2.350–353, 8.175f., 15.719f.; schol. T zu 235–239; STOEVESANDT 2004, 278–281, mit weiteren Stellen). In Agamemnons Worten mag zwar angesichts der langen Dauer der Kämpfe ein Stückweit Dramatische Ironie[P] liegen, aber die göttliche Willkür schließt die langfristige Gerechtigkeit nicht aus (160–168n., 3.302n.): Troia wird zerstört werden, wie den Hörern der Erzählung bekannt ist (THALMANN a.O. 86f.). Deshalb ist an der vorl. St. vor allem an die paränetische Funktion der Aussage zu denken, nicht an eine Kritik religiöser Überzeugung (zu weit geht AHRENSDORF 2014, 47. 51. 55, vgl. dazu auch 160–168n.).

235 Vater: 23–24n.; zur Vorstellung von Zeus als Familienoberhaupt mit Verpflichtungen NESSELRATH 2014, 43.

ἐπὶ [ψεύδεσσι] ψευδέσσι: Seit der Antike ist die Bedeutung der zwei Wörter und entsprechend die Akzentuierung des Nomens umstritten (zur Überl. s. *app. crit.* bei WEST): (1) Die einen lesen ψευδέσσι, zu ψευδής, und beziehen ἐπί auf ἀρωγός ('Denn Zeus wird nicht auf der Seite der Täuscher/Lügner' bzw. 'bei den Täuschern/Lügnern als Helfer sein'), mit dem Hinweis auf ἐπὶ Τρώεσσιν ἀρῆξαι 1.408 (s.d.: ἐπί verstärkt den Dat.) und ἐπάρωγος in *Od.* 11.498: *app. crit.* bei WEST; schol. A u. T, schol. D; AH; LfgrE s.v. ψευδής (unentschieden sind KIRK; RISCH 80). (2) Andere lesen ψεύδεσσι (so WEST), zu ψεῦδος, abhängig von ἐπί als Präp. i.S.v. 'auf der Basis/im Falle von' ('Denn Vater Zeus wird nicht ein Helfer sein auf der Basis von Täuschungen/Lügen': schol. A u. T; WACKERNAGEL 1889, 37; FRAENKEL 1910, 202f.; LEAF; CHANTR. 2.109; LUTHER 1935, 89 Anm. 2; ähnl. SOMMER 1977, 166f.; ein weiterer Versuch mit einem allerdings nirgends auch nur erwähnten ἐπιψευδής MAAS [1938] 1973, 197f.; ihm folgend LEUMANN 1950, 136f., LfgrE s.v. ἀρωγός; LEVET 1976, 217–219). Meistens wird diese Lesart (2) mit der Kritik an (1) verbunden und speziell mit dem Hinweis darauf gestützt, fast alle Adj. auf -ής seien Komposita und die Simplicia vorwiegend spätere Abtrennungen von Komposita (FRAENKEL a.O.; WACKERNAGEL a.O.). Es gibt aber Ausnahmen (z.B. ὑγιής, φραδής: RISCH a.O.), und ψευδής ist auch schon in Hes. *Th.* 229 in manchen Hss. belegt (ψευδέας neben ψεύδεα, s. WEST z.St.). Außerdem wäre der Bezug von einem abstrakten ψεύδεσσι zum folgenden ἀλλ᾽ οἵ περ (236) nicht passend (LfgrE a.O.). Deshalb ist (1) der Vorzug zu geben.

236 ≈ 3.299, 4.67 (s.d.), 4.72, 4.271. — **δηλήσαντο:** 67n.

237–238 τῶν ἤτοι ... | ... αὖτ(ε): τῶν wird im folgenden durch ἤτοι und αὖτε in der Funktion von μέν und δέ aufgegliedert; ähnlich wird in 5.724 τῶν ἤτοι ... αὐτάρ, 11.24 u.ö. unterteilt (RUIJGH [1981] 1996, 528; zur Verwendung von ἤτοι vgl. auch 9–10n., 2.813–814n., 16.399n.; zur Lesart αὖτε ohne δ(έ) s. *app. crit.* von WEST u. vgl. 3.323n.). Dadurch wird αὐτῶν τέρενα χρόα den in 238 folgenden ἀλόχους τε φίλας καὶ νήπια τέκνα (zu

---

235 ἔσσετ(αι): = ἔσται (R 16.6).

236 περ: betont οἵ (R 24.10). — πρότεροι ὑπέρ: zum Hiat R 5.6. — δηλήσαντο: erg. ἡμᾶς.

237 ἤτοι αὐτῶν: zum Hiat R 5.6; ἤτοι: R 24.4. — χρόα: = χρῶτα, Akk. zu χρώς.

erg. αὐτῶν) gegenübergesetzt; beide Akk.-Obj. umschließen dabei die Subjekte γῦπες (237) und ἡμεῖς in chiastischer Stellung (AH).

237 Als Leichnam ein Opfer aasfressender Vögel (und Hunde) ohne Bestattung zu werden, ist eine entsetzliche Vorstellung für homerische Helden (1.4n., 24.22n. mit Lit.). Das Motiv findet sich allerdings fast immer wie hier in Reden (Drohungen an die Gegenpartei und Befürchtungen um die eigenen Leute: 2.393n., 16.836n.; vgl. allerdings 11.162 über Agamemnons Opfer) und dient in dieser Paränese nur zur Verstärkung der eigentlichen Aussage: Der Gegner wird unterliegen. Vgl. Polydamas' Bild des unbestatteten Achilleus in der Rede an die Troer in 18.283 und Athenes Aufruf an Hera in 8.379.

τέρενα χρόα: Nomen-Epitheton-Formel, immer im Akk. und nach der Zäsur B 1. χρώς bed. 'Haut, Körper', τέρην 'zart' i.S.v. 'verletzlich' (14.406n.). — γῦπες ἔδονται: flektierbare VE-Formel (γ. ἔδονται/ἔδοιεν): 4× Il., 1× Od.

238–239 Es entspricht hom. Kriegspraxis, Frauen (und Kinder) als Kriegsgefangene wegzuführen und zu versklaven (1.31n., 6.57b–60n., 16.831–832n., 24.731–735n. mit Lit.): Dies zeigen häufige Drohungen an die Feinde und auf der anderen Seite Befürchtungen der Angegriffenen um das Wohl der Angehörigen, aber auch die gelegentliche Verwendung des Motivs wie hier, wenn Kämpfer mit der Aussicht auf lebendige Beute angefeuert werden (ebenso Nestor in 2.354ff. [s.d.], 8.286ff.; vgl. Agamemnons Angebot an Achilleus in 9.121ff.): SCHEIN 1984, 172; STOEVESANDT 2004, 290. Die spezielle Funktion des Motivs in der Paränese erklärt, weshalb die anderswo angedrohte Tötung der Kinder, die den Kämpfern keinen materiellen Gewinn verschafft, nicht erwähnt wird (s. dagegen im Verfluchungsgebet: 3.301n.; in einer von Rachsucht geprägten Rede Agamemnons: 6.57b–60n., mit Lit.).

238 von der Zäsur A 4 an ≈ 5.688, 6.366, 18.514, 24.730. — ἀλόχους τε φίλας καὶ νήπια τέκνα: um das Epitheton φίλος erweiterte flektierbare Formel (5× Il.: 2.136n.), immer im Zusammenhang der Gefährdung der Zivilbevölkerung einer belagerten Stadt (24.729b–730n.), sonst außer in 18.514 in Reden von Troern. ἄλοχοί τε φίλαι ist flektierbare Formel nach der Zäsur A 4 (8× Il., 1× Od.; davon 6× gefolgt von einer weiteren Verwandtschaftsbez.: 6.366n.). φίλος dürfte hier v.a. possessiv gemeint sein ('ihre Frauen'; LANDFESTER 1966, 19; allg. zu φίλος 1.20n.; LfgrE s.v. φίλος 937. 31ff.). νήπια τέκνα ist VE-Formel (11× Il., 3× Od.: 2.311n., dort auch zu νήπιος 'klein, kindlich, unerfahren').

239 1. VH ≈ 8.166, 16.832, vgl. 23.829; 2. VH ≈ 2.228, Od. 9.165. — ἄξομεν: zur Bed. 'mit Gewalt wegführen' nach der Eroberung einer Stadt 1.139n.; ähnl. ἐκ δὲ γυναῖκας ἄγον καὶ νήπια τέκνα Od. 14.264, 17.433, außerdem Il. 8.165f., 9.594, 20.193f. (LfgrE s.v. ἄγω 119.53ff.). — ἐν νήεσσιν: fast immer nach der Zäsur A 3 stehende Junktur (14× Il., 6× Od., 1× Hes.).

---

239 νήεσσιν: zur Flexion R 12.1.

240 ≈ 6.330; vgl. auch 12.268 u. die 2. VH von 4.516, 13.229. — **sah:** 232n.

οὕς τινας: 232n. — αὖ: in korrelativer Beziehung zu μέν in 232, etwa 'analog', ebenso vor einer zweiten Rede in 2.198, 17.420 (2.188n.; KLEIN 1988, 266; BONIFAZI 2012, 224f. mit Anm. 125). — μεθιέντας ... πολέμοιο: Zu μεθίημι, einem Schlüsselwort in Kampfparänesen, 234n. πόλεμος bed. hier wie meistens 'Kampf' (15n.). Es wird nur hier und 351 mit μεθιέναι in einem Kontext noch außerhalb jeder Kampfphase verbunden (6.330: Bezug auf die gleichzeitige Schlacht, s.d.). Man hat u.a. aus der vorl. Stelle, aus 351 (πολέμοιο μεθιέμεν) sowie aus 246 (οὐδὲ μάχεσθε; noch in 17.332 am VE) geschlossen, daß gleichzeitig mit der Heeresmusterung der Anmarsch und Kampf zu denken ist (ZIELINSKI 1899/2001, 435; FINSLER [1916] 1918, 41; vgl. AH zu 240; TICHY 2010, 88f.). Es wird aber deutlich, daß der Kampf erst *nach* der *Epipṓlēsis* beginnt (220–421n.; 252 Impf. θωρήσσοντο; 252n.). An den oben genannten Stellen wird nicht auf eine tatsächlich noch nicht erfolgte Kampf-Situation hingewiesen, sondern verallgemeinernd ein Verhalten vorweggenommen, was, wie in Paränesen üblich, den Widerspruch der Adressaten reizen und zu Taten anspornen soll (BEDKE 2016, 208 Anm. 260; vgl. 242n. zu den sarkastischen Fragen). — στυγεροῦ πολέμοιο: πόλεμος wird überwiegend mit neg. konnotierten Epitheta verbunden (6.1n.), hier mit στυγερός 'schaudererregend, abscheulich', in 1.284 in der metr. Variante am VE πολέμοιο κακοῖο (6.330n.; FRIEDRICH 2007, 20).

241 ≈ 15.210, *Od.* 22.26, 22.225; vgl. *Il.* 2.277, Hes. *Op.* 332. — νεικείεσκε ... ἐπέεσσιν: flektierbare Formel zur Rede-Einleitung, wobei eine Form von νεικείω bzw. von der metr. Variante νεικέω 'tadeln, beschimpfen' meistens am VA steht (3.38n.; 19.86a n.). Die gehäufte Verwendung von νεικείω/νεικέω in den Szenen mit Odysseus und Diomedes (336, 359, 368) illustriert die Bedeutung von Agamemnons tadelnden Paränesen in der *Epipṓlēsis*. — χολωτοῖσιν: von χόλος abgeleitetes Adj. mit dem Suffix -το- (AMMANN 1956, 21f.; TUCKER 1990, 297–303): 'voll Zorn, zornig'; nur in der Verbindung von χολωτοῖσιν ἐπέεσσιν mit einer Form von νεικέω belegt (s.o.), noch 2× *Od.* in Bezug auf folgende direkte Reden (LfgrE).

242 1. VH = 14.479; 2. VH ≈ 24.239. — Wie andere Kampfparänesen beginnt die Rede mit einem Tadel (16.421–425n.): Die beiden herabsetzenden Anreden heben in ihrer Verbindung die Diskrepanz zwischen früheren Prahlereien und dem jetzigen tatsächlichen mangelnden Kampfeinsatz hervor (ähnlich herabsetzende Anreden 5.787, 8.228 [vgl. 829], 13.95; vgl. 2.235 in einer Scheltrede und 14.479 in einer Triumphrede [s.dd.]; WISSMANN 1997, 55; allg. zur Kritik in Paränesen STOEVESANDT 2004, 299–304 mit einer umfassenden Stellensammlung in den Anm. [bes. 900 u. 904 zum Thema Nachlässigkeit bzw. Prahlereien]). Die folgende rhetorische Frage setzt dieses Verhalten in Beziehung zum Wert der *aidṓs*, der

---

240 πολέμοιο: zur Flexion R 11.2.

241 νεικείεσκε: Iterativ zu νεικείω (R 16.5). — χολωτοῖσιν (ϝ)επέεσσιν: zur Prosodie R 4.5. — χολωτοῖσιν: zur Flexion R 11.2.

242 Ἀργεῖοι ἰόμωροι: zum Hiat R 5.6. — ἰόμωροι ἐλεγχέες: zur sog. Hiatkürzung R 5.5. — ἐλεγχέες: zur unkontrahierten Form R 6.

Rücksicht auf die anderen, d.h. hier auf die Mitkämpfer, und der Scheu vor ihrer Kritik, womit ein Appell an das Ehrgefühl und die Solidarität erzielt wird (ebenso Kallinos *fr.* 1.2 West; direkte Appelle z.B. 15.561, 16.544, 16.498–500 [s.d.]; ähnl. 14.364ff. [s.d.], mit weiterE Stellen; LfgrE s.v. σέβομαι; MACKIE 1996, 136; WISSMANN a.O. 56; zur Bed. der *aidōs* 6.442n.). Solche unwilligen oder sarkastischen Fragen, zu denen auch die Frage am Ende der vorl. Rede gehört (247– 249), sind häufig (z.B. auch 2.174f.; 5.464f.; 16.422n.; BEDKE 2016, 209f. 212f.). Zusammen mit den Anreden machen sie eine Verteidigung unmöglich und wirken auf diese Weise provozierend (MACKIE a.O.; WISSMANN a.O. 55f.).

ἰόμωροι: bed. wohl 'Prahler, Maulhelden' (14.479n.). — ἐλεγχέες: 'Schandkerle', hier wohl i.S.v. 'Faulpelze' (ähnl. wie in Hes. *Th.* 26). Zur Deutung der ungewöhnlichen Form 24.239–240n.; zur Wortbildung des Adj. auf -ής, das nicht ein Kompositum ist, vgl. auch 235n. zu ψευδής. — οὔ νυ: leitet nach der Zäsur C 2 eine ungehaltene, vorwurfsvolle Frage ein (24.33n.). — σέβεσθε: Das nur hier belegte Verb σέβομαι und das von σέβας abgeleitete σεβάζομαι (6.167, 6.417; RISCH 248) bed. 'Skrupel haben, zurückscheuen' (LfgrE; etwas anders αἰδέομαι 'sich scheuen', s. 6.167n. mit Lit.).

243–246 Der Hirsch wird im fgrE immer als Opfer dargestellt, sehr häufig in Gleichnissen, in denen er als von Raubtieren und Menschen gejagtes Fluchttier mit der Konnotation 'Verlierer, Schwächling' erscheint (in 1.225 sogar ein Schimpfwort, s.d.; MOULTON 1977, 79; WISSMANN 1997, 23; Stellen: 3.24n.; LfgrE s.v. ἔλαφος; oriental. u. aind. Parallelen bei WEST 1997, 248; 2007, 495). Hirschkälber sind erst recht ein Bild für Hilflosigkeit (8.247–249, 15.579, 22.189, *Od.* 4.335–339, 17.126–130, 19.228–231) und weibliche Tiere wie hier (244) ein Inbegriff der Schwäche und Ängstlichkeit (*Il.* 11.113–119, 13.102–104, 16.757f., *Od.*: s.o.; LONSDALE 1990, 29f.). Die in 243 verwendete Formel *tethēpótes ēúte nebrói* (u. Varianten, s.d.), 'erstarrt wie Hirschkälber', steht an allen Belegstellen in einem Zusammenhang, in dem von Panik und anschließender Flucht und Erschöpfung die Rede ist (TSAGALIS 2008, 202). In der Ilias sind die Tiere sehr häufig Sinnbild für die Troer (z.B. 8.248f., 11.113, 15.271–278, 15.579–583, 22.1, 22.188–193, in einer Kampfparänese an die Achaier in 13.102; dazu LATACZ 1966, 25). Hier wirkt das Gleichnis der erschreckt dastehenden Hirschkälber in der Form einer empörten Frage als Erweiterung und Verstärkung der ersten herausfordernden Frage nach der provozierenden Anrede (242; ähnl. AH zu 243): Es illustriert das Dastehen, d.h. die Inaktivität, den mangelnden Einsatz und die fehlende Bereitschaft, zu kämpfen (243, 245, 246, 'stehen'). Die degradierende Frage soll die Achaier nach dem Bruch des Waffenstillstands aufrütteln, aus der Erstarrung lösen und ihre *alkḗ*, ihren Wehrwillen, wecken (245, von den Hirschkälbern; viell. liegt *imagery interaction* vor, d.h. Übertragung eines Begriffs aus der menschlichen Sphäre auf die tierische, s. dazu 2.87n.; 18.320n.; HEATH 2005, 46; zum Kampfgeist vgl. auch 234): POSTLETHWAITE zu 242–5; WISSMANN 1997, 56. Die Erweiterung in 244f. mit dem Motiv des Laufs und der

Ermüdung der Jungtiere läßt an Flucht und besondere Schwäche der Kämpfer denken und verstärkt die Beleidigung (kurz schol. bT zu 243–245; SCOTT 1974, 149; vgl. 247–249n.; zum Realismus des Bildes KIRK zu 243–6).

Kurze Vergleiche werden oft wie hier in 243 durch einen Rel.-Satz erweitert (2.145n.); er weist auf das weibliche Geschlecht der Tiere hin (244 αἵ, s.o.) und betont so die innere Verfassung ebenso wie 245f. in einer polaren Aussage (245/246 parallel: ἑστᾶσ᾽, ἕστητε – οὐδ᾽ ... τις ... γίνεται ἀλκή / οὐδὲ μάχεσθε): SCOTT 1974, 142f. 148f.; GIANNAKIS 1997, 191f.

243 ≈ 246, vgl. *Od.* 24.392, *h.Ap.* 456; 2. VH ≈ *Il.* 21.29; von der Zäsur C 2 an = 22.1. — Eine aind. Parallele zu einer solchen Frage in einer Kampf-Paränese s. bei WEST 2007, 478.

τίφθ᾽ οὕτως: τίπτε signalisiert häufig Tadel und Befremden (16.7n.), hier mit οὕτω(ς) wie in 8.447, *Od.* 23.98 u.ö. in der Bed. ᾽warum denn (so)?᾽ (LfgrE s.v. τίπτε 537.55). — **ἕστητε:** In ungeduldigen Fragen steht öfter der Ind. Aor. in präsentischem Sinn, so z.B. auch in 2.323, 20.178f., 22.122 (CHANTR. 2.184). — **τεθηπότες:** Ptz. zum Perf. τέθηπα mit derselben Wurzel wie Ptz. Aor. ταφών u. wie θάμβος, θαμβέω (θηπ- wird als Wurzel mit sekundärer Dehnstufe bzw. mit einem noch weitergehend geneuertem Ablaut gedeutet: HACKSTEIN 2002, 237; LIV 143); es bed. ᾽starr, wie gelähmt᾽ (24.360n. zu ταφών), hier wie oft, z.B. in 21.29, vor Schreck. Verben mit dieser Wurzel stehen häufig wie hier der Semantik entsprechend in Verbindung mit στῆναι (Perf. noch 246, *Od.* 24.392; formelhaft am VA στῆ δὲ ταφών in *Il.* 11.545, 16.806, 24.360). — **ἠΰτε:** archaische Vergleichspartikel (2.87n.). — **νεβροί:** viell. Anklang an das im vorhergehenden Vers ebenfalls am VE stehende σέβεσθε (εβ wiederholt): LfgrE s.v. σέβομαι.

244 2. VH ≈ 23.475, 23.521; vgl. 5.597. — **αἵ τ᾽ ἐπεὶ οὖν:** formelhafte, flektierbare Verbindung am VA; noch 3.4, 15.363; Variante mit δ(έ) 11× *Il.*, 12× *Od.*, *h.Ven.* 161. οὖν lenkt das Interesse auf das Folgende (3.4n.). — **πολέος πεδίοιο:** wörtl. ᾽durch viel Ebene᾽, d.h. ᾽durch eine große Strecke der Ebene᾽ (LfgrE s.v. πολύς 1413.21ff.); zum partitiven Gen. 2.785n. mit Lit.

245 2. VH ≈ 15.490, Hes. *Th.* 876. Vgl. 21.528f., *Od.* 22.305f. οὐδέ τις ἀλκή | γίνεθ᾽/ γίνεται u. die bloße VE-Formel οὐδέ τις ἀλκή (3.45n.). — **ἑστᾶσ(ιν):** emphatisch am VA. — **μετὰ φρεσί:** ᾽im Innern᾽, Formel zwischen den Zäsuren B 2 und C 2 (mit od. ohne -ν: 11× *Il.*, 8× *Od.*, 6× *Hes.*, 6× *h.hom.*; vgl. die prosod. Variante mit ἐνί 39n.): JAHN 1987, 267; zu φρένες als Sitz seelisch-geistiger Regungen s. 1.24n., 19.169–170n.; LfgrE s.v. φρένες 1017.10ff. u. 1018.62ff.; JAHN a.O. 187; zur Übertragung auf Tiere 16.157–158n. — **ἀλκή:** 234n.; ἀλκή in Verbindung mit φρένες auch 3.45 (s.d.), 16.157f., 17.111; vgl. 13.104 ἀνάλκιδες von Hirschkühen (KIRK zu 243–6).

---

243 τίφθ᾽: = τίπτε. — ἠΰτε: ᾽wie᾽ (R 22.4).

244 τ(ε): ᾽episches τε᾽ (R 24.11). — ἔκαμον: Aor. zu κάμνω, mit Ptz. θέουσαι zu verbinden: ᾽sich müde gelaufen haben, aufgehört haben zu laufen᾽. — πολέος: zur Flexion R 12.2.

245 ἑστᾶσ(ι): = ἑστήκασι. — σφι: = αὐτοῖς (R 14.1). — μετά (+ Dat.): ᾽(mitten) in᾽.

246 ≈ 243 (s.d.), vgl. *Od.* 24.392, *h.Ap.* 456; 2. VH von der Zäsur C 2 an = *Il.* 17.332.

247–249 Die provozierende Frage stellt eine Steigerung der zwei vorhergehenden Fragen in 242–245 dar: Den Adressaten wird nicht nur Feigheit, sondern Naivität aus mangelndem Kampfwillen (245) unterstellt. Aufgrund ihrer Haltung droht eine troische Offensive bis zu den Schiffen (und damit verbunden ein Rückzug der Achaier, der viell. im Gleichnis mit dem Lauf der Hirschkälber anklingt: REUCHER 1983, 94). Die Sorge um die Schiffe ist (vor allem in den späteren Gesängen) ein Leitmotiv, denn sie ermöglichen die Heimkehr (1.12b n., 16.64–82n., 19.135n.). Entsprechend wird auch in anderen Paränesen ähnlich daran erinnert, z.B. 13.105–110, 15.504f. (KIRK). Hier ist das Motiv mit dem Gedanken verbunden, daß die Götter nur diejenigen unterstützen, die sich selbst helfen, und man sich demnach nicht einfach auf sie verlassen dürfe; ähnlich 17.327ff., 17.335ff. (schol. zu 247; STOEVESANDT 2004, 278 Anm. 826). Dadurch, daß die Hörer über Zeus' Plan informiert sind, die Achaier Achilleus zuliebe Niederlagen erleiden (und sich somit zu den Schiffen zurückdrängen) zu lassen (1.503ff.), wirken Agamemnons Worte geprägt von Dramatischer Ironie[P]; tatsächlich wird Zeus zulassen, daß die Troer ins Schiffslager eindringen und die Achaier bis zu Patroklos' Eingriff aufs äußerste bedrängen (12.–16. Gesang; kurz KELLY 2007, 80). Der Erzähler[P] erinnert so wirkungsvoll am Ende des allgemeinen Teils der *Epipólēsis* (250n.) an die Prämisse, unter der er seine Figuren[P] bis zu Patroklos' Tod handeln läßt (s. z.B. auch 14.52–63n., 14.65–81n., 14.139–146n.).

247 ἦ: leitet eine ironische Frage ein, in der dem Adressat ein Motiv für sein Verhalten untergeschoben wird (ebenso 1.133, s.d. mit Lit.), hier nach herausfordernden Fragen, ebenso wie in 15.130–134 (dort nach einer Frage); vgl. 9.337–340 Achills empörte Fragen (SCODEL 2012, 321). — μένετε: 'warten', mit AcI wie in *Od.* 1.422, 4.786, 6.98, 18.305 (AH; LfgrE s.v. μένω 149.64ff.); steht im Gegensatz zu ἐλθέμεν (LÉTOUBLON 1985, 223). — σχεδὸν ἐλθέμεν, ἔνθα: σχεδόν 'nahe' wird häufig im Kampf-Kontext mit ἐλθεῖν verbunden, in physischem, aggressivem Sinn ('zum Greifen nah'), etwa in 13.810, 17.600 (LfgrE s.v. σχεδόν 275.5ff.); hier wird es wohl von ἔνθα aufgenommen (RUIJGH 479).

248 2. VH = *Od.* 11.75; von der Zäsur C 1 an ≈ *Od.* 2.260, 6.236, 16.358, 22.385, von der Zäsur C 2 an ≈ 11× *Od.* — εὔπρυμνοι: nur hier im fgrE belegtes Poss.-Kompositum., 'mit guten Hecks', wohl i.S.v. 'mit gut gebauten H.'; so erscheinen die Schiffe den Troern vom Land her, da sie mit dem Bug meerwärts ausgerichtet sind (vgl. 15.716 u. 14.31–32 [s.d.]; LfgrE; CAUER 1923, 450). — πολιῆς: πολιός 'schwarz-weiß gesprenkelt, grau meliert' wird oft formelhaft mit Bezeichnungen für das Meer verbunden (mit θάλασσα s.o. die Iterata); die vorl. Ergänzung mit ἐπὶ θινί ist eine Variante am VE zu θίν' ἐφ' ἁλὸς πολιῆς am

---

246 ὥς: = οὕτως. — οὐδέ: konnektives οὐδέ/μηδέ steht bei Homer auch nach affirmativen Sätzen (R 24.8).

247 μένετε Τρῶας ... ἐλθέμεν: 'wartet ihr, daß ...' (AcI). — ἐλθέμεν: zur Form R 16.4. — τε: 'episches τε' (R 24.11).

248 εἰρύατ(αι): zur Endung R 16.2; Perf.: 'gezogen liegen'. — πολιῆς: zum -η- nach -ι- R 2.

VA in 1.350, 13.682, 14.31. Urspr. bezog sich der Ausdruck 'grau meliertes Meer' wohl auf den Schaum aufgewirbelten Meerwassers (1.350n.; LfgrE s.v. πολιός 1344.21ff.; HANDSCHUR 1970, 42).

249 2. VH = *Od.* 14.184; ≈ *Il.* 5.433, 'Hes.' *fr.* 302.2 M.-W. (1967); vgl. *Il.* 24.374. — Das Bild der schützenden Gotteshand ist weit verbreitet (24.374n., mit Lit.). — **Kronion:** Zeus, Sohn des Kronos (FG 24 u. 26).

ὄφρα ἴδητ(ε): flektierbare VA-Formel (195n.). — ἴδητ' αἴ: ἰδεῖν verbunden mit εἰ i.S.v. 'nachprüfen, nachsehen ob' (LfgrE s.v. ἰδεῖν 1125.28), zum Ausdruck einer ironisch gemeinten Erwartung auch in 15.32, *Od.* 18.375 (LANGE 1872/73, 116f.).

250 1. VH = 2.207; 2. VH = 231 (s.d.). — Wie in 2.207 Abschlußvers nach zwei kontrastierenden Mahn-Reden (232–250n.). Der Vers kündigt aber innerhalb der Reihe von Reden auch den Übergang von den exemplarischen zu den spezifischen, individuellen Reden an (vom gesamten Heer als Adressat zu einzelnen Kontingenten), ähnlich wie in 7.169, 11.82f., 11.262f., 20.54f. der Wechsel von einer Szene zur anderen markiert wird (RICHARDSON 1990, 32f. und 213 Anm. 40 [Stellensammlung]).

κοιρανέων: nimmt κοιρανέοντα in 230 auf und bildet so zusammen mit den Iterathalbversen 231/250 einen Rahmen um die zwei Reden 234–239/242–249 (KIRK).

251–271 Die Szene zeigt die gegenseitige Wertschätzung, die Agamemnon und Idomeneus einander entgegenbringen (BECK 2005, 155f.): Agamemnons Genugtuung über Idomeneus' Kampfeseifer (255) äußert sich in seiner eigenen Erinnerung an die besonders ehrenvolle Behandlung von Idomeneus als Gast (259–263n.), die ihn nun zu besonderen militärischen Leistungen verpflichtet, auf die dieser sich auch immer wieder berief (264). Seine freundliche Rede ist nicht als Tadel, sondern als Ermunterung anzusehen, wie das schon in der Einleitungsformel klar wird (255; 264n.; KELLY 2007, 270; CORLU 1966, 42; BECK 2005, 155). Idomeneus antwortet denn auch gleich (266–271) mit einer Bestätigung seiner Loyalität (LATACZ 1966, 139; zum Parallelismus CORLU a.O. 42) und dem Hinweis auf zusätzliche Motivation durch den Vertragsbruch der Troer (269–271n.).

251 ≈ 273; 2. VH von der Zäsur C 1 an = 20.113; von der Zäsur C 2 an = 20.379. Der Vers leitet jeweils zur nächsten Gruppe über (BANNERT 1988, 251) und stellt die Elemente (1), 'die Figur bricht auf', und (2), 'sie kommt an', der modifizierten typ. Szene 'Ankunft' dar (AREND 1933, 30; allg. zur Szene 220–421n.).

ἦλθε ... ἐπὶ Κρήτεσσι: "kam bei den Kretern an" (AH); Verben der Bewegung werden öfter mit ἐπί mit Dat. der Person als Richtungsangabe verbunden, meistens wenn sie in feindl.

---

249 ὄφρα (ϝ)ίδητ(ε): zur Prosodie R 4.3. — ὄφρα: final (R 22.5). — αἴ: = εἰ (R 22.1). — κ(ε): = ἄν (R 24.5). — ὔμμιν: = ὑμῖν (R 14.1).

250 κοιρανέων: zur unkontrahierten Form R 6.

251 κιών: Ptz. eines defektiven Verbums ἔκιον 'gehen'. — ἀνὰ (ϝ)ουλαμόν: zur Prosodie R 4.3.

Sinn verwendet sind, z.B. 3.15, 16.751 u.ö. (CHANTR. 2.109). — ἀνὰ οὐλαμόν: οὐλαμός, von der gleichen Wurzel wie εἰλέω '(sich) zusammendrängen', ist mit dem Suffix -αμος gebildet (ebenso z.B. ποταμός) und bed. 'Gedränge'; es ist nur in der hier vorl. VE-Formel belegt (s.o.); ähnlich wie κιὼν ἀνὰ οὐλαμὸν heißt es von Agamemnon, der seine Leute ermutigt, diesmal aber schon während des Kampfes, ἀν' ὅμιλον ἐφοίτα 5.528 (im Versinnern; LfgrE).

252 Zur Rüstung s. 221n., 222n.; ihre Erwähnung ist ein Hinweis, daß der Kampf noch nicht begonnen hat (LATACZ 1977, 147). — **Idomeneus:** Anführer der Kreter (2.645), gehört zum engeren Führungszirkel um Agamemnon (1.145, 2.404ff., 4.257ff., s. 259–263n.); er wurde bereits in der Teichoskopie hervorgehoben (3.230n.): FM 3; 2.645n.; MICHEL 1971, 69f.

δαΐφρονα: 93n.; ähnlich von Idomeneus δουρίκλυτος (2.645, 2.650 u.ö.), ἀρήϊος (11.501).

253 ≈ 17.281; 2. VH von der Zäsur C 2 an = 18.154; ≈ 13.330. — **Vorkämpfern:** Idomeneus steht unter den Kämpfern in der ersten Reihe der Phalangenformation, die nachher versuchen müssen, die Front zu durchbrechen, also besondere Leistungen zu erbringen haben und deshalb zu den Besten gehören (3.16n.; LATACZ 1977, 147f.: 'Vorn-Kämpfer'). — **Eber:** Der Eber gilt als mutiges, wehrhaftes Angriffstier (16.823–828n.; CAMEROTTO 2009, 141–168); in dem Vergleich[P] (ebenso in 17.281, dort aber zu einem Gleichnis erweitert) wird denn auch die *alkḗ*, die Wehrkraft, als Vergleichspunkt angeführt (dazu allg. 234n.). Idomeneus zeigt seine Kampfbereitschaft, indem er an der Front steht (s.o.) und aktiv seine Leute antreibt (253f.); er offenbart seinen Eifer also nicht nur mit Worten (264n., 269–271n.); später kämpft er immer wieder erfolgreich, obwohl er schon älter ist (5.43, 6.435ff., 11.501, Aristie 13.298ff.), und wird daher nochmals, diesmal in einem Gleichnis[P], mit einem standhaften Eber verglichen (13.470–477). Der einem Eber gleichende Kämpfer erscheint so als Kontrast zu den nachlässigen Achaiern, denen Agamemnon soeben ein Verhalten wie Hirschkälber ohne Abwehrwillen, *alkḗ*, vorgeworfen hat (243–246n.). Lit. zum Vergleich: AH; KIRK zu 252–4; CAMEROTTO a.O. 157.

254 2. VH ≈ 13.90. — Wie Agamemnon als Oberanführer das ganze Heer antreibt, ermutigen auch die Anführer der einzelnen Kontingente ihre Leute vor dem Kampf (287 Aias, 294 Nestor, 16.200–209, 16.269–274 Achill und Patroklos): FRANZ 2002, 91. — **Meriones:** Sohn des Molos, Gefolgsmann des Idomeneus, unter dessen Oberbefehl er die Kreter anführt (FM 4; 2.651n.); er tritt in Kampfszenen öfter siegreich hervor (16.342n.). Zur Verankerung des Meriones in der ep.

----

252 Ἰδομενῆα: zur Flexion R 11.3, R 3. — θωρήσσοντο: zum -σσ- R 9.1.
253 Ἰδομενεύς: erg. aus 254 ὤτρυνε φάλαγγας. — ἐνί: = ἐν (R 20.1). — συῒ (ϝ)είκελος: zur Prosodie R 5.4. — ἀλκήν: Akk. der Beziehung (R 19.1).
254 ἄρα (ϝ)οι: zur Prosodie R 4.3. — οἱ: = αὐτῷ (R 14.1).

Erzähltradition 2.651n. u. 19.238–240n.; WEST 1997, 612; LATACZ (2001) 2010, 334–336. 385f.; neue Diskussion bei KANAVOU 2015, 53f.

πυμάτας ... φάλαγγας: φάλαγγες 'Schlachtreihen, Glieder' ist ein oft mit στίχες (90n.) gleichbedeutend verwendeter *t.t.* (427n., 3.77n., 6.6n., 16.280n. mit Lit.). Meriones feuert somit die Leute in den hinteren Reihen an (πυμάτας φ.), Idomeneus dagegen diejenigen der ersten Reihe der Gesamtformation (ἐνὶ προμάχοις), ähnlich wie Hektor vor dem Kampf bald die vorderen, bald die hinteren Reihen antreibt (11.64f.): LfgrE s.v. πύματος; LATACZ 1977, 54. — **ὄτρυνε:** spezifischer Ausdruck für das Anspornen zum Kampf (FINGERLE 1939, 101. 125; KRAPP 1964, 87ff.).

255 ≈ 283, 311, 336, 8.278; 1. VH bis zur Zäsur B 2 ≈ 10.190, *Od.* 5.486, 13.226, 22.207, 24.504. — Der Anblick der Anführer und ihres Kontingents in Kriegsbereitschaft (253–255) erfüllt den Oberfeldherr mit Genutuung, die sich sogleich in seiner freundlichen Rede ausdrückt (256); die Zufriedenheit dauert auch noch bei seinem Weggang an (272 *gēthósynos* 'erfreut'): LATACZ 1966, 139. Nach früheren Erfahrungen mit der Kriegsmüdigkeit des Heeres (2.48ff., s.d.) ist Idomeneus' Kampfeseifer besonders erfreulich für ihn (KELLY 2007, 270).

τοὺς δὲ ἰδὼν γήθησεν ...: wiederkehrende Versstruktur mit unterschiedlichen Füllungen: τὸν/τοὺς/τὴν δὲ/μὲν ἰδών/ἰδοῦσ(α) γήθησε/ἐλέησε/νείκεσσε/ἐνόησε/ῥίγησε/ᾤκτιρε, danach das Subjekt als verskomplettierende (Nomen-Epitheton-)Formel (13× *Il.*, 2× *Od.*; vgl. 1.33n.); wie hier mit einer Rede-Einleitungsformel[P] im folgenden Vers (256) auch in 336f., 11.345f., 11.814f., 15.12f., 16.5f., 16.431f., 23.534f., *Od.* 24.504f. Verse mit dieser Struktur (hier, 283 und 311 mit γήθησεν, in 336 und 368 mit νείκεσσεν) bilden als Element 4 der in der *Epipṓlēsis* wiederholten, etwas abgewandelten Typischen Szene 'Ankunft' (220–421n.) "a keynote of the review" (WEST 2011, 144; zur Typischen Szene AREND 1933, 30). — **ἰδὼν γήθησεν:** formelhafte Junktur, nicht nur in der hier vorl. Versstruktur nach der Zäsur A 2 (s.o.; auch in umgekehrter Reihenfolge, nach A 4), sondern auch nach der Zäsur B 2 (1.330, 7.189), ähnlich am VA bzw. nach der Zäsur A 2 *Il.* 13.344 bzw. *Od.* 12.88 γηθήσειεν ἰδών. — **ἄναξ ἀνδρῶν Ἀγαμέμνων:** 148n.

256 2. VH = 6.343, *Od.* 20.165, 21.192; ≈ *Od.* 9.363, 11.552; vgl. auch *Il.* 17.621 am VE Ἰδομενῆα προσηύδα und 6.214, 17.431 im Versinnern μειλιχίοισι προσηύδα. προσηύδα/προσηύδων wird mit dem Akk. der angeredeten Person und mit dem instr. Dat. in formelhaften Rede-Einleitungen[P] verbunden (s. Iterata), ebenso in der Variante mit κερτομίοισι in 1.539 (am VA), *Od.* 9.474, 20.177 (wie hier am VE) bzw. nur mit ἐπέεσσι (*Il.* 5.30, *Od.* 11.99, 12.36, 18.244) od. μύθοισι (Hes. *Th.* 169, *h.Merc.* 253). Zu προσηύδα in sonstigen Rede-Einleitungen und zu seinem Anlaut (ohne 'positionsbildendes' πρ-) s. 1.201n. Der Vers bildet Element 5 der Typischen Szene 'Ankunft' (AREND 1933, 30). — **μειλιχίοισιν:** erg. ἔπεσι/μύθοις (dieselbe Ellipse in 6.214, s.d. und s.o. zu den Iterata); 'sanft, süß', hier 'freundlich, freundschaftlich' (6.214n.; LfgrE); drückt Agamemnons Freude und Genugtuung über den Kampfeseifer des Idomeneus und Meriones aus (255) und steht in Kontrast zu χολωτοῖσιν ἐπέεσσιν, d.h. seinem Zorn über die Nachlässigen (241): LfgrE; LATACZ 1966, 139.

---

255 δὲ (ϝ)ιδών: zur Prosodie R 4.3.

257 ≈ 8.161. — περί: adverbiell, 'überaus, besonders' (AH), wie z.B. im Iteratvers oder in 46 (s.d.) und 18.549 (s.d., mit Lit., auch zum Akzent). — μέν: hebt περί hervor (SCHW. 2.570) und leitet den ersten Teil der Rede ein (257–263), der die Aufforderung (ἀλλ(ά) …) in 264, vorbereitet (AH). — Δαναῶν ταχυπώλων: gen. comparationis zum adverbiellen περί (s.o.), wie nach einem Komparativ: 'vor den Danaern / mehr als die D. mit flinken Pferden' (AH; LEAF); zur VE-Formel und zur Bed. von ταχύπωλος 232n.

258 2. VH ≈ 175, Od. 16.111. — Es ist wohl einerseits an die Bevorzugung bei der Verteilung der Beute als Anerkennung für tapferes Kämpfen gedacht (schol. bT), andererseits an so etwas Ehrenvolles wie die Führung einer Delegation ähnlich derjenigen der Gesandtschaft nach Chryse (1.144ff.; Idomeneus wird in 1.145 als Kandidat erwähnt) oder wie die Teilnahme an einem Opfermahl (259–263n.): AH. ἀλλοίῳ ἐπὶ ἔργῳ: 'bei einem andersartigen Geschäft' (AH); zur Bed. von ἔργον vgl. Hes. Op. 801 ἐπ' ἔργματι (LfgrE s.v. ἔργον 675.56).

259–263 Mahl: gr. dáis (eigtl. 'Anteil' am gemeinsamen Mahl) ist Bez. für ein festliches Gemeinschaftsmahl (1.5n.; 18.558n.; BIERL 2011, 125ff. 133ff.). Agamemnon erinnert Idomeneus an seine Einladungen zu einem Festmahl, die nur an besonders enge Vertraute ergehen und als Ehre zu betrachten sind (2.404–409n.). Idomeneus dürfte dabei ähnlich wie Nestor aufgrund seiner durch ein fortgeschrittenes Alter erworbenen Führungskompetenz besondere Wertschätzung vom Oberfeldherrn genießen (2.21n.). Die gleichgroße Verteilung der Fleisch- und Weinportionen ist die Regel (1.468n.; 262 daitrón 'Portion'); der Hinweis auf den stets vollen Becher in 261–263 (wie in 8.161f., 12.311) ist wohl so zu verstehen, daß Agamemnon seine besondere Aufmerksamkeit gegenüber seinem Gast und damit seine Ehrung betont (KIRK zu 261–3). Mit der Teilnahme am Festmahl ist ja auch eine Verpflichtung zu besonderen Leistungen verbunden, an die hier wie in 341–346 erinnert wird (zu solchen Ehrungen allg. und z.St. CARLIER 1984, 155–157; ULF 1990, 87; HORN 2014, 117. 124).

259–260 2. VH v. 259 = Od. 13.8; 1. VH v. 260 = Il. 10.539, Od. 1.211, 11.524; 2. VH v. 260 ≈ Od. 3.390. — Mit dem Adj. geróusios wird der Wein als besonders gekennzeichnet, nämlich bestimmt für die gérontes (eigtl. 'die Alten'), d.h. für die Angehörigen der Führungsschicht, in 260 hoi áristoi 'die Besten' genannt; sie erhalten dieses Privileg vom démos für ihr Mitwirken im Rat (17.248–250, Od. 13.8f.): ULF 1990, 166; GSCHNITZER 1991, 195; zu dem t.t. gérontes 2.53n.; zum Begriff áristoi 3.250n.

258–259 ἠμὲν … ἠδ(έ) … | ἠδ(έ): 'einerseits … andererseits … oder' (R 24.4).

258 πτολέμῳ: zum Anlaut R 9.2. — ἀλλοίῳ ἐπί: zum Hiat vgl. M 12.2. — ἐπὶ (ϝ)έργῳ: zur Prosodie R 4.3.

259 δαίθ': = δαιτί, Dat. Sg. zu δαίς, δαιτός. — περ: betont ὅτε (R 24.10). — τε: 'episches τε' (R 24.11). — αἴθοπα (ϝ)οῖνον: zur Prosodie R 4.3.

ὅτε ... τε ... | ... κέρωνται: zum (iterativen) Konj. nach ὅτε RUIJGH 496f.; CHANTR. 2.256; vgl. auch 2.782n. — γερούσιον αἴθοπα οἶνον: αἴθοπα οἶνον ist eine flektierbare VE-Formel, hier und im Iterathalbvers (s.o.) erweitert mit γερούσιον. Das Adj., abgeleitet von γέρων (RISCH 125), bed. 'den *gérontes* zukommend' (LfgrE), während umstritten ist, was genau mit αἶθοψ gemeint ist ('glutfarben', 'funkelnd'?): 24.641n. — ἐνὶ κρητῆρσι κέρωνται: *figura etymologica*, mit der gleichen Wurzel wie hier am VE *Od.* 3.390, am VA *Od.* 20.253 und im Versinnern *Od.* 3.393, 7.179, 13.50 und 18.423 (FEHLING 1969, 159). Der Plural in der Hauptlesart κρητῆρσι (s. *app. crit.* von WEST) kann sich auf ein Mahl mit vielen Gästen beziehen, kann aber auch allgemein gemeint sein (bezogen auf verschiedene Anlässe; zu einem solchen allg. Plural 18.491b–496n. a. E.), weshalb nicht mit Aristarch und KIRK κρητῆρι zu lesen ist (LEAF). κέρωνται ist wohl 3. Pl. Konj. Präs. eines unreduplizierten athemat. Präs.-Stammes *κέραμαι 'für sich mischen lassen' wie δύναμαι (neben häufigem themat. κεράω): CHANTR. 1.457.

261 1. VH = 12.245. — **Achaier:** die in 260 genannten Ratsmitglieder; zur Langhaarigkeit der Achaier 2.11n.

εἴ περ γάρ τ(ε): 'denn wenn auch' (AH), mit iterativem Konj. und generalisierendem τε (CHANTR. 2.279); vgl. 160–161n. und 1.81–82n. — κάρη κομόωντες Ἀχαιοί: flektierbare VE-Formel (in 268 im Akk.): 2.11n.

262 **Anteil:** 259–263n. — **Becher:** 3–4n.

δαιτρόν: Ableitung auf -τρο- zu δαίνυμι '(aus)teilen' (RISCH 42), 'Portion', *hapax*[P] (LfgrE). — δέ: 'apodotisches δέ' mit adversativer Bedeutung ('doch'), steht wie oft hinter dem betonten Pronomen, hier σόν (ähnl. 16.264f. [s.d.]; AH).

263 2. VH ≈ 8.189, *Od.* 8.70. — πιέειν: final-konsekutiver Inf. zu ἕστηχ' (SCHW. 2.362f.). — θυμὸς ἀνώγοι: zur flektierbaren VE-Formel und zum ganzen Formelsystem mit Varianten sowie zu θυμός als Subjekt, hier in der Bed. 'Verlangen' (zu trinken), 18.89b–90n.; PELLICCIA 1995, 100–103. Der iterative Opt. ἀνώγοι nach ἕστηχ', also nicht nach einer Form eines Vergangenheitstempus (wie in den Iteratversen), soll wohl in leicht hypothetischer Gewichtung die Vergangenheit und die Zukunft umfassen; s. vergleichbare Temporalsätze mit hypothetischer Färbung in 3.54, *Od.* 24.254, 24.344 (CHANTR. 2.259, der übersetzt: "lorsque par hasard ton cœur t'y invite"); deshalb ist die Lesart ἀνώγῃ (s. *app. crit.* bei WEST) nicht vorzuziehen (anders AH; skeptisch LEAF).

264 1. VH = 19.139. — Der Appell an die Adressaten, sie sollten den eigenen Anspruch an ihre Kampfleistung jetzt einlösen, dient öfter als Ansporn, so z.B. auch

---

261 περ: betont εἰ (R 24.10). — τ(ε): 'episches τε' (R 24.11). — κομόωντες: zur ep. Zerdehnung R 8 (ebenso κομόωντας 268).

262 πίνωσιν: verallgemeinernder Konj. ohne Modalpartikel (R 21.1). — πλεῖον: = πλέον (vgl. R 13). — αἰεί: = ἀεί.

263 ἕστηχ': = ἕστηκε, mit Elision (R 5.1) und Hauchassimilation. — περ: betont ὡς (R 24.10).

264 ὄρσεο: themat. Imp. Aor. zu ὄρνυμαι 'sich erheben, sich aufmachen'; zur unkontrahierten Form R 6; zur Synizese R 7. — πόλεμόνδ(ε): 'zum Kampf' (R 15.3). — εὔχεαι: zur unkontrahierten Form R 6.

in 16.200f. (s.d.). Deshalb ist Agamemnons Hinweis auf Idomeneus' Aussagen
nach den Worten über Idomeneus' ehrenvolle Stellung (257–263n.) nur als Ermunterung, nicht als Taktlosigkeit, zu betrachten (CORLU 1966, 42; REYNEN 1983,
113; anders KIRK). — **aber** (gr. *allá*): markiert bei einem Imperativ den Übergang
von der Argumentation zur Aufforderung (1.127n., 2.360n.).

ὄρσεο: Der Sprecher ermahnt mit Nachdruck zur Eile: 'mache dich auf zum Kampf' (LfgrE
s.v. ὄρνυμι 799.54ff.); zur Form ὄρσεο (zweisilbig), ihrer Bildung und zur Orthographie
19.139n. (mit Stellen). — οἷος: prädikativ zu dem in ὄρσεο enthaltenen Subjekt, ähnl.
prägnant wie in 16.557 (s.d.): 'so ⟨tapfer⟩ wie' (AH; LEAF). — πάρος: πάρος mit Präs., hier
εὔχεαι, steht bei Handlungen, die seit früher schon andauern: 'seit eh und je' (LfgrE s.v.
εὔχομαι 987.6ff.; vgl. 1.553n., 18.385–386n.): 'so (kampfgewaltig) wie du immer angibst
zu sein/mit Stolz von dir sagst, daß du bist'; dem entspricht wohl in Idomeneus' Antwort τὸ
πρῶτον (267, s.d.; LfgrE a.O. 988.25ff.). Deshalb ist der Bezug von πάρος zu εἶναι weniger wahrscheinlich ('wie du [früher] gewesen zu sein behauptest', mit imperfektischem
εἶναι: so AH; als Möglichkeit bei LfgrE a.O. 988.25ff.); daß Agamemnon in seiner auf-
munternden Rede auf Aussagen von Idomeneus hinwiese, in denen er selbst so auf die Vergangenheit aufmerksam machte, wäre auch schlecht denkbar. — εὔχεαι εἶναι: flektierbare
VE-Formel (15× *Il.*, 18× *Od.*, 3× *hom.h.*; außerdem öfter in anderen Verspositionen; auch
mit ἔμμεναι. Zu εὔχομαι 'eine offizielle Angabe über sich machen, mit Stolz von sich sagen' 1.91n. mit Lit.

265 = 13.221, 13.259, 13. 274, 13.311; ≈ 5.217, 5.647, 23.482, *h.Ap.* 463, 525. — τὸν δ'
αὖτ' ... ἀντίον ηὔδα: Rede-Einleitung[P] mit unterschiedlichen Subjekten (Nomen-Epithe-
ton-Formeln), auch mit τήν bzw. mit αὖ, meist als Antwortformel innerhalb von Dialogen
(16.619n., 24.333n.). Die Adversativpartikel αὖτε bezeichnet den Personenwechsel
(3.58n.). — Κρητῶν ἀγός: ἀγός, meist wie hier und in den Iterata mit *gen. obi.*, bezeichnet
die Zugehörigkeit zum Führerkorps (3.231n.).

266–267 Mit dem Versprechen ist wohl ein freiwilliger Fahneneid der Anführer gegenüber Agamemnon und Menelaos gemeint, mit dem sie sich zu einer loyalen
Gefolgschaft verpflichteten (2.762n.); eine Anspielung auf die erst nachhom. belegten 'Tyndarischen Eide' von Helenas ehemaligen Freiern, zu denen auch Idomeneus gehört ('Hes.' *fr.* 204.56f. M.-W.), ist nicht wahrscheinlich (TAPLIN 1990,
69; KARAVITES 1992, 25f. mit Anm. 21, gegen KIRK zu 267; allg. zu den 'Tyndarischen Eiden' 2.339–341n.).

266 1. VH bis zur Zäsur C 1 ≈ 318. — Ἀτρείδη: in der Ilias 23× am Rede-Anfang; eine Anrede mit bloßem Patronymikon, ohne Eigenname u./od. Epitheton, ist nicht despektierlich
(1.59n.). — μάλα: "in emphatischer Anfangsstellung" (LfgrE s.v. μάλα 22.27f.), wie in
318 (AH). — ἐρίηρος ἑταῖρος: flektierbare VE-Formel (16.363n.); ἐρίηρος bed. 'zuverläs-
sig' (3.47n.). ἑταῖρος bezeichnet oft jemanden, der an einem gemeinsamen militärischen
Unternehmen teilnimmt, hier am Kriegszug gegen Troia unter dem Oberbefehl des Agamemnon: 'Kriegskamerad'; zur Freiwilligkeit und zur gegenseitigen Verpflichtung zwi-

---

266 τοι: = σοι (R 14.1). — ἐγών: = ἐγώ.

schen Idomeneus und Agamemnon 266–267n. und 259–263n.; zum Begriff ἑταῖρος allg. 153–154n. mit Lit.; speziell z.St.: LfgrE s.v. ἑταῖρος 747.56ff.; PINSENT 1983, 318.

267 2. VH ≈ 2.112, 9.19, 12.236, 13.368, 15.374, *Od.* 4.6, 13.133, 24.335, *h.Merc.* 521. — τὸ πρῶτον: betont zusammen mit ὡς 'wie (nun) einmal' die Unumstößlichkeit des Versprechens (1.319n., vgl. 1.6n.) und nimmt mit dem Hinweis auf die Vergangenheit vielleicht πάρος auf (264n.). Der Artikel verstärkt wohl πρῶτον (CHANTR. 2.163). — ὑπέστην καὶ κατένευσα: Variante zur flektierbaren VE-Formel ὑπέσχετο καὶ κατένευσεν (1.514n.), mit ὑπέστην 'ich versprach' statt des metrisch nicht passenden ὑπεσχόμην; zur synonymischen Doppelung 1.160n.

268 ≈ 9.45. — Der Vers bereitet Agamemnons weitere Gänge vor (WEST 2011, 144).

κάρη κομόωντας Ἀχαιούς: 261n.

269–271 Das Motiv des Eidbruchs wird wieder aufgenommen (235–239n.). Idomeneus (viell. Zeuge von Pandaros' Schuß? s. 220–421n. zur Aufstellung an der Front) zeigt sich wie Agamemnon überzeugt von der Schuld der Troer und ihrem künftigen Untergang, und entsprechend kampfbereit (269a).

Vielleicht malen die zahlreichen Daktylen in 269 den Eifer; die emphatisch im Enjambement gesetzten Wörter Τρῶες (270) und ἔσσετ(αι) (271) heben die Unumstößlichkeit der Verfehlung und ihrer Folgen für die Urheber hervor (zum Rhythmus von 269–271 KIRK).

269 ὄφρα τάχιστα: nur hier am VA, sonst 2× *Il.*, 1× *Od.* nach der Zäsur A 3 und 5× *Il.*, 7× *Od.*, 1× 'Hes.', 2× *hom.h.* am VE. — σύν γ' ὅρκι' ἔχευαν: zu ὅρκια 67n.; σύν ... ἔχευαν bed. 'sie schütteten/warfen zusammen', d.h. 'zerstörten'; mit ὅρκια als Objekt ' sie brachen den Vertrag', ähnl. Wendungen für Vertragsbrüche 157, 3.299 (s.dd.). Zum Wurzel-Aor. ἔχευα zu χέ(ϝ)ω 3.10n. – γε hebt den ganzen Satz hervor (AH; LEAF).

270 von der Zäsur C 1 an = 22.488; ≈ 5.156, 7.204, 10.92, 21.525, *Od.* 14.137. — αὖ: 'hinwiederum', verbindet die im vorherigen Satz genannte Ursache mit der Folge, indem die Identität der mit τοῖσιν und Τρῶες Bezeichneten unterstrichen wird: Es sind die Urheber des Vertragsbruchs, die später bestraft werden; ähnlich in 415 τούτῳ μέν ... 417 τούτῳ δ' αὖ (LfgrE s.v. αὖ 1526.1ff. 25ff.). — θάνατος καὶ κήδε(α): κῆδος bed. 'Tod(esfall), Leid' (1.445n.); hier ist wie in 5.156, 19.302 u.ö. die Trauer infolge von Tötungen gemeint, wobei in der sonst nicht belegten Verbindung mit θάνατος vermutlich auch ein Anklang an formelhaftes θάνατον καὶ κῆρα(ς) (verbunden mit flektiertem ἁλύσκω/φεύγω, 2× *Il.*, 6× *Od.*, 1× *hom.h.*) bzw. θάνατον καὶ κῆρα μέλαιναν (4× *Od.*, 2× 'Hes.') vorliegt: LfgrE s.v. κῆδος 1399.5ff. — ὀπίσσω: temporal (37n.).

271 ≈ 3.299, 4.67 (s.d.), 72, 236. — Dieselbe Aussage wie in 269; nun aber wird die rechtliche Seite stärker betont (*próteroi* 'als erste' betont nach der Zäsur A 4, dazu 66–67n. u. 67n.): AH.

---

267 ἔσσομαι, ὡς: zum Hiat R 5.6. — ἔσσομαι: zum -σσ- R 9.1.

269 σύν ... ἔχευαν: zur sog. Tmesis R 20.2.

271 πρότεροι ὑπέρ: zum Hiat R 5.6.

272 = 326 (Rede-Abschlußformel, 220–421n. zur Struktur); von der Zäsur C 2 an = 18.557.
— **γηθόσυνος κῆρ:** vgl. die VE-Formel ἀχνύμενος κῆρ; κῆρ ist versfüllendes Element
(19.57n.). γηθόσυνος, zu γηθέω, bed. 'froh'; es nimmt γήθησεν (255) wieder auf: "Das intensive Gefühl der frohen Genugtuung und Zufriedenheit ist als Resultat eines γήθησε Reaktion auf die vorgefunden Situation im allgemeinen; es wird noch verstärkt durch die […]
unmittelbar voraufgehende Rede des zuvor belobigten Anführers" (in 266–271; LATACZ
1966, 154).

273 ≈ 251 (s.d.); 1. VH ≈ 12.353; 2. VH von der Zäsur C 1 an = 20.113; von der
Zäsur C 2 an = 20.379. — Die Dual- bzw. Plural-Formen des Namens Aias bez.
i.d.R. den salaminischen Telamon-Sohn Aias und den gleichnamigen lokrischen
Oïleus-Sohn (FM 3). Ersterer ist der beste Kämpfer der Achaier nach Achilleus
(2.557n., 6.5n.). In dieser Szene, hier, 280 und 285, sowie an einigen weiteren
Stellen, sicher 7.164 und 13.197, sind aber offensichtlich der salaminische Aias
und sein Halbbruder Teukros (FM 4) gemeint (2.406n., mit Lit.; FM 3 Anm. 15):
Nur die letztgenannten befehligen zusammen *éin* Kontingent (zu Aias' und
Teukros' enger, wohl altererbter Verbindung im Kampf NAPPI 2002, 226); die
Abteilung der Lokrer unter dem Oïleus-Sohn Aias besteht überdies aus Leichtbe-
waffneten mit Pfeil und Bogen (13.713–722), was nicht zur hier erwähnten Be-
waffnung mit Schild und Lanzen (282) und zur Rüstung mit Panzern (285) paßt:
WACKERNAGEL (1877) 1953, 542; PAGE 1959, 237.
Die Verwendung des Duals Αἴαντε (285) (inkl. dualisch verwendeter Pluralformen, z.B.
Αἰάντεσσι, 273, 280) ist altererbt: Der elliptische Dual für ein ungleichartiges Paar, in dem
der Dual des wichtigeren Wortes bzw. Namens für das Ganze steht (hier Aias für Aias und
Teukros), findet sich u.a. auch im Altindischen (WACKERNAGEL a.O. 538. 545; SCHW.
2.50). Die alte Bezeichnung Αἴαντε für Aias und Teukros erhielt sich nur noch an einigen
Stellen in der Ilias, wo sie vermutlich für eine sehr alte dichterische Tradition steht (NAPPI
a.O.); ob der Ilias-Dichter bewußt die ererbte Bezeichnung verwendete, muß offen bleiben
(WEST 2011, 144; dagegen: CHANTR. 2.29; PAGE a.O. 235; Doxographie u. Diskussion
versch. Theorien zur Verbindung der beiden Aias und Teukros bei KANAVOU 2015, 39–41).

274 2. VH = 23.133. — Die Beschreibung, welcher Anblick sich Agamemnon bei
seiner Ankunft beim salaminischen Kontingent bot, bildet das Element 3 der variierten Typ. Szene^P 'Ankunft' (220–421n.; AREND 1933, 30; RICHARDSON 1990,
52: "tableau"; zur typischen Sekundären Fokalisation^P s. 275–282n. u. allg. 86–
92n.). — **Wolke:** Metapher für eine "(unzählbare, dichte, an- und abschwellende)
Menge" (LfgrE s.v. νέφος 352.12ff.), von Fußsoldaten auch noch 16.66, 23.133

---

272 ὥς: = οὕτως. — ἔφατ(ο): Impf. von φημί; Med. ohne erkennbaren Bedeutungsunterschied zum Akt. (R 23). — κῆρ: Akk. der Beziehung (R 19.1).
273 Αἰάντεσσι: zur Flexion R 11.3. — κιών: 251n. — ἀνὰ (ϝ)ουλαμόν: zur Prosodie R 4.3.
274 τώ: Nom. Dual (R 18.1); zur demonstr.-anaphor. Funktion von ὅ, ἥ, τό R 17. — κορυσ-
σέσθην: 3. Dual Impf. Med.; zur augmentlosen Form R 16.1; zum -σσ- R 9.1. — δὲ (ν)νέφος:
zur Prosodie M 4.6 (zudem Zäsurstelle: M 8).

(16.66n., mit Lit.); ähnlich wird in 5.522 eine dichtgeschlossene Formation mit
Wolken verglichen (LATACZ 1977, 58 mit Anm. 28).

275–282 Agamemnons Eindruck von den Kämpfern als Wolke (274) wird aufgenommen und in einem Gleichnis^P vertieft (275–279), bevor nochmals die Wirkung, die das Kontingent auf den Betrachter ausübt, geschildert wird (280–282).
Im Mittelpunkt steht der Anblick (278 *pháinet'*, 'erscheint sie') einer drohend
übers Meer unaufhaltsam immer näher kommenden schwarzen Gewitterwolke
(276–278; AH); zu solchen Wind- und Meer-Gleichnissen 14.16–22n.; zum Motiv
der Wolke, die öfter unheilbringend wirken und sogar eine Metapher für den Tod
sein kann, 16.66n.; eine assyr. Parallele zum Vergleich eines Heeres mit Sturm-
wolken bei WEST 1997, 244f. Mit dem Bild der Wolke wird somit die Sekundäre
Fokalisation^P hervorgehoben: Sie kündigt das Gewitter an und wirkt dadurch
ebenso furchterregend (der Hirte ist zutiefst erschrocken: 279) wie die dichtge-
schlossenen, waffenstarrenden Reihen der Achaier auf die Gegner, was Agamemnon mit einer tiefen Befriedigung erfüllt (283; das Kontingent um Aias ist denn
auch erfolgreich im Kampf: ULF 1990, 146): LATACZ 1977, 58. Ähnlich wird die
Reaktion *beider* Kriegsparteien auf Aias in 7.214f. evoziert (DE JONG [1987] 2004,
272 Anm. 73; STOEVESANDT 2004, 240 Anm. 713). Dem Gleichnis folgen noch
drei weitere im 4. Gesang, die alle die Kampfentschlossenheit und Aggressivität
der Heere mit immer wieder aufgenommener und variierter Motivik verdeutlichen
(422–432n., 452–456n., 471b n.; MOULTON 1977, 42f. 56); innerhalb der *Epipṓlēsis* dient das Gleichnis der Variation: Es ersetzt den Dialog wie in der Szene
mit Meriones und Idomeneus (der nur kurz mit einem Eber verglichen wird) bzw.
eine längere Beschreibung mit zwei Reden in der folgenden Szene mit Nestor
(SCOTT 1974, 32; MOULTON 1977, 56).

275 bis zur Zäsur C 1 ≈ *Od.* 4.524. — Die Warte dient auch sonst Hirten in den
Bergen dazu, nach drohenden Gefahren Ausschau zu halten (5.770f., 8.555ff.):
ELLIGER 1975, 315f. – Ziegen wurden wegen der Milch, des Fleisches und wegen
ihres Fells gehalten (namentlich wird Melanthios in der Odyssee als Ziegenhirte
erwähnt): RICHTER 1968, 60–62. Hirten werden auch sonst in Gleichnissen in
ihrem schwierigen Einsatz in den Bergen gezeigt, bei ungünstiger Witterung auch
in 3.10ff., 4.452–456, vgl. 8.555–559: 3.11n., 18.161–164n. mit Lit. Der Hirte hier
ist kein bloßer Statist: Wie bei anderen Beobachtern eines Naturereignisses in
Gleichnissen verdeutlicht seine Reaktion die Stimmung (14.415–417n.; KURZ
1966, 160).

εἶδεν: sog. gnomischer Aorist (75n.). — νέφος: Aus der Metapher in 274 wird ein Gleichnis (schol. A, bT zu 274); zu Wiederholungen des Vergleichswortes oder seines Wortstam-

---

275 σκοπιῆς: zum -η- nach -ι- R 2.

mes wie auch z.B. in 3.2f. (κλαγγή), 7.62f. (Stamm φρισσ-), 11.268f. s. 130–131n. —
αἰπόλος ἀνήρ: zur Berufsbezeichnung als Apposition 186–187n.

276 Zephyrs: Dieser Westwind ist ein kalter, stürmischer Wind (2.147–148n.).
ὑπὸ Ζεφύροιο ἰωῆς: zu der unklaren Bed. ('Wirkung' oder 'Wehen'?) 16.127n.

277 1. VH ≈ 2.27, 2.64, 23.452, 24.174. — Wie im Gleichnis in 455 (s.d.) ist der
Hirte noch entfernt von der Gefahr (*áneuthen* 'von weitem'; KIRK). — **Teerpech:**
durch Holz-Kondensierung oder Köhlerei gewonnen, für Teerung von Schiffen
(1.141n.), Fässern, Dächern und Mauern verwendet; sprichwörtlich schwarz (dt.
'pechschwarz'); sonst im fgrE nur noch in 'Hes.' *fr.* 270 M.-W. erwähnt (LfgrE).
Die Schwärze der Wolke kündigt geballte Gefahr und Unheil an (ELLIGER 1975,
102), ebenso wie in 16.66 (s.d.).
μελάντερον ἠΰτε πίσσα: ἠΰτε wird immer i.S.v. 'wie' gebraucht (2.87n.); der Komparativ
μελάντερον muß daher wie andere Komparative (und wie auch im Lat.) intensiv gemeint
sein, 'ganz, recht schwarz' (vgl. σαώτερος in 1.32, 'noch einigermaßen heil', s.d., *Od.*
10.72 θᾶσσον 'recht schnell'); so wurde die Stelle auch von Kallimachos aufgefaßt, der sie
in *fr.* 260.58 Pfeiffer (= *fr.* 74.17 Hollis) nachbildete (RENGAKOS 1994, 96f.): LfgrE s.v.
ἠΰτε; SCHW. 2.184. 671.

278 1. VH vgl. 276: Die Wiederholung wirkt als Steigerung des Bildes von der bedrohlich näher kommenden Wolke (ELLIGER 1975, 86).
λαίλαπα πολλήν: am VE auch *hom.h.* 7.24, σὺν λαίλαπι πολλῇ in 17.57. λαῖλαψ bezeichnet einen schlimmen Sturm, ein Unwetter (16.365n.).

279 2. VH ≈ *Od.* 9.237, 9.312, 9.337. — Dem Hirten wird es unheimlich, er sieht
die unmittelbare Gefahr für seine Herde voraus (ZINK 1962, 18 Anm. 46).
ῥίγησεν: 148n. — τε ... τε: beide koordinieren und deuten die jeweils direkten Konsequenzen an (auf die Erscheinung der Wolke, φαίνετ(αι) 278, bzw. auf den Schrecken,
ῥίγησεν in 279; RUIJGH 779). — ἰδών: Nach der Variation mit φαίνετ(αι) Wiederaufnahme von εἶδεν in 275 (BECHERT 1964, 298).

280 2. VH = 2.660. — τοῖαι: ebenso schreckenerregend wie die Wolke im Gleichnis
(275ff.), in 281f. näher geschildert (AH; LATACZ 1977, 58). — διοτρεφέων αἰζηῶν:
αἰζηός 'rüstig, kräftig, stark', hier Subst.: 'Krieger' (2.660n.). διοτρεφής 'von Zeus genährt, aufgezogen' ist generisches Epitheton[P] bei verschiedenen Heroen und Göttern sowie
bei βασιλεῖς und nur hier und im Iteratvers bei αἰζηός, vielleicht in einer alten Formel
(LfgrE).

---

276 κατὰ πόντον: 'über das Meer hin'. — Ζεφύροιο (ϝ)ιωῆς: zur Prosodie R 4.3. — Ζεφύροιο: zur Flexion R 11.2.

277 τῷ: bezogen auf αἰπόλος ἀνήρ (275). — τ(ε): 'episches τε' (R 24.11) (ebenso in 278). —
ἐόντι: = ὄντι (R 16.6). — ἠΰτε: 'wie' (R 22.4).

278 φαίνετ(αι): zur Elision R 5.1.

279 τε (ϝ)ιδών: zur Prosodie R 4.3.

280 τοῖαι ἅμ(α): zur sog. Hiatkürzung R 5.5. — διοτρεφέων: zur unkontrahierten Form R 6.

281 1. VH ≈ 5.117 (mit ἐν); 7.119, 7.174, 17.189, 19.73, 21.422 (mit ἐκ); 2. VH ≈
5.93, 13.145, Hes. *Th.* 935; von der Zäsur C 1 an = 332, 427, vgl. 16.280. —
hauteng geschlossene: verdichtet wie eine Wolke; die Kompaktheit einer Kampfformation wird häufig evoziert (s. Iterata; 16.215–217n.). Zur Diskussion, ob
damit Hoplitentechnik gemeint ist, 16.211n. Die Dichte läßt auch auf eine beacht-
liche Tiefe der Reihen schließen (ALBRACHT 1886, 10).

δήϊον: Epitheton von πόλεμος, wohl 'feindlich, zerstörerisch' (19.73n.); zur Etymologie
und Bed.-Entwicklung 2.415n. — κίνυντο: κίνυμαι zu ἔκιον, 'sich in Bewegung befinden'
(14.173n.), wie die schnell heranziehende Wolke (KIRK zu 280–2). — φάλαγγες: 254n.

282 2. VH = 7.62. — κυάνεαι: 'dunkel, schwarz' (18.564n.); es ist wohl an den Anblick der
Masse von weitem vor dem Hintergrund der sonnigen, staubigen Ebene zu denken (IRWIN
1974, 86). Das Wort evoziert aber in erster Linie die Bedrohlichkeit und unterstreicht den
Vergleich mit der schwarzen Wolke (277, schol. A; HANDSCHUR a.O.; IRWIN a.O. 86f.),
vgl. 16.66 κυάνεον Τρώων νέφος (s.d.) und die waffenstarrenden Phalangen, die mit dem
schwarzen Meer in 7.63–66 verglichen werden. — σάκεσίν τε καὶ ἔγχεσι πεφρικυῖαι: πεφρικυῖαι zu φρίσσω '(empor)starren, rauh sein', von Schlachtreihen mit nach oben gehal-
tenen Waffen, die von den menschlichen Körpern abstehen, auch 7.62 (LfgrE; ALBRACHT
1886, 10); die Verbindung mit σάκεσιν ist zeugmatisch (zu Zeugmata allg. s. 16.505n.).

283 ≈ 255 (s.d.), 311, 8.278; 1. VH bis zur Zäsur B 2 ≈ 10.190, *Od.* 5.486, 13.226, 22.207,
24.504. — γήθησεν: eine Reaktion, die im Gegensatz zu ῥίγησεν steht (279): 275–282n.;
ERBSE (2000) 2003, 144 Anm. 19. — κρείων Ἀγαμέμνων: 153–154n.

284 = 337, 10.191, *Od.* 4.77, 10.430, *h.Ap.* 451; ≈ *Il.* 15.145; 15× *Il.* (darunter 312, 369), 15×
Od., 1× *h.Merc.* mit μιν statt σφεας. — ἔπεα πτερόεντα προσηύδα: 69n.

285–291 Die mit Genugtuung über einen erfreulichen Anblick geäußerte Rede
(275–282n., 283n.) enthält wie Agamemnons vorherige an Idomeneus ein unein-
geschränktes Lob (288–291), noch rhetorisch verstärkt durch den Hinweis darauf,
daß eine Paränese an so zuverlässige Leute unnötig sei, sie also eine Vorbildfunk-
tion einnähmen (286f.; vgl. 268; ähnl. Lob für Ermutigung der eigenen Leute in
13.229). Daß ein Kampfaufruf als überflüssig erwähnt wird, ist normal, allerdings
sonst in der Erzählung oder in Versicherungen der Angeredeten (16.562n.). Hier
wird nichts auf Agamemnons Worte erwidert, was nicht auf ihre negative Wirkung hinweisen muß: Eine Rede von Aias oder Teukros hätte die mit dem Gleichnis erweiterte Szene nur unnötig verlängert (STEINRÜCK 1992, 102; zur zusätzli-
chen Charakterisierung durch das Schweigen 220–421n.).

---

281 ἐς: = εἰς (R 20.1). — κίνυντο: zur augmentlosen Form R 16.1.

283 τούς: demonstrativ-anaphorisch (R 17); Akk.-Obj. zu ἰδών. — μέν: ≈ μήν (R 24.6).

284 σφεας: = αὐτούς (R 14.1); zur Synizese R 7. — ἔπεα: zur unkontrahierten Form R 6.

285 = 12.354; bis zur Zäsur C 2 = 17.508, 17.669. Vier-Wort-Vers (5–6n.) mit Vokativ (dazu allg. 16.125–126n.) und Ganzvers-Anrede, welche die Bedeutsamkeit der Angeredeten unterstreichen (vgl. 1.36n.; zu Listen solcher Verse 16.21n.).

Ἀργείων ... χαλκοχιτώνων: Variante mit Sperrung zu der flektierbaren VE-Formel Ἀχαιῶν χαλκοχιτώνων (199n.).

286 σφῶϊ: zu κελεύω (erg. μάχεσθαι), das auch sonst mit dem Akk. ohne Inf. verbunden wird, z.B. 359, *Od.* 8.153 (FAESI, AH); nicht zu ὀτρυνέμεν, das in eine Parenthese zu setzen ist (schol. A, b). — γάρ: begründet erst das Folgende (AH), hier in einer Parenthese wie 24.223 (s.d.), *Od.* 1.301 (allg. dazu DENNISTON 68).

287 ἀνώγετον: 2. Pers. Dual; es ist unklar, ob die thematische Form zu einem wohl schon im hom. Epos nachweisbaren Präsens ἀνώγω oder zum Perfekt ἄνωγα gehört (LfgrE s.v. ἄνωγα 960.62ff.; vgl. 19.102n. zu ἀνώγει). — ἶφι μάχεσθαι: VE-Formel (7× *Il.*); da sie 'in voller Konfrontation seine ἴς mit der des Gegners messen' bedeutet (LfgrE s.v. ἴς 1224.8ff.), steht sie meistens wie hier in Paränesen (2.720n.).

288–291 288/290f. = 2.371/373f. Die Iterata kennzeichnen Agamemnon als Anführer, der auf Troias Zerstörung bedacht ist (2.371/373f. n.). Die schon vorher ausgesprochene Anerkennung wird nun in der Form eines unerfüllbaren Wunsches mit Götteranrufung geäußert (KIRK). — αἲ γάρ ... | τοῖος ... γένοιτο· | τῷ κε τάχ᾽ ἠμύσειε: unerfüllbarer Wunschsatz mit einer Folgerung im Potentialis, ähnl. wie 16.722f. (s.d.).

288 = 2.371, 7.132, 16.97, *Od.* 4.341, 7.311, 17.132, 18.235, 24.376; 2. VH auch ≈ *Il.* 8.540 = 13.827. — Götteranrufung in der Funktion eines beteuernden Ausrufs, zur Einleitung eines vergleichenden Wunsches (16.97n.; KAHANE 1994, 102f.); zur Dreiheit der Götter, die im Pantheon von besonderer Bedeutung sind (FG 5, 8 u. 24), 2.371n., 2.478–479n.; BECKMANN 1932, 29; TSAGARAKIS 1977, 27. — **Vater:** 235n.

Ἀθηναίη: 64b n.; KAHANE 1994, 102.

289 πᾶσιν: betont. — θυμὸς ἐνὶ στήθεσσι: Der θυμός wird als Instanz für Psychisches (grundsätzlich: 1.24n.) oft in der Brust, d.h. im Inneren, lokalisiert (309, 360 u.ö.): 43n.; vgl. 152n.

290 = 2.373; 2. VH = 4.18; ≈ 7.296, 17.160, 21.309, *Od.* 3.107; von der Zäsur C 1 an = *Il.* 6.451. — τῷ: 'so, in dem Falle' (SCHW. 2.579; zum Akzent ORTH 2; WEST 1998, XXII). — ἠμύσειε: metaphor. 'sich neigen, sich beugen' (2.373n.). — Πριάμοιο ἄνακτος: 18–19n.

---

285 Αἴαντ(ε) ... ἡγήτορε: Vok. Dual (R 18.1).

286 σφῶϊ: Personalpron. der 2. Pers. Dual im Akk. (R 14.1). — μέν: ≈ μήν (R 24.6). — ἔοικ(ε): 'es gehört sich' (sc. für mich). — ὀτρυνέμεν: zur Form R 16.4.

287 αὐτώ: Nom. Dual, 'von selbst'. — μάλα: 'eifrig'. — ἶφι: 'Instrumentalis' (-φι: R 11.4) zu (ϝ)ίς (vgl. lat. *vis*) 'mit Macht, Kraft, Gewalt'.

288 αἲ γάρ: = εἰ γάρ (vgl. R 22.1), εἴθε.

289 ἐνί: = ἐν (R 20.1).

290 κε: = ἄν (R 24.5). — Πριάμοιο (ϝ)άνακτος: zur Prosodie R 4.3.

291 = 2.374, 13.816; 1. VH = 'Hes.' *Sc.* 367. — χερσὶν ὕφ' ἡμετέρῃσιν: 'unter der Wirkung von ...' (2.374n.).

292–325 Die Struktur dieser Typischen^P Szene 'Ankunft' ist weitgehend die gleiche wie in den übrigen Szenen der *Epipṓlēsis* (292n., 293–310n., 311n.; allg. zu diesen Szenen in der *Epipṓlēsis* 220–421n.). Allerdings ist diese zentrale Szene (in der Mitte der fünf) durch eine lange Situationsschilderung erweitert (293–310n.; vgl. die Erweiterung durch ein Gleichnis in der Szene mit Aias und Teukros: BANNERT 1988, 127). Im Gegensatz zu den zwei vorhergehenden Szenen wird auch nur *eine* Person, Nestor, erwähnt, die Agamemnon antrifft, und diese hält insgesamt zwei Reden, welche Agamemnons kurze Ansprache rahmen. Durch alle diese Variationen werden die folgenden längeren Szenen mit insgesamt je drei Reden vorbereitet (327–363 bzw. 364–421; STEINRÜCK 1992, 102), und gleichzeitig wird Nestor als umsichtiger Berater hervorgehoben, vielleicht auch in Kontrast zu Agamemnon: Dieser hat ungeschickt die negativen Seiten des Alters betont (314f.), denen Nestor seine Erfahrung entgegenstellt. Mit dieser Szene wird so auch ein bedeutsames Thema der zwei folgenden Szenen mit Odysseus und Diomedes, der Gegensatz zwischen den Leistungen jüngerer und älterer Generationen, eingeleitet (LENTINI 2006, 36).

292 = 364; ≈18.468; *Od.* 17.254; bis zur Zäsur C 2 ≈ *Il.* 11.99. — Die formelhafte Wendung signalisiert Bewegungseinsatz und Schauplatzwechsel (KURZ 1966, 103f.; vgl. auch 1.428n.) und bildet hier die Elemente (1) und (2) der Typischen Szene^P 'Ankunft': Aufbruch (292a) und Ankunft (292b).

βῆ δὲ μετ(ά): 'ging hin zu'; formelhafte Verbindung (6.21n.).

293–310 Element 3 der Typischen Szene^P 'Ankunft'; das Antreffen einer Person und die Situationsschilderung (mit der Nennung der Umstehenden: 293f.), sind hier mit einer ausführlichen Darstellung von Nestors Vorgehen und mit einer Rede (303–309) erweitert (AREND 1933, 30; THORNTON 1970, 6 mit S. 131 Anm. 40). Dadurch wird die ruhige Situationsschilderung zu einer bewegten Erzählung einer Handlung, bevor sie in 311 mit einer Erinnerung an die Fokalisation durch Agamemnon (*idṓn*, 'als er ihn sah') abgeschlossen wird (ähnl. *Od.* 4.1–22; RICHARDSON 1990, 56f.).

293 2. VH ≈ 1.248, 2.246, 19.82, *Od.* 20.274. — **Nestor:** zum Namen 1.247b n.; 14.1n.; KANAVOU 2015, 63–67. — **Pylier:** Bewohner der Siedlung Pylos in Nestors Herrschaftsbereich; zur umstrittenen Lokalisierung und zum myk. Machtzentrum Pylos 1.248n., 2.591n.

ἔτετμε: 'traf an', reduplizierter themat. Aor. (6.374n., dort auch zu einer möglichen Beziehung zum Präs. τέμει). In Ankunftsszenen wie hier wird normalerweise ηὗρ(ε) verwendet

---

291 ἡμετέρῃσιν: zur Flexion R 11.1.
293 ὅ: demonstrativ-anaphorisch (R 17).

(89f., 200n.); die Variante ἔτετμεν/τέτμε(ν) ist sonst nur noch in *Od.* 5.81//*Il.* 6.374, *Od.* 5.58, *h.Cer.* 342 belegt (z.T. mit Negation). — λιγὺν ... ἀγορητήν: Der betagte Nestor wird schon 1.248 als gut vernehmlicher Redner charakterisiert, dort vor seiner Rede in der Heeresversammlung, hier als Anführer seines Kontingents, der seine Leute wirksam vor dem Kampf antreibt (294f., 303–310); zu λιγύς ('durchdringend, klangvoll') 1.248n.; zur Verbindung von hohem Alter mit vollendeter Redekunst 1.247b–252n.

294 ἑτάρους: 'Kriegskameraden' (266n.), hier das pylische Kontingent (LfgrE s.v. ἑταῖρος 748.44ff.; PINSENT 1983, 316). — ὀτρύνοντα: 254n. (ἐπ-)οτρύνω wird aufgrund seiner Bedeutung öfter in der Ilias mit μάχεσθαι verbunden, in einer flektierbaren VE-Formel wie hier noch 7× und in 414 am VA.

295–296 In dem Katalog sind die Namen der fünf Unteranführer von Nestor aufgeführt, um die sich ihre Leute scharen. Diese treibt Nestor alle an (294), denn er allein führt das Kommando über das ganze Kontingent der Pylier (2.601n.). Daß Kontingente in einzelne Einheiten unter dem Befehl von Unteranführern unterteilt sind, wird auch sonst vorausgesetzt, z.B. in 3.231 (Idomeneus steht bei den Kretern zusammen mit ihren anderen Anführern): JANKO zu 16.168–197; WEST 2011, 144. Die Gliederung in fünf Abteilungen ist ein wiederkehrendes Prinzip (2.494f. böotische, 11.56–60, 12.86–104, 12.139–140 troische Streitkräfte; 16.171: die Myrmidonen, s.d. mit Lit.), das vielleicht auch der Struktur der *Epipṓlēsis* in fünf Szenen zugrunde liegt (220–421n.): VAN WEES 1997, 675. Hier widerspiegelt die ganze Aufzählung wohl Nestors Macht und Bedeutung, was den in 297–310 folgenden Anordnungen des betagten, erfahrenen Heerführers besonderes Gewicht gibt und die zentrale Anordnung des Wortwechsels gerade mit Nestor in der Mitte der *Epipṓlēsis* zusätzlich erhellt (zu Katalogen allg. in mündlicher Heldendichtung 2.494–759n. S. 147; Katalog[P]). Die Funktion des Katalogs, Nestor hervorzuheben, erklärt wohl auch, warum seine Söhne Thrasymedes und Antilochos nicht aufgezählt werden, obwohl Antilochos beim Angriff eine zentrale Stelle in der Erzählung einnimmt (457n.; u.a. moniert von SCODEL 2002, 113; zu Thrasymedes 14.10n.): Nestor hat nicht wie Priamos den Oberbefehl an seine Söhne abgegeben. An ihrer Stelle werden deshalb offensichtlich *ad hoc* erfundene Figuren[P] aufgezählt: Sie treten mit Ausnahme Alastors nur hier im fgrE auf (Chromios allerdings viell. außerhalb der Ilias), tragen zumindest z.T. sprechende Namen, die vor der Erzählung eines Angriffs passen (Chromios 'Donnerer', Bias 'Durchsetzungskraft'), und haben alle Namensvettern, die wie sie unbedeutend sind (Chromios fünf! 295n., 296n.): KIRK. Für die Mehrfachverwendung dieser Namen für erfundene Statisten spricht auch einerseits die Verbindung des Namens Chromios mit Alastor wie hier in 5.677 bzw. die Kombination mit ähnlichen Namen wie Haimon in 8.275f., 17.467/17.494, andererseits die auffällige Häufung der gleichen

---

294 οὕς: Poss.-Pron. der 3. Person (R 14.4.). — ἑτάρους: = ἑταίρους.

Namen im 5. und 8. Gesang (SCHOECK 1961, 127; KIRK). Zu einer vergleichbaren Aufzählung *ad hoc* erfundener Namen 16.173–195n., allg. 16.345n.

295 2. VH = 5.677. — Zur Versstruktur mit ἀμφί und drei Namen vgl. 3.146, 9.83, 16.415, 16.696, 18.39, *h.Merc.* 57 (LfgrE s.v. Πελάγων). — **ἀμφί …:** ergänzt οὓς ἑτάρους (FAESI): Nestors Kriegskameraden, die in der Umgebung der jeweiligen Anführer stehen. — **μέγαν Πελάγοντα:** Der Pylier trägt den gleichen Namen wie ein Lykier (5.695) und wie wohl der Vater des Asteropaios (21.141 Gen. Πηλεγόνος, vermutlich eine metrische Variante zu dem vorl. Namen). Asteropaios ist Anführer der wohl ursprünglich illyrischen Paionen (21.155; zu den Paionen 2.848n.), in deren Nähe in Nordgriechenland vermutlich die Pelagonen siedelten; der Name ungriechischer Herkunft ist also wohl ursprünglich ein Ethnikon, ebenso wie viell. myk. *pe-ra-ko-no*, und wie ein nachhom. histor. Beleg. Das hervorhebende Epitheton μέγαν hier könnte ebenso wie ἴφθιμος in 5.695 mit der Vorstellung von den Pelagonen als Riesen in Zusammenhang stehen (WATHELET 76, 1482). Zum Namen LfgrE; v. KAMPTZ 330; DMic. s.v. *pe-ra-ko-no*. — **Ἀλάστορα:** Der Pylier wird auch noch in 8.333 (als Gefährte des Telamonischen Aias) und in 13.422 erwähnt; ein troischer und ein lykischer Namensvetter sind in 20.463 bzw. 5.677 belegt. Die Etymologie des als *nomen agentis* gebildeten Namens auf -τωρ ist unklar (LfgrE; v. KAMPTZ 79; FRISK s.v. ἄλαστος). — **Χρομίον:** Der Name bed. 'Donnerer, Brüller' und ist eine mit Suffix -ιο-gebildete Ableitung von der idg. Wurzel *g^hrem-* 'donnern, dröhnen, wüten' (χρεμετίζω 'wiehern', in 12.51; ahd. *'gram'*): LfgrE; v. KAMPTZ 114; LIV 204. Der hier genannte pylische Unteranführer ist wohl zumindest noch relativ jung und deshalb kaum identisch mit dem in *Od.* 11.286 u. 'Hes.' *fr.* 33a.12 M.-W. genannten Bruder Nestors (LfgrE; DNP; anders ohne Begründung v. KAMPTZ 254). Derselbe Name wird auch auf troischer Seite getragen: von einem Sohn des Priamos (*Il.* 5.159f.), einem Lykier (5.677), einem weiteren Troer (8.275) und einem Mysier (17.218, 17.494, 17.534, in 2.858 Χρόμις genannt).

296 **Αἴμονα:** Denselben Namen, eine Kurzform zu zusammengesetzten Namen wie Ἀνδραίμων, Πολυ-αίμων, tragen auch noch zwei andere Achaier, ein Thebaner (394n.) und der Großvater eines Myrmidonen (17.467): LfgrE. Zu Kurzformen von hom. Namen allg. s. G 56; RISCH 229f.; NEUMANN 1991, 315. 317. — **κρείοντα:** 153–154n. — **Βίαντα:** Der Name Βίας ist wohl eine Kurzform von einem Kompositum, d.h. einem Namen wie Βιήνωρ (G 56; v. KAMPTZ 167f. mit Anm. 92; vgl. 1.320n. zu Ταλθύβιος). Der nur hier genannte Unteranführer hat mehrere Namensvettern, einen Athener (13.691), Troer (20.460) sowie den Bruder des pylischen Helden Melampus und Nestors Schwager ('Hes.' *fr.* 37.5ff. M.-W., in *Od.* 15.237 ohne Namensnennung erwähnt), der aus Altersgründen nicht mit ihm identisch sein dürfte (LfgrE). — **ποιμένα λαῶν:** zu dieser Junktur als Titel mit idg. und oriental. Parallelen s. 1.263n.; HAUBOLD 2000, 17–20; WEST 2007, 421 (idg. Parallelen).

297–310 Nestor, den sein Alter und damit verbunden seine Erfahrung (310) dazu prädestinieren, erteilt wiederholt strategische Ratschäge (2.362–368n.). Seine Anordnungen in der Paränese sind eine Mischung aus kluger Taktik (297–300n.) mit kurzen Erklärungen, die die drohende Gefahr bei einer Übertretung seiner Anweisungen andeuten, aber auch mit der Erinnerung an die Kämpfe der Vorfahren

---

295 Πελάγοντα Ἀλάστορα: zum Hiat R 5.6.

Ruhm in Aussicht stellen (vgl. die Funktion epischer Gesänge: CRIELAARD 2002, 278): kurz schol. bT zu 308(c). Nestors Ratschläge sind wichtig: Sie sind zentral für den Zusammenhalt und deuten auf tiefe Einsicht (301–307n.); sein Alter wird positiv gewertet (310, 320–325, s.d.). Diese Szene ersetzt somit eine Aristie Nestors, die wegen seines Alters nicht möglich gewesen wäre. Nestors Geschick, unterstrichen durch den Hinweis auf die große militärische Kenntnis (310), erklärt Agamemnons tiefe Befriedigung (311–316): LATACZ 1966, 143; ULF 1990, 146.

297–309 Nestors Aufstellung seines Kontingents (297–300) und seine Anordnungen (301–309) sind bemerkenswert: Es gibt keine echte Parallele im homerischen Epos zu der Vorstellung von einer geschlossenen Formation von Wagenkämpfern (297 *hippéas*), auch nicht bei der Schilderung der folgenden Kämpfe (422ff.). Nestors Aufstellung der Wagenkämpfer vor den Fußsoldaten (298 *pezóus*) paßt absolut nicht zu dem an unzähligen Stellen geschilderten Kampf der Fußsoldaten in Phalanx-ähnlichen Formationen und ganz speziell nicht zur ersten Kampf-Phase, in der Vor-kämpfer, gr. *pró-machoi*, aus der Front herausspringen und versuchen, die gegnerische Front mit ihren Speeren zu durchbrechen (vgl. auch 422–544n.; zur Historizität solcher Kämpfe, die durch die Elegien von Kallinos und Tyrtaios gestützt ist, LATACZ 1977, 224ff.): Wagen und Fußkämpfer hätten sich gegenseitig im engen *metáichmion*, dem Platz zwischen den Fronten, behindert. Wenn sonst von Benutzung der Wagen im Kampf die Rede ist, handelt es sich fast immer um die normale Verwendung der Wagen in Flucht- und Verfolgungsphasen (so üblich wie auch die Fahrt im Wagen zum Schlachtort: 226–230n.). Man faßt die vorl. Stelle deshalb i.a. nicht als realistische Wiedergabe zeitgenössischer Kampftaktik im Verbreitungsgebiet der homerischen Epen auf (andere Erklärungs-Versuche, schon von Aristoteles [HINTENLANG 1961, 80], kürzlich von VAN WEES 1994, 12f., basieren auf einer zu weit gehenden Bedeutungsanalyse einzelner Wörter und Ausdrücke). Schon das unmittelbare Publikum des Ilias-Dichters muß deshalb die Anordnungen als Taktik früherer Generationen verstanden haben, um so mehr, als der Ilias-Dichter sie dem alten Nestor in den Mund legt und dazu noch mit Erinnerungen untermauern läßt (308f.; so ist wohl auch Nestors Erzählung der Kämpfe in 11.737ff. zu beurteilen); dazu passen auch Nestors Titel *hippóta*, 'Wagenkämpfer' (auch in 317), und seine besonderen Kenntnisse im Wagenlenken (2.336, s.d.; 23.305–348; LUCE 1975, 116 mit S. 188 Anm. 41; WIESNER 1968, 26; WHALLON 1969, 22f.; zu Nestors immer wieder hervorgehobenem Alter s. auch 292–325n., 313–316n.). Es gibt keine sicheren Hinweise auf den militärischen Gebrauch von Wagen in der geometrischen Zeit; wenn überhaupt hat man sie wohl nur für den Transport gebraucht (Apobatentechnik, s. 226–230n.; WIESNER a.O. 91f.; CROUWEL 1992, 105f.; zur Ikonographie s. allerd. zu einem speziellen Motiv VONHOFF 2008, 250). Man hat deshalb an eine entfernte Reminiszenz an die verbreiteten Wagenkämpfe der Bronzezeit gedacht, die nicht nur für die orientalischen Kulturen (Hethiter, Ägypter) belegt sind, sondern auch in der mykenischen Welt offenbar eine gewisse Rolle spielten, wie man aus den knossischen und pylischen Linear B-Täfelchen und sonstigen archäol. Funden schließen kann. Der Kampf vom Wagen aus mit der Lanze (306f., s.d.) entspricht auch eher bronzezeitlichen Kampftechniken als zeitgenössischen assyrischen Angriffen von Bogenschützen auf Wagen; Kenntnis davon kann allerdings die in der mündlichen Dichtung immer schwächer gewordene Erinnerung an die bronzezeitlichen Wagenkämpfe ergänzt und mitbeeinflußt haben. Darüber hinaus ist der Wagen schon von jeher, von der Bronzezeit an bis zur Zeit des Ilias-Dichters und seines Publikums, ein Statussymbol der führenden Schicht gewesen; entsprechend werden im Epos einzelne Kämpfer auf einem Wagen meistens wie hier als Helden früherer Zeiten erhöht (allerdings nur hier als Formation mit einem Anführer) und treten besonders in Erscheinung: hier, vor Beginn der ersten Schlacht, anderswo in Aristien, manchmal auch im Verein mit Göttern in Szenen mit unrealistischen Elementen (z.B. 5.275–291, 5.835f., 11.529f.; 16.810–811 [s.d.], 20.326f.; RAAF-LAUB 2011, 18–25). Die wichtigste Lit.: LORIMER 1950, 325f.; WIESNER a.O. 26–29. 58–97. 135f.; LATACZ a.O. 215–223, mit Lit.; CROUWEL 1981, 143–145. 150f.; 1992, 105–107; LfgrE s.v. ὄχεα 896.65ff.; HELLMANN 2000, 141–149; VONHOFF a.O. 187–189. 242f. 249f.; STEINMANN 2012, 76f.; s. auch bei 2.384n., 16.20n., 24.14n. Zu der Aufstellung des Kontingents, zur Taktik und zur Erinnerung Nestors an die Vorfahren im einzelnen 297–300n., 301–307n. und 308n.

297–300 Die Stellung der Wagen an der Front ganz vorne ist sehr ungewöhnlich, sowohl in Formation (297–309n.) als auch als einzelne Gespanne: Die von LEIM-BACH (1980, 424) angeführten Belege für eine "ständige[n] Präsenz und Verfügbarkeit der Wagen gerade im vorderen Kampfbereich" stützen nur die Verwendung des Wagens in Rückzug- und Verfolgungsphasen und die 'Apobatentechnik'. Es wird nirgends geschildert, daß Wagenkämpfer wie die infanteristischen *prómachoi* bei einem Angriff die Front durchbrechen. In Nestors Aufstellung werden sie hinten von erfahrenen Fußkämpfern gedeckt (deren Charakterisierung als 'Schutzwehr' in 299 ist aber im allg. Sinn zu verstehen: KIRK zu 299). Die *kakói*, d.h. die schlechten Fußsoldaten mit wenig Bereitschaft zu kämpfen (vgl. die Bezeichnungen in 224, 234, 240), werden mitten zwischen die Reihen der Tapferen gestellt, was wohl auch bedeutet, daß die Formation der Fußkämpfer mindestens drei Reihen tief ist (ALBRACHT 1886, 11). Auf diese Weise müssen auch die Vorsichtigen nach vorne (vgl. Poseidons Anordnung in 14.370–377, s.d.), sie haben aber weniger direkten Kontakt mit dem Feind als die Vordersten; andererseits können diese schwächeren Kämpfer nicht nach hinten fliehen. Durch diese alte, immer wieder empfohlene Taktik (Xen. *Mem.* 3.1.8, Arr. *Tact.* 12.11) wird eine Stabilisierung der Mitte erreicht und Panik und eine Auflösung der hinteren Reihen vermieden (SCHWARTZ 2009, 172). Alle sollen zusammenwirken im Kampf, wie immer wieder in der *Epipólēsis* betont wird (vgl. z.B. 253f., 286–289, 340–342, 372f.) und wie es auch Nestor sonst empfiehlt (das gleiche Prinzip steht im Hintergrund in 2.362–368, s.d.; ERBSE [1993] 2003, 81; ULF 1990, 147; vgl. auch 17.381–383: zwei Anführer achten im Auftrag Nestors auf die Flucht ihrer Kameraden: PAGANI 2008, 417).

297 1. VH ≈ 301, 23.262; 2. VH = 5.219, 9.384, 12.119, 18.237, ≈ 5.107, 5.794. — ἱππῆας: 'Wagenkämpfer' (2.336n., 16.20n.), im Gegensatz zu Fußsoldaten (πεζούς 298). — ἵπποισιν καὶ ὄχεσφιν: formelhaft, am VE (s.o.) und am VA (12.114, *Od.* 4.533), ursprünglich wohl wie in *Il.* 5.107 nur auf einen Wagen bezogen (HOEKSTRA 1965, 93). τὰ ὄχεα, immer im Pl., bed. 'Wagen' wie ἅρματα (226): 18.224n.

298 πολέας τε καὶ ἐσθλούς: flektierbare Junktur (6.452n.); zur Form πολέας 230n. ἐσθλός bed. 'trefflich' (19.122n.), in der Ilias vor allem im Kampf, wie hier; oft im homerischen Epos mit Bezug auf Angehörige der Elite verwendet, aber nicht ausschließlich; an der vorl. Stelle und in derselben Junktur in 13.709 umfaßt es denn auch Leute niederen Ranges (hier als Fußsoldaten): LfgrE s.v. ἐσθλός 735.49f.; CALHOUN 1934, 302; STEIN-HÖLKESKAMP 1989, 55.

299 1. VH ≈ 5.316. — ἕρκος: Grundbed. '(schützende) Einfriedung', übertragen 'Schutzwehr' (1.283b–284n.), von Defensivwaffen (137n.) und von Kämpfern, meist von Aias (6.5n.), hier von tüchtigen Fußsoldaten, was auf die Bedeutung der Masse, nicht nur einzelner Helden, für den Kampfverlauf hinweist (HELLMANN 2000, 152; zum Massenkampf allg. LATACZ 1977, 94f. u. *passim*). — ἔμεν: sekundäre Form zum äol. Inf. ἔμμεν, als seltenere metrische Variante genutzt (G 61; CHANTR. 1.486 mit Stellensammlung). — ἐς μέσσον: erg. nur τῶν πεζῶν (297–300n.); die Mitte zwischen den Wagenkämpfern und der Infanterie ist nicht gemeint, da sonst ausgerechnet die Schwächsten die Front der Infanterie bilden würden (ALBRACHT 1886, 11).

300 οὐκ ἐθέλων: als *ein* Begriff empfunden, deshalb nicht mit μή verneint (CHANTR. 2.334); wie in 224 mit Bezug auf mangelnden Kampf-Einsatz (s.d.).

301–307 Die Aufforderung, den geschlossenen Verband des Kampfwagen-Geschwaders nicht zu verlassen und gleichmäßig vorzurücken (301–305), liegt als Prinzip sicher auch der Taktik der ägyptischen und hethitischen Wagenkämpfer in der auf Reliefs dargestellten Schlacht bei Qadeš 1274 v. Chr. zugrunde (WIESNER 1968, 84. 96; vgl. 9.384: LfgrE s.v. ὄχεα 897.18ff.); sie ist aber auch *mutatis mutandis* in Kampfparänesen an Fußsoldaten in der Ilias (z.B. 17.356ff.) und etwa bei Tyrtaios wichtig (vgl. *fr.* 10.15 und 11.11 West): "Das unbedachte Vorpreschen eines tapferen Kriegers gefährdet die Gruppe nicht weniger als die Flucht eines Feiglings" (STOEVESANDT 2004, 102 Anm. 348, mit Hinweis auf LATACZ

---

297 ἱππῆας: zur Flexion R 11.3, R 3. — πρῶτα: adv., 'zuerst'. — ἵπποισιν: zur Flexion R 11.2. — ὄχεσφιν: Dat. Pl. (R 11.4).

298 ἐξόπιθε: ep. Nebenform zu ἐξόπισθεν, 'hinten, im Rücken'. — πολέας: 230n.

299 ἔμεν: = εἶναι (R 16.4). — μέσσον ἔλασσεν: zum -σσ- R 9.1.

300 ὄφρα: final (R 22.5). — καί: 'auch, sogar', wie καίπερ. — ἀναγκαίη: 'notgedrungen'.

1977, 236; dort auch zu Tyrtaios). Daß genau in der Mitte der *Epipṓlēsis*, vor dem Beginn der Kämpfe in der Ilias, exzessiver Individualismus so deutlich verurteilt wird, weist deshalb wohl auch auf die später erzählten Verletzungen dieses Prinzips hin, die zum Tod von allzu kühnen Einzelkämpfern führen, allen voran auf Patroklos' zu gefährliches Vorrücken (vgl. 16.218–220 und Achilleus' Mahnungen 16.83ff.; Keim[P]). Ob auch an die Episode in der *Aithiopis* zu denken ist (*Od.* 4.187, 'Aithiopis', Prokl. *Chrest.* § 2 West; Pindar *Pyth.* 6.28ff.; kurz von FENIK 1968, 177 erwogen), nach der Nestor, allein in seinem Wagen, seinen Sohn Antilochos um Hilfe im Kampf bitten muß, ist jedoch schon angesichts der nur bei Pindar etwas näher angedeuteten Geschichte ganz unklar. – Der Zusammenhalt der Formation ist wichtig, denn es wird in 306f. offenbar an einen "Geschwaderangriff mit lanzenbewehrten Wagenrittern" gedacht, "die [...] das entsprechende Aufgebot des Gegners zersprengen und mit Schockwirkung in die hinteren Reihen einbrechen sollen" (WIESNER 1968, 26). Ein solcher Angriff ist vermutlich auch in *Il.* 11.735–749 gemeint (Nestors Erinnerungen), sonst aber wird der Wagen im Epos nur recht selten als beweglicher Kampfstand für Lanzenwerfer im Einzelkampf verwendet (z.B. 5.12–15, 5.275–294, 17.605–609; 15.384ff. ist ein spezieller Fall: Kampf im Schiffslager: HELLMANN 2000, 143). Auffällig ist, daß es keinen Hinweis im Epos darauf gibt, daß die Kämpfer über mehr als *eine* Lanze im Wagen verfügen konnten (z.B. aus einem Köcher am Wagen), und dies zum archäol. Befund aus geometr. und myk. Zeit in der Ägäis paßt (keine entsprechenden Darstellungen; in den Listen der myk. Täfelchen sind nur Schwerter und kein Fernwaffenvorrat aufgeführt). Das könnte bedeuten, daß der Angriff vom Wagen aus nur für einen kurzen Angriff und allenfalls die Verfolgung möglich war; nachher mußte man absteigen und das Schwert im Nahkampf gebrauchen (WIESNER a.O. 28. 96; zumindest diese begrenzte Anwendung des Wagens legt auch eine Darstellung auf einem myk. Siegel nahe: ein Krieger schwingt eine Lanze auf einem Wagen: Abb. bei CROUWEL 1981, pl. 11). Von den Wagen aus konnte man mit gezielten Würfen zuerst einmal die Gegner verwirren; daß nur an den Gebrauch von Wurfgeschossen zu denken ist, legen einerseits technische Probleme bei einer Stoßtaktik nahe (z.B. das Halten des Gleichgewichts in einem fahrenden Wagen; LITTAUER/CROUWEL 1983), andererseits sprechen die oben angeführten Stellen mehrmals eindeutig für Würfe (z.B. 5.12–15), nie jedoch für Stoßtaktik (vgl. die Stellensammlung von GREENHALGH 1973, 8f.). Auch an der vorl. Stelle muß nicht Stoßtaktik gemeint sein (das Ausholen mit der Lanze in 306 ist nicht eindeutig, ebensowenig die Nähe der beiden Wagenfronten; anders KIRK zu 301–309. Aus all diesen Gründen sind hier ein historischer Hintergrund und ein gewisser Realismus nicht auszuschließen (297–309n.), und es ist nicht unbedingt notwendig, eine spätere Übertragung der Verse aus einer anderen Stelle anzunehmen, in der sich die Anordnungen auf Fuß-Soldaten bezogen (so andeutend von LEAF zu 303 mit Hinweis auf die ähnl. Anordnungen in 17.356ff.), oder darin eine bloße Rückprojektion des Ilias-Dichters auf eine ruhmvolle Vergangenheit mit Wagenkämpfern zu sehen, die im Gegensatz zur zeitgenössischen "infante-ristischen" Realität stand (von PLATH 1994, 419, erwogen).

301–302 ἐπετέλλετο ('gab die Anweisung') in 301a leitet die in 303 beginnende Rede ein; dazwischen ist als Parenthese eine vorbereitende Zusammenfassung der in 303f. folgenden Worte in indirekter Rede, abhängig von ἀνώγει, eingeschoben (301b–302). Vgl. eine ähnli-che Abfolge ohne die übliche, offenbar als überflüssig empfundene Rede-Einleitung[P] in 20.365 und den Wechsel von indirekter zu direkter Rede in 18.167 (s.d., mit Lit.): LfgrE s.v. τέλλω 384.61ff.; schol. bT zu 303; EDWARDS 1970, 22.

301 1. VH = 23.262; ≈ 297. — **ἱππεῦσιν μὲν πρῶτ(α):** Im Gegensatz zu dem sehr ähnlichen Versanfang in 297 folgt auf μὲν πρῶτ(α) kein antithetisches δέ mit einer Beschreibung, wie Nestor die Fußsoldaten antreibt: Agamemnon spricht ihn vorher an (312ff.): KIRK; WEST 2011, 145. — **ἀνώγει:** jüngere Plpf.-Bildung auf -ει zum präsentischen Perf. ἄνωγα (287n.) mit dem älteren Präteritum in der 3. Pers. Sg. ἄνωγεν (1.313n.; 6.170n.); im Gegen-satz zu dem allgemeineren ἐπετέλλετο im gleichen Vers leitet es eine präzise Anordnung ein (302): LfgrE s.v. ἄνωγα 962.72ff. u. 967.11ff.

302 **ἐχέμεν:** Wie die Erläuterung in 304f. zeigt, bed. es hier 'zurückhalten', d.h. 'nicht über die Schlachtlinie vordrängen lassen und in Ordnung halten' (LfgrE s.v. ἔχω 840.1ff.; AH). — **κλονέεσθαι ὁμίλῳ:** κλονέομαι bed. 'sich zusammenballen, sich verknäueln' (18.7n.), hier mit den Wagen im gegnerischen Heer (ὁμίλῳ 'in der Menge'), d.h. 'sich im Getümmel verheddern' (LfgrE s.v. κλονέω).

303 **μηδέ:** verbindet die folgende präzise Anordnung in direkter Rede mit der allgemeineren in indirekter Rede in 302 (AH; zur Abfolge 301–302n.). — **ἱπποσύνη:** 'Fahrkunst' (SCHA-DEWALDT), d.h. vom Wagenlenker 'Geschicklichkeit im Lenken von Gespann und Wagen' (16.776n.), vom Besitzer des Wagens 'Geschicklichkeit bei den Anordnungen an den Wa-genlenker betreffend Richtung, Taktik etc. im Kampf', hier und 11.503 (dort von Hektor): LfgrE. — **ἠνορέηφι:** ἠνορέη ist ein Abstraktum, das von ἀνήρ mit dem Suffix -ίη abgelei-tet ist (mit äol. -ρε- statt -ρι-) und 'Mannhaftigkeit' bedeutet (vgl. lat. *vir-tus*), oft i.S.v. 'Tapferkeit' (LfgrE; RISCH 133). — **πεποιθώς:** steht sehr häufig am VE in Verbindung mit Abstrakta (6.505n.; vgl. 17.329 πεποιθότας ἠνορέη τε am VE).

304 2. VH ≈ 5.135. — Mit der Lokalisierung ist die Stellung vor der Schlachtfront, vor den anderen Kämpfern desselben Kontingents, gemeint (VAN WEES 1997, 676).

μεμάτω: 3. Sg. Imp. zu μέμονα ('streben, den Drang haben'); μέμονα ist oft mit einem Inf. der Bed. 'kämpfen' (vgl. 6.120n.) oder 'töten' verbunden und bez. im kriegerischen Kon-

---

301 πρῶτ(α): 297n. — τοὺς μέν: parallel zu μέν πρῶτ(α). — ἀνώγει: Plpf. zum präsentischen Perf. ἄνωγα 'heißen, befehlen' (mit AcI).

302 σφούς: Poss.-Pron. der 3. Person (R 14.4). — ἐχέμεν: zur Form R 16.4. — μηδέ: 246n.

303 μηδέ: verneint μεμάτω (304). — ἠνορέηφι: Dat. Sg. (R 11.4).

304 πρόσθ(ε): = πρόσθεν.

text den "energ. aggress. Drang" (LfgrE s.v. 122.61ff.). — **Τρώεσσι μάχεσθαι:** flektierbare VE-Formel der Figuren-Sprache[P] (16.209n.).

305 rückwärts weichen: gemeint ist hinter die Schlachtlinie (AH). — **leichter:** zu erg.: als wenn ihr meinen Rat befolgt, d.h. beide Anordnungen (303–305; AH). Gleiche Versstruktur wie in 307: Auf eine Anordnung in der 3. Sg. Imp. folgt nach der Zäsur B 1 eine sehr allgemein gehaltene Begründung (KIRK). — **ἀλαπαδνότεροι:** ἀλαπαδνός ist ein Adj. auf -vo- zu ἀλαπάζω (*ἀλαπάδ-ιω) 'entleeren, berauben, zerstören' (33, 40 u.ö.); es bed. 'entleert, schwach' (LfgrE; RISCH 97f.; SCHW. 1.489).

306 ὃς δέ κ' ἀνήρ: = 14.376, 19.167. — **ἀπὸ ὧν ὀχέων:** betont: 'von seinem Wagen aus' und zwar zwischen den anderen in der Schlachtreihe, nicht davor (303f.): FAESI; LEAF. — **ἅρμαθ':** zur Bezeichnung eines einzigen feindlichen Wagens mit dem Plural ἅρμαθ' 226n.

307 2. VH ≈ 56 (s.d.). — so: betont den Vorteil gegenüber dem Kampf vom Wagen aus vor der Schlachtlinie (303f.): AH.

ἔγχει ὀρεξάσθω: ὀρέγω bed. im Med. öfter 'sich (st)recken', hier wie 5.851f. mit der Lanze (ἔγχει instr.): 'ausholen'; ähnl. 13.190 (δουρί): LfgrE s.v. ὀρέγω 762.59ff., 763.24ff. — **ἐπεὶ ἦ:** 'da ja' (AH); zu ἦ s. 55–56n. — **φέρτερον:** Zur Bedeutung von φέρτερος 55–56n.; in unpersönlichen Ausdrücken wie hier bezeichnet es die bessere Alternative (noch 1.169, *Od.* 12.109, 21.154).

308 Mit einem Angriff eines Geschwaders von Wagenkämpfern konnte man nie eine befestigte Stadt erobern, weder in der Ägäis noch im Orient (YADIN 1963, 69; CROUWEL 1992, 107 Anm. 562). Die Zerstörung von Städten muß sich deshalb allgemeiner auf einen Sieg in einem Krieg wie demjenigen gegen Troia beziehen (KIRK zu 301–9), wobei der Bezug auf die Vergangenheit zu einer übermenschlichen Erhöhung der Taten beitragen mag (vgl. 297–309n. a.E.). — **so:** "auf das Vorhergehende zurückweisend, erläutert durch 309" (AH).

οἱ πρότεροι: Männer früherer Zeiten und Generationen; positiv konnotiert wie in 5.637, *Od.* 8.223, 11.630 sowie Hes. *Th.* 100, *Op.* 160, wo πρότερος auf Helden wie Herakles oder Theseus bezogen ist (LfgrE s.v. πρότερος 1574.34ff.). — **πόλιας καὶ τείχε(α):** fast begriffliche Einheit: Die Mauern gehören zwingend zur Vorstellung von einer Stadt (SCULLY 1990, 48). Das spricht eher gegen die Hypothese einer urspr. Bed. von πόλις als 'Hochburg, Festung' (allg. dazu ablehnend LfgrE s.v. πόλις 1345.33ff.; pro: WEST 2007, 452f.). — **πόλιας:** Akk.-Pl. von dem *i*-Stamm πόλις, mit der Endung der kons. Deklination; dient als metr. Variante neben πόλῑς und πόλεας (zwei- oder dreisilbig; hier weniger gut bezeugt, s. *app. crit.* bei WEST) und ist auch in *Od.* 8.560, 8.574 und *h.Cer.* 93 belegt: G 74; CHANTR. 1.218. — **ἐπόρθεον:** πορθέω ist Intensivum zu πέρθω 'zerstören' (im Kompositum in 2.691, außerhalb der Ilias noch 2× *Od.*, 1× *hom.H.*): LfgrE; RISCH 309. Zur Lesart

---

305 ἀναχωρείτω· ἀλαπαδνότεροι: zum Hiat R 5.6.

306 κ(ε): = ἄν (R 24.5). — ἀπὸ (ϝ)ῶν: zur Prosodie R 4.3. — ῶν: Poss.-Pron. der 3. Person (R 14.4). — ἵκηται: mit Akk. Obj., 'herankommt, erreicht'.

307 ὀρεξάσθω, ἐπεί: zum Hiat R 5.6. — ἦ: 'wirklich' (R 24.4).

308 τείχε' ἐπόρθεον: zum Hiat R 5.1; zur Synizese R 7.

ἐπόρθεον mit Synizese und ohne Kontraktion G 43 u. 45; *app. crit.* bei WEST; KIRK zu 308–9; SOMMER 1958, 159f.

309 νόον καὶ θυμόν: Nestors strategische Anordnungen, die Taktik, sind damit gemeint (JAHN 1987, 74), die frühere Generationen als richtig erkannt und befolgt haben (MARG 1938, 46), wobei in der nur hier belegten Verbindung νόος mehr das Rational-Intellektuelle bezeichnet, θυμός wohl eher das Willensmäßige, die Absicht, die zu praktischem Handeln führt (Mut, Aktivität): 'Kalkül und Kampfgeist' (LfgrE s.v. νόος 427.32ff.; JAHN a.O. 74f.; GASKIN 1990, 6). — ἐνὶ στήθεσσιν: zur Lokalisierung des θυμός 289n.; der νόος wird ebenfalls auch sonst in der Brust angesiedelt, so in 3.63, 9.554, 13.732, 3× *Od.*, Hes. *Th.* 122 (vgl. 24.41, s.d.): CLARKE 1999, 65.

310 1. VH ≈ 73 (s.d.). — Rede-Abschluß[P] mit einer Verdeutlichung, wie die Kampfparänese aufgefaßt werden soll ('Illokution': 5–6n., 2.224n.), indem die Erfahrung des Redners hervorgehoben wird; sonst stehen solche empfehlenden Hinweise auf einen Redner meistens in der Rede-Einleitung, z.B. 1.73 (DE JONG [1987] 2004, 199. 202). Zur Vorstellung, daß das Kriegshandwerk erlernbar ist, 16.811n. Nestor hat sich schon früh Kenntnisse erworben (*pálai* 'von alters her', vgl. 11.719), sein Alter verstärkt aber diese Erfahrung (*gérōn* 'Greis' vielleicht betont: DE JONG a.O. 285 Anm. 6). Allgemein wird die Lebenserfahrung hoch gewichtet, und Alter und Weisheit werden oft verbunden: 322–323n., 1.259n., 3.108–110n.; s. auch 13.355, 21.440, (ROISMAN 2005, 113. 117 Anm. 24) πολέμων ... εἰδώς: zum partitiven Gen. bei εἰδώς 'sich verstehend auf' 196–197n.

311 ≈ 255, 283 (s.dd.), 8.278; 1. VH bis zur Zäsur B 2 ≈ 10.190, *Od.* 5.486, 13.226, 22.207, 24.504. — Element 4 der Typischen Szene[P] Ankunft ist wie in 255 (s.d.) und 283 variiert: Erwähnt wird nicht das Herantreten der Figur[P], sondern ihre Reaktion. Der Vers erinnert so daran, daß Agamemnon zuschaut und zuhört (293–310n.), und bereitet gleichzeitig auf die Rede vor (Element 5: 312–316), in der der Feldherr seine Genugtuung über Nestors Umsicht äußert und ihn wie anderswo seiner besonderen Wertschätzung versichert (297–310n.; 2.404–409n.).

312 ≈ 284 (s.d.).

313–316 Mit den beiden unerfüllbaren Wünschen wird ähnlich (mit z.T. demselben Wortlaut) wie gegenüber den Aianten in 288f. Lob ausgesprochen (KIRK zu 313–6). Dabei zollt Agamemnon dem alten Anführer Nestor Anerkennung, indem er wie in 2.371–376 dem Wunsch die Realität entgegenstellt (315a *allá* 'aber...'), um dann aber mit einem weiteren unerfüllbaren Wunsch zu enden (315b–316; LOHMANN 1970, 59 mit Anm. 102). Der nostalgische Blick auf die Vergangenheit entspricht demjenigen Nestors (318f., 7.132f./157, 11.670, 23.629), der aber nicht

---

309 νόον: = νοῦν.

310 εὖ (Ϝ)ειδώς: zur Prosodie R 4.4.

311 τόν: demonstrativ-anaphorisch (R 17); Akk.-Obj. zu ἰδών.

312 μιν: = αὐτόν (R 14.1).

dabei stehenbleibt (322–325n.). Zur Thematisierung abnehmender Kampftüchtig-keit und schwindender Körperkräfte 24.368–369n., 24.486–489n.; zum Wunsch nach vermehrter Körperkraft vgl. auch 16.722–723n. und BIERL 2016a, 316–319.

313–314 313: ≈ 360; vgl. 289 (s.d.). 2. VH von 314: ≈ 7.157, 11.670, 23.629, *Od.* 14.468, 14.503. — **Alter:** respektvolle Anrede (1.26n.). — **Knie:** Ihre Beweglich-keit ermöglicht erst den Kampf, weshalb sie als Kraftzentrum betrachtet werden (19.166n.).

εἴθ(ε) … | … ἔποιτο: Der kupitive Opt. kann bei Homer auch bei unerfüllbaren Wünschen stehen (16.722–723n.), so auch im ähnlichen Wunsch Nestors in 11.670. Der folgende un-erfüllbare Wunsch in 315f. wird dagegen mit ὡς ὄφελεν + Inf. ausgedrückt (s.d.). — θυμός: betont die "innere[n] Komponente": viell. "Kampferfahrung und taktisches Ge-schick" (JAHN 1987, 227), was zur Umsicht, mit der Nestor vorgeht (293–310), passen würde; es kann aber auch nur wie in dem ähnlichen Vers 289 der zugrundeliegende Wille, die Energie gemeint sein, der die körperlichen Kräfte nicht entsprechen (314; BÖHME 1929, 35; CLARKE 1999, 57 Anm. 5; der gleiche Gegensatz findet sich in 19.164–166, s.d.). — φίλοισιν: fungiert als Possessivpron. (3.31n.). — ἔποιτο: 'folgen, zukommen', hier i.S.v. 'gehorchen', so daß jemand über etw. verfügen kann; ähnl. *Od.* 20.237 δύναμις καὶ χεῖρες ἔπονται und *Il.* 4.415 (s.d.): LfgrE s.v. γόνυ 175.63; s.v. ἕπομαι 656.60ff. — βίη: 'Körper-kraft' (3.45n.), hier als Gegensatz zu θυμός (313); sie wird auch in 8.103 Nestor abgespro-chen (dort von Diomedes; VERNANT 1982, 74 Anm. 51). — ἔμπεδος: 'fest, zuverläßig', hier, wie häufig, von der gesunden, jugendlichen Kraft, '(noch unverändert) vorhanden' (s. Iterathalbverse): LfgrE s.v. ἔμπεδος.

315 τείρει: 'reibt auf, bedrängt', vom Alter als Ursache auch 24.489 (s.d.); ähnl. vom Alter als Agens, dem eine Person ausgesetzt ist, in Nestors Antwort 321 ἱκάνει, sowie in 1.29, 8.103, 18.515, 23.623 (VIVANTE 1970, 188; KELLY 2007, 149). — ὁμοίιον: 'gemeinschaft-lich' i.S.v. 'alle involvierend, keinen verschonend' (18.242n.). Das Alter als Lebensab-schnitt wird oft noch negativer bewertet und mit στυγερός (19.336, *h.Ven.* 233), χαλεπός (8.103, 23.623, *Od.* 11.196), ὀλο(ι)ός (Hes. *Th.* 604, *h.Ven.* 224), λυγρός (*Il.* 10.79; *Od.* 24.250) u.ä. charakterisiert, am ausführlichsten (darunter auch mit ὁμοίιος) in *h.Ven.* 244–246 (LfgrE s.v. γῆρας; FALKNER [1947] 1995, 9). — ὡς ὄφελεν: ὡς unterstreicht das Be-dauern (3.173a n.); zu ὄφελον als Ausdruck unerfüllbarer Wünsche 1.353n.

316 1. VH ≈ *Od.* 11.176. — ἔχειν: erg. als Objekt γῆρας, wie in *Od.* 24.249f. γῆρας | λυτρὸν ἔχεις (AH). — κουροτέροισι: 'jünger', substantiviert, betont stärker als κοῦρος den Alters-unterschied (CHANTR. 1.257); mit dem Suffix -τερος, das von alters her einen Kontrast be-zeichnet (vgl. lat. *dex-ter, sinis-ter, al-ter* usw.), wobei oft der andere Teil des Gegensatz-paares im Positiv bleibt, z.B. παῖδας und γέροντας neben θηλύτεραι δὲ γυναῖκες 8.518ff. (G 79; RISCH 92 mit Anm. 79).

317 = 8.151, 9.162, 10.102, 10.128, 10.143, 11.655, 14.52, *Od.* 3.102, 3.210, 3.253. — τὸν δ' ἠμείβετ' ἔπειτα: Rede-Einleitungsformel[P] für eine Antwort-Rede (14.52n.). — Γερήνιος ἱππότα Νέστωρ: VE-Formel (insges. 21× *Il.*, 10× *Od.*, 1× Hes.). Zum Ursprung und zur

---

313 ὡς: 'in dem Maße, wie'. — στήθεσσι: zum Plural R 18.2.
314 τοι: = σοι (R 14.1). — γούναθ': = γόνατα (R 12.5).

Bed. von Γερήνιος (wohl Adj. zu Gerenia od. Gerenos, Name einer Stadt in Messenien) 2.336n.; FRAME 2009, 12 Anm. 6; ἱππότα (etwa 'Wagenritter') ist ein Epitheton von Helden der älteren Generation, mit der wohl aus dem Vok. übertragenen Nom.-Endung -ă (2.336n.; FRAME a.O. 15f. mit Anm. 15); viell. hier im Zusammenhang mit Wagenkämpfern kontextsensitiv (vgl. 297–309n. u. 322; DELEBECQUE 1951, 165).

318–319 Nestor nimmt Agamemnons Wunsch auf und bestätigt, daß das auch sein eigener ist (313–316n.). Im Gegensatz zu anderen Gelegenheiten, wenn Nestor seine verlorene Kraft bedauert (7.132f., 11.670f., 23.629f.), folgt hier nur ein kurzer Hinweis auf eine vergangene Tat (319): Eine lange Erzählung hätte keine paradigmatische Funktion (319n.; vgl. schol. bT zu 319: nicht der richtige Zeitpunkt; FALKNER [1947] 1995, 18; VESTER 1956, 64) und würde die Szene unnötig verlängern (WEST 2011, 145).

318 1. VH bis zur Zäsur C 1 ≈ 266 (s.d.). — **ἐθέλοιμι:** Potentialis als höfliche Willensäußerung, wie auch in 3.41, 23.594 u.ö. (SCHW. 2.330). Die Lesart τοι der meisten Hss. beruht vielleicht auf dem Einfluß von 266 (*app. crit.* bei WEST); deshalb liest WEST das etwas weniger gut bezeugte κεν, wobei eine Modalpartikel beim Potentialis im hom. Epos noch nicht notwendig ist (SCHW. 2.324).

319 Ereuthalion: In 7.132–156 erzählt Nestor ausführlich von seiner Tötung des arkadischen Vorkämpfers, dem sich auf dessen Herausforderung hin niemand von den Pyliern außer ihm, dem jungen Mann, entgegenzustellen wagte. Wie weit der Mythos vom Kampf zwischen Arkadern und Pyliern historische Hintergründe hat (etwa den Zusammenbruch der myk. Palastverwaltung in Pylos) und ob er zu einem pylischen Sagenkreis wie die Erzählungen in 11.670ff., 23.629ff. gehört oder eine *ad hoc* Erfindung ist, ist umstritten (WILLCOCK 1964 [2001], 146; WEST 1988, 160; KIRK zu 7.123–160; ALDEN 2000, 75. 83f. Anm. 31). Die (in der Erzählung in 7.132ff. fast unbesonnen wirkende) Tötung des Ereuthalion mag hier jedenfalls dazu dienen, die in 320 folgende Gnome zu illustrieren (ähnlich BARCK 1976, 97; LOWENSTAM 1993, 134f.) und zum zweiten Teil der Rede überzuleiten, in dem auf den gleichwertigen, sich ergänzenden Einsatz der zwei Generationen der Kämpfer hingewiesen wird.

ὣς … ὣς: zu ὣς erg. ἦν (AH); zum prädikativ gebrauchten Adv. 58n.; ἔμεν ist Vollverb. — **δῖον:** 223n. — **Ἐρευθαλίωνα:** Der hist. nicht belegte Name ist wohl vom argivischen Ortsnamen Ἐρευθαλίων, einer Denominativbildung zu ἐρυθρός, 'rot', abgeleitet (v. KAMPTZ 134. 289) — **κατέκταν:** Wurzelaor. zu κατακτείνω, häufiger in der 3. Sg., (κατ)έκτα (z.B. 2.662, *Od.* 1.300); die Formen im Sg. sind sekundäre Analogiebildungen zum Plural, belegt in ἔκταν, ἔκταμεν (*Il.* 10.526, 3× *Od.*): CHANTR. 1.381.

320 1. VH = 13.729; bis zur Zäsur A 4 = 7.217, 17.354; 'Hes.' *fr.* 43a.52 M.-W. – Die Vorstellung, daß die Götter – hier als allg. Urheber nicht näher bestimmt (vgl.

---

318 κεν: = ἄν (R 24.5). — ἐγών: = ἐγώ.
320 δόσαν: sog. gnom. Aorist.

Jörgensens Prinzip^P) – Gaben verleihen, jedoch nicht allen das gleiche und auch
nicht alle Vorzüge gleichzeitig einer Person geben, ist im hom. Epos immer wieder anzutreffen (1.178n., 19.218–219n., 24.529–530n.). Hier ist speziell an die
körperliche Kraft (*bíē*, 325), die nur Menschen in der Jugend verliehen wird, und
die Besonnenheit (*boulḗ*, 323), über die nur ältere Kämpfer verfügen, gedacht
(KEMPER 1960, 18f.; VAN DER MIJE 1987, 257; vgl. VON DER MÜHLL 1952, 86:
"Tat in der Jugend und Rat im Alter" sind gemeint). So ist zwar eine gewisse Zustimmung zur vorherigen Rede und ein resignierter Ton wie sonst in Nestors Erinnerungen an seine verflossene Jugendkraft zu spüren, andererseits aber auch ein
klarer Hinweis auf die Vorzüge des Alters und eine Abwehr gegen seine Herabsetzung. Indem er mit einer Gnome (wie oft in anderen Reden: 1.274n.) im Zentrum der Rede seine Lebensweisheit demonstriert, verteidigt Nestor seine wichtige
Funktion als Ratgeber, auf die er noch deutlicher in 322ff. zu sprechen kommt
(322 *allá kái hōs* 'aber auch so…'): AHRENS 1937, 15; VAN DER MIJE a.O. 257;
Parallelen zu zentralen Gnomen in einer Rede s. LOHMANN 1970, 67 Anm. 112.
Vielleicht ist mit dem Plural *anthrṓpoisin*, 'den Menschen', implizit auch Agamemnon gemeint, der jünger und ein guter Kämpfer ist, aber nicht immer Einsicht
zeigt (LARDINOIS 1997, 226; vgl. Nestors erkennbare Skepsis an der Erfüllbarkeit
von Agamemnons Traum, 2.80–82n.).

Aristarch hat den Vers athetiert, weil er aus 13.729 übertragen sei (schol. A; *app. crit.*).
Dort ist mit ἅμα 'in ein und derselben Person' gemeint, während hier offen ist, ob 'gleichzeitig' oder 'alles und jedes' (zu πάντα) zu verstehen ist; beides ist gut möglich (VAN DER
MIJE a.O.). Der Übergang zu V. 321 mit seiner Antithese Jugend-Alter hat offenbar auch
nicht passend gewirkt, und man hat die Stelle als eine Abwertung des Alters (als nicht er-
strebenswerte Gabe der Götter) empfunden (LÜHRS 1992, 186f.). Das Ende der Rede (322–
325) macht aber klar, daß die Gnome keineswegs so gemeint ist (s.o.): KIRK zu 320–1;
LÜHRS a.O.; KEMPER a.O.

321 Der Vers ergänzt und verdeutlicht den vorhergehenden: Nestor macht klar, daß er sich in
beiden Lebensaltern schon bewähren konnte. Deswegen ist der Vers nicht überflüssig (*app.
crit.* bei WEST; KIRK zu 320–1). — εἰ: nicht kondizional, sondern vergleichend wie in
15.724f.: "εἰ dient hier dazu, eine Tatsache der Vergangenheit festzustellen, um derselben
eine Tatsache der Gegenwart entgegenzusetzen" (AH). — ἔα: 1. Sg. Impf. v. εἰμί (G 90),
nur noch in 5.887, *Od.* 14.222 und 14.352 belegte Variante von ἦα; wohl aus Quantitätenmetathese entstanden (CHANTR. 1.71), möglich ist hier aber auch eine Längung des -α der
unaugmentierten Form vor der Zäsur (LEAF; zu den anderen Stellen WYATT 1969, 144f.).
— ἱκάνει: in fast allen Hss.; Aristarchs Lesart ὀπάζει ('verfolgt, setzt mir zu') verstärkt die
negative Sicht auf das Alter, was nicht zu der vorhergehenden Gnome paßt (s.o. u. 320n.):
LÜHRS 1992, 186 Anm. 128; s. auch den Hinweis im *app. crit.* bei WEST auf dieselbe oder
eine ähnliche Schwankung in der Überlieferung in 8.103 und 23.623.

322–323 Nestors Rolle beruht darauf, daß man die Erfahrung der Älteren schätzt
und ihre Überlegenheit im Rat und bei taktischen Entscheidungen allgemein anerkennt (1.259n.; 310n.). Sie haben einen Anspruch, gehört zu werden; da hingegen

Jüngere über weniger Erfahrung verfügen, können sie nicht gleichermaßen gut beraten und müssen sich dafür im Kampf bewähren (324f.). Während Nestor nicht mehr aktiv kämpft (2.601n. mit Lit.; zu seiner Rolle auch HELLMANN 2000, 45f.), wird dafür seine Führungskompetenz besonders geschätzt (311–314; 2.21n.); er hat sie gerade eben wieder unter Beweis gestellt (293–310).

322 1. VH = 11.720; bis zur Zäsur A 4 8× *Il.*, 7× *Od.*, 1× Hes.

323 1. VH = *Od.* 13.298, 16.420, *h.Merc.* 467; 2. VH = *Il.* 9.422; ≈ 16.457, 16.675, 23.9, *Od.* 24.190, 24.296; von der Zäsur C 2 an *Od.* 24.255. — μύθοισι: hier wie in den Iteratversen neben βουλή und mit der Konnotation 'Plan' (3.212n.; zu μῦθος als autoritativem, wirksamem Wort Nestors MARTIN 1989, 104f.). — τὸ γάρ: typische Einleitung von sentenzenartigen Aussagen (16.457n.; s. die Iterathalbverse u. z.B. 9.706, 19.161). Mit τό wird das vorhergehende κελεύσω βουλῇ καὶ μύθοισι zusammengefaßt. — γέρας: 'Anrecht, Vorrecht, Aufgabe' (24.70n.; LfgrE s.v. γέρας 135.49ff.); daß der Ilias-Dichter das Wort in seiner ursprünglichen Bedeutung 'Privileg der Alten' versteht, zeigt das vorl. Klangspiel mit dem etymologisch verwandten γερόντων (RANK 1951, 82; zur Etymologie LfgrE a.O. 134.32ff.).

324 αἰχμὰς ... αἰχμάσσουσι: Das nur hier im fgrE belegte αἰχμάζω ('eine Lanze werfen') ist ein Denominativum zu αἰχμή, mit dem es hier in einer wohl emphatisch wirkenden *figura etymologica* verbunden ist (LfgrE; RISCH 297; CHANTR. 2.41). — νεώτεροι: wie in *Od.* 3.49 u.ö. nicht als Komparativ zu verstehen, sondern kontrastierend gegenüber γερόντων in 323: 'die Jüngeren' (WITTWER 1970, 61, mit Hinweis auf schol. A zu 324–325; zum Suffix -τερος 316n.). — οἵ περ: 'die doch': begründet den Hauptsatz und appelliert an die Erfahrung des Angesprochenen (2.286n.; AH).

325 1. VH vgl. *h.Cer.* 116; 2. VH ≈ 12.135, 12.153, 12.256. — ὁπλότεροι: 'jünger' (14.267–268n.); wohl urspr. 'bewaffnet', also 'stärker' (2.707n.). — γεγάασι: 40–41n.

326 = 272 (s.d.).

327–363 Die ganze Szene besteht aus vier Teilen: einer Situationsbeschreibung (327–331a), mit einer anschließenden Erklärung (331b–335), Agamemnons Rede (336–348), der Erwiderung des Odysseus (349–355) und Agamemnons Gegenrede (356–363). Die Szene ist die eine der beiden letzten in der *Epipólēsis*, in denen Agamemnon jeweils die Angesprochenen, Odysseus zusammen mit Menestheus bzw. Diomedes zusammen mit Sthenelos, heftig schilt (336, 368). Schon vorher sollten wohl Anklänge an Odysseus' frühere Rede an die heimwärts strebenden Achaier andeuten, daß Agamemnon nun wieder seine paränetischen Aufgaben als Oberanführer selbst wahrnehmen kann; dies wird nun verstärkt vorgeführt (232–250n.; BERGOLD 1977, 77; HAFT 1989/1990, 103). Man hat Agamemnons Verhal-

---

322 ὧς: = οὕτως. — μετέσσομαι: zum -σσ- R 9.1.

323 τό: demonstrativ-anaphorisch (R 17), Subjekt zum Prädikat γέρας ἐστί.

324 ἐμεῖο: = ἐμοῦ (R 16.4).

325 γεγάασι: 3. Pl. Perf. zu γίγνομαι.

326 = 272 (s.d.).

ten – seinen scheinbar nichts als ungerechten Tadel – wiederholt als sehr negativ beurteilt (338–348n., 358–363n.; TAPLIN 1990, 66). Es liegt aber die besondere Situation 'vor dem Kampf' vor, in der das Heer mit (gelegentlich übermäßigem) Lob und Tadel motiviert werden muß (338–348n.; vgl. auch Diomedes' Verteidigung des Anführers 413, s.d.); daß Agamemnon sein Ziel erreicht, zeigt sich in der folgenden Antwort (354n.). Durch Agamemnons Kritik wird somit auch Odysseus' überlegte Reaktion hervorgehoben, der nicht wie Diomedes später Agamemnon Vorhaltungen macht (9.32ff.): REICHEL 1994, 215. Die Szene gibt im übrigen insgesamt ein differenziertes Bild von Agamemnon: Er wirkt hier beweglicher als am Anfang der Ilias, wenn er, – vielleicht auch zur Einsicht gekommen, Odysseus zu sehr angegriffen zu haben – in seiner zweiten Rede einen Konflikt vermeidet und sogleich Odysseus' Loyalität zu bewahren sucht.

327 Element 3 der Ankunftsszene (69–82n.; 86–92n., 292–325n.). — **Menestheus:** Anführer des athenischen Kontingents (328, 2.546ff.); in der Ilias wie im Mythos ohne große Bedeutung (2.552n.), was verschieden erklärt wird (LfgrE mit Lit.: seine Rolle aus verdunkelter ererbter Tradition? WILAMOWITZ 1916, 273 Anm. 1: att. Interpolation; speziell zu seiner Nennung im Schiffskatalog 2.546–556n., 2.552n.; WEST 2001, 178f.: wohl schon vom Ilias-Dichter erwähnt, athen. Erweiterungen; allg. zu att. Interpolationen GT 5). Auch hier bleibt er stumm, obwohl er explizit von Agamemnon angeredet wird (338). Weshalb er hier mit Odysseus in einer Einzelszene erscheint, ist nicht klar. Eine spätere attische Hinzufügung der Figur hätte eine tiefgreifende Bearbeitung der ganzen Szene bedingt (nicht nur eine Hinzufügung von ein paar Versen) und ist daher nicht wahrscheinlich. Es ist eher anzunehmen, daß Menestheus als praktische Zweitfigur Odysseus beigegeben ist, ähnlich wie in der folgenden Szene Sthenelos (367n.) und wie in den vorhergehenden Meriones (254n.), Teukros (273n.) und Nestors Unteranführer (295–296n.) den Hauptadressaten Agamemnons beigesellt sind. Möglicherweise ist der Vergleich mit Nestor in 2.553ff. dafür verantwortlich, daß der Ilias-Dichter gerade ihn assoziativ hier als Figur auf die Szene mit Nestor folgen ließ (KIRK zu 327–9; WEST 2011, 145).

Zum VA vgl. 365 (zu ηὗρε 200n.). Zur häufigen Asyndese und zur Struktur des Verses mit Enjambement KIRK zu 363–365; CLARK 1997, 70. — υἱὸν Πετεῷο: flektierbare Junktur (wie hier nach der Zäsur A 1 noch 338, 13.690; am VE 2.552, 12.331, 'Hes.' fr. 200.3 M.-W. [ergänzt]; vgl. 12.355). Zur Form Πετεῷο 2.552n. — Μενεσθῆα: Μενεσθεύς ist eine Kurzform als metr. bequeme Variante zu Μενεσθένης (16.173n.; KAKRIDIS 1981, 50). — πλήξιππον: verbales Rektionskompositum zu πλήττω (RISCH 192), 'Pferde schlagend' (d.h. peitschend), von Wagenlenkern (LfgrE; DELEBECQUE 1951, 41); generisches Epitheton[P] von Helden und Völkern (2.104n.).

---

327 Πετεῷο: zur Flexion R 11.2. — Μενεσθῆα: zur Flexion R 11.3, R 3.

328 stand: In Ankunftsszenen wird häufig jemand im Stehen angetroffen (90n.;
2.170n.); hier aber ist es betont, und in dieser Szene wird insgesamt 4× eine Form
von *hestēkénai*, 'stehen' verwendet, noch 329, 331 und 334, hier und an den zwei
letzteren Stellen ebenfalls im Enjambement: Agamemnon trifft Menestheus und
Odysseus wie später Diomedes und Sthenelos (366f.) nicht in Bewegung an, im
Gegensatz zu Idomeneus und Meriones (252–254), Aias und Teukros (274–282)
sowie Nestor (294). Menestheus und Odysseus stehen mit ihren Truppen bereit
zum Kampf (KURZ 1966, 62); die Erklärung des Erzählers[P] dafür, warum sie sich
nicht bewegen, folgt in 331b–335. Darauf läßt er Agamemnon ihre Haltung als
untätiges Abseitsstehen kritisieren (336–348; 340 *aphéstate* 'ihr steht abseits'):
331–335n.

ἀμφί: wie in 330 adverbial ('zu beiden Seiten', d.h. von Menestheus), zu erg. ἕστασαν
(AH). — μήστωρες ἀϋτῆς: eigtl. 'Meister, Erreger des Kampfgetümmels', dann wohl verblaßt zu 'kampferprobte Krieger', Epitheton von Anführern (16.759n.; LfgrE s.v. μήστωρ),
hier von den athenischen Truppen, viell. als Hinweis auf ihre Wehrhaftigkeit trotz ihrer ab-
wartenden Haltung (vgl. 330n.). μήστωρ bed. eigtl. 'wer durch Klugheit und Geschicklichkeit etw. zu bewirken weiß': 6.97n.; LfgrE. Zur Flexion mit -ωρ- 14.318n.

329 vielverständige: Standard-Epitheton des Odysseus, der sich durch seine Fähig-
keit zu strategischem Denken auszeichnet (3.200n.).

330 Kephallenen: Gesamtheit der Gefolgsleute des Odysseus, die sowohl von den
Inseln als auch vom Festland stammen (2.631–632n.). Daß sie als 'nicht schwach'
(Litotes) bezeichnet werden, weist auf die Wehrhaftigkeit der Truppen hin; im folgenden wird daher der Umstand erklärt, warum sie noch stehen bleiben (331b–
335): schol. bT.

στίχες: 90n. — οὐκ ἀλαπαδναί: zur Bed. 305n.; häufig wie hier formelhaft am VE mit
Negation (τῶν τε σθένος οὐκ ἀλαπαδνόν 5.783, 7.257, *Od.* 18.373, ähnlich Hes. *Op.* 437;
außerdem *h.Merc.* 334).

331–335 Der Erzähler[P] nimmt gleich die Erklärung vorweg, weshalb die Athener
und Kephallenier noch dastehen, so daß die 340 folgenden Vorwürfe von seiten
Agamemnons vom Rezipienten sofort richtig eingeordnet werden können: Sie
werden in ihrer übertriebenen Schärfe der eigentlichen Situation nicht gerecht
(vgl. 347n.). Ähnlich ist z.B. die Funktion einer auktorialen Erklärung von Tatsachen, die den Figuren[P] unbekannt sind, in 22.326–329 (Hektors Verwundung):
RICHARDSON 1990, 147f. Weil die Truppen den Abmarsch in den Kampf von ein-

---

328 ἑσταότ(α): = ἑστῶτα, Ptz. Perf. zu ἵσταμαι (vgl. R 6).
329 ὅ ... Ὀδυσσεύς: ὅ demonstr.-anaphor. (R 17), dazu als Apposition Ὀδυσσεύς. — ἑστή-
κει: zur augmentlosen Form R 16.1.
330–331 πάρ: = παρά (R 20.1), adv., 'daneben'. — ἀμφὶ ... | ἕστασαν: zur sog. Tmesis
R 20.2; ἕστασαν = εἱστήκεσαν. — σφιν: αὐτοῖς (R 14.1). — ἀκούετο: medial (R 23), dazu
gen. obi. ἀϋτῆς.

zelnen Heeresteilen auf beiden Fronten bemerken (332f., vgl. 347f.; zu ihrer Stellung viell. etwas weiter entfernt vom Geschehen 220–421n.), horchen sie auf Gebrüll (331, 334) als Indiz, daß nach dem Anmarsch dieser Heeresteile der Kampf begonnen hat (331, 335), um nach dem Vorrücken noch einer einzigen Formation (334) auch aufzubrechen und in den Kampf zu ziehen. Der Erzähler läßt aber den Anmarsch der zwei großen Heere während der *Epipólēsis* andauern und schildert ihn erst nachher ausführlich gemäß seiner Bedeutung 422–544n., 422–445n. Der Kampf und mit ihm der Lärm im Getümmel setzen erst danach ein (Hinweis auf den Lärm: 450, 456). Odysseus und seine Leute können gemäß der Erzählung noch kein Schlachtgebrüll hören.

331 σφιν: *dat. ethicus*, gemeint sind Odysseus und Menestheus, denen ihre Abteilungen (λαός) unterstehen (FAESI; zur Bed. von λαός 28n.). — ἀκούετο: einziger Beleg für mediales Impf. von ἀκούω (aber med. Fut. 15.96, 15.199, *h.Merc.* 334, 566): LfgrE s.v. ἀκούω 432.17f. Vor der bukolischen Diärese stehen öfter Medialformen als metrisch bequeme Varianten mit der Bedeutung, die sonst die aktivischen Formen haben (ebenso z.B. διώκετο 21.602, *Od.* 18.8; HOEKSTRA 1965, 106; ERBSE 1980, 243; kurz ALLAN 2003, 207f.). — ἀϋτῆς: hier als Zeichen für den Kampf, 'Schlachtgebrüll' (weder Geschrei beim Anmarsch noch ein Angriffssignal ist gemeint): LfgrE s.v. ἀϋτή 1594.63ff.

332 von der Zäsur C 1 an = 281 (s.d.), 427, vgl. 16.280. — **aufbrechend:** gr. *synorinómenai* 'sich *miteinander* in Bewegung setzend' (jeweils sowohl die Troer als auch die Achaier): "Das [...] Gesamtaufgebot rückt im Regelfalle synchron vor"; bei einer sehr langen Front "pflanzt sich die [...] Vorwärtsbewegung [...] [entlang der Front] mit einem Verzögerungseffekt [...] fort" (LATACZ 1977, 54).

333 bis zur Zäsur C 2 ≈ 3.127, 3.131, 3.251, 8.71; 1. VH = 2.230, 4.355, 6.461, 11.568; ≈ 8× *Il.* — ἱπποδάμων: zum generischen Epitheton[P] 'rossezähmend' (auch in 352 und 355) 80n.

334 πύργος: bez. konkret einen Turm (3.149n.), hier und in 347 metaphorisch eine dichtgeschlossene Formation von Kriegern, die sozusagen ein Bollwerk, einen 'liegenden Turm' bilden (das Adverb πυργηδόν bezieht sich in 12.43, 13.152, 15.618 auf den dichten Zusammenschluß von Männern): LfgrE s.v. πύργος 1663.5ff.; LATACZ 1977, 52; LEAF.

335 Τρώων ὁρμήσειε: ὁρμάω mit Gen. des Zieles (ebenso 14.488, s.d.); wie in 2.794 (s.d.) *opt. obl.* als Ausdruck der Sekundären Fokalisation[P]. — ἄρξειαν πολέμοιο: Entweder ist μένοντες (333) Subjekt (AH) od. πύργος, das als Kollektivbegriff aufzufassen ist (FAESI; KIRK zu 333–335).

---

332 νέον: adv., 'eben erst'. — κίνυντο: zur augmentlosen Form R 16.1.

333–335 μένοντες | ... ⟨εἰς τότε⟩, ὁππότε ... | ... ὁρμήσειε: 'den Zeitpunkt abwartend, zu dem ... aufbrechen würde' (*opt. obl.*).

333 καὶ Ἀχαιῶν: zur sog. Hiatkürzung R 5.5. — οἵ: zur demonstr.-anaphor. Funktion von ὅ, ἥ, τό R 17.

334 ὁππότε: 229n. — ἐπελθών: 'hervorgerückt'.

336 ≈ 368; 1. VH = *Od.* 17.215. Zur Versstruktur 255n. (dieselbe mit νείκεσσεν ἰδών noch *Il.* 3.38, 6.325). Zusammen mit 368 bildet der Vers einen Gegensatz zu 255/283/311 (LATACZ 1966, 143) und zeigt hier den Wechsel zur Mißbilligung an.

ἄναξ ἀνδρῶν Ἀγαμέμνων: 148n.

337 = 284 (s.d.). Der Vers fehlt in vier Papyri (s. *app. crit.* bei WEST) und ist nach 336 (νείκεσσεν) eine redundante Rede-Einleitung und zu athetieren (3.389n.; APTHORP 1999; WEST 2001, 12f. 190).

338–348 Nach teilweise sehr beleidigend wirkenden Anreden stellt Agamemnon eine Diskrepanz zwischen dem Verhalten der Angesprochenen und ihrer Verpflichtung gegenüber der Gemeinschaft fest (341–348): Ihre Teilnahme an Festmählern, für die die Gemeinschaft aufkommt (344 *ephhoplízōmen* 'wir bereiten zu', d.h. Agamemnon mit dem *démos*, 259–260n.), ist eine Ehre, die zu höchstem militärischen Einsatz innerhalb der Elite der Frontkämpfer verpflichtet (341f.; 259–263n.). Der Eifer beim Essen und Trinken (343f.) paßt nicht zum Warten und Abseitsstehen im Kampf (340, 347f.). Ebenso erinnert (mit z.T. den gleichen Worten, 341b–342 = 12.315b–316) der Lykier Sarpedon seinen Landsmann Glaukos an seine Verpflichtung durch das Privileg, an Festmählern teilzunehmen (12.310–321); der Verweis auf Ehrungen, deren man sich würdig zu erweisen habe, klingt auch in 8.161–163, 8.229–235, 17.225f., 17.249f., 20.83–85 an: CARLIER 1984, 155 mit Anm. 74. 156 mit Anm. 78; STOEVESANDT 2004, 304 Anm. 903. Der Vorwurf, die Athener und die Kephallenier stünden mit ihren Anführern abseits und ließen die anderen vor (340, 347f.), ist aber, wie das Publikum weiß, ungerechtfertigt (331–335: das Warten hat einen anderen Grund): KIRK zu 339; WISSMANN 1997, 57. Dies und die Tatsache, daß Agamemnon ausgerechnet Odysseus so beleidigend provoziert, dem er sehr große Hilfe verdankt (er bringt das Heer davon ab, nach Hause zu fahren, und stellt Agamemnons Autorität wieder her, 2.182–335), hat oft befremdlich gewirkt, und man hat die Rede als Zeichen für Agamemnons Ungenügen als Anführer beurteilt (AH zu 339; BECK 2005, 159f.; KELLY 2007, 148). Es scheint aber, daß die Kritik absichtlich unfair ist, um zu einer Gegenreaktion, d.h. zu gesteigertem Kampfwillen zu provozieren, wie das ja auch von Agamemnon erreicht wird (349–355n.; darauf deutet auch seine Reaktion auf Odysseus' Rede hin: 358–363n.). Das Reizen der Krieger als Ansporn gehört zu den Aufgaben eines Anführers (KRAPP 1964, 79; vgl. schol. T zu 340: der Vorwurf ist protreptisch; SCODEL 2002, 203; 2008, 60; HORN 2014, 75), und der Vorwurf der Feigheit trifft die empfindlichste Seite der Helden (vgl. 13.246–273; WISSMANN a.O. 60).

---

336 δὲ (ϝ)ιδών: zur Prosodie R 4.3. — νείκεσσεν: zum -σσ- R 9.1.
337 = 284 (s.d.).

338 ≈ 5.464, 12.355. — Die Nennung des Vaters ist wie auch in der Anrede des Diomedes an sich normal, vielleicht aber eine Erinnerung, sich des Vaters würdig zu erweisen (HORN 2014, 43; von Peteos ist außer seiner Vaterschaft nichts überliefert).

υἱὲ Πετεῷο: Kürze im *longum* vor der Zäsur A 4 (M 8), öfter im Vokativ (24.88n.), hier wohl wegen der Übertragung der flektierbaren Formel (327n.) in den Kasus mit kurzer Endsilbe (vgl. 155n.). — **διοτρεφέος βασιλῆος**: flektierbare VE-Formel (24.803n.). διο-τρεφής ('von Zeus genährt') ist ein generisches Epitheton[P] bei Heroen (meist Menelaos) und bei Appellativa wie hier (24.553n.).

339–340 Die Alliterationen mit k-Lauten unterstreichen wohl die Beschimpfung (allg. zu den Alliterationen 2.50–52n.).

339 Odysseus wird im Gegensatz zu Menestheus (338) sehr kränkend und ohne Namensnennung angefahren, weshalb er allein auf Agamemnons Rede hin reagiert (349ff.): MARTIN 1989, 70; STEINRÜCK 1992, 102; zur These einer späteren Hinzufügung der Figur des Menestheus 327n. Die Anrede bezieht sich auf die konkrete Situation: Odysseus werden taktische Ränke zur Vermeidung des Kampfes an der Front unterstellt. Für Odysseus ist listiges Handeln charakteristisch (in *Od.* 9.19f. z.B. über sich selbst: 'ich bin Odysseus, ..., der ich mit allen möglichen/allerart Listen die Menschen beschäftige'; sein Epitheton ist *polýmētis* 'vielverständig', s. 349n.). Diese Eigenschaft wird ambivalent beurteilt (3.202n.), hier negativ, indem das gr. Wort *dólos* 'List', das an sich nicht nur negative Konnotation hat, noch ein Attribut erhält (LfgrE s.v. δόλος; LUTHER 1935, 117).

κακοῖσι δόλοισι κεκασμένε: κεκασμένος ist Ptz. zum Perf. κεκάσθαι 'sich auszeichnen, übertreffen' (14.124–125a n.; 16.808n.), mit *dat. instr.* κακοῖσι δόλοισι, ähnlich mit negativ Gewertetem *Od.* 19.395f. ἐκέκαστο | κλεπτοσύνῃ θ' ὅρκῳ τε (LEAF). — **κερδαλεό-φρον**: Possessivkompositum (RISCH 184), 'dessen Sinn auf den eigenen Vorteil gerichtet ist' (1.149n.); es wird mit den in 340ff. folgenden Vorwürfen an Odysseus und Menestheus, sich und ihre Leute im Kampf schonen, aber selbst von Ehrungen profitieren zu wollen, erläutert (LUTHER 1935, 76).

340 situationsbezogen in der Rede wie in 2.23 (s.d.), bezogen auf die Schilderung 333–335: DE JONG (1987) 2004, 109. 268 Anm. 27. Dabei klingt gleich der Vorwurf an, sich nicht am Kampf zu beteiligen und abseitszustehen, wie in anderen Reden (14.363–377n.).

τίπτε: 243n. — **καταπτώσσοντες**: 224n.

---

338 διοτρεφέος: zur unkontrahierten Form R 6. — βασιλῆος: zur Flexion R 11.3, R 3.
339 κακοῖσι δόλοισι: zur Flexion R 11.2.
340 μίμνετε: ≈ μένετε.

341 ≈ *Od.* 6.60; 2. VH = *Il.* 12.315. — **μέν:** 'wahrhaftig', hebt σφῶϊν hervor: So wird "die Identität des Subjekts bei adversativen Prädikaten" betont (AH), einerseits von μετὰ πρώτοισι ἐόντας | ἑστάμεν ἠδὲ … ἀντιβολῆσαι (341f.) und andererseits von καταπτώσσοντες ἀφέστατε, μίμνετε (340). Zugleich bereitet μέν den Gegensatz νῦν δέ vor (347): AH; LEAF; zum Übergang des Dativs σφῶϊν zum Akk. ἐόντας als Merkmal mündl. Sprache SLINGS 1994, 420f. — **ἐπέοικε:** im hom. Epos nur in direkter Rede, Digamma (Vorform: *ἐπι(ϝ)έ(ϝ)οικε) stets vernachlässigt (G 26); mit Dat. der Pers. ('steht wohl an, paßt zu, gehört sich für') nur hier und 22.71: LfgrE s.v. ἔοικα 622.45ff., z.St. 59ff. — **πρώτοισιν:** 'die ersten', d.h. 'die vordersten', wie in 5.536, 9.709, 12.321, 20.338 u.ö.; auch πρόμαχοι 'Vorkämpfer' (354) genannt (LATACZ 1977, 151); sie kämpfen in der ersten Reihe der Phalangenformation und gehören zu den durch ihre Leistung ausgewiesenen Besten; sie sind also keine Elite-Formation (3.16n.). Zur Verbindung μετὰ πρώτοισι ἐόντας vgl. die VE-Formel μετὰ/ἐνὶ πρώτοισι μάχεσθαι/μάχονται 5.536, 9.709, 12.321, 20.338 und bloßes μετὰ/ἐν(ὶ) προμάχοισι nach der Zäsur A 2 in 458, 11.188, 11.203, 11.744 u.ö. (der Wechsel πρόμαχοι/πρῶτοι erfolgt *metri causa*).

342 = 12.316. — **hitzigen:** i.S.v. mörderischen; das Feuer dient oft als Metapher für die Kampfwut (6.328f.: Krieg und Kampfwut sind entbrannt, s.d.; 18.1: kämpfen nach der Art eines Feuers: s.d.; Krieger werden mit einem Feuer verglichen: 18.154, s.d. mit Lit.).

ἑστάμεν: 'standhalten', wie im Itervers und in 11.410, gegensätzlich zu ἀφέστατε (340): AH; KURZ 1966, 63. — **καυστειρῆς:** 'brennend' (zu καίω), nur noch im Itervers belegt (LfgrE). Die Endbetonung im Gen. zum Nom. *καύστειρα entspricht dem ererbten Akzentwechsel in μία, μιᾶς: WACKERNAGEL (1914) 1953, 1175f.; FRAENKEL 1910, 13f.; WEST 1998, XXI. — **ἀντιβολῆσαι:** ἀντιβολέω, ein Denominativum zu *ἀντίβολος (SCHW. 2.97; zum Akzent RISCH 197), einem verbalen Rektionskompositum zu intrans. βάλλω ('einer, der sich entgegenwirft'), bed. 'in den Weg kommen, begegnen, sich entgegenstellen', z.B. 7.114, 16.847, hier mit Gen. μάχης καυστειρῆς 'aufsuchen, um daran teilzunehmen' (LfgrE s.v. ἀντιβολέω 932.22ff.; 933.50ff.), wobei die Vorstellung der Bewegung die des Stehens (ἑστάμεν) ergänzt (KURZ 1966, 63).

343 Menestheus wird hier zwar als Teilnehmer der Ehrenmähler durch die Anrede eingeschlossen, gehört aber offenbar nicht zu den Gästen in 2.404–409 (schol. A; zu Menestheus in der vorl. Szene s. auch 327n.). Allerdings richtet sich Agamemnons Rede hauptsächlich an den bedeutenderen Odysseus, wie auch aus seiner nur an diesen gerichteten Erklärung 358ff. hervorgeht; außerdem ist die Zahl der Gäste nicht feststehend, und es können zu einem Mahl auch andere Gäste zusätz-

---

341 σφῶϊν: Personalpron. der 2. Pers. Dual im Dat. (R 14.1). — μέν: ≈ μήν (R 24.6). — τ(ε): 'episches τε' (R 24.11). — μετά (+ Dat.): 'mit'. — ἐόντας: = ὄντας (R 16.6), mit σφῶϊν zu verbinden; Subjektsakk. zu den Infinitiven in 342.

342 ἑστάμεν: = ἑστάναι (R 16.4). — ἠδέ: 'und' (R 24.4). — καυστειρῆς: zum -η- nach -ρ- R 2.

343 πρώτω: Nom. Dual (R 18.1). — ἀκουάζεσθον: 2. Pers. Dual Präs. Med. zu ἀκουάζομαι 'horchen auf'. — ἐμεῖο: = ἐμοῦ (R 14.1).

lich vom Oberanführer eingeladen und dadurch ausgezeichnet werden (10.217): AH, Anh. zu 343f.

πρώτω: "ist mit Beziehung auf μετὰ πρώτοισιν 341 mit Nachdruck vorangestellt" (AH). — **δαιτὸς ἀκουάζεσθον ἐμεῖο:** ἀκουάζομαι (nur noch *Od.* 9.7, 13.9, akt. ἀκουάζοντα *h.Merc.* 423) ist ein Denominativum zu ἀκουή und bed. 'auf einen Ruf, Schall, der von etwas ausgeht (ἀκουή) hören, lauschen' (RISCH 297; LfgrE). Die syntaktische Verbindung mit den zwei Genetiven ἐμεῖο und δαιτός wurde schon im Altertum als merkwürdig empfunden (δαιτός mit possessivem ἐμεῖο passe von der Bed. her nicht als Gen.-Obj. zu ἀκουάζεσθον: LEAF). Aristarch hingegen (schol. A), dem sich die meisten Gelehrten anschließen, nimmt eine Ellipse von περί vor δαιτός an und bezieht beide Gen. auf ἀκουάζεσθον: 'vom Mahle her / in Bezug auf das Mahl / auf eine Mahlzeit hört ihr mich', d.h. 'wenn es vom Mahle her tönt und ich euch dann auffordere, seid ihr auch die ersten, darauf zu hören' (LfgrE; AH; FAESI; LEAF; ausführlich zu den verschiedenen Versuchen AH, Anh. zu 343f.). Wegen der Schwierigkeiten hat NAUCK καλέοντος statt καὶ δαιτός gelesen (*app. crit.* bei WEST), was zwar nicht überliefert ist, aber gut passen würde (LEAF). Zu einer möglichen Entstehung des Verses (urspr. δαιτός abhängig von ἀντιβολεῖτον gedacht) s. WEST 2001, 190.

344 1. VH ≈ 9.70. — Die Mahlzeiten werden auf Kosten der ganzen Gemeinschaft für die Führungsschicht ausgerichtet, hier die 'Alten' genannt (259–260n.).

ἐφοπλίζωμεν: oft von der Zubereitung eines Mahles (19.172a n.).

345 2. VH ≈ 22.347. — **Fleisch:** Der wichtigste Bestandteil der Ehrenmahlzeit (BRUNS 1970, 46). — **Becher:** Die Form des *kýpellon* genannten Trinkgefäßes ist nicht ganz klar (24.101n.; ebenso die des *dépas:* 3n.).

ὀπταλέα: Adj. mit Calandschem Suffix -αλέος zu ὀπτός, ὀπτάω: 'geröstet' (LfgrE; RISCH 104). — **κρέα:** < *κρέϝασα; mit zwei Kürzen, ebenso 8.231, 9.217, 22.347, *Od.* 12.395, 20.348, elidiert κρέ' *Od.* 3.65, 9.297; danach wohl in Analogie γέρᾳ (2.237n.): SOMMER 1957, 145–151.

346 1. VH ≈ 12.320. — **οἴνου ... μελιηδέος:** flektierbare Formel, hier mit Hyperbaton; μελιηδής bed. 'honigsüß, wohlschmeckend' (6.258n.). — **ὄφρ' ἐθέλητον:** iterativ; ähnlich 263 πιέειν ὅτε θυμὸς ἀνώγοι (FAESI).

347 zehn: hyperbolische Zahl (2.489n.); Agamemnon stichelt und unterstellt Odysseus, er warte zu lange; tatsächlich achtet dieser aber nur auf den Auszug einer weiteren Formation (333f.).

φίλως: 'gern', in Verbindung mit ὁρῶτε ähnlich wie *Od.* 8.450 ἀσπασίως ἴδε; nimmt φίλ(α) in der gleichen Versposition in 345 auf und wirkt so besonders provozierend (AH). — **εἰ:** Der Nebensatz hat die Funktion des Objekts zu ὁρῶτε (BÄUMLEIN 1861, 151; LANGE 1872/73, 473). — **πύργοι:** 334n.

345–346 φίλ(α): Prädikatsnomen, zu erg. ἐστί. — ἔδμεναι ... | ... πινέμεναι: finale Inf., abh. v. φίλα (zur Form R 16.4). — ὄφρ(α): 'solange' (R 22.2). — ἐθέλητον: 2. Dual Konj. Präs. Akt. zu ἐθέλω (R 18.1).

347 χ': = κ(ε) = ἄν (R 24.5). — ὁρόωτε: zur ep. Zerdehnung R 8.

348 νηλέϊ χαλκῷ: VE-Formel, meist im Zusammenhang eines Kampfes; νηλεής bed. 'mitleidlos, erbarmungslos', χαλκός steht metonymisch für jede mit Metallteilen versehene Waffe (3.292n., dort auch zur Form νηλέϊ).

349–355 Auf die Rede antwortet nur Odysseus, da v.a. er direkt angegriffen worden ist (339n., 343n.; zu Menestheus' Rolle s. auch 327n.). Agamemnons Provokation (338–348n.) ist gelungen: Odysseus ist empört (349n.). Er geht auf den Vorwurf im einzelnen gar nicht erst ein, sondern beruft sich wie andere Helden, denen man Feigheit vorwirft, selbstbewußt auf seinen Mut, den er beweisen will (351–355; vgl. 13.270f., 13.775ff., 17.179ff.; s. auch Stellen bei STOEVESANDT 2004, 286 Anm. 850); er dreht aber auch den Spieß um und unterstellt Agamemnon unterschwellig Drückebergerei (353n.), wobei er mit seinem Wortspiel (354n.) zugleich seine rhetorischen Fähigkeiten beweist, mit denen er sich gegenüber der Rede des Oberfeldherrn überlegen gibt (355): FENIK 1968, 169; MARTIN 1989, 70f.

349 = 14.82, *Od.* 8.165, 18.14, 22.60, 22.320; ≈ 18.337, 19.70, 22.34; 1. VH (mit leichten Varianten) 17× *Il.* (darunter 411), 9× *Od.* — Der immer in Rede-Einleitungen[P] erwähnte Blick von unten drückt Empörung über die Verletzung sozialer Normen aus (14.82n.); hier ist es der Zorn über die ungerechtfertigte Kritik und den unterschwelligen Vorwurf der Feigheit (338–348n.), der die Ehre des Helden (*timé*) angreift. Der Vers bereitet somit den Inhalt der Rede vor. — **vielverständige:** 329n.

ὑπόδρα: zur Wortbildung 1.148n.

350 = 14.83; ≈ *Od.* 1.64, 3.230, 5.22, 19.492, 21.168, 23.70. — Der Formelvers, immer zu Beginn einer Rede, drückt eine scharfe Zurechtweisung aus (14.83n.). — **Ἀτρεΐδη:** 266n. — **ἕρκος ὀδόντων:** 'Zaun aus Zähnen' (zur Grundbed. von ἕρκος 299n.); VE-Formel (s. Iteratverse; 14.83n.).

351–353a Es sind zwei Interpungierungen möglich (schol. A zu 351–353): (1) Ein Semikolon nach μεθιέμεν (351) und ein Komma nach ἄρηα (352; bevorzugt von schol. A a.O.; AH; FAESI; WEST) oder (2) ein Komma nach μεθιέμεν und ein Semikolon nach ἄρηα (LEAF; KIRK). Im ersten Fall beginnt zwar der Nebensatz zur Einleitung einer längeren Periode mitten im Vers, aber zu ὁππότε gibt es Parallelen in 13.271, *Od.* 14.217 (*app. crit.* bei WEST); der Konj. ἐγείρομεν ist dann prospektiv, zu ὄψεαι (353). So ergibt sich ferner ein Gegensatz zu 344 und eine Vorbereitung auf 354 (den Kampf an der Front). Schließlich ist ὄψεαι so nicht asyndetisch angeschlossen (*Il.* 9.359 ist keine echte Parallele). Im zweiten Fall bezieht sich der Nebensatz auf μεθιέμεν und der Konj. ist iterativ, was aber vom Sinn her nicht so gut paßt: Es geht um das Zurückbleiben, nicht um die jeweiligen Vorbereitungen. Diskussion der Interpungierung bei AH mit Anh. mit Hinweis auf ein Argument in schol. A zu 351–353.

---

348 ὑμείων: = ὑμῶν (R 14.1), zu προπάροιθε. — **μαχοίατο:** zur Endung R 16.2.

349 τόν: demonstrativ-anaphorisch (R 17). — **ὑπόδρα (ϝ)ιδών:** zur Prosodie R 4.3.

350 σε … ἕρκος: Akk. des Ganzen und des Teils (R 19.1). — **σε (ϝ)έπος:** zur Prosodie R 4.3.

351 πῶς: 26n. — **μεθιέμεν:** erg. ἡμᾶς; zur Bed. und zur Verbindung mit πολέμοιο und zur metr. Dehnung des Stammanlauts 234n.

352 = 19.237; ≈ 8.516, 19.318; 1. VH ≈ 8.110, 17.230 (ferner im präpositionslosen Gen./Akk.: 333n. bzw. 80n.). — **ἐγείρομεν ὀξὺν ἄρηα:** VE-Formel (5× *Il.*: 2.440n.); ἐγείρω in metaphor. Verwendung vom Wecken des Kampfes auch mit Obj. μάχην, πόλεμον u. φύλοπιν (LfgrE s.v. ἐγείρω); zum sog. metonymischen Gebrauch von Ἄρης/ἄρης für den Wirkungsbereich des Gottes s. auch 2.381n.

353 = 9.359; 1. VH ≈ 8.471, *Od.* 24.511; vgl. *Od.* 20.233, *h.Merc.* 181. — Gr. *ópseai* 'du wirst sehen' steht emphatisch am VA, als Gegensatz zu *phḗs* 'du sagst, behauptest' (351; AH); zu ähnlichen Prophezeiungen eines bestimmten Anblicks 14.145n. mit Lit. – Wie in 9.359 (als Achilleus seine Heimfahrt ankündigt) ist *ēn ethélēstha* 'wenn du willst' sehr spöttisch: Es unterstellt, Agamemnon sei feige und werde sich von der Front, an der Odysseus kämpft (354), wohlweislich fernhalten wollen (schol. bT; KIRK). — **kümmert:** steigernd: suggeriert, Agamemnon interessiere das eigentlich gar nicht.

ἦν: Diese Form (CHANTR. 2.279–282) ermöglicht es, zweimaliges κ(ε) zu vermeiden (zur Verhinderung solcher Repetitionen VAN DER VALK 1964, 313f.); die in zwei Hss. überlieferte Verbindung der beiden Modalpartikel ἦν κ(ε) (s. *app. crit.* bei WEST) wäre nicht regulär (1.168n.).

354 2. VH ab der Zäsur C 1 ≈ 5.134, 8.99, 13.642, 15.457; *Od.* 18.379. — Die Verwendung des eigenen Namens und erst recht die seltene Periphrastische Benennung[P] mittels eines 'Paidonymikons' wie hier 'des Telemachos lieber Vater' wirkt emphatisch (1.240n.; 2.260n.; LfgrE s.v. Τηλέμαχος 458.31f. mit einem arab. Bsp.; KELLY 2007, 84). Die Umschreibung für Odysseus findet sich sonst nur noch in 2.260, und ob sie hier an eine bestimmte Erzähltradition anspielt – etwa an Odysseus' vorgetäuschten Wahnsinn bei der Anwerbung für den Zug nach Troia, der nur nach dem Beizug seines kleinen Sohnes entlarvt wurde ('Kyprien': Prokl. *Chrest.* § 5 West) – ist nicht klar (2.260n. mit Lit.; SCODEL 2002, 15; WEST 2011, 107). Die Emphase in der Bezeichnung deutet jedenfalls darauf hin, daß Telemachos eine den Hörern aus früherer Dichtung bekannte Figur war (WEST 2011, 107; vgl. schol. A: setzt Odyssee voraus – was zu weit geht). Darüber hinaus liegt vielleicht ein etymologisches Wortspiel[P] mit der Bedeutung des Namens vor: *Tēlé-machos* bed. 'Fern-Kämpfer', d.h. Bogenschütze. Der Sohn ist nach einem

---

351 μεθιέμεν: = μεθιέναι (R 16.4). — **ὁππότ(ε):** zum -ππ- R 9.1; in prospektivem Sinn, ohne ἄν (R 21.1).

352 Τρωσὶν ἔφ': = ἐπὶ Τρωσίν (R 20.2). — **ἐγείρομεν:** kurzvokal. Konj. (R 16.3). — **ἄρηα:** zur Flexion R 12.4.

353 ὄψεαι: zur unkontrahierten Form R 6. — **ἐθέλησθα:** zur Endung R 16.2. — **αἴ κεν:** ≈ ἐάν (R 22.1, 24.5). — **τοι:** = σοι (R 14.1). — **τά:** demonstrativ-anaphorisch (R 17). — **μεμήλῃ:** Perf. von μέλει mit Präs.-Bed. ('wenn es dich interessiert').

354 μιγέντα: Ptz. Aor. (ingressiv) zu μείγνυμαι 'sich mischen unter'.

Charakteristikum des Vaters wie z.B. Astyanax benannt (6.402–403n.; v. KAMPTZ 31f.). Der Bogen wird zwar fast ausschließlich in der Bogenprobe der Odyssee mit Odysseus verbunden; aber dies steht nicht im Gegensatz zur Darstellung von Odysseus als Hoplit in der Ilias (DIHLE 1970, 158 Anm. 38, mit Lit.). Odysseus beteuert nun, so wahr er der Vater des *Tēlé-machos* sei, so werde er sich doch unter die Vor-Kämpfer der Troer (*pro-máchoisi*) mischen und sie bekämpfen (RISCH [1947] 1981, 309; RANK 1951, 69f.; WEST 2011, 145f.; KANAVOU 2015, 108f.). — **Vorkämpfern:** gegen die Vordersten der Troer, d.h. an der Front, wo die Elite kämpft, so wie es Agamemnon erwartet (341n., 373). Tatsächlich erscheint Odysseus später an der Front, als er Demokoon tötet (494ff., s.d.): LENTINI 2006, 24.

355 1. VH = 333 (s.d.). — Die Aussage, Agamemnon rede ins Leere, schließt die Rede wirkungsvoll ab: "Der Satz wiederholt den Vorwurf der Frage 351" (AH).
ἀνεμώλια βάζεις: flektierbare VE-Formel (noch *Od.* 4.837, 11.464). βάζω bed. 'reden', oft mit einem inneren Akk. verbunden (14.92n.), hier mit dem prädikativen ἀνεμώλια. Dieses Wort, zu ἄνεμος, aber in seiner genauen Wortbildung unklar (LfgrE; FRISK), bed. 'windig, windartig', metaphorisch von Worten wie hier und *Od.* 4.837, 11.464 'aus der Luft gegriffen, erfunden, unzutreffend, haltlos' (oriental. Parallelen bei WEST 1997, 253). Odysseus weist damit die Vorwürfe Agamemnons als haltlos zurück, um so mehr als die Schlacht noch gar nicht begonnen hat (LfgrE s.v. ἀνεμώλιος).

356 ≈ 8.38, 10.400, *Od.* 22.371; *h.Ap.* 531; 2. VH = *Il.* 1.130, 1.285, 2.369, 4.188 (s.d.), 7.405, 10.42, 14.41. — Zum Ersatz des Rede-Abschlusses[P] durch die Rede-Einleitung[P] der Gegenrede 50n. — **mit einem Lächeln:** einerseits wohl, weil Agamemnon erreicht hat, was er wollte – die absichtliche Reizung (338–348n.) – andererseits, um Odysseus gegenüber Freundlichkeit zu signalisieren (ARNOULD 1990, 89; ZANKER 1994, 26; SCODEL 2008, 60).

357 2. VH = *Od.* 13.254. — Das Folgende erläuternder Vers, zwischen Rede-Einleitung[P] und direkter Rede wie z.B. in *Il.* 2.790 eingeschoben (s.d.).
χωομένοιο: erg. αὐτοῦ; abh. von γνῶ, bei dem als Verbum der Wahrnehmung manchmal ein *Gen. partitivus* steht: 'als er an ihm merkte, daß er zürnte' (SCHW. 2.105f.), Gen. wie *Od.* 21.36, 23.109 (jeweils in den meisten Hss.; AH). — πάλιν ... λάζετο μῦθον: 'ergriff, d.h. lenkte das Wort in die Gegenrichtung': er wandte sich von der Schelte zur Anerkennung (LfgrE s.v. πάλιν 944.13ff.; schol. D). Die Wendung signalisiert den Ton der folgenden Rede, ähnlich wie in 15.660, 20.15 (DE JONG [1987] 2004, 204), die sich denn auch gleich mit der Anrede in 358 (s.d.) von der früheren Ansprache in 339 unterscheidet (AH).

358–363 Agamemnon weiß, daß Odysseus grundsätzlich loyal ist (360–361n.), daß er ihm aber auch nur durch einen freiwilligen Fahneneid verpflichtet ist (266–267n.) und seine Rede als Verletzung seiner Ehre (gr. *timḗ*) betrachten könnte, die allenfalls eine vollständige Genugtuung nötig macht und eine gewaltsame Lösung

---

357 γνῶ: zur augmentlosen Form R 16.1. — ὅ: demonstrativ-anaphorisch (R 17). — λάζετο: 3. Sg. Impf. zu λάζομαι ≈ λαμβάνω.

verlangt (HORN 2014, 129). Deswegen spricht er ihn gleich ehrenvoll an (358n.).
Man hat das Folgende der Rede verschiedentlich als ambivalent beurteilt und das
Fehlen einer expliziten Entschuldigung und eines echten Angebots zur Wiedergutmachung festgestellt (HOHENDAHL-ZOETELIEF 1980, 9f. 14; KIRK zu 359; SCODEL
2008, 100–102). Die Betonung darauf, daß seine Rede nicht zu negativ sei (359),
mag defensiv klingen (SCODEL a.O. 101), appelliert aber auch an die Situation
(den Appell zum Kampf) und im folgenden an das vertraute Verhältnis (KULL-
MANN 1956, 120). Der Schluß der Rede (362f.) klingt allerdings einerseits etwas
unpersönlich (*éirḗtai* Passiv: 'ist gesagt') bzw. ausweichend (*aressómeth'* Fut.
'wir werden miteinander in Ordnung bringen'), so daß es scheint, der Feldherr
wolle seine Verantwortung für seine Worte nicht offen vor Odysseus' Leuten
übernehmen. Odysseus erwidert nichts, was wohl bedeuten soll, daß er zumindest
vordergründig diese Rede als Wiedergutmachung akzeptiert. Sein großer Einsatz
im folgenden weist aber darauf hin, daß er sich beweisen will (354n.). Auch an der
Gesandtschaft zu Achilleus nimmt er teil und verwendet sich für Agamemnon
(9.180f., 223ff.); wenn er den Oberfeldherrn später angreift, geht es um die Sache
(14.83–102n.), auch wenn seine Worte recht hart sind und höchstens von einem
gewissen Ressentiment zeugen.

358 = 2.173, 8.93, 9.308, 9.624, 10.144, 23.723 und 15× in der Odyssee. — Die
Anrede an Odysseus steht im Gegensatz zu Agamemnons vorheriger in 339: Mit
dem Vier-Wort-Vers (228n.) und der Ganzvers-Anrede (285n.) wird nun die Bedeutung von Odysseus vor seinen Leuten hervorgehoben (vgl. 14.104 Agamemnons Anrede nach Odysseus' Kritik im kleinen Beraterkreis: nur 'Odysseus!').
Statt des bloßen *sý*, 'du', in 339 wird nun ein Patronymikon ('Laertes-Sohn') mit
einem Epitheton (*diogenḗs* 'gottentsprossen') gewählt, das ein generisches Epitheton[P] von Helden ist (1.337n.). Auch Odysseus' Intelligenz wird nicht mehr als etwas Negatives (Hinterlistiges) angesprochen: *poly-mḗchanos* ('einfallsreich'), gehört neben *polý-mētis* u. *poikilo-mḗtēs* zu den distinktiven Epitheta des Odysseus,
die dessen Klugheit und Findigkeit unterstreichen (2.173n.; vgl. 1.311n., 2.169n.):
WIESSNER 1940, 22 (wenig überzeugend KIRK und im Anschluß LfgrE s.v.
πολυμήχανος 1400.30ff.: das Epitheton sei ambivalent, das Beleidigende also nur
gemildert).

Λαερτιάδη: Patronymikon zu Λαέρτης, einem zu λαός und ὄρνυμι gebildeten Namen mit
der Bed. 'der die Männer antreibt', wohl ähnl. myk. *e-ti-ra-wo* (/Erti-laos/; DELG s.v. Λαέρτης); ein Bezug des Namens zur Rolle des Odysseus im 2. Gesang ist nicht ganz ausgeschlossen (v. KAMPTZ 33. 77).

359 Der Sprecher zeigt, daß er das Wirkungsvermögen, also die illokutionäre Kraft
seiner Worte anerkennt, ähnl. über eigene und fremde Reden in 184, 5.492,

---

358 διογενές: Anfangssilbe metr. gedehnt (R 10.1).

15.665, 21.74 (DE JONG [1987] 2004, 202; s. auch 5–6n.). Es geht, so der Sprecher, nicht um einen übermäßigen Angriff auf den erfahrenen Anführer. Es ist also
kein Versuch, durch unklare Worte die Verantwortung für seine Rede zu ver-
schleiern (so KIRK): Die Kritik an sich wird nicht geleugnet.

νεικείω … κελεύω: "die Präsentia von der in der Gegenwart fortdauernden Absicht, wir:
'ich will gescholten haben'" (AH). — περιώσιον: zu περί, mit dem Suffix -σιος, in Analogie zu ἐτώσιος 'wirkungslos' (CHANTRAINE 1933, 42), bed. 'im Übermaß, allzu sehr'; nur
noch Od. 16.203, h.Cer. 362, hom.h. 19.41; hier adv. Akk.: LfgrE.

360–361 Agamemnon gibt Odysseus zu verstehen, daß er seine loyale Einstellung
ihm gegenüber kennt (LfgrE s.v. ἤπιος 930.52f.). Er weiß, daß Odysseus die
Adelsnorm verinnerlicht hat (14.83–102n.), und läßt erkennen, daß er sich Odysseus' Bedeutung bewußt ist. Dazu dürfte auch dessen Verdienst gehören, das Heer
vor einer überstürzten Heimfahrt zurückgehalten zu haben (2.182–335): BERGOLD
1977, 77; KIRK. Wenn Agamemnon dabei die innere Verbundenheit betont (361),
entschärft er mit dem freundschaftlichen Ton die Vorwürfe, etwa so wie Athene in
ihrer Anrede an Diomedes (5.826; KULLMANN 1956, 120f.).

360 ≈ 313, Od. 8.178, 23.215. — οἶδα γάρ, ὡς: flektierbare VA-Formel (noch Od. 5.423,
10.267, 11.69; mit οἶσθα: Il. 24.662, Od. 23.60). — θυμὸς ἐνὶ στήθεσσι: zur flektierbaren
Junktur 152n. Der θυμός ist hier als Subjekt geistiger Tätigkeit mit emotionaler Komponente eine Umschreibung für die Person (LfgrE s.v. θυμός 1085 58ff.; CLARKE 1999, 69;
vgl. 2.851n.); zur Lokalisierung in der Brust 289n. — φίλοισιν: 313n.

361 2. VH ≈ Od. 7.312. — ἤπια δήνεα οἶδε: in Hes. Th. 236 am VE. δήνεα (Neutr. Pl.),
wohl zu δαῆναι, διδάσκω, bed. 'Pläne, Absichten', noch Od. 10.289, 23.82 u. Hes. Th.
236 (LfgrE). ἤπιος bed. 'dem Interesse (eines anderen) förderlich, entgegenkommend,
freundlich, loyal' (LfgrE s.v. ἤπιος 930.22ff.). εἰδέναι kann eine moralische Einstellung
od. ein soziales Verhalten bezeichnen (2.213n.); in der Verbindung mit ἤπια noch Il. 16.73
(Agamemnons Verhalten gegenüber Achilleus), Od. 13.405, 15.39, 15.557 (Eumaios gegen
Odysseus und Telemachos), Hes. Th. 236. Die Wiederholung οἶδα (360, am VA) – οἶδε
(361, vor der Zäsur B 2) verstärkt vielleicht die Emphase auf der Gemeinsamkeit. —
φρονέεις: 'gesinnt sein, eines Sinnes sein, etw. wollen', hier τά, ἅ: 'übereinstimmen', wie
Od. 7.312, ähnl. Il. 15.50 (LfgrE s.v. φρονέω 1040.61ff.). — τ(ε): wohl als metr. Füllwort
verwendet (RUIJGH 421f.).

362 ≈ 6.526. — ἀλλ' ἴθι: VA-Formel, 'wohlan' (d.h. 'auf zum Kampf!'), mit zusicherndem
ἀρεσσόμεθ(α): 14.267–268n.; FAESI. — ταῦτα: präzisiert im folgenden Kondizionalsatz:
das, was gesagt ist (AH). — ὄπισθεν: 'später'; weil jetzt zu kämpfen ist (AH). — ἀρεσσό-

---

360 τοι: = σοι (R 14.1). — ἐνί: = ἐν (R 20.1). — στήθεσσι: zur Flexion R 11.3; zum Plural
R 18.2.

361 δήνεα (ϝ)οῖδε: zur Prosodie R 4.3. — δήνεα … φρονέεις: zu den unkontrahierten
Formen R 6. — τά: demonstrativ (vgl. R 17), auf den Rel.-Satz vorausweisend. — περ: betont
ἐγώ (R 24.10).

362 ἀρεσσόμεθ(α): zum -σσ- R 9.1.

μεθ(α): kurzvokal. Konj. Aor. od. Ind. Fut. zur Wurzel ἀρε-; bed. eigtl. 'etwas so fügen, daß es paßt', im Med. mit Akk. der Person 'sich versöhnen', hier mit Neutr. ταῦτα 'miteinander in Ordnung bringen' (6.526–527a n.; kaum in Form einer konkreten Kompensation [so SCODEL 2008, 89]).

363 Agamemnon nimmt Odysseus' Kritik am Ende seiner Rede auf (355 *anemṓlia* windig; 363 *metamṓnia* 'mit dem Wind davongegangen') und bekräftigt so, daß seine Worte tatsächlich von Odysseus als 'windig', nichtig betrachtet werden sollen. — **Götter:** nicht vage und nur als Redensart, sondern in ihrer Macht gesehen, aber nicht näher bestimmt (vgl. Jörgensens Prinzip[P]): TSAGARAKIS 1977, 59; CHANTRAINE 1954, 68.

τὰ δὲ πάντα: in 362f. mit ταῦτα bezeichnet und im Kondizionalsatz erläutert (AH). — μεταμώνια: μεταμώνιος ist dissimiliert aus *μετ-ανεμώνιος (SCHW. 1.263) und bed. 'mit dem Wind gegangen', d.h. 'nichtig, zu nichts bringend', hier 'vergangen und vergessen', ohne Wirkung auf die Beziehung zwischen Agamemnon und Odysseus; ein ähnl. Gedanke in *Od.* 8.408f. ἔπος δ' εἴ πέρ τι βέβακται | δεινόν, ἄφαρ τὸ φέροιεν ἀναρπάξασθαι ἄελλαι. Nur hier in der Ilias, sonst noch 5× *Od.* Die Lesart μεταμώλια beruht auf einer schon in der Antike belegbaren Verwechslung mit ἀνεμώλιος (355n.; RENGAKOS 1993, 131): LfgrE.

364–421 Die letzte Szene der *Epipṓlēsis* ist die längste. Auf eine sehr ausführliche, kunstvoll gestaltete Rede Agamemnons (370–400) folgen wie in der vorhergehenden Szene mit Odysseus zwei Erwiderungen. Allerdings spricht hier zuerst nicht die von Agamemnon angesprochene Figur, Diomedes, sondern sein Wagenlenker Sthenelos (401–410); auf dessen Worte reagiert wiederum Diomedes (411–421; zur Dreiteilung BLOM 1936, 41; ein Vergleich mit einer ähnl. Abfolge in 5.628–662 bei FENIK 1968, 66). Die Breite dieser Szene erklärt sich daraus, daß sie als Höhepunkt der *Epipṓlēsis* gestaltet ist (220–421n.; VON DER MÜHLL 1952, 86f.). Die ausführliche Kritik Agamemnons ist zwar wie schon gegenüber Odysseus und Menestheus eigentlich unnötig (366n.) und gegenüber Diomedes besonders scharf (vgl. bes. 370ff., 399f., s.dd.), und es scheint, als ob Agamemnon sich Odysseus' Kritik (349–355) nicht sehr zu Herzen nähme und gegenüber dem jüngeren Diomedes zu ungeschickt dreinfahre (HOHENDAHL-ZOETELIEF 1980, 10); aber die Kritik dient als Folie, vor der die Figur des hier eingeführten Diomedes nachher noch deutlicher erhöht werden kann, und bereitet so auf seine bedeutende Rolle in den folgenden Gesängen vor (EDWARDS 1987, 198): Agamemnons Unterstellung, Diomedes sei ein schlechterer Kämpfer als sein Vater, wird sogleich widerlegt, einerseits durch Sthenelos' Rede, dann aber durch die überlegte, besonnene Reaktion des Angegriffenen: Er weist auf die Umstände der Kritik hin und läßt seinen Worten darauf so bedeutende Leistungen in der Schlacht folgen, daß er nach Achilleus' Ausscheiden vom Kampf eine Zeitlang am erfolgreichsten dessen Lücke füllen wird (Aristie im 5. Gesang) (ANDERSEN 1978, 33; REICHEL 1994, 217f.). Mit Agamemnons Vergleich zwischen dem Vater und dem Sohn wird auch

ein neues Gewicht auf die Frage nach der Beziehung zur Vätergeneration und zu
den Göttern gelegt. Diese Thematik erscheint in den folgenden Gesängen eng verbunden mit Diomedes (370–400n.). Gleichzeitig klingt in der Kritik und den Erwiderungen, vor allem des Sthenelos, auch nochmals der Konflikt zwischen Agamemnon und den übrigen Teilnehmern des Feldzuges an (im 1. und 2. Gesang:
der Konflikt mit Achilleus, der mißglückte Versuch, das Heer durch eine Täuschung anzutreiben, die *Péira*: LOUDEN 2006, 147; vgl. 401–402n.); im Hintergrund des Gegensatzes zwischen Agamemnon und Diomedes steht möglicherweise die im Mythos erkennbare Konkurrenz zwischen Mykene und Argos (VISSER
1997, 457). Diomedes' souveräne Reaktion (412–418n.) bewahrt Agamemnon vor
einem Gesichtsverlust und verhindert eine Eskalation, läßt auch Agamemnon mit
Erfolg seine *Epipṓlēsis* beenden – Diomedes stürzt sich in den Kampf (419–421).
Auch diese positiven Konsequenzen von Diomedes' Reaktion tragen dazu bei, den
Tydeus-Sohn zu erheben. Zur ganzen Szene s. auch CHRISTENSEN/BARKER 2011
(ausführlich, aber mit vielen Ungenauigkeiten).

364 = 292 (s.d.); ≈ 18.468, *Od.* 17.254. — Die formelhafte Wendung signalisiert
Bewegungseinsatz und Schauplatzwechsel (292n.), hier aber nicht von angetroffe-
nen Personen (327f.), die sich in Bewegung setzen (Odysseus und Menestheus
bleiben), sondern von der angekommenen Person (Agamemnon), wodurch der
Vers zur letzten Szene der *Epipṓlēsis* überleitet, die wiederum vom Bewegungseinsatz des Diomedes abgeschlossen wird (419): KURZ 1966, 69.

365 ≈ 5.376, 5.881; vgl. 23.472. — **Diomedes:** Anführer eines Achaier-Kontingents
aus der Gegend von Argos und Tiryns (2.559ff.), in die sein Vater Tydeus einwan-
derte (14.114n.); ersetzt zeitweise Achilleus (Aristie im folgenden Kampf): FM 3;
2.563n., 6.12n.; HE s.v. Diomedes.

Τυδέος υἱόν: flektierbare Formel, auch in 370 (2.406n.; zum metr. System LfgrE s.v.
Τυδεΐδης); zum kurzvokal. Gen. (auch in 370, dazu Dat. Τυδέϊ 372), wie Ἀτρέος (98), und
zur Herkunft des Namens 6.96n. —ὑπέρθυμον: Das Epitheton verschiedener Helden und
der Troer hat meistens positive Konnotation ('hochgemut, selbstbewußt'), kann aber auch
im negativen Sinn verwendet werden ('stolz, übermütig'; Aphrodite bzw. Ares von Diomedes, der sie verletzt hat, in 5.376, 5.881); hier ist es wohl ornamental (2.746n.; anders
FRIEDRICH 2007, 109: positiv, als Gegensatz zu dem negativ beurteilten Agamemnon). —
Διομήδεα: aus Διο- 'von Zeus' (wie Διοκλέης, Διώρης, Διομήδη) und -μήδης von μήδο-
μαι (vgl. Ἑκαμήδη 14.6n., Θρασυμήδεος 14.10; v. KAMPTZ 89); bed. 'von Zeus beraten',
'mit göttlichem Verstand'. Die Bed. des Namens ist möglicherweise nicht einfach nur allgemeiner Art (zu solchen Namen v. KAMPTZ 39f.) und paßt speziell zu Diomedes' Rolle in
der Erzähltradition, wie sie in der Ilias faßbar ist (KANAVOU 2015, 48–50; zu Diomedes'
Verstand s. auch 412–418n.).

---

364 ὥς: 272n. — τούς: zur demonstr.-anaphor. Funktion von ὅ, ἥ, τό R 17. — λίπεν ... βῆ:
zu den augmentlosen Formen R 16.1.

366 = 11.198; ≈ 23.286, *Od.* 17.117; 1. VH ≈ *Il.* 13.261, 20.245, 24.701, *Od.* 11.583, 24.204, 'Hes.' *Sc.* 61 (ἑσταότ' ἐν …). — Auch in dieser Ankunftsszene wird das Stehen betont (366f.; 328n.), hier aber nicht erklärt; es soll wohl einfach als Bereitstehen zum Kampf im Wagen verstanden werden. Diomedes und Sthenelos wären dann nach vorne gefahren, während sich die Heere näherten (221). Agamemnon kritisiert in 371 (s.d.) ihre Haltung als Herumstehen und wohl auch als Bereitstehen zur Flucht mit dem Wagen (zu dessen Funktion bei einem Rückzug 297–300n.). Zur Bekräftigung seines Einsatzwillens springt deshalb Diomedes gleich nach den Reden vom Wagen (419): schol. bT zu 365–366; ALBRACHT 1886, 18; KURZ 1966, 62.

ἵπποισι καὶ ἅρμασι: Die Verbindung von ἵπποι i.S.v. 'Gespann, Wagen' und ἅρμα, letzteres hier im metr. bequemen Plural (226n.), bildet meistens ein *Hendiadyoin* mit der Bedeutung '(bespannter) Wagen' (LfgrE s.v. ἅρμα 1315.51ff.); daß gemeint ist, daß Diomedes auf dem Wagen, nicht inmitten der Pferde und der Wagen steht, geht aus 419 hervor (LEAF). — κολλητοῖσιν: 'festgefügt' aus mehreren Teilen, d.h. solid, stabil; das Mittel der Verzahnung sind Dübel oder Pflöcke, evtl. mit Leim; es bildet mit ἅρμασι eine VE-Formel (19.395n.; DELEBECQUE 1951, 172; PÖHLMANN/TICHY 1982, 300f.). Zur Wortbildung (Verbaladj. von κολλάω 'durch Pflöcke zusammenfügen') LfgrE; PLATH 1994, 237.

367 Sthenelos: zusammen mit Diomedes Anführer des süd-argolischen Kontingents (2.559ff.); er steht hier neben Diomedes als sein Wagenlenker, wie er nachher im Kampf erscheint (5.108ff., 5.241ff., 5.319ff., 5.835ff.): FM 4; 2.563–565n.; LfgrE; zur Bed. des Namens 16.586n.; zu den Aufgaben eines Wagenlenkers allg. 226–230n. — **Kapaneus:** im fgrE nur als Vater des Sthenelos genannt (LfgrE); er ist einer der Sieben gegen Theben (2.564n.) und sein Sohn einer der sog. Epigonen, der Söhne der Sieben, die Theben ebenfalls belagerten und im Gegensatz zu den Vätern erobern konnten (405ff., 403n., 404–410n.).

Καπανήϊος υἱός: Καπανήϊος ist eines der seltenen Patronymika mit dem Zugehörigkeitssuffix -ιος wie Τελαμώνιος (473, s. dazu 14.409n.): G 56. Es wird wie hier auch in 5.108 und 5.241 mit Σθένελος kombiniert und bildet zusammen mit υἱός eine Variante zum Patronymikon Καπανηϊάδης (5.109) und zum Gen. Καπανῆος verbunden mit υἱός (403): 2.564n.

368 ≈ 336 (s.d.); 1. VH = *Od.* 17.215. — **den:** "Diomedes als die Hauptperson" (AH).

κρείων Ἀγαμέμνων: 153–154n.

---

366 ἑσταότ(α): = ἑστῶτα, Ptz. Perf. zu ἵσταμαι (vgl. R 6). — ἵπποισι: zur Flexion R 11.2. — καὶ ἅρμασι: zur sog. Hiatkürzung R 5.5.

367 πάρ: 330–331n. — δέ (ϝ)οι: zur Prosodie R 4.3. — οἱ: = αὐτῷ (R 14.1).

368 νείκεσσεν: 336n.

369 ≈ 284 (s.d.). Der Vers fehlt zwar nur in einem Pap. und einer Hs. (doch am Rande nach-
getragen, s. *app. crit.* bei WEST), enthält aber eine redundante Rede-Einleitung und ist –
wie schon 337 – als Interpolation zu betrachten und zu athetieren (APTHORP 1999, 19–22).

370–400 Agamemnons Rede an Diomedes ist als Ringkomposition[P] gestaltet: Der
vorwurfsvolle Vergleich zwischen dem Vater Tydeus und seinem Sohn Diomedes
umfaßt in einem Ring (370–375 indirekter, 399f. direkter Vergleich: ANDERSEN
1978, 39) zwei Erzählungen über Tydeus als Vorbild, seinen Aufenthalt in Mykene mit Polyneikes (376–383) und, als Steigerung, seinen einsamen Gang nach
Theben als Gesandter (384–398): STEINRÜCK 1992, 103 (mit weiteren Bezügen
zwischen den einzelnen Teilen). Ähnlich rahmt ein Vorwurf ein positives Gegen-
beispiel in 5.633–646 (Tlepolemos an Sarpedon) und 7.124–160 (Nestor an die
Achaier): LOHMANN 1970, 27 Anm. 37. Die Struktur unterstreicht die appellative
Funktion der Rede, die sie mit anderen Beispiel-Erzählungen teilt (s. Paradeigma[P];
6.127–143n. mit Lit.; altind. und germ. Parallelen bei WEST 2007, 479): Das Ziel
des Redners ist, dem Angesprochenen die Loyalität, Furchtlosigkeit (in 387f. im
Enjambement hervorgehoben: gr. *oudé … | tárbei* 'und er hatte auch nicht
Furcht') und Tapferkeit des Tydeus vor Augen zu führen (er allein gegen viele/
alle: 385 *poléas* 'viele', 388 *mounos* 'allein', 389 *pánta* 'in allem', 397 *pántas*
'alle'), wie es Athene in 5.800–813 gegenüber Diomedes tut (DE JONG [1987]
2004, 155; VETTEN 1990, 99). Auf der narrativen Ebene wird vor der Einführung
des Diomedes in die Handlung und seiner Aristie im 5. Gesang ein Hintergrund
geschaffen, vor dem er sich profilieren kann (REICHEL 1994, 217; WEST 2011,
146). Diomedes erscheint so später als Held, der nicht nur den Ruhm des Vaters
wahrt (eine häufige Mahnung: 6.209n.), sondern noch übertrifft (was sich seltener
ereignet: 6.479n.; zur Vorstellung, daß spätere Generationen schlechter als frühere
sind, 404–410n.). Der Tydeus-Sohn wird wie Telemachos in der Odyssee wiederholt an seinem Vater gemessen und vergleicht sich mit ihm (auch 5.116, 5.800–
813, 10.284–294, 14.113f.; Thema der Genealogie im Dialog Glaukos-Diomedes
6.119ff.), den er doch kaum kennt (374–375n.): ANDERSEN 1978, 34; EDMUNDS
1990, 35. 38. "Bei keinem anderen Helden spielt das Bild des Vaters eine solche
Rolle wie bei Diomedes" (ANDERSEN a.O.). Dem paradigmatischen Zweck der Erzählung entsprechend wird Tydeus auch als frommer, von Athene unterstützter
Held dargestellt; auf den Schutz der Göttin beruft sich deshalb Diomedes bei einer
Unternehmung (im 10. Gesang, sog. Dolonie), die Ähnlichkeiten mit derjenigen
seines Vaters Tydeus vor Theben hat (10.284–294; vgl. 5.125f.: Athene flößt ihm
die Energie seines Vaters ein). Negatives in Tydeus' Leben wird wie in Diomedes' Rede in 14.113–125 (s.d.) verschwiegen, und nur die Erwähnung ungünstiger
Zeichen (381) könnte auf das unglückliche Ende des Zuges der Sieben gegen Theben hinweisen (ALDEN 2000, 120. 140 mit Anm. 57). Wiederholte Andeutungen

---

369 μιν: = αὐτόν (R 14.1). — ἔπεα: zur unkontrahierten Form R 6.

auf göttliche Zeichen und Hilfe (381, 390, 398) bereiten das Thema der Beziehung zwischen Diomedes und den Göttern im 5. Gesang vor (376–381n.). – Die vorl. Erzählungen gehören zu den Hinweisen auf den Mythos vom Thebanischen Krieg, der nur im Zusammenhang mit Tydeus Erwähnung findet; das ist wiederum durch Diomedes' besondere Stellung im Epos bedingt (14.113–125n., 14.114n.). Verschiedene Andeutungen setzen wohl eine allg. Kenntnis des Krieges voraus (vgl. auch 6.152–211n. zur Lückenhaftigkeit von Sekundären Erzählungen[P]); und Tydeus' Gesandtschaft nach Theben enthält vermutlich einen Kern, den schon frühere Erzählungen, wenn auch viell. in anderem Kontext, enthielten (ähnlich wie die nachhom. kykl. *Thebais*). Der Stoff wurde dann seinem paradigmatischen Zweck vom Ilias-Dichter angepaßt (s. im Einzelnen 376–381n., 384–398n., 391–398n., 394n., 395n., 397–398n.): WILLCOCK (1964) 2001, 440f.; DAVIES (1989) 2001, 22; 2014, 34–39 (mit der Forschungsgeschichte); WEST 2011, 29 mit Anm. 2.146.

Das Verhältnis der Ilias zu Erzählungen von einem Krieg um Theben ist eine seit langem debattierte, für die Kenntnis der mündlichen epischen Dichtung wichtige Frage. Der thebanische Mythos war offenbar sehr bedeutend, denn der Ilias-Dichter begnügt sich an vielen verschiedenen Stellen nur mit Andeutungen und setzt das Hintergrundwissen seines Publikums voraus (s.o.; DNP s.v. Thebais). Daß der thebanische Stoff in Sängervorträgen so verbreitet war, hängt wohl mit der historisch nachweisbar großen Rolle der Stadt in der Bronzezeit zusammen, die in der mündlichen Dichtung vor der Vergessenheit bewahrt wurde (2.494–510n.; DNP a.O. mit Lit.; LATACZ [2001] 2010, 305–318; anders BURKERT [1981] 2001, 157. 161). Auf die Bedeutung des Stoffs deutet wohl auch Pausanias' rühmende Hervorhebung einer *Thebais*, die nach ihm Kallinos v. Ephesos (ca. 650 v. Chr.) "Homer" zuschrieb (LATACZ [2011] 2014, 45f.). Wie diese Zuschreibung des Elegiendichters zu beurteilen ist, ob der Ilias-Dichter damit gemeint ist und ob es ein solches Epos von ihm tatsächlich gab – was bedeuten würde, daß man in der Ilias mit Anspielungen an seine eigene Behandlung des thebanischen Stoffes oder gar Zitate seiner eigenen Dichtung rechnen müsste – ist nicht klar (skeptisch bis ablehnend WILAMOWITZ 1914, 104f.; DAVIES 1989, 22; 2014, 27–33. 39–43, mit der Forschungsgeschichte; zum Verhältnis des Ilias-Dichters zum theban. Mythos allg. zurückhaltend WEST 2011, 146; DAVIES 2014, 42).

370 ≈ 8.152; vgl. 23.472; 2. VH = 2.23, 2.60, 4.370, 11.450. — Die Anrede enthält zwar Formelhaftes (vgl. 338, s.d.), weist aber mit zwei Epitheta nachdrücklich auf den Vater des Angeredeten, Tydeus, den Helden der folgenden Erzählung, hin (376–398), und verdeutlicht schon von Beginn an, daß die Rede auf den Vergleich zwischen dem Vater und dem Sohn hinauslaufen wird (371–375, 399f.; 370–400n.): AH; ANDERSEN 1978, 34.

δαΐφρονος: 93n. — ἱπποδάμοιο: generisches Epitheton[P] der Troer (80n.) und einzelner Helden (2.23n.), von Tydeus auch 23.472. Die asyndetische Epitheta-Reihung wirkt wohl emphatisch (vgl. 3.182, s.d.; Lit. allg. dazu: 2.23n.).

371 Vgl. 20.427. — Nach dem 'Gesetz der wachsenden Glieder' gebauter Vers (KIRK; dazu allg. 1.145n.) mit zwei unwilligen Fragen, wie sie häufig in Reden sind, die an das Ehrgefühl appellieren (242n.). Die Unterstellung, der Angeredete ducke sich aus Feigheit, findet sich auch in Tlepolemos' Herausforderungsrede an Sarpedon (5.633f.; FENIK 1968, 66). Sie ist hier dadurch veranlaßt, daß Diomedes

---

370 ἱπποδάμοιο: zur Flexion R 11.2.

noch nicht vom Wagen gestiegen ist (366n.), und soll ihn zu besonderen Leistungen anstacheln (WISSMANN 1997, 43).

τί ... τί: Zur affektiven Wirkung des wiederholten Fragepronomens wie in 1.362 s. FEHLING 1969, 189. — πτώσσεις: 224n.; der gleiche Vorwurf wie in 340; im folgenden Vers nochmals aufgenommen (s.d.). — ὀπιπεύεις: zu *ὀπ- (ὄψομαι), mit intensiv-faktitiver Reduplikation (zur umstrittenen Wortbildung im einzelnen GIANNAKIS 1997, 278f.): 'ausspähen', immer negativ konnotiert, hier 'lugst (ängstlich) aus nach' (LfgrE). — πολέμοιο γεφύρας: VE-Formel, mit Variante ἀνὰ πτολέμοιο γεφύρας 8.378, 11.160, 20.427, ἐπὶ πτ. γεφύρῃ 8.553. γέφυρα, unklarer Herkunft (eine neue Etymologie bei REECE 2009, 301–314, nach J. Puhvel), wird im fgrE sonst nur in 5.88f. i.S.v 'Damm' gebraucht; γεφυρόω bed. 'einen Damm errichten' in 15.357 und 21.245. Die Formel wurde schon in der Antike verschieden erklärt. Möglich sind (1) 'Damm-ähnliche Formationen von Kriegern' (vgl. ἕρκος πολέμοιο: 1.283b–284n.; FRÄNKEL [1921] 1977, 26f.) und (2) 'Damm-ähnliche, leere Zwischenräume zwischen den einzelnen Formationen eines Heeres' bzw. 'zwischen den zwei gegnerischen Heeren' und dann 'Schlachtfeld, Schlacht' selbst (AH, LEAF, KIRK). Bed. (1) paßt eher zu 20.427, Bed. (2) zu 8.378, 8.553, 11.160 (LfgrE s.v. γέφυρα; REECE a.O. 301–303). Hier sind beide Bed. möglich: Diomedes wird vorgeworfen, daß er nach den πρόμαχοι schaut, ob sie standhalten, oder aber, daß er auf das Schlachtfeld bzw. auf den offenen Raum im eigenen Heer schielt, um allenfalls zu fliehen (schol. D; FRÄNKEL a.O. 27; REECE a.O. 301).

372–373 Agamemnon sieht in Tydeus den Selbstanspruch der Elite, der *prómachoi*, verwirklicht (dazu 354n.): "Die ἀρετή eines Mannes ist [...] ablesbar [...] an seiner Risikobereitschaft, und die zeigt sich daran, ob einer bereit ist, unter den Promachoi zu kämpfen" (LATACZ 1977, 153). Dieser Anspruch wird immer wieder erhoben und eingelöst (z.B. von Agamemnon 11.216f.; s. auch 12.315f., 22.459), von Diomedes selbst in seiner Aristie, in der er sich als seines Vaters würdig erweist (explizit 8.99); zu idg. Parallelen WEST 2007, 458f. Mit dem allgemeinen Hinweis auf Tydeus' Tapferkeit vermeidet es der Erzähler hier ebenso wie später, eine seiner Taten im Krieg gegen Theben zu erwähnen, denn der Glanz dieser Unternehmung ist durch Tydeus' Grausamkeit am Ende und die Erfolglosigkeit des ganzen Zuges getrübt (14.113–125n.).

372 Tydeus: in der nach 370 nochmaligen Namensnennung (hier statt 'dein Vater') weiterer Nachdruck auf dem Vorbild (AH zu 370).

φίλον: besonders provokativ: bez. hier wie oft in prädikativer Verwendung eine charakterlich bedingte Neigung, Eigenheit (worauf auch das iterative πτωσκαζέμεν deutet: LANDFESTER 1966, 105 mit Anm. 38); vgl. 1.107n. und 345. — πτωσκαζέμεν: *hapax*[P], viell. zu πτώσσω (371: 224n.), wohl direkt von der Wurzel πτωκ- mit einer Kombination des iterativen -σκ- und des intensiven -αζ- abgeleitet (zur verbreiteten Dissimilation -κσκ- > -σκ- LEJEUNE 1947, 58), in Analogie zu sinnverwandtem ἀλυσκάζω von ἀλυ- (6.443n.); diese Suffixe steigern noch die Schmähung nach dem angreifenden τί πτώσσεις in 371 (FAESI):

---

372 ὧδε: zu πτωσκαζέμεν. — πτωσκαζέμεν: zur Form R 16.4. — ἦεν: = ἦν (R 16.6).

'sich (ängstlich) im Hintergrund (zu) halten pflegen': LfgrE; CHANTRAINE 1931, 125; FRISK
s.v. πτήσσω.

374–375 In der mündlichen Gesellschaft verweisen Sprecher öfter auf das Hörensa-
gen (14.125n.). Es dient hier der allgemeinen Beglaubigung (DE JONG [1987]
2004, 278 Anm. 29): Tydeus ist ein Held, der im Krieg gegen Theben jung gestor-
ben und deshalb niemandem der Kämpfer vor Troia persönlich bekannt war; auch
sein Sohn erinnert sich nicht an ihn, da er zu klein war, als dieser gegen Theben
zog (6.222f.): DRERUP 1921, 372; ALDEN 2000, 119; ausführlich, aber einseitig,
zu Diomedes als "vaterlosem" Sohn PRATT 2009. Als ferner Held eines anderen
Sagenkreises (370–400n.) eignet sich Tydeus besonders dazu, eine paradigmatische Funktion zu übernehmen (ANDERSEN 1978, 34). Tydeus' Überlegenheit
(375) wird von Sthenelos später allerdings angezweifelt (404n.). Die Vorstellung
von einem gewissen Abstand zwischen ungleichen Generationen ist ein Beispiel
für das Geschichtsbewußtsein (DEGER 1970, 2. Teil, 10; KULLMANN [1988] 1992,
158; allg. dazu GEHRKE 2014, 40ff.); sie wird auch von Mimnermos *fr.* 14.1–3
West aufgenommen (in Anklang an die vorl. Stelle? WEST 2011, 146).

374 von der Zäsur C 2 an = 17.502, 23.469, *Od.* 4.193, 4.200, 7.208, *h.Merc.* 309. — **ὡς**: in
der Mehrzahl der Hss. unakzentuiert und nach einem Komma (*app. crit.* bei WEST) i.S.v.
'wie'; sonst ist im hom. Epos nur eine Verbindung von akzentuiertem ὥς 'so' mit φημί
nach einem Punkt belegt (daher auch hier so von AH und LEAF gelesen), aber hier würde
damit die vorhergehende Aussage über Tydeus' Leistungen als subjektiv hervorgehoben
und dem Folgenden (der fehlenden Autopsie) dann zuviel Gewicht gegeben. — **ἴδοντο**:
Das Medium hier gegenüber dem Akt. ἴδον in 375 dürfte metrisch bedingt sein, ähnl. wie
der Wechsel zwischen den Diathesen in 1.262 (s.d.; ELLENDT [1861] 1979, 77; anders
BECHERT 1964, 312; LfgrE s.v. ἰδεῖν 1118.4ff. u. 1125.8ff.). — **πονεόμενον**: πονέομαι
'sich abmühen' (2.409n.), hier und 5.84, 5.627, 13.288, 20.359 im Kampf, der häufig als
mühevolle Arbeit erscheint (1.162n., 2.401n.; 6.77: πόνος 'Mühsal des Kampfes', s.d.):
LfgrE s.v. πονέομαι 1443.17ff.; LEAF.

375 = *Od.* 4.201.

376–381 Polyneikes (377), einer der beiden Söhne des Ödipus, der mit seinem Bruder Eteokles um die Herrschaft über Theben streitet und bei seinem Schwiegerva-
ter Adrestos in Argos zum Zug gegen Theben rüstet, unternimmt mit seinem
Schwager Tydeus (zu dessen Vorgeschichte 14.114n.) eine Truppenrekrutierung,
hier in Mykene, ähnlich wie vor dem Zug gegen Troia Nestor, Odysseus und Menelaos (9.252–259, 11.767–770, *Od.* 24.115–119), aufgrund von Beziehungen, die
sich auf die Gastfreundschaft stützen (377 *xéinos*, 'als Gastfreund'; allg. dazu

---

373 πολύ: zu πρό, 'weit'. — ἑτάρων: = ἑταίρων.

374 οἵ: = οὗτοι, οἵ. — μιν: = αὐτόν (R 14.1). — ἴδοντο: Med. ohne erkennbaren Bedeutungsunterschied zum Akt. (R 23; ↑). — πονεόμενον: zur unkontrahierten Form R 6.

375 ἤντησ(α): 'begegnete' (erg. 'ihm'). — οὐδὲ (ϝ)ίδον: zur Prosodie R 4.3; erg. πονεόμενον
(374). — περὶ ... γενέσθαι (+ Gen.): 'übertreffen'; zur sog. Tmesis R 20.2.

3.207n.; zu Truppenrekrutierungen HELLMANN 2000, 51). Zur Bedeutung Myke-
nes, auch als Residenz Agamemnons, 51–53n. Sehr wahrscheinlich ist die Erzählung von dem Besuch an diesem Ort vom Ilias-Dichter wie andere Sekundäre Erzählungen[P], die an eine Verpflichtung erinnern, erfunden: Wie die Mykener, so
soll auch Diomedes bereit zum Einsatz sein (ANDERSEN 1978, 35 mit S. 44 Anm.
7; viell. ist es auch ein Hinweis, woher Agamemnon über Tydeus Bescheid weiß
[374f.]: WEST 2011, 146). Die Götterzeichen (381), die sonst nirgends überliefert
sind, erklären, warum die Mykener gemäß dem Mythos nicht teilnehmen, werfen
aber auch allgemein ein ungünstiges Licht auf den zum Scheitern verurteilten Zug
der Sieben gegen Theben (viell. schon in einer früheren Erzählung in anderem Zusammenhang) und leiten die Thematik um Tydeus' und Diomedes' Frömmigkeit
ein (vgl. 390n., 397–398n.; im 5. Gesang im Kampf): ANDERSEN a.O. 36; DAVIES
2014, 36.

376 ohne Krieg: nach der Erklärung über Tydeus' Kampftüchtigkeit (373f.) Überleitung zu seiner Ankunft in Mykene in friedlicher Absicht, als ein Gastfreund
(377): AH; KIRK.

γάρ: "leitet die folgende Erzählung ein, welche die kriegerische Tüchtigkeit des Tydeus beweisen soll" (AH). — Μυκήνας: Die später häufigere Plural-Form findet sich sonst im
fgrE nur noch 2.569, ebenfalls im Akk.

377 ἀντιθέῳ: 88n. — Πολυνείκεϊ: als Possessivkompositum gebildeter sprechender Name
zu νεῖκος ('man of much conflict': LfgrE; v. KAMPTZ 29. 89). — λαὸν ἀγείρων: flektierbare Formel am VE (insges. 6× fgrE) und am VA (28, 11.770); am VE außerdem ἐσαγείρετο
λαός in Od. 14.248 (HAUBOLD 2000, 198f.).

378 1. VH ≈ 3.187; vgl. Od. 10.445. — **Thebens:** in Boiotien, gilt als Gründung
des Kadmos (2.498n. [s.v. Mykalessos]); zur hist. Bedeutung Thebens s. 2.494–
510n. und 2.505n.

ἐστρατόωνθ': Denominativum zu στρατός; 'im Feld liegen' (3.187n.), hier mit πρός 'sich
auf einem Feldzug befinden (gegen)': LfgrE, dort auch mit Lit. zur Wortbildung, die im
einzelnen umstritten ist (faktitiv oder instrumentativ? Grundform auf -όομαι?). — ἱερά:
ἱερός ist ein generisches Epitheton von Städten (46–47n.; von Theben in h.Ap. 226) und
entsprechend auch von ihren Mauern, hier von denjenigen Thebens, in 16.100 von Troia
(s.d.; 24.681n.). — τείχεα Θήβης: dieselbe VE-Formel 2.691, dort vom sog. Hypoplaki-
schen Theben im Süden der Troas (2.691n.). Zum Sg. Θήβης (neben dem ebenfalls bezeug-
ten Pl.) 19.98–99n.; vgl. 376n. zu Μυκήνας.

---

376 ἤτοι: R 24.4. — πολέμου εἰσῆλθε: zum Hiat R 5.6.

377 ξεῖνος: = ξένος (< ξένϝος: R 4.2).

378 οἵ: demonstrativ-anaphorisch (R 17); gemeint sind Tydeus und Polyneikes. — ἐστρατόωνθ': = ἐστρατόωντο, mit Elision (R 5.1) und Hauchassimilation; zur ep. Zerdehnung R 8.

379 κλειτοὺς ἐπικούρους: flektierbare VE-Formel (5× *Il.*, 1× Hes., 6.227, 18.229 Variante κλειτοί τ' ἐπίκουροι): 6.227n.

380 2. VH ≈ 23.539, *Od.* 4.673, 7.226, 8.398, 13.47. — **die:** die Bewohner von Mykene mit ihrem Anführer Thyestes, der vor Agamemnon herrschte (2.106f.): AH. ἔθελον: 'waren bereit' (zum Bedeutungsspektrum von ἐθέλω 1.112n.): LfgrE s.v. ἐθέλω 416.20ff. — ἐκέλευον: κελεύω kann auch 'auffordern, bitten' bedeuten (24.599n.); als Subjekt sind Polyneikes und Tydeus gemeint.

381 2. VH ≈ 2.353, 9.236, 'Hes.' *fr.* 141.25 M.-W.; von der Zäsur C 2 an ≈ *Od.* 21.413, *hom.h.* 7.46. — ἔτρεψε: in übertragenem Sinn wie in 6.61 (s.d.): 'brachte sie von ihrem Entschluß ab' (LfgrE s.v. τρέπω 603.61ff.). — παραίσια: nur hier; zu παρά in noch selten belegtem übertragenen Sinn 'über ... hinaus, gegen' (CHANTR. 2.123) und αἶσα, 'mit ungünstiger Vorbedeutung, auf Unglück weisend' (LfgrE); Gegensatz ἐναίσιμα (2.353n.).

382 ἰδέ: 'und'; seltene metr. Variante zu ἠδέ (2.511n.). — πρὸ ὁδοῦ ἐγένοντο: γίγνομαι steht in der Bed. 'kommen' immer im Aor. (LfgrE s.v. γίγνομαι 151.71ff.), hier mit πρό als Adverb, also 'vorankommen' (LfgrE a.O. 155.2ff.) wie in 18.525 προγένοντο (s.d.). Der Gen. ὁδοῦ ist partitiv, als Angabe des Raumes, innerhalb dessen sich eine Bewegung vollzieht ('des Weges, auf dem Weg'), wie häufig πεδίοιο (dazu 2.785n.) und ebenso mit πρό in 17.667 und Hes. *Op.* 579: WACKERNAGEL (1924) 1928, 212; SCHW. 2.112, 507.

383 Asopos: Fluß südl. von Theben, auch in 10.287 im gleichen Zusammenhang erwähnt; bildete wahrscheinlich die Grenze zum Stadt-Territorium (LfgrE). βαθύσχοινον: Kompositum zu βαθύς und σχοῖνον 'Röhricht' (dieses in *Od.* 5.463: an einer Flußmündung an der Küste der Phäaken): 'mit hohem Röhricht bestanden', vom sumpfigen Flußufer wie in *hom.h.* 9.3 (LfgrE). — λεχεποίην: Kompositum mit verbalem Vorderglied (*λέχομαι, Aor. λέκτο, 'sich legen, liegen') und ποίη 'Gras, Wiese' mit freierem syntaktischen Bezug (intrans.-lokal) (RISCH 190 m. Anm. 9); eine Auffassung als Possessivkompositum (LfgrE) ist kaum möglich. Es muß 'grasreich' bedeuten und hier wie das vorherige Epitheton das sumpfige Ufer des Asopos charakterisieren (LfgrE), bei Städten wie in 2.697, *h.Merc.* 88, *h.Ap.* 224 dagegen die Fruchtbarkeit des Bodens (2.697n.).

384–398 Die folgende Erzählung von Tydeus' Gesandtschaft, von der auch in Athenes Paränese an Diomedes in 5.802–808 und in dessen Gebet an die Göttin in 10.286–290 die Rede ist, enthält verbreitete Motive von Märchen und Epen, die sich vor allem auch in der Odyssee finden (387–388n., 389–390n., 391–398n., 395n., 397–398n.): KIRK zu 385–398; zu den Unterschieden zwischen 5.802–808 und 10.208–210, die durch den Kontext bedingt sind, DRERUP 1921, 371; ANDERSEN 1978, 44 Anm. 9; DI BENEDETTO (1994) 1998, 84; allg. zu Unterschieden in

---

379 ῥα: = ἄρα (R 24.1). — μάλα (λ)λίσσοντο: zur Prosodie M 4.6 (zudem Zäsurstelle). — δόμεν: = δοῦναι (R 16.4).

380 δόμεναι: = δοῦναι (R 16.4).

382 οἵ: Tydeus und Polyneikes. — ᾤχοντο ἰδέ: zum Hiat R 5.6. — πρὸ ὁδοῦ: zum Hiat R 5.7.

383 λεχεποίην: zum -η- nach -ι- R 2.

solchen Analepsen DE JONG 2007, 36. Versuche, mit Gesandtschaften Konflikte auf friedlichem Weg vor dem Ausbruch eines Krieges zu lösen, sind auch sonst bekannt (Menelaos und Odysseus in Troia, 3.205f. [s.d.], 11.140): AH; ANDERSEN a.O. 36. Es ist aber ungewöhnlich, daß Tydeus nun allein auf Gesandtschaft ist; und was Tydeus von den Thebanern erreichen sollte, wird nicht gesagt (vielleicht, daß der Herrscher Eteokles zugunsten seines Bruders Polyneikes abdankte: KIRK zu 384). Diomedes' Vater steht so im Mittelpunkt der Erzählung, die vom Ilias-Dichter erfunden oder entsprechend ihrer paränetischen Funktion in der Rede angepaßt wurde (ANDERSEN a.O.).

384 Achaier: bez. hier wie 5.803, 6.223 (s.d.) u.ö. die Argeier (d.h. das angreifende Heer unter Adrestos) im Gegensatz zu den Thebanern.

ἀγγελίην: Wie in 3.206 (s.d., mit Lit.) ist unklar, ob das Wort als Mask. ('Bote', dann prädikativ zu Τυδῆ; AH) oder abstraktes Fem. ('Botschaft') zu verstehen ist; letzteres wäre auch hier denkbar: Die Betonung der Botschaft als eines wichtigen Auftrags für Tydeus paßt; ἀγγελίην ist dann *nomen actionis* im Akk. des Inhalts zu ἐπὶ ... στεῖλαν ('für eine Botschaft') wie in 11.140 zu ἐλθόντα und ἐξεσίην in 24.235 zu ἐλθεῖν (s.d.): KIRK; HAINSWORTH zu 11.140; JANKO zu 13.251–3. — **Τυδῆ:** -ῆ seltene kontrahierte Akk.-Sg.-Endung aus -εα wie in Μηκιστῆ (15.339), Ὀδυσῆ (*Od.* 19.136): G 44 u. 76; CHANTR. 1.34 (anders SCHW. 1.575; MAHLOW 1926, 375: -ῆ < -ῆα).

385 Kadmeionen: Zusammen mit 'Kadmeer' (388, 391) ausschließliche Bezeichnung für die Thebaner in der Ilias; damit wurde sekundär der legendäre Gründer von Theben (14.321n.), Kadmos, verbunden (LfgrE s.v. Καδμείωνες und Καδμεῖος).

αὐτὰρ ὃ βῆ: VA-Formel (11× *Il.*, 4× *Od.*). — πολέας: 230n. — **Καδμείωνας:** vom Ortsnamen *Κάδμη mit denominativem -ίων abgeleitet, "metr. Komplementärform am VE" zu Καδμείους (LfgrE) wie Δαρδανίωνες zu Δάρδανοι (1.570n.). Das metr. System Καδμεῖοι (388, 391, 5.807, 10.288, 1× *Od.*, 2× Hes.) / Καδμείωνας (noch 5.804, 23.680) als Bez. für die Bewohner Thebens, dem Ἀργεῖοι / Ἀργείωνες für die Angreifer entspricht, stammt wohl aus altererbter mündl. Epik zum thebanischen Mythos (BECK 1988, 5–7).

386 1. VH = *Od.* 2.247; ≈ 1.228; vgl. 4.15. — Tydeus trifft die Thebaner bei einem festlichen Gemeinschaftsmahl in Eteokles' Haus an (SCHEID-TISSINIER 1994, 271 Anm. 52; vgl. 259–263n.).

βίης Ἐτεοκληείης: Ἐτεοκληείης, mit metr. Dehnung, weil kontrahiertes Ἐτεοκλείης < Ἐτεοκλε(ϝ)ε(σ)ίης nicht opportun war (WERNER 1948, 33; RUIJGH 1995, 82f.); schon myk. belegtes Zugehörigkeitsadj. auf -ιος (2.20n.) zum Namen Ἐτεοκλῆς (s. MYK s.v. Ἐτεοκλῆς), einem Kompositum zu ἐτεός u. κλέος mit der Bed. 'mit wahrem Ruhm' (v. KAMPTZ 88. 193). Diesen Namen trägt wohl auch der in einem heth. Text genannte Bruder eines Königs von *Achijawa*, *Tawakalawas* (LATACZ [2001] 2010, 420). Das Adj. bildet mit βίη,

---

384 ἔνθ᾽ αὖτ(ε): leitet den Hauptsatz ein. — ἐπὶ ... στεῖλαν: 'sandten hin'; zur sog. Tmesis R 20.2.

385 αὐτάρ: progressiv (R 24.2). — ὅ: demonstrativ-anaphorisch (R 17). — πολέας: 230n.

das auch mit dem Gen. verbunden wird, eine formelhafte Umschreibung des Namens am VE (die hier einen *versus spondeiazon* bildet), eine möglicherweise aus myk. Zeit stammende Titulatur (2.658n.).

387–388 Das Motiv des 'Einzelkämpfertums', durch das ein Held besonderen Ruhm erlangt (16.97–100n.), ist hier mit dem Gegensatz 'allein' gegen 'viele/alle' verbunden, der auch in 15.611, *Od.* 20.30, 22.13 zu finden ist und idg. Parallelen hat (DE JONG zu *Od.* 16.117–121; WEST 2007, 481).

387 ξεῖνος: hier nicht im Sinn von 'Gastfreund' wie in 377 (s.d.), sondern 'Fremder' (LfgrE s.v. ξεῖνος 467.6ff.) mit der Konnotation 'in einer schwierigen, gefährlichen Situation', da er als Gesandter von Polyneikes eigentlich ein Feind der Thebaner ist (LEAF; SCHEID-TISSINIER 1994, 118). Allg. zur Gefährdung Fremder, zum Schutz durch Zeus und zur Gastfreundschaft 3.207n. — ἱππηλάτα: Epitheton[P] bei Helden der älteren Generation, meist formelhaft mit γέρων verbunden, das hier durch ἑόν ersetzt ist (19.311n.; DELEBECQUE 1951, 38). Zum Nomen auf -ᾰ und zur Bed. ('Wagenritter') s. 2.336n. s.v. ἱππότα.

388 2. VH ≈ 5.804, 13.661, 16.240, 23.60, *Od.* 11.495. — τάρβει: 'erschrecken, verzagen' (1.331n.). — πολέσιν μετὰ Καδμείοισιν: ähnl. 16.240, 23.60, *Od.* 11.495 πολέσιν μετὰ Μυρμιδόνεσσιν (16.15n.); zu Καδμείοισιν s. 385n. zu Καδμείωνας.

389–390 Kampfspiele nach dem Mahl sind ein verbreitetes Motiv (auch in *Od.* 8.98ff.) und können hier einer Erzählung entnommen sein (WEST 2001, 147). An die Tatsache, daß Tydeus sich bei Wettkämpfen hervortat, erinnert auch Athene in ihrer provozierenden Paränese an Diomedes in *Il.* 5.800–813, wo offensichtlich kurz auf die Stelle hier angespielt wird (DRERUP 1921, 371; ANDERSEN 1978, 44 Anm. 9). Wenn ein Fremder die lokale Elite vor ihren Leuten, vor denen sie sich blamieren kann, herausfordert, ist das immer gefährlich (*Od.* 8.209–211): SCODEL 2002, 184; HORN 2014, 58f. Deshalb steht an beiden Stellen Tydeus' Furchtlosigkeit im Vordergrund, die paradigmatisch wirken soll (ANDERSEN a.O. 37; zum Verhältnis der Reden zueinander s. auch ERBSE 1986, 134). Daß man sich an große Siege bei Wettkämpfen ganz allgemein erinnerte und sie überlieferte, zeigt auch der Erzähler-Kommentar zu Euryalos (*Il.* 23.677–680): SCODEL 2008, 37.

389 2. VH = 5.807; ≈ 3.19, 7.150. — προκαλίζετο: 'forderte vor', also 'heraus' (3.19n.). — πάντα … ἐνίκα: πάντα *acc.resp.*; 'er zeichnete sich in allen Sparten' (d.h. Wettspielen) 'aus, schoß den Vogel ab' (LfgrE s.v. νικάω 403.29ff.).

390 ≈ 5.808. — Athene fördert auch sonst junge Männer: wie hier bei Wettspielen die ihr nahestehenden Schützlinge Diomedes und Odysseus an den Leichenspielen für Patroklos (23.388ff., 23.768ff.), Odysseus auch bei den Phäaken (*Od.* 8.193ff.; RICHARDSON 2007, 122), ferner im Kampf (z.B. *Il.* 20.98, 21.215 Achilleus, vgl.

---

387 περ: konzessiv (R 24.10), mit οὐδέ: 'nicht einmal'. — ἑών: = ὤν (R 16.6).

388 μοῦνος: = μόνος (μόνϝος: R 4.2). — πολέσιν: zur Flexion R 12.2.

390 ῥηϊδίως: = ῥᾳδίως. — τοίη (ϝ)οι: zur Prosodie R 4.4. — οἱ: = αὐτῷ (R 14.1). — ἦεν: 372n.

Hes. *Th.* 925f.), wie es auch die anderen Götter tun (z.B. 5.603 Hektor; zu Athenes Rolle im Kampf und speziell zu ihrer Funktion als Beschützerin im Verteidigungskrieg einer Polis, auf welche die Ilias-Handlung nur negativ eingehen kann, FG 8; 6.86–101n.; BURKERT [1977] 2011, 218). Das Verdienst der Helden wird somit durch den Hinweis auf göttliche Hilfe nicht herabgesetzt (AH mit Anh.; WILLCOCK). Athene scheint überdies Tydeus und seine Familie besonders zu beschützen, so auch Diomedes im 5. Gesang, worauf hier wohl vorbereitet wird (389–390n.), wenn sie den Sieg des Tydeus als Ansporn für seinen Sohn erwähnt (auf ihre Hilfe weist sie in 5.808 hin, einem von WEST allerdings athetierten Vers; ausführlich dazu ERBSE 1986, 133f.); sie wird deshalb auch von Diomedes bei einer gefährlichen Unternehmung angerufen (10.285; dazu BIERL 2012, 147): TSAGARAKIS 1977, 52.

τοίη: τοῖος wird im fgrE oft gebraucht, um die Macht der Götter zu betonen (auch 5.808, 5.828 von Athene, in 13.677 von Poseidon, 15.254 von Apollon, 21.289 von Poseidon und Athene). — **ἐπίρροθος:** zu ῥόθος '(brausender) Lärm', bed. etwa 'heranbrausend'; nur noch 23.770, ebenfalls von der helfenden Athene bei einem Wettkampf, metaphorisch in Hes. *Op.* 560 (LfgrE s.vv. ἐπίρροθος u. ῥόθος).

391–398 Es wird nicht eindeutig gesagt, weshalb die Thebaner in Zorn geraten (391), ob wegen ihrer Niederlage in den Wettkämpfen (389f.) oder wegen Tydeus' Botschaft oder einer Angst vor einer Meldung ihrer Schwäche nach Argos oder, wohl am ehesten, aus allen drei Gründen (schol. bT zu 392; ANDERSEN 1978, 37; KIRK). Als Gesandter konnte er nicht offen angegriffen werden (HORN 2014, 98 Anm. 452), aber auch der Anschlag verletzte die Normen (ANDERSEN a.O.; vgl. 3.207 u. 11.139: Menelaos als Gesandter in Troia gefährdet). Der Hinterhalt, im hom. Epos als Taktik unterschiedlich gewertet (1.226–227n., 18.513n., 24.779n., jeweils mit Lit.; HORN 2014, 96–98), ist ein typisches Motiv im Märchen und im Epos (6.178–195n.; zur Typisierten Ereignissequenz[P] 'Hinterhalt' 18.513n.). Dasselbe gilt für die Typische Zahl Fünfzig (393n.) und die hyperbolische Aussage, daß Tydeus fast alle tötet (396f.). Es ist deshalb nicht ganz ausgeschlossen, daß die Erzählung ursprünglich in einen anderen Zusammenhang gehörte; hier dient sie wie diejenige von Bellerophon in 6.187–190 dazu, den siegreichen Helden hervorzuheben (ANDERSEN a.O. 37. 44 Anm. 10; zu den Berührungen mit der Bellerophon-Erzählung und den wörtl. Anklängen 6.187–190n.; FORNARO 1992, 45–48, mit Stellensammlung).

391 1. VH ≈ 2.599, 9.538, 20.253 (Pron. im Nom.); ≈ 3.413, 6.205, 23.482, 24.55, *Od.* 18.25, Hes. *Op.* 53 (Pron. im Akk.), *h.Cer.* 251 (Pron. im Dat.); ≈ *Il.* 15.68 (Pron. im Gen.); ferner *Od.* 12.348 (εἰ δὲ χ.). – Diese Halbverse zeigen die Grundstruktur 'Pronomen + δέ (*Il.* 20.253 τε) + χολωσάμενος (-η, -οι, -αι)', die beliebig fortgeführt werden kann

391 χολωσάμενοι: Aor. ingressiv: 'in Zorn geraten'. — οἵ ... Καδμεῖοι: οἵ demonstr.-anaphor. (R 17), dazu als Apposition Καδμεῖοι.

(2.599n.; als Rede-Einleitung: 24.55n.). — κέντορες ἵππων: ebenso am VE noch 5.102. κέντωρ ist als *nomen agentis* auf -τωρ aus κέντρον zurückgebildet (RISCH 29) und bedeutet 'Anstachler, Antreiber'. Es ist seltener als πλήξιππος (327n.) und paßt im Gegensatz dazu eigentlich nicht zu Wagenlenkern, die die Pferde peitschen; viell. wurde es urspr. von Hirten gesagt, die ihre Herden mit langen Stacheln lenkten (LfgrE s.v. κέντωρ u. κένσαι; DELEBECQUE 1951, 41; PAGE 1959, 294 Anm. 113: vermutet deswegen eine idg. Herkunft des Epithetons).

392 ≈ 6.187. — ἀναερχομένῳ: Der Hiat in der Kompositionsfuge in dieser in guten Hss. belegten Lesart (*app. crit.* bei WEST) hat Parallelen (G 41; zu den Lesarten ohne Hiat AH mit Anh.). — πυκινόν: 'dichtbemannt, stark an Zahl', worauf auch κούρους πεντήκοντα in 393 hinweist (24.779n.; AH, Anh.; DUÉ/EBBOTT 2010, 244; vgl. 281n.). — λόχον εἷσαν: εἷσαν ist trans. Aor. zu ἕζομαι 'ließen sich setzen'; λόχος bez. hier die den Hinterhalt bildende Mannschaft (6.189n.). — εἷσαν ἄγοντες: auch 23.698 und *Od.* 3.416 am VE; ἄγοντες i.S.v. 'führen, befehligen' (LfgrE s.v. ἄγω 118.12ff.).

393–395 eine Art ganz kleiner Katalog[P] vor der Schilderung des Kampfes (SCOTT 1974, 36f.); allg. dazu 16.168–197n.

393 fünfzig: Typische Zahl[P] (6.244–246n., 16.168n., beide mit Lit.). — **zwei:** Ebensoviele Anführer stehen manchen Kontingenten im Schiffskatalog vor (2.512, 2.517, 2.650f., 2.678, 2.731, 2.740ff.: KIRK; s. die Übersicht 2.494–759n., S. 146), und zwei Anführer sind in der Typisierten Ereignissequenz[P] 'Hinterhalt' verbreitet (z.B. Odysseus und Telemachos gegen die Freier in der Odyssee; DUÉ/EBBOTT 2010, 70f.). Die Zahl Zwei wird auch sonst gelegentlich neben die Zahl Fünfzig gestellt, so 11.748, *Od.* 8.35ff., 16.247ff. (NAGLER 1974, 211).

394 Vier-Wort-Vers (228n.); 2. VH = *Od.* 15.414, 21.14, 'Hes.' *fr.* 10(a).64 M.-W. (ergänzt); ≈ *Il.* 11.60, *Od.* 21.37, 'Hes.' *Sc.* 182, *h.Ven.* 219, hom.h. 31.7 (ἐπιείκελον ἀ.). — Der Göttervergleich mag die Bedeutsamkeit und Stärke des Gegners von Diomedes' Vater hervorheben und damit Tydeus' Leistung unterstreichen (READY 2011, 34); zu Göttervergleichen allg. s. 2.478–479n. u. 2.565n. — **Maion:** Die Bedeutung des Namens ist unklar. Möglicherweise ist es ein *ad hoc* geschaffener Name für eine erfundene Figur (s.u.). Für eine der Tradition entnommene Figur sprechen allerdings Maions wichtige Funktion in der Erzählung (397–398n.) und die Tatsache, daß den Namen seines Vaters, Haimon, ein weiterer Thebaner trägt, Kreons Sohn im Ödipus-Mythos (*Oidip. fr.* 3 West; in Sophokles' *Antigone* der Verlobte der Titelheldin): WILLCOCK (1964) 2001, 441; ANDERSEN 1978, 44f. Anm. 14.

Μαίων: nur hier belegter Name; möglicherweise als *nomen agentis* zu μαίομαι mit der Bed. 'der strebt nach, verfolgt' gebildet, dann wohl *ad hoc* geschaffener sprechender Name wie die folgenden Αὐτόφονος und Λυκοφόντης (395); er würde zusammen mit Αἱμονίδης

---

393 κούρους: Apposition zu λόχον.
394 ἀθανάτοισιν: Anfangssilbe metr. gedehnt (R 10.1).

(s.u.) ebenso wie das Namenspaar in 395 eine Einheit mit der Bed. etwa '*cupidus*, Sohn des *rapax*' bilden (v. KAMPTZ 26; KIRK; KANAVOU 2015, 147). — **Αἱμονίδης:** Patronymikon auf -ίδης (zur Bildung G 56) zum Namen Αἵμων 296n.; die Bed. 'der jagt, ergreift, *rapax*' in Anlehnung an 5.49 αἵμονα θήρης würde hier passen, ist aber unsicher (v. KAMPTZ 237). — **ἐπιείκελος ἀθανάτοισιν:** flektierbare VE-Formel (s. Iterata).

395 Αὐτοφόνοιο: aus αὐτός und φόνος gebildeter Name; das Vorderglied findet sich schon in einem myk. Namen (*au-to-te-qa-jo*, s. MYK s.v. αὐτός) und in Αὐτόλυκος (10.267, *Od.* 19.394ff.) sowie in vielen hist. Namen (BECHTEL 1917, 89f.); das Hinterglied ist ebenfalls myk. (*ra-wo-qo-no*, /*Lāwo-kʷʰonos*/, ein Personenname, s. MYK s.v. θείνω) und im Namen Ἀντίφονος (*Il.* 24.250) belegt. Es ist unklar, ob αὐτός die Bedeutung des verbalen Hinterglieds nicht verändert oder allenfalls hervorhebt, oder aber ob der Name 'Selbst- bzw. Verwandtenmörder' bzw. 'selbst, mit eigener Hand tötend' bedeutet; da er gut zum Namen des Sohnes, Λυκοφόντης, und zur Situation paßt, könnte es sich um eine vom Ilias-Dichter oder von einem Früheren erfundene Figur handeln (LfgrE; vgl. zum Alter der Erzählung 391–398n.). Solche Verbindungen von sprechenden Namen kommen z.B. auch in 5.59 (Φέρεκλος, Sohn des Τέκτων), 10.314 (Δόλων, Sohn des Εὐμήδης), 17.323f. (Περίφας, Sohn des Ἤπυτος) vor: v. KAMPTZ 26; RANK 1951, 132. Der Name hebt wie Λυκοφόντης und wie ἐπιείκελος ἀθανάτοισιν in 394 die mörderische Gegnerschaft von Tydeus' Feinden im Hinterhalt hervor (394n.). — **μενεπτόλεμος:** verbales Rektionskompositum mit der Bed. 'im Kampf ausharrend'; generisches Epitheton[P], das v.a. bei Eigennamen verwendet wird, deren prosod. Schema ein steigender Ioniker ist (hier Λυκοφόντης), jeweils nach der Zäsur B 2 (2.740n.; LfgrE). Wie die vorhergehende Charakterisierung des Maion (394n.) signalisiert es die Kampfkraft eines Gegners von Tydeus. — **Λυκοφόντης:** zu λύκος 'Wolf' gebildet, wie Λυκομήδης (19.240), Λυκόοργος (6.130), Λυκόφρων (15.430), mit Hinterglied -φόντης zu θείνω (dazu s.o. zu Αὐτοφόνοιο): 'Wolfstöter'; so gedeutet wurde auch das Hinterglied von Ἀργειφόντης (2.103n.) und Βελλεροφόντης (6.155n.). Daß denselben Namen ein Troer in 8.275 trägt und Statius in *Theb.* 2.610 ihn erwähnt, spricht für die Namensversion, die in fast allen Hss. überliefert ist (sie paßt auch gut in den Kontext des Hinterhalts: s. zum Wolfsmotiv BIERL 2012, 152–155); die Variante Πολυφόντης 'Töter von vielen' (AH; FAESI; KIRK) paßt zwar viell. etwas besser zu den anderen Namen und zum Kontext (LfgrE s.v. Πολυφόντης), findet sich aber nur in einer Hss. (*app. crit.* bei WEST) und hat keine Parallelen im hom. Epos (nur in 'Hes.' *fr.* 261 M.-W. als Name eines Messeniers); allerdings wird einer der Sieben gegen Theben von Aischylos (*Sept.* 448) und ein Herold des Laios von Mythographen so genannt (WILLCOCK [1964] 2001, 440). Es ist jedenfalls sehr gut denkbar, daß einer der beiden überlieferten Namen des zweiten Anführers passend zur Situation der beabsichtigten Tötung des Tydeus erfunden wurde, ebenso wie die vorhergehenden Namen (ob vom Ilias-Dichter oder von Früheren, ist offen; zum Alter des thebanischen Stoffs allg. 370–400n.; zu Figuren mit *ad hoc* erfundenen Namen in der Ilias allg. HIGBIE 1995, 192).

396 2. VH = *Od.* 4.339, 17.130; ≈ *Od.* 4.340, 17.131, 19.550 (mit anderen Formen von ἐφίημι); 2.250, 22.317, 22.416 (ἀ. π. ἐπίσποι/ἐπέσπον). — **καί:** bedeutet nicht, daß er vor-

___

396 μέν: ≈ μήν (R 24.6), hebt Τυδεύς hervor (R 24.7). — **τοῖσιν:** zur Flexion R 11.2; demonstrativ-anaphorisch (R 17).

her die besiegten Wettkämpfer getötet hatte (so schol. bT; vgl. 389), sondern nur, daß er auch denjenigen, die ihm auflauerten, zu ihrer Schande (ἀεικέα) überlegen war (AH; KIRK). — ἀεικέα: 'schmählich'. gehört zur Figuren-Sprache^P (1.97n.). — πότμον ἐφῆκεν: 'auferlegte das Todeslos', d.h. 'tötete'; ἐφίημι wird auch sonst mit Abstrakta verbunden: z.B. 1.445, 21.524 mit κήδε(α), 10.71 mit κακότητα (LfgrE s.v. ἵημι 1154.55ff.).

397–398 Das Motiv, daß ein einziger überlebt, ist überaus verbreitet und findet sich z.B. auch in der Erzählung von Odysseus' Rettung im Meer (*Od.* 12.403–450), im Zusammenhang mit einer Massentötung u.a. im Mythos von den Danaiden oder den Lemnierinnen: KIRK; DNP s.vv. Lynkeus 2; Thoas. Es ist notwendig, daß einer von dem Massaker berichtet und evtl. warnt und somit auch das Ansehen des Helden hebt (aus einem ähnl. Grund überlebt Medon, *Od.* 22.373f.; *Il.* 12.73 wird die Befürchtung vor einer troischen Niederlage ausgesprochen, bei der nicht einmal ein Bote zurück in die Stadt käme): AH; KELLY 2007, 91; HORN 2014, 140 Anm. 652. Warum gerade einer der Anführer, Maion, verschont wird, ist nicht klar. Auch der Hinweis auf die Götterzeichen im Zusammenhang mit dem Verhalten gegenüber Maion ist sehr kurz und erklärt nicht mehr. Diese Erwähnung wirkt wie in 381, 408 und 6.183 als eine für den Ilias-Dichter nützliche Zusammenfassung einer schon bestehenden Erzählung und setzt wohl die Kenntnis des Publikums voraus. Als mögliche Gründe für Maions Verschonung wurde auch noch anderes angeführt. Daß Maion Priester des Apollon oder Herold war, oder daß er Tydeus in Theben begrub (Stat. *Theb.* 4.598; schol. D zu 395; Paus. 9.18.2, vgl. 14.114n.), kann später aus der Ilias entwickelt worden sein (AH, Anh. zu 394; ANDERSEN 1978, 38), aber daß er als Stammvater der Meoner (2.864n.) am Leben bleiben mußte, ist nicht ganz ausgeschlossen (LfgrE s.v. Μαίων); es ist jedenfalls nicht klar, ob Maion eine ererbte Gestalt ist (394n.). Bedeutsam ist, daß hier das Verhältnis des Helden zu den Göttern, das von Sthenelos wieder aufgenommen wird (408n.) und in Diomedes' Aristie im 5. Gesang eine wichtige Rolle spielt, als Motiv anklingt (398); es dient dazu, Tydeus als frommes Vorbild darzustellen, das Sthenelos' Widerspruch reizt (ANDERSEN a.O. 38; VETTEN 1990, 106).

397 1. VH ≈ 6.190 (zu den Anklängen an die Bellerophon-Erzählung 391–398n.), 6.423. — ἔπεφν(ε): reduplizierter Aor. zu θείνω 'töten' (6.12n.); "koinzident mit ἐφῆκεν, daher Asyndeton" (AH). — ἵει: Das Imperfekt neben den Aor.-Formen ἔπεφν(ε) und προέηκε (398) bezeichnet den Verlauf eines Nebenumstandes (CHANTR. 2.193f.). — **οἶκόνδε νέεσθαι**: flektierbare VE-Formel (2.290n.).

398 2. VH = 6.183; vgl. 408 (s.d.). — ἄρα: deutet darauf hin, daß ἵει (397) durch προέηκε wiederaufgenomen wird, und hebt gleichzeitig die neue Information dazu hervor, Μαίον(α)

---

397 ἵει (ϝ)οικόνδε: zur Prosodie R 4.4. — οἶκόνδε: 'nach Hause' (R 15.3). — νέεσθαι: final-konsekutiver Inf.; zur unkontrahierten Form R 6.

398 προέηκε: Aor. zu προίημι 'gehen lassen, entlassen' (ἕηκε ist Nebenform zu ἧκε). — τεράεσσι: zur Flexion R 11.3.

am Satzanfang (GRIMM 1962, 27); ähnl. 16.308 (s.d.). — τεράεσσι: 76n.; die Zeichen sind hier wie in 6.183 unbestimmt gelassen (s.d.; LfgrE). — πιθήσας: intrans. *s*-Aor. neben ἐπιθόμην, öfter mit Bezug auf von außen kommende fremde Dinge, hier ingressiv: 'sich verlassend' (ebenso 6.183, s.d.).

399–400 Zum Abschluß der Rede wird Diomedes direkt mit dem Vater verglichen (der Kontrast wird auf den Punkt gebracht; zum Verhältnis Vater-Sohn 370–400n.), in Kampf und Rat, den beiden wichtigsten Bewährungsfeldern (1.258n.; 18.106n., beide mit Lit.). Die Aussage über die Befähigung in der Versammlung (400b) ist hier nicht anerkennend gemeint, sondern spöttisch; diese Bevorzugung der kriegerischen Tüchtigkeit ist jedoch situationsgebunden: Diomedes soll zum Kampf aufgereizt werden, was so auch auf Sthenelos und Diomedes wirkt (vgl. 404n., 418ff., s.d.). Darüber hinaus dient Agamemnons Charakterisierung des Diomedes auch der Vorbereitung auf die Funktion des Tydeus-Sohnes als eines wichtigen Ratgebers in 9.31ff. und 14.109ff. Zur Stelle: BARCK 1976, 98f.; ANDERSEN 1978, 39; VETTEN 1990, 107.

Die Wirkung der Aussage wird in 400 durch ein integrales Enjambement[P] untermauert, die Häufung von ει/η-Lauten in jedem *longum* der sechs Daktylen und durch den antithetischen Chiasmus χέρεια μάχῃ, ἀγορῇ ἀμείνων in 400 (KIRK; FEHLING 1969, 296).

399 Aitolier: Tydeus stammte aus Aitolien (14.114ff., s.d.); wie andere Helden wird er hier (sein Sohn in 23.471) nach der Herkunft benannt (2.336n.).

τοῖος: dient häufig zur Charakterisierung eines ausgezeichneten Menschen (z.B. auch 24.384, *Od.* 1.257): MARG 1938, 58; ähnl. zur Hervorhebung besonderer Macht in 390 (s.d.). — τὸν υἱόν: ὁ, ἡ, τό kann possessiv verwendet sein (wie in 21.412, 23.75; SCHW. 2.22; LEAF), τόν kann hier aber auch wie ὁ, ἡ, τό sonst häufig (2.217n.) den Gegensatz markieren: 'den aber, den Sohn' (SCHW. 2.21; CHANTR. 2.161).

400 2. VH vgl. 18.106. — γείνατο: zu trans. ἐγεινάμην neben intrans. ἐγενόμην 19.26n. — εἷο: zum Reflexivum G 81; SCHW. 2.194; CHANTR. 2.154. — χέρεια: Akk. Sg. mask. (noch *Od.* 14.176), neben Dat. Sg. mask. χέρηϊ (*Il.* 1.80, s.d.), Nom. Pl. mask./fem. χέρηες (*Od.* 15.324) und Nom./Akk. Pl. neutr. χέρεια (*Il.* 14.382, *Od.* 18.229, 20.310; zum Wechsel ει/η WERNER 1948, 84f.); bed. 'schwächer', von der gleichen Wurzel wie χερείων/χείρων, aber morphologisch kein Komparativ (LEUMANN [1945] 1959, 216; EGLI 1954, 77); von der persönlichen Qualität wie *Il.* 2.248 χερειότερον (s.d.) und ebenfalls von der nächsten Generation Hes. *Op.* 127 χειρότερον. — τ(ε): zum unüblichen Gebrauch des τε RUIJGH 698. — ἀμείνων: Die von Aristarch, AH, LEAF und WEST bevorzugte Lesart mit dem Nom. ἀμείνων in einem parataktischen Konzessivsatz setzt die Ellipse von ἐστί und des Subjektes voraus. "[T]he omission […] is harsh" (LEAF), aber die Aussage in einem Satz hat eine Parallele in 18.106 (s.o. zur 2. VH). Ein Satz gibt auch eine vom Sprecher dargestellte Tatsache besser wieder als eine parallel zu χέρεια μάχῃ gestellte weitere prädikative Er-

---

399 ἔην: = ἦν (R 16.6).

400 εἷο: ἑαυτοῦ (R 14.1); *gen. comparativus*. — μάχῃ, ἀγορῇ: zum Hiat R 5.6; lokativisch.

gänzung mit ἀμείνω, Lesart der meisten Hss. (*app. crit.* bei WEST); zur kontrahierten Akk.-Form ἀμείνω (< ἀμείνονα) 3.11n.

401–402 Diomedes' Reaktion auf Agamemnons Rede wird mehrfach gezeigt: durch sein Schweigen (401f.), seine Rede an Sthenelos' (412–418n.), seinen anschließenden Sprung vom Wagen (419–421n.) und später durch seine Aristie (im 5. Gesang) sowie seine Reden an Agamemnon (9.34–36, 14.126, 14.110–132n.). Sein unmittelbares Schweigen erklärt sich aus seinem Respekt (*aidṓs*) vor dem Status und Alter Agamemnons: Er ist der Anführer des Feldzugs gegen Troia (der Respekt wird betont mit *aidestheís*, 'weil er Respekt erwies' und zusätzlichem Adj. *aidóioio* über Agamemnon: 'Scheu erweckend, ehrwürdig'): CAIRNS 1993, 96. Die überlegte Zurückhaltung steht in Gegensatz zu Sthenelos' impulsiver Reaktion, der Diomedes sein Verständnis für Agamemnons Worte entgegensetzt (SCHOULER 1980, 2f.; CAIRNS a.O. 97; 2001a, 210). Er hat begriffen, daß der Oberanführer Tatkraft, keine Worte, als Antwort auf seine Rede erwartet und auf ihn angewiesen ist (412–418; MONTIGLIO 2000, 58), und wird deshalb dessen Vorwürfe durch sein Verhalten im Kampf widerlegen (ANDERSEN 1978, 39). Dies erlaubt ihm später, die Kritik als ungerechtfertigt zurückzuweisen (9.34ff.; 412–418; deshalb ist sein Schweigen nicht auch mit Scham zu erklären (so z.B. HOOKER [1987] 1996, 524; MONTIGLIO a.O. 57; vgl. auch Diomedes' Hinweis auf die Funktion von Agamemnons Rede, 412–418n.). Diese überlegte, diplomatische Art hebt Diomedes als jungen, respektvollen Helden besonders hervor, um so mehr, als er soeben als guter Redner charakterisiert wurde (399–400n.) und vorher Odysseus (allerdings älter als Diomedes: schol. bT zu 401) ungehalten auf Agamemnons Vorwürfe reagiert hat (327–363n.; vgl. REICHEL 1994, 219: Schema 'Scheltrede und Erwiderung', in der Diomedes-Szene aufgespalten). Es ist wohl auch an den eskalierenden Konflikt zwischen Agamemnon und Achilleus zu denken, dessen Ausbleiben vom Kampf der junge Mann nun im folgenden in einer Bewährungsprobe einigermaßen auszugleichen hat (u.a. SCHOFIELD 2001, 257 und TAPLIN 1992, 135 vergleichen kurz und recht oberflächlich Achilleus und Diomedes in ihren Reaktionen auf Agamemnon; allg. zu Diomedes als einer Art Ersatzfigur für den abwesenden Achilleus 6.96–101n.).

401 1. VH bis zur Zäsur C 1 = 5.689, 6.342, 8.484, *Od.* 20.183; ≈ *Il.* 1.511, 21.478; 2. VH = 411, 5.251, 5.286, 5.814, 10.369, 10.446, 11.316, 11.361, 11.384; von der Zäsur C 1 an = 5.143, 7.163, 8.532, 10.536, 11.660, 16.25, 23.290, 23.472, 23.812. Der Formelvers (oriental. Parallelen: WEST 1997, 198) ist die verneinte Version einer formelhaften Rede-Einleitung[P] (HIGBIE 1990, 97). Die ausdrückliche Erwähnung eines Ausbleibens der Antwort begegnet in ganz unterschiedlichen Situationen (vgl. 1.511n., 6.342n.); hier erfolgt sie, weil eine Antwort des provozierten Diomedes zu erwarten ist; an seiner Statt antwortet Sthenelos (403); ähnlich erwidern Helena und nicht Hektor (6.342f.) und Artemis anstelle

---

401 ὣς φάτο: 272n. — τόν: demonstrativ-anaphorisch (R 17).

von Apollon (21.478f.) eine Rede (WEST 2011, 183, zu 6.342). — κρατερός: Epitheton von Diomedes, 19× am VE (s. Iterata), 1× im Vers-Innern (16.25n.). Es ist nicht ganz ausgeschlossen, daß es hier und 411 kontextsensitiv gebraucht ist: Diomedes ist kein wertloser Kämpfer und Tydeus nicht unterlegen, wie ihm Agamemnon soeben unterstellt hat (399f.): schol. bT zu 402.

402 Vier-Wort-Vers (5–6n.), der wohl die Bedeutsamkeit von Diomedes' respektvollem Verhalten unterstreicht. — αἰδεσθείς: mit Akk. wie *Od.* 2.65 (Aor. auf -η/θη- sonst meist intrans.: 3.208n.), in der Bed. 'erwies Respekt' (LfgrE s.v. αἴδομαι 271.56f.; KIRK). — βασιλῆος: Periphrastische Benennung[P] in Sekundärer Fokalisation[P] (2.778b n. mit Lit.) mit besonderer Funktion im Kontext: Diomedes hat Respekt vor Agamemnon als Oberanführer (ebenso wird Achtung vor Chryses als Priester erwartet: 1.23n.): KIRK; DE JONG (1987) 2004, 104. — αἰδοίοιο: 'Scheu erweckend, ehrwürdig' (3.172n.), in Sekundärer Fokalisation[P], die noch durch die Wiederholung des Wortstamms αἰδ- im selben Vers am Anfang und Ende betont wird (KIRK; DE JONG [1987] 2004, 142).

403 1. VH ≈ 5.319. — Da gemäß dem Werkplan des Erzählers Diomedes aus Respekt gegenüber Agamemnon unmittelbar nicht auf die Provokation reagieren kann (401–402n.), übernimmt dies Sthenelos, der dabeisteht (367) und alles gehört hat (STEINRÜCK 1992, 103). Seine unentbehrlichen Funktionen als Wagenlenker, der auch für den Schutz des Kämpfers bei einem Rückzug besorgt sein muß (vgl. 5.241–250; 226–230n.) und deshalb wie andere Wagenlenker (z.B. Meriones: 13.249) ein vertrautes Verhältnis zu seinem Partner im Kampf hat (DEGER 1970, 78 Anm. 406; HELLMANN 2000, 71; vgl. 16.20n. zu Patroklos), prädestinieren ihn zur Rolle des Verteidigers und bewirken, daß er sich ebenfalls angesprochen fühlt, erst recht als Sohn eines der Sieben vor Theben und Epigone (367n.) wie Diomedes; ähnlich bezieht dieser in einer späteren Rede an Agamemnon seinen Wagenlenker mit ein (9.48; ein Bezug zu dieser Stelle schon bei schol. bT zu 407). – 'Sohn des Kapaneus', die periphrastische Benennung[P] des Sthenelos (367n.), soll hier wohl seine Funktion betonen, an den Kriegszug seines Vaters und der übrigen Sieben gegen Theben zu erinnern (404–410) (DE JONG [1987] 2004, 198); eine ähnl. Vorbereitung einer Genealogie findet sich in 6.144 (s.d.). Darüber hinaus könnte vielleicht der Hinweis auf die Abstammung von dem im Mythos als prahlsüchtig dargestellten Kapaneus auch den großspurigen Ton der Rede seines Sohnes ankündigen (Aisch. *Sept.* 422ff.; zu weiteren Quellen s. DAVIES 2014, 71f., s. dazu auch 404–410n.; WEST 2011, 147 z.St. erwähnt Kapaneus' Charakter).

τὸν ... ἀμείψατο: Rede-Einleitung[P] ohne Parallele, mit der nur hier belegten Aor.-Form ἀμείψατο (CHANTR. 2.192); sie ist viell. hier verwendet, um die Bezeichnung für Sthenelos, hier υἱός Καπανῆος, an einer auffälligeren Stelle in der 1. VH folgen zu lassen, statt z.B. in *τὸν δ' ἀπαμειβόμενος προσέφη Καπανήϊος υἱός am VE (zu der dabei zugrundeliegenden häufigen Rede-Einl. 188n.). Damit wird betont, daß Sthenelos anstelle von Dio-

---

402 βασιλῆος: zur Flexion R 11.3, R 3.

medes antwortet (401n.): EDWARDS 1970, 22. — υἱὸς Καπανῆος: 367n. — κυδαλίμοιο: 100n.

404–410 In Sthenelos' kurzer, aber heftiger Erwiderung auf Agamemnons Provokation folgt auf die Anrede eine knappe Zurückweisung (404), der sich die Gegenbehauptung (405) mit einer etwas längeren Begründung anschließt (406–409, mit rhetorisch gestaltetem Höhepunkt in 408, s.d.), und zuletzt, als Ring zu 405, die folgernde nochmalige Abwehr in 410 (knapp HEBEL 1970, 83). Die kurzen Sätze ohne Enjambements (d.h. Ganzvers-Sätze; KIRK) zu Beginn der Rede malen vielleicht die Empörung des Sprechers, zu der auch die drängenden, appellativen *toi* 'denk dir' in 405 und *moi* 'mir' in 410 passen. Die Struktur und die rhetorische Gestaltung der Rede unterstreichen ihre Funktion: Sie bereitet zunächst (1) Diomedes' Reaktion in 411–421 vor, dann aber auch (2) die Aristie des Helden im 5. Gesang und seine Rolle im weiteren Geschehen (dazu auch 401–402n., ferner 220–421n.). (1) Sthenelos' leidenschaftliche Reaktion ist an sich naheliegend: Agamemnon hat auch *seine timḗ*, 'Ehre', angegriffen (403n.; CAIRNS 1993, 96f.; zur Diskussion um die *timḗ* vgl. 24.57n.). Auch Odysseus reagiert ungehalten auf dessen Worte (349n.). Allerdings nimmt er einen anderen Rang ein als Sthenelos (vgl. 232–250n.) und bezichtigt den Oberanführer nicht ausdrücklich der absichtlichen falschen Gewichtung und Verdrehung von Tatsachen (404n.); zudem zeigt er, daß er den Zweck der Paränese verstanden hat, und stellt ihm einen erfolgreichen Kampf in Aussicht (351–355). Sthenelos' bloß scharfe Zurückweisung (404, 410), noch verstärkt durch den prahlenden Ton (s.u.) ist deshalb ungewöhnlich und dient als Folie für Diomedes' überlegte Zurückhaltung (401f.) und Abwehr einer empörten Haltung (413) (Sthenelos' einzige Rede an anderer Stelle, in 5.243–250, dient ebenso Diomedes' Charakterisierung): Die positive Bewertung von Diomedes' Reaktion (401–402n.) wird dadurch verstärkt (v. SCHELIHA 1943, 136; STRASBURGER 1954, 107; ANDERSEN 1978, 40). (2) Die Rede dient auch dazu, Diomedes als Epigonen und damit als Eroberer und Zerstörer von Theben (406) in Erinnerung zu rufen und so seine Kampfkraft in der Aristie und den später erzählten Schlachten zu erklären. Sie setzt somit den uns nur in Umrissen bekannten Mythos von den Epigonen, auf den sonst kaum noch angespielt wird, voraus (ANDERSEN a.O. 40. 45f. Anm. 20, auch zu analytischer Kritik). So wird in 2.504f. Thebens Zerstörung vorausgesetzt (s.dd.), und in 2.565f. und 23.677–680 Euryalos als Epigone erwähnt. Sonst sind nur wenige nachhom. Fragmente erhalten, und v.a. Aischylos' 'Sieben gegen Theben' gibt eine gewisse Vorstellung von dem Mythos; eine Einführung und Sammlung aller Fragmente mit Kommentar und Übersetzung bei DAVIES 2014, 107ff. 143–145; kurz [1989] 2001, 29–31. – Zur Profilierung des Diomedes dient in der Rede die Abgrenzung gegenüber Tydeus und der Vätergeneration, deren geringerer militärischer Erfolg mit ihrer mangelnden Frömmigkeit erklärt wird (406–409). Der natürliche Wetteifer des Sohnes

mit dem Vater, der auch durch das Erziehungsideal verstärkt wird, daß die Söhne
dem Erzeuger nacheifern, ja ihn übertreffen sollen (1.272n., 6.209n., 6.479n.),
motiviert primär diese Abgrenzung; dazu paßt auch, daß Sthenelos' Rede als
Prahlrede und Herausforderung gegenüber *Agamemnon* gestaltet ist (wobei dessen
Erzählung von Tydeus aber auch einfach ergänzt wird) und ihr Pendant in Sthenelos' kleinlautem Rat zum Rückzug in 5.243–250 findet (eine Parallele mit umgekehrten Rollen ist Tlepolemos' Prahlrede in 5.633–646, in der er sich auf seinen
Vater als früheren Zerstörer Troias beruft). Die Hervorhebung der jüngeren Generation dürfte allerdings sekundär neben Diomedes allgemein die Kämpfer vor
Troia und damit die Helden der Ilias in ein helleres Licht setzen wollen, so wie
das Epos gelegentlich auch sonst ihre Überlegenheit gegenüber Helden der Vor-
zeit betont (1.272n.); hier insbesondere gegenüber der thebanischen Epik, in der
die Sieben offenbar besonders gottlos agierten (WILAMOWITZ [1891] 1937, 75;
REUCHER 1983, 99f. mit Anm. 1; zum Mythos: zu Tydeus 14.113–125n.; zu Kapaneus und zum Untergang der Sieben überhaupt DAVIES 2014, 70ff.; außerdem
NAGY [1979] 1999, 163; zu mögl. mythischen Umgestaltungen der Sieben aus un-
terirdischen Monstern oder orientalischen Dämonen DAVIES a.O. 67–71 mit Lit.).
Eine grundsätzliche Infragestellung des Erziehungsideals in Sthenelos' Rede
(WÖHRLE 1999, 43. 149) ist somit nicht wahrscheinlich, auch weil Diomedes sich
immer wieder auf Tydeus beruft (370–400n.); aber eine metapoetische Funktion
der Abgrenzung gegenüber der Vätergeneration und der Dichtung über sie ist
denkbar (allg. zu solchen Funktionen NTHS 60–63), um so mehr, als das proble-
matische Verhältnis zwischen Göttern und Menschen schon von Agamemnon angedeutet wurde (381, 390, s.dd.) und gerade in Diomedes' Aristie eine große Rolle
spielt, und weil Diomedes letztendlich als maßvoller, den Göttern gehorchender
Kämpfer dargestellt wird. Aus diesem Grund ist auch die Athetese von 407–409
durch Aristarch verfehlt: Die Unterstützung der Götter bei der Eroberung Thebens
durch die Epigonen vermindert nicht ihre Leistung, im Gegenteil; vgl. auch 390
(s.d.): ANDERSEN a.O. 41; zu einem weiteren Grund für die Athetese s. 407n. Zur
Bewertung der Generationen in der Rede ANDERSEN a.O. 40–42; SCHOULER 1980,
2; FUCHS 1993, 45; eine orient. Parallele zu dem militärisch erfolgreicheren
Sohn s. bei WEST 1997, 359.

404 2. VH ≈ *Od.* 4.730. — Wie sich in der folgenden Rede konkret zeigt, wirft
Sthenelos Agamemnon "eine falsche, unvollständige Schilderung der Kämpfe um
Theben" vor, aus der er eine falsche Schlußfolgerung gezogen habe (405; das Zitat
aus LfgrE s.v. ψεύδομαι; ausführl. LEVET 1976, 111f.). Seinem Ziel entsprechend, Diomedes zum Kampf anzufeuern (so ist vermutlich Sthenelos' Rede zu

---

404 ψεύδε', ἐπιστάμενος: zum Hiat R 5.1. — ψεύδε(ο): zur unkontrahierten Form R 6. —
ἐπιστάμενος: konzessiv. — σάφα (ϝ)ειπεῖν: zur Prosodie R 4.3.

verstehen), habe Agamemnon wider besseres Wissen (404b) Nachteiliges verschwiegen (409: das Ende des Zuges der Sieben gegen Theben, nur angedeutet in
381, 376–381n.; viell. ist auch Tydeus' Grausamkeit gemeint, s. 372–373n.). In
der Kritik mag dabei mitschwingen, daß die absichtliche Auslassung von Fakten
durch den Umstand erleichtert ist, daß niemand vor Troia, nicht einmal Tydeus'
Sohn, persönliche Erinnerungen an den Helden hat (374–375n.; vgl. ALDEN 2000,
119f.).

μὴ ψεύδε᾽, ἐπιστάμενος σάφα εἰπεῖν: Im allgemeinen wird ψεύδε᾽ als elidierter Imp. Präs.
Med. ψεύδεο aufgefaßt ('sag nicht das Falsche'), mit konzessivem ἐπιστάμενος, dem ein
Obj.-Inf. mit adverbiell gebrauchtem σάφα 'genau' untergeordnet ist (s. z.B. AH; KIRK;
LfgrE s.vv. σάφα u. ψεύδομαι). Weil σάφα εἰπεῖν sonst im hom. Epos nicht absolut gebraucht ist (LUTHER 1935, 63; in Od. 3.89 folgt als Objekt eine indirekte Frage) und Wortbildung und Etymologie von σάφα unklar sind (RISCH 363; LfgrE s.v.), faßt man gelegentlich (z.B. FAESI; BENVENISTE 1935, 93; CARLISLE 1999, 59) ψεύδε᾽ und σάφα nominal, als
Akk. Pl. Neutr.-Formen, auf, d.h. als Objekte zu εἰπεῖν (dann Inf. mit Imp.-Bed.) bzw.
parallel dazu zu ἐπιστάμενος, und setzt kein Komma nach ψεύδε(α) ('sag nicht Lügen, obwohl du Wahres weißt'). Gegen eine solche Auffassung sprechen die Wortstellung (LEAF)
und auch die Bed. von σάφα, das 'auf zuverlässige, genaue, klare Weise' bedeutet (LfgrE;
das Adj. σαφής ist im fgrE erst in h.Cer. 149 und h.Merc. 208 belegt: FRISK) und mit
εἰπεῖν am VE antithetisch zu ψεύδε(ο) vor die Zäsur B 2 gesetzt ist (LfgrE s.v. ψεύδομαι).
Außerdem ist eine Aufforderung im Imp. ('sag nicht das Falsche') gleich am Anfang erheb-
lich wirkungsvoller als am Schluß des Verses der Inf. εἰπεῖν (vgl. VA von Il. 19.107 Hera
zu Zeus: ψεύστης εἰς).

405 ἡμεῖς: betont am VA, geradeso wie das anaphorisch aufgenommene Pronomen im folgenden Vers; μέν, üblicherweise im Anfangsglied einer Anapher, ist hier durch das nach-
drücklichere τοι ersetzt (FEHLING 1969, 205). — εὐχόμεθ᾽ εἶναι: zur VE-Formel 264n.;
εὐχόμεθ(α) verstärkt das betonte ἡμεῖς: 'wir können mit Stolz von uns sagen/uns darauf
berufen, daß wir' (LATACZ 1969, 350); εὔχεσθαι wird auch sonst häufig mit Bezug auf die
Abstammung verwendet (6.211n.).

406 ≈ Od. 11.263; vgl. h.Apoll. 225. — **siebentorigen:** Es wird immer wieder diskutiert, ob diese ausschließlich dem böot. Theben vorbehaltene Charakterisierung
(noch in Od. 11.263, Hes. Op. 162, 'Hes.' Sc. 49) einen historischen Hintergrund
hat. Da Theben in der geom. Zeit erst sehr spät wieder zu hegemonialer Bedeutung kam und im Schiffskatalog nur die Unterstadt erwähnt wird, müßte eine Erinnerung an die Kadmeia, Thebens Akropolis, die mindestens zweimal in myk. Zeit
zerstört wurde, vorausgesetzt werden (2.505n.; MYLONAS 1966, 217). Dies ist
möglich (404–410n.); allerdings entbehrt die hohe Anzahl der Tore sicher jeder
historischen Grundlage, da sie eine zu große Gefährdung nach sich gezogen hätte
und entsprechend für keinen Ort archäologisch nachweisbar ist (RE s.v. Thebai
[Boiotien], Sp. 1429; HOPE SIMPSON 1965, 116; IAKOVIDES 1977, 213). Es ist hin-

---

405 τοι: versichernd, etwa '(denk) dir' (R 24.12). — μέγ(α): adv., zu ἀμείνονες.

gegen naheliegend, daß das Epitheton die Bedeutung Thebens als stark befestigte,
bedeutende Stadt hervorheben soll (entsprechend anderen Epitheta wie z.B. *eusté-
phanos*, 'mit gutem Mauerkranz', s. 19.98–99n.) und damit in Zusammenhang mit
der Erzählung von den *sieben* Angreifern und ihren Söhnen (den Sieben gegen
Theben und den Epigonoi) steht, deren auf die Tore verteilte Angriffe wirkungsvoll beschrieben werden konnten (wie in Aisch. *Sept.* 375ff.; WILAMOWITZ [1891]
1937, 58–64; FRIEDLÄNDER [1914] 1969, 38f.; HUTCHINSON zu Aisch. *Sept.* 369–
652). Dazu paßt auch die Zahl Sieben als Typische Zahl[P] (BLOM 1936, 205, mit
einer oriental. spätantiken Parallele; SINGOR 1992, 408f. mit früheren oriental.
Bsp.; vgl. auch die Deutung der Zahl schon in schol. T z.St.), die an das übertrei-
bende Epitheton 'hunderttorig' vom ägypt. Theben in *Il.* 9.383 erinnert. Es ist deshalb nicht nötig, eine historische Reminiszenz an hintereinander gestaffelte myk.
Tore wie etwa in Tiryns oder Athen anzunehmen, die zudem mit dem Mythos, wie
er u.a. in Aischylos vorausgesetzt ist, nicht zu vereinbaren wäre (die These wird
erwogen und bevorzugt von LfgrE s.v. ἑπτάπυλος; ROBERT 1907, 93; *contra*
FRIEDLÄNDER a.O. 38 Anm. 52). Allerdings dürfte der Ilias-Dichter das formelhaft
wirkende Wort schon in epischer Sprache geprägt vorgefunden haben (WEST zu
Hes. *Op.* 162; 2011, 147; MEIER 1976, 176), und schließlich sind vielleicht auch
zeitgenössische oder frühere oriental. Einflüsse auf die Entstehung des Wortes
nicht ganz auszuschließen (vgl. allg. zu solchen Einflüssen beim ep. Festungsbau
IAKOVIDES a.O. 221). Doxographie zum Problem: DAVIES 2014, 66f.

Parataktisch angeschlossener zweiter Teil der Anapher wie auch z.B. 9.69, *Od.* 15.65f.
(FEHLING 1969, 215), der zur Begründung des ersten Teils dient (AH). — **καί**: 'auch', zu
εἵλομεν, betont die Eroberung der Stadt durch die Epigonen im Gegensatz zu der bloßen
Belagerung durch die Vätergeneration, die Sieben gegen Theben (AH). — **Θήβης ἕδος**:
ἕδος zu ἕζομαι, eigtl. das 'Sich-Setzen', meistens 'Sitzplatz, Wohnsitz, Ort', oft vom
Olymp als Wohnsitz der Götter (LfgrE). Zu Junkturen mit einem Ortsnamen im appositiven
Gen. 33n. Zur Lokalität als Subjekt eines *nomen actionis* mit dieser Bed. s. AH u. vgl. 45n.
zu ναιετάουσι. — **ἑπταπύλοιο**: Possessivkompositum mit Numerale als Vorderglied
(RISCH 220f.), 'mit sieben Toren' (s.o.).

407 Der Vergleich der Leistungen der Sieben gegen Theben mit derjenigen der Epigonen wird doppelt geführt: Das Heer war kleiner, die Mauer noch besser be-
festigt. Für rhetorische Zwecke wie hier werden Vergleiche oft doppelt verstärkt
(z.B. 7.124–160, 24.599–620: LOHMANN 1970, 78f. Anm. 135; ANDERSEN 1978,
45 Anm. 19). Daß die Epigonen über ein weniger zahlreiches Heer verfügten als
die Vätergeneration, ist sonst nirgends belegt (KIRK) und mag hier durch die
Funktion der Rede bedingt sein (404–410n.).

---

407 λαὸν(ν) ἀγαγόνθ': zur Prosodie M 4.6 (zudem Zäsurstelle). — ἀγαγόνθ': = ἀγαγόντε,
mit Elision (R 5.1) und Hauchassimilation; Ptz. Aor. Akt. Nom. Dual (R 18.1, ↑).

Der Vers ist chiastisch gebaut (um das Partizip in der Mitte Nomina mit vor- bzw. nachge-
stelltem Epitheton), und die emphatische Wirkung wird noch durch die beiden Komparative παυρότερον und ἄρειον am VA und VE verstärkt (KIRK). — **παυρότερον λαόν**: παυρότερον bed. 'weniger, geringer' (Positiv παῦρος in 2.675, zu lat. *parvus, pauci*): LfgrE s.v.
παῦρος. Zu λαόν 'Kriegsvolk, Heer' 28n. — **ἀγάγονθ᾽**: Der Dual erregte schon in der Antike Anstoß, weil im Mythos über die Söhne entsprechend der Erzählung von den Vätern,
den Sieben gegen Theben, zahlreiche Epigonoi als Anführer Theben eroberten (versch.
Versionen: mindestens sieben; in schol. T zu 406 namentlich aufgezählt): schol. A. Der
Dual erklärt sich aber durch die Situation: Der Redner spricht nur für sich und den angegriffenen Diomedes, mit dem er parallel ebenfalls eine Einheit gegenüber Agamemnon in
9.48f. bildet, wenn Diomedes Troia mit Sthenelos allein erobern will (schol. bT, von
ROEMER 1912, 171f., hervorgehoben; ANDERSEN 1978, 45 Anm. 19; vgl. 403n. zu Sthenelos als Sprecher). — **ὑπὸ τεῖχος**: gemeint ist vor die Mauern der Kadmeia, der Burg von
Theben (406n.), ähnl. wie in 2.216 (s.d.) ὑπὸ Ἴλιον 'unter die Mauern von Ilios, vor Ilios'.
— **ἄρειον**: Komparativ, zu ἀρείων 'besser'; vermutlich gehörte diese Neutr.-Form urspr.
zu einem Adj. ἄρειος ohne eigentl. komparativische Bed., und die Formen ἀρείων etc. (*n*-
Stamm) sind dazu gebildet worden (DELG s.v. ἀρείων; SEILER 1950, 119); i.S.v. 'fester,
stärker' wie in 15.736: Es muß gemeint sein, daß die Mauer nach der erfolglosen Belagerung der Sieben gegen Theben verstärkt worden war (AH; LEAF), eine plausible Tatsache
(vgl. Troia VI und VIIa: IAKOVIDES 1977, 215f.; KLINKOTT 2004, 80), von der wir allerdings sonst nirgends erfahren (KIRK). Die Erklärung, der Komparativ vergleiche Thebens
Mauer mit derjenigen in Troia (schol. A; von SCULLY 1990, 174 Anm. 15 erwogen), berücksichtigt zwar den herausfordernden Ton der Rede, nicht aber den Gegensatz zwischen
der Generation der Väter und der Söhne, von der Agamemnons und noch stärker Sthenelos'
Rede geprägt sind (404–410n.): LEAF. Ganz abwegig (es paßt nicht zum Sprecher als ehe-
maligem Belagerer) und banal, zudem von der Wortbildung her problematisch ist die
Gleichsetzung von ἄρειον mit ἀρήϊον, 'kriegerisch, schützend' (zu Ἄρης; schol. A, T;
FAESI; von LfgrE bevorzugt, allerdings mit Diskussion der Probleme): LEAF; SEILER a.O.
119 Anm. 1.

408 1. VH: vgl. die 2. VH v. 398 (s.d.), 6.183. — Wie schon in 381 und 398 wird
die Art der göttlichen Zeichen offengelassen; es sind jedenfalls günstige Vorzeichen gemeint, die wohl zu Beginn des Kriegszuges auf seinen guten Ausgang für
die angreifenden Epigonen deuten, etwa wie in Aulis vor der Fahrt nach Troia
(2.303–335n., 2.350–353n.; vgl. auch *Od.* 2.146ff., vor Odysseus' Rückkehr), und
möglicherweise auf einer traditionellen Erzählung beruhen (Pindar, *Pyth.* 8.48ff.
spielt viell. darauf an): STOCKINGER 1959, 88f. Hier wird – v.a. durch die Aufnahme zentraler Begriffe in Agamemnons Rede (s.o.; Catchword-Technik[P]) – unterstrichen, daß Diomedes und Sthenelos ebenso fromm waren, wie Tydeus gemäß
Agamemnon war (390, 398); gleichzeitig wird aber auch durch den Hinweis auf
Zeus' Hilfe der Unterschied betont: Sie, die Epigonen, ließen sich von Zeus leiten,

---

408 Ζηνός: = Διός (R 12.5).

Tydeus hingegen traf schon am Anfang auf Zeus' Ablehnung (381): ALDEN 2000, 120.

πειθόμενοι: begründet die Eroberung (406); durativ, i.S.v. 'vertrauend' wie πεποιθότες, ebenfalls mit τεράεσσι, in 12.256 (LfgrE s.v. πείθω 1099.60ff.); steigerndes Echo von πι-θήσας in 398 (ingressiv: Tydeus war nicht dauernd fromm): ALDEN 2000, 120.

409 ≈ *Od.* 1.7, 10.437. — **κεῖνοι:** emphatisch am VA, im Kontrast zu ἡμεῖς (405, 406, s.d.). — **σφετέρῃσιν:** relativ seltene Variante des Poss.-Pron. der 3. Pers. Pl. zum Pers.-Pron. σφε- mit dem Suffix -τερος wie ἡμέτερος, auch im Att. belegt (G 82; CHANTR. 1.273); hier und in *Od.* 1.7 zwischen den Zäsuren A 4 und B 2 betont, ähnlich wie in *Il.* 1.205 (s.d.) und *Od.* 1.34 das Poss.-Pron. am VA. — **ἀτασθαλίῃσιν:** 'Vermessenheit, Blindheit' (im hom. Epos nur im Pl.: noch 22.104, 9× *Od.*, ferner 3× Hes. Sg./Pl), meist ausgelöst "durch Fehleinschätzung der Lage und der Folgen eigener Handlungen" oder/und "Überschätzung der eigenen Kräfte [...], oft in einer Situation, die dazu herausfordert (z.B. Machtvakuum im Hause des Odysseus), so daß entgegenstehende Überlegungen, Warnungen unbeachtet bleiben"; auch 22.104, *Od.* 1.7, 1.34 mit dem verstärkenden Poss.-Pron. zur Betonung der Schuld (LfgrE s.v. ἀτασθαλίη 1483.64ff., das Zitat 1483.65–72). Zum Verhältnis zwischen ἀτασθαλίη und dem bedeutungsähnl. Begriff ἄτη eingehend CAIRNS 2012, 33–49. – Ausdrücke der Wortfamilie ἀτασθαλ- sind für die Figuren-Sprache[P] charakteristisch: DE JONG zu *Od.* 1.32–43.

410 2. VH ≈ 1.278. — **τώ:** 'darum, deshalb' (14.35n.); zum Akzent WEST 1998, XXII; von anderen, wie FÜHRER/SCHMIDT 2001, 20 Anm. 111, wird Zirkumflex bevorzugt. — **μή ... ποθ' ὁμοίη:** 'niemals gleich', d.h. immer niedriger; vgl. οὔ ποθ' ὁμοίης, eine Art Litotes, in 1.278 (s.d.; AH). — **μὴ ... ἔνθεο:** seltener verneinter Imp. Aor. statt Konj. Aor., ebenfalls mit ἔνθεο an der gleichen Versstelle in *Od.* 24.248; weitere Stellen und Erklärungen mit Lit. s. 18.134n.; SMITH 1979, 46f. (metr. Gründe: Hinweis auf die Versposition von ἔνθεο und die metr. unbequeme Konj.-Form ἔνθηαι); STRUNK 1988, 298 mit Anm. 4. — **μοι ... ποθ':** zu der im hom. Epos noch seltenen Stellung der zwei Enklitika vor bzw. hinter dem akzentuierten Wort (sog. Dienklisis od. *split cliticization*) RUIJGH (1990) 1996, 639 Anm. 25. 641f.; JANSE 1997, 107; viell. trägt sie zur Emphase auf πατέρας bei. — **μοι:** entspricht in seiner appellativen Funktion τοι in 405 (ähnl. CORLU 1966, 25). — **ὁμοίῃ ἔνθεο τιμῇ:** 'stell in den gleichen Rang' (sc. wie mit uns Söhnen, den Epigonen); zu der nur hier mit ἐντίθημι belegten Vorstellung eines abstrakten Bereichs, in den jemand versetzt wird, vgl. das passivische ἐν δὲ ἰῇ τιμῇ ἠμέν in 9.319, ferner τιμὴν τιθέναι mit Dat. der Pers. (in 24.57, s.d.): LfgrE s.vv. τίθημι 488.44ff.; τιμή 522.21ff.

411 = 5.251, 10.446; 1. VH = 349 (s.d.). — **κρατερὸς Διομήδης:** 401n.

412–418 Diomedes bringt seinen Wagenlenker zum Schweigen (412): Er ist unmutig (411) und geht mit keinem Wort auf Agamemnons und Sthenelos' Vergleiche mit der Vätergeneration ein (ANDERSEN 1978, 41; BECK 2005, 163); das paßt auch zu seiner Orientierung an Tydeus, wie sie sich später zeigt (370–400n.). Seine An-

---

409 κεῖνοι: = ἐκεῖνοι. — σφετέρῃσιν: zur Flexion R 11.1; ↑.

410 ποθ': = ποτέ, mit Elision (R 5.1) und Hauchassimilation. — ὁμοίῃ ἔνθεο: zum Hiat R 5.6.

411 ὑπόδρα (ϝ)ιδών: 349n.

rede an Sthenelos bringt aber zunächst die Zusammengehörigkeit mit ihm, der ihn
ja verteidigte (403n., 404–410n.), zum Ausdruck (412n.) und sucht ihn ebenso wie
die folgende Erklärung für Agamemnons Verhalten (413–417) zu beruhigen. Dabei grenzt er sich entschieden von Sthenelos' Entrüstung ab: *ou nemesố* 'ich ent-
rüste mich nicht' (413). Die Entrüstung zu äußern wird von seiner *aidṓs*, seiner
Scheu vor Agamemnons Rang, verhindert (401–402n.; CAIRNS 1993, 96f.; 2001,
210; REDFIELD [1975] 1994, 116: "Diomedes' annoyance with Agamemnon the
man is inhibited by his respect for the royal office"). Im Gegensatz zu Sthenelos,
der seine individuelle *timḗ*, seine Ehre, über alles stellt, berücksichtigt Diomedes
seinen Status in der Gemeinschaft; seine Loyalität wird als ideal dargestellt.
Gleichzeitig verdeutlicht *ou nemesố*, daß es durchaus normal wäre, mit Sthenelos
einen Angriff, eine Verletzung der *timḗ* der eigenen Person, also mangelnde *aidṓs*
Agamemnons ihm gegenüber, zu empfinden. Diomedes' Worte zeigen denn auch
eine überlegte, besonnene Reaktion, welche die Umstände in Betracht zieht (s.u.),
aber sie lassen trotzdem eine langdauernde Kränkung ahnen, die schließlich ihrerseits zu übertreibenden Vorwürfen und Beleidigungen und auch späteren Recht-
fertigungen und Richtigstellungen gegenüber Agamemnon führt (9.34ff.; 14.110–
132n.; CAIRNS 1993, 96f. mit Anm. 145; REICHEL 1994, 218; SCODEL 2008, 63).
Jetzt, nach dem Angriff des Pandaros auf Menelaos, ist es Agamemnons Recht
und Pflicht, die Kämpfer anzutreiben, und Vorwürfe sind eine taktische Maßnah-
me (231n., 242n., 338–348n.): In V. 414 wird geradezu das Hauptmotiv der *Epipṓlēsis* zusammengefaßt (BECK 2005, 162). Die Last der Verantwortung, die Agamemnon trägt, wird hervorgehoben (415–417), wodurch seine Stellung wie schon
zu Beginn der *Epipṓlēsis* anerkannt und stärker gefestigt erscheint (BERGOLD
1977, 171 Anm. 3; 223–225n.); damit wird aber auch an das gemeinsame Ziel,
Troia zu erobern, erinnert, von dem zwar Agamemnon stark profitierte (14.365n.;
zum Erwerb des *kỹdos*, des Erfolgs, als Ideal vgl. 95 u. s. 3.373n.), das aber auch
für die übrigen Teilnehmer des Feldzugs Ruhm und materielle Vorteile brächte
(238–239n.). Im Hinblick auf dieses gemeinsame Ziel gilt es jetzt, den "Anspruch
auf höhere Wertschätzung durch […] Aktionen zu rechtfertigen" (ULF 1990, 30; s.
auch CAUER 1923, 493): 418. Agamemnon hat mit der Rede sein Ziel erreicht
(419–421n.; zum Erfolg von Scheltreden allg. BELFIORE 2009, 21ff.). Erst als
Agamemnon das Ziel der Eroberung aus den Augen zu verlieren droht, ist Diomedes nicht mehr bereit, sich ihm unterzuordnen (9.34ff.; SCODEL 2008, 62).
Diomedes' Rede ist gleich lang wie Sthenelos' Erwiderung (7 Verse) und enthält ebenso
kürzere Sätze am Anfang und am Schluß (412–414, 418), die eine längere Periode umrah-
men (415–417; im Gegensatz zu 405 mit γάρ eingeleitet); allerdings wirkt seine Rede ruhi-
ger und wohlproportionierter: durch längere Sätze (413f., 415f.) und einen Parallelismus
(τούτῳ μέν … τούτῳ δ' αὖ 415/417, statt des einhämmernden ἡμεῖς 405f.): KIRK zu 412–
18; DI BENEDETTO 2000, 26.

412 ≈ 1.565; von der Zäsur C 1 an ≈ 1.33, 1.273, 24.571, *Od.* 17.177. — Eine altoriental. Parallele zur Aufforderung, still zu sein und auf die folgenden Worte zu horchen, bei WEST 1997, 359. — τέττα: *hapax*[P]; Vok., als Lallwort mit Verdoppelung der Silbe und α wie τατᾶ (*Anth. Pal.* 11.67), πάππα 'Papa' (*Od.* 6.57, ähnl. ἄττα, *Il.* 9.607, 17.561; 6× *Od.*) und aind. bzw. lat. *tatá/tata* 'Vater', jedoch mit *e*-Vokal in der ersten Silbe wie u.a. lit. *tetà* gebildet (DELG s.v. τᾱτᾶ). Die genaue Bed. und damit der affektive Gehalt an dieser Stelle sind seit der Antike unklar (schol. AT), der Ton dürfte aber eher freundlich sein (412–418n.; so auch schol. A, D; LEAF) und Diomedes mit der Anrede an das vertraute Verhältnis zwischen ihm und seinem Wagenlenker appellieren (zu dieser Beziehung 403n.); ein Altersunterschied zwischen den beiden, auf den im Epos nichts hinweist, muß dabei nicht zwingend impliziert sein (vgl. dt. 'alter Junge'): LfgrE. — σιωπῇ ἧσο: σιωπῇ ist adverbialer *dat. modi*, sonst immer am VE: 'unter Schweigen' (auf eine Aufforderung hin: zum Unterschied zu σιγῇ 3.8n.); d.h. 'ohne Widerrede' (LfgrE s.v. σιωπῇ). ἧσο impliziert nicht eine Sitzhaltung, die hier kurz vor dem Kampf unsinnig wäre (Diomedes und Sthenelos stehen ja auch schon: 366f.), sondern konnotiert lediglich wie anderswo eine Inaktivität (2.255n., 3.134–135n., 24.542n.), hier ingressiv mit σιωπῇ bezüglich des Dialogs: 'halte dich still' (LfgrE s.v. ἧμαι 910.71ff.).

413 2. VH = 2.254, 2.772, 7.230, 19.35, 24.654, *Od.* 3.156, 14.497; ≈ *Il.* 2.243 (s.d.), 10.3, 11.187, 11.202, 14.22, *Od.* 4.532. — οὐ ... νεμεσῶ: νεμεσ(σ)άω bezeichnet augenblickliche Entrüstung über ein moralisch zu verurteilendes Fehlverhalten und gehört der Figuren-Sprache[P] an (2.222b–223n.), hier wie z.B. 13.119 von der eigenen Reaktion und mit Dat. der Person, über die man sich empört. — Ἀγαμέμνονι ποιμένι λαῶν: flektierbare VE-Formel (2.243n.); zur Junktur ποιμένι/-α λαῶν als Titel 296n.; hier viell. prägnant (betont Agamemnons Verantwortung, vgl. 415–417).

414 Vier-Wort-Vers (5–6n.), der die Bedeutung von Agamemnons Aufgabe hervorhebt und gleichzeitig den Inhalt der *Epipṓlēsis* zusammenfaßt (412–418n.). — ὀτρύνοντι: zur Bed. und zur Verbindung mit μάχεσθαι 254n.; das Partizip ist kausal gefärbt: es begründet οὐ νεμεσῶ (FAESI). — ἐϋκνήμιδας Ἀχαιούς: 80n.

415 2. VH von der Zäsur C 2 an = 15.498; ≈ 16.499. — τούτῳ: Das Dem.-Pron. unterstreicht wie in 270 (s.d.) die Identität des Genannten, noch verstärkt durch die Stellung am VA und die anaphorische Aufnahme in 417; vgl. die Anapher in 6.227/229 (AH). — κῦδος: 'Hochgefühl', auch darüber hinausgehend 'Prestige' (zur Bed. 95n.), hier im Gegensatz zu πένθος in 417 (ähnlich wie in 197 u. 207 κλέος und πένθος kontrastiert sind, s.d.); beide Abstrakta erscheinen als Subjekte quasi als Begleitpersonen Agamemnons sprachlich hervorgehoben, ähnlich wie in den Wendungen κῦδος ὀπηδεῖ (17.251) oder mit τιμή + ἕπομαι (9.513f., Hes. *Th.* 418, 'Hes.' *fr.* 141.18 M.-W.): 16.241n.; LfgrE s.v. ἕπομαι 656.60ff.

416 Ἴλιον ἱρήν: 46–47n.

---

412 σιωπῇ ἧσο: zum Hiat vgl. M 12.2. — ἧσο, ἐμῷ: zum Hiat R 5.6.

413 νεμεσῶ Ἀγαμέμνονι: zum Hiat R 5.6.

415 κεν: = ἄν (R 24.5).

416 δῃώσωσιν: zu δῃόω, 'niedermetzeln, töten', 417 im Passiv. — τε (F)ίλιον: zur Prosodie R 4.3. — ἱρήν: = ἱεράν.

417 αὖ: hebt die Identität der mit τούτῳ (415 u. 417) gemeinten Person hervor (vgl. 415n. zu τούτῳ) und verstärkt zusammen mit δ(έ) nach μέν in 415 somit auch die adversative Parallelität, ähnl. wie etwa in 8.324, *Od.* 3.88 (KLEIN 1988, 256f.). — **πένθος:** erg. ἅμ᾽ ἕψεται aus 415 oder nur ἔσσεται wie in 169 zu ἄχος (FAESI; AH); zur Bed. von πένθος 196–197n. — **Ἀχαιῶν δῃωθέντων:** parallel zum Kondizionalsatz 415b–416.

418 = 5.718; 1. VH bis zur Zäsur C 2 = 24.618. — Der Vers erinnert einerseits an die allgemeinen Bemühungen der Achaier, sich auf den Kampf einzustellen (222), und an Agamemnons entsprechende Mahnungen (234, vgl. 362) und stellt damit den Zusammenhang der Szene mit dem Gesamtgeschehen wieder her, das wenig später wieder in den Blick rückt (422ff.); andererseits bereitet er bezogen auf Diomedes die praktische Konsequenz auf seine Aufforderung vor, seinen Sprung vom Wagen (419), und seinen Kampf, die Aristie im 5. Gesang (BERGOLD 1977, 171 Anm. 3; BANNERT 1988, 125f.).

μεδώμεθα θούριδος ἀλκῆς: μέδομαι bed. 'denken an, sich widmen', d.h. reaktivieren, mit semantisch vergleichbarem Gen. πολέμοιο z.B. auch in 9.650 (LfgrE s.v. 81.53ff.); zu θούριδος ἀλκῆς 234n. und zu dessen häufigerer Verbindung mit μιμνήσκομαι 16.270n.; vgl. auch 222n. zu μνήσαντο δὲ χάρμης.

419–421 Diomedes' Sprung von seinem Wagen unterstreicht seine Kampfbereitschaft und seine Loyalität Agamemnon gegenüber, die er schon durch seinen Respekt (401f.) und seine Zurechtweisung seines Wagenlenkers (412–418) gezeigt hat. Damit wird seine Aristie im 5. Gesang angekündigt, in der er sich als würdiger Sohn seines Vaters Tydeus zeigt (AH zu 421; CAMEROTTO 2009, 62), und das Ziel, das Agamemnon mit der Musterung verfolgte, erreicht (220–421n.), weshalb dessen Abgang nicht einmal mehr erwähnt wird (FINSLER [1916] 1918, 44). Die Bedeutung des Absprungs vom Wagen wird noch durch den Hinweis auf die vollständige Rüstung des Kämpfers (419) und deren Klirren bei der schnellen Bewegung (420) hervorgehoben. Das Motiv dieses Lärms, das immer wieder die Intensität des Geschehens auf dem Schlachtfeld unterstreicht (16.105n.), leitet hier zu der Schilderung des Zusammenstoßes der beiden Heere und dann zu Diomedes' Aristie über (KRAPP 1964, 308); seine psychologische Wirkung (421b) kündigt speziell an, welche Gefahr von Diomedes für seine Gegner ausgeht; entsprechend wird er später von einem Troer 'starker Erreger der Flucht' genannt (*kraterón méstōra phóboio*, 6.97, s.d.).

419 = 16.426; von der Zäsur A 3 an = 3.29, 5.494, 6.103, 11.211, 12.81, 13.749. — Das Abspringen vom Wagen (auf dem Diomedes steht: 366n.) ist ein typisches Kampfmotiv, das Kampfbereitschaft signalisiert (16.426n.). Diomedes tritt ent-

---

417 Ἀχαιῶν δῃωθέντων: *gen. abs.*

418 νῶϊ: Personalpron. der 1. Pers. Dual im Nom. (R 14.1).

419 ἦ: 3. Sg. Impf. zu ἠμί 'sagen'. — ὀχέων: zur unkontrahierten Form R 6. — ἆλτο: 3. Sg. Aor. zu ἅλλομαι 'springen'. — χαμᾶζε: Adv., 'zu Boden'.

sprechend, wenn er wieder in den Blick des Erzählers kommt, als Fußkämpfer auf
(5.13; FAESI).

ἦ ῥα, καί: formelhafter Rede-Abschluß bei gleichbleibendem Subjekt (24.302n.). — ἐξ
ὀχέων: zur Bed. von ὀχέων 297n. — σὺν τεύχεσιν: formelhafte Junktur nach der Zäsur
B 1 (25× *Il.*, 1× *Od.*); τεύχεα umfaßt die Rüstungsteile und die Angriffswaffen, σὺν τεύχεσιν bed. also etwa 'vollständig gewappnet', d.h. hier wie oft prägnant 'kampfbereit'
(3.29n.; 16.156n.). — ἄλτο χαμᾶζε: VE-Formel (12× *Il.*): 24.469n.; dort auch zur Wortbildung von χαμᾶζε; zum Akzent von ἄλτο 125n.

420 ≈ 12.151; 2. VH ≈ 9.490, 21.254, 23.727. — Ähnlich erdröhnt Achilleus' Panzer, als er in 21.254f. losstürmt.

δεινόν: emphatisch am VA: 'schrecklich' im urspr. Sinn, 'schreckenerregend (so daß es
den anderen einen Schrecken einjagt)', ebenso 16.566 (s.d.). — ἔβραχε: 3. Sg. Aor. eines
defektiven Verbs der Bed. 'erdröhnte, krachte', wie in 16.566 vom Ton bei der Bewegung
von Rüstungen; zum onomatopoet. Aor. 19.13n. — χαλκός: steht hier für den ehernen Har-
nisch (ἐπὶ στήθεσσιν) wie in 14.25 (s.d.). — ἄνακτος: Hier dient die Bezeichnung, die
sonst oft als Titel verwendet wird (255n.), als Variante zum Namen, wie von Diomedes
noch in 5.794 und öfter von Odysseus (4× *Od.*): LfgrE s.v. ἄναξ 790.8ff.; vgl. DEGER
1970, 32 Anm. 209 (vermutlich "sinnentleerte[r] Gebrauch"; vgl. dt. 'Herr').

421 Eindringliche rhetorische Wendung mit einem Narrativen Adressaten[P], die der
Aussage über Diomedes' Schwung eine superlativische Bedeutung gibt und den
Zuhörer/Leser mitten ins Geschehen hineinzieht und mitreagieren läßt (16.638–
640n. mit Lit.; BAKKER 1988, 70); vgl. auch Paris' Erschrecken bei Menelaos'
Sprung vom Wagen, 3.29ff.

ὀρνυμένου: emphatisch im Enjambement, mit der Bed. 'als er sich herabschwang' (AH;
Diomedes steht ja im Wagen, 366n., und muß sich nicht mehr erheben). — ὑπό: Präverb zu
εἷλεν (Tmesis), wie in den formelhaften ὑπὸ χλωρὸν δέος εἷλε(ν) in 8.77, *Od.* 22.42 u.ö.
und ὑπὸ τρόμος εἷλεν in *Il.* 5.862 oder wie zu ἔλλαβε u.a. in 3.34/14.506 ὑπό (τε) τρόμος
ἔλλαβε γυῖα (LfgrE s.v. αἱρέω 367.53ff.; AH): Die Angst schwächt unten die Knie
(3.34n.). Diese Parallelen sprechen gegen ein kausales ὑπό 'dadurch' (d.h. durch dieses im
vorherigen Vers genannte Geklirre, so FAESI und LEAF). — κεν ... δέος εἷλεν: zum formelhaften flektierbaren VE δέος εἷλεν (insges. 4× *Il.*, 6× *Od.*, *h.Cer.* 190) s.o. u. 14.506n.; zur
Verbindung abstrakter Nomina mit Verben des Ergreifens 230n.; paratakt. angeschlossener
Folgesatz (AH) mit Ind. Aor. und Modalpartikel, Potentialis der Vergangenheit ('hätte ergreifen können'), wie etwa noch 16.638 (s.d.). — ταλασίφρονα: zu τλῆναι, '(mit) stand-
haft(em Sinn)', noch 11.466 und 11× *Od.* u. Hes. *Th.* 1012 als Epitheton von Odysseus;
ähnl. wie hier wird die kürzere Variante ταλάφρων in 13.300 verwendet (von Φόβος als
Subjekt: ὅς τ' ἐφόβησε ταλάφρονά περ πολεμιστήν): LfgrE.

---

420 δεινόν: adv. — στήθεσσιν: 313n.
421 ὀρνυμένου· ὑπό: zum Hiat R 5.6. — περ: betont ταλασίφρονα, konzessiv (R 24.10).

422–544 Beginn der Vier-Tage-Schlacht. Massenkampfschilderung.
I. Forschungsgeschichtlicher Überblick zur Kampfdarstellung in der Ilias
Die Schlachtbeschreibungen der Ilias sind in der Forschung seit langem ein intensiv
diskutiertes Thema; eine umfassende Forschungsgeschichte bietet LATACZ 1977,
30–42, einen Abriß HELLMANN 2000, 14–17.

Gegenüber stehen sich zwei Grundsatzfragen und -Positionen: (1) Kann für Homer
bereits etwas wie eine *Phalanx*, also eine als geschlossene Einheit agierende
Schlachtreihen-Formation ('Bataillon'), angenommen werden? (2) Wenn ja: Wel-
cherart ist das Verhältnis zwischen Einzelkampf und Massenkampf? LATACZ hat in
einer wegweisenden Untersuchung ("Grundstein der neueren Forschung": HELL-
MANN a.O. 14) die These entwickelt, in der Ilias sei bereits von einem Massenkampf
auszugehen, und dieser sei letztlich entscheidend dafür, welche der beiden Parteien
am Ende eines Schlachttages siegreich ist. Bestimmend für den Massenkampf seien
die *Phalangen*, die in der Ilias das Fundament der Kampfdarstellung bildeten und als
Vorläufer der späteren Phalanx anzusehen seien. Da sich diese taktische Bedeutung
der Phalangen in den iliadischen Schlachtbeschreibungen nur bei sehr genauem Hinsehen erkennen lasse, könne bei oberflächlicher Lektüre der Eindruck entstehen, das
entscheidende Element im Schlachtgeschehen seien Einzelkämpfe ohne taktische
Ordnung. Die Hervorhebung von Einzelkämpfen habe jedoch poetische Gründe: das
Helden-Epos ('Heroic Poetry'; das Stichwort *hḗrōs* erscheint bereits zu Beginn des
Epos, in 1.4) stelle entsprechend seinem Namen einzelne Kämpfer in den Mittelpunkt, nicht aber die Masse – deren Aktionen für einen Dichter (nicht anders als für
einen Kriegsberichterstatter der Neuzeit bis zur Entwicklung der technisch bestimmten Materialschlachten) naturgemäß nur in Eckpunkten darstellbar seien (Anmarsch,
Zusammenstoß der Fronten, Massenkampf, Durchbruch der einen und Flucht der anderen Front) – so daß sich in den Schlachtbeschreibungen der Blick des Darstellers
auf einzelne Vorkämpfer ('Helden') fokussieren *muß*, denen dadurch die Möglichkeit gegeben werde, sich individuell auszuzeichnen (etwas, was das Publikum des
Genres 'Heldenepos' natürlich primär hören will). Die überwiegende (freilich nicht
exklusive) Auffassung früherer Forschung, der Ilias-Dichter habe kein klares Bild
von der Ereignisfolge und dem Gesamtgeschehen auf dem Schlachtfeld vor Augen
und habe die Kampfszenen nach Gusto zusammenphantasiert, sei eine optische Täuschung (noch 1994 schloß sich VAN WEES [s.u.] dieser Sicht uneingeschränkt an:
"The apparent isolation of individual 'champions' is thus to some extent an optical
illusion, produced by the poet's habit of focusing on the actions of a few famous
heroes amidst the general melée": VAN WEES 1994, 6; s. auch RAAFLAUB 1991,
226f., zitiert auch in BUCHHOLZ 2010, 98: "Dieser [sc. LATACZ] erbringt den Nach-
weis, daß die Kampfbeschreibungen bei Homer, so sehr sie sich aus naheliegenden
dichterischen Gründen auf die führenden Personen konzentrieren, durchgehend kon-
sistent sind und dahinter eine Kampfwirklichkeit steht, in der nicht ritterliche Ein-

zelkämpfer mit lose gruppierten Haufen von Gefolgsleuten, sondern die in phalanx-
ähnlicher Ordnung kämpfenden Massen Entscheidungen herbeiführen."). – Diese
bereits in der Antike und dann besonders zu Beginn des 20. Jh. von althistorischen
Militär-Experten (LAMMERT 1921, 1931, 1938; KROMAYER/VEITH 1928, der als eine
seiner wichtigsten Quellen ALBRACHT 1886 zitiert) vertretene und nunmehr in einer
systematisch detaillierten Analyse sämtlicher Ilias-Kampfszenen neu fundierte Sicht
der Kampfdarstellung in der Ilias fand zunächst fast ungeteilte Zustimmung (s. bes.
PRITCHETT, der als militärgeschichtlich spezialisierter Althistoriker die neue Sicht
als selbstverständliches – wenn auch nach poetischen Bedürfnissen modifiziertes –
Entwicklungsglied in die mediterrane Militärgeschichte von Assyrien, Ägypten, den
Hethitern und Israeliten über Griechenland und Etrurien bis ins Römische Reich und
darüber hinaus bis zu modernen Schlachten wie derjenigen bei Gettysburg 1863 ein-
reiht und mit dem Satz schließt: "The general impression created by the poem is one
of hoplites fighting in mass formation": PRITCHETT 1985, 33; mit weiterer richtungs-
gleicher Literatur).

Gegen Ende der achtziger Jahre setzte eine Gegenbewegung gegen LATACZs Deutung ein, die vor allem von H. VAN WEES in mehreren Arbeiten angeführt wurde
(VAN WEES 1986, 1988, 1992, 1994, 1997). Bei aller Anerkennung diverser Argumente der neuen Sicht (s.o.) und dem erklärten Willen, eine Vermittlungslösung zu
finden, kehrte VAN WEES letztlich wieder zur alten Auffassung zurück: Die Armeen
im Homerischen Epos setzen sich seiner Meinung nach aus vielen kleinen Truppen-
kontingenten ('war-bands') zusammen, in denen es 'front-line warriors' gibt, die die
Einzelkämpfe im Wurf- oder Nahkampf austragen; dabei treten immer wieder andere aus der Menge in die Vorkämpferposition, während die bedeutendsten Anführer
sich gelegentlich auch zurückziehen müssen. VAN WEES' These schien auf den ersten Blick zumindest den einen Vorteil zu haben, daß durch sie die Aufteilung des
achaiischen Heeres, wie sie im Schiffskatalog beschrieben ist, auch im Schlachtgeschehen repräsentiert wäre – aber diese Erwartung ist ja bei genauem Hinsehen gerade durch eine Szene wie die *Epipólēsis* ('Front-Abschreitung') Agamemnons im
hier kommentierten 4. Gesang grundsätzlich durchaus erfüllt (s.o. 220–421n.; vgl.
auch den Ausmarsch der Myrmidonen in 16.257–277). Zudem übersieht VAN WEES
wohl, daß die überragende Bedeutung, die er seinen wechselnden 'war-bands'-An-
führern zuspricht, innerhalb der Ilias-Erzählung durchaus vorhanden ist, hier aber
den immer wieder *gleichen* etwa 15 'Superhelden' (mit ihren Vertrauten) zuerkannt
wird und zuerkannt werden *muß*, da diese für den Ilias-Dichter die Protagonisten
seines eigentlichen Erzählgegenstands, der *mênis*-Handlung, sind (der Dichter will
ja nicht primär den Krieg erzählen, sondern eine bestimmte Konflikt-Episode *innerhalb* des Krieges; die Kämpfe/Schlachten bilden darum für ihn nur den – freilich
unverzichtbaren – Untergrund, auf dem sich wie auf einem Bühnenboden das Gesamtgeschehen abspielt; zur sog. *mênis*-Handlung s. STR 22 mit Abb. 2). Von

einem irgendwie gearteten Wechsel zwischen mehreren Vorkämpfern innerhalb einer Gruppe kann daher in der Ilias keine Rede sein. Wird eine der Hauptfiguren in der Schlacht verletzt und muß infolgedessen aus dem Geschehen ausscheiden, wechselt der Dichter zu einem anderen Schauplatz, auf dem sich ein anderer Protagonist auszeichnet (zu den Protagonisten der Achaier und Troer und ihrer Bedeutung im Kampfgeschehen, die sich vor allem durch die Anzahl ihrer Siege im Einzelkampf manifestiert, s. VISSER 1997, 217–224). – Auf VAN WEES' insgesamt 'revisionistische' Sichtweise reagierte PRITCHETT mit einer ebenso knappen wie scharfen Zurückweisung (PRITCHETT 1991, 181–190), die, da inzwischen nur noch die immer gleichen Argumente wiederholt werden, als vorerst definitives Schlußwort betrachtet werden kann (vgl. 13 Jahre später DE JONG/NÜNLIST 2004, 76f.: "[…] one of the more obstinate misconceptions in scholarship: Homeric warfare was thought to consist of individual duels only, not of mass fighting. This was corrected once and for all by […] Joachim LATACZ ⟨who⟩ made a thorough analysis of the Homeric battlescenes and among other things established the narrative principles which guide their description"). – Auf bestimmte (längst gesehene, aus dem Amalgam-Charakter des Homerischen Epos begründete) Inkongruenzen in den Schlachtszenen weist H.W. SINGOR in meist referierenden und repetitiven Ausführungen hin (SINGOR 1991, 1995); hier wird weniger nach der poetischen Darstellung als vor allem nach der historischen Realität gefragt: es geht SINGOR nicht so sehr um das Bild, das Homer selbst aus der Tradition und aus der zeitgenössischen Realität zu einer gleichsam individuellen Synthese entwickelt hat, als vielmehr um das Verhältnis der homerischen Darstellung zu den historischen Realitäten der mykenischen und geometrischen Gegebenheiten, die seines Erachtens in der Ilias unverbunden und mithin unstimmig nebeneinandergestellt sind. Diese Problematik des Amalgam-Charakters der Homerischen Dichtung ist als solche natürlich wichtig, steht aber hier, wo es um die *Konsistenz der poetischen Darstellung* geht, als sekundär gar nicht zur Debatte. – Schließlich hat noch HELLMANN einen 'Brückenschlag' versucht, den jedoch wiederum VAN WEES in einer scharfen Kritik als gänzlich mißlungen zurückgewiesen hat (VAN WEES 2003; weitere einschlägige Literatur, die genauere Beachtung verdiente, muß im vorliegenden Rahmen unerwähnt bleiben; die genannten Arbeiten bieten reiche Wegweisung).

Bei diesem Forschungsstand wird im vorliegenden Kommentar wie zu 3.1–115 (s.d.) im Blick auf die Grundstruktur der Kampfdarstellung LATACZs Sicht zugrunde gelegt (a.O. 55–59 zum Vorrücken der Heere, 75–81 zum Ablauf und zu den Darstellungsmethoden des Massennahkampfes, 82–89 zur Darstellung der *hier* vorliegenden Variante der Massenkampfschilderung, 182–184 Überblick über die *Varianten* der Massennahkampfschilderung: Tabelle mit den 15 Darstellungen einer 1. Kampfphase in der Ilias); andere Sichtweisen werden, wo nötig oder sinnvoll, mitverwertet.

II. Die Typisierte Ereignissequenz[P] 'Ablauf der Feldschlacht' / "pitched battle" (PRITCHETT 1985, 33 u. *passim*) (in Klammern jeweils die Verszahlen im vorl. Fall)

A. Vorbereitung der Frontbildung

1. Anfeuerungsreden (sog. Heißmacher-Reden) der Heerführer ans Gesamtheer in der Heeresversammlung (*agorḗ*): (1) Odysseus (2.283–332), (2) Nestor (2.336–368), (3) Agamemnon (2.369–393).

2. Sammlung der landsmannschaftlichen (s. 'Schiffskatalog' und 'Troer-Katalog') Einheiten ('Bataillone') vor ihren Unterkünften (Zelten, Hütten): 2.441–454.

3. Anmarsch des Heeres zum Kampfplatz/Schlachtfeld. Gleichnisse: (1) wie Feuer in der Ebene, (2) wie Vogelschwärme, (3) wie Fliegen im Kuhstall (2.455–473).

4. Frontbildung: Ordnung der anmarschierten Einheiten in hintereinander stehende, anzahlmäßig variable horizontale Reihen (*stíches, phálanges;* Neuzeit bis ins 19. Jh.: 'Linien-Infanterie'), deren landsmannschaftlich zusammengehörige Teile je einen Block ('Karree', bei Homer *pýrgos* ~ 'Turm/Bollwerk') bildeten und von einem oder zwei Anführern (Offizieren) befehligt wurden (2.474–483). Die *pýrgoi* schlossen nach erfolgter Binnen-Aufstellung horizontal dicht zueinander auf. In der ersten Reihe standen die *pró-machoi* ~ 'Vorn-/Vor-kämpfer', die bei Schlacht-Eröffnung als Wurfkämpfer (Neuzeit: 'Schützen' oder 'leichte Infanterie') agierten und nach Wurf ('Schuß') in die erste Reihe zurücksprangen oder, bei Treffern, in die gegnerische Front einzudringen suchten.

   Einschub (*ep-eis-hódion* → *Episode*): Zusammensetzung der beiden gegnerischen Heeresformationen = sog. 'Schiffskatalog' und 'Troer-Katalog': 2.484–877 (Ende 2. Gesang).

B. Kampf-/Schlacht-Ablauf

1. Gegeneinander-Vorrücken der beiden Heeresformationen bis zur Wurfdistanz (etwa = Frontendistanz, also ca. 40 m; dazu s. LATACZ a.O. 125 mit Anm. 9; ferner 3.1–14).

2. Wurfkampf (*Pró-machoi*-Kampf; hier angedeutet in 3.15–17 und 3.79–83).

   Einschübe: (1) Zweikampf-Angebot der Troianer: Paris–Menelaos, Annahme durch die Achaier (3.86–115); (2) Waffenstillstandsvertrag mit Option auf Friedensschluß wird vorbereitet (3.116–120); (3) Einschub in (2): Teichoskopie (3.121–244); (4) Waffenstillstandsvertrag zwischen Priamos und Agamemnon eidlich abgeschlossen (3.245–312); (5) Zweikampf Paris–Menelaos; Paris durch Aphrodite entrückt ins heimische Schlafgemach (313–382); (6) 'Schlafzimmerszene' Paris-Helena (383–447); (7) Menelaos sucht Paris, Agamemnon verkündet Zweikampfsieg des Menelaos und fordert Erfüllung der Vertragsbestimmungen (Rückgabe Helenas, Reparationen): 3.448-461 = Ende

3. Gesang; (8) Götterberatung auf dem Olymp (4.1–72); (9) Pfeilschuß des Pandaros auf Menelaos: evidenter Vertragsbruch; Folgen (4.73–219); (10) Wiederantreten des Achaierheeres zum Kampf; Musterung des kampfbereiten Heeres durch Agamemnon (*Epipṓlēsis*): 220–421.

3. Vorrücken der beiden Heere und Eintritt in den Massennahkampf (422–544 = Ende 4).

4. Zurückweichen bzw. Flucht der einen der beiden Formationen (hier: 5.37ff.).

5. Nachdrängen bzw. Verfolgung durch die gegnerische Formation.

6. (häufig, oft mehrmals) Haltmachen und neue Frontbildung der Flüchtenden (dann Wiederholung des Ablaufs von **1.** an).

7. Abbruch der Schlacht wegen Anbruchs der Dunkelheit. Einsammeln der Toten.

422–445 Die beiden Heeresformationen rücken gegeneinander vor; die unterschiedliche Art ihres Vorrückens wird durch ein kontrastierendes Gleichnispaar aus der Vogelperspektive veranschaulicht.

422–445 Die Typisierte Ereignissequenz[P] 'Ablauf der Feldschlacht' war im 3. Gesang im Anfangsstadium des *Prómachoi*-Wurfkampfes durch Einhaltebefehle Hektors und Agamemnons unterbrochen worden (3.76-83). Vor dem Zweikampf zwischen Paris und Menelaos hatten die beiden Heere sich niedergelassen (3.326–327n.) und die Waffen niedergelegt (3.111–115; 3.114n.). Erst nach dem Pandaros-Pfeilschuß und dessen Folgen hatten sie die Waffen wieder aufgenommen und waren erneut in Schlachtordnung angetreten (220–222, s.d.). Die troianische Front hatte sich allmählich in Bewegung gesetzt (220f.). Nach der darauffolgenden *Epipṓlēsis* und den darin eingebetteten Paränesen Agamemnons sowie nach dem die *Epipṓlēsis* abschließenden Kampf-Aufruf des Diomedes (418) rücken nun auch alle Achaier vor. Bei den Achaiern wird die Art der Vorwärtsbewegung mit einem der beliebten Wellengleichnisse veranschaulicht (422–428; dazu FRÄNKEL 1921, 16–19); für die Troianer dürfte das Gleichnis hinsichtlich der *Vorwärtsbewegung* mitgelten, vgl. 13.795–801 (dazu LATACZ 1977, 95–97). Besonderen Nachdruck legt der Erzähler auf den Unterschied in der Disziplinertheit der beiden Heere: Die Achaiermasse schreitet – abgesehen von den notwendig lauten Befehlen der Anführer – schweigend voran, die Troianer und ihre Verbündeten mit großem Halali (436–438n.), das durch ein eigenes, wenig schmeichelhaftes Gleichnis (433–436) hörbar gemacht wird (s. dazu STOEVESANDT 2004, 81, wo der Anmarsch allerdings zu Unrecht als chaotisch charakterisiert wird, obwohl 'Linien-Infanterie' auch auf der troischen Seite steht [447; 453; 13.795–801]; die Schilderung bezieht sich nur auf das Sprachengewirr und die auch dadurch bedingte Lautstärke allein schon der jeweiligen *Befehlshaber* der verschiedensprachigen troianischen Koalitionspartner). – Die Gleichnisse dienen als bewußt eingesetztes Mittel zur visualisierenden programmatischen Konkretisierung aus der

Vogelperspektive. Sie beziehen sich ausschließlich auf das Vorrücken der Fronten *vor* dem Zusammenstoß.

422–432 Wellengleichnisse scheinen ein traditionelles Mittel zur Veranschaulichung von vorrückenden Truppen zur Schlacht gewesen zu sein. Sie veranschaulichen Aussehen, Bewegungsart (rollende Vorwärtsbewegung), Kraft und die einschüchternde Wirkung einer anrückenden Phalangenformation auf den Gegner (Erschrecken, Angst). – Die vorl. Variante stimmt im Wesentlichen überein mit dem Wellengleichnis 13.795–801 (Gleichnissubjekt dort: die *Troianer*). Wellengleichnisse im milit. Kontext erzeugen eine Vielfalt von Sinneseindrücken (Aussehen [Aufgetürmtheit, Gischtkrone der Wellen], Gestaffeltheit, Kontinuität und scheinbare Unendlichkeit der Zahl, Lärm, Bedrohlichkeit u.a.; vgl. 'Tsunami'): "dynamische[r] Aspekt einer gefährlichen, stets sich ergänzenden geballten Kraft. [...] ein lebendiges Bild ihres [sc. der Phalangenformation] Wesens" (LATACZ 1977, 56). – Ausgedehnte Behandlung des Typus 'Wellengleichnis': KIRK zu 422–8; zu den Meeres-Gleichnissen allg. s. auch 14.16–22n. mit Lit.

422–426 Wie oft, wird das Verglichene durch das Gleichnis[P] nicht nur illustriert ('wie dieses ..., genau so jenes'), sondern darüber hinaus um zusätzliche Aspekte bereichert: Zunächst, im hier vorl. 'Wie-Teil', zur Veranschaulichung nur des Zusammenstoßes der beiden gegnerischen Fronten (~ der Wellen und der Küste) begonnen (422), fokussiert sich das Bild mit der nachgeholten Beschreibung des *Weges* der Wellen vom hohen Meer bis zur Küste auf den Vergleichungspunkt '*Form der Vorwärtsbewegung*' (*epassýteron* 423: Gestaffeltheit), an dem dann im 'So-Teil' festgehalten wird (*epassýterai* 427). Damit wird zugleich eine *vorzeitige* Gleichsetzung des Anbrandens der Wellen (Zusammenstoß Welle–Küste) mit dem Aufprallen der gr. Front (Zusammenstoß Front–Gegenfront) vermieden – ohne aber auf den latenten Vorverweis 'so (sc. mit dem Zusammenstoß) wird der Anmarsch enden!' zu verzichten: "Darin zeigt sich klar die Schwierigkeit der Einordnung für viele Gleichnisse: Sie gelten für einen größeren Abschnitt der Erzählung, und können doch nur an e i n e r Stelle eingeschoben werden": FRÄNKEL 1921, 18.

422 Das Adj. 'vielhallend' (gr. *poly-ēchḗs*) wirkt im vorliegenden Gleichnis sehr expressiv im Sinne einer Gefahr, die vom 'vieltonigen' Brausen des Wassers beim Aufprall auf die Küste angedeutet wird. Es steht nicht in Kontrast zum Schweigen der heranmarschierenden Achaier (429), da das *tertium comparationis* das Geräusch beim Aufprall auf das Hindernis (Küste ~ Gegenfront) ist, nicht dasjenige beim Anrollen/Anrücken.

ὡς δ' ὅτ(ε): 130–131n. — πολυηχέϊ: iliad. *hapax*[P]. Die exakte Bed. (welche Ton-Komponenten genau?) ist unklar. Keinen Aufschluß gibt auch die zweite Homer-Stelle, *Od.* 19.521 (Gesang der Nachtigall), an der antike Naturkundler die Lesart der Vulgata πολυηχέα

---

422 πολυηχέϊ: zur unkontrahierten Form R 6.

durch πολυδευκέα (~ 'viel/sehr süß/angenehm') ersetzen wollten (s. *app. crit.* bei VON DER
MÜHLL). Abgestellt ist in beiden Fällen wohl nur auf das vieltonige (~ variantenreiche) Geräusch; bei ruhigem Wellengang ist das Geräusch am Strand dagegen *ein*tönig/einschlä-
fernd. — **κῦμα θαλάσσης:** Formel am VE (4× *Il.*, 1× *hom.h.*) und im Vers-Innern (4×
fgrE); traditioneller Kollektiv-Ausdruck zur Wiedergabe des Begriffs 'Wellen' (zum Sg.
vgl. SCHW. 2.41; CHANTR. 2.29).

423 Der Vergleich mit der Gewalt einer unaufhörlich anrollenden Brandung charakterisiert das Anrücken der achaiischen Truppe nahezu als Naturereignis und macht
so die universalen Dimensionen des gegenwärtig ablaufenden Geschehens sinnfällig; ähnlich auch in 2.396f. — **Zephyr:** Mit dem Wind aus westlicher u. nordwest-
licher Richtung, gr. *zéphyros*, ist im fgrE nicht Wärme/Milde verbunden, sondern
intensive Energie (vgl. 276: hochgefährlich; 2.147–148n.: kalt und stürmisch;
9.5f.: von Thrakien her kommend; 19.415f.: der schnellste Wind; PIGHI 1975–
1976). Der Vergleich mit gerade diesem Wind entfaltet nur dann seine Wirkung,
wenn der Narrative Adressat[P] eine Blickrichtung nach Westen oder Nordwesten
einnimmt. Somit ist am ehesten ein Standort an der Ägäis-Küste Kleinasiens vor-
auszusetzen (GRAY 1974, 12; LATACZ [2011] 2014, 73: mutmaßliche Heimat des
Erzählers).

ἐπασσύτερον: Adj. (neutr., auf Kollektivbez. κῦμα bezogen), viell. gebildet zu ἄγχι,
comp. ἆσσον: 'eng/dicht aufeinanderfolgend' (AH; LfgrE s.v.; zur unsicheren Etymologie
DELG; BEEKES). Analogon im 'So-Teil': ἐπασσύτεραι 427.

424 ≈ 442. — **behelmt sie sich** (gr. *korýssetai*): Zugrunde liegt die Vorstellung, daß
die Woge (*kýma*) sich den Helm (*kórys*) aufsetzt, sich mit Schaum 'behelmt', also
denjenigen Teil der Rüstung aufsetzt, der am Schluß angelegt wird (FRÄNKEL
1921, 17; TRÜMPY 1950, 88f.), womit die vollständige 'Kampfbereitschaft' der
Woge hergestellt ist (FAESI: 'rüstet sich wie zum Kampf'; entsprechend LfgrE).
Jetzt kann die Woge den Kampf mit dem Festland aufnehmen. So stellt mit *ko-*
rýssetai das Gleichnis die erste Verbindung mit dem militärischen 'So-Teil' her
(vgl. FRÄNKEL a.O. 17f.; LfgrE s.v. κορύσσω; weniger einleuchtend AH; KIRK zu
424–6: die Woge 'raises its head': damit fiele die Verbindung zum Militärischen
weg).

αὐτὰρ ἔπειτα: Formel am VA, VE (auch 442) und nach der Zäsur A 3: typische paratakti-
sche Satzverbindung (24.273–274n.).

425 Dem Festland des Bildes entspricht in der (imaginierten) Realität die troianische Front.

---

423 ὄρνυτ': = ὄρνυται. — Ζεφύρου ὕπο: = ὑπὸ Ζεφύρου (R 20.2).

424 πόντῳ: Ortsangabe ohne Präposition (R 19.2). — τε: 'episches τε' (R 24.11). —
κορύσσεται, αὐτάρ: zur sog. Hiatkürzung R 5.5.

425 χέρσῳ: Ortsangabe ohne Präposition (R 19.2). — μεγάλα: adv. Akk. ('laut'). — τ(ε):
'episches τε' (R 24.11), hier wohl zur Hiatvermeidung gesetzt.

μεγάλα: Das Adverb ist nahezu ausschließlich auf Verben, die lärmende/laute Geräusche bezeichnen, beschränkt (ebenso mit βρέμειν/-εσθαι in 2.210 u. 14.399); in 13.282 im Körper-*Innern* (κραδίη μ. … πατάσσει): das Herz 'schlägt, klopft' (dt. 'Herzklopfen', 'das Herz schlägt [bis zum Hals]' vor Angst, Freude usw.). — ἄκρας: Eher als 'Vorgebirge' (wie in 14.36) oder gar etwas wie 'Steil-Ufer' (KIRK zu 424–6) sind Klippen gemeint, ähnlich *Od.* 9.285 ('Klippe': SCHADEWALDT). Verfehlt dagegen sicher die Gleichsetzung mit den gegnerischen πρόμαχοι (FRÄNKEL 1921, 18, entgegen seiner eigenen Grundsatz-Warnung vor Eins-zu-Eins-Gleichungen).

426 κυρτόν: 'gekrümmt, (nach vorn) gebogen, konkav'. Adj. von gleicher Wz. wie lat. *curvus* (LfgrE), dt. 'Kurve'; von der Welle noch 13.799; von Thersites 2.218: hat (Buckel und) 'nach vorn gekrümmte' (κυρτώ) Schultern. – In Landnähe schlagen die sturmgetriebenen, vertikal hochgegipfelten Wellen nach vorn um, sie 'krümmen sich' und erscheinen dem Betrachter wie eine Art Kaverne, ein Gewölbe (vgl. das Verb κυρτόω in *Od.* 11.243f.: Liebesgrotte von Poseidon und Tyro, gebildet von einer 'berghohen gekrümmten Woge', κῦμα … οὔρεϊ ἶσον, | *κυρτωθέν*). — **κορυφοῦται:** hom. *hapax*[P]; bezeichnet, anders als κορύσσεται in 424 (zu κόρυς 'Helm'), ohne militärischen Bezug (zu κορυφή '([Berg-] Gipfel'), das 'Aufgipfeln, Hochsteigen' der Welle; vgl. dt. 'Koryphäe' (LfgrE). — **ἀποπτύει:** 'speit aus'. Zur 'Vermenschlichung' von Tieren, Pflanzen, Gegenständen im fgrE s. DE BOEL 1993; vgl. 14.394n. Zu dieser sprachlichen Universalie vgl. z.B. dt. 'der Vulkan/Drache speit Feuer', 'die Brunnenfigur speit Wasser'. Hier nur Begleiterscheinung des Aufgipfelns der Welle; hat – wie ἄκρας 425, s.d. – kein Analogon im milit. Kontext, verstärkt aber den abschreckenden Aspekt. — **ἄχνην:** 'Schaum, Gischt' (beim Ährendrusch auch 'Spreu'); urspr. wohl 'etwas, was unter Druck hoch aufstiebt' (vgl. LfgrE s.v. ἄχνη). In der Ilias 3× von der Gischt der anbrandenden, sich brechenden und dann hoch auftürmenden Meereswelle ('Schaumkrone'); außer hier noch 11.307 (κῦμα κυλίνδεται, ὑψόσε δ' ἄχνη | σκίδναται ἐξ ἀνέμοιο … ἰωῆς); 15.626; ähnlich *Od.* 5.403 (ebenfalls am VE: ἁλὸς ἄχνη).

427–432 So gestaffelt wie die *Wellen,* vom hohen Meer her auf die Küste zu sich bewegend, an der Küste sich erheben, so gestaffelt bewegten sich die *Reihen* der Danaer (= Achaier) auf den Kampf(platz) zu. – Das Gleichnis[P] beharrt nicht auf einer Eins-zu-Eins-Symmetrie (422–426n.), sondern setzt die Akzente neu auf die Handlungssubjekte (Wellen ~ Reihen) und deren Fortbewegung und Fortbewegungsform (Gestaffeltheit). So tritt an die Stelle möglicher Statik nun Motorik.

427 Danaer: vgl. 65n. — **Phalangen:** gr. *phálanges*, im Sg. ('Phalanx') ins Engl., Frz., Ital., Span. usw. übernommen; in der Ilias militärischer *t.t.* für die in horizontalen Reihen angeordnete Kampfformation (s.u.). – Die Phalangen (~ Massen) sind Basis des in der Ilias dargestellten Kampfgeschehens (LATACZ 1977, 45–67 [mit der älteren Lit.]; PRITCHETT 1985, 7–33; DE JONG 1987, 114f.; PRITCHETT 1991, 185f.; HANSON 1991; vgl. CALHOUN 1934, 307).

---

426 κυρτόν: prädikativ zu ἰόν. — κορυφοῦται: medial ('gipfelt sich auf').
427 κίνυντο: zur augmentlosen Form R 16.1.

ἐπασσύτεραι: 423n. — κίνυντο φάλαγγες: VE-Formel, 3× *Il.*, alle im 4. Gesang, s. 281n. (dort ebenfalls mit Richtungsangabe: statt πόλεμόνδε (428) ἐς πόλεμον, und φάλαγγες näher qualifiziert durch πυκιναί 'dicht[geschlossen]'); 332n. (dort: φάλαγγες | Τρώων ... καὶ Ἀχαιῶν: identische Aufstellungsform bei beiden Parteien). — κίνυντο: 281n.; wohl milit. *t.t.* (statt 'gingen, liefen, rückten vor', usw.); vgl dt. 'Truppen*bewegungen*'. — φάλαγγες: Grundbed.: '(Holz-)Balken' (FRISK; DELG; LATACZ 1977, 49 [Abgrenzung zu στίχες]). Als militärischer *t.t.*: 'horizontale Reihen der Kämpfer, vertikal mehrfach gestaffelt' ('rangs d'une armée alignée [*Il.*, etc.]': DELG; PRITCHETT 1985, 22; 1991, 190). Die Phalangen sind die *Vorform* der offensichtlich erst in nachhom. Zeit (um 650) großflächig eingeführten gr. 'Phalanx', für deren Einführung, wie bei allen *taktischen* Neuerungen, eine *technische* Innovation Voraussetzung war: An die Stelle des bisherigen Rundschildtyps mit Mittelgriff, wie er in der Ilias vorausgesetzt ist, trat der Doppelgriffschild mit Mittelschlaufe (durch die der linke Unterarm gesteckt wurde: πόρπαξ) und mit Griff erst am rechten Innenrand des Schildes: ἀντι-λαβή (LORIMER 1947; dazu LATACZ a.O. 35f.; HÖCKMANN 1980, 316 mit Anm. 1897). Dadurch war der bis dahin nach rechts und links schwenkbare, aber auch durch gegnerische Treffer nach allen Seiten wegschwankende Schild fest am Arm fixiert, so daß, abgesehen von der größeren Defensivsicherheit, gegebenenfalls der jeweils rechte Phalangen-Nachbar mit seiner linken Schildseite die rechte Körperseite seines linken Nachbarn abdecken/schützen konnte. Damit war – durch engstes Zusammenrücken der in Reihe stehenden Kämpfer – darüber hinaus die Möglichkeit eines συν-ασπισμός, einer 'Verschildung', gegeben (in der Ilias mehrfach beschrieben: dicht, kompakt und massiv wie eine Mauer, s. das Mauergleichnis 16.212–217; 215: ἀσπὶς ἄρ' ἀσπίδ' ἔρειδε, κόρυς κόρυν, ἀνέρα δ' ἀνήρ; dazu LATACZ a.O. 63f.); allgemein zum συν-ασπισμός: 16.211n.; LATACZ a.O. 63–65. Vermutlich kannte der in einer Übergangszeit lebende Erzähler unserer Ilias (LATACZ 2017) vornehmlich noch die alte Phalangen-Formation (v.a. aus der mündl. Überlieferung), aber auch bereits Ansätze der (noch bis zum 1. Weltkrieg – 'Sturmtrupp' – in waffentechnisch veränderten Formen eingesetzten) echten Phalanx.

428–429a 2. VH von 428 ≈ 13.230, 20.353; von der Zäsur C 2 an = 2.775, 8.544, 11.731, 23.371. — **in einem fort:** Ein Ende des Wellengangs ist nicht absehbar: am VA stehend betont das Adv. die enorme Größe des achaiischen Heeres. Das (integrale) Enjambement[P] eröffnet durch die Zielbestimmung 'zum Kampf' die folgende detaillierte Beschreibung der gr. Angreiferformation.

νωλεμέως: Die Etymologie ist unsicher (19.232n.). — πόλεμόνδε: Akk. und enklit. Partikel -δε (1.54n. s.v. ἀγορήνδε; G 66). πόλεμος hier in der ursprünglichen Bed. 'Kampf' (vgl. 15n.), gegenüber 'Krieg' (als feindlichem Zustand zwischen zwei Völkern) noch deutlich erkennbar (TRÜMPY 1950, 129f.; zur Etymologie s. FRISK; DELG). — κέλευε δὲ οἷσιν ἕκαστος | ἡγεμόνων: ~ 23.371; weist zurück auf die Aufstellung in Form von landsmannschaftlichen πύργοι: 334n. Grundsätzlich s. 422–544n., Abschn. **II. A. 4.**

---

428 νωλεμέως: zur unkontrahierten Form R 6. — δὲ (ϝ)οῖσιν: zur Prosodie R 4.3. — οῖσιν: Poss.-Pron. der 3. Pers. (R 14.4) in substantivischer Verwendung ('die Seinen').

429b–431a stumm: Das Schweigen deutet auf besondere Konzentration und Ent-schlossenheit hin; vgl. 3.1–14n. a.E.; 3.8–9n. Ähnlich wie in Diomedes' vorausge-gangener Rede (412–418), die mit "Halt den Mund! Setzen!" begann, scheint der Erzähler die Stimmung des ganzen Heeres bestimmen lassen zu wollen: "Genug geredet! Handeln!"

ἀκήν: sonst meistens im Formelvers ὡς ἔφαθ'· οἳ δ' ἄρα πάντες ἀκὴν ἐγένοντο σιωπῇ (10× *Il.*, 5× *Od.*): 3.95n.; vgl. noch *Od.* 2.82 (ἔνθ' ἄλλοι μὲν πάντες ἀκὴν ἔσαν, οὐδέ τις ἔτλη). Hier als Einzelwort nach der Zäsur B 2 betont gesetzt, ist es bes. ausdrucksstark, wohl im Sinne von 'aufmerksam', 'achtsam', 'versammelt', 'konzentriert' (s. 1.34n. zu ἀκέων: 'scharf', 'die Ohren spitzend'), mit Rückbezug auf κέλευε (428) und Vorverweis auf δειδιότες σημάντορας (431). Die Trennbarkeit vom Formelbestandteil σιωπῇ, der hier, sinngemäß, erst in 431 (σιγῇ) folgt – ebenfalls stark betont (VA) – macht klar, daß jedes der beiden Wörter seine eigene Bed. hat; zusammen etwa 'in konzentriertem Schweigen'. — οὐδέ κε φαίης: ebenso am VE in 3.392, 17.366, *Od.* 3.124 (Parallelen zu einer solchen Hereinziehung des Zuhörers/Lesers mitten ins Geschehen 3.220n., 16.638–640n. mit Lit.). — ἔχοντ' ἐν στήθεσιν αὐδήν: 'mit in der Brust zurückgehaltener/unterdrückter Stimme'. Sie sind diszipliniert genug, still zu sein, um die Befehle (428: κέλευε) ihrer σημάντορες (431) hören zu können. — σιγῇ: betont am VA: 'in *Schweigen*!': 'die Stimme zurückhal-ten' bedeutet ja nicht, daß sie nicht z.B. noch flüstern könnten. — δειδιότες: Wie sehr die Anführer den Kriegern angst machen können, haben ihnen soeben die Ansprachen Aga-memnons gezeigt. — σημάντορας: Die Anführer, hier in ihrer Funktion als Zeichen-/Si-gnalgeber (κέλευε 428): τοῖσιν ἕκαστος ἀνὴρ σημαινέτω, οἷσί περ ἄρχει 2.805 (s.d.; dort mit Bezug auf die Verschiedensprachigkeit der troian. Koalitionstruppenteile; hier mit Bezug auf die einzelnen gr. 'Bataillone' gemäß der *Epipṓlēsis*: οἷσιν 428).

431b–432 Die akustische Bedrohlichkeit (versammeltes Schweigen) ergänzt der Er-zähler durch die optische: Waffenglanz kündigt (wie Feuer) nahe Gefahr an. Dazu ausführlich 2.455–458n.; 19.362–364n., 19.374–383n. – Das Schweigen, die glän-zenden und damit Bedrohung signalisierenden Rüstungen und das Marschieren in geschlossener Formation ('Reih' und Glied') vermitteln dem Hörer/Leser gerade-zu faßbar die Wucht des Anmarschs und die kämpferische Entschlossenheit der Achaier.

τεύχεα: 'Gerätschaften'; als milit. *t.t.*: 'Rüstung', d.h. alle körperdeckenden Rüstungteile vom Helm bis zu den Beinschienen, meist mit Einschluß des Schildes (also alles, was bes. gut sichtbar glänzen kann): 3.29n. — τεύχεα ποικίλ(α): VE-Formel (4× *Il.*, 1× 'Hes.'): τεύχεα ποικίλα χαλκῷ; am VA (ohne χαλκῷ) nur hier. Gemeint ist vermutlich 'mit viel-

---

429 ἴσαν: = ᾖσαν ('sie gingen'); zur augmentlosen Form R 16.1. — οὐδέ: konnektives οὐδέ/μηδέ steht bei Homer auch nach affirmativen Sätzen (R 24.8). — κε: = ἄν (R 24.5).

430 τόσσον: zum -σσ- R 9.1. — ἕπεσθαι ἔχοντ(α): zur sog. Hiatkürzung R 5.5.

431 δειδιότες: Ptz. zu δέδια (= δέδοικα), < *δεδϝιότες (R 4.2).

432 τά: in der Funktion eines Rel.-Pron. (R 14.5), Akk. der Beziehung (R 19.1), von εἱμένοι abhängig. — ἐστιχόωντο: zur ep. Zerdehnung (R 8).

fältigem Bronzebeschlag verzierte Rüstung' (v.a. Helm u. Brustpanzer); s. 6.504n; 14.420n.
— ἐστιχόωντο: zu στείχω oder Denominativum von *στίξ, *gen.* στιχός (2.92n.), eigtl.
'Stiege' (~ 'Treppe'), vgl. 'Steigerung', 'Versteigerung' usw., also Aufeinanderfolge, Reihenfolge, Reihung, Reihe. – Als milit. *t.t.*: 'in Reihen, reihenweise steigen/gehen/marschie-
ren' (schon schol. D zu 2.92: ἐν τάξει παρεγένοντο, wobei τάξις ~ 'milit. Ordnung'). –
Entspricht hier präzisierend dem κίνυντο φάλαγγες 427 und bringt in Ringkomposition das
(erweiterte) Wellengleichnis (ἐπασσύτερον ~ 'eine Welle nach der anderen' 423) zum
Marschtritt-artigen (Holodaktylos!) kraftvollen Abschluß (die zweite Hälfte von 432 ist daher alles andere als "little more than padding" [KIRK zu 431–2]).

433–438 Auf die energetische Veranschaulichung des Achaier-Vorrückens durch
ein Sturm-Wellen-Gleichnis folgt ein energielos mattes Kontrastgleichnis für das
Verhalten der Troer: Den stumm anrollenden waffenblitzenden Anmarsch der
Achaier vor Augen, gerät der Hörer/Leser mitten in einen Pferch blökend daste-
hender Schafe, die gerade gemolken werden, hinein: die Troer. Obwohl der
Hauptvergleichspunkt das Akustische ist: das disziplinierte Schweigen der
Achaier gegenüber dem Durcheinandergeschrei der Troer (AH; STOEVESANDT
2004, 85), so daß auch eine andere Tier-Art anstelle der Schafe hätte gewählt werden können (z.B. Vögel, s. 3.2n.: 2.463, wozu FRÄNKEL 1921, 72), wählt der Erzähler hier Schafe, um den Nebenaspekt 'überlegene Stärke/Mut' gegenüber 'Un-
terlegenheit/Schwäche/Ausgeliefertheit' herauszustellen (vgl. z.B. 22.263: Wölfe
gegen Lämmer; dazu FRÄNKEL a.O. 62). Darüber hinausgehende Deutungen wie
"Die schlechte Verständigung in dem vielsprachigen Heer [...] läßt die Mann-
schaften und Führer nicht zu geordneten Haufen zusammenkommen und im
Marsch zusammenbleiben" (FRÄNKEL a.O. 76) gehen allerdings angesichts der
Vv. 446f. (s.d.) fehl: Auch die Front der Troer-Koalition ist beim Zusammmen-
prall der beiden Fronten geschlossen. – Da das Gleichnispaar unmittelbar vor den
ersten Waffengang der Kriegsgegner innerhalb der Ilias gestellt ist und damit wohl
programmatisch für den Kampfausgang (oder gar für die Ilias als ganze: vorsichtig
STOEVESANDT a.O. 85, mit den Scholien) wirken soll (STOEVESANDT a. O. 88;
3.8–9n.), läßt sich eine gewisse hintergründige Ironie nicht ausschließen: Der im
Sinne des Gleichnispaars (Überlegenheit der Achaier gegen Unterlegenheit der
Troianer) begonnene erste Kampftag wird mit dem umgekehrten Ergebnis enden:
Die 'Schafe' werden die 'Wölfe' am Ende des Tages zu einer panischen Defensiv-
Aktion (Mauerbau, 7.433–482; STR 21, Abb. 1) gezwungen haben.

433 Τρῶες δ(έ): Τρῶες ist als Subjekt des nunmehr beginnenden Kontrastgleichnisses in
deutlicher Gegenüberstellung zu Δαναῶν (427) an den VA gesetzt; es wird in anakoluthi-
scher Syntax mit ὡς Τρώων (436), ebenfalls am VA, wieder aufgenommen. Zum Anako-
luth vgl. *Od.* 13.81/84 (ἣ δ᾽, ὥς τ᾽ ... | [2 Vv.] | ὡς ἄρα τῆς πρύμνη μὲν ἀείρετο;
15.271/277; 17.755/758: AH); vgl. auch, bes. deutlich, *Od.* 1.275f.: μητέρα δ᾽, εἴ οἱ θυμὸς

---

433 τ(ε): 'episches τε' (R 24.11). — ὄϊες: zu ὄϊς 'Schaf' (lat. *ovis*).

... | ἂψ ἴτω ἐς μέγαρον ... . — **πολυπάμονος**: hom. *hapax*[P]. Deverbatives Poss.-Komposi-
tum von πάομαι '(sich) erwerben' (zuerst Solon *fr.* 13.7 West χρήματα ... ἀδίκως ...
πεπᾶσθαι | οὐκ ἐθέλω), also: 'viel Erworbenes/Besitz habend' (RISCH 52; 148). Zur Be-
wertung von Schafen als Gradmesser für Reichtum und zu Schafen in Gleichnissen allg. s.
18.588n.; RICHTER 1968, 56.

434 μυρίαι: Typische Zahl[P]: 'immens viele'; zum Numerale 1.2n. – Ein Bezug auf die enorme Menge der troianischen Koalitionskämpfer ist möglich. — **ἑστήκωσιν**: ohne Bezug
zum Militärischen: Schafe können nur gemolken werden, wenn sie (still)stehen; bed. also
so viel wie 'waren da' (die troische Front steht *nicht* still, sondern rückt vor: 221). Zum
Konj. zur Kennzeichnung einer Generalisierung s. CHANTR. 2.253. — **ἀμελγόμεναι**: idg.
Erbwort (Wz. *h₂melĝ-); vgl. lat. *mulgeo*, dt. 'melken', 'Milch' usw. (FRISK; DELG; BEE-
KES s.v. ἀμέλγω; LIV 279). Das urspr. mediale Ptz. hat bereits pass. Bed. (AH; LfgrE; vgl.
SCHW. 2.236–241); es ist hier nur Bezeichnung der Situation, das "eigentliche Prädikat"
steckt in μεμακυῖαι (AH; ähnl. FAESI). – Warum die Mutterschafe erst "waiting to be
milked" sein sollen (SCOTT 1974, 109; danach KIRK zu 433–5), ist allenfalls aus einer
Lesart der Nebenüberlieferung (μεμαυῖαι statt μεμακυῖαι, s. *app. crit.* hier und bei LEAF)
erschließbar; s. außerdem *Od.* 9.439 und 435n. — **γάλα λευκόν**: ebenfalls am VE (im
Gen., mit umgekehrter Wortstellung) in *Od.* 9.246, im Versinnern noch *Il.* 5.902; sprachliche Universalie, rein logisch eine Redundanz oder ein Pleonasmus ('weißer Schimmel',
'schwarzer Rappe', usw.; vgl. διὰ νύκτα μέλαιναν) mit emotional visualisierender Betonung auf '[schön] *weiß*!'.

435 blökend: Falls nicht tatsächlich ein Überlieferungsfehler vorliegt (s. 434n. zu
ἀμελγόμεναι), ist das angebliche Dauerblöken beim Gemolkenwerden sachlich
kaum verständlich (die Melkung macht Schafe in der Realität vielmehr ruhig, s.
Od. 9.439f.: die Mutterschafe blöken, weil sie prall gefüllte Euter haben und gemolken werden *wollen*, beim Melken selbst bleiben sie erleichtert ruhig). *Hier*
blöken die Mutterschafe *beim* Gemolkenwerden (gr. *amelgómenai*), und zwar,
weil sie ihre Lämmer blöken hören (gr. *akoúousai ópa arnṓn*); schon das erscheint
merkwürdig (wohl deswegen auch die *v.l.*, s. 434n.). Daß aber die Lämmer ihrerseits deswegen blöken, weil sie nach der *Rest*milch gieren (FRÄNKEL 1921, 76),
verträgt sich vollends schwerlich mit der Realität, da Lämmer nach der Ablam-
mung zunächst naturgemäß für eine gewisse Zeit die *Erst*milch bekommen müssen, um nicht einzugehen. Sie blöken allenfalls, weil sie während der Melkung
ihrer Mütter von diesen getrennt sind. – Insgesamt ist die Stelle aus heutiger
Schafzüchtersicht nicht recht nachvollziehbar. Die Einzelheiten der damaligen
Schafhaltung sind uns freilich nicht bekannt. Dem Erzähler kam es hier aber wohl
auch weniger auf das Fachspezifische als auf den Hauptvergleichspunkt an: Die
Troer 'blöken' wie Schafe.

---

434 γάλα λευκόν: Akk. der Beziehung (R 19.1).

435 ἀκούουσαι (ϝ)όπα (ϝ)αρνῶν: zur Prosodie R 4.4 u. 4.3.

ἀζηχές: etymologisch unsicher, s. DELG; LfgrE. Aufgrund der weiteren Ilias-Belege (15.658, 17.741: von anhaltenden lauten menschlichen Zurufen; 15.25: von andauerndem seelischen Schmerz) bed. es wohl 'unablässig'. — μεμακυῖαι: Ptz. Perf. von μηκάομαι (im fgrE nur in der Form des Ptz. Aor. u. Perf. belegt), eigtl. poet. 'meckern'; dann dt. je nach Tier-Art 'blöken' (Schaf), 'schreien' (Hase), usw. (LfgrE s.v. μακεῖν). Hier Hauptaussage (~ Hauptvergleichspunkt, s.o. 433–438n.).

436–438 Der 'So-Teil' des Gleichnisses hat in der Hauptsache die dem Gleichnis-Begriff inhärente gleiche Struktur wie der 'Wie-Teil': Der Hauptvergleichspunkt (Akustik, Lärm, Lautstärke großer Massen) wird zunächst in strikt analoger Form (onomatopoetische Ausdrücke für den Lärm der Schafe wie der Männer) wieder aufgenommen. Die Begründungen für den Lärm jedoch haben unterschiedliche Erklärungstiefe: Die Schafe machen Lärm, weil sie ihre Lämmer lärmen hören (435b) – *warum* die Lämmer lärmen, wird nicht erklärt –, die Troianer-Koalition indessen macht Lärm, weil ihre Einzelteile in zwei Punkten (437) nicht die gleiche (identische) Kommunikationsbasis haben, und diese Basis haben sie nicht, weil sie nicht die gleiche Sprache sprechen (438). Der Lärm in der Troianer-Koalition wird also, anders als im 'Wie-Teil' der Lärm im 'Heer' der Schafe, explizit logisch begründet: Sprachenvielfalt in der troianischen Koalition. – Diese bis ins Einzelne gehende logisch-pragmatische Erklärung erfolgt jedoch ihrerseits nicht aus logischem Perfektionsdrang, sondern dient einem weiterführenden Ziel: Was zunächst wie eine pure Herabsetzung des Gegners aussah ('schreiende' Disziplin-losigkeit, Unordnung, Konfusion, daher geringere Kampfkraft), wird als sachlich begründeter militärischer Nachteil des Gegners aufgewiesen – der gleichwohl durch die sprachlich bedingte Behinderung der troianischen Kommando-Effizienz den Achaiern von vornherein einen Gutteil strategischer Überlegenheit zu sichern scheint. – Zur Sprachenvielfalt innerhalb der troianischen Defensivkoalition s. 2.867n.; 2.802–806n. und bes. STOEVESANDT 2004, 80–88 (mit Lit.).

436 ἀλαλητός: nachhom. ἀλαλή, vgl. ἀλαλαί und ἀλαλαλαί: onomatopoetische Interjektionen, ital. alalà!, dt. Halali usw. ('Indianergeheul','Kampfgeschrei'), also etwa 'das ἀλαλαί-Schreien' (2.149n. mit weiteren Stellen und Lit.). — ἀνὰ στρατὸν εὐρὺν: 209n.

437 θρόος: hom. *hapax*[P] (Kompositum: ἀλλόθροος; s. *Od.* 1.183 u.ö.); vgl. nachhom. θόρυβος, beide zu θρέομαι 'rufen, zurufen' (LfgrE); bezieht sich viell. auf die (sprachlich unterschiedliche) Weitergabe von Befehlen ('Befehlskette'). — ἴα: etymologisch umstritten; es ist v.a. unsicher, ob es eine Dialektform von μία ist (DELG s.v. ἰός). ἴα ist kein Numerale (Teil der Kardinalzahlreihe oder unbestimmtes Zahlwort), sondern es betont explizit die Einheit (Unität) im Gegensatz zur Zwei- oder Mehrheit (21.569 ἐν δὲ ἴα ψυχή [im Menschen]: 'nur éine ψυχή') oder (so überwiegend bei Hom.) die Deckungsgleichheit von zwei oder mehr Entitäten, wie hier: 'sie haben nicht *alle ein und dieselbe* [Sprechweise

---

436 ὀρώρει: Plpf. zu ὄρνυμαι 'war (erhoben worden und damit) vorhanden'.

437 πάντων: nicht auf θρόος bezogen, sondern als Bereichsangabe aufzufassen ('bei allem'). — ἦεν: = ἦν (R 16.6).

o.ä.]'; mehr: LfgrE. — **γῆρυς**: hom. *hapax*[P]; gegen θρόος mangels genügender Belegstellen (beide Wörter sind homerische *hapax legomena*) – wie die vielen Spekulationen zeigen (KIRK zu 437–8) – gegeneinander semantisch nicht mehr genau abgrenzbar; nachhom. ebenfalls vieldeutig. Jedenfalls bed. beide Wörter hier nicht 'Sprache', sondern bezeichnen bestimmte Erscheinungsformen von Sprache, da 'Sprache' als der übergeordnete Begriff erst in 438 (γλῶσσ[α]) fällt.

438 γλῶσσ' ἐμέμικτο: γλῶσσα, das eigentliche Wort für 'Sprache', wie im Dt. übertragen von 'Zunge' ('scharfzüngig', 'doppelzüngig', usw., vgl. 1.249; *Od.* 3.332), steht hier als Oberbegriff von θρόος und γῆρυς (s.o.). Die Vorstellung des 'Sprachengemischs' ist uns ebenfalls vertraut. In der Odyssee wird sie konkret ausgefaltet: auf Kreta gibt es 90 Städte, und ἄλλη δ' ἄλλων γλῶσσα μεμιγμένη, sc. Achaier, Eteokreter, Kydonier, Dorer und Pelasger (*Od.* 19.175–177). Da sind vorgr. Sprachen und gr. Dialekte gemeint, an der vorl. Ilias-Stelle die im Troer-Katalog (*Il.* 2.816–877) genannten etwa 15 kleinasiatischen Einzelsprachen – deren Sprecher πολύκλητοι, 'vielerorts herbeigerufen' sind (LfgrE s.v. πολύκλητος).

439–445 In der Götterversammlung zu Beginn des 4. Gesangs hatten sich die beiden obersten Götter, Zeus und Hera, auf die Wiederaufnahme des aufgeschobenen Kriegsbeginns und die letztliche Vernichtung Troias geeinigt (30–49: 31–49n.). Zeus selbst hatte seine Tochter Athene als *Agent provocateur* hinunter in die Ebene vor Troia gesandt. Auftragsgemäß hatte sie den Bruch des Waffenstillstandsvertrags bewirkt (Schuß des Pandaros). Daraufhin hatten sich die Heere der beiden Kriegsparteien wieder in Kampfbereitschaft versetzt (s. die Einleitung zum 4. Gesang: **3.4.**) und sind nun gegeneinander vorgerückt. In diesem entscheidenden Moment greifen die Götter erneut ein. Sie unterbinden jede weitere mögliche Verzögerung, indem sie die beiden Heere unverzüglich losschlagen lassen. Die Achaier werden von Athene, die Troianer von Ares unterstützt. Beide Götter haben Helfer, die die Massen aufpeitschen: Angst, Schrecken (Deimos und Phobos, Helfer oder gar Söhne des Kriegsgottes Ares) und Streitlust (Eris, Schwester des Ares). Eris' machtvolle Wirkungsweise wird eigens genauer beschrieben. Eris ist es denn auch, die unmittelbar zwischen die Fronten tritt und den Kampf entfacht. – Mit der für Verlauf und Ausgang des Krieges um Troia entscheidenden Götterversammlung am Anfang des 4. Gesanges macht der Erzähler dem Hörer/Leser – seine eigene Bewertung einspiegelnd – deutlich, daß der 'Fall Troia' den obersten Göttern Zeus und Hera ausnehmend wichtig ist: Um Troias willen setzt Hera die bedeutendsten Herrschaftssitze Griechenlands, Argos, Sparta und Mykene, gegen Troia als Pfand ein (51f.: 51–53n.) – und Zeus nimmt an. Damit ist klar: Auf dem Olymp müssen beide Seiten zugunsten der Menschen auf der Erde ihre stärksten Kräfte mobilisieren. Das sind Ares und Athene – Ares auf seiten Troias, Athene auf seiten der Achaier. Ares, als die Verkörperung des Krieges schlechthin – be-

---

438 ἐμέμικτο: Plpf. Med. zu μίσγω ('war vermischt'). — **ἔσαν:** zur augmentlosen Form R 16.1.

sonders tapfere Krieger heißen 'Ares-gleich', nie 'Athene-gleich' – macht folge-
richtig über seine Verwandten (Söhne und Schwester, s. 440n.) den Anfang, Athene wird folgen (515). Zur Verbindung von Ares und Athene als Unterstützer von
Kriegsparteien s. auch 18.516n.

439 Ares: Allgemein zu Wesen, Funktion und Bedeutung des Gottes s. FG 6. –
Ares, bereits im Myk. belegt (DMic s.v. *a-re*), nach Hesiod ein Sohn von Zeus
und Hera (Hes. *Th.* 921f.), war bislang nur indirekt, als hochgeehrte Personifikation der kriegerischen Tüchtigkeit und umworbener Freund und Helfer des Kriegers in der Ilias erschienen (vgl. 13n. zum Epitheton 'dem Ares lieb'). Nun taucht
er persönlich auf. Die Symbolik ist klar: Der Krieg um Troia hat begonnen. —
Athene: Athene ist ebenfalls bereits im Myk. belegt (DMic s.v. *a-ta-na-po-ti-ni-
ja*). – Sie "ist neben Zeus und Apollon die wichtigste göttliche Handlungsträgerin"
und wird Ares im Zweikampf besiegen (21.403–414): FG 8. Ihr erster Auftritt in
der Ilias ist gleich handlungsbestimmend; sie hindert Achilleus am Königsmord
(1.194n.; 1.195n.) und ermöglicht so die *mênis*-Handlung. Obgleich Zeus-Tochter
(aus Zeus' Haupt geboren: Hes. *Th.* 886–900, 924f.), setzt sie sich zusammen mit
Hera, der sie sich wegen ihrer beider Verschmähung durch den troianischen Königssohn Paris im Paris-Urteil (dazu 24.27–30n.) verbunden fühlt, im Krieg um
Troia unermüdlich für die Achaier éin (7–19n.).

γλαυκῶπις Ἀθήνη: flektierbare VE-Formel, überwiegend im Nom. (2.172n.); zum distinktiven Epitheton γλαυκῶπις, das vermutlich 'mit den hellen/glänzenden Augen' bedeutet,
1.206n.

440 2. VH ≈ 5.518. — Furcht … Schrecken … Eris: FG 38 und FG 30. – Die
ersten beiden (gr. *Déimos, Phóbos*) sind in 11.37 mit Gorgo auf Agamemnons
Schild und in 15.119 als Ares-Helfer ebenfalls zusammen genannt; bei Hes. *Th.*
933f. sind sie beide Söhne des Ares, Homer nennt nur Phobos explizit Ares'
'lieben Sohn' (13.299). Phobos ist wohl kaum Personifikation der "Flucht" (FG
38), sondern des "Schrecken[s], der fliehen macht" (LfgrE s.v. φόβος, Φόβος
969.25). Zu Eris s. 441n. (Genealogie) u. 18.535n. (zu ihrer Rolle).

Alle drei Wesen sind mit τ' an Ἀθήνη in 439 angehängt, gehören aber nicht exklusiv zu ihr,
sondern zu beiden Göttern (FAESI, AH), "spreading the spirit of war among both sides
equally" (KIRK zu 440–1); der Anschluß ist also lose und kommt einer Leerstelle^P ('und
Antreiber waren auch') nahe. — Δεῖμος: zu der sekundären Wortbildung zu δεῖμα SCHW.
1.492, 2.37. — τ' ἠδέ: 186–187n. — ἄμοτον μεμαυῖα: formelhafte flektierbare Junktur an
versch. Versstellen, hier u. 5.518 am VE (im Fem.), 13.40 u. 13.80 nach der Zäsur B 1,
außerdem 22.36 u. *Od.* 17.520 (ähnlich 'Hes.' *Sc.* 361 ἄμοτον μενεαίνων). Beide Wörter
sind viell. etym. eng miteinander verwandt (zur höchst umstrittenen Etym. 19.300n.;

---

439 τοὺς μὲν … τοὺς δέ: zur demonstr.-anaphor. Funktion von ὅ, ἥ, τό R 17.

440 ἠδέ: 'und' (R 24.4). — Ἔρις(ς) ἄμοτον: zur Prosodie M 4.6. — μεμαυῖα: Ptz. Perf.
Fem. zu μέμονα 'streben, den Drang haben'.

BEEKES s.v.), stets von höchstgradig erregter Emotion (Begehrlichkeit) verwendet. Die Bed. von ἄμοτον (adv. Akk.) dürfte trotz der unsicheren Etym. klar sein: 'heftigst, aufs äußerste' (19.300n.), diejenige von μεμαυῖα (zum Stamm *men-*, wovon auch μενεαίνω, μένος, 'Erregtheit, Dribbeligkeit' [SNELL (1939) 1975, 28f.; vgl. 'dribbeln' im Fußball-sport], auch 'unbändige Energie, vitaler Elan, spontaner Drang' u.ä.: LfgrE s.v. μένος 137.27ff.) liegt auf der Hand. Basis der Bed. ist wohl der Versuch einer Bezeichnung des nicht länger beherrschbaren Drangs, etwas Bestimmtes (oder überhaupt etwas) zu tun.

441 2. VH ≈ 24.793. — Der Vers fehlte urspr. im cod. T (im J. 1059 geschrieben) und wurde von späterer Hand eingefügt; im cod. R (12. Jh.) fehlt er ganz, s. *app. crit.* bei WEST. Grund war offenbar die ungewöhnliche Gen.-Form Ἄρεος statt Ἄρηος (ebenso noch 19.47, *Od.* 8.267, 3× 'Hes.' *Sc.*; zu den Formen KIRK zu 440–1 a.E. u. G 53) zusammen mit der unge-wöhnlichen Genealogie (Eris als Schwester des Ares). Die Kombination von κασιγνητ- und ἑτα(ι)ρ- findet sich nur hier und *Od.* 21.216 (Τηλεμάχου ἑτάρῳ τε κασιγνήτῳ, also κασίγνητος nicht genealogisch verwendet), ferner *Il.* 24.793 in einer Aufzählung (κα-σίγνητοί θ' ἕταροί τε). — ἀνδροφόνοιο: auf die idg. Dichtersprache zurückgehendes ge-nerisches Epitheton[P] (6.134n.). — **κασιγνήτη ἑτάρη**: Das Ausbleiben der Hiatkürzung er-klärt sich wohl durch den ursprünglich konsonantischen Anlaut von ἑτάρη (s. 19.345n. zu ἕταρος).

442–443 442 ≈ 424 (s.d.). — "This and the next verse give a graphic allegory of the power of Eris: first she is small, then immense": KIRK zu 442, der als Vorbild die-ses Bildes das Wellengleichnis in 424 annimmt; eher ist die Vorstellung, daß Streit klein anfängt und dann immer gewaltigere Dimensionen erreicht, uralt (vgl. im Dt. 'kleine Ursachen, große Wirkungen', 'den Konflikt eskalieren' [zu lat. *scala* 'Leiter'] u.ä.); vgl. auch KIRK selbst zu 444–5: "the phraseology is too gene-ral to argue for a model–copy relationship exactly". Die Stelle diente Vergil als Vorlage für sein *Fama*-Bild *Aen.* 4.173ff. (FAESI; AH; LEAF; KIRK zu 442).

κορύσσεται: 424n. — **οὐρανῷ ἐστήριξε κάρη καὶ ἐπὶ χθονὶ βαίνει**: στηρίζω gehört etym. zu στερεός 'fest, hart, steif' (DELG), hier mit *dat. loci* οὐρανῷ, also wörtl.: 'machte fest, befestigte, fixierte ihr Haupt am Himmel'. Damit entsteht das Bild einer vom Erdbo-den bis in den Himmel reichenden Säule; so werden universelle Potenz, Macht u. Stabilität der Eris sinnfällig (orientalische Parallelen bei WEST 1997, 359f.). Der komplementäre Ge-gensatz ist dann 'und schritt ⟨dabei⟩ dahin auf der Erde', d.h. sie treibt alles zwischen Him-mel und Erde vor sich her, also: Ist der Krieg einmal da, steht alles Irdische fortschreitend in seinem Bann: zeitloses Bild für die unentrinnbare Eigenkonsequenz des Kriegsanfangs – so, wie er hier gerade geschildert wird; programmatisch für das gesamte nun folgende Ilias-Geschehen und darüber hinaus, bis zu Troias Fall.

---

441 Ἄρεος: Anfangssilbe metr. gedehnt (R 10.1); zur Flexion R 11.3.

442 τ(ε): 'episches τε' (R 24.11). — πρῶτα: adv. Akk.

443 οὐρανῷ ἐστήριξε: Richtungsangabe ohne Präposition (R 19.2). — κάρη: 'Haupt, Kopf' (Neutr. Sg.).

444 σφιν … νεῖκος … ἔμβαλε μέσσῳ: zur Vorstellung, daß 'Streit' wie ein Gegenstand in die Mitte geworfen wird, vgl. 16n. zu φιλότητα … βάλωμεν; zur Mitte als Ort der Auseinandersetzung vgl. 3.69 = 3.90; zu ἐμβάλλω in Bezug auf göttliche Impulse 19.88n.; zu ähnlichen Konstruktionen 2.451b–452n. — καὶ τότε: 'auch da, auch in diesem Fall': die allgemeine Norm wird hier sogleich exemplifiziert werden. — νεῖκος: 3.87n. (betont im Gegensatz zu πόλεμος die Auseinandersetzung in einem bestimmten Fall; zum Unterschied zu ἔρις [keine psych. Konnotation, bez. die objektive Seite des Streites] GRUBER 1963, 49). — ὁμοίιον: "'das Gemeinsame', das alle ohne Unterschied trifft" (AH; zur Bedeutung, Verwendung und zur Aspiration 18.242n. mit Lit.).

445 1. VH = 516. — καθ' ὅμιλον: 126n. — ὀφέλλουσα: 'bemüht, zu vermehren' (AH; zur Bed. und zur Etymologie des Wortes 1.510n. u. 16.651n.). — στόνον ἀνδρῶν: ≈ 19.214 (s.d.) ebenfalls vom Stöhnen verwundeter Kämpfer.

446–456 *Die Fronten stoßen aufeinander (erneutes Veranschaulichungsgleichnis), der Massennahkampf Mann gegen Mann beginnt.*

Die 'Komplexivschilderung' aus der Vogelperspektive bildet zugleich den 'Rahmen' für die danach folgende Einzelnahkampfschilderung (Handgemenge), die in diesen 'Rahmen' retrograd hineingesehen werden muß (LATACZ 1977, 187–200).

446–451 = 8.60–65. — Die Wiederholung dieser 6 Verse im 8. Gesang führte gegen Ende des 19. Jh. zu einer Prioritäts- und Athetierungsdiskussion, die im Referat des maßgeblichen Kommentars der Zeit drei Seiten einnahm (AH, Anh. S. 25–27) und die ganze Konfusion der damaligen Homer-Philologie offenbart (die ihre Spuren bis in die Gegenwart hinterlassen hat, s. KIRK z.St.). Es handelt sich um eines der Versatzstücke, die bei der Konzentration der vorhomerischen Sängerdichtung auf Kriegsstoffe stets griffbereit verfügbar sein mußten (vgl. aus der religiösen Sphäre etwa die Opferszene 1.458–468 [mit Einschub von 461–465 = *Od.* 3.458–462] = *Il.* 2.421–431; grundsätzlich dazu: Typische Szene[P]). Hier ist das Stück als Zielpunkt des langen Anlaufs (422–544n. **II. B. 3.**) unverzichtbar, im 8. Gesang zwar ebenfalls sachnotwendig, erscheint dort aber im Vergleich etwas abrupt; das ist freilich bei Typischen Szenen unausbleiblich, da eine exakt nahtlose Kontext-Anpassung naturgemäß nicht immer gelingt. – "Der Zusammenstoß ('crash') der Phalangen auf dem Kampfplatz (gr. *chóros* 446) mit seinen Begleiterscheinungen: Kampfgeschrei und Waffenlärm, Wehklagen und Triumphgeheul, Vernichtung und Blutvergießen, wird in 11 Versen zunächst direkt beschrieben (446–451) und dann noch einmal im Gleichnis von den in enger Gebirgsschlucht zusammenschlagenden (*symbálleton* ... *hýdōr* 453 ~ *syn r' ébalon rinoús* 447), tosenden (*dóupon* 455 ~ *orymagdós* 449) Bergbächen in seiner elementaren Gewalt gespiegelt. Die ganze komplexive Massenkampfschilderung will keineswegs etwa nur das Augenblicksgeschehen des Zusammenstoßes selbst beschrei-

---

444 ἥ: demonstr.-anaphorisch (R 17). — σφιν: = αὐτοῖς (R 14.1). — μέσσῳ: zum -σσ- R 9.1.

ben, sondern sie will zugleich das daran sich anschließende langdauernde Ringen des Massennahkampfes vor Augen und Ohren führen, sie bildet also den großen Rahmen, den die dann folgenden (457ff.) Einzelkampfschilderungen ausfüllen werden" (LATACZ 1977, 82f., leicht verändert; weitere Lit. zur Vogelperspektive und zu Gleichnissen beim Beginn eines Kampfes 16.563–568n.).

446 οἳ δ᾽ ὅτε δή: VA-Formel (21× *Il.*, 3× *Od.*); vgl. 130–131n.

447 2. VH nach der Zäsur C 2 = *Od.* 4.363. — σύν ῥ᾽ ἔβαλον: wegen des im nächsten Vers folgenden ἔπληντ(ο) wohl (noch) nicht 'stießen (zusammen)', sondern zunächst 'lenkten (zusammen/aufeinander)' (wie beim Zielwurf), 'richteten gegeneinander' (vgl. 'Ballistik' ~ 'Abwurf-/Abschuß-Technik', nicht 'Treff-Technik'). Die Phalangen schritten mit vorgestrecktem, glänzendem (besonders gut lichtreflektierendem) Schild voran (432). Zur Anapher von σύν s. FEHLING 1969, 194; WEST 2007, 108f. — ῥινούς: 'Schilde'. Der Werkstoff (Leder) steht für das ganze Werk (vgl. etwa ἀσπίδα … | ῥινοῖσιν πυκινήν 13.803f.; im Dt. vgl. 'das Leder' = 'der Fußball'). Zum Material der Schilde s. 18.481n. — ῥινούς … ἔγχεα … μένε(α): 'die Schilde, Spieße und die Triebe', d.h. die äußeren und die inneren Waffen, vgl. dt. etwa 'mit Herz und Hand'. – Der Pl. μένεα ist im fgrE nur hier, an der Iteratstelle und in der Formel μένεα πνείοντες belegt ('Mut schnaubend, Aggression [aus]atmend, wutschnaubend': 2.536 [s.d.], 3.8, 11.508, 24.364; vgl. dt. 'Rache atmen', 'Blut atmen' usw.: GRIMM s.v. 'athmen'); zum Sg. 1.103n., 2.387n. (μένος ἀνδρῶν am Ende des Kampfes): '(aggressive) Energie, Drang, kriegerischer Impetus'.

448 χαλκεοθωρήκων: Possessivkompositum 'mit ehernem Panzer'; zur Bildungsweise RISCH 183, 218; zur Sache LfgrE s.v. — ἀσπίδες ὀμφαλόεσσαι: flektierbare VE-Formel (10× *Il.*, 1× *Od.*), die Buckel dienen der Verzierung und Verstärkung der Schildmitte (6.117–118n.).

449 ἔπληντ᾽ ἀλλήλησι … ὀρυμαγδός: 'Die Schilde kamen sich nahe', das heißt anderswo ἀσπὶς ἄρ᾽ ἀσπίδ᾽ ἔρειδε (13.131, 16.215, dort jedoch horizontal gemeint), also: 'Schild stieß Schild', und in diesem Augenblick (des 'Crash's') erhob sich πολὺς … ὀρυμαγδός: 'ein lautes Krachen, ein lauter Knall'. Das Ringen Mann gegen Mann ist eröffnet. — πολὺς … ὀρώρει: VE-Formel (4× *Il.*, 1× *Od.*, 1× 'Hes.' *Sc.*): 2.810n. (s. dort auch Varianten dazu).

450 ἅμ᾽ οἰμωγή τε καὶ εὐχωλὴ πέλεν: 'und da hob an *so Weh- wie Jubelruf* der Männer …'; zu εὐχωλή 173n., zu πέλεν 158–159n.

---

446 οἵ: vgl. 444n. — ῥ(α): = ἄρα (R 24.1). — ἐς: = εἰς (R 20.1). — ἵκοντο: zur augmentlosen Form (kurzes ι-) R 16.1.

447 σύν … ἔβαλον: sog. Tmesis (R 20.2) — ῥ(α): hier metrisch bedingt (vgl. R 24.1). — ἔγχεα: zur unkontrahierten Form R 6. — μένε᾽ ἀνδρῶν: zum Hiat R 5.1.

448 ἀτάρ: = αὐτάρ, progressiv (R 24.2).

449 ἔπληντ(ο): Wz.-Aor. zu intrans. πελάζω ('nahe herankommen'). — ἀλλήλησι: zur Flexion R 11.1. — ὀρώρει: 436n.

450 πέλεν: Impf. zu πέλω/πέλομαι.

451 ὀλλύντων τε καὶ ὀλλυμένων: '… wie sie erschlugen und erschlagen wurden'. Es entsprechen einander οἰμωγή u. ὀλλυμένων / εὐχωλή u. ὀλλύντων: chiastische Stellung (zur
Antithese mit Polyptoton Aktiv–Passiv FEHLING 1969, 266. 278; WEST 2007, 111. — ῥέε
δ' αἵματι γαῖα: ebenso 8.65; nach der Zäsur B 1 mit VE μέλαινα: 15.715; 20.494. – Eine
Art poet. Synästhesie: Blut strömt / Wasser strömt – Blutströme / Wasserströme, beides auf
der Erde: 'und es strömte vom Blute die Erde'; ein offenbar uraltes, zur Formel gewordenes
Bild (im Dt. ähnliche Bilder: 'getränkt war vom Blute die Erde' u.a.). Bilder dieser Art ent-
ziehen sich jeder Logik (grundsätzlich: FRÄNKEL 1921, 4); sie sind 'schrecklich schön':
Ästhetik des Grauens.

452–456 Die Elementargewalt des Zusammenstoßes der beiden Heere, die bisher
nur erzählt worden ist, wird nun – unmittelbar nach der Überleitung durch das
'Blutbild' (451) – durch ein Augen und Ohren unwiderstehlich überwältigendes
Gleichnis-Bild gleichsam physisch sicht- und hörbar gemacht: Zwei Gebirgsflüs-
se, hoch geschwollen vom winterlichen Regen- und Schneeschmelzwasser, 'werfen' ihre gewaltigen Wassermassen, von großen Quellwasserteichen herabstür-
zend, in enger Schlucht zusammen, so daß man es noch aus weiter Ferne hören
kann. "Homer pictures rushing, swelling, violent rivers rather than more lyrical,
placid streams. Such images are suited to war with its active and vigorous panora-
ma and its struggles of powerful men" (SCOTT 1974, 76 [dort auch zu weiteren
Gleichnissen mit Flüssen]).

452 χείμαρροι: Nominalkompositum aus χεῖμα und verbalem Hinterglied zu ῥέω, von der
gleichen idg. Wz., der auch χιών 'Schnee' entstammt (DELG s.v. χεῖμα; RISCH 203); i.d.R.
mit '(rain-)swollen' wiedergegeben (LfgrE), doch ist wegen der höchstwahrscheinlich
nordkleinasiatischen Heimat des Ilias-Dichters (LATACZ [2011] 2014, 73 Punkt (1) u. 75
Punkt (8)) *durchaus* auch an (den im Winter auf den Ida-Gipfeln der Troas liegenden)
Schnee zu denken, dessen im Frühling in zahlreichen Flüssen herabrauschendes Schmelz-
wasser noch heute die Skamander-Ebene in einen großen See zu verwandeln pflegt.

453 2. VH nach der Zäsur C 2 = *h.Merc.* 519. — **μισγάγκειαν:** hom. *hapax*[P]; Kompositum
aus μίσγω 'mischen' und ἄγκος n. 'Enge' (SCHW. 1.430 Anm. 3; RISCH 190f.), also wörtlich 'Misch-Enge'; kaum 'Schlucht, Tal', da die μ. ja schon selbst ἔντοσθε χαράδρης
(454), d.h. *innerhalb* einer 'Schlucht' liegt (also erst im Tal ohnehin nicht); besser scheint
die Deutung 'wo sich zwei (oder mehr) Schluchten (Flüsse) miteinander vereinigen' (sofern
man hier unter 'Schluchten' überlaufende Bergbach-Betten versteht): LfgrE s.v.; schol. D
erklärt das *hapax*[P] wohl richtig: εἰς κοῖλον τόπον, ἔνθα ὁμοῦ συμμίσγεται τὸ ὕδωρ ἀπὸ
διαφόρων τόπων. Diverse andere Ansichten zur Wortbildung und Bed.: LfgrE s.v. – Die
Betonung liegt auf dem 'Mischen', wie die Wortstammwiederholung μισγομένων in 456
zeigt; nur in jeweils *diesem* Augenblick ertönt ja der δοῦπος (455), um den es im Gleichnis
primär geht. — **συμβάλλετον:** s. 446–451n. — **ὄβριμον:** etwa 'riesig', 'wuchtig', wie als

---

451 ῥέε: zur augmentlosen Form R 16.1; zur unkontrahierten Form R 6.

452 κατ' ὄρεσφι: = κατ' ὀρῶν ('von den Bergen herab'); zur Flexion R 11.4.

453 ἐς: = εἰς (R 20.1). — συμβάλλετον: 3. Dual Präs. Akt., dazu ποταμοί als Subj. (R 18.1).

Attribut des Kriegsgottes Ares und herausragender Helden (Hektor, Achilleus); Lit. s. 3.357n. u. 16.613n. – Was da zusammenprallt, sind 'riesige' Wassermassen – daher der überlaute dumpfe (δοῦπον 455), weithin hörbare Knall (den man als Hörer/Leser dadurch erst jetzt als das Geräusch beim Zusammenprall der beiden Fronten akustisch wirklich 'erfaßt').

454 κρουνῶν: bez. Quellbereiche, Wasserstellen von größerer Ausdehnung, wie nicht nur das Attribut μεγάλων zeigt, sondern v.a. 22.147: ausgedehnte flache Wasserstellen, die wie in 22.147–156 von den berühmten zwei Wasseraufquellungen (πηγαί) des Skamanders, der heißen und der kalten Quelle, gespeist werden und den troianischen Frauen vor dem Krieg als Waschgruben dienten; dazu schol. D zu 22.147: κυρίως μὲν αἱ ἀρχαὶ τῶν ῥευμάτων· νῦν δὲ οἱ τόποι ὅπου πλύνουσι (LfgrE s.v. κρουν(ός)). — **κοίλης ἔντοσθε χαράδρης:** χαράδρη ist Bez. für das Bachbett, seine Etymologie ist unsicher (viell. zu χέραδος 'Geröll': DELG s.v. χαράδρα; FRISK u. BEEKES s.v. χέραδος). Wie κοίλης zeigt, ist eine hohle, enge Bergschlucht gemeint (vgl. dt. 'Hohlweg', 'hohle Gasse'). Syntaktisch verschränkte Konstruktion: nicht die κρουνοί sind natürlich in der χαράδρη, sondern die μισγάγκεια.

455 Der Hirte, der anders als der Städter, Bauer oder Winzer auch in entlegenen, menschenleeren Gegenden mit der Herde umherzieht, dient auch sonst als 'Resonanzfläche' für weit entfernte Naturvorgänge (vgl. 275n.). Hier dient er als 'Meß-Instrument' für die enorme Lautstärke des Zusammenpralls. Er fungiert als 'Stellvertreter' des Hörers/Lesers, der gleichsam durch ihn den explosiven Knall 'mithört' (FRÄNKEL 1921, 26).

τηλόσε ... ἔκλυε: wie im Dt. '*hin*hören', 'weit*hin* zu hören'; im Gr. empfängt das Ohr den Schall nicht, sondern es 'er-hört' ihn.

456 ≈ 16.366; 2. VH (von der Zäsur B 1 an) = 12.144, 15.396, 16.366. — **μισγομένων:** Das Wort bedeutet den Abschluß der Veranschaulichung (akustisch und visuell) der Elementargewalt des Zwei-Fronten-Zusammenpralls durch Rückbezug auf das mehrfach betonte ξυν-/σύν in 446/447 (und auf das μισγ-άγκειαν 453n.); vgl. 446–451n. – '(sich) mischen' (μίσγεσθαι, μεῖξαι u.a.) ist "der allgemeinste Ausdruck für das Handgemenge [...]: 'miteinander Kontakt haben bzw. bekommen', 'Feindberührung haben bzw. bekommen'"; spezifiziert wurde dieser Punkt hier bereits durch ἀσπίδες ... | ἔπληντ' ἀλλήλῃσι 448f., bei anderen Handgemenge-Eröffnungen geschieht dasselbe durch z.B. αὐτοσχεδίη μεῖξαι χεῖράς τε μένος τε 15.510 (LATACZ 1977, 191f. [Zitat S. 191]). Der Massennahkampf Mann gegen Mann ist damit eröffnet. — **γένετο ἰαχή τε φόβος τε:** ἰαχή τε φόβος τε ist flektierbare VE-Formel (Nom. s. Iterata, Dat. 16.373); etwa 'Schreien und Schrecken'; mehr 440n. (zur Personifikation von φόβος). Zu Sprachlichem und zur Prosodie (Schlußsilbe von γένετο im *longum*) s. 16.366n. Diese pauschale Beschreibung der menschlichen Reaktionen bezieht sich nicht etwa nur auf den Moment des Zusammenpralls, sondern als Abschluß des 'Rahmens', also der *komplexiven* Massennahkampfschilderung, auf die gesamte folgende *Einzel*nahkampfschilderung.

---

455 τῶν: nimmt ποταμοί in 452 wieder auf. — τ(ε): 'episches τε' (R 24.11). — οὔρεσιν: Anfangssilbe metr. gedehnt (R 10.1).

457–544 Es folgen sieben Einzelkämpfe bzw. -tötungen, bei denen drei Griechen und vier Troer fallen.

Die nun folgende Einzelnahkampfschilderung ist die Exemplifizierung der soeben aus der Vogelperspektive als Gesamtbild dargestellten rahmenden 'Komplexivschilderung'. Eine Einzelnahkampfschilderung kann in drei Formen erfolgen: (a) Katalogform, (b) nichtzeremonielle Zweikampfform, (c) Aristieform (Näheres: LATACZ 1977, 77). Hier liegt die Katalogform vor (zum Katalog^P von Einzeltötungen s. 16.306–357n.; Lit. zum Katalog als Element mündlicher Dichtung 2.494–759n. Abschn. 1.). Sie läßt sich folgendermaßen beschreiben: "Grieche tötet Troer – Troer tötet Griechen – Grieche tötet Troer, usw. Die zahlreichen Variations- und Erweiterungsmöglichkeiten dieser Form (verschiedene Verwundungs- und Todesarten, eingebettete Genealogien und Biographien der Opfer; Rede und Gegenrede der Kontrahenten vor dem Wurf bzw. Stoß, Triumphrede des Siegers danach, usw.) erlauben dem Sänger eine spannungsreiche Gestaltung" (LATACZ ebd.). Im vorl. Fall läßt sich der Ablauf schematisch so darstellen:

A Troer Echepolos wird vom Griechen Antilochos getötet (457–462).

B Grieche Elephenor wird (als er die Rüstung des Toten abziehen will) vom Troer Agenor getötet (463–470a).
   Einschub 1: Teilmassenkampf (1) um Elephenors Leichnam (470b–472).

C Troer Simoeisios wird vom Griechen Aias getötet (473–489a).
   Einschub 2: Simoeisios' Biographie (474b–482a);
   Einschub 3: Gleichnis für Simoeisios' Todesart (482b–489a).

D Grieche Leukos (Gefährte des Odysseus) wird vom Troer Antiphos getötet (489b–493).

E Troer Demokoon wird von Odysseus getötet; sein Tod ist reich ausgemalt (494–504).

Wechsel in die Vogelperspektive I (505–516):
   Einschub 4: Zurückweichen der Troer, Geländegewinn der Griechen (505–507a);
   Einschub 5: Kampfparänese Apollons an die Troer (507b–514a);
   Einschub 6: Kampfappelle Athenes an die Griechen (514b–516).

F Grieche Diores wird vom troischen Bundesgenossen (Thraker) Peirōs getötet (517–526).

G tro. Bundesgenosse Peirōs wird vom Griechen Thoas getötet (527–532a).
   Einschub 7: Teilmassenkampf (2) um Peirōs' Leichnam (532b–538).

Wechsel in die Vogelperspektive II (539–544):
Besichtigung des Schlachtfeldes durch einen Anonymus unter Athenes Führung (539–542), mit Schlußwort des Erzählers (543f.).

Folgen wird die *Aristieform* des Massennahkampfes: Siegeszug des Diomedes (5.1–36: LATACZ ebd., Punkt (c)). Daraufhin kommt es zur Durchbrechung der gr. Front und der Flucht der Troianer (5.37a 'es beugten aber [das heißt militärisch: brachten zum Weichen] die Danaer die Troer'): STR 21 Abb. 1 u. 22 Abb. 2.

Die Strukturierung dieser (so wie aller weiteren 22 Massennahkampfschilderungen der Ilias, aufgezählt bei LATACZ a.O. 181–183 = Tabelle II) besteht überwiegend in einer Verkettungstechnik ("chain-reaction fight": FENIK 1968, 10; möglich wäre auch 'Typisierte Ereignissequenz[P]'): 'A tötet B', 'C agiert gegen A', usw. Dabei wechselt der Blick regelmäßig zwischen beiden Kampfparteien hin und her: Grieche tötet Troer – Troer tötet Griechen – Grieche tötet Troer, usw. Vermittelt wird dieser Blickwechsel durch vielfältige Motive (Habgier/Renommierbedürfnis [Versuch, die Rüstung des gegnerischen Toten zu erbeuten; so oben bei A–B], Rächung eines Freundes [so oben bei D–E], wütende Unwilligkeit der in der Nähe eines Gefallenen kämpfenden Gefährten, den Leichnam des Gefallenen den Feinden zu überlassen = Leichenkampf [so oben bei B–C] u.a.). Formal wird die Kette i.d.R. durch rückbezügliche Demonstrativpronomina geknüpft (*ton de* 463, 527), *ton men* 470, *tou d[e]* 489, 494), oft auch durch einfaches *énth(a)* 'da' (473, 517), schließlich auch durch Enjambement (489/490).

Grundlegend wichtig für das Verständnis der strukturellen Funktion dieser 'Reihenkämpfe und -tötungen' ist die Erkenntnis, daß sie nicht etwa schon das Gesamtkampfgeschehen darstellen, sondern als lokal beschränkte Kampffolgen *innerhalb* des Gesamtgeschehens fungieren (in diesem Sinne bereits STRASBURGER 1954, 43–47). Die lange, ausgefeilte Einleitung der vorliegenden Einzelnahkampfschilderung im Umfang von 35 Versen (422–456) mit Anmarschschilderung, Gleichnissen und Frontenzusammenstoß zweier Fronten wäre sinnlos, wenn sie letztlich nur zu sieben Gefallenen führen würde. Vollends das Schlußwort des Erzählers 543f. ('Viele Troer und Achaier lagen an jenem Tag [sc. über das ganze Schlachtfeld hin: 541f.] beieinander im Staub dahingestreckt') wäre aus dem gleichen Grund absurd. Daraus ergibt sich die Folgerung, daß die sieben Gefallenen nur 'Stellvertreter' sind ("man erkennt, daß ihr Kampf und Tod *stellvertretend* erzählt wurde *für das ganze Kampfgeschehen*": STRASBURGER a.O. 46 [Hervorhebung: STRASBURGER]), daß sie also *seligiert* wurden, um an ihnen ein Nahkampfgeschehen über die gesamte Frontlänge hin zu *exemplifizieren* (ebenso schon STRASBURGER a.O. 48 u.ö.; auch: "der große Kampf [...] auf konkrete Weise dargestellt" ebd. 46) – ein Geschehen, das der Erzähler ja unmöglich erfassen, geschweige denn erzählen kann (s. seine Selbsterkenntnis zum Problem 'Masse : Individuum' 2.484–493). Daß er für diese Exemplifikation primär nicht Unbekannte auswählen wird, sondern vorzugsweise die Hauptfiguren seiner in den Kampf um Troia eingebetteten *ménis*-Geschichte, d.h. Figuren, die beim Kampf natürlich als *Pró-machoi* in der ersten Reihe stehen, versteht sich dabei von selbst.

Präzise ausgedrückt sind die diversen Aspekte dieser Schlußfolgerung in folgender Formulierung: "Of particular importance for the present topic was the insight that the singling out of individual heroes is a process of selecting from a large mass of fighters (called 'Selektion' by Latacz [1977: 81–84 and *passim*]). After presenting the battlefield and the two clashing armies in their entirety from a panoramic standpoint, the narrator would, as it were, jump into the mêlée and perceive individual fighters from a scenic standpoint. This process of selection *seems* to 'forget' the larger masses. They are, however, assumed to keep fighting themselves (and not to watch the heroes fighting it out on their behalf). – Occasionally, the narrator seems to stretch the limits of realism a little when he makes the 'selected' combatants hold an extended conversation (mostly speeches of challenge or triumph) e.g. *Il.* 5.632–655, 13.809–833, 17.11–43, 20.177–259. – Indeed, the narrator regularly recedes to the panoramic standpoint and describes the larger picture in short summaries, from where he then jumps back in, and so forth." (DE JONG/NÜNLIST 2004, 77; eine *graphische Darstellung* dieser Erzähltechnik am Beispiel der *hier* behandelten Variante s. bei LATACZ 1977, 90).

Inhaltlich schlagen die knapp 90 Verse den Grundton aller folgenden Massennahkampfschilderungen an: Sie führen die Grausamkeit und Mitleidlosigkeit des Krieges mit z.T. starker emotionaler Empathie vor Augen. Hier wird das besonders an der Figur des Simoeisios mit beispielhafter Einprägsamkeit anschaulich gemacht: Aus einer Welt des Friedens und der Fürsorglichkeit kommend, geht der junge Mann in der Welt des Krieges sofort unter – und durch ein nahezu zärtliches Gleichnis (vgl. FRIEDRICH 1956, 65) mit einer stolz aufragenden schlanken Pappel, die der Kosten-Nutzen-orientierte Wagenbauer am Flußufer umstandslos mit seiner Axt über der Wurzel abgehackt hat und die nun längs des Ufers hingestreckt vertrocknet, wird die Unbarmherzigkeit des Kriegshandwerks ebenso schonungslos enthüllt wie mitfühlend betrauert. Der z.T. grauenerregende anatomische Realismus der Verwundungs- und Tötungsbeschreibungen – besonders grausig in der Tötungsszene Peirōs–Diores/Thoas–Peirōs (525–531) – stimmt den Hörer/Leser jedoch bei aller Menschenfreundlichkeit unmißverständlich strikt auf die Bedeutsamkeit des großen Zieles ein, um das es letztlich geht: Troias Vernichtung oder Rettung.

Über die Verwundungs- und Todesszenen ist seit der Antike viel und vielseitig nachgedacht und geschrieben worden (eine – freilich schon ältere – Lit.-Liste: LASER 1983, 179–186). Die letzten umfassenden Spezialuntersuchungen stammen von einem gräzistischen Philologen, der v.a. stilistische Kriterien im Gefolge der Homer-Analyse des 19. Jh. zugrunde legte (FRIEDRICH 1956, engl. 2003), einem Klassischen Philologen und Archäologen (LASER 1983) und einem amerikanischen Professor der Medizin (SAUNDERS 1999; 2003; 2004), der über das Anatomische hinaus neueste physiologische Erkenntnisse des 21. Jh. in die Debatte einbrachte (Muskeln, Nerven, Zellstrukturen, Blutkreislauf, usw.: SAUNDERS 2003, 131; dazu kommen

Obduktion, Mikroskopie und bildgebende Verfahren). Alle drei methodischen Ansätze können jedoch nur Einzel-Komponenten eines Komplexes erfassen, der wesentlich mehr als sie in sich birgt und letztlich poetischer Natur ist. Eine Poetologie der homerischen Verwundungs- und Todesszenen, die v.a. auch die Rolle der *primären Rezipienten* mit ihren einschlägigen Kenntnissen, Erfahrungen und Erwartungen einbeziehen müßte, steht indes noch aus. Bei den bisherigen Forschungen ist die historische Situation der Werkentstehung zu wenig berücksichtigt worden: Die Ilias ist nicht für Rezipienten des (medizinisch bereits fortgeschrittenen) 5. Jh. v. Chr., geschweige denn für heutige Leser und speziell heutige Berufsmediziner als Zielpublikum gedichtet worden, sondern primär für ein (zwar großenteils wohl militärisch, aber nicht medizinisch kompetentes) Adelspublikum um 700 v. Chr. (Ansätze zu dieser differenzierenden selbstkritischen Einsicht: SAUNDERS 2003, 162).

Die Fülle solcher Schilderungen innerhalb der Ilias (bes. in den Gesängen 12, 13, 14, 15, 17) legt die Folgerung nahe, daß ein solches Publikum an diesem Genre aufgrund eigener Erfahrung und Kennerschaft besonderen Gefallen fand – dem die Sänger über Generationen hinweg durch immer wieder neue Variationen entgegenkamen; der Erzähler unserer Ilias wird dementsprechend ein reiches Reservoir an einschlägigen typologischen und (formel-)sprachlichen Varianten vorgefunden haben – das er vermutlich durch eigene Erfindungen noch erweiterte. Ob er (und sein Publikum) sämtliche Varianten, darunter die oft ganz unrealistisch bis exotisch anmutenden ("often curious or even grotesque": SAUNDERS 1999, 345), mit tödlichem Ernst betrachtete, ist schwer zu beurteilen. Wie oft empfunden wurde, ähneln viele Szenen modernen 'Western'- oder 'Fantasy'-Filmszenen ("Homer […] is not theatrical. He is cinematic": SAUNDERS a.O. 363). Die Grenze zwischen Ernst und, so makaber es klingen mag, Spiel mit der Faszination und dem teils kribbelnden, teils angewiderten oder in Ironie sich flüchtenden "excitement" (SAUNDERS ebd.) der Rezipienten scheint nicht selten fließend (s. dazu auch 16.306–357n.). Eine Typologie der Tötungsbeschreibungen in der Ilias aus *versifikatorischer* Sicht bietet VISSER 1987, 41–65.

Die folgende Kommentierung der betreffenden Szenen beschränkt sich auf das Zutageliegende und verzichtet in der Regel auf Spezialistenwissen (das – notabene – Homer ebensowenig hatte wie sonst jemand zu seiner Zeit). Dies fällt in der Partie 457–544 allerdings um so leichter, als die hier geschilderten Verwundungs- und Todesarten – außer der Diores-Peirōs-Szene 517–527 – (noch) zu denen gehören, die man 'Strenger Stil' genannt hat (FRIEDRICH 1956, 64–83). In den darauffolgenden Schlachtschilderungen treten – jedenfalls nach den bisher angelegten Kriterien – die Kategorien 'Pseudorealismus' und 'Phantasmata' (FRIEDRICH a.O. 11ff., bes. 24–26. 43ff. u. 70f.) hinzu. Dort muß die Kommentierung ins Detail gehen.

457–462 Einzelnahkampfschilderung A: Der Troer Echepolos wird vom Griechen Antilochos getötet.

457 2. VH = 8.256, 16.603. — **als erster:** "Die 'als erster'-Formel (außer hier noch 5.38 [Agens: Agamemnon], 6.5 [Aias], 8.256 [Diomedes], 11.92 u. 11.217 [Agamemnon], 13.170 [Teukros], 14.402 [Hektor], 14.511 [Aias], 16.284 u. 16.307 [Patroklos], 21.392 [Ares]) gibt natürlich nicht vor, den (in der Fiktion) 'realen' Beginn des 'realen' Geschehens abzubilden, sondern sie signalisiert den Beginn der Detail-Erzählung[P]; sie will nicht sagen: 'der erste, der realiter in Aktion trat, war …', sondern: 'der erste, von dem ich nun […] im einzelnen berichten werde, war …'" (LATACZ 1977, 83f.; leicht verändert; danach: DE JONG/NÜNLIST 2004, 77f.). Ein 'Durchzählen' ('der zweite war, der dritte war' usw.) kommt nicht vor und *kann* nicht vorkommen: Derartiges wäre bei der Länge der vom Erzähler in der *Epipólēsis* illusionierten Front (226–230n.) gar nicht möglich. Der Erzähler wählt vielmehr aus der Menge derer, die er soeben in zwei langen Gefechtsreihen 'Schild gegen Schild' hat antreten lassen (448f.), einen Einzelnen aus, um einen Anfang zu setzen. Daß er die unzähligen anderen Kämpfer in den aufeinandergestoßenen Reihen nicht neugierig zuschauen, sondern an je *ihrem* Standort ebenfalls Mann gegen Mann (*anḗr d' ándr' ednopálizen* 472, bei Leichenkämpfen) antreten lassen will, ist selbstverständlich. Er arbeitet also – hier zu Beginn der Schlacht ebenso wie in der Schlacht selbst (457–544n.) – mit unvermeidbar sachbedingter Selektionstechnik (vgl. die Filmtechnik des 'panoramic' od. 'bird's eye view'-Verfahrens *vs.* 'close-up'-Inszenierens (LATACZ a.O. 78; DE JONG/NÜNLIST a.O. 77 Anm. 24; weitere Lit. 16.284n.). — **Antilochos:** Warum der Erzähler als ersten Akteur und damit Eröffner der Feldschlacht um Troia ausgerechnet den Antilochos (FM 4), einen Nestor-Sohn, ausgewählt hat, fragte man sich bereits in der antiken Schule und ersann erstaunliche Begründungen dafür (z.B. schol. A: 'weil der eigentlich dafür prädestinierte Aias zu langsam war'; dazu KIRK: "wholly unpersuasive"); die Neoanalyse des 20. Jh. hat weiterspekuliert (z.B. KULLMANN [1981] 1992, 79f.; 2005, 17f.: "höchstwahrscheinlich ⟨handelt⟩ es sich um einen Helden, der anderswo im Mythos eine Rolle spielt, also ein Schicksal besitzt und einem Teil der Zuhörer bekannt ist, da er so häufig auftritt" [nämlich 14×]). Für das Verständnis des vorliegenden Erzählungsteils der Ilias ist diese Spekulation jedoch ohne Belang (so wie es die weiteren Antilochos-Erwähnungen in der Ilias für KULLMANN selbst sind: "belanglos fürs Ganze der Ilias" [1992 ebd.]; ⟨spielt⟩ in eher beiläufigen Kampfszenen eine Rolle" [2005 a.O. 17]); ein (von KULLMANN u.a. vorausgesetzter) Zusammenhang mit der auf vorhomerischen Stoff zurückgehenden nachhomerisch zusammenfassenden 'Aithiopis' ist jedenfalls problematisch: denn zu fragen wäre immerhin, warum die Scholiasten merkwürdige Erklärungen ersinnen mußten, obwohl sie doch die 'Aithiopis' jahrhundertelang vor Proklos (2. Jh. n.Chr.), der sie noch las, jederzeit unfragmentiert zur Verfügung haben konnten. Neuere Lit. zur Diskussion über die Neoanalyse s. 16.419–683n. a.E.

ἄνδρα κορυστήν: κορυστής erscheint in der Ilias – außer wie hier und an den Iteratstellen als Apposition im Sinne einer Funktionsbezeichnung ('Helm-Mann'→ 'Gewappneter, Krieger': LfgrE s.v. ἀνήρ 862.19ff.) – nur im Kompositum χαλκο-κορυστής (18.163n.); es steht als *pars pro toto* für vollständige Bewaffnung (LfgrE). Alternativen: αἰχμητής (z.B. 87), ἀσπιστής (z.B. 90 [s.d.]), θωρηκτής, in denen andere Teile der Rüstung (Lanze, Schild, Panzer) betont werden.

458 1. VH = 17.590. — Die *Prómachoi* sind keine eigens zusammengestellte Elite-Formation, sondern "die physisch und psychisch Kampfstärksten, die bei Kampf-beginn die *erste* Phalangenreihe bilden" (LATACZ 1977, 160; Begründung dieser Definition ebd. 141–160, bes. 151; s. auch 341n. zu πρώτοισιν); der getötete, nur hier genannte Echepolos zeichnet sich unter diesen *Prómachoi* durch besondere 'Tüchtigkeit, Tapferkeit' aus (s. sein Epitheton *esthlós*). Echepolos ist Sohn eines (sonst unbekannten) Thalysios; er gehört zur Gruppe der nur zum Zwecke ihres Kriegstodes erfundenen (*morituri*) 'Kleinen Kämpfer' (STRASBURGER 1954, 11f.; vgl. FM 12).

Θαλυσιάδην: Zu Patronymika s. 1.1n. a.E.; zur Bildungsweise G 56.

459–461 = 6.9–11 (zu diesem typ. Element in Kampfszenen s.d.).

459 τόν ῥ' ἔβαλε: VA-Formel (4× *Il.*). — **φάλον:** meist mit 'Helmbügel' wiedergegeben; seit der Antike umstrittener Terminus, bez. wohl ein bes. Metallteil/eine Metallplatte am Helm (3.362n.). — **ἱπποδασείης:** zum Roßhaarhelmbusch s. 6.9n. u. 6.469n. (Statussymbol und Schutzfunktion).

461 = 503, 6.11; 2. VH insgesamt 11× *Il.*, 1× *h.Ap.* — **αἰχμὴ χαλκείη:** flektierbare VA-For-mel (nur *Il.*: 10× Nom., 1× Dat.), immer im integralen Enjambement[P]. — **τὸν δὲ σκό-τος …:** Außer an dieser Stelle u. der nach wenigen Versen geschilderten Tötung des Demo-koon (503) bildet diese Formulierung immer den *Abschluß* einer Sterbeszene (metr. gleich-wertige Varianten 6.11n.; weitere Wendungen und Lit. 16.316n.). Die hier vorl. Abwei-chung von dieser Regel ist wohl in der Intention zu suchen, einen Vergleich[P] hinzuzufügen, mit dem an dieser Stelle, da das erste Mal ein Kämpfer in der Schlacht fällt, eine intensivie-rende Veranschaulichung erreicht wird.

462 1. VH ≈ 13.389, 16.482, 'Hes.' *Sc.* 421 (jeweils δρῦς); 2. VH = 10× *Il.*, 1× *Od.* — Vergleiche zu Boden stürzender getroffener Krieger mit fallenden hoch aufra-

---

458 ἐνί: = ἐν (R 20.1). — προμάχοισι: zur Flexion R 11.2.

459 τόν … φάλον: Akk. des Ganzen und des Teils (R 19.1); zur demonstr.-anaphor. Funktion von ὅ, ἥ, τό R 17. — ῥ(α): = ἄρα (R 24.1). — ἱπποδασείης: zum -η- nach -ι- R 2.

460 πῆξε: sc. seinen Speer (vgl. 461). — πέρησε: zu περάω ('gelangen'); zum -η- nach -ρ- R 2. — ὀστέον εἴσω: = εἰς ὀστέον; zur unkontrahierten Form R 6.

461 χαλκείη: zur metrischen Dehnung (-ει- statt -ε-) R 10.1. — τὸν … ὄσσ(ε): Akk. des Ganzen und des Teils (R 19.1); ὄσσε ist Dual, 'Augen'.

462 κρατερῇ ὑσμίνῃ: zum Hiat M 14.

genden Objekten kommen i.d.R. bei Kopf-/Brustverletzungen zur Anwendung (480–482, 13.177f., 13.387–389, 13.437f., 16.481–483), wohl weil solche Verletzungen seit jeher meist den unmittelbaren Tod zur Folge haben (STRASBURGER 1954, 38f.). Allg. zu Vergleichen und Gleichnissen für fallende Krieger s. 16.482–491n. u. 16.482–486n.

ἤριπε: intrans. Aor. zu ἐρείπω, 'fiel (sterbend oder tot) zu Boden'; steht (wie κάππεσε[ν]) i.d.R. am VA (20× *Il.*, 1× *Od.*, 2× Hes.); zu vergleichbaren Formulierungen s. 16.290n. — ὡς ὅτε πύργος: Fallende Krieger werden sonst stets mit fallenden hohen Bäumen verglichen, mit einem Turm nur hier. Vorbild könnte der Formelvers vom Langschild-tragenden Aias sein (7.219, 11.485, 17.128: Αἴας δ' ἐγγύθεν ἦλθε, φέρων σάκος ἠΰτε πύργον). Offenbar hat man schon früh Schild und Mann in eins gesetzt, denn *Od.* 11.555f. läßt der Erzähler den Odysseus in der Unterweltszene zu Aias' ψυχή sagen: τὰ δὲ πῆμα θεοὶ θέσαν Ἀργείοισι· | τοῖος γάρ σφιν πύργος ἀπόλεο (zum Turm als Metapher für Schutz 3.149n.); und *Il.* 13.47 ruft Poseidon die beiden Aianten zur Rettung in größter Bedrängnis der Schlacht so auf: σφὼ μέν τε σαώσετε λαὸν Ἀχαιῶν. Daß aus alledem und wesentlich mehr epischen Stellen, als uns überliefert sind, im Zuge einer langen, verschlungenen Aias-Traditionslinie (VON DER MÜHLL [1930] 1976), unser 'geflügeltes' Wort vom 'Turm in der Schlacht' entstanden ist, darf man vermuten. — κρατερῇ ὑσμίνῃ: flektierbare VE-Formel, im Dat. (mit u. ohne ἐνί) 11× *Il.*, 1× *Od.* (16.447n.); ὑσμίνη ist ein idg. Wort für '(Kampf-) Getümmel' (DELG s.v.: 'mêlée'; LfgrE s.v.: 'Kampf als Aktion'; weitere Lit. 16.306n. a.E.).

463–470a Einzelnahkampfschilderung B: Der Grieche Elephenor wird (als er die Rüstung des Toten abziehen will) vom Troer Agenor getötet.

463 Elephenor: ist im Schiffskatalog (2.540f.) als Anführer des durch seine militärischen Fähigkeiten bedeutenden Kontingents der Abanter von der Insel Euboia genannt (2.540n.).

κρείων: generisches Epitheton[P], 'gebietend' (1.102n.).

464 = 2.541, 'Hes.' *fr.* 204.53 M.-W.; 2. VH ≈ *Il.* 15.519. — **Chalkodon:** Zur möglichen Namensableitung vom Ortsnamen 'Chalkis' auf Euboia (vgl. 463n.) s. 2.541n. — **Abanter:** werden in der Ilias nur zur Bezeichnung des euboiischen Siedlungsraums erwähnt (VISSER 1997, 415f.); zur Diskussion über ihre Rolle bei der Besiedlung Euboias und der Quellenlage dazu s. RE u. DNP s.v. Abantes; vgl. auch 2.536n.

μεγάθυμων: generisches Epitheton[P] bei versch. Heroen- u. Völkernamen, bed. etwa 'hohen Mutes' (LfgrE; 16.286n.).

---

463 ποδῶν: *gen. partitivus* zur Bezeichnung des ergriffenen Körperteils.

465–466 2. VH von 465 = 5.690. — Zum Dauermotiv 'Spoliierung' (erbeutete Rüstung meist als Prestige-Trophäe, daneben auch zur Bereicherung) s. 6.28n., 14.477n.; zur Selbst-Gefährdung beim Zerren am Leichnam s. 16.577n. (typ. Motiv).

ὑπὲκ βελέων: Im Massennahkampf werden alle verfügbaren Nahkampf- und eventuell noch verbliebenen (oder im Boden steckenden fehlgeworfenen) Fernkampfwaffen (außer Pfeil und Bogen), also auch Lanzen, eingesetzt (αἰχμή 'Lanze' 461, δόρυ/ξυστόν 'Speer' 490/469, χερμάδιον 'Feldstein' 518, ξίφος 'Schwert' 530); das Schwert ist i.d.R. das letzte Mittel (aus unmittelbarer Nähe gebraucht); zuvor wird durchaus noch aus kurzer Entfernung *geworfen* (vgl. AH z.St.: "aus dem Speerkampfe, wie Σ 232; anders ἐκ βελέων 'aus der Schußweite': zu Ξ 130"), i.d.R. mit dem Speer mit der ehernen Spitze (zu Speeren und Lanzen BUCHHOLZ 2010, 113: "als Nahkampfwaffe und als Fernwaffe verwendet"). – Zur Orthographie von ὑπέκ (Kompositum, Akzent) s. WEST 1998, XVIIIf. — **λελιημένος, ὄφρα ... | ... συλήσειε:** 'voller Begierde, wegzunehmen/an sich zu nehmen'; statt eines Infinitivs steht nach dem Verb des Begehrens (λιλαίομαι) ein Begehrs-/Finalsatz mit ὄφρα, das (wie ἵνα) nach Nebentempora (hier λελιημένος zum *Impf.* εἶλκε) auch optativische Nebensätze einleiten kann (dazu SCHW. 2.651f.), s. 5.690, 16.653/655 (AH; CHANTR. 2.297f.; mehr: 16.653n.). — **τεύχεα συλήσειε:** Zur flektierbaren VA-Formel (8× *Il.*) und zum Formelsystem zur Bez. der Spoliierung s. 16.500n.

467 Agenor: einer der troischen Unteranführer (16.535–536n.), Sohn des Antenor (FM 9).

μεγάθυμος: 464n.

468 πλευρά: kollektiver neutr. Pl. zu πλευρή 'Rippe': "der Pl. von der ganzen 'Seitenfläche'" (AH), vgl. den lat. Pl. *latera*. — **παρ' ἀσπίδος ἐξεφαάνθη:** "vom Schilde, von ⟨der⟩ Seite des Schildes (entblößt) sichtbar wurde" (FAESI; ähnlich AH); zum Motiv 16.577n.

469 = 11.260. — **ξυστῷ:** substantiviertes Verbaladj. im Neutr. (zu ξύω 'schaben, glätten, polieren'), zu ergänzen ist δόρυ, also 'geglättetes Holz' (für den Schaft des Speers), 'Glattholz' → 'Speer' (Lit. s. LfgrE s.v. ξυστόν). — **λῦσε δὲ γυῖα:** VE-Formel (7× *Il.*, zu Formelvarianten 16.312n.), bed. 'löste (ihm) die Glieder', d.h. 'ließ sie schlaff werden, zusammenbrechen' (Erschlaffung oder Tod offenbaren sich in dieser traditionellen Formulierung als die Auflösung des organischen Zusammenwirkens der Gliedmaßen): SNELL (1939)

---

465 εἶλκε: Impf. *de conatu*. — ὑπέκ: 'unter ... hervor, unter ... weg'. — ὄφρα: final (R 22.5).

466 μίνυνθα: Adv., 'kurz, nur für kurze Zeit'. — δέ (ϝ)οι: zur Prosodie R 4.3. — οἱ = αὐτῷ (R 14.1). — γένεθ': = γένετο (mit Elision [R 5.1] und Hauchassimilation). — ὁρμή: 'ungestümer Ansturm'.

467 γὰρ (ϝ)ερύοντα (ϝ)ιδών: zur Prosodie R 4.5 und 4.3. — ἐρύοντα: als Bezugswort zu ergänzen τοῦτον (sc. Elephenor).

468 πλευρά: Akk. des Teils (R 19.1), verbunden mit ἐρύοντα als Akk. des Ganzen. — τά: in der Funktion eines Relativpronomens (R 14.5). — τά (ϝ)οι: zur Prosodie R 4.3 (vgl. 466n.). — ἐξεφαάνθη: Aor. Pass. zu ἐκ-φαείνω; zur ep. Zerdehnung R 8.

469 χαλκήρεϊ: zur unkontrahierten Form R 6.

1975, 13–29, bes. 16–18; HAINSWORTH, Introd. 12f.; MORRISON 1999, 131, SAUNDERS 2004, 10f. Euphemistisch für 'nahm ihm das Leben'.

470a τὸν ... λίπε θυμός: ähnlich 16.410. θυμός wird hier – als "Agens/Patiens von Handlungen bzw. Affekten" wirkend – wohl als "die vitale […] u. psych. Triebkraft/Energie ⟨vorgestellt⟩, die der Mensch in sich spürt" (LfgrE s.v. θυμός 1080f., Zitate: 1080.38f., 1080.29f.); überschneidet sich gerade in Todesbeschreibungen oft mit ψυχή, vgl. 1.3n. u. 16.410n.

470b–472 Einschub 1: Nach den beiden Tötungsszenen A und B folgt eine kurze Rückkehr zur Vogelperspektive: Teilmassennahkampf um Elephenors Leichnam. Der Perspektivenwechsel (das 'Zurück-Zoomen' ["zooming-out"] der 'Kamera') erfolgt nicht abrupt, sondern "smooth transitions from one scene to the next are the general rule" (DE JONG/NÜNLIST 2004, 73). Diese 'fließenden Übergänge' erfolgen oft nach dem Schema "*hōs* + anaphoric pronoun […] + particle + verb" (DE JONG/NÜNLIST a.O. 74 Anm. 19); so auch hier: *hōs* +*ton* +*men* + *lípe* = 'so – [hatte] dén – zu séinem Teil – verlassen [die Lebensenergie]' – woraufhin es noch im gleichen Vers weitergeht: 'neben ihm aber entstand eine Kampfarbeit' [dann VE und ein integrales Enjambement[P] zum Folgevers], 'eine schwere, der Troer und der Achaier'. Eineinhalb Verse weiter, nach beendetem Kurz-Überblick über diese 'schwere Kampfarbeit' der beiden Kriegsparteien, 'zoomt' der Erzähler dann mit 'da' (gr. *éntha*) wieder in den 'scenic standpoint' zurück. – Diese kurzen 'appositive summaries' zwischen zwei 'close-up'-Schilderungen bestimmen vornehmlich die Schlacht-Szenen: "[…] the *generally* rare close-up standpoint is found *regularly* in the battle scenes, which at the same time contain a relatively high number of scenes described from a panoramic standpoint" (DE JONG/ NÜNLIST a.O. 78; s. z.B. 16.569–592n., 16.754–782n.). Obwohl diese Technik in einer seit ca.100 Jahren mit Kinematographie und seit ca. 70 Jahren mit Television so eng verwobenen Zeit wie der heutigen längst vertraut sein sollte, ist ihre Kenntnis lange Zeit auf ein Werk der Literatur wie die Ilias nicht übertragen worden. Darin dürfte die Ursache für das jahrzehntelang verbreitete Gefühl gelegen haben, die hom. Kampfszenen seien wirr und ein einziges phantastisches Sammelsurium. In Wahrheit versucht der Erzähler[P] durch das häufige Hin- und Her-'Zoomen' zwischen dem Blick aufs Gesamt- oder auch ein größerflächiges Teilgeschehen einerseits und dem Eintauchen in seligierte Einzel-Geschehnisse wie den Massennahkampf und – noch näher – den Mann gegen Mann-Kampf und – noch einen Schritt tiefer – in den Waffengebrauch, die Trefferformen, die Verwundungs- und Todesarten andererseits dem Hörer/Leser stets *das Ganze mitsamt seinen Teilen* vor Augen zu halten, d.h. gerade *nicht* Verwirrung zu stiften, sondern Ordnung zu schaffen. Sobald diese Darstellungsabsicht und -technik begriffen wird, werden Homers Kampfschilderungen transparent.

470a τόν: sc. Elephenor; zur demonstr.-anaphor. Funktion von ὅ, ἥ, τό R 17.

470b–471a mächtige: Das gr. Adjektiv *argaléos* scheint zwar hier und da mit
'schmerzlich' wiedergegeben werden zu können, z.B. als Attribut zu einem Wort
wie *ásthma* 'Keuchen' (15.10, 16.109), ist aber, wie der Gesamt-Anwendungsbe-
reich zeigt, nicht aus der (bedauernden) Einfühlung des Erzählers[P] in die Keuch-
Empfindung des Keuchenden gesagt (nach narratologischer Terminologie wäre
das eine "implicit embedded focalization" des Erzählers[P]: DE JONG [1987] 2004,
118–122), sondern es ist die objektive direkte Bewertung der 'Kampfarbeit' (gr.
érgon) durch den Erzähler selbst: sie ist 'schwer' ('schwere Arbeit'); diese objektiv negative Bewertung des Kampfes/Krieges als solchen ist in allen Attributen,
die der Erzähler dem Kampf/Krieg zuteilt, die gleiche (s. DE JONG a.O. 231f., Appendix I: "adjectives of war/fighting"; vgl. auch 15n.): Der Kampf/Krieg ist für
ihn ein Übel (weswegen er zu Beginn des 3. Gesangs – der ja in gleitender Rückwendung den Beginn der Auseinandersetzung etwa zehn Jahre zuvor einspiegelt
[s. die Einleitung zum 4. Gesang: **3.3.** *Hinweis zur gleitenden Rückwendung*]) –
mit außergewöhnlicher Ausführlichkeit den Versuch beider Parteien schildert, den
Krieg durch einen Friedensvertrag zu vermeiden). Ist der unter Menschen letztlich
unvermeidbare Kampf/Krieg jedoch einmal ausgebrochen, wird er (überwiegend)
pragmatisch dargestellt – so pragmatisch freilich, daß gerade dies den Ableh-
nungsaffekt beim Hörer/Leser auslöst bzw. verstärkt. Die Ilias ist entgegen der un-
ausrottbar weitverbreiteten Vorverurteilung *kein* Kriegsverherrlichungsbuch.

ἐπ' αὐτῷ: schwerlich – weil faktisch unvorstellbar und zudem 'pietätlos' – 'über ihm'
(AH), sondern 'bei ihm'; Kämpfe um die Leiche finden regelmäßig *um die Leiche herum*
statt (z.B. περὶ νεκρόν 16.641, 16.644, 17.412). Wenig wird *mehr* gefürchtet als die Verun-
staltung der Leiche (1.4n., 1.5n.; vgl. die zeitlose Leichenkosmetik, hier bes. deutlich an
Hektors Leichnam 24.582–585a). — ἔργον: 'Kampfarbeit' (AH; s. auch LfgrE s.v. ἔργον
677.34ff.); zum Kampf als "mühevolle Arbeit" 1.162n. — Τρώων καὶ Ἀχαιῶν: nicht 'der
Troer und Achaier', sondern 'von Troern und Achaiern': es haben sich nicht *sämtliche*
Troer und Achaier beim Leichnam des Elephenor versammelt (was wegen der vorausge-
setzten großen Anzahl schon lokal unmöglich wäre), sondern nur an diesem Frontabschnitt
kämpfende Angehörige beider Parteien: es liegt die Schilderung eines Teilmassennah-
kampfs vor (s. Graphik in 457–544n.).

471b VE = 11.72, 16.156. — **Wölfe:** "Der Wolf erscheint in den Gleichnissen[P] der
Ilias als angriffslustiges, *in Rudeln* jagendes, blutdurstiges Raubtier": 16.155–
167n.; Wolfsgleichnisse veranschaulichen "groups of men in battle fury": SCOTT
1974, 71 (der Löwe dagegen dient als Vergleichstier für heldenhafte Einzelkämp-
fer; vgl. dt. 'er kämpfte wie ein Löwe', nie 'wie ein Wolf').

λύκοι ὥς: Lit. zur Prosodie (Langmessung der Silbe vor ὥς) 2.190n., 16.156n.

470b ἐτύχθη: Aor. Pass. zu τεύχω, 'bereiten'.
471 καὶ Ἀχαιῶν: zur sog. Hiatkürzung R 5.5. — λύκοι ὥς: = ὡς λύκοι; zur Prosodie ↑.

472 ἀνὴρ δ' ἄνδρ(α): ähnlich 15.328 = 16.306, 13.131 = 16.215, 20.355 (LfgrE s.v. ἀνήρ 845.64–76; vergleichbare Formulierungen in idg. Dichtung s. WEST 2007, 113ff.); typische Wendung zur Kennzeichnung des Massennahkampfes (vgl. 16.215–217n., 16.306n. [mit Lit.]), mit reziproker Funktion ('Mann tötete Mann'). Die Wendung fungiert als vorausweisendes Selektionssignal: Was folgen wird, werden Beispiele für diesen Mann-gegen-Mann-Kampf sein, der sich – wie die *Epipólēsis* gezeigt hat (bei der der Oberbefehlshaber Agamemnon eigens einen Begleitwagen für den Fall der Erschöpfung bereithalten lassen mußte: 226–231) – über eine beträchtliche Frontlänge hinweg und nicht nur bei Leichenkämpfen abspielt. — ἐδνοπάλιζεν: nur hier und *Od.* 14.512 (τὰ σὰ ῥάκεα δνοπαλίξεις) belegt, Bed. und Etym. sind unsicher, hier viell. 'stoßen' (LfgrE u. DELG s.v. δνοπαλίζω).

473–489a Einzelnahkampfschilderung C: Der Troer Simoeisios wird vom Griechen Aias getötet. Die Szene ist im ABC-Schema[P] gestaltet. – Auf das Wolfsgleichnis, das die Verbissenheit des Kampfes verdeutlichte, läßt der Erzähler am Beispiel eines Einzelfalles die zerstörerischen Auswirkungen des Krieges auf die Privatsphäre der Menschen augenfällig werden: Ein junger Mann, hoffnungsvoll von den Eltern aufgezogen, wird gleich bei seiner ersten Begegnung mit dem Krieg aus dem Leben gerissen wie eine junge schlanke Pappel, die ein Wagenbauer ungerührt mit einem Axthieb ihrem Wurzelwerk entreißt. Kurzbiographien dieser Art – ohne Klagelaut, doch mit spürbarer Empathie erzählt – durchziehen die Kampfbeschreibungen der Ilias in großer Zahl und lassen die Welt des Friedens immer wieder als den normalen Hintergrund des Kriegsgeschehens für Augenblicke sichtbar werden (speziell zur Simoeisios-Geschichte: SCHEIN [1976] 2016, 5–9; vgl. ferner die Satnios-Geschichte 14.443n., 14.444–445n.; typologisch eingeordnet: STRASBURGER 1954, 29; Lit. zu den sog. 'Nachrufen' s. auch 6.12–19n.).

473 da: gr. *éntha* ('da, dort') bezeichnet im Normalfall als Ortsadverb deiktisch eine ganz bestimmte Stelle; in der aneinanderreihenden Erzählung von Ereignissen fungiert es hingegen als reines Verbindungswort zwischen den Kettengliedern, wie dt. 'da' ('da geschah auch Folgendes'). Daß sich dieses 'da' hier noch auf den vorangegangenen Leichenkampf bezieht, ist angesichts von 480 (s.d.), nicht wahrscheinlich (noch weniger, wenn man Aristarchs Schiffslager-Anordnung in seiner Schrift Περὶ τοῦ ναυστάθμου folgt: das euboiische Kontingent Elephenors müßte danach fast ganz rechts neben dem athenischen des Menestheus gelagert – und dann wohl auch in der Front gestanden – haben, das des Telamonischen Aias dagegen [473] ganz zuäußerst am linken Ende des Schiffslagers, s. Skizze bei JANKO zu 13.681). Danach nimmt der Erzähler, falls er seine fiktive Szenerie vor Augen hatte ('Deixis am Phantasma', s. *Appendix topographica* im Kommentar zum 14. Gesang, S. 244), hier mit 'da' wohl unausgesprochen einen weiten Ortswechsel vor. — **Anthemion:** Der Name, von gr. *ánthos/anthemóeis* ('Blüte, Blume' u.

---

472 ἐπόρουσαν: zur augmentlosen Form R 16.1.

'blütenreich') abgeleitet (v. KAMPTZ 134, 279) und nur hier erscheinend, schlägt den Grundton der folgenden Kurzbiographie an: schon im Folgevers wird Anthemions Sohn als 'blühender' (gr. *thalerós*, vgl. *Thalia*) Jüngling vorgestellt.

υἱόν: Zur Prosodie (als *hu-jon* zu lesen) s. 6.130n. — **Τελαμώνιος Αἴας**: VE-Formel (21× *Il*.); zu Τελαμώνιος 14.409n. (Epitheton und Patronymikon).

474 Simoeisios: Anthemions Sohn ist nach dem zweiten Hauptfluß der Troas, dem Simóeis, benannt, s. die Erklärung 475–477 (Etymologisierung[P]; v. KAMPTZ 302; zum Fluß s. *Appendix topographica* im Kommentar zum 14. Gesang, S. 252f. mit Anm. 6). "Von Flußnamen abgeleitete Eigennamen sind gängig": 6.402–403n.; weitere Beispiele s.d. und 14.443n. (darunter Skamandrios, Name des Sohnes von Hektor und Andromache, der wohl seinen bekannteren Namen Asty-anax 'Stadt-Fürst' als Beinamen erhielt); Überlegungen zum Unterschied zwischen troianischer und achaiischer Namengebung s. STOEVESANDT 2004, 130f. – Simoeisios gehört zur Gruppe der *morituri* (dazu 458n.).

ἠΐθεον: 'Jungmann, Jüngling', oft zusammen mit παρθένος 'junge Frau' genannt, als (Liebes)Paar; beide im heiratsfähigen Alter, noch tändelnd/verspielt (18.567n.).

Σιμοείσιον: Der Brauch, den Nachwuchs nach topographischen Fixpunkten der kleinasiatisch-troadischen Küstengegend zu benennen, mag sich noch jahrhundertelang in dem inzwischen von Griechen besiedelten Gebiet erhalten haben: die gr. Überlieferung nennt für den Vater der auf der gegenüberliegenden Insel Lesbos geborenen Dichterin Sappho den Namen Σκαμανδρ-ώνυμος, eine troadisch-griechische Mischbildung (LATACZ [1991] 2004, 395f.; Stellen s. Sappho *test.* 252–256 Voigt).

475 2. VH ≈ *Od.* 6.97. — **vom Ida:** Die Gebirgskette *Idē* (im Gr. fem., also 'die' *Idē*, dt. meist 'der' *Ida*) umgibt die troische Ebene (*Troás*) im Osten/Südosten halbkreisförmig, 10–20 km von Troia entfernt; die höchsten Gipfel erreichen ca. 1800m (s. Karte im Komm. zum 14. Gesang, *Appendix* Abb. 1; 2.821n., 14.292n.). – Die Hänge des Ida-Gebirges mit ihren Kleinsiedlungen gehören in Friedenszeiten zum Machtbereich des Königs von Troia, Priamos; die Bewohner (insbes. die *Dárdanoi* aus der Ida-Siedlung *Dardaníē*, Stammgebiet der Troianer im Ida-Gebirge, zur Zeit der Ilias-Handlung von Aineias [FM 8] beherrscht, Namengeber der *Dardanellen*) gehören durch Blutsverwandtschaft zu den engsten Verbündeten der Stadt-Troianer (20.215ff.); die Troianer und ihre Alliierten insgesamt werden bei hochoffiziellen Beratungen bzw. bei wichtigen militärischen Aktionen in der Schlacht von den höchsten Vertretern beider Kriegsparteien mit den Dreifach-Adressierungsformeln *Trṓes kai Dárdanoi ēd' epíkouroi* bzw. *Trṓes kai Lýkioi kai Dárdanoi anchimachētái* angeredet (3.456 [Agamemnon], 7.348 [Antenor], 7.368 [Priamos], 8.497 [Hektor] bzw. 8.173, 11.286, 13.150, 15.425, 15.486, 17.184 [stets Hektor]): 2.819n., FM 8 s.v. 'Aineias' mit Anm. 34. Die Herden dieser Gebirgsbewohner weideten vor der gr. Invasion oft in der troianischen Skamander-Simoeis-Ebene. Simoeisios' schwangere Mutter war damals mit

---

475 Ἴδηθεν: zur Form R 15.1. — ὄχθῃσιν: zur Flexion R 11.1.

ihren Eltern zur Herden-Inspektion mit herabgekommen und hatte am Ufer des Simoeis den Sohn zur Welt gebracht; für sie und den Vater des Simoeisios nennt der Erzähler keine Namen, beide heißen einfach 'Eltern' (*tokéusin* 477): für die erfundene Geschichte (Fiktion in der Fiktion) sind sie ohne Bedeutung.

476 ἅμ᾽ ἕσπετο: formelhafte Junktur (16.632n.); zur aspirationslosen Form von ἕσπετο WEST 1998, XVII.

477b–479 = 17.301b–303. — Das Motiv 'Dankbare Rückerstattung der Aufziehungsmühen an die Mutter/die Eltern durch den Sohn' dürfte eine lange Tradition gehabt haben (die bis in die heutige europ. Sozialgesetzgebung hineinreicht). Es spielt nicht nur an der Parallelstelle eine Rolle (auch dort wird das Opfer, der junge Hippóthoos aus Lárisa, von *Aias* getötet), sondern unterschwellig in allen elterlichen Klagen um ihre unglücklichen oder gefallenen Söhne; besonders deutlich wird das in den Klagereden der Thetis, der Mutter des Achilleus, die sich durch die ganze Ilias hindurchziehen (Stellen: 18.52–53n.); sie alle stehen unter dem Motto 'Wozu habe ich dich geboren, unter Schmerzen, und aufgezogen (wie eine kostbare Pflanze), ⟨wenn du so viel Leid ertragen mußt / so früh sterben mußt / sterben mußtest und nichts Gutes / nichts vom Leben hattest⟩?'. Als 'Vergeltung des Aufziehens' (gr. *thréptra/threptéria*) werden also nicht nur materielle und altenpflegerische Kompensationen angesehen (so bei Hes. *Op.* 187f.), sondern auch der elterliche Stolz und das Elternglück, das gut gedeihende Söhne den Eltern als Dank bereiten können (wobei die Proportion zwischen Materiellem und Ideellem naturgemäß von der Sozialschicht abhängt); weitere Stellen u. Lit. s. 24.541n.

479 μεγαθύμου: 464n. — **δουρὶ δαμέντι:** flektierbare VE-Formel (10× *Il.*).

480 2. VH (von der Zäsur B 2 an) = 8.121, 8.313, 15.577; ≈ 17.606, *Od.* 22.82. — **Brust, gleich …:** Die tödliche Verletzung durch einen Speerwurf in den Brustbereich ist der Regelfall bei den Tötungsszenen (Übersicht über die Verwundungspunkte bei SAUNDERS 2004, basierend auf Frölich [1879]), hier 'neben der Brustwarze, | der *rechten*': Die Betonung 'der *rechten*' am VA von 481 mag damit zusammenhängen, daß der Schild mit der linken Hand gehalten wurde, wodurch die rechte Brustseite stets gefährdeter (und oft, wie hier, entblößt) war als die linke, da

---

476 γείνατ(ο): Aor. zu γείνομαι, Nebenform zu γίγνομαι. — ῥα: = ἄρα (R 24.1). — ἅμ᾽ ἕσπετο: 'ging mit'; ἕσπετο = ἕσπετο. — ἰδέσθαι: finaler Inf. (zum Med. R 23).

477 μιν: = αὐτόν (R 14.1). — κάλεον: zur augmentlosen Form R 16.1; zur unkontrahierten Form R 6.

478 οὐδέ: konnektives οὐδέ/μηδέ steht bei Homer auch nach affirmativen Sätzen (R 24.8). — δέ (ϝ)οι: zur Prosodie R 4.3. — οἱ: = αὐτῷ R 14.1.

479 ἔπλεθ᾽: = ἔπλετο, 3. Sg. Ind. Aor. zu πέλομαι, 'wurde'. — δουρί: abhängig von ὑπό ('unter der Wirkung von …'); zur Flexion R 12.5. — δαμέντι: auf οἱ in 478 zu beziehen.

480 πρῶτον: prädikativ, auf ἰόντα zu beziehen. — βάλε: zur augmentlosen Form R 16.1. — μιν … στῆθος: Akk. des Ganzen und des Teils (R 19.1): 'traf ihn in die Brust'.

über der rechten der Wurf- bzw. Stoßarm operierte (wohl der oder ein Grund für die Erfindung des Doppelgriffschilds und damit der klassischen Phalanx; s. 427n.; vgl. auch 16.312n.).

πρῶτον ... ἰόντα: Simoeisios steht in der ersten Reihe der troianischen Formation, und Aias sieht ihn als ersten der 'Ersten' auf sich zukommen (so schon FAESI); πρῶτος ist in Massenkampfzusammenhängen gleichbedeutend mit πρόμαχος (341n.); zum Zurücktreten des sozialen Herkunftskriteriums gegenüber demjenigen der militärischen Leistungskraft (weswegen wohl Simoeisios unter den πρόμαχοι/πρῶτοι stehen darf): 458n.; LATACZ 1977, 151ff.

481 ἀντικρύ: 'geradewegs'; zur Verwendung in Kampfbeschreibungen 3.359n., 16.116n.

482 Pappel: Schon die Scholiasten fragten, warum ausgerechnet eine 'Pappel'?; denn gr. *áigeiros* ist in der Ilias nur hier belegt, und die fünf anderen Kämpfer, die in der Ilias 'wie ein Baum' fallen (SCOTT 1974, 70: Krethon u. Ortilochos 5.560, Imbrios 13.178, Asios 13.389 und Sarpedon 16.482), fallen wie eine 'Tanne/Esche/Eiche' bzw. 'Espe oder Kiefer', keiner wie eine 'Pappel'. Die Antwort dürfte bereits schol. bT erfühlt haben: "der am Fluß Geborene ⟨ist⟩ dem Baum am Fluß verglichen" (FRÄNKEL 1921, 36). Diese Deutung wurde bereits in der Antike ironisiert, aber der Scholiast hat wohl etwas im Kern Zutreffendes gemeint und sich nur zu kurz gefaßt: In den anderen oben genannten Fällen geht das Gleichnis nur auf die "Tragik [...]. Auch uns ist der Baum ein eben noch ragender stolzer Riese von königlichem Wuchs, ein sterbender Held" (FRÄNKEL a.O. 35). Dem Erzähler[P] des vorl. Gleichnisses geht es dagegen offenbar um mehr: In der Odyssee hat die Pappel eine ganz bestimmte Assoziations- und Emotionalisierungs-Aura: Am Rand der Straße zum Palast des Alkinoos liegt ein Hain der Athene mit Pappeln (*Od.* 6.291f.); im vor Reichtum überquellenden Alkinoos-Palast sitzen die Weberinnen nebeneinander 'so wie die Blätter der hochgeschossenen/schlankgewachsenen Pappel' (7.106); an der flachen Acheron-Küste der Unterwelt stehen Haine der Persephone, der Gattin des Hades (FG 22), 'und lange/hohe Pappeln und Weiden' (10.510). Betont sind also zunächst die Länge des Stamms und die blätterreich dichten Baumkronen, daneben der feuchte/nasse Untergrund am Wasser (in 6.291f. ein Quellteich); 'verschwägert' mit den Pappeln sind die Weiden (10.510). Da verbindet sich mit 'Pappel' ein Bild von Frische, Kühle (in der Sommerhitze, am fließenden, quellenden Wasser), aber auch von jugendlicher Schlankheit, Hochgesinntheit, gar auch Geheiligtheit (die Göttinnen-Haine!) – und zugleich doch auch von Vergänglichkeit (der Ufer-Wiesengrund des Acheron). Ein solches Bild mag der Erzähler vor sich gesehen haben. Am Simoeis, unter Pappeln vielleicht, geboren, wie einer dieser schlanken, glatten, hochwipfligen

---

481 χάλκεον: zur unkontrahierten Form R 6.

482 ὅ: sc. Simoeisios; zur demonstr.-anaphor. Funktion von ὅ, ἥ, τό R 17. — κονίῃσι: κονίη = att. κόνις ('Staub'). — αἴγειρος ὥς: = ὡς αἴγειρος; vgl. 471n.

Bäume im Gebirge aufgewachsen – zum Orte der Geburt, in die Simoeis-Ebene, hochgemut zurückgekehrt und dort gleich beim ersten Treffen 'umgehackt' – und nun wie der Baum weit vor der Zeit vertrocknend … Weitere 'Feinsinnigkeiten' der Deutung bleiben dem Hörer/Leser überlassen (so auch FRÄNKEL a.O. 37 Anm. 1). Der Erzähler^P hat dieses so besonders lange, feine Gleichnis (482–487) an den Anfang der Vier-Tage-Schlacht gestellt. Was er damit über Krieg und Frieden andeuten wollte, läßt sich wohl erahnen. – Vgl. auch 16.482–491n. u. 16.482–486n. zu Gleichnissen, die den Tod von Kriegern illustrieren.

ἐν κονίῃσιν: Junktur an versch. Verspositionen, oft in Kampfschilderungen beim Fall von Getroffenen, im 4. Gesang noch 522, 536, 544 (nach der Zäsur A 3: 18× *Il.*, 3× *Od.* 1× 'Hes.'): 16.289n.

483 ἐν εἰαμενῇ ἕλεος μεγάλοιο: etwa 'in der Niederung des großen Wiesengrundes'; gemeint ist eine zum Fluß hin leicht abfallende Uferwiese ('Aue': LfgrE s.vv. εἰαμενή u. ἕλος), wo Pappeln besonders gut und dicht gedeihen (botan. Terminologie: 'Auwald'). — πεφύκῃ: präsentisches Perf.: 'gewachsen ist', also 'dasteht' (vgl. 17.434f. ὥς τε στήλη μένει ἔμπεδον, ἥ τ' ἐπὶ τύμβωι | ἀνέρος ἑστήκῃ τεθνηότος). Zur Text-Überlieferung (Ind. Plpf.; Konjektur von HERMANN 1827, 44: Konj., von Düntzer: Perf.) s. *app. crit.*; WEST 2001, 190 u. vgl. 16.633n. (zu ὄρωρεν); zum Konj. s. CHANTR. 2.245: "en Δ 483, il faut corriger πεφύκει en πεφύκῃ (cf. Π 633, P 435)"; es liege ein "sens de généralité" vor, der besonders in "comparaisons, notamment avec ὅς τε" (wie auch hier: ἥ ῥά τ') am Platz sei.

484 λείη: nur hier von einem Baumstamm, dient sonst im fgrE der Beschreibung vom Boden ('eben, glatt'), s. bes. 12.30 (Poseidon befreit den Boden vom Material der stehen gelassenen Schiffslagermauer und glättet den Boden: λεῖα δ' ἐποίησεν παρ' ἀγάρροον Ἑλλήσποντον); die Assoziation soll wohl in die Richtung 'glattes (d.h. faltenloses, bartloses) Gesicht' und d.h. 'noch ganz jung' gehen.

485 Eisen: Zu seiner Verwendung s. LfgrE s.v. σίδηρος 120.6–8: "freq. in metaphors and similes […], since these tend to reflect the everyday life of the poet and his audience"; hier bes. klar beim Vergleich des vorl. Verses mit 481, wo Aias' Stoßlanzenspitze aus Bronze ist: dort der Troianische Krieg (Bronzezeit), hier der Alltag um 700 v. Chr. (Eisenzeit); zu diesem Phänomen s. auch 123n., 6.3n. ἁρματοπηγὸς ἀνήρ: 'Wagenzusammenfüger-Mann, Wagner'. Zur Bed. u. Funktion solcher Junkturen (vgl. dt. 'Zimmermann', 'Jägersmann' usw.) s. LfgrE s.v. ἀνήρ 862.20ff., die vorl. Stelle 862.63; vgl. auch 186–187n. Der ἁρματοπηγὸς ἀνήρ ist kein Gelegenheitsarbeiter, sondern ein Berufshandwerker "mit der Qualifikation einer echten handwerklichen Tätigkeit" (ECKSTEIN 1974, 3 Anm. 12); der Wagenbau ist "wohl eigens als Sparte ausge-

---

483 ῥα: = ἄρα (R 24.1). — τ(ε): 'episches τε' (R 24.11). — εἰαμενῇ ἕλεος: zur Prosodie R 5.6. — μεγάλοιο: zur Flexion R 11.2.

484 λείη: zum -η nach -ι- R 2. — ἀτάρ: 'aber' (R 24.2). — τ(ε): 'episches τε' (R 24.11). — τε (ϝ)οι: zur Prosodie R 4.3. — οἱ: = αὐτῇ (R 14.1), sc. der Pappel. — ὄζοι ἐπ': zur sog. Hiatkürzung R 5.5. — ἀκροτάτη: auf οἱ zu beziehen. — πεφύασι: = πεφύκασιν.

485 τήν: = demonstrativ-anaphorisch (R 17). — μέν: ≈ μήν (R 24.6).

bildet, wie der ἁρματοπηγὸς ἀνήρ nahelegt" (ECKSTEIN a.O. 39). Der Wagen (Kriegs-, Last-, Sportwagen) genießt seit der myk. Zeit eine intensive Zuwendung u. Pflege (s. die myk. Komposita in MYK s.v. ἅρμα; PLATH 1994, bes. 115f.). — **αἴθονι σιδήρῳ**: flektierbare VE-Formel (Dat./Akk.: 3× *Il.*, 1× *Od.*, 1× Hes., 1× *h.Merc.*). Zu αἴθων ist schon in den Scholien vermerkt: ἢ λαμπρόν, ἀπὸ τοῦ αἴθοντος πυρός (schol. DEHJM1Vs zu *Od.* 1.184 PONTANI). Bei Metallen (anders als bei Tieren: 'braunrot' 16.488n., 18.161n.) liegt in der Tat die Bed. 'blank, funkelnd, blinkend' wesentlich näher (Lit.: 19.243–244n.).

486 VE ≈ 5.20, *Od.* 20.387. — **ἐξέταμ(ε)**: 'schnitt heraus (aus dem Wurzelwerk)'. An den VA gesetzt, wirkt das Wort besonders gefühllos-brutal; assoziiert werden könnten z.B. 3.292 ≈ 19.266 ἀπὸ … τάμε (dem Opfertier die Kehle ab-/durchschneiden, so daß das Blut ausfließt: s.dd.) und ähnliche Grausamkeiten beim Menschen (Stellen s. LfgrE s.v. τάμνω 304.3ff.). — **ἴτυν κάμψῃ**: ἴτυν resultativ: 'um ⟨aus dem Holz⟩ eine Felge zu biegen (= herzustellen)' – auf die dann der Holz- oder Metallreifen aufgebracht wurde (5.724f.: AH; WIESNER 1968, 14); die Grundtechnik ist naturgemäß bis heute prinzipiell gleichgeblieben; gewechselt haben die Materialien und die Fertigungstechnik [Maschinen]). Das weiche, biegsame, aber zäh konsistente Holz der Pappel war für dergleichen Produkte besonders geeignet. — **δίφρῳ**: bed. 'Wagenkasten' od. 'Wagen'; dazu u. zu den verschiedenen Wagen-Typen (Streit-, Reise-, Renn-, Lastwagen) s. 3.262n. Hier im Gleichnis ist schwerlich an einen Kriegs-/Streitwagen gedacht.

487 VE = 18.533, 'Hes.' *fr.* 13.1 M.-W. — 'Vertrocknend, verdorrend' (gr. *azoménē*) bleibt sie da liegen, weil ihr Stamm nicht mehr gebraucht wird (FAESI); der Bezug zu Simoeisios ist eindeutig.

παρ' ὄχθας: VE-Formel mit vorausgehendem Gen. (5× *Il.*, 1× *Od.*, 1× 'Hes.'): vgl. 18.533n.

488–489a Aias: Mit dem Namen 'Aias' wird die Ringkomposition[P] in geradezu exemplarischer Form abgeschlossen: Am Anfang der Zweikampf-Episode stand 'Aias' als Agens am *Ende* des Verses (473), am Ende der Episode steht er, durch integrales Enjambement[P] nachdrücklich wieder in Erinnerung gerufen, am Vers-*Anfang* (vgl. ABC-Schema[P]). – Zur Bedeutung von Aias in der Ilias s. 273n.

τοῖον ἄρ(α) …: '*So* also war der Anthemide Simoeisios, den Aias tötete' (nämlich so wie die Pappel der Länge nach hingestreckt und verdorrend): AH. — **Ἀνθεμίδην**: Patronymikon (vgl. 458n.): der Sohn des Anthemion (473); zur Bildung RISCH 147f. — **ἐξενάριξεν**: bed. eigtl. 'die ἔναρα [Rüstung] weg-/ausziehen', wird dann aber im Laufe der Sängertradition zu einer nur noch metr. Variante im systemischen Synonymen-Reservoir für 'töten' (VISSER 1987, 68. 75f. u. 161f.; eine Liste der Verben s. 6.12n.). An der vorl. Stelle scheint allerdings ein gewollter Bezug zwischen ἐξέταμ(ε) und ἐξενάριξεν (wörtl. aufgefaßt) möglich. — **Αἴας διογενής**: flektierbare VA-Formel (5× *Il.*); das generische Epitheton[P]

---

486 ὄφρα: final (R 22.5). — περικαλλέϊ: zur unkontrahierten Form R 6.

487 ἢ μέν: vgl. 485n.

488 τοῖον: prädikativ ('als einen solchen').

489 διογενής: Anfangssilbe metr. gedehnt (R 10.1). — τοῦ: demonstrativ-anaphorisch (R 17).

διογενής dürfte hier zusätzlich zu seiner ohnehin nur ornamentalen Funktion (dazu 1.337n.) noch den Zweck haben, die ganze Episode mit der Hauptzäsur B 1 abzuschließen, um dann beim Vortrag die nächste Episode nach kurzem, dem Publikum Neu-Ansatz signalisierendem Atemholen mit neuer Kraft zu beginnen.

489b–493 Einzelnahkampfschilderung D: Der Grieche Leukos (Gefährte des Odysseus) wird vom Troer Antiphos getötet. – Auf den erfolgreichen Aias zielt im Massengedränge der Priamos-Sohn Antiphos, verfehlt ihn aber und trifft statt seiner einen Gefährten des Odysseus, Leukos, der den Leichnam des Simoeisios gerade auf die griechische Seite ziehen will. Leukos fällt. Das Fehlschuß-Motiv ('A zielt auf B, trifft aber C') ist eines der wichtigsten Verkettungsmittel bei Massennahkampfschilderungen; wie hier dient es oft dazu, gleichzeitig den angezielten Gegner (der oft eine Hauptfigur des Epos ist) zu verschonen und über den versehentlich Getroffenen (meist ein *moriturus*: dazu 458n.) einen neuen Akteur (oft Gefährte einer anderen Hauptfigur des Epos) ins 'Spiel' zu bringen (ausführlich FENIK 1968, 125–139).

489b–490 Antiphos: ein Allerweltsname; sein Träger ist wahrscheinlich, aber nicht sicher, identisch mit dem *moriturus* in 11.101ff. Der Zusatz *Priamídēs* grenzt ihn von zwei anderen Figuren gleichen Namens ab (2.678, 2.864; zur Emphase des Patronymikons s. 2.817n.) und stützt zugleich das integrale Enjambement[P] 489f.; zur Stütz- und Brückenfunktion von Enjambements vgl. 1.2n. (Ptz.), 6.13n. (Patronymikon).

αἰολοθώρηξ: Possessivkomp. 'mit schimmerndem Panzer'; zum Bestandteil αἰολο- und zur Verwendung des Epithetons s. 16.173n. — καθ᾽ ὅμιλον: 126n. — ὀξέϊ δουρί: flektierbare VE-Formel (Dat. Sg./Akk. Pl.: 11× *Il.*, 3× *Od.*); Fülljunktur, je nach metr. Bedürfnis mit χαλκήρεϊ δουρί (6.3n.), δουρὶ φαεινῷ (496n.) u.ä. abwechselnd (Spezialstudie: BAKKER/VAN DEN HOUTEN 1992; BAKKER [1991] 2005, 7ff.; weitere Lit. s. FOR 43; 16.284n.

491 1. VH ≈ 15.430; vgl. auch 8.119, 21.171. — **Leukos:** ein weiterer *moriturus*, nur hier erscheinend (vgl. 458n.).

Ὀδυσσέος: zum kurzvokalischen Gen. G 76. — ἐσθλὸν ἑταῖρον: 113b n.

492 Die beiden Fronten haben sich zwar weitgehend ineinander geschoben und in ein verkeiltes Gewühl verwandelt, aber nach wie vor stehen sich an allen Frontstellen Griechen und Troer Mann gegen Mann *gegenüber;* der Troer Antiphos wollte den Griechen Aias treffen, hatte aber einen anderen Griechen, Leukos, getroffen, der gerade dabei war, den Leichnam des Simoeisios zwecks Spoliierung

---

490 Πριαμίδης: Anfangssilbe metr. gedehnt (R 10.1). — ἀκόντισεν: zur augmentlosen Form R 16.1.

491–492 ὅ: demonstrativ-anaphorisch (R 17), zur Hervorhebung des Subjekts von ἄμαραθ᾽ u. βεβλήκει. — Λεῦκον ... | ... βουβῶνα: Akk. des Ganzen und des Teils (R 19.1). — βεβλήκει: zur augmentlosen Form R 16.1. — ἐρύοντα: durativ/konativ ('er war gerade dabei, zu ziehen').

(dazu 465–466n.) auf die andere Seite (gr. *hetérōs[e]*), sc. die achaiische, zu ziehen. Dabei ereilte ihn der Tod.

βεβλήκει: zur Bed. der Plpf.-Form 108n.; zur vorl. Stelle SCHW. 2.288: 'aber schon hatte er getroffen, schon war getroffen'. — **βουβῶνα**: hom. *hapax legomenon*[P], Bez. der Leistengegend *(regio inguinalis)*, die an den Schambereich *(regio pubica)* grenzt; diese Verwundung ist meist unmittelbar tödlich (vgl. SAUNDERS 2004, 8). Weitere Begriffe zur Lokalisierung der Verwundung in der Bauchgegend s. 16.318n.; Stellenliste bei MORRISON 1999, 144.

493 2. VH ≈ 8.329, 15.421, 15.465, *Od.* 14.31, 14.34, 22.17; von der Zäsur C 2 an = *Il.* 3.363. — **ἀμφ' αὐτῷ**: 'über ihn hin' (FAESI); 'um ihn selbst', "d.i. über seinen Leib" (AH); "a common motif" (KIRK; weitere Bsp. 16.579n.); vgl. ἀμφ' αὐτῷ χυμένη 'über ihn (hin)gegossen' (Trauernde über Toten) 19.284, *Od.* 8.527; ἀμφί bed. dort also 'horizontal quer über ihn (sich werfend)'. Im vorl. Fall – Leukos zieht rückwärtsgehend (sonst ist eine Verwundung in der Leistengegend kaum möglich) den Leichnam des troischen Bundesgenossen Simoeisios fort – ist ein *horizontaler* Fall über den Leichnam nicht vorstellbar: erstes deutliches Beispiel für Traditionalität solcher Tötungsszenen und damit für weitgehend beliebige Verwendbarkeit (so auch KIRK zu 495–8).

494–504 Einzelnahkampfschilderung E: Der Troer Demokoon wird von Odysseus getötet. Sein Tod wird reich ausgemalt.

494 ≈ 13.660. — Zornige Rache für einen gefallenen Kameraden (501 wieder aufgenommen) ist häufiges Motiv in hom. Kampfschilderungen (14.459–464n., 16.398n.).

μάλα θυμὸν … χολώθη: 'wurde sehr/mächtig wütend im Innern'. θυμός ist eines der austauschbaren Seele-Geist-Lexeme, die mit χολόομαι verbunden werden (16.584–585n.; JAHN 1987, 186. 288f. u. 291).

495 = 5.562, 5.681, 17.3, 17.87, 17.592, 20.111; 1. VH = 5.566, 17.124; 2. VH = 20.117, *Od.* 21.434; ≈ *Il.* 13.305. — **durch die Vorkämpfer**: also durch das vorderste Treffen hindurch (vgl. 458n.). Das Gewühl des Nahkampfes zunächst der Kämpfer der vordersten Reihen beider Parteien auf breiter Front zwingt dazu, sich auch bei kleinräumigem Ortswechsel einen Weg durch die Masse zu bahnen.

κεκορυθμένος αἴθοπι χαλκῷ: flektierbare Formel der 2. VH (s. Iterata), eigtl. 'behelmt mit glänzendem Erz', dann 'gehüllt in glänzende Rüstung'; zum Ptz. (von κορύσσω, Denominativum zu κορυθ-) 3.18n.; zur VE-Formel αἴθοπι χαλκῷ (Iterata, außerdem 18.522, 'Hes.' *Sc.* 135) 24.641n. (αἴθοπ- 'glänzend, funkelnd'?) und LfgrE s.v. χαλκός 1125.63ff. (Begriff für die komplette Rüstung; vgl. ῥινός für 'Schild', 447n.).

496 = 5.611, 17.347; ≈ 11.577; 1. VH = 11.429, 12.457; 2. VH von der Zäsur B 1 an = 13.403, 15.573, 17.574; von der Zäsur B 2 an = 13.183, 13.516, 14.461, 15.429, 16.284, 17.304, 17.525. — **μάλ' ἐγγὺς ἰών**: Wegen des unmittelbar auf den Tod (493) seines Ge-

---

493 ἤριπε: intrans. Aor. zu ἐρείπω, 'stürzte zu Boden', d.h. 'fiel, starb'. — δέ (ϝ)οι ἔκπεσε: zur Prosodie R 4.3; zur sog. Hiatkürzung R 5.5.

494 τοῦ … ἀποκταμένοιο: Ptz. Aor. Med. zu κτείνω, mit pass. Bedeutung; der Gen. abhängig von χολώθη, mit kausalem Sinn. — Ὀδυσεύς: zum einfachen -σ- R 9.1.

fährten Leukos (Ὀδυσσέος … ἑταῖρον 491) in 494 folgenden τοῦ δ(έ) kann die Zielperson des 'ganz nah herangehenden' Odysseus hier nicht Antiphos sein (so KIRK, "presumably"), sondern nur Leukos (AH). — ἀκόντισε δουρὶ φαεινῷ: Formel der 2. VH (s. Iterata); δουρὶ φαεινῷ ist VE-Formel (22× *Il.*); zu dem übergreifenden Formelsystem, in dem diese Wendung steht, s. 489b–490n.

497 = 15.574 (dort in einer anderen Situation, s. JANKO z.St.). — ἀμφὶ ἓ παπτήνας: Die Wiederholung (s. Iterat) zeigt, daß die Wendung formelhaft war. An der Iterat-Stelle bez. sie sinnvoll den vorsichtigen Rundum-Blick des ins μεταίχμιον (Zwischenraum zwischen den beiden Fronten im Wurfkampfstadium) vorgesprungenen πρόμαχος vor dem Wurf, hier im Massennahkampf hingegen ist sie wohl nur als die übliche 'Werfer-Formel' gebraucht; die vorgeschlagenen Erklärungsversuche (z.B. "He looks around […] in a threatening way" KIRK) überzeugen nicht. Zur weiteren Verwendung des Verbs παπταίνω s. 200n.; zum Reflexivum ἕ (< *ϝϝέ) G 22 u. 81; SCHW. 2.194; CHANTR. 2.154. — ὑπὸ … κεκάδοντο: 'sie wichen zurück'; die Etym. ist unklar (wohl nicht zu χάζομαι); zu den diversen Hypothesen s. LfgrE s.v. κεκαδ- a.E.; JANKO zu 15.573–5; BEEKES s.v. κεκαδών.

498 = 15.575. — οὐχ ἅλιον βέλος ἧκεν: 'nicht als ein vergebliches entsandte er das Geschoß' (zu ἅλιος 26n.); ähnlich οὐδ᾽ ἅλιόν ῥα … ἀφῆκεν (13.410) und οὐχ ἅλιον βέλος ἔκφυγε (χειρός) u.ä. (16.480; weitere Stellen s.d.): spannungserzeugende Formeln ("wen wird er treffen?"), stets kombiniert mit der Angabe '(sondern) er traf' (hier 499): rhetorisch Polarer Ausdruck[P].

499 Demokoon: Dieser nur hier erwähnte Priamos-Sohn ist ein weiterer *moriturus* (dazu 458n.); zum Motiv des außerehelichen Sohnes s. 16.738n. (meist bei seinem Tod erwähnt); zu den unehelichen Kindern des Priamos s. 24.495–498n.

500 Abydos: Demokoons Lebensbereich ist an der engsten Stelle der Dardanellen gelegen (2.836n.; DNP s.v.).

παρ᾽ ἵππων ὠκειάων: 'von den Rennpferden her', epexegetischer Zusatz zur 1. VH: seit Aristarch mit dem Ort Abydos verbunden und als eine dort gelegene Stutenfarm gedeutet, die Priamos gehört haben soll (schol. A, bT). Weitere Interpretationen der Formulierung s. KIRK zu 499–500. – ἵππων ὠκειάων ist Gen.-Version (noch 7.240 u. 7.15 mit Formelsprengung) der flektierbaren VE-Formel ὠκέες ἵπποι (Nom./Akk.: 3.263n. mit Lit.). Das Genus von ἵπποι ist meist maskulin, Femininum ist z.T. im Zusammenhang mit berühmter Zucht od. mit Rennpferden verwendet, bisweilen wechselt es aber ohne erkennbaren Unterschied (2.763n., 16.393n.).

501 βάλε δουρί: VE-Formel (8× *Il.*, außerdem β. δ. φαεινῷ 16.399 [s.d.]).

---

497 ἀμφὶ (ϝ)έ: zur Prosodie R 4.3; ἕ = ἑαυτόν (vgl. R 14.1). — ὑπὸ … κεκάδοντο: sog. Tmesis (R 20.2).

498 ἀνδρὸς ἀκοντίσσαντος: *gen. abs.*; zum -σσ- von ἀκοντίσσαντος R 9.1.

500 ὅς (ϝ)οι: zur Prosodie R 4.5. — Ἀβυδόθεν: zur Form R 15.1. — ὠκειάων: zur Flexion R 11.1.

501–502a τόν … | κόρσην : 'den traf … in die Schläfe', Akk. des Ganzen und des Teils (R 19.1). — ῥ(α): = ἄρα (R 24.1). — Ὀδυσεύς: zum einfachen -σ- R 9.1.

502 κροτάφοιο: wird hier als synonym mit κόρση verwendet, wie ἑτέροιο zeigt (Stellen mit Verwundung der 'Schläfe' MORRISON 1999, 143 Anm. 68). Der Wurfspieß traf ihn also von der Seite (KIRK zu 501–4) – was nur im Massennahkampf- und nicht im Wurfkampfstadium möglich ist – und durchdrang beide Schläfen.

503 = 461 (s.d.). — **αἰχμή:** bed. eigtl. 'Lanzenspitze', ist auch als *pars pro toto* für die ganze Lanze verwendet (LfgrE s.v.), hier in der VA-Formel αἰχμὴ χαλκείη (461n.). Dasselbe Geschoß hieß 501 in der VE-Formel δουρί (s.d.): die unterschiedlichen Begriffe sind metr. bedingt.

504 = 5.42, 5.540, 13.187, 17.50, 17.311, *Od.* 24.525; 1. VH insgesamt 19× *Il.*, 2× *Od.*; 2. VH = *Il.* 5.58, 5.294, 8.260. — Da hier kein Grund für eine Fortsetzung von 503 (Eintritt des Todes; s. 461n.) durch diesen in mehreren Papyri fehlenden Formelvers zu erkennen ist, dürften Annahme einer Interpolation und demgemäß Athetese berechtigt sein (Konkordanzinterpolation: WEST 2001, 13 mit Anm. 31). Zum Sprachlichen s. 16.325n., KIRK zu 501–4 a.E.

505–516 Wechsel in die Vogelperspektive I: Die Troer weichen zurück, die Achaier holen ihre Toten ein und verbuchen einen erheblichen Geländegewinn (505–507a). Da greifen die Götter ein: Apollon richtet von Troias Akropolis ('Pergamos') aus eine Kampfparänese an die Troianer (507b–514a), Athene geht persönlich in das Kampfgewühl hinein und treibt ihrerseits nachlassende Achaier zum Nachsetzen an (514b–516).

505 = 16.588 (s.d., mit Lit.), 17.316. — **Hektor:** Vielleicht ist es kein Zufall, daß seine erste Erwähnung in der ersten Schlachtschilderung im Zusammenhang mit einem Rückzug fällt (STRASBURGER 1954, 103 Anm. 3).

χώρησαν δ' ὑπό: ὑπό in Tmesis deutet die Umstände an, 'es wichen aber *davor/unter dem Einfluß/als Reaktion darauf*' (sc. auf den Erfolg von Odysseus gegen Demokoon: AH); vgl. 497 ὑπὸ … κεκάδοντο (vor Odysseus' drohendem Wurf) und 509 μηδ' εἴκετε (LfgrE s.v. χωρέω 1295.22 u. 40ff.). — **φαίδιμος Ἕκτωρ:** Nomen-Epitheton-Formel (29× *Il.*), 7× *Il.* mit vorangehendem καί. φαίδιμος ist generisches Epitheton[P] von Helden, am häufigsten von Hektor, mit wohl lediglich ornamentaler Bed. ('strahlend, stattlich'): 16.577n., mit Lit.

506 = 17.317. — Der Aufschrei ist eine "Reaktion auf den sichtbaren Erfolg (Triumph über Rückzug des Gegners)": LfgrE s.v. ἰάχω 1113.34–36. Zum Kampf um die Leichen vgl. 492 mit n.

μέγα ἴαχον: Zur Junktur 125n.; ein Digamma im Anlaut längt mitunter die vorhergehende Silbe (hier von μέγα wie in 14.421 u.ö., sonst auch von σμερδαλέα: CHANTR. 1.139).

---

502 ἥ: demonstrativ-vorausweisend auf αἰχμή 503 (R 17). — ἑτάροιο χολωσάμενος: vgl. 494n. — πέρησεν: hier intransiv: 'bohrte sich hindurch'.

503 χαλκείη: zur metrischen Dehnung (-ει- statt -ε-) R 10.1. — τὸν … ὄσσε: Akk. des Ganzen und des Teils (R 19.1); ὄσσε ist Dual, 'Augen'.

505 χώρησαν δ' ὑπό: zur sog. Tmesis R 20.2.

506 μέγα (ϝ)ίαχον, (ϝ)ερύσαντο: zur Prosodie R 4.3, ↑ und R 4.5; hier beide Male zudem an Zäsurstellen. — μέγα: adv., 'laut'.

ἴαχον ist wohl onomatopoetischer Aor.: 'aufschreien' (LfgrE s.v. ἰάχω 1111.53ff.; 1113.31ff.; KAIMIO 1977, 20-22). Zur umstrittenen Bildung des Aorists 14.148–149n.; LfgrE a.O. 1111.48ff.

507 2. VH ≈ 8.198 (von Hera). — **Apollon:** s. FG 5; er war seit dem 1. Gesang (in dem er die Achaier durch Sendung der Pest als Strafe für die Demütigung seines Priesters Chryses durch Agamemnon fast vernichtet hätte, aber durch eine Hekatombe vorerst versöhnt worden war: 1.43–52, 1.430b–487) als Handelnder nicht mehr aufgetreten, war aber von Pandaros bei dessen Vertragsbruch-Pfeilschuß auf Menelaos um Unterstützung gebeten worden (101–103n.). Seine folgende Kampfparänese ist seine nunmehr offene Kriegserklärung an die Adresse der Achaier (die natürlich mithören).

ἴθυσαν: 'sie stießen geradeaus vor, sie preschten frontal vor' (LfgrE s.v. ἰθύω; 6.2n.). Die beiden Fronten sind also im wesentlichen immer noch intakt, die Troer weichen Schritt für Schritt kämpfend zurück; die Umkehr der troianischen Front zur Flucht wird erst in 5.37 erfolgen: Τρῶας δ' ἔκλιναν Δαναοί. — νεμέσησε δ' Ἀπόλλων: 'es verargte ⟨ihnen das⟩ aber Apollon' (zu νεμέσησε 413n.).

508 1. VH = 7.21. — **Pergamos:** Pergamos/-on (6× *Il.*) ist ein in Kleinasien, Thrakien und auf Kreta belegter Name hochgelegener Orte (etymologisch möglicherweise verwandt mit nhd. 'Berg' od. 'Burg': DELG s.v. πύργος); der Name steht in der Ilias für die Akropolis von Troia, auf der sich u.a. ein Apollon-Tempel befand (6.512n.; KIRK zu 508).

κέκλετ' ἀύσας: = 21.307. Apollon 'trieb an/ermunterte laut schreiend': Rede-Einleitungsformel von (Kampf-)Paränesen; erscheint meist in der Form ἐκέκλετο μακρὸν ἀύσας (9× *Il.*, zur Angriffsintensivierung, 6.66n., mit Lit.); vgl. auch ἐπηύξατο μακρὸν ἀύσας (4× *Il.*), zur Einleitung von Triumphreden.

509–514a Kampfparänese Apollons an die Adresse der Troer. Appell-Ziel ist hier die Erzeugung bzw. Stärkung des Widerstandsgeistes: beharren und Widerstand leisten! Dafür setzt Apollon zwei Argumente ein: (1) Auch die Achaier haben keinen Körper aus Stein (*líthos*) oder Eisen (*sídēros*), 511–513; (2) Achilleus kämpft nicht ⟨mit⟩, sondern kaut nach wie vor an seinem Zorn, 512f. (die Figuren der Ilias reden ganz überwiegend von Achills 'Zorn' [*chólos*] – der Erzähler weiß es besser: Es ist nicht Zorn, sondern Groll, was er mit dem ersten Wort des Epos, *mēnis*, ankündigt: 1.1n.). – Diese Paränese wird sogleich (514b ff.) durch eine Gegen-Aktion Athenes konterkariert werden. Die Schlacht wird danach unentschieden weitergehen. Lit. zu den Paränesen allg.: FINGERLE 1939; zu diesem ersten Ansatz zur formalen und motivischen Analyse der Homerischen Kampfparänesen LATACZ 1975, 410–413; eine Tabelle mit einer Liste der 65 (etwas längeren) Kampf-

---

507 προτέρω: 'weiter, vorwärts', d.h. hier: 'auf die Gegner zu'.

508 Περγάμου ἐκκατιδών: zur sog. Hiatkürzung R 5.5. — Τρώεσσι: zur Flexion R 11.3. — κέκλετ(ο): reduplizierter Aor. zu κέλομαι 'zurufen, ermahnen, antreiben' (mit Dat.).

paränesen in der Ilias (darunter diese Rede, Nr. 8), mit Erläuterungen (Zweck, Appell-Ziel, Appell-Erfolg) bei LATACZ a.O. 246–250; neuere Lit. zu den hom. Kampfparänesen s. 16.268–277n.

509–510a bis zur Zäsur C 1 = 12.440; ≈ 5.102. — **ὄρνυσθ(ε):** etwa: 'auf! erhebt euch!/regt euch!/bewegt euch!', am VA außer hier, im Iteratvers und 5.102 noch 3× *Il.* im 23. Gesang und *Od.* 21.141 (Appell zum sportlichen Wettkampf). — **ἱππόδαμοι:** 80n. — **μηδ' εἴκετε χάρμης | Ἀργείοις:** 'und weichet den Argeiern nicht aus der Kampfgier' (LATACZ 1966, 38, mit Bed.-Analyse von χάρμη ebd. 36–38; LfgrE s.v. χάρμη 1149.60–62: 'zieht euch nicht vor den Griechen aus dem Kampf zurück'; vgl. 16.823n.); andere Wendungen mit χάρμη im Gen. (μνήσασθαι/λήθεσθαι/παύειν χάρμης) 222n.

510b–511 Derselbe Gedanke an die Verwundbarkeit der Achaier findet sich in Hektors innerem Monolog in 21.568 (KIRK zu 510–511). Zur Gleichsetzung von Metallen mit Körperlichem vgl. auch 3.60 (s.d.); zur Unverwundbarkeit von Helden als idg. Motiv (WEST 2007, 444–446). – Die Stelle dürfte mit der unmittelbaren Nebeneinanderstellung von 'Eisen' und 'Bronze' und mit der Selbstverständlichkeit des Wissens um die größere Härte des Eisens nebenbei die Annahme auch der Homer-*Archäologie* bestätigen, daß Eisen bereits in der ausgehenden Bronzezeit bekannt, aber kostbarer war (23.826–835 [ein Diskos aus Eisen liefert dem Landbesitzer den 5-Jahres-Lohn für zwei Landarbeiter]; BUCHHOLZ 1980, 236 und *passim*; 2010, 107; ECKSTEIN 1974, 39 und *passim*); der Schmied heißt aber nach wie vor *chalkéus*, zu *chalkós* 'Bronze'.

510b χρώς: Zum Bedeutungsspektrum 130–131n. Hier deutlich 'Leib, Körper' (LfgrE s.v. χρώς 1284.45–48), unterstützt auch durch 24.414 (s.d.), wo das anderwärts (19.33/39) zu χρώς gesetzte Attribut ἔμπεδος 'fest, unveränderlich' seine Erklärung findet (Hinweis auf die Verwesung). – Vgl. im Dt. Wendungen wie 'seine Haut retten, sich auf die faule Haut legen', wo ebenfalls *der ganze Körper* gemeint ist.

511 Vier-Wort-Vers (1.75n.) des Typs mit finalem Inf. wie in 13.635, 23.489, 4× *Od.* (BASSETT 1919, 222), mit wachsenden Gliedern. — **χαλκὸν ἀνασχέσθαι ταμεσίχροα:** 'so daß ⟨ihr Leib⟩ die ⟨sonst⟩ leibzerschneidenden (Bronze-)Waffen aushalten [d.h. abstoßen] könnte'. — **χαλκόν:** zur Bed. 'Waffe' 348n. — **ταμεσίχροα:** verbales Rektionskompositum zum sigmat. Aor.-Stamm von τάμνειν und zu χρώς, 'hautzerschneidend', nur im Akk. belegt, noch in 13.340 und 23.803, als Epitheton von Waffen (LfgrE; RISCH 192, auch zum Infix -σι-; TRONCI 2000, 295).

512 von der Zäsur A 4 an = 16.860. — **Achilleus:** Dies ist die erste Wieder-Erwähnung Achills (und seiner – nach dem Willen des Ilias-Dichters – werkbestimmenden Bedeutung für den Krieg gegen Troia) seit 2.763ff. (s. STR 22 [1], mit

---

509 μηδ(έ): konnektives οὐδέ/μηδέ steht bei Homer auch nach affirmativen Sätzen (R 24.8).

510 σφι: = αὐτοῖς (R 14.1). — χρώς: Subj. des Nominalsatzes.

511 βαλλομένοισιν: auf σφι in 510 zu beziehen; zur Flexion R 11.2.

512 μάν: verstärkt die neg. Aussage (R 24.7). — Ἀχιλεύς: zum einfachen -λ- R 9.1.

Abb. 2: "Achill bleibt abwesend anwesend", und "Erzähler und Publikum ⟨bleiben sich⟩ der Vorläufigkeit der gegenwärtigen […] militärischen Machtverhältnisse jederzeit bewußt").

Θέτιδος πάϊς ἠϋκόμοιο: Zur Bildung der Apposition und zu dem auffälligen Mētronymikon s. 16.860n., mit Lit. Zur Göttin Thetis und ihrer Funktion s. FG 20. — **ἠϋκόμοιο:** generisches Epitheton[P] von Frauen: 'schönhaarig/-lockig'; s. 1.36n., 24.466n.

513 2. VH ≈ 9.565 (von Meleagros), 'Hes.' *fr.* 318 M.-W. — Der Erzähler macht deutlich, daß alle seine Figuren, Menschen wie Götter, Griechen wie Troianer, Achilleus' gegenwärtige Situation, so wie der Erzähler sie im 1. Gesang beschrieben hat (1.488–491a), sehr gut kennen: Achilleus sitzt bei seinen Schiffen und geht weder zu Versammlungen noch gar in den Krieg. Die Gefühlslage des Helden in dieser seiner Situation läßt der Erzähler (fast) alle anderen jedoch grundlegend verkennen: Sie alle glauben vorwurfsvoll bis ergrimmt, Achill *genieße* seinen Boykott. Daß er daran *leidet* (1.491b–492), wissen sie nicht. Das wissen nur drei: Achill selbst, seine Mutter Thetis und Zeus (und das Publikum). Der Zorn wird zwar als selbstzerstörerisch charakterisiert; daß Achilleus das genau weiß und gerade deswegen um so mehr leidet, aber nicht anders *kann*, erkennen aber die meisten nicht, weswegen sie Achill nicht verstehen (wie der 9. Gesang überdeutlich zeigen wird; dieselbe Charakterisierung seines Zorns wie hier in 9.260 durch Odysseus).

μάρναται: μάρνασθαι wird bei Homer öfter als metr. Variante zu μάχεσθαι und πολεμίζειν verwendet (TRÜMPY 1950, 167f.). — **θυμαλγέα:** Kompositum zu θυμός und ἀλγέω (LfgrE), 'dem Gemüt Leiden bringend'; die Vorstellung ist also, wer lange zürnt, fügt sich selbst Leid zu. — **πέσσει:** etym. verwandt mit lat. *coquo*, dt. 'kochen'; Grundbed. 'weichkochen', im Simplex immer übertragen (seinen Zorn wie hier und im Iterathalbvers, seine Kümmernisse 'wiederkäuen' in 24.617, 24.639; vgl. dt. 'er kochte vor Zorn': 1.81–82n.; 24.617n. mit Lit.; LfgrE). Hier wohl in eher abwertendem Sinn gemeint: 'läßt köcheln', d.h. letztlich 'hält am Leben', 'pflegt' seinen Zorn.

514b–516 Gegen-Aktion Athenes: Athene (FG 8), die ebenfalls einen Tempel auf Troias Akropolis besitzt (6.269–311: 6.88–94n.), steht seit dem für sie (und Hera) negativ ausgefallenen Paris-Urteil (7–19n.) auf seiten der Achaier (s. ihre Rolle beim Pandaros-Schuß, 64–133: 85–104n., 127–133n.). Sie sucht Apollon zu überbieten, indem sie nicht fernmündlich an die Adresse eines ganzen Heeres (der Troer: 508) agiert, sondern höchstpersönlich unter die Kämpfenden (der Achaier) geht und sie, wo nötig, einzeln antreibt (516).
Zur Satzstruktur von 514b–515 vgl. 13.154, 16.126, 16.553f.; zur Füllung eines Verses (hier 515) durch die Umschreibung eines Eigennamens 16.126n.

---

513 νηυσί: Dat. Pl. von ναῦς (R 12.1). — θυμαλγέα: zur unkontrahierten Form R 6.

514 von der Zäsur B 1 an ≈ Hes. *Th.* 933. — **αὐτὰρ Ἀχαιούς:** flektierbare VE-Formel, (22× *Il.*; 19.63n.), leitet Szenenwechsel wie oft nach der Zäsur C 2 ein (1.194n., 24.3n.; BAKKER 1997, 100f. 109f. 111).

515 ≈ *Od.* 3.378, 'Hes.' *Sc.* 197. — **Διὸς θυγάτηρ:** 128n. — **κυδίστη:** Superlativ zu κυδρός 'mit höchstem κῦδος (Stärke, Ausstrahlung, Autorität) ausgestattet', nur hier und Hes. *Op.* 257 (κυδρή) nicht in direkter Rede (1.122n.); zu κῦδος vgl. 95n.; zum Gebrauch von Superlativen auf -*isto*- als Götter-Epitheta (idg. Sakralsprache) 2.412n.; WEST 2007, 129f. — **Τριτογένεια:** anstelle des Eigennamens verwendetes Beiwort der Athene (3× *Il.*, 1× *Od.*, 3× Hes.; *hom.h.* 28.4 West Τριτογενῆ), Entstehung und genaue Bed. ungeklärt; "anscheinend 'die am Triton [...] Geborene'" (Triton war ein Fluß in Böotien), analog etwa zu Κυπρο-γένεια 'die bei Zypern Geborene' (= Aphrodite): LfgrE s.v.; das Zitat 632.25); mehr Spekulationen bei KIRK zu 513–16; WEST zu *Od.* 3.378, beide mit Lit.

516 1.VH = 445 (s.d.); 2. VH ≈ 12.268, 13.229. — **μεθιέντας ἴδοιτο:** 240n.

517–526 Einzelnahkampfschilderung F (s. die Übersicht in 457–544n.): Der Grieche Diores wird vom troischen Bundesgenossen (Thraker) Peirōs getötet. – Auf die Paränese Apollons reagiert der Thraker Peirōs: er zerschmettert dem Epeier (aus der Nordwest-Peloponnes) Diores den rechten Knöchel und Unterschenkel mit einem großen Feldstein und tötet den Umgestürzten dann aus der Nähe durch einen Speerstich in den Unterleib. – Die Heftigkeit der Kämpfe geht in den von steigendem Vernichtungswillen zeugenden Tötungen in den Schilderungen F und G in Hemmungslosigkeit, ja Brutalität über: Ein einziger tödlicher Schlag genügt nicht mehr. Der Feind wird zuerst durch einen Vorbereitungswurf (F: Stein, 518; G: Wurfspieß, 527) kampfunfähig gemacht und danach durch Stich (F: Unterleib, 525) bzw. Schwerthieb (G: Bauchmitte, 531) aus unmittelbarer Nähe abgestochen bzw. hingemetzelt (zum Motiv 'Gegner stirbt erst nach dem zweiten Treffer' wie noch in 5.580ff., 14.487ff., 20.457ff., 20.478ff. [jeweils Tötung am Schluß mit dem Schwert], gesteigert in 16.784–867, s. FENIK 1968, 23. 61; MUELLER [1984] 2009, 79; SAUNDERS 2004, 4. 6). Die Detailliertheit der Verwundungen wird größer: Gedärm tritt aus (F, 525f.), ein Spieß bleibt in der Lunge stecken (G, 528). Das Grauen steigert sich. Die Ankündigung des Wolfsgleichnisses aus 471f. – 'wie Wölfe sprangen sie einander an' – wird bildhaft konkretisiert. Es sind Bilder menschlicher Verrohung. Ihre Botschaft lautet: Das ist Krieg!

517 Diores: Amarynkeus' Sohn (oder Enkel: 2.622n.) Diores ist der dritte von vier Anführern des Epeier-Kontingents (2.620–624n.). Amarynkeus ist Herrscher der Epeier in der Nordwest-Peloponnes (zu den Epeiern 2.619n., zu Amarynkeus 2.622n.).

---

514 ὣς φάτ(ο): zur augmentlosen Form R 16.1; zum Medium R 23. — πτόλιος: zum Anlaut πτ- R 9.2; zur Flexion R 11.3. — αὐτάρ: adversativ (R 24.2).

516 ὅθι (μ)μεθιέντας: zur Prosodie M 4.6 (hier zudem an Zäsurstelle: M 8). — ὅθι: 'wo'; als Einleitung zu einem Obj.-Satz zu ὦρσε zu verstehen. — μεθιέντας: zu beziehen auf Ἀχαιούς. — ἴδοιτο: iterativer Opt.; zum Medium R 23.

ἔνθ(α): 'da' (473n.). — Ἀμαρυγκείδην: Patronymikon (vgl. 458n.). — μοῖρ(α): zur Bed. 170n. — ἐπέδησεν: Denominativum von πέδη (dieses zu πούς 'Fuß') 'Fußfessel', also eigtl. 'fesselte ihm die Füße', d.h. nahm ihm die Bewegungsfreiheit (so daß er 522f. zu Boden stürzt und dadurch zum leichten Opfer des Feindes wird); von μοῖρα als Agens, ebenfalls am VE 22.5 (wie hier, von Hektor); *Od.* 11.292 (κατὰ μοῖρα πέδησε). Zur übertragenen Bed. 'umstricken, in einer bestimmten Denk-/Handlungsweise/'Ideologie' fesseln' > 'verblenden' (z.B. von der 'Ate', der Gottheit der Verblendung) s. 19.94n. a.E.; idg. Parallelen bei WEST 2007, 489.

518 Stein: Steine als Waffen werden häufig eingesetzt, wenn Speere/Wurfspieße gerade verschossen sind; zu den Steinen als (nicht immer tödlichen) Waffen stärkerer Helden 16.411n., mit Lit.; zur Beschreibung der Steine 16.735n. Verletzungen durch scharfkantige Steine "haben immer verheerende Folgen" (mit weiteren Belegen): 16.735n.

χερμαδίῳ: 'Stein, Feld- oder Schleuderstein' (zur fast ausschließlichen Position des Wortes am VA KIRK zu 518). — ὀκριόεντι: 'spitzig, scharfkantig' (LfgrE); zur Wortbildung mit erweitertem Suffix -όεις zu einem erst bei Hippokrates belegten Subst. ὄκρις 'Spitze' (LSJ; vgl. ἄκρος) s. RISCH 152; HEUBECK (1960) 1984, 492.

519 2. VH von der Zäsur C 1 an ≈ 7.13, 17.140. — **Thraker-Führer:** Die Thraker sind Verbündete der Troianer; zu ihrer insgesamt unbedeutenden Rolle im Kampf und zu ihrem Gebiet 2.844n.

κνήμην δεξιτερήν: 'rechtes Schienbein' (LASER 1983, 16); das Schienbein wird auch in 21.591 getroffen (durch göttliche Abwehr erfolgt aber kein weiterer, tödlicher Angriff). — ἀγός: 265n.

520 ≈ 5.44, 17.350, 20.485 (von Rhigmos, Sohn des Peirōs). — **Peiros:** In 2.844 Peiroos genannt; Sohn eines sonst unbekannten Imbrasos, zusammen mit einem Akamas Anführer der Thraker westl. des Hellespont (= Dardanellen): 2.844n. — **Ainos:** nur hier im fgrE belegte sehr alte Stadt, heute türk. *Enez*, im Mündungsgebiet des Hebros (= ngr. Εὖρος/Evros, bulg. *Maritza*), der heute die Grenze zwischen Griechenland und der Türkei bildet (DNP).

521 ἀμφοτέρω ... τένοντε: 'beide Sehnen, das Sehnenpaar' (zu τένων, eigtl. Ptz. Aor. zu τείνω mit der Bed. 'Sehne, Band, Muskel' 16.587n. mit Lit.; LfgrE); ebenso sind die Sehnen, die den Kopf bzw. das Hüftgelenk halten, paarweise genannt (10.456, 14.466, 'Hes.' *Sc.* 419 bzw. *Il.* 5.307 ἄμφω κέρσε/ῥῆξε τένοντε am VE; außerdem 22.396 von den Achillessehnen; FAESI; KIRK). Inwieweit hier tatsächliche anatomische Kenntnisse des Bewegungsapparats zugrunde liegen, ist nicht zu sagen; auffällig ist eine "gewisse Neigung zu

---

518 βλῆτο: medialer Aor. mit pass. Bed. ('er wurde getroffen').

519 κνήμην: Akk. der Beziehung (R 19.1).

520 Αἰνόθεν: zur Form R 15.1. — εἰληλούθει: = Plpf. zu ἐλθεῖν; zur metr. Dehnung des υ im Perf.-Stamm ἐληλυθ- R 10.1.

521 ἀμφοτέρω ... τένοντε: Duale, neben Pl. ὀστέα: Dual- und Pluralformen können frei kombiniert werden (R 18.1).

formelhafter Verwendung des Duals ἄμφω τένοντε", und der Verfasser der vorl. Stelle "scheint das 'Sehnenpaar' mehr auf die anatomisch interessant klingende Formel als auf konkrete Vorstellungen" zu stützen (LASER 1983, 11). — λᾶας ἀναιδής: Zur Form λᾶας mit Diektasis 3.12n. Das Possessivkompositum ἀναιδής bed. 'rücksichtslos, ohne Scheu, respektlos' (zu αἰδώς 1.149n., 6.442n.); als Epitheton von λᾶας noch Od. 11.598 (ebenso am VE) im Zusammenhang mit der Sisyphos-Szene: der hochgerollte Stein rollt, oben angelangt, immer wieder zurück. Dies und ἀναιδέος ... πέτρης in Il. 13.139 (vom Steinschlag) legen die spezielle Bed. 'hemmungslos' von ἀναιδής nahe (LfgrE s.v. ἀναιδής); vgl. auch 126 μενεαίνων vom Drang einer Waffe (124–126n.). Ob die Vermenschlichung hier ganz ernst oder – trotz der Makabrität – mit für einen Augenblick leicht amüsiertem Kopfschütteln gesungen/rezitiert wurde, ließe sich nur als Augen- und Ohrenzeuge des jeweiligen Sängers/Rhapsoden entscheiden.

522 2. VH = 13.548, 15.434, 16.289; ≈ Od. 18.398 (ferner Il. 4.108, 7.145/11.144/12.192, 7.271). — ὕπτιος ἐν κονίῃσιν: zur formelhaften Junktur in Kampfszenen 108n.; ἐν κονίῃσιν ist Junktur an versch. Verspositionen (16.289n.). — ἄχρις: Die Bed. ist umstritten, da ἄχρις nachhom. als Präp. in der Form ἄχρι (meist mit Gen.) fast wie μέχρι offenkundig 'bis, bis zu' bedeutet. Aber auch in 16.324 läßt sich das Wort, wie hier, nur als Adv. mit der Bed. 'gänzlich, vollkommen' verstehen (LfgrE; eine Erklärung zur Bed.-Entwicklung bei KIRK). — ἀπηλοίησεν: zu ἀλοιάω 'schlagen' (nur noch 9.568); mit verstärkendem ἀπό: 'abschlagen' (LfgrE s.v. ἀλοιάω); in Verbindung mit ἄχρις die Wucht des Steins hervorhebend (schol. D), wohl 'völlig zerschmettern'.

523 = 13.549; vgl. 14.495, 21.115, Od. 5.374, 9.417, 24.397. — Das Ausbreiten der Arme von schwer getroffenen Kriegern, die niedersinkend einen Halt suchen, drückt in der Regel (verzweifelte) Hilflosigkeit und Entsagung kurz vor dem Tode aus (14.495b–496a n.); auch dies dürfte hier im Vordergrund stehen, auch wenn der Krieger rücklings niederfällt und die Geste auch einen Appell an die Gefährten um Bergung des Leichnams enthalten mag (so AH; vorsichtig KIRK). Eine verwandte, aber doch etwas andere Nuance der dahinterstehenden Gefühlslage offenbart die Geste in 21.115f.: Lykaon, vom zum Todesstreich bereiten Achilleus an die Vergänglichkeit auch des Größten, Stärksten, Schönsten erinnert, akzeptiert seinen Tod und läßt sich von Achilleus töten (vgl. THORNTON 1984, 138f.: "Lycaon understands and complies. When he lets go off the spear and the 'knees' in spreading out his arms he gives up his claim to life, and accepts death willingly, and Achilles kills him.").

κάππεσεν: 17× im hom. Epos am VA (16.290n., mit Variante). — ἑτάροισιν: Dat. des Ziels (CHANTR. 2.68).

---

523 κάππεσεν: = κατ-έπεσεν (R 20.1, R 16.1). — ἄμφω χεῖρε: Akk. Dual. — πετάσσας: zum -σσ- R 9.1.

524 1. VH = 13.654; 2. VH ≈ 5.617. — θυμὸν ἀποπνείων: ebenso am VA 13.654; ähnl. 16.468, 20.403 (θ. ἀίσθων/ἄισθε). Das Atmen wird hier mit dem Bewußtsein und dem Leben verbunden; vgl. ἀμπνύθη im Zusammenhang mit der Rückkehr aus der Ohnmacht z.B. in 14.436 (Hektor), 22.475 (Andromache): LfgrE s.v. πνέω 1301.33ff. θυμός wird hier in der urspr. Bed. '(warmer) Lebenshauch' verwendet (vgl. ai. *dhumah* 'Rauch'; dt. 'sein Leben aushauchen'): 16.410n. mit Lit.

525–526 525: 2. VH = 21.180; 526 = 21.181; 2. VH = 461, 503, 6.11, 13.575, 14.519, 15.578, 16.316, 20.393, 20.471; ≈ 16.325, *h.Ap.* 370. — **heraus … | … alle Därme:** Die Experten sind geteilter Meinung: "[…] weniger glaubhaft, aber ethnographisch belegbar, nach einem Stoß mit der Lanze" (LASER 1983, 51, s. auch Anm. 116 [Verweis auf einen Eingeborenen-Bericht: "Infolge eines Lanzenstichs waren auch ihm die Baucheingeweide vorgefallen. Die eingeborenen Doktoren putzten ihm zuerst die Eingeweide, brachten sie ⟨dann⟩ in die Bauchhöhle zurück"]). Dagegen die andere Meinung: "Guts can come out of the belly through an open slash which gapes open, most likeley the small bowel, loops of which are mobile anterior in the abdominal cavity. But they cannot come out through a puncture wound, and surely not through a puncture wound which is still plugged by the spear" (SAUNDERS 2003, 151). Folgerichtig ordnet SAUNDERS a.O. 147–151, wie schon FRIEDRICH 1956, 71 vor ihm, die vorl. Schilderung unter 'Pseudorealismus' ein. Zu weiteren ausgefallenen Beschreibungen der körperlichen Folgen einer Verwundung mit sehr anschaulicher Wirkung s. 16.504n. (mit Lit.).

οὖτα δὲ δουρί: hier im Versinnern, in 16.820 am VE als Variante zur Formel οὖτασε δουρί (12× *Il.* am VE, 14.443 im Vers-Innern, wie hier nach der Zäsur A 3; HIGBIE 1990, 174–176; 14.443n.). οὐτάω bed. 'mit einer Stoß- oder Hiebwaffe treffen' (im Nahkampf; 16.24n. zur Abgrenzung von βάλλω), hier 'eine Wunde (durch einen Stich mit dem Speer) schlagen', was auf *Massennah*kampf hinweist. Zum athemat. Wurzelaor. οὖτα 6.64n. — **παρ' ὀμφαλόν:** also in den Unterleib; zu παρά mit Akk. zur Angabe des verwundeten Körperbereichs CHANTR. 2.122. — **χύντο χαμαὶ χολάδες:** Die Alliteration unterstreicht wohl den Effekt. — **σκότος ὄσσ' ἐκάλυψεν:** 461n.

527–531 Einzelnahkampfschilderung G: Peirōs, der thrak. Bundesgenosse der Troer, wird vom Griechen Thoas getötet. – Zum erstenmal wird ein Schwert eingesetzt (530), was zusammen mit dem Hinweis auf die Nähe (529) erneut auf den *Massennah*kampf hinweist.

527 2. VH ≈ 16.411, 16.511, 20.288. — **Thoas:** Anführer des aitol. Kontingents, ohne besondere Rolle, aber mit einer gewissen Autorität (zu Thoas mit einer Erklärung für seine Stellung 2.638n., zum Gebiet der Aitoler 2.638–644n.).

---

524 ἀποπνείων: zur metrischen Dehnung (-ει- statt -ε-) R 10.1. — περ: hebt ἔβαλεν hervor (R 24.10).

525–526 οὖτα: 3. Sg. Aor. (↑). — ἐκ … | χύντο: sog. Tmesis (R 20.2); 'heraus … ergossen sich, heraus … quollen'. — τὸν … ὄσσ(ε): 503n.

ἐπεσσύμενος βάλε δουρί: Zur Verbindung der Junktur βάλε δουρί mit einem vorange-
stellten Partizip s. 501n. ἐπεσσύμενος ist Ptz. Perf. zu ἐπισεύομαι 'heranstürmen'; zum
Akzent CHANTR. 1.190; zur schwankenden Überlieferung zwischen dem Nom. (hier nur
Lesart Aristarchs) und dem Akk., auch in den Iterathalbversen, s. den *app. crit.* von WEST.

528 1. VH ≈ 5.145, 11.108; 2. VH ≈ 20.486; vgl. 5.616. — **über der Warze:** Zu
Brustverletzungen 480n. Die nachträgliche Präzisierung der Körperstelle ist ver-
breitet (ebenso bei Verwundungen: 480, 5.291, 7.12, 11.579, 13.388, 15.433;
LfgrE s.v. μαζός) und trägt zur Anschaulichkeit bei (525–526n.).

στέρνον: 106b n. — πλεύμονι: ererbt, mit lat. *pulmo* verwandt, hom. *hapax*[P] (LfgrE); zu
der Diskussion um die vorherrschende Bezeichnung der Lunge s. 16.481n. (zu φρένες) und
24.514n. (zu πραπίδες); zur Schreibweise mit λ s. WEST 1998, XXXIV. — χαλκός: die
eherne Spitze, die auch die Tülle umfaßte (3.348n.; FRANZ 2002, 66); der Speer steckt also
tief in der Lunge.

529 1. VH = *Od.* 15.95; ≈ (mit ῥα οἱ) *Il.* 16.820; (mit δέ σφ') 24.283, *Od.* 8.300, 15.57,
20.173, 24.99, 24.439, 'Hes.' *Sc.* 325. Die Formel der 1. VH bez. nur hier und 16.820 eine
feindliche Absicht. — ὄβριμον ἔγχος: VE-Formel (insges. 13× *Il.*); das Epitheton bed.
'groß, massig, wuchtig' (453n.).

530 2. VH ≈ 12.190, 14.496, 20.284, 21.116. — ξίφος ὀξύ: in der Ilias nur am VE verbreitete Junktur (s. Iterathalbverse, dazu noch *Od.* 21.431), ferner 11× *Od.* im Vers-Innern; häufig verbunden mit ἐρυσσάμενος.

531 1. VH ≈ 21.180; vgl. das VE von 17.313. — γαστέρα τύψε μέσην: zu den oft tödlichen
Verwundungen im Unterleib und den gr. Begriffen für ihre Lokalisierung s. 492n. (zu
βουβῶνα); auf die besonders gefährdete Körper*mitte* wird auch sonst hingewiesen (13.372,
13.398, 13.506, 17.313). — ἐκ δ' αἴνυτο θυμόν: αἴνυμαι bed. 'nehmen' (dazu auch αἰτέω:
LfgrE; FRISK); zur Bed. von θυμός 524n. Die hier vorl. Variante der VE-Formel ἐξαίνυτο
θυμόν (5.155, 5.848, 20.459; nur αἴνυτο θ. *h.Merc.* 434, mit anderer Bed.) ist eine Umschreibung für 'töten'. Das erneute ἐκ in Tmesis vor der Zäsur C 2 wie in 529 steigert wohl
rhetorisch den Nachdruck (vgl. die Anapher von ἐκ am VA in 1.436–439, s.d.).

532–535 Zum Motiv der Spoliierung s. 465–466n.; zum Kampf um eine Leiche (die
von den Angehörigen der eigenen Kriegspartei vor Schändung geschützt werden
soll) 16.492–501n. (Kampfparänese), 16.538–683n. (Stellen).

---

528 στέρνον: Akk. der Beziehung (R 19.1). — πάγη: 'blieb stecken'; Aor. Mediopass. zu
πήγνυμι; zur augmentlosen Form R 16.1.

529 δέ (ϝ)οι: zur Prosodie R 4.3. — οἱ = αὐτῷ (R 14.1); Dat. abh. von ἀγχίμολον, 'nahe zu
ihm hin'.

530 στέρνοιο (ϝ)ερύσσατο: zur Prosodie R 4.3; hier zudem an Zäsurstelle. — ἐρύσσατο:
zum -σσ- R 9.1.

531 μέσην: prädikativ ('in der Mitte'). — ἐκ … αἴνυτο: sog. Tmesis (R 20.2).

532 οὐκ ἀπέδυσε· περίστησαν γὰρ ἑταῖροι: Kontaktstellung der beiden Verben: '(die Rüstung aber) nahm er *nicht* ab – *herum* stellten sich die Gefährten'; steht für den Zusammenprall und Rückstoß im Kampf um den Leichnam.

533 2. VH = 9.86; ≈ Hes. *Th.* 186, *Il.* 7.255. — **ἀκρόκομοι:** iliad. *hapax*[P] und sonst nur bei Hipponax *fr.* 115.6 West, ebenfalls von den Thrakern; Possessivkomp., zusammengesetzt aus den Elementen ἄκρος und κόμη, bed. wohl '(nur) an der Spitze des Kopfes Haare habend', d.h. mit einem Haarknoten (Dutt) über dem Scheitel (LfgrE) oder einem Büschel über dem sonst geschorenen oder rasierten Schädel (vgl. 2.542 von den Abanten ὄπιθεν κομόωντες, d.h. mit vorne kurzen Haaren; MARINATOS 1967, 3). — **δολίχ' ἔγχεα:** δολιχός 'lang' ist ein Epitheton von ἔγχος in der vorl. Halbvers-Formel (s.o.) und von δόρυ in 13.162, 17.607 (jeweils ἐν καυλῷ ἐάγη δ. δ.) und 15.474, *Od.* 19.448 (LfgrE); zur viel häufigeren metr. Variante δολιχόσκιον ἔγχος (vor allem als VE-Formel) 3.346n.

534 = 5.625 (von Aias, ebenfalls im Zusammenhang mit Spoliierung). — Emphatisches Polysyndeton, das den Gegensatz zum folgenden ὦσαν (535) verstärkt (AH; Parallelen: 16.636, 16.639, s.dd.). — **ἴφθιμον:** wohl seit jeher als 'kraftvoll, stark' verstanden (LfgrE, mit Scholien und Lit.). — **ἀγαυόν:** generisches Epitheton[P]; sehr positiv wertend für Freund wie Feind, aber auch für Götter gebraucht; Grundbedeutung (zu ἄγαμαι 'sich wundern') wohl 'bewundernswert', darüber hinaus aber in die Richtung des lat./dt. *nobilis*, 'nobel' gehend, etwa 'vornehm'; häufig die Troer bezeichnend (16.103n.).

535 = 5.626; 13.148; 1. VH ≈ 13.688. — **stießen:** mit den 533 erwähnten Lanzen gegen Thoas' Schild (AH).

πελεμίχθη: πελεμίζω bed. eigtl. 'zum Zittern, Wanken bringen', von Personen wie hier und in den Iteratversen und 16.108 sowie von Speeren (16.107–108n.; 16.611–612n.); hier pass. mit χασσάμενος wohl 'schwankte hin und her' (ohne getötet zu werden): LfgrE s.v. πελεμίζω.

536–538 Abschluß der Einzelkampfschilderungen F und G: Thoas hat sich wankend in Sicherheit gebracht. Am Boden bleiben zwei Tote zurück: Diorēs und Peirōs. Sie liegen – zwei Anführer (538) – 'im 'Heldentod' 'friedlich' hingestreckt nebeneinander – ein in der Ilias einzigartiges Bild: "[...] the tableau is strongly pictorial [...] their symbolic opposition and union in death are stressed by the formal antithesis of 537" (KIRK).

536 ≈ 544. — **ἐν κονίῃσι:** 522n. — **τετάσθην:** (Med.-)Pass. v. τείνω mit der Bed. 'ausgestreckt werden/liegen' von einem Leichnam neben 544 auch in 13.655 (Vergleich mit einem Wurm), 21.119 (Lykaon): LfgrE s.v. τείνω 345.59ff. – Der Dual – da doch der Plural

---

532 περίστησαν: = περιέστησαν (zur augmentlosen Form R 16.1).

534 οἵ (ϝ)ε: zur Prosodie R 4.3. — ἑ: = αὐτόν (R 14.1). — περ: konzessiv (R 24.10). — ἐόντα = ὄντα (R 16.6).

535 σφείων = ἑαυτῶν (R 14.1). — χασσάμενος: Aor. zu χάζομαι ('zurückweichen'); zum -σσ- R 9.1.

536 ὥς: = οὕτως. — τώ: Nom. Dual; demonstr.-anaphor. Pronomen (R 14.3). — τετάσθην: 3. Dual Plpf. Mediopass. zu τείνω ('beide lagen ausgestreckt da').

(τέτανто, wie 544) ebenfalls möglich gewesen wäre – verbucht, nach außen unbewegt, trauernd und tröstlich zugleich die Gleichheit aller im Tode.

537 2. VH ≈ 11.694. — Dieselbe Struktur mit ἤτοι ὃ μὲν ... ὃ δ(ὲ)... findet sich in 14.391 (ebenfalls in einer Zusammenschau), 14.405 (dort ebenfalls nach τετάσθην); weitere Verse mit der disjunktiven Gegenüberstellung ὃ μὲν ... ὃ δ(ὲ) ... bei VISSER 1997, 571 Anm. 28. — ἤτοι ὃ μέν: VA-Formel (16× *Il.*, 3× 'Hes.'). — χαλκοχιτώνων: 199n.

538 2. VH ≈ 15.224. — Die abschließende Bemerkung bezieht sich lediglich auf die beiden letzten Einzelkämpfe F und G: Um die Anführer der beiden Kontingente der Thraker (Peirōs) und der Epeier (Diores) herum lagen noch viele andere Tote. Über die *gesamte* erste Schlacht-Phase der bis hierher vollkommen logisch und zielbewußt angelegten *ménis*-Handlung ist damit noch nichts gesagt. Die Fäden der Handlung liegen jetzt offen da. Apollon in seiner Paränese hat es mit der Erwähnung des *derzeit* nicht mitkämpfenden Achilleus deutlich gesagt (512f.). Die Frage bleibt offen: Wie wird es weitergehen? Die Antwort folgt in 5.1ff.: Diomedes' Aristie setzt ein.

539–544 Wechsel in die Vogelperspektive II (s. die Tabelle in 457–544n.): Besichtigung des Schlachtfeldes durch einen Anonymus unter Athenes Führung (539–542) und vorläufiges Schlußwort des Erzählers (543f.). – Über diese Partie ist seit Bentley und Heyne, also seit dem ausgehenden 18. Jh., heftig gestritten worden: Sind 543f. echt oder unecht? (Athetese von 543f.: *app. crit.* von WEST; 543n.). Ist überdies vielleicht sogar die ganze Partie 539–544 unecht? Ein ermüdetes Schlußwort eines nach einer Pause lechzenden Rhapsoden? Die bis etwa 1880 vorliegende Echtheitsdebatte hat 1882 Carl HENTZE zusammengefaßt (AH, Anh., Einleitung zum 4. Gesang, S. 26f.) und sich den Athetesen-Befürwortern angeschlossen. Hundert Jahre später, 1985, hat KIRK ebenso geurteilt und u.a. die Antiklimax bei Beibehaltung von 539–544 zu bedenken gegeben (KIRK zu 539–44 a.E.). WEST (2011, 150 [zu 539–44 u. 543–4]) hält die 6 Verse für eine wahrscheinlich ("probably") vom Originaldichter ('P' [= 'Poet']) nachträglich selbst eingefügte, als "panoptic summary of the situation" für eindrücklicher ("more striking") gehaltene Variante seiner eigenen ursprünglichen Schlußverse 536–538 – macht aber danach auch noch (ohne explizite Stellungnahme) auf WILAMOWITZ' Ansicht aufmerksam, die Verse seien "von den Rhapsoden zur Abrundung des Δ zugefügt" worden (WILAMOWITZ 1916, 282 Anm. 2).

Eine Zusammenstellung der seit V. 74 erzählten Athene-Auftritte läßt die Zweifel an der Ursprünglichkeit der ganzen Partie 539–544 *an der vorliegenden Stelle* der Erzählung gerechtfertigt erscheinen: (1) Athene bringt Pandaros dazu, den Waffenstillstand zwischen den beiden lagernden Fronten zu brechen (74–104); (2) als daraufhin der zuvor unterbrochene Kampf wieder begonnen hat, sich im folgenden Massennahkampf zugunsten der Griechen entwickelt (erheblicher Geländegewinn der Griechen: 507a) und Apollon die

---

538 περί: hier adverbiell gebraucht ('ringsum').

Troer daraufhin nachdrücklich zum Widerstand hat aufrufen müssen (507b–514a), geht Athene mitten in den Nahkampf hinein (ἐρχομένη καθ' ὅμιλον 516) und ermutigt jeden Einzelnen – woraufhin der Massennahkampf neu entbrennt und zu z.T. extensiv geschilderten exemplarischen sieben Tötungen führt, die abgeschlossen werden mit den bilanzierenden Worten des Erzählers πολλοὶ δὲ περὶ κτείνοντο καὶ ἄλλοι (538). (3) Da der Kampf über die *ganze* Front also nach wie vor unentschieden steht, entschließt sich Athene 6 Verse später zu einer weiteren Intervention: sie wählt den Griechen Diomedes als 'Wellenbrecher' aus, gibt ihm Kampfeslust und Mut (5.1–2) und treibt ihn so zu einem für alle anderen Griechen beispielgebenden Einzel-Vorstoß ('Aristie') an (zunächst Ausschaltung der Dares-Söhne Phegeus und Idaios: 5.9ff.), der die Griechen mutig, die Troer aber derart mutlos macht (5.27–29), daß sie sich zur Flucht wenden (5.37). (4) In der folgenden langen Fluchtphase der Troer agiert Athene immer wieder als Antreiberin der Griechen (28 explizite Namensnennungen allein im 5. Gesang, s. *Index nominum* bei WEST s.vv. Ἀθηναίη, Ἀθήνη). (5) Als Hektor durch eine flammende Paränese die Troer zum Stehenbleiben, zur Wende und zu neuer Frontbildung gebracht hat (5.497), greift Athene (zusammen mit Hera) wieder persönlich in den zähen Kampf ein und bringt Diomedes dazu, den Troerfreundlichen Kriegsgott Ares zu verwunden und so aus der Schlacht zu vertreiben (5.793ff.) – woraufhin der Frontenkampf in der Ebene neu beginnt und hin und her wogt (6.1–4: ἔνθα καὶ ἔνθ' ἴθυσε μάχη πεδίοιο 6.2). (6) Als schließlich die Griechen die Troer bis fast vors Skäische Tor zurückgedrängt haben und Hektor keinen anderen Ausweg mehr sieht, als seine Mutter Hekabe in der Stadt um ein Opfer für Athene auf der Pergamos zu bitten, und dieses Opfer dann dargebracht worden ist – lehnt Athene jede Hilfe kategorisch ab (ἀνένευε δὲ Παλλὰς Ἀθήνη 6.311). – Diese (hier stark geraffte) Nachzeichnung offenbart eine strikt logische, zielsichere Erzählstrategie, in der die Athene-Figur vom Erzähler über 1291 Verse hinweg (4.72–6.311) als voll konzentriert auf das Schlachtgeschehen fokussierte Lenkerin der Haupthandlung präsentiert wird. Es ist nicht vorstellbar, daß derselbe Erzähler dieselbe handlungsbestimmende Athene-Figur zwischendurch (4.539–544) als eine Art Kommunikationsoffizierin in Fremdenführer-Funktion für einen 'Frontreporter' fungieren läßt (en passant bemerkt auch von WEST 2011, 150 [zu 543–4]) – noch dazu in einer Schlachtphase, wie sie an dieser Stelle gar nicht vorliegt; denn eine 'Mitte' zwischen den Fronten (κατὰ μέσσον 541 [s.d.]), durch die Wurfgeschosse (βελέων … ἐρωήν 542) fliegen könnten, gibt es *hier* gar nicht, da die beiden Heere sich nicht mehr im Wurfkampf-, sondern bereits im Massennahkampfstadium befinden (auf den vorangegangenen Frontenzusammenstoß [446–451] hatte der Erzähler seit V. 220 über die *Epipṓlēsis* und die lange Anmarschschilderung von V. 422 an konsequent hingearbeitet). Von diesem zielsicher arbeitenden Erzähler können die Vv. 539–544 demnach nicht stammen. Sie sind aber auch keine rhapsodische Original-Erfindung. Sie sind vielmehr eine – von wem auch immer – später hinzu'gedichtete' Variante eines offenbar alten oral poetry-Versatzstückes, von dem zwei weitere Varianten noch erhalten geblieben sind (s. KIRK zu 539) in 13.126–128 (φάλαγγες | καρτεραί, ἃς οὔτ' ἄν κεν Ἄρης ὀνόσαιτο μετελθών | οὔτέ κ' Ἀθηναίη λαοσσόος) und in 17.397–399 (μῶλος ὀρώρει | ἄγριος· οὐδέ κ' Ἄρης λαοσσόος οὐδέ κ' Ἀθήνη | τόν γε ἰδοῦσ' ὀνόσαιτ[ο]). Wie wenig professionell diese hier eingefügte, um einen Anonymus erweiterte Versatzstück-Variante überdies gearbeitet ist, zeigen (u.a.) die beiden darin enthaltenen vielumstrittenen Fehler in 542 (αὐτάρ [bis auf 23.694, auch dort aber schon in der Antike beanstandet] singulär mit αὐ- in der *Thesis* statt regulär in der *Arsis*) und in 543 (ἤματι κείνῳ, wozu s.d.). Wird somit 539–544 aufgrund dieser Irregularitäten ausgeschieden, schließt 5.1 mit ἔνθ(α) ebenso normgerecht an den Nahkampf-szenen-Abschluß 538 an wie zuvor 473 an 472 (im Endeffekt ebenso: KIRK zu 543–4). – Der Grund für den Einschub 539–544 könnte tatsächlich (wie auch von LEAF zu 543 mit Berufung auf P. Knight vorgeschlagen) der Rhapsoden-Wunsch nach Beendigung eines Teil-Vortrags gewesen sein ("a rhapsodist's 'tag' […] of a day's recitation"). Dafür spräche das Faktum, daß mit demjenigen Vers, den wir als 5.1 bezeichnen, eine offenbar weitver-breitete neue rhapsodische Vortragseinheit begann, die als Διομήδεος ἀριστείη bekannt war (Hdt. 2.116.3) und die Herodot zufolge, da er aus ihr auch noch die heutigen Verse 6.289–292 zitiert, mindestens bis zum heutigen Vers 6.311 gereicht haben mag (zu diesem Vers s.o.). Je nach Stimmung des Rhapsoden und seines Publikums hätte dann der Vortrag entweder *mit* dem 'tag' 539–544 beendet oder *ohne* das 'tag' fortgesetzt werden können (im Prinzip ebenso WEST a.O.: "The text would be satisfactory without 536–8 or without 539–44"). Die Alexandriner schließlich hätten das 'tag' aus ihnen vorliegenden Manuskrip-ten zur beliebigen Verwendung durch Rhapsoden übernommen und so der Nachwelt über-liefert.

539 2. VH ≈ 13.127. — Ein erfahrener 'Kriegsberichterstatter' wäre also mit dem Resultat der von ihm zu beurteilenden Kampfphase zufrieden gewesen. – Als Ex-perten des Krieges werden normalerweise, unabhängig von ihrer jeweiligen Par-teinahme im Krieg um Troia, die *Götter* dargestellt. *Hier* wird eine kritische Beur-teilung durch einen fiktiven *menschlichen* Beobachter vorgeführt, ähnlich wie – in anderem Zusammenhang – etwa in 6.521f. (zu Paris' Einsatzfähigkeit im Kriege). Der Hörer/Leser wird, wie in den Wendungen mit einem Narrativen Adressaten[P] (223n., 421n.), mit dem Beobachter verbunden, ins Geschehen hineingezogen und so zu einer bestimmten Beurteilung geleitet (DE JONG [1987] 2004, 58–60; Stel-lensammlung: LfgrE s.v. ἀνήρ 856.50ff. u. 72ff.).

ἔνθά κεν: zur Akzentsetzung WEST 1998, XVIII. — οὐκέτι: bereits in den Scholien bean-standet und durch οὔ κέ τι ersetzt (LEAF; s. *app. crit.* WEST); in der Tat ist οὐκέτι im vor-liegenden Zusammenhang unverständlich: hatte der Anonymus das ἔργον schon einmal be-anstandet? — ἔργον: 470n. — μετελθών: μέτ-ειμι/μετ-ελθεῖν bed. wörtlich '(jm.) nach-, hinterhergehen, (jn.) verfolgen', im übertragenen Sinne dann 'einer Sache nachgehen, eine Sache (suchend/forschend, aber auch als Beobachter) verfolgen'; so hier (und in 13.127 so-wie, bisher unbemerkt, in 14.334: 'der das verfolgt hat'): der ἀνήρ ... | ὅς τις hat das ganze Geschehen '(von außen) beobachtet' (und ist daher noch unverwundet/heil: 540).

540 ἄβλητος ... ἀνούτατος: weder durch Schuß im Fernkampf noch durch Stoß im Nah-kampf verletzt, also am Kampf bisher (ἔτι) unbeteiligt und daher neutral. – Die Wort-stämme der beiden negierten Verbaladjektive werden in 14.424 (οὐτάσαι οὐδὲ βαλεῖν) und bes. in der VE-Formel βεβλήμενοι οὐτάμενοί τε (4× *Il.*) verbunden (TRÜMPY 1950, 92; LATACZ 1977, 205). Zur emphatischen Doppelung der Wortnegation 2.447n. (mit Lit.);

---

539 κεν ... ὀνόσαιτο: Potentialis der Vergangenheit; κεν = ἄν (R 24.5). — οὐκέτι (ϝ)έργον: zur Prosodie R 4.3.

idg. Parallelen bei WEST 2007, 110. Beide Adj. sind hom. *hapax*[P]; zu weiteren Ableitungen von οὐτά(ζ)ω und zur Variante ἄουτος 18.536–537n. — **ὀξέϊ χαλκῷ:** VE-Formel (25× *Il.*, 11× *Od.*, 1× 'Hes.'); zu ihrer Verwendung v.a. in statisch-generischen Kontexten (hier generalisierendes δινεύοι) s. BAKKER 2005, 29–33.

541 1. VH ≈ 5.8, 16.285; 2. VH ≈ 10.245, 22.270, *Od.* 17.243, 21.201. — **Athene:** Daß Athene hier inkonsistent in einer ganz anderen Rolle erscheint als kurz darauf in 5.1, hat bereits WEST betont (2011, 150 [zu 543–4]): "Παλλὰς Ἀθήνη in E 1 comes oddly after 541 if composed in direct succession to it."

δινεύοι: δινεύω wie das häufigere δινέω zu δίνη 'Wirbel, Strudel', stets intrans., bed. 'sich drehen, herumstreifen' (LfgrE). — **κατὰ μέσσον:** gemeint ist die Mitte zwischen den beiden Fronten, wie ἐς μέσον ἀμφοτέρων συνίτην μεμαῶτε μάχεσθαι in 6.120, 20.159, 23.814 (vgl. 9.87); der nachhom. milit. *t.t.* lautet: μετ-αίχμιον (erster Beleg: Hdt. 6.112.1). – 'in/durch die Mitte des *Massenkampfes*' wird regelmäßig durch καθ᾿/ἀν᾿ ὅμιλον ausgedrückt, s. 516 [dazu 126n.]). — **Παλλὰς Ἀθήνη:** 78n.

542 2. VH ≈ 17.562. — Da die Verse 539–544 offenkundig als "panoptic summary of the situation" (WEST 2011, 150 [zu 539–4]) angelegt sind (s. 539–544n.), ist eine 'Tatortbesichtigung' zwischen den Fronten unter immer noch anhaltendem Dauerbeschuß, auch wenn sie an der Hand einer schützenden Gottheit stattfände, eine reichlich extravagante Idee. Zudem paßt diese Vorstellung nicht zum Schlachtstadium, das gerade im Gange ist (Näheres s.o. 539–544n.).

χειρὸς ἑλοῦσ(α): formelhafte Junktur, am VA noch 5.30, am VE 15.126 ἐκ χειρὸς ἑλοῦσα (jeweils von Athene), nach der Zäsur A 3: 21.416, *Od.* 12.33, 15.465; im Mask. insges. 3× *Il.*, 2× *Od.*

543 **πολλοὶ γάρ:** VA-Formel (noch 2.803, 5.383, 7.328, 16.448). — **Τρώων καὶ Ἀχαιῶν:** 65n. — **ἤματι κείνῳ:** VE-Formel (5× *Il.*, 2× Hes.): 'an jenem Tag'; signalisiert die vom Sprecher – bis auf 18.324 stets = Erzähler – entfernte Vergangenheit (18.324n.; DE JONG [1987] 2004, 235: 'on that remote day'). Da der hier geschilderte Tag noch längst nicht zu Ende ist, wäre die Formel hier, falls der Erzähler 5.1 unmittelbar an 544 angeschlossen hätte, ganz unpassend.

544 ≈ 536 (s.d.); 1. VH = 2.418, 6.43, 'Hes.' *Sc.* 365. — **πρηνέες:** πρηνής bezieht sich i.d.R. auf sterbende oder tote Krieger, die kopfüber zu Boden fallen bzw. (seltener) wie hier, 2.418 und 21.118 mit dem Gesicht nach unten daliegen (LfgrE).

---

541 δινεύοι: Potentialis, ebenso ἄγοι und in 542 ἀπερύκοι. — μέσσον: zum -σσ- R 9.1. — δέ (ϝ)ε: zur Prosodie R 4.3. — ἑ: = αὐτόν (R 14.1).

542 αὐτάρ: progressiv (R 24.2). — βελέων: zur unkontrahierten Form R 6.

543 ἤματι: = ἡμέρᾳ. — κείνῳ: = ἐκείνῳ.

544 πρηνέες: zur unkontrahierten Form R 6. — τέταντο: 3. Pl. Plpf. zu τείνω (vgl. 536n.).

BIBLIOGRAPHISCHE ABKÜRZUNGEN

1. Ohne Jahreszahl zitierte Literatur (Standard-Werke)

AH   Homers Ilias. Erklärt von K.F. Ameis und C. Hentze, Leipzig/Berlin [1]1868–1884 (Gesang 1–6 von Ameis, bearb. von Hentze; 7–24 von Hentze); letzte veränd. Aufl.: Bd. 1.1 (Gesang 1–3) [7]1913, bearbeitet von P. Cauer; Bd. 1.2 (4–6) [6]1908; Bd. 1.3 (7–9) [5]1907; Bd. 1.4 (10–12) [5]1906; Bd. 2.1 (13–15) [4]1905; Bd. 2.2 (16–18) [4]1908; Bd. 2.3 (19–21) [4]1905; Bd. 2.4 (22–24) [4]1906. Nachdruck Amsterdam 1965.

AH, Anh.   Anhang zu Homers Ilias. Schulausgabe von K.F. Ameis, Leipzig [1]1868–1886 (Erläuterungen zu Gesang 1–6 von Ameis, bearb. von Hentze; 7–24 von Hentze); in diesem Band zitiert: 2. Heft (zu *Il.* 4–6) [2]1882.

ArchHom   Archaeologia Homerica. Die Denkmäler und das frühgriechische Epos. Im Auftrage des DAI hrsg. von F. Matz und H.-G. Buchholz, Göttingen 1967ff.

Beekes   Beekes, R.: Etymological Dictionary of Greek, with the assistance of L. van Beek, 2 Bde. (Leiden Etymological Dictionary Series, 10), Leiden/Boston 2010.

CG   Graf, F.: Cast of Characters of the Iliad: Gods, in: Prolegomena (engl. Ausgabe) 122–139.

Chantr.   Chantraine, P.: Grammaire homérique, Paris [6]1986–1988 ([1]1942–1953) (2 Bde.).

DELG   Chantraine, P.: Dictionnaire étymologique de la langue grecque. Histoire des mots. Nouvelle édition avec, en supplément, les Chroniques d'étymologie grecque (1–10), Paris 2009 ([1]1968–1980).

Denniston   Denniston, J.D.: The Greek Particles, Oxford [2]1954 ([1]1934).

DMic   Aura Jorro, F.: Diccionario Micénico, Madrid 1985–1993 (2 Bde.).

DNP   Der Neue Pauly. Enzyklopädie der Antike, hrsg. von H. Cancik und H. Schneider, Stuttgart/Weimar 1996–2003.

Edwards   Edwards, M.W.: The Iliad. A Commentary, Vol. V: Books 17–20, Cambridge 1991 u.ö.

Faesi   Homers Iliade. Erklärt von J.U. Faesi, Leipzig [4]1864–1865 ([1]1851–1852).

Faulkner   Faulkner, A.: The Homeric Hymn to Aphrodite. Introduction, Text, and Commentary, Oxford 2008.

Fernández-Galiano Fernández-Galiano, M.: in: A Commentary on Homer's Odyssey, Vol. III: Books XVII–XXIV, Oxford 1992 u.ö. (ital. Erstausgabe 1986).

FG   Graf, F.: Zum Figurenbestand der Ilias: Götter, in: Prolegomona 115–132.

FM   Stoevesandt, M.: Zum Figurenbestand der Ilias: Menschen, in: Prolego-
                      mena 133–143.

FOR   Latacz, J.: Formelhaftigkeit und Mündlichkeit, in: Prolegomena 39–59.

Frisk   Frisk, H.: Griechisches etymologisches Wörterbuch, Heidelberg 1960–
                      1972 (3 Bde.).

G   Wachter, R.: Grammatik der homerischen Sprache, in: Prolegomena 61–
                      108.

Graziosi/Haubold   Graziosi, B. / Haubold, J.: Homer Iliad Book VI (Cambridge Greek and
                      Latin Classics), Cambridge 2010.

GT   West, M.L.: Geschichte des Textes, in: Prolegomena 27–38.

Hainsworth   Hainsworth, J.B.: The Iliad. A Commentary, Vol. III: Books 9–12, Cam-
  zu *Il.* 9–12   bridge 1993 u.ö.

Hainsworth   Hainsworth, J.B., in: A Commentary on Homer's Odyssey, Vol. I: Books
  zu *Od.* 5–8   I–VIII, Oxford 1988 u.ö. (ital. Erstausgabe 1982).

HE   The Homer Encyclopedia, hrsg. von M. Finkelberg, Chichester 2011
                      (3 Bde.).

Hoekstra   Hoekstra, A., in: A Commentary on Homer's Odyssey, Vol. II: Books IX–
                      XVI, Oxford 1989 u.ö. (ital. Erstausgabe 1984).

HTN   Latacz, J. (Hrsg.): Homer. Tradition und Neuerung (WdF, 463), Darm-
                      stadt 1979.

Hutchinson   Aeschylus: Septem contra Thebas, ed. with Introduction and Commentary
                      by G.O. Hutchinson, Oxford 1985.

Janko   Janko, R.: The Iliad. A Commentary, Vol. IV: Books 13–16, Cambridge
                      1992 u.ö.

de Jong zu *Od.*   Jong, I.J.F. de: A Narratological Commentary on the Odyssey, Cambridge
                      2001.

de Jong zu *Il.* 22   Jong, I.J.F. de: Homer Iliad Book XXII (Cambridge Greek and Latin
                      Classics), Cambridge 2012.

v. Kamptz   Kamptz, H. von: Homerische Personennamen. Sprachwissenschaftliche
                      und historische Klassifikation (Diss. Jena 1958), Göttingen/Zürich 1982.

K.-G.   Kühner, R. / Gerth, B.: Ausführliche Grammatik der griechischen Spra-
                      che. Zweiter Teil: Satzlehre, Hannover 1898–1904 (Nachdruck Hannover
                      1992) (2 Bde.).

Kirk   Kirk, G.S.: The Iliad. A Commentary, Vol. I: Books 1–4, Cambridge 1985
                      u.ö.; Vol. II: Books 5–8, Cambridge 1990 u.ö.

La Roche   Homers Ilias, für den Schulgebrauch erklärt von J. La Roche, Theil 1:
                      Gesang I – IV, Berlin 1870.

Leaf   The Iliad. Ed. with Apparatus Criticus, Prolegomena, Notes, and Appen-
                      dices by W. Leaf, London ²1900–1902 (2 Bde.; ¹1886–1888).

van Leeuwen   Ilias. Cum prolegomenis, notis criticis, commentariis exegeticis ed. J. van
                      Leeuwen, Leiden 1912–1913 (2 Bde.).

LfgrE   Lexikon des frühgriechischen Epos. Begründet von Bruno Snell. Im Auf-
                      trag der Akademie der Wissenschaften in Göttingen vorbereitet und hrsg.
                      vom Thesaurus Linguae Graecae, Göttingen 1955–2010.

LIV	Lexikon der indogermanischen Verben. Die Wurzeln und ihre Primär-stammbildungen. Unter Leitung von H. Rix und der Mitarbeit vieler anderer bearbeitet von M. Kümmel, Th. Zehnder, R. Lipp, B. Schirmer. Zweite, erweiterte und verbesserte Auflage bearbeitet von M. Kümmel und H. Rix, Wiesbaden 2001 (1. Aufl. 1998).
LSJ	Liddell, H.R. / Scott, R. / Jones, H.S.: A Greek-English Lexicon, Oxford ^{9}1940 (Nachdruck mit revidiertem Supplement 1996).
M	Nünlist, R.: Homerische Metrik, in: Prolegomena 109–114.
MYK	Wachter, R.: Wort-Index Homerisch – Mykenisch, in: Prolegomena 209–234.
NTHS	Bierl, A.: New Trends in Homeric Scholarship, in: Prolegomena (engl. Ausgabe) 177–203.
Olson	Olson, S.D.: The Homeric Hymn to Aphrodite and Related Texts. Text, Translation and Commentary (Texte und Kommentare, 39), Berlin/Boston 2012.
P (hochgest.)	Nünlist, R. / de Jong, I.: Homerische Poetik in Stichwörtern, in: Prolegomena 159–171.
Paduano/Mirto	Omero, Iliade. Traduzione e saggio introduttivo di G. Paduano. Commento di M.S. Mirto. Testo greco a fronte (Biblioteca della Pléiade), Turin 1997.
PECS	The Princeton Encyclopedia of Classical Sites, hrsg. von R. Stillwell u.a., Princeton, N.J. 1976.
Prolegomena	Homers Ilias. Gesamtkommentar: Prolegomena, hrsg. von J. Latacz, München/Leipzig ^{3}2009 (^{1}2000); engl. Ausgabe hrsg. von A. Bierl, J. Latacz und S.D. Olson, Berlin/Boston 2015.
RE	Paulys Real-Encyclopädie der Classischen Altertumswissenschaft. Neue Bearbeitung, unter Mitwirkung zahlreicher Fachgenossen hrsg. von G. Wissowa, Stuttgart 1894ff.
Richardson zu *Il.* 21–24	Richardson, N.J.: The Iliad. A Commentary, Vol. VI: Books 21–24, Cambridge 1993 u.ö.
Risch	Risch, E.: Wortbildung der homerischen Sprache, Berlin/New York ^{2}1974 (^{1}1937).
Ruijgh	Ruijgh, C.J.: Autour de 'te épique'. Études sur la syntaxe grecque, Amsterdam 1971.
Russo	Russo, J., in: A Commentary on Homer's Odyssey, Vol. III: Books XVII–XXIV, Oxford 1992 u.ö. (ital. Erstausgabe 1985).
Schadewaldt	Homer Ilias, neue Übertragung von W. Schadewaldt, Frankfurt a.M. 1975 u.ö.
Schw.	Schwyzer, E. / Debrunner, A. / Georgacas, D.J. / Radt, F. und St.: Griechische Grammatik (Handbuch der Altertumswissenschaft, 2.1.1–4), München 1939–1994 (4 Bde.).
STR	Latacz, J.: Zur Struktur der Ilias, in: Prolegomena 145–157.
ThesCRA	Thesaurus Cultus et Rituum Antiquorum, hrsg. von der Fondation pour le Lexicon Iconographicum Mythologiae Classicae (LIMC) und vom J. Paul Getty Museum, Los Angeles 2004–2014 (8 Bde. und Indices).

Wathelet	Wathelet, P.: Dictionnaire des Troyens de l'Iliade (Université de Liège. Bibliothèque de la Faculté de Philosophie et Lettres. Documenta et Instrumenta, 1), Liège 1988 (2 Bde.).
West	Homeri Ilias. Recensuit / testimonia congessit M.L. West, 2 Bde., Stuttgart u.a. 1998–2000.
West zu Hes. *Op.*	Hesiod, Works and Days. Ed. with Prolegomena and Commentary by M.L. West, Oxford 1978 u.ö.
West zu Hes. *Th.*	Hesiod, Theogony. Ed. with Prolegomena and Commentary by M.L. West, Oxford 1966 u.ö.
West zu *Od.* 1–4	West, S., in: A Commentary on Homer's Odyssey, Vol. I: Books I–VIII, Oxford 1988 u.ö. (ital. Erstausgabe 1981).
Willcock	Homer, Iliad. Ed. with Introduction and Commentary by M.M. Willcock, London 1978–1984 u.ö. (2 Bde.).

2. Textausgaben*

Alkaios (Voigt)

in: Sappho et Alcaeus. Fragmenta ed. E.-M. Voigt, Amsterdam 1971.

Alkman (Calame)

Alcman. Fragmenta edididt, veterum testimonia collegit C. Calame, Rom 1983.

'Epischer Kyklos'

- Epicorum Graecorum Fragmenta, ed. M. Davies, Göttingen 1988.
- Poetarum epicorum Graecorum testimonia et fragmenta, pars I, ed. A. Bernabé, Stuttgart/Leipzig ^{2}1996 (^{1}1987).
- Greek Epic Fragments. From the Seventh to the Fifth Century BC, ed. and transl. by M.L. West (Loeb Classical Library, 497), Cambridge, Mass. / London 2003.

'Hesiod', Fragmente (M.-W.)

- in: Hesiodi Theogonia, Opera et dies, Scutum, ed. F. Solmsen; Fragmenta selecta, edd. R. Merkelbach et M.L. West, Oxford ^{3}1990 (^{1}1970).
- in: Fragmenta Hesiodea, edd. R. Merkelbach et M.L.West, Oxford 1967.

Hipponax (West)

in: Iambi et elegi graeci ante Alexandrum cantati, ed. M.L. West, Bd. 2, Oxford ^{2}1992 (^{1}1972).

Kallimachos

- Callimachus, ed. R. Pfeiffer, Bd. 1: Fragmenta, Oxford 1949.
- Hekale auch in: Callimachus 'Hecale', ed. with introduction and commentary by A.S. Hollis, Oxford repr. 1997 (1990).

Kallinos (West)

in: Iambi et elegi graeci ante Alexandrum cantati, ed. M.L. West, Bd. 2, Oxford ^{2}1992 (^{1}1972).

---

* Angeführt sind nur Ausgaben von Werken, bei denen die Vers-, Paragraphen- oder Fragmentzählung von Ausgabe zu Ausgabe differiert.

Mimnermos (West)

   in: Iambi et elegi graeci ante Alexandrum cantati, ed. M.L. West, Bd. 2, Oxford ²1992 (¹1972).

Oidipodeia (West)

   in: Greek Epic Fragments. From the Seventh to the Fifth Century BC, ed. and transl. by M.L. West (Loeb Classical Library, 497), Cambridge, Mass. / London 2003.

   Phoronis (West)

   in: Greek Epic Fragments. From the Seventh to the Fifth Century BC, ed. and transl. by M.L. West (Loeb Classical Library, 497), Cambridge, Mass. / London 2003.

   Porphyrios (MacPhail)

   in: Porphyry's Homeric Questions on the Iliad. Text, Translation, Commentary by J.A. MacPhail Jr. (Texte und Kommentare, 36), Berlin/New York 2011.

   Proklos (West)

   in: Greek Epic Fragments. From the Seventh to the Fifth Century BC, ed. and transl. by M.L. West (Loeb Classical Library, 497), Cambridge, Mass. / London 2003.

   Sappho (Voigt)

   in: Sappho et Alcaeus. Fragmenta ed. E.-M. Voigt, Amsterdam 1971.

   Scholien zur Ilias

- Scholia graeca in Homeri Iliadem (scholia vetera), rec. H. Erbse, Berlin 1969–1988 (7 Bde.).
- Scholia D in Iliadem. Proecdosis aucta et correctior. Secundum codices manu scriptos, ed. H. van Thiel, (Elektronische Schriftenreihe der Universitäts- und Stadtbibliothek Köln, 7), 2014 http://kups.ub.uni-koeln.de/5586/ (Stand: 27.03.2017).

   Solon (West)

   in: Iambi et elegi graeci ante Alexandrum cantati, ed. M.L. West, Bd. 2, Oxford ²1992 (¹1972).

Thebais (West)

   in: Greek Epic Fragments. From the Seventh to the Fifth Century BC, ed. and transl. by M.L. West (Loeb Classical Library, 497), Cambridge, Mass. / London 2003.

   Tyrtaios (West)

   in: Iambi et elegi graeci ante Alexandrum cantati, ed. M.L. West, Bd. 2, Oxford ²1992 (¹1972).

3. Monographien und Aufsätze

*Die Zeitschriften sind nach der Année Philologique abgekürzt.**

Ahrens 1937	Ahrens, E.: Gnomen in griechischer Dichtung (Homer, Hesiod, Aeschylus), Diss. Halle 1937.
Ahrensdorf 2014	Ahrensdorf, P.J.: Homer on the Gods and Human Virtue. Creating the Foundations of Classical Civilization, Cambridge 2014.

---

*Eine kumulierte Liste findet sich unter: http://www1.uni-hamburg.de/Thesaurus/APh_List.pdf (Stand: 30.03.2017).

Albracht 1886	Albracht, F.: Kampf und Kampfschilderung bei Homer. Ein Beitrag zu den Kriegsaltertümern (Beilage zum Jahresbericht der Königl. Landes-schule Pforta 1886), Naumburg a.S. 1886 (engl. Übers.: Battle and Battle Description in the Iliad. A Contribution to the History of War. Translated by P. Jones, M. Willcock and G. Wright, London 2005).
Alden 2000	Alden, M.: Homer Beside Himself. Para-Narratives in the Iliad, Oxford 2000.
Allan 2003	Allan, R.J.: The Middle Voice in Ancient Greek. A Study in Polysemy (Amsterdam Studies in Classical Philology, 11), Amsterdam 2003.
Allan 2010	Allan, R.J.: The *infinitivus pro imperativo* in Ancient Greek. The Impera-tival Infinitive as an Expression of Proper Procedural Action, in: Mnemo-syne 63, 2010, 203–228.
Ammann 1956	Ammann, H.: Zum griechischen Verbaladjektiv auf -τος, in: ΜΝΗΜΗΣ XAPIN. Gedenkschrift Paul Kretschmer 2. Mai 1866 – 9. Mai 1956, hrsg. von H. Kronasser, Bd. 1, Wien 1956, 10–23.
Andersen 1978	Andersen, Ø.: Die Diomedes-Gestalt in der Ilias (SO, Suppl. 25), Oslo 1978.
Apthorp 1980	Apthorp, M.J.: The Manuscript Evidence for Interpolation in Homer (Bibliothek der Klass. Altertumswiss., N.F. 2.71), Heidelberg 1980.
Apthorp 1999	Apthorp, M.J.: Homer's Winged Words and the Papyri: Some Questions of Authenticity, in: ZPE 128, 1999, 15–22.
Apthorp 2003	Apthorp, M.J.: Iliad 4.188–213: P.Alex. inv. 80 + P.Berol. inv. 7119 Col. I, in: APF 49, 2003, 1–12.
Apthorp 2005	Apthorp, M.J.: Some Aberdeen Fragments of Iliad 4 Newly Joined to Fragments of Berlin and Alexandria, in: APF 51, 2005, 40–58.
Arend 1933	Arend, W.: Die typischen Scenen bei Homer (Problemata, 7), Berlin 1933.
Arnould 1990	Arnould, D.: Le rire et les larmes dans la littérature grecque d'Homère à Platon (Collection d'études anciennes, Série grecque 119), Paris 1990.
Bachvarova 2016	Bachvarova, M.R.: From Hittite to Homer: The Anatolian Background of Ancient Greek Epic, Cambridge 2016.
Bäumlein 1861	Bäumlein, W.: Untersuchungen über griechische Partikeln, Stuttgart 1861.
Baitinger 2001	Baitinger, H.: Die Angriffswaffen aus Olympia (Olympische Forschun-gen, 29), Berlin/New York 2001.
Bakker 1988	Bakker, E.J.: Linguistics and Formulas in Homer. Scalarity and the Description of the Particle 'per', Amsterdam/Philadelphia 1988.
Bakker 1997	Bakker, E.J.: Poetry in Speech. Orality and Homeric Discourse (Myth and Poetics), Ithaca/London 1997.
Bakker (1991) 2005	Bakker, E.J.: Peripheral and Nuclear Semantics, in: Bakker 2005, 1–21 (urspr. erschienen als: Peripheral and Nuclear Semantics in Homeric Dic-tion. The Case of Dative Expressions for 'Spear', in: Mnemosyne 44, 1991, 63–84).
Bakker (1999) 2005	Bakker, E.J.: The Poetics of Deixis, in Bakker 2005, 71–91 (urspr in: CPh 94, 1999, 1–19; auch in: Nagy 2001, Bd. 2, 313–331).
Bakker 2005	Bakker, E.J.: Pointing at the Past. From Formula to Performance in Ho-meric Poetics (Hellenic Studies, 12), Cambridge, Mass. / London 2005.

Bakker/van den Houten 1992 Bakker, E.J. / Houten, N. van den: Aspects of Synonymy in Homeric Diction. An Investigation of Dative Expressions for 'Spear', in CPh 87, 1992, 1–13.

Bannert 1988   Bannert, H.: Formen des Wiederholens bei Homer. Beispiele für eine Poetik des Epos (Wiener Studien, Beih. 13), Wien 1988.

Barck 1976   Barck, Chr.: Wort und Tat bei Homer (Spudasmata, 34), Diss. Hildesheim/New York 1976.

Bassett 1919   Bassett, S.E.: Versus tetracolos, in: CPh 14, 1919, 216–233.

Bassett 1934   Bassett, S.E.: The Omission of the Vocative in Homeric Speeches, in: AJPh 55, 1934, 140–152.

Bassett (1938) 2003 Bassett, S.E.: The Poetry of Homer. New Edition, ed. with an introduction by B. Heiden (Sather Classical Lectures, 15), Lanham u.a. 2003 (^{1}1938).

Bechert 1964   Bechert, J.: Die Diathesen von ἰδεῖν und ὁρᾶν bei Homer, Diss. München 1964.

Bechtel 1917   Bechtel, F.: Die historischen Personennamen des Griechischen bis zur Kaiserzeit, Halle 1917.

Beck 2005   Beck, D.: Homeric Conversation, Cambridge, Mass./London 2005.

Beck 1988   Beck, W.: Ἀργειώνη in the Hesiodic Catalog and Antimachos, in: ZPE 73, 1988, 1–7.

Becker 1995   Becker, A.S.: The Shield of Achilles and the Poetics of Ekphrasis (Greek Studies: Interdisciplinary Approaches), Lanham 1995.

Beckmann 1932   Beckmann, J.Th.: Das Gebet bei Homer, Diss. Würzburg 1932.

Bedke 2016   Bedke, A.: Der gute Ton bei Homer. Ausprägung sprachlicher Höflichkeit in Ilias und Odyssee (Orbis antiquus, 49), Münster 2016.

Beekes 2003   Beekes, R.S.P.: The Origin of Apollo, in: Journal of Ancient Near Eastern Studies 3, 2003, 1–21.

Belfiore 2009   Belfiore, E.: Rebuke and Anger in Plato's 'Apology', in: Anais de Filosofia Clássica 5, 2009, 16–29.

Benda-Weber 2005 Benda-Weber, I.: Lykier und Karer. Zwei autochthone Ethnien Kleinasiens zwischen Orient und Okzident (Asia Minor Studien, 56), Bonn 2005.

Bennett 1997   Bennett, M.J.: Belted Heroes and Bound Women. The Myth of the Homeric Warrior-King (Greek Studies: Interdisciplinary Approaches), Lanham u.a. 1997.

Benveniste 1935   Benveniste, E.: Origines de la formation des noms en indo-européen, Paris 1935.

Bergold 1977   Bergold, W.: Der Zweikampf des Paris und Menelaos (Zu Ilias Γ 1 – Λ 222) (Habelts Dissertationsdrucke, Reihe Klass. Philol., 28), Bonn 1977.

Bernsdorff 1992   Bernsdorff, H.: Zur Rolle des Aussehens im homerischen Menschenbild (Hypomnemata, 97), Göttingen 1992.

Bierl u.a. 2004   Bierl, A. / Schmitt, A. / Willi, A. (Hrsgg.): Antike Literatur in neuer Deutung. Festschrift für Joachim Latacz anläßlich seines 70. Geburtstages, München/Leipzig 2004.

Bierl 2011   Bierl, A.: Fest und Spiele in der griechischen Literatur, in: ThesCRA 7, 2011, 125–160.

Bierl 2012   Bierl, A.: Orality, Fluid Textualization and Interweaving Themes. Some Remarks on the *Doloneia*: Magical Horses from Night to Light and Death to Life, in: Homeric Contexts. Neoanalysis and the Interpretation of Oral Poetry, hrsg. von F. Montanari, A. Rengakos und Chr. Tsagalis (Trends in Classics, Suppl. Volumes, 12), Berlin 2012, 133–174.

Bierl 2016   Bierl, A.: Lived Religion and the Construction of Meaning in Greek Literary Texts: Genre, Context, Occasion, in: RRE 2, 2016, 10–37.

Bierl 2016a   Bierl, A.: Visualizing the Cologne Sappho: Mental Imagery Through Chorality, the Sun, and Orpheus, in: The Look of Lyric: Greek Song and the Visual. Studies in Archaic and Classical Greek Song, hrsg. von V. Cazzato, und A. Lardinois, Bd. 1, Leiden 2016, 307–342 (ausführlichere Fassung: Der neue Sappho–Papyrus aus Köln und Sapphos Erneuerung. Virtuelle Choralität, Eros, Tod, Orpheus und Musik, online 2009 (http://www.chs.harvard.edu/CHS/article/display/2122).

Billot 1997   Billot, M.-F.: Recherches archéologiques récentes à l'Héraion d'Argos, in: Héra. Images, espaces, cultes. Actes du colloque International du Centre de Recherches Archéologiques de l'Université de Lille III et de l'Association P.R.A.C., Lille 29–30 novembre 1993, hrsg. von J. de la Genière (Collection du Centre Jean Bérard, 15), Neapel 1997, 11–81.

Bird 2010   Bird, G.D.: Multitextuality in the Homeric Iliad. The Witness of the Ptolemaic Papyri (Hellenic Studies, 43), Cambridge, Mass./London 2010.

Blom 1936   Blom, J.W.S.: De typische getallen bij Homeros en Herodotos, I. Triaden, hebdomaden en ennneaden, Diss. Nijmegen 1936.

Blum 1998   Blum, H.: Purpur als Statussymbol in der griechischen Welt (Antiquitas, Reihe 1: Abhandlungen zur Alten Geschichte, 47), Bonn 1998.

Boedeker 1974   Boedeker, D.D.: Aphrodite's Entry into Greek Epic (Mnemosyne, Suppl. 32), Leiden 1974.

de Boel 1993   Boel, G. de: À propos des sujets inanimés chez Homère, in: Miscellanea linguistica Graeco-Latina, hrsg. von L. Isebaert (Collection d'études classiques, 7), Namur 1993, 37–69.

Böhme 1929   Böhme, J.: Die Seele und das Ich im homerischen Epos, Leipzig/Berlin 1929.

Bonifazi 2012   Bonifazi, A.: Homer's Versicolored Fabric. The Evocative Power of Ancient Greek Epic Word-Making (Hellenic Studies, 50), Washington, D.C. 2012.

Bopham/Lemos 1995 Bopham, M.R. / Lemos, I.S.: A Euboean Warrior Trader, in: OJA 14, 1995, 151–157.

Brandenburg 1977 Brandenburg, H.: Μίτρα, ζωστήρ und ζῶμα, in: ArchHom Kap. E 1 (Kriegswesen, Teil 1: Schutzwaffen und Wehrbauten), Göttingen 1977, 119–143.

Braund/Gilbert 2003 Braund, S. / Gilbert, G.: An ABC of Epic *ira*: Anger, Beasts, and Cannibalism, in: Ancient Anger. Perspectives from Homer to Galen, hrsg. von S. Braund und G.W. Most (Yale Classical Studies, 32), Cambridge 2003, 250–285.

Bravo 1980   Bravo, B.: Sulân. Représailles et justice privée contre des étrangers dans les cités grecques (Étude du vocabulaire et des institutions), in: ASNP, Cl. di Lettere e Filosofia 3.10, 1980, 675–987.

Bremmer 1983   Bremmer, J.N.: The Early Greek Concept of the Soul, Princeton 1983.

Brunius-Nilsson 1955   Brunius-Nilsson, E.: ΔAIMONIE. An Inquiry into a Mode of Apostrophe in Old Greek Literature, Diss. Uppsala 1955.

Bruns 1970   Bruns, G.: Küchenwesen und Mahlzeiten, ArchHom Kap. Q, Göttingen 1970.

Bryce 1977   Bryce, T.R.: Pandaros, a Lycian at Troy, in: AJPh 1977, 213–218.

Bryce 1990/91   Bryce, T.R.: Lycian Apollo and the Authorshipf of the *Rhesus*, in: CJ 86, 1990/91, 144–149.

Bryce 2006   Bryce, T.: The Trojans and Their Neighbours, London / New York 2006.

Buchan 2012   Buchan, M.: Perfidity and Passion. Reintroducing the Iliad, Madison 2012.

Buchholz u.a. 1973   Buchholz, H.-G. / Jöhrens, G. / Maull, I.: Jagd und Fischfang, ArchHom Kap. J, Göttingen 1973.

Buchholz 2010   Buchholz, H.G.: Kriegswesen, Teil 3: Ergänzungen und Zusammenfassung, ArchHom Kap. E 3, Göttingen 2010.

Buchholz 2012   Buchholz, H.-G.: Erkennungs-, Rang- und Würdezeichen, ArchHom Kap. D, Göttingen 2012.

Burkert (1972) 1997   Burkert, W.: Homo Necans. Interpretationen altgriechischer Opferriten und Mythen (Religionsgeschichtliche Versuche und Vorarbeiten, 32), Berlin/New York ²1997 (¹1972).

Burkert (1977) 2011   Burkert, W.: Griechische Religion der archaischen und klassischen Epoche (Die Religionen der Menschheit, 15), 2., überarb. und erw. Aufl. (¹1977), Stuttgart 2011.

Burkert (1981) 2001   Burkert, W.: Seven against Thebes: An Oral Tradition between Babylonian Magic and Greek Literature, in: Burkert 2001, 150–165 (urspr. in: Poemi epici rapsodici non omerici e la tradizione orale. Atti del convegno di Venezia, 28–30 settembre 1977, hrsg. von C. Brillante, M. Cantilena und C.O. Pavese, Padua 1981, 29–48).

Burkert (1998) 2001   Burkert, W.: La cité d'Argos entre la tradition mycénienne, dorienne et homérique, in: Burkert 2001, 166–177 (urspr. in: Les Panthéons des cités des origines à la Périgèse de Pausanias. Actes du Colloque organisé à l'université de Liège du 15 au 17 mai 1997 (2ᵉ partie), hrsg. von V. Pirenne-Delforge (Kernos, Suppl. 8), Liège 1998, 47–59).

Burkert 2001   Burkert, W.: Kleine Schriften I. Homerica, hrsg. von C. Riedweg (Hypomnemata, Suppl. 2), Göttingen 2001.

Cairns 1993   Cairns, D.L.: Aidōs. The Psychology and Ethics of Honour and Shame in Ancient Greek Literature, Oxford 1993.

Cairns 2001   Cairns, D.L. (Hrsg.): Oxford Readings in Homer's *Iliad*, Oxford 2001.

Cairns 2001a   Cairns, D.L.: Affronts and Quarrels in the Iliad, in: Cairns 2001, 203–219.

Cairns 2003   Cairns, D.L.: Ethics, Ethology, Terminology. Iliadic Anger and the Cross-Cultural Study of Emotion, in: Ancient Anger. Perspectives from Homer to Galen, hrsg. von S. Braund und G.W. Most (Yale Classical Studies, 32), Cambridge 2003, 11–49.

Cairns 2012   Cairns, D.L.: 'Atē' in the Homeric Poems, in: Papers of the Langford
                     Latin Seminar 15, 2012, 1–52.

Calhoun 1934   Calhoun, G.M.: Classes and Masses in Homer, in: CPh 29, 1934, 192–
                     208. 301–316.

Camerotto 2009   Camerotto, A.: Fare gli eroi. Le storie, le imprese, le virtù: compositione e
                     racconto nell'epica greca arcaica, Padua 2009.

Canciani 1984   Canciani, F.: Bildkunst, Teil 2, ArchHom Kap. N 2, Göttingen 1984.

Carlier 1984   Carlier, P.: La royauté en Grèce avant Alexandre (Études et travaux pu-
                     bliés par le groupe de recherche d'histoire romaine de l'université des
                     sciences humaines de Strasbourg, 6), Strasbourg 1984.

Carlisle 1999   Carlisle, M.: Homeric Fictions: *Pseudo*-Words in Homer, in: Nine Essays
                     on Homer, hrsg. von M. Carlisle und O. Levaniouk, Lanham u.a. 1999,
                     55–91.

Catling 1977   Catling, H.W.: Panzer, in: ArchHom Kap. E 1 (Kriegswesen, Teil 1:
                     Schutzwaffen und Wehrbauten), Göttingen 1977, 74–118.

Cauer 1923   Cauer, P.: Grundfragen der Homerkritik. Zweite Hälfte, hrsg. von E.
                     Bruhn, Leipzig ^{3}1923 (^{1}1895).

Chantraine 1931   Chantraine, P.: Notes homériques, in: RPh 57, 1931, 122–127.

Chantraine 1933   Chantraine, P.: La formation des noms en grec ancien (Collection lingui-
                     stique, 38), Paris 1933.

Chantraine 1954   Chantraine, P.: Le divin et les dieux chez Homère, in: La notion du divin
                     depuis Homère jusqu' à Platon (Entretiens sur l'antiquité classique, 1),
                     Vandœuvres/Genf 1954, 47–94.

Christensen 2010   Christensen, J.P.: First-Person Futures in Homer, in: AJPh 131, 2010,
                     543–571.

Christensen/Barker 2011   Christensen, J.P. / Barker, E.T.E.: On not Remembering Tydeus:
                     Agamemnon, Diomedes and the Contest for Thebes, in: Materiali e dis-
                     cussioni per l'analisi dei testi classici 66, 2011, 9–43.

Clark 1997   Clark, M.: Out of Line. Homeric Composition Beyond the Hexameter,
                     Lanham u.a. 1997.

Clarke 1999   Clarke, M.: Flesh and Spirit in the Songs of Homer. A Study of Words
                     and Myths (Oxford Classical Monographs), Oxford 1999.

Classen (1851–1857) 1867   Classen, J.: Beobachtungen über den Homerischen Sprachge-
                     brauch, Frankfurt a.M. 1867 u.ö. (urspr. 5 Einzelabhandlungen, erschie-
                     nen in den Frankfurter Gymnasialprogrammen von 1854–57 und einem
                     Lübecker Programm von 1851).

Clay 2011   Clay, J.S.: Homer's Trojan Theater. Space, Vision, and Memory in the
                     Iliad, Cambridge 2011.

Collobert 2011   Collobert, C.: Parier sur le temps. La quête héroïque d'immortalité dans
                     l'épopée homérique (Collection d'études anciennes, 143), Paris 2011.

Corlu 1966   Corlu, A.: Recherches sur les mots relatifs à l'idée de prière, d'Homère
                     aux tragiques, Diss. Paris 1966.

Crielaard 2002   Crielaard, J.P.: Past or Present? Epic Poetry, Aristocratic Self-Presen-
                     tation and the Concept of Time in the Eight and Seventh Centuries BC, in:
                     Montanari 2002, 239–296.

Crouwel 1981   Crouwel, J.H.: Chariots and Other Means of Land Transport in Bronze Age Greece (Allard Pierson Series, 3), Amsterdam 1981.

Crouwel 1992   Crouwel, J.H.: Chariots and Other Wheeled Vehicles in Iron Age Greece (Allard Pierson Series, 9), Amsterdam 1992.

Cuillandre 1943   Cuillandre, J.: La droite et la gauche dans les poèmes homériques. En concordance avec la doctrine pythagoricienne et avec la tradition celtique, Paris 1943.

Cuypers 2005   Cuypers, M.: Interactional Particles and Narrative Voice in Apollonius and Homer, in: Beginning from Apollo. Studies in Apollonius Rhodius and the Argonautic Tradition (Caeculus, 6), hrsg. von A. Harder und M. Cuypers, Leuven u.a. 2005, 35–69.

Danek 2006   Danek, G.: Antenor und seine Familie in der Ilias, in: WS 2006, 5–22.

Davies (1989) 2001 Davies, M.: The Greek Epic Cycle, London ²2001 (¹1989).

Davies 2014   Davies, M.: The Theban Epics (Hellenic Studies, 69), Cambridge, Mass./ London 2014.

Dee 2000   Dee, J.H.: Epitheta Hominum apud Homerum. The Epithetic Phrases for the Homeric Heroes. A Repertory of Descriptive Expressions for the Human Characters of the Iliad and the Odyssey (Alpha-Omega, Reihe A, 212), Hildesheim u.a. 2000.

Deger 1970   Deger, S.: Herrschaftsformen bei Homer (Dissertationen der Universität Wien, 43), Wien 1970.

Delebecque 1951   Delebecque, E.: Le cheval dans l'Iliade, Paris 1951.

Dentice di Accadia 2012 Dentice di Accadia Ammone, St.: Omero e i suoi oratori. Tecniche di persuasione nell'Iliade (Beitr. z. Altertumsk., 302), Berlin/Boston 2012.

Derderian 2001   Derderian, K.: Leaving Words to Remember. Greek Mourning and the Advent of Literacy (Mnemosyne, Suppl. 209), Leiden u.a. 2001.

Di Benedetto (1994) 1998 Di Benedetto, V.: Nel laboratorio di Omero, Turin ²1998 (¹1994).

Di Benedetto 2000   Di Benedetto, V.: Anafore incipitarie nell'Iliade, in: Materiali e discussioni per l'analisi di testi classici, 45, 2000, 9–41.

Dietrich 1965   Dietrich, B.C.: Death, Fate and the Gods. The Development of a Religious Idea in Greek Popular Belief and in Homer (University of London Classical Studies, 3), London 1965.

Dihle 1970   Dihle, A.: Homer-Probleme, Opladen 1970.

Dirlmeier 1966   Dirlmeier, F.: Die Giftpfeile des Odysseus (Zu Odyssee 1.252–266) (Sitzungsberichte der Heidelberger Akademie der Wissenschaften, Phil.-Hist. Kl. 1966.2), Heidelberg 1966.

Donlan 1971   Donlan, W.: Homer's Agamemnon, in: CW 65, 1971, 109–115.

Drerup 1921   Drerup E.: Das Homerproblem in der Gegenwart. Prinzipien und Methoden der Homererklärung (Homerische Poetik, 1), Würzburg 1921.

Dubel 2011   Dubel, S.: Changements de voix: sur l'apostrophe au personnage dans l'Iliade, in: Vox poetae. Manifestations auctoriales dans l'épopée gréco-latine. Actes du colloque organisé les 13 et 14 novembre 2008 par l'Université Lyon 3, hrsg. von E. Raymond, Paris 2011, 129–144.

Duckworth 1933   Duckworth, G.E.: Foreshadowing and Suspense in the Epic of Homer, Apollonius, and Vergil, Diss. Princeton 1933.

Dué/Ebbott 2010   Dué, C. / Ebbott, M.: Iliad 10 and the Poetics of Ambush. A Multitext
                   Edition with Essays and Commentary (Hellenic Studies, 39), Cambridge
                   Mass./London 2010.

Eck 2012   Eck, B.: La mort rouge. Homicide, guerre et souillure en Grèce ancienne
                   (Collection d' Études Anciennes. Série grecque, 145), Paris 2012.

Eckstein 1974   Eckstein, F.: Handwerk, Teil 1: Die Aussagen des frühgriechischen Epos,
                   ArchHom Kap. L 1, Göttingen 1974.

Edmunds 1990   Edmunds, S.T.: Homeric Nēpios (Harvard Dissertations in Classics), New
                   York/London 1990.

Edwards 1970   Edwards, M.W.: Homeric Speech Introductions, in: HSPh 74, 1970, 1–36.

Edwards 1987   Edwards, M.W.: Homer. Poet of the Iliad, Baltimore/London 1987.

Edwards 2002   Edwards, M.E.: Sound, Sense, and Rhythm. Listening to Greek and Latin
                   Poetry, Princeton/Oxford 2002.

Egetmeyer 2007   Egetmeyer, M.: Lumière sur les loups d'Apollon, in: Res Antiquae 4,
                   2007, 205–219.

Egli 1954   Egli, J.E.: Heteroklisie im Griechischen mit besonderer Berücksichtigung
                   der Fälle von Gelenkheteroklisie, Zürich 1954.

Ellendt (1861) 1979   Ellendt, J.E.: Einiges über den Einfluss des Metrums auf den Gebrauch
                   von Wortformen und Wortverbindungen im Homer, in: HTN 60–87
                   (urspr. Programm Königsberg 1861; auch in: ders., Drei Homerische Ab-
                   handlungen, Leipzig 1864, 1-34).

Elliger 1975   Elliger, W.: Die Darstellung der Landschaft in der griechischen Dichtung
                   (Untersuchungen zur antiken Literatur und Geschichte, 15), Berlin/New
                   York 1975.

Elmer 2012   Elmer, D.F.: Building Community across the Battle-Lines. The Truce in
                   Iliad 3 and 4, in: Maintaining Peace and Interstate Stability in Archaic and
                   Classical Greece, hrsg. von J. Wilker (Studien zur Alten Geschichte, 16),
                   Mainz 2012, 25–48.

Elmer 2013   Elmer, D.F.: The Poetics of Consent. Collective Decision Making and the
                   Iliad, Baltimore 2013.

Erbse 1980   Erbse, H.: Zur normativen Grammatik der Alexandriner, in: Glotta 58,
                   1980, 236–258.

Erbse 1986   Erbse, H.: Untersuchungen zur Funktion der Götter im homerischen Epos
                   (Untersuchungen zur antiken Literatur und Geschichte, 24), Berlin/New
                   York 1986.

Erbse (1993) 2003 Erbse, H.: Nestor und Antilochos bei Homer und Arktinos, in: Erbse
                   2003, 75–93 (urspr. in: Hermes 121, 1993, 385–403).

Erbse (2000) 2003 Erbse, H.: Beobachtungen über die Gleichnisse der Ilias Homers, in:
                   Erbse 2003, 136–153 (urspr. in: Hermes 128, 2000, 257–274).

Erbse 2003   Erbse, H.: Studien zur griechischen Dichtung, Stuttgart 2003.

van Erp 2000   van Erp Taalman Kip, A.M.: The Gods of the Iliad and the Fate of Troy,
                   in: Mnemosyne 53, 2000, 385–402.

Erren 1970   Erren, M.: αὐτίκα 'sogleich' als Signal der einsetzenden Handlung in
                   Ilias und Odyssee, in: Poetica 3, 1970, 24–58.

Falkner (1947) 1995   Falkner, Th.M.: On the Threshold. Homeric Heroism, Old Age and The End of the Odyssey, in: ders., The Poetics of Old Age in Greek Epic, Lyric and Tragedy, Norman 1995, 3–51 (urspr. in: Old Age in Greek and Latin Literature, hrsgg. von Th.M. Falkner u. J. de Luce, Albany 1989).

Farron 2003   Farron, S.: Attitudes to Military Archery in the Iliad, in: Literature, Art, History: Studies on Classical Antiquity and Tradition in Honour of W.J. Henderson, hrsg. von A.F. Basson und W.J. Dominik, Frankfurt a.M. u.a. 2003, 169–184.

Fehling 1969   Fehling, D.: Die Wiederholungsfiguren und ihr Gebrauch bei den Griechen vor Gorgias, Berlin 1969.

Fenik 1968   Fenik, B.: Typical Battle Scenes in the Iliad. Studies in the Narrative Techniques of Homeric Battle Descriptions (Hermes, 21), Wiesbaden 1968.

Fenik 1974   Fenik, B.: Studies in the Odyssey (Hermes, Einzelschriften 30), Wiesbaden 1974.

Fingerle 1939   Fingerle, A.: Typik der Homerischen Reden, Diss. München 1939 (masch.).

Finsler 1906   Finsler, G.: Das dritte und vierte Buch der Ilias, in: Hermes 41, 1906, 426–440.

Finsler (1916) 1918   Finsler, G.: Homer. Zweiter Teil: Inhalt und Aufbau der Gedichte, Leipzig/Berlin ²1918 (¹1916).

Flaig 1994   Flaig, E.: Das Konsensprinzip im homerischen Olymp. Überlegungen zum göttlichen Entscheidungsprozess Ilias 4.1–72, in: Hermes 122, 1994, 13–21.

Foltiny 1967   Foltiny, S.: The Ivory Horse Bits of Homer and the Bone Horse Bits of Reality, in: BJ 167, 1967, 11–37.

Fornaro 1992   Fornaro, S.: Glauco e Diomede. Lettura di Iliade VI 119–236, Venosa 1992.

Forssman 1978   Forssman, B.: Homerisch δειδέχαται und Verwandtes, in: Sprache 24, 1978, 3–24.

Forssman 1980   Forssman, B.: Ein unbekanntes Lautgesetz in der homerischen Sprache?, in: Lautgeschichte und Etymologie. Akten der 6. Fachtagung der Indogermanischen Gesellschaft, Wien, 24.–29. September 1978, hrsg. von M. Mayrhofer, M. Peters, O.E.Pfeiffer, Wiesbaden 1980, 180–198.

Fraenkel 1910   Fraenkel, E.: Geschichte der griechischen Nomina agentis auf -τήρ, -τωρ, -της (-τ-). Erster Teil: Entwicklung und Verbreitung der Nomina im Epos, in der Elegie und in den außerionisch-attischen Dialekten (Untersuchungen zur indogermanischen Sprach- und Kulturwissenschaft, 1), Straßburg 1910.

Fränkel 1921   Fränkel, H.: Die homerischen Gleichnisse, Göttingen 1921 (= ²1977: unveränderte Aufl. mit einem Nachwort und einem Literaturverzeichnis, hrsg. von E. Heitsch).

Frame 2009   Frame, D.: Hippota Nestor (Hellenic Studies, 37), Cambridge (Mass.) 2009.

Franz 2002   Franz, J.P.: Krieger, Bauern, Bürger. Untersuchungen zu den Hopliten der
                      archaischen und klassischen Zeit (Europ. Hochschulschriften, 3.925),
                      Frankfurt a.M. u.a. 2002.

Friedländer (1914) 1969 Friedländer, P.: Kritische Untersuchungen zur Geschichte der
                      Heldensage, in: Studien zur antiken Literatur und Kunst, Berlin 1969, 19–
                      53 (urspr. in: RhM N.F. 69, 1914, 299–341).

Friedrich 1975   Friedrich, R.: Stilwandel im homerischen Epos. Studien zur Poetik und
                      Theorie der epischen Gattung (Bibliothek der Klass. Altertumswiss., N.F.
                      2.55), Heidelberg 1975.

Friedrich 2007   Friedrich, R.: Formular Economy in Homer. The Poetics of the Breaches
                      (Hermes, Einzelschriften 100), Stuttgart 2007.

Friedrich 1956   Friedrich, W.-H.: Verwundung und Tod in der Ilias. Homerische Darstel-
                      lungsweisen (Abh. der Akad. der Wiss. in Göttingen, Phil.-hist. Kl. 3.38),
                      Göttingen 1956 (engl. Übers.: Wounding and Death in the Iliad. Homeric
                      Techniques of Description. Translated by G. Wright and P. Jones. Ap-
                      pendix by K.B. Saunders, London 2003).

Fritz 2005   Fritz, M.A.: Die trikasuellen Lokalpartikeln bei Homer. Syntax und Se-
                      mantik (Historische Sprachforschung, Ergänzungsh. 44), Göttingen 2005.

Fuchs 1993   Fuchs, E.: Pseudologia. Formen und Funktionen fiktionaler Trugrede in
                      der griechischen Literatur der Antike, Heidelberg 1993.

Führer/Schmidt 2001   Führer, R. / Schmidt, M.: Homerus redivivus. Rez. zu: Homerus, Ilias,
                      recensuit/testimonia congessit M.L. West (Bd. I, Stuttgart/Leipzig 1998),
                      in: GGA 253, 2001, 1–32.

Gagliardi 2007   Gagliardi, P.: I due volti della gloria. I lamenti funebri omerici tra poesia e
                      antropologia, Bari 2007.

Gagné 2010   Gagné, R.: The Poetics of exôleia in Homer, in: Mnemosyne 63, 2010,
                      353–380.

Garcia 2013   Garcia Jr., L.F.: Homeric Durability. Telling Time in the Iliad (Hellenic
                      Studies, 58), Cambridge Ma./London 2013.

Gaskin 1990   Gaskin, R.: Do Homeric Heroes Make Real Decisions?, in: CQ 40, 1990,
                      1–14.

Gavrylenko 2012   Gavrylenko, V.: The 'Body without Skin' in the Homeric Poems, in:
                      Blood, Sweat and Tears – The Changing Concepts of Physiology from
                      Antiquity into Early Modern Europe, hrsg. von M. Horstmanshoff u.a.
                      (Intersections, 25), Leiden/Boston 2012, 481–502.

Gehrke 2014   Gehrke, H.-J.: Geschichte als Element antiker Kultur. Die Griechen und
                      ihre Geschichte(n) (Münchner Vorlesungen zu Antiken Werten, 2),
                      Berlin/Boston 2014.

George 2005   George, C.H.: Expressions of Agency in Ancient Greek, Cambridge 2005.

Gernet 1968   Gernet, L.: Anthropologie de la Grèce antique. Préface de Jean-Pierre
                      Vernant, Paris 1968.

Giannakis 1997   Giannakis, G.K.: Studies in the Syntax and Semantics of the Reduplicated
                      Presents of Homeric Greek and Indo-European (Innsbr. Beitr. zur Sprach-
                      wiss., 90), Innsbruck 1997.

Göbel 1933   Göbel, F.: Formen und Formeln der epischen Dreiheit in der griechischen
                      Dichtung, Stuttgart 1933.

Graf 2009   Graf, F.: Apollo (Gods and Heroes of the Ancient World), London/New
                 York 2009.

Gray 1974   Gray, D.: Seewesen, ArchHom Kap. G, Göttingen 1974.

Greenhalgh 1973 P.A.L. Greenhalgh: Early Greek Warfare. Horsemen and Chariots in the
                 Homeric and Archaic Ages, Cambridge 1973.

Griffin 1978   Griffin, J.: The Divine Audience and the Religion of the Iliad, in: CQ 28,
                 1978, 1–22 (kürzere Fassung in: ders., Homer on Life and Death, Oxford
                 1980, 179–204).

Griffin 1980   Griffin, J.: Homer on Life and Death, Oxford 1980.

Griffin 1986   Griffin, J.: Homeric Words and Speakers, in: JHS 106, 1986, 36–57.

Grimm 1962   Grimm, J.: Die Partikel ἄρα im frühen griechischen Epos, in: Glotta 40,
                 1962, 3–41.

Gruber 1963   Gruber, J.: Über einige abstrakte Begriffe des frühen Griechischen (Beitr.
                 zur Klass. Phil., 9), Meisenheim am Glan 1963.

Gschnitzer 1991 Gschnitzer, F.: Zur homerischen Staats- und Gesellschaftsordnung:
                 Grundcharakter und geschichtliche Stellung, in: Latacz 1991, 182–204.

Gundert 1983   Gundert B.: τέλος und τελεῖν bei Homer, Diss. Kiel 1983.

Gygli-Wyss 1966 Gygli-Wyss, B.: Das nominale Polyptoton im älteren Griechisch (ZVS,
                 Ergänzungsh. 18), Göttingen 1966.

Hackstein 2002   Hackstein, O.: Die Sprachform der homerischen Epen. Faktoren morpho-
                 logischer Variabilität in literarischen Frühformen: Tradition, Sprach-
                 wandel, Sprachliche Anachronismen (Serta Graeca, 15), Wiesbaden 2002.

Häussler 1995   Häussler, R.: Hera und Juno. Wandlungen und Beharrung einer Göttin
                 (Schriften der Wissenschaftlichen Gesellschaft an der Johann Wolfgang
                 Goethe-Universität Frankfurt am Main, Geisteswissenschaftliche Reihe,
                 10), Stuttgart 1995.

Haft 1989/1990   Haft, A.J.: Odysseus' Wrath and Grief in the Iliad: Agamemnon, the
                 Ithacan King, and the Sack of Troy in Books 2, 4, and 14 in: CJ 85,
                 1989/90, 97–114.

Handschur 1970   Handschur, E.: Die Farb- und Glanzwörter bei Homer und Hesiod, in den
                 homerischen Hymnen und den Fragmenten des epischen Kyklos (Disser-
                 tationen der Universität Wien, 39), Wien 1970.

Hanson 1991   Hanson, V.D.: Hoplite Technology in Phalanx Battle, in: ders. (Hrsg.):
                 Hoplites. The Classical Greek Battle Experience, London/New York
                 1991, 63–84.

Haubold 2000   Haubold, J.: Homer's People. Epic Poetry and Social Formation (Cam-
                 bridge Classical Studies), Cambridge 2000.

Heath 2005   Heath, J.: The Talking Greeks. Speech, Animals, and the Other in Homer,
                 Aeschylus, and Plato, Cambridge 2005.

Hebel 1970   Hebel, V.: Untersuchungen zur Form und Funktion der Wiedererzäh-
                 lungen in Ilias und Odyssee, Diss. Heidelberg 1970.

Heiden 2000   Heiden, B.: Narrative Discontinuity and Segment Marking at Iliad 3/4,
                 7/8, and 10/11, and Odyssey 4/5, 17/18, and 23/24, in: Classica et
                 Mediaevalia 51, 2000, 6–16.

Heiden 2008   Heiden, B.: Homer's Cosmic Fabrication. Choice and Design in the Iliad,
                 Oxford/New York 2008.

Heitsch 2008   Heitsch, E.: Zur Genese unserer Ilias. Ein Beispiel, in: RhM 151, 2008, 225–244.

Helbig (1884) 1887 Helbig, W.: Das Homerische Epos aus den Denkmälern erläutert. Archäologische Untersuchungen, Leipzig ²1887 (¹1884).

Hellmann 2000   Hellmann, O.: Die Schlachtszenen der Ilias. Das Bild des Dichters vom Kampf in der Heroenzeit (Hermes, Einzelschriften 83), Stuttgart 2000.

Hentze 1902   Hentze, C.: Die Formen der Begrüssung in den homerischen Gedichten, in: Philologus 61, 1902, 321–355.

Hermann 1827   Hermann, G.: Opuscula, Bd. 2, Leipzig 1827 (Nachdr.: Hildesheim 1970).

Heubeck 1984   Heubeck, A.: Zu den griechischen Ortsnamen mit -ϝεντ-Suffix, in: ders., Kleine Schriften zur griechischen Sprache und Literatur (Erlanger Forschungen, Reihe A: Geisteswissenschaften, 33), Erlangen 1984, 491–497 (urspr. in: Beiträge zur Namenforschung 11, 1960, 4–10).

Higbie 1990   Higbie, C.: Measure and Music. Enjambement and Sentence Structure in the Iliad, Oxford 1990.

Higbie 1995   Higbie, C.: Heroes' Names, Homeric Identities (Albert Bates Lord Studies in Oral Tradition, 10), New York/London 1995.

Hintenlang 1961 Hintenlang, H.: Untersuchungen zu den Homer-Aporien des Aristoteles, München 1961.

Hitch 2009   Hitch, S.: King of Sacrifice. Ritual and Royal Authority in the Iliad (Hellenic Studies, 25), Cambridge, Mass./London 2009.

Höckmann 1980   Höckmann, O.: Lanze und Speer, in: Kriegswesen. Teil 2: Angriffswaffen, hrsg. von H.-G. Buchholz (mit Beiträgen von St. Foltiny u. O. Höckmann), ArchHom Kap. E 2, Göttingen 1980, 275–319.

Hoekstra 1965   Hoekstra, A.: Homeric Modification of Formulaic Prototypes. Studies in the Development of Greek Epic Diction (Verhandelingen der Koninklijke Nederlandse Akad. van Wetenschappen, Afd. Letterkunde, N.R. 71.1), Amsterdam 1965.

Hogan 1981   Hogan, J.C.: Eris in Homer, in: GB 10, 1981, 21–58.

Hohendahl-Zoetelief 1980 Hohendahl-Zoetelief, I.M.: Manners in Homeric Epic (Mnemosyne, Suppl. 63), Leiden 1980.

Holmes 2007   Holmes, B.: The Iliad's Economy of Pain, in: TAPhA 137, 2007, 45–84.

Hölscher 1994   Höscher, U.: Kontinuität als epische Denkform. Zum Problem der 'dunklen Jahrhunderte', in: ders., Das nächste Fremde. Von Texten der griechischen Frühzeit und ihrem Reflex in der Moderne, hrsg. von J. Latacz und M. Kraus, München 1994, 6–22.

Hooker (1987) 1996 Hooker, J.T.: Homeric Society: A Shame-Culture?, in: ders., Scripta Minora. Selected Essays on Minoan, Mycenaean, Homeric and Classical Greek Subjects, hrsg. von F. Armory, P. Considine und S. Hooker, Amsterdam 1996, 521–525 (urspr. in: G & R 34, 1987, 121–125).

Hope Simpson 1965 Hope Simpson, R.: A Gazetteer and Atlas of Mycenaean Sites (BICS, Suppl. 16), London 1965.

Horn 2014   Horn, F.: Held und Heldentum bei Homer. Das homerische Heldenkonzept und seine poetische Verwendung (Classica Monacensia, 47), Tübingen 2014.

Iakovides 1977   Iakovides, S.: Vormykenische und mykenische Wehrbauten, in: Buchholz,
                    H.-G. / Wiesner, J.: Kriegswesen Teil 1: Schutzwaffen und Wehrbauten,
                    ArchHom Kap. E 1, Göttingen 1977, 161–221.

Irmscher 1950   Irmscher, J.: Götterzorn bei Homer, Leipzig 1950.

Irwin 1974   Irwin, E.: Colour Terms in Greek Poetry, Toronto 1974.

Jahn 1987   Jahn, Th.: Zum Wortfeld 'Seele–Geist' in der Sprache Homers (Zetemata,
                    83), München 1987.

Janko 2000   Janko, R.: West's Iliad. Rez. zu Homerus, Ilias, recensuit/testimonia
                    congessit M.L. West (Bd. I, Stuttgart/Leipzig 1998), in: CR 50, 2000, 1–4.

Janko 2012   Janko, R.: πρῶτόν τε καὶ ὕστατον αἰεὶ ἀείδειν. Relative Chronology and
                    the Literary History of the Early Greek Epos, in: Relative Chronology in
                    Early Greek Epic Poetry, hrsg. von Ø. Andersen u. D.T.T. Haug,
                    Cambridge 2012, 20–43.

Jankuhn 1969   Jankuhn, H.: Die passive Bedeutung medialer Formen untersucht an der
                    Sprache Homers (Ergänzungshefte zur ZVS, 21), Göttingen 1969.

Janse 1997   Janse, M.: Rez. zu J.N. Adams: Wackernagel's Law and the Placement of
                    the Copula *esse* in Classical Latin (Cambridge Philol. Society, Suppl, 18),
                    Cambridge 1994, in: Kratylos 42, 1997, 105–115.

Jenniges 1998   Jenniges, W.: Les Lyciens dans l'Iliade: sur les traces de Pandaros, in:
                    Quaestiones Homericae. Acta Colloquii Namurcensis 1995, hrsg. von L.
                    Isebaert und R. Lebrun, Louvain/Namur 1998, 119–147.

de Jong 1987   Jong, I.J.F. de: The Voice of Anonymity: tis-Speeches in the Iliad, in:
                    Eranos 85, 1987, 69–84 (auch in: de Jong 1999, Bd. 3, 258–273).

de Jong (1987) 2004   Jong, I.J.F. de: Narrators and Focalizers. The Presentation of the Story
                    in the Iliad, Amsterdam ²2004 (¹1987).

de Jong 1998   Jong, I.J.F. de: Homeric Epithet and Narrative Situation, in: Homerica.
                    Proceedings of the 8th International Symposion on the Odyssey (1.–5.
                    September 1996), hrsg. von M. Païsi-Apostolopoulou, Ithaka 1998, 121–
                    135.

de Jong 1999   Jong, I.J.F. de (Hrsg.): Homer. Critical Assessments. Bd. 2: The Homeric,
                    World; Bd. 3: Literary Interpretation; Bd. 4: Homer's Art, London/New
                    York 1999.

de Jong 2007   Jong, I.J.F: de: Time in Ancient Greek Literature. Studies in Ancient
                    Narrative, Bd. 2 (Mnemosyne, Suppl. 291), hrsg. von I.J.F. de Jong und
                    R. Nünlist, Leiden/Boston 2007, 17–37.

de Jong 2012   Jong, I.J.F. de: Double Deixis in Homeric Speech. On the Interpretation of
                    ὅδε and οὗτος, in: Homer, gedeutet durch ein großes Lexikon. Akten des
                    Hamburger Kolloquiums vom 6.–8. Oktober 2010 zum Abschluss des
                    Lexikons des frühgriechischen Epos, hrsg. von M. Meier-Brügger (Abh.
                    der Ak. der Wiss. zu Göttingen, NF 21), Berlin/Boston 2012, 63–83.

de Jong 2012a   Jong, I.J.F. de: Homer, in: Space in Ancient Greek Literature. Studies in
                    Ancient Greek Narrative (Mnemosyne, Suppl. 339), London / Boston
                    2012, 21–38.

de Jong/Nünlist 2004   Jong, I.J.F. de / Nünlist, R.: From Bird's Eye View to Close-Up. The
                    Standpoint of the Narrator in the Homeric Epics, in: Bierl u.a. 2004, 63–
                    83.

Kahane 1994   Kahane, A.: The Interpretation of Order. A Study in the Poetics of Ho-
                   meric Repetition, Oxford 1994.

Kaimio 1977   Kaimio, M.: Characterization of Sound in Early Greek Literature (Com-
                   mentationes Humanarum Litterarum, 53), Helsinki 1977.

Kakridis 1981   Kakridis, J.Th.: Zur epischen Onomatologie, in: Gnomosyne. Mensch-
                   liches Denken und Handeln in der frühgriechischen Literatur. Festschrift
                   für Walter Marg zum 70. Geburtstag, hrsg. von G. Kurz, D. Müller und
                   W. Nicolai, München 1981, 47–52.

Kanavou 2015   Kanavou, N.: The Names of Homeric Heroes. Problems and Interpre-
                   tations (Sozomena, 15), Berlin/Boston 2015.

Karavites 1992   Karavites, P. (with the collaboration of Th. Wren): Promise-Giving and
                   Treaty-Making. Homer and the Near East (Mnemosyne, Suppl. 119),
                   Leiden u.a. 1992.

Kearns 2004   Kearns, E.: The Gods in the Homeric Epics, in: The Cambridge Com-
                   panion to Homer, hrsg. von R. Fowler, Cambridge 2004, 59–73.

Kelly 2007   Kelly, A.: A Referential Commentary and Lexicon to Iliad VIII (Oxford
                   Classical Monographs), Oxford 2007.

Kelly 2012   Kelly, A.: The Mourning of Thetis: 'Allusion' and the Future in the Iliad,
                   in: Montanari u.a. 2012, 221–265.

Kemper 1960   Kemper, H.D.: Rat und Tat. Studien zur Darstellung eines antithetischen
                   Begriffspaares in der klassischen Periode der griechischen Literatur, Bonn
                   1960.

Kitts 2005   Kitts, M.: Sanctified Violence in Homeric Society. Oath-Making Rituals
                   and Narratives in the Iliad, Cambridge 2005.

Klein 1988   Klein, J.S.: Homeric Greek αὖ: A Synchronic, Diachronic, and Compara-
                   tive Study, in: HSF 101, 1988, 249–288.

Klinkott 2004   Klinkott, M.: Die Wehrmauern von Troia VI – Bauaufnahme und Aus-
                   wertung, in: Studia Troica 14, 2004, 33–85.

Kloss 1994   Kloss, G.: Untersuchungen zum Wortfeld 'Verlangen/Begehren' im früh-
                   griechischen Epos (Hypomnemata, 105), Göttingen 1994.

Koppenhöfer 1997   Koppenhöfer, D.: Troia VII – Versuch einer Zusammenschau einschließ-
                   lich der Ergebnisse des Jahres 1995, in: Studia Troica 7, 1997, 295–353.

Korfmann/Zidarov 2006   Korfmann, M.O. / Zidarov, P.: Trensenknebel in Troia, in: Grund-
                   legungen: Beiträge der europäischen und afrikanischen Archäologie für
                   Manfred K.H. Eggert, hrsg. von H.-P. Wotzka, in Zusammenarbeit mit J.
                   Bofinger u.a., Tübingen 2006, 676–690.

Krapp 1964   Krapp, H.J.: Die akustischen Phänomene in der Ilias, Diss. München
                   1964.

Krischer 1971   Krischer, T.: Formale Konventionen der homerischen Epik (Zetemata,
                   56), München 1971.

Kromayer/Veith 1928   Kromayer, J. / Veith, G.: Heerwesen und Kriegsführung der Griechen
                   und Römer (Handbuch der Altertumswissenschaft, 4.3.2), München 1928.

Kullmann 1956   Kullmann, W.: Das Wirken der Götter in der Ilias. Untersuchungen zur
                   Frage der Entstehung des homerischen 'Götterapparats' (Deutsche Akad.
                   der Wiss. zu Berlin. Schriften der Sektion für Altertumswiss., 1), Berlin
                   1956.

Kullmann 1960   Kullmann, W.: Die Quellen der Ilias (Troischer Sagenkreis) (Hermes, Einzelschriften 14), Wiesbaden 1960.

Kullmann (1981) 1992   Kullmann, W.: Zur Methode der Neoanalyse in der Homerforschung, in: Kullmann 1992, 67–99 (urspr. in: WSt 15, 1981, 5–42).

Kullmann (1988) 1992   Kullmann, W.: "Oral tradition/oral history" und die frühgriechische Epik, in: Kullmann 1992, 156–169 (urspr. in: Vergangenheit in mündlicher Überlieferung, hrsg. von J. von Ungern-Sternberg und H. Reinau [Coll. Raur., 1], Stuttgart 1988, 184–196).

Kullmann (1991) 1992   Kullmann, W.: Ergebnisse der motivgeschichtlichen Forschung zu Homer (Neoanalyse), in: Kullmann 1992, 100–134 (kürzere Erstfassung in: Latacz 1991, 425–455).

Kullmann 1992   Kullmann, W.: Homerische Motive. Beiträge zur Entstehung, Eigenart und Wirkung von Ilias und Odyssee, hrsg. von R.J. Müller, Stuttgart 1992.

Kullmann 2005   Kullmann, W.: Ilias und Aithiopis, in: Hermes 133, 2005, 9–28.

Kumpf 1984   Kumpf, M.M.: Four Indices of the Homeric Hapax Legomena (Alpha – Omega, Reihe A 46), Hildesheim u.a. 1984.

Kurz 1966   Kurz, G.: Darstellungsformen menschlicher Bewegung in der Ilias (Bibliothek der Klass. Altertumswiss., N.F. 2.11), Heidelberg 1966.

de Lamberterie 1990   Lamberterie, C. de: Les adjectifs grecs en -υς. Sémantique et comparaison (Bibliothèque des cahiers de l'Institut de Linguistique de Louvain, 54–55), Louvain-la-Neuve 1990 (2 Bde.).

de Lamberterie 1994   Lamberterie, C. de: Grec ΣΚΥΖΑΝ, ΣΚΥΖΕΣΘΑΙ et les grognements d' Héra, in: REG 107, 1994, 15–44.

Lammert 1921   Lammert, F.: Schlachtordnung, in: RE 2.3, 1921, Sp. 436–494.

Lammert 1931   Lammert, F.: Synaspismos, in: RE 2.7, 1931, Sp. 1328–1330.

Lammert 1938   Lammert, F.: Phalanx, in: RE 19.2, 1938, Sp. 1625–1646.

Lämmert 1955   Lämmert, E.: Bauformen des Erzählens, Stuttgart 1955 u.ö.

Landfester 1966   Landfester, M.: Das griechische Nomen 'philos' und seine Ableitungen (Spudasmata, 11), Hildesheim 1966.

Lange 1872/73   Lange, L.: Der homerische Gebrauch der Partikel εἰ (ASG, 6.4 u. 6.5), Leipzig 1872/73.

Lardinois 1997   Lardinois, A.: Modern Paroemiology and the Use of Gnomai in Homer's Iliad, in: CPh 92, 1997, 213–234.

Laser 1983   Laser, S.: Medizin und Körperpflege, ArchHom Kap. S, Göttingen 1983.

Latacz 1966   Latacz, J.: Zum Wortfeld 'Freude' in der Sprache Homers (Bibliothek der Klass. Altertumswiss., N.F. 2.17), Heidelberg 1966.

Latacz 1969   Latacz, J.: Rez. zu A. Citron: Semantische Untersuchungen zu σπένδεσθαι – σπένδειν – εὔχεσθαι, Winterthur 1965, in: Gnomon 41, 1969, 347–353.

Latacz 1977   Latacz, J.: Kampfparänese, Kampfdarstellung und Kampfwirklichkeit in der Ilias, bei Kallinos und Tyrtaios (Zetemata, 66), München 1977.

Latacz (1985) 2003   Latacz, J.: Homer. Der erste Dichter des Abendlands, Düsseldorf ⁴2003 (München/Zürich ¹1985).

Latacz 1991   Latacz, J. (Hrsg.): Zweihundert Jahre Homerforschung. Rückblick und Ausblick (Coll. Raur., 2), Stuttgart 1991.

Latacz (1991) 2004 Latacz, J.: Archaische Periode. Die griechische Literatur in Text und
       Darstellung Bd. 1, hrsg. von H. Görgemanns, Stuttgart ^{3}2004 u.ö. (^{1}1991).

Latacz (2001) 2010 Latacz, J.: Troia und Homer. Der Weg zur Lösung eines alten Rätsels,
       Leipzig ^{6}2010 (München/Berlin ^{1}2001; engl. Übers.: Troy and Homer,
       Oxford 2004).

Latacz (2002) 2014 Latacz, J.: Troia – Wilios – Wilusa. Drei Namen für ein Territorium, in:
       Latacz 2014, 443–468 (urspr. in: Mauerschau. Festschrift für Manfred
       Korfmann, hrsg. von R. Aslan u.a., Bd. 3, Remshalden-Grunbach 2002,
       1103–1121).

Latacz 2007   Latacz, J.: A Battlefield of the Emotions: Homer's Helen, in: Ἄθλα καὶ
       Ἔπαθλα στα Ομηρικά Ἔπη (Contests and Rewards in the Homeric
       Epics). Από τα Πρακτικά του Ι' Συνεδρίου για την Οδύσσεια (15.–
       19.9.2004), hrsg. von M. Païzi-Apostolopoulou, A. Rengakos und Chr.
       Tsagalis, Ithaka 2007, 87–100.

Latacz 2008   Latacz, J.: Der Beginn von Schriftlichkeit und Literatur, in: Homer. Der
       Mythos von Troia in Dichtung und Kunst (Katalog zur gleichnamigen
       Ausstellung: Basel 16.3.–17.8.2008, Mannheim 13.9.2008–18.1.2009),
       hrsg. von J. Latacz u.a., München 2008, 62–69.

Latacz (2011) 2014 Latacz, J.: Zu Homers Person, in: Latacz 2014, 41–85 (urspr. in: Homer-
       Handbuch. Leben – Werk – Wirkung, hrsg. von A. Rengakos und B. Zim-
       mermann, Stuttgart/Weimar 2011, 1–25).

Latacz (2011a) 2014 Latacz, J.: Strukturiertes Gedächtnis. Zur Überlieferung der Troia-Ge-
       schichte durch die 'Dunklen Jahrhunderte', in: Latacz 2014, 469–511
       (urspr. in: Der Orient und die Anfänge Europas. Kulturelle Beziehungen
       von der Späten Bronzezeit bis zur Frühen Eisenzeit, hrsg. von H. Matthä-
       us, N. Oettinger u. St. Schröder, Wiesbaden 2011, 135–166).

Latacz 2014   Latacz, J.: Homers Ilias. Studien zu Dichter, Werk und Rezeption (Kleine
       Schriften II), hrsg. von Th. Greub, K. Greub-Frącz und A. Schmitt (BzA,
       327), Berlin/Boston 2014.

Latacz 2017   Latacz, J.: Vom unbekannten Anfang bis zum bekannten Ende. Das Vers-
       Epos im Überblick, in: Anfänge und Enden. Narrative Potentiale des an-
       tiken und nachantiken Epos, hrsg. von C. Schmitz u.a. (Bibl. der Klass.
       Altertumswiss., N.F. 2.154), Heidelberg 2017, 37–60.

Leimbach 1980   Leimbach, R.: Rez. zu Latacz 1977, in: Gnomon 52, 1980, 419–425.

Lejeune 1947   Lejeune, M.: Traité de phonétique grecque (Collection de philologie
       classique, 3), Paris 1947.

Lentini 2006   Lentini, G.: Il 'padre di Telemaco'. Odisseo tra Iliade e Odissea, Pisa
       2006.

Lesky 1961   Lesky, A.: Göttliche und menschliche Motivation im homerischen Epos
       (SHAW 1961.4), Heidelberg 1961.

Létoublon 1985   Létoublon, F.: Il allait, pareil à la nuit. Les verbes de mouvement en grec:
       supplétisme et aspect verbal (Études et commentaires, 98), Paris 1985.

Leumann [1945] 1959 Leumann, M.: Unregelmässige griechische Steigerungsformen, in:
       ders., Kleine Schriften, hrsg. zum 70. Geburtstag am 6. Okt. 1959, unter
       Mitwirkung des Jubilars von H. Haffter, E. Risch und W. Rüegg, Zü-
       rich/Stuttgart 1959, 214–229 (urspr. in: MH 2, 1945, 1–14).

Leumann 1950   Leumann, M.: Homerische Wörter (Schweiz. Beitr. zur Altertumswiss.,
                    3), Basel 1950 (Nachdruck Darmstadt 1993).

Levet 1976   Levet, J.-P.: Le vrai et le faux dans la pensée grecque archaïque. Étude de
                    vocabulaire, Bd. 1: Présentation générale. Le vrai et le faux dans les
                    épopées homériques, Paris 1976.

Littauer/Crouwel 1983   Littauer, M.A. / Crouwel, J.H.: Chariots in Late Bronze Age Greece,
                    in: Antiquity 57, 1983, 187–192.

Lohmann 1970   Lohmann, D.: Die Komposition der Reden in der Ilias (Untersuchungen
                    zur antiken Literatur und Geschichte, 6), Berlin/New York 1970.

Lonsdale 1990   Lonsdale, S.H.: Creatures of Speech. Lion, Herding, and Hunting Similes
                    in the Iliad (Beitr. zur Altertumskunde, 5), Stuttgart 1990.

Lorimer 1947   Lorimer, H.L.: The Hoplite Phalanx with Special Reference to the Poems
                    of Archilochus and Tyrtaeus, in: ABSA 42, 1947, 76–138.

Lorimer 1950   Lorimer, H.L.: Homer and the Monuments, London 1950.

Louden 2006   Louden, B.: The Iliad. Structure, Myth, and Meaning, Baltimore 2006.

Lowenstam 1993   Lowenstam, S.: The Scepter and the Spear. Studies on Forms of Repe-
                    tition in the Homeric Poems, Lanham 1993.

Luce 1975   Luce, J.V.: Homer and the Heroic Age, London 1975.

Lührs 1992   Lührs, D.: Untersuchungen zu den Athetesen Aristarchs in der Ilias und zu
                    ihrer Behandlung im Corpus der exegetischen Scholien (Beitr. zur Alter-
                    tumswiss., 11), Hildesheim u.a. 1992.

von Luschan 1898   Luschan, F. von: Über den antiken Bogen, in: Festschrift für Otto Benn-
                    dorf zu seinem 60. Geburtstag, gewidmet von Schülern, Freunden und
                    Fachgenossen, Wien 1898, 189–197.

von Luschan 1899   Luschan, F. von: Zusammengesetzte und verstärkte Bogen. Vortrag an der
                    Sitzung vom 18. Februar 1899 der Berliner Gesellsch. für Anthropologie,
                    Etnologie und Urgeschichte, in: Zeitschr. f. Ethnologie 31, 1899, 221–
                    240.

Luther 1935   Luther, W.: 'Wahrheit' und 'Lüge' im ältesten Griechentum, Borna/Leip-
                    zig 1935.

Maas (1938) 1973   Maas, P.: Zum griechischen Wortschatz (ἐπιψευδής, πατερίων, ὥρα), in:
                    ders., Kleine Schriften, hrsg. von W. Buchwald, München 1973, 197–200
                    (urspr. in: Mélanges Émile Boisacq, Bd. 2 [Annuaire de l'Institut de
                    Philologie et d'Histoire Orientales et Slaves, 6], Brüssel 1938, 129–132).

Mackie 1996   Mackie, H.: Talking Trojan. Speech and Community in the Iliad (Greek
                    Studies: Interdisciplinary Approaches), Lanham u.a. 1996.

Mahlow 1926   Mahlow, G.: Neue Wege durch die griechische Sprache und Dichtung.
                    Sprachgeschichtliche Untersuchungen, Berlin/Leipzig 1926.

Marg 1938   Marg, W.: Der Charakter in der Sprache der frühgriechischen Dichtung
                    (Semonides, Homer, Pindar) (Kieler Arbeiten zur klassischen Philologie,
                    1), Würzburg 1938.

Marinatos 1967   Marinatos, S.: Kleidung, ArchHom Kap. A, Göttingen 1967.

Maronitis 2004   Maronitis, D.N.: Homeric Megathemes. War – Homilia – Homecoming
                    (Greek Studies: Interdisciplinary Approaches), Lanham u.a. 2004.

Martin 1989   Martin, R.: The Language of Heroes. Speech and Performance in the Iliad
                    (Myth and Poetics), Ithaca/London 1989.

Mawet 1979   Mawet, F.: Recherches sur les oppositions fonctionnelles dans le vocabulaire homérique de la douleur (autour de πῆμα - ἄλγος) (Académie Royale de Belgique, mémoires de la classe des lettres, 2ᵉ série, 63.4), Brüssel 1979.

Meier 1976   Meier, W.D.M.: Die epische Formel im pseudohesiodeischen Frauenkatalog. Eine Untersuchung zum nachhomerischen Formelgebrauch, Diss. Zürich 1976.

Meier-Brügger 1992   Meier-Brügger, M.: Griechische Sprachwissenschaft, Berlin/New York 1992 (2 Bde.).

Michel 1971   Michel, C.: Erläuterungen zum N der Ilias, Heidelberg 1971.

van der Mije 1987   Mije, S.R. van der: Achilles' God-Given Strength. Iliad A 178 and Gifts from the Gods in Homer, in: Mnemosyne 40, 1987, 241–267.

van der Mije 2011   Mije, S.R. van der: πείθειν φρένας – πείθειν θυμόν – A Note on Homeric Psychology, in: Mnemosyne 64, 2011, 447–454.

Minchin 2001   Minchin, E.: Homer and the Resources of Memory. Some Applications of Cognitive Theory to the Iliad and the Odyssey, Oxford 2001.

Minchin 2010   Minchin, E.: From Gentle Teasing to Heavy Sarcasm: Instances of Rhetorical Irony in Homer's Iliad, in: Hermes 138, 2010, 387–402.

Monro (1882) 1891   Monro, D.B.: A Grammar of the Homeric Dialect, Oxford ²1891 (¹1882).

Montanari 2002   Montanari, F. (Hrsg.): Omero. Tremila anni dopo. Atti del congresso di Genova, 6.–8.7.2000 (Storia e letteratura, 210), Rom 2002.

Montanari u.a. 2012   Montanari, F., Rengakos, A., Tsagalis, C. (Hrsgg.): Homeric Contexts. Neoanalysis and the Interpretaion of Oral Poetry (Trends in Classics, Suppl. 12), Berlin/Boston 2012.

Monteil 1963   Monteil, P.: La phrase relative en grec ancien. Sa formation, son développement, sa structure des origines à la fin du Vᵉ siècle a.C. (Études et commentaires, 47), Paris 1963.

Montiglio 2000   Montiglio, S.: Silence in the Land of Logos, Princeton 2000.

Morris 1992   Morris, S.P.: Daidalos and the Origins of Greek Art, Princeton 1992.

Morrison 1992   Morrison, J.V.: Homeric Misdirection. False Predictions in the Iliad (Michigan Monographs in Classical Antiquity), Ann Arbor 1992.

Morrison 1999   Morrison, J.V.: Homeric Darkness: Patterns and Manipulations for Death Scenes in the 'Iliad', in: Hermes 127, 1999, 129–144.

Moulton 1977   Moulton, C.: Similes in the Homeric Poems (Hypomnemata, 49), Göttingen 1977.

Μπεζαντάκος 1996   Μπεζαντάκος, Ν.Π.: Ἡ Ῥητορικὴ τῆς Ὁμηρικῆς μάχης, Athen 1996.

Muellner 1976   Muellner, L.C.: The Meaning of Homeric εὔχομαι Through its Formulas (Innsbr. Beitr. zur Sprachwiss., 13), Innsbruck 1976.

Mühlestein 1969   Mühlestein, H.: Redende Personennamen bei Homer, in: SMEA 9, 1969, 67–94 (auch in: ders., Homerische Namenstudien (Beiträge zur Klassischen Philologie, 183), Frankfurt a.M. 1987, 28–55).

Mutzbauer 1893   Mutzbauer, C.: Die Grundlagen der griechischen Tempuslehre und der homerische Tempusgebrauch. Ein Beitrag zur historischen Syntax der griechischen Sprache, Strassburg 1893.

Mylonas 1966 Mylonas, G.: Mycenae and the Mycenaean Age, Princeton (New Jersey) 1966.

Nagler 1974 Nagler, M.N.: Spontaneity and Tradition. A Study in the Oral Art of Homer, Berkeley u.a. 1974.

Nagy (1979) 1999 Nagy, G.: The Best of the Achaeans. Concepts of the Hero in Archaic Greek Poetry, Baltimore/London ²1999 (¹1979).

Naiden 2013 Naiden, F.S.: Smoke Signals for the Gods. Ancient Greek Sacrifice from the Archaic through Roman Periods, Oxford 2013.

Nappi 2002 Nappi, M.P.: Note sull'uso di Αἴαντε nell'Iliade, in: RCCM 44, 2002, 211–235.

Neal 2006 Neal, T.: The Wounded Hero. Non-Fatal Injury in Homer's Iliad (Sapheneia, 11), Bern u.a. 2006.

Nesselrath 1992 Nesselrath, H.-G.: Ungeschehenes Geschehen. 'Beinahe-Episoden' im griechischen und römischen Epos von Homer bis zur Spätantike, Stuttgart 1992.

Nesselrath 2014 Nesselrath, H.-G.: "Vater Zeus" im griechischen Epos, in: The Divine Father. Religious and Philosophical Concepts of Divine Parenthood in Antiquity (Themes in Biblical Narrative, 18), hrsg. von F. Albrecht und R. Feldmeier, Leiden/Boston 2014, 37–55.

Neuberger-Donath 1980 Neuberger-Donath, R.: The Obligative Infinitive in Homer and Its Relationship to the Imperative, in: Folia Linguistica 14, 1980, 65–82.

Neumann 1991 Neumann, G.: Die homerischen Personennamen. Ihre Position im Rahmen der Entwicklung des griechischen Namenschatzes, in: Latacz 1991, 311–328.

Neumann 2007 Neumann, G.: Glossar des Lykischen, überarb. und zum Druck gebracht von J. Tischler (Dresdner Beiträge zur Hethitologie, 21), Wiesbaden 2007.

Nickau 1977 Nickau, K.: Untersuchungen zur textkritischen Methode des Zenodotos von Ephesos (Untersuchungen zur antiken Literatur und Geschichte, Bd. 16), Berlin/New York 1977.

Nicolai 1973 Nicolai, W.: Kleine und große Darstellungseinheiten in der Ilias (Bibliothek der Klass. Altertumswiss., N.F. 2.47), Heidelberg 1973.

Nijboer 2008 Nijboer, A.J.: A Phoenician Family Tomb, Lefkandi, Huelva and the Tenth Century BC in the Mediterranean, in: Beyond the Homeland: Markers in Phoenician Chronology, hrsg. von C. Sagona (Ancient Near Eastern Studies, Suppl. 28), Leuven u.a. 2008, 365–377.

Nilsson (1940) 1967 Nilsson, M.P.: Geschichte der griechischen Religion, Bd.1: Die Religion Griechenlands bis auf die griechische Weltherrschaft (Handbuch der Altertumswiss., 5.2.1), München ³1967 (¹1940; Nachdruck 1992).

Noussia 2002 Noussia, M.: Olympus, the Sky, and the History of the Text of Homer, in: Montanari 2002, 489–503.

Nünlist 2009 Nünlist, R.: The Ancient Critic at Work. Terms and Concepts of Literary Criticism in Greek Scholia, Cambridge 2009.

Nussbaum 1998 Nussbaum, A.J.: Two Studies in Greek and Homeric Linguistics (Hypomnemata, 120), Göttingen 1998.

O'Brien 1993 O'Brien, J.V.: The Transformation of Hera. A Study of Ritual, Hero, and the Goddess in the Iliad, Lanham 1993.

van Otterlo 1944   Otterlo, W.A.A. van: Untersuchungen über Begriff, Anwendung und Ent-
                     stehung der griechischen Ringkomposition, in: Mededeel. der Koninklijke
                     Nederlandsche Akad. van Wetenschappen, Afd. Letterkunde, N.R. 7.3,
                     1944, 131–176.

Owen 1946   Owen, E.T.: The Story of the Iliad, London 1946 u.ö.

Pagani 2008   Pagani, L.: Il codice eroico e il guerriero di fronte alla morte, in: Eroi
                     nell'Iliade. Personaggi e strutture narrative, hrsg. von L. Pagani, Rom
                     2008, 327–418.

Page (1955) 1979   Page, D.: Sappho and Alcaeus. An Introduction to the Study of Ancient
                     Lesbian Poetry, Oxford ²1979 (¹1955).

Page 1959   Page, D.L.: History and the Homeric Iliad, Berkeley/Los Angeles 1959.

Parry 1972   Parry, A.: Language and Characterization in Homer, in: HSPh 76, 1972,
                     1–22 (auch in: ders., The Language of Achilles and Other Papers, Oxford
                     1989, 310–325).

Patzer 1996   Patzer, H.: Die Formgesetze des homerischen Epos (Schriften der wiss.
                     Gesellschaft an der J.W. Goethe-Universität Frankfurt a.M., Geisteswiss.
                     Reihe, 12), Stuttgart 1996.

Peigney 2007   Peigney, J.: La blessure de Ménélas et la bossette de mors (Iliade IV, 141–
                     147): Quelques remarques, in: Troïka. Parcours antiques. Mélanges offerts
                     à Michel Woronoff, hrsg. von S. David und E. Geny, vol. 1, Besançon
                     2007, 101–109.

Pelliccia 1995   Pelliccia, H.: Mind, Body, and Speech in Homer and Pindar (Hypo-
                     mnemata, 107), Göttingen 1995.

Pighi 1975–1976   Pighi, G.B.: Ζεφυρος. Ζοφος. Sāfôn, in: RAIB 64, 1975–1976, 169–185.

Pinsent 1983   Pinsent, J.: ΕΤΑΙΡΟΣ / ΕΤΑΡΟΣ in the "Iliad", in: Mélanges Edouard De-
                     lebecque, Aix-en-Provence 1983, 313–318.

Plath 1994   Plath, R.: Der Streitwagen und seine Teile im frühen Griechischen.
                     Sprachliche Untersuchungen zu den mykenischen Texten und zum home-
                     rischen Epos (Erlanger Beiträge zur Sprache, Literatur und Kunst, 76),
                     Nürnberg 1994.

Pöhlmann/Tichy 1982 Pöhlmann, E. / Tichy, E.: Zur Herkunft und Bedeutung von κόλλοψ,
                     in: Serta Indogermanica. Festschrift für Günter Neumann zum 60. Ge-
                     burtstag, hrsg. von J. Tischler (Innsbr. Beitr. zur Sprachwiss., 40),
                     Innsbruck 1982, 287–315.

Porzig 1942   Porzig, W.: Die Namen für Satzinhalte im Griechischen und im Indoger-
                     manischen (Unters. zur idg. Sprach- und Kulturwiss., 10), Berlin 1942.

Postlethwaite 2000   Postlethwaite, N.: Homer's Iliad. A Commentary on the Translation of
                     Richard Lattimore, Exeter 2000.

Pratt 2009   Pratt, L.: Diomedes, the Fatherless Hero of the Iliad, in: Growing up
                     Fatherless in Antiquity, hrsg. von S.R. Huebner und D.M. Ratzan,
                     Cambridge 2009, 141–161.

Pritchett 1985   Pritchett, W.K.: The Greek State at War. Part IV, Berkeley u.a. 1985.

Pritchett 1991   Pritchett, W.K.: Studies in Ancient Greek Topography. Part VII, Am-
                     sterdam 1991.

Pucci 2002   Pucci, P.: Theology and Poetics in the Iliad, in: Arethusa 35, 2002, 17–34.

Raaflaub 1991   Raaflaub, K.A.: Homer und die Geschichte des 8. Jh.s v. Chr., in: Latacz 1991, 205–226.

Raaflaub 2011   Raaflaub, K.: Riding on Homer's Chariot. The Search for a Historical 'Epic Society', in: Antichthon 45, 2011, 1–34.

Rank 1951   Rank, L.Ph.: Etymologiseering en verwante verschijnselen bij Homerus (Etymologizing and Related Phenomena in Homer), Assen 1951.

Ready 2011   Ready, J.L.: Character, Narrator, and Simile in the Iliad, Cambridge 2011.

Reber 1999   Reber, K.: Apobaten auf einem geometrischen Amphorenhals, in: Antike Kunst 42, 1999, 126–141.

Redfield (1975) 1994   Redfield, J.M.: Nature and Culture in the Iliad. The Tragedy of Hector, Durham/London ²1994 (Chicago ¹1975).

Reece 2009   Reece, S.: Homer's Winged Words. The Evolution of Early Greek Epic Diction in the Light of Oral Theory, Leiden/Boston 2009.

Reichel 1994   Reichel, M.: Fernbeziehungen in der Ilias (ScriptOralia, 62), Tübingen 1994.

Reinhardt (1938) 1960   Reinhardt, K.: Das Parisurteil, in: ders., Tradition und Geist. Gesammelte Essays zur Dichtung, hrsg. von C. Becker, Göttingen 1960, 16–36 (urspr. Wissenschaft und Gegenwart 11, Frankfurt 1938; auch in: ders., Von Werken und Formen, Godesberg 1948, 11–36; de Jong 1999, Bd. 3, 47–65).

Reinhardt 1961   Reinhardt, K.: Die Ilias und ihr Dichter, hrsg. von U. Hölscher, Göttingen 1961.

Rengakos 1993   Rengakos, A.: Der Homertext und die hellenistischen Dichter (Hermes, Einzelschriften 64), Stuttgart 1993.

Rengakos 1994   Rengakos, A.: Apollonios Rhodios und die antike Homererklärung (Zetemata, 92), München 1994.

Rengakos 1995   Rengakos, A.: Zeit und Gleichzeitigkeit in den homerischen Epen, in: A&A 41, 1–33.

Rengakos 1999   Rengakos, A.: Spannungsstrategien in den homerischen Epen, in: Euphrosyne. Studies in Ancient Epic and its Legacy in Honor of Dimitris N. Maronitis, hrsg. von J.N. Kazazis und A. Rengakos, Stuttgart 1999, 308–338.

Reucher 1983   Reucher, Th.: Die situative Weltsicht Homers. Eine Interpretation der Ilias, Darmstadt 1983.

Revuelta Puigdollers 2009   Revuelta Puigdollers, A.R.: The Particles αὖ and αὖτε in Ancient Greek as Topicalizing Devices, in: Bakker, St. / Wakker, G. (Hrsgg.): Discourse Cohesion in Ancient Greek (Amsterdam Studies in Class. Philology, 16), Leiden/Boston 2009, 83–109.

Reynen 1983   Reynen, H.: ΕΥΧΕΣΘΑΙ und seine Derivate bei Homer, Bonn 1983.

Richardson 1990   Richardson, S.: The Homeric Narrator, Nashville, Tennessee 1990.

Richardson 2007   Richardson, S.: The Games in Book θ of the Odyssey, in: Contests and Rewards in the Homeric Epics. Proceedings of the 10th International Symposium on the Odyssey (15–19 September 2004) (Centre for Odyssean Studies), hrsg. von M. Paizi-Apostolopoulou, A. Rengakos und Chr. Tsagalis, Ithaka 2007, 121–127.

Richter 1968   Richter, W.: Die Landwirtschaft im homerischen Zeitalter. Mit einem
                    Beitrag 'Landwirtschaftliche Geräte' von W. Schiering, ArchHom Kap.
                    H, Göttingen 1968.

Rijksbaron (1984) 2002   Rijksbaron, A.: The Syntax and Semantics of the Verb in Classical
                    Greek. An Introduction, Amsterdam ³2002 (¹1984).

Risch (1947) 1981   Risch, E.: Namensdeutungen und Worterklärungen bei den ältesten grie-
                    chischen Dichtern, in: ders., Kleine Schriften zum siebzigsten Geburtstag,
                    hrsg. von A. Etter und M. Loser, Berlin/New York 1981, 294–313 (urspr.
                    in: Eumusia, Festgabe für Ernst Howald zum sechzigsten Geburtstag am
                    20. April 1947, Erlenbach 1947, 72–91).

Robert 1901   Robert, C.: Studien zur Ilias, Berlin 1901.

Robert 1907   Robert, C.: Topographische Probleme der Ilias, in: Hermes 42, 1907, 78–
                    112.

Roemer 1912   Roemer, A.: Aristarchs Athetesen in der Homerkritik (wirkliche und an-
                    gebliche). Eine kritische Untersuchung, Leipzig/Berlin 1912.

Roisman 2005   Roisman, H.: Old Men and Chirping Cicadas in the *Teichoskopi*a, in:
                    Approaches to Homer, ancient and Modern, hrsg. von R.J. Rabel,
                    Swansea 2005, 105–118.

Rousseau 1990   Rousseau, P.: Le deuxième Atride. Le type épique de Ménélas dans
                    l'Iliade, in: Mélanges P. Lévêque (Annales littéraires de l'université de
                    Besançon, 429. Centre de recherches d'histoire ancienne, 101), hrsg. von
                    M.-M. Mactoux und É. Geny, Bd. 5, Paris 1990, 325–354.

Ruijgh 1957   Ruijgh, C.J.: L'élément achéen dans la langue épique (Diss. Amsterdam),
                    Assen 1957.

Ruijgh (1981) 1996 Ruijgh, C.J.: L'emploi de HTOI chez Homère et Hésiode, in: Ruijgh
                    1996, 519–534 (urspr. in: Mnemosyne 34, 1981, 272–287).

Ruijgh (1990) 1996 Ruijgh, C.J.: La place des enclitiques dans l'ordre des mots chez
                    Homère d'après la loi de Wackernagel, in: Ruijgh 1996, 627–647 (urspr.
                    in: Sprachwissenschaft und Philologie. Jacob Wackernagel und die Indo-
                    germanistik heute (Kolloquium der Indogerm. Gesellschaft, 13.–15.
                    Oktober 1988 in Basel) hrsg. von H. Eichner und H. Rix, Wiesbaden
                    1990, 213–233).

Ruijgh 1995   Ruijgh, C.J.: D'Homère aux origines proto-mycéniennes de la tradition
                    épique. Analyse dialectologique du langage homérique, avec un excursus
                    sur la création de l'alphabet grec, in: Homeric Questions. Essays in
                    Philology, Ancient History and Archaeology, Including the Papers of a
                    Conference Organized by the Netherlands Institute at Athens (15.5.1993),
                    hrsg. von J.P. Crielaard, Amsterdam 1995, 1–96.

Ruijgh 1996   Ruijgh, C.J.: Scripta minora ad linguam Graecam pertinentia, Bd. 2, hrsg.
                    von A. Rijksbaron und F.M.J. Waanders, Amsterdam 1996.

Salazar 2000   Salazar, C.F.: The Treatment of War Wounds in Graeco-Roman Antiquity
                    (Studies in Ancient Medicine, 21), Leiden u.a. 2000.

Sarischoulis 2008   Sarischoulis, E.: Schicksal, Götter und Handlungsfreiheit in den Epen Ho-
                    mers (Palingenesia, 92), Stuttgart 2008.

Sarischoulis 2008a Sarischoulis, E.: Motive und Handlung bei Homer, Göttingen 2008.

Saunders 1999   Saunders, K.B.: The Wounds in Iliad 13–16, in: CQ 49, 1999, 345–363.

Saunders 2003   Saunders, K.B.: Appendix, in der engl. Übers. von Friedrich 1956, London 2003, 131–167.

Saunders 2004   Saunders, K.B.: Frölich's Table of Homeric Wounds, in: CQ 54, 2004, 1–17.

Schadewaldt (1938) 1966   Schadewaldt, W.: Iliasstudien, Berlin ³1966 (Leipzig ¹1938; Nachdruck Darmstadt 1987).

Schäfer 1990   Schäfer, M.: Der Götterstreit in der Ilias, Stuttgart 1990.

Scheid-Tissinier 1994   Scheid-Tissinier, É.: Les usages du don chez Homère. Vocabulaire et pratiques, Nancy 1994.

Schein 1984   Schein, S.L.: The Mortal Hero. An Introduction to Homer's Iliad, Berkeley u.a. 1984.

Schein (1976) 2016   Schein, S.L.: The Death of Simoeisios: Iliad 4.473–489, in: ders., Homeric Epic and its Reception. Interpretive Essays, Oxford 2016, 5–9 (urspr. in: Eranos 74, 1976, 1–5).

v. Scheliha 1943   Scheliha, R. v.: Patroklos. Gedanken über Homers Dichtung und Gestalten, Basel 1943.

Schmidt 1976   Schmidt, M.: Die Erklärungen zum Weltbild Homers und zur Kultur der Heroenzeit in den bT-Scholien zur Ilias (Zetemata, 62), München 1976.

Schmitt 1990   Schmitt, A.: Selbständigkeit und Abhängigkeit menschlichen Handelns bei Homer. Hermeneutische Untersuchung zur Psychologie Homers (AbhMainz 1990.5), Mainz/Stuttgart 1990.

Schmitt 1967   Schmitt, R.: Dichtung und Dichtersprache in indogermanischer Zeit, Wiesbaden 1967.

Schneider 1996   Schneider, H.: Der anonyme Publikumskommentar in Ilias und Odyssee (Philosophie, 25), Münster 1996.

Schoeck 1961   Schoeck, G.: Die homerische Assoziationstechnik als Basis der Erfindung. Beobachtungen an der Ilias, Diss. Zürich 1961.

Schofield 2001   Schofield, M.: *Euboulia* in the *Iliad*, in: Cairns 2001, 220–259.

Schouler 1980   Schouler, B.: Dépasser le père, in: REG 93, 1980, 1-24.

Schwartz 2009   Schwartz, A.: Reinstating the Hoplite. Arms, Armour and Phalanx Fighting in Archaic and Classical Greece (Historia, Einzelschriften 207), Stuttgart 2009.

Scodel 2002   Scodel, R.: Listening to Homer. Tradition, Narrative, and Audience, Ann Arbor 2002.

Scodel 2008   Scodel, R.: Epic Facework. Self-Presentation and Social Interaction in Homer, Swansea 2008.

Scodel 2012   Scodel, R.: ἦ and Theory of Mind in the Iliad: in: Homer, gedeutet durch ein großes Lexikon, hrsg. von M. Meier-Brügger (Anh. d. Akademie d. Wiss. zu Göttingen, N.F. 21), Göttingen 2012, 319–334.

Scott 1974   Scott, W.C.: The Oral Nature of the Homeric Simile (Mnemosyne, Suppl. 28), Leiden 1974.

Scully 1990   Scully, St.: Homer and the Sacred City (Myth and Poetics), Ithaca/London 1990.

Segal 1971   Segal, Ch.: The Theme of the Mutilation of the Corpse in the Iliad (Mnemosyne, Suppl. 17), Leiden 1971.

Seiler 1950   Seiler, H.: Die primären griechischen Steigerungsformen (Diss. Zürich),
                       Leipzig 1950 (auch als: Hamburger Arbeiten zur Altertumswiss., 6, 1950).

Shear 2000   Shear, I.M.: Tales of Heroes. The Origins of the Homeric Texts, New
                       York/Athen 2000.

Singor 1991   Singor, H.W.: Nine Against Troy. On Epic φάλαγγες, πρόμαχοι, and an
                       Old Structure in the Story of the Iliad, in: Mnemosyne 44, 1991, 17–62.

Singor 1992   Singor, H.W.: The Achaean Wall and the Seven Gates of Thebes, in:
                       Hermes 120, 1992, 401–411.

Singor 1995   Singor, H.W.: Eni prôtoisi machesthai. Some Remarks on the Iliadic
                       Image of the Battlefield, in: Crielaard 1995, 183–200.

Slings 1994   Slings, S.R.: Een tandje lager. Aanzetten voor een orale grammatica van
                       Homerus, in: Lampas 27, 1994, 411–427.

Smith 1979   Smith, P.M.: Notes on the Text of the Fifth Homeric Hymn, in: HSCP 83,
                       1979, 29–50.

Snell (1939) 1975 Snell, B.: Die Auffassung des Menschen bei Homer, in: ders., Die Ent-
                       deckung des Geistes. Studien zur Entstehung des europäischen Denkens
                       bei den Griechen, Göttingen ⁴1975 u.ö., 13–29 (urspr. als: Die Sprache
                       Homers als Ausdruck seiner Gedankenwelt, in: NJAB 2, 1939, 393–410;
                       engl. Übers. in: de Jong 1999, Bd. 2, 241–259).

Snell 1977   Snell, B.: φρένες — φρόνησις, in: Glotta 55, 1977, 34–64.

Solmsen 1960   Solmsen, F.: Zur Theologie im grossen Aphrodite-Hymnus, in: Hermes
                       88, 1960, 1–13.

Sommer 1957   Sommer, F.: Homerica, in: ΜΝΗΜΗΣ ΧΑΡΙΝ. Gedenkschrift für Paul
                       Kretschmer 2. Mai 1866 – 9. Mai 1956, hrsg. von H. Kronasser, Bd. 2,
                       Wien 1957, 142–151.

Sommer 1958   Sommer, F.: λ 11, in: Sybaris. Festschrift Hans Krahe, zum 60.
                       Geburtstag am 7. Februar 1958, dargebracht von Freunden, Schülern und
                       Kollegen, Wiesbaden 1958, 146–163.

Sommer 1977   Sommer, F.: ἔσται, in: ders., Schriften aus dem Nachlaß, hrsg. von B.
                       Forssman (Münchner Studien zur Sprachwissenschaft, N.F. 1), München
                       1977, 154–177.

Sommerstein/Torrance 2014   Sommerstein, A.H. / Torrance, I.C.: Oaths and Swearing in An-
                       cient Greece, with Contributions by A.J. Bayliss, J. Fletcher, K. Konstan-
                       tinidou and L.A. Kozak (Beiträge zur Altertumskunde, 307), Ber-
                       lin/Boston 2014.

Stanley 1993   Stanley, K.: The Shield of Homer. Narrative Structure in the Iliad,
                       Princeton u.a. 1993.

Stein-Hölkeskamp 1989 Stein-Hölkeskamp, E.: Adelskultur und Polisgesellschaft. Studien
                       zum griechischen Adel in archaischer und klassischer Zeit, Stuttgart 1989.

Steinmann 2012   Steinmann, B.F.: Die Waffengräber der ägäischen Bronzezeit. Waffen-
                       beigaben, soziale Selbstdarstellung und Adelsethos in der minoisch-myke-
                       nischen Kultur (Philippika, 52), Wiesbaden 2012.

Steinrück 1992   Steinrück, M.: Rede und Kontext. Zum Verhältnis von Person und
                       Erzähler in frühgriechischen Texten (Habelts Dissertationsdrucke. Reihe
                       Klassische Philologie, 39), Bonn 1992.

Stengel 1910   Stengel, P.: Opferbräuche der Griechen, Leipzig/Berlin 1910.

Stockinger 1959   Stockinger, H.: Die Vorzeichen im homerischen Epos. Ihre Typik und ihre
                   Bedeutung (Diss. München), St. Ottilien 1959.

Stoevesandt 2004   Stoevesandt, M.: Feinde – Gegner – Opfer. Zur Darstellung der Troianer
                   in den Kampfszenen der Ilias (Schweizerische Beiträge zur Altertums-
                   wissenschaft, 30), Basel 2004.

Strasburger 1954   Strasburger, G.: Die kleinen Kämpfer der Ilias, Diss. Frankfurt a.M. 1954.

Strunk 1988   Strunk, K.: Zur diachronischen Morphosyntax des Konjunktivs, in: In the
                   Footsteps of Raphael Kühner. Proceedings of the International Collo-
                   quium in Commemoration of the 150th Anniversary of the Publication of
                   Raphael Kühner's 'Ausführliche Grammatik der griechischen Sprache, II.
                   Theil: Syntaxe', Amsterdam 1986, hrsg. von A. Rijksbaron, H.A. Mulder
                   und G.C. Wakker, Amsterdam 1988, 291–312.

Stubbings 1962   Stubbings, F.H.: Arms and Armour, in: Wace, A.J.B. / Stubbings, F.H.
                   (Hrsgg.): A Companion to Homer, London/New York 1962, 504–522.

Sullivan 1988   Sullivan, S.D.: Psychological Activity in Homer. A Study of Phrēn,
                   Ottawa 1988.

Tabachovitz 1951   Tabachovitz, D.: Homerische εἰ-Sätze. Eine sprachpsychologische Studie,
                   Lund 1951.

Taplin 1990   Taplin, O.: Agamemnon's Role in the Iliad, in: Characterization and
                   Individuality in Greek Literature, hrsg. von Chr. Pelling, Oxford 1990,
                   60–82.

Taplin 1992   Taplin, O.: Homeric Soundings. The Shaping of the Iliad, Oxford 1992.

Thalmann 1984   Thalmann, W.G.: Conventions of Form and Thought in Early Greek Epic
                   Poetry, Baltimore/London 1984.

Thornton 1970   Thornton, A.: People and Themes in Homer's Odyssey, London 1970.

Thornton 1984   Thornton, A.: Homer's Iliad: its Composition and the Motif of
                   Supplication (Hypomnemata, 81), Göttingen 1984.

Tichy 1983   Tichy, E.: Onomatopoetische Verbalbildungen des Griechischen (SAWW,
                   409), Wien 1983.

Tichy 2010   Tichy, E.: Älter als der Hexameter? Schiffskatalog, Troerkatalog und vier
                   Einzelszenen der Ilias, Bremen 2010.

Trédé 1992   Trédé, M.: Kairos. L'à-propos et l'occasion (Le mot et la notion,
                   d'Homère à la fin du IVe siècle avant J.-C.), (Études et commentaires,
                   103), Paris 1992 (kürzere Erstfassung von S. 25–31 in: REG 97, 1984,
                   XII–XIV).

Tronci 2000   Tronci, L.: Eredità indoeuropea e innovazione nel greco omerico:
                   l'elemento -ι° come 'marca' caratterizzante di primi membri di composto,
                   in: SSL 38, 2000, 275–311.

Trümpy 1950   Trümpy, H.: Kriegerische Fachausdrücke im griechischen Epos. Untersu-
                   chungen zum Wortschatze Homers, Basel 1950.

Tsagalis 2004   Tsagalis, Chr.: Epic Grief. Personal Laments in Homer's Iliad (Untersu-
                   chungen zur antiken Literatur und Geschichte, 70), Berlin/New York
                   2004.

Tsagalis 2008   Tsagalis, Chr. C.: The Oral Palimpsest. Exploring Intertextuality in the
                   Homeric Epics (Hellenic Studies, 29), Washington 2008.

Tsagalis 2012   Tsagalis, Chr.: From Listeners to Viewers. Space in the Iliad (Hellenic
                     Studies, 53), Cambridge Ma. / London 2012.

Tsagarakis 1977   Tsagarakis, O.: Nature and Background of Major Concepts of Divine
                     Power in Homer, Amsterdam 1977.

Tsagarakis 1982   Tsagarakis, O.: Form and Content in Homer (Hermes, Einzelschriften 46),
                     Wiesbaden 1982.

Tucker 1990   Tucker, E.F.: The Creation of Morphological Regularity: Early Greek
                     Verbs in -éō, -áō, -óō, -úō and -íō (Historische Sprachforschung, Ergän-
                     zungsh. 35), Göttingen 1990.

Tzamali 1996   Tzamali, E.: Syntax und Stil bei Sappho (MSS, N.F. Beiheft 16),
                     Dettelbach 1996.

Tzamali 1997   Tzamali, E.: Positive Aussage plus negierte Gegenaussage im Griechi-
                     schen. Teil I: Die ältere griechische Dichtung, in: MSS 57, 1997, 129–
                     167.

Tzavella-Evjen 1983 Tzavella-Evjen, H.: Homeric Medicine, in: The Greek Renaissance of
                     the Eighth Century B.C. Tradition and Innovation. Proceedings of the
                     Second International Symposium at the Swedish Institute in Athens, 1–5
                     June, 1981, hrsg. von R. Hägg, Stockholm 1983, 185–188.

Uerpmann 2006   Uerpmann, M.: Von Adler bis Zahnbrassen – Der Beitrag der Archäo-
                     zoologie zur Erforschung Troias, in: Troia. Archäologie eines Siedlungs-
                     hügels, hrsg. von M.O. Korfmann, Mainz 2006, 283–296.

Ulf 1990   Ulf, Chr.: Die homerische Gesellschaft. Materialien zur analytischen Be-
                     schreibung und historischen Lokalisierung (Vestigia. Beiträge zur Alten
                     Geschichte, 43), München 1990.

van der Valk 1964   Valk, M. van der: Researches on the Text and Scholia of the Iliad, Bd. 2,
                     Leiden 1964.

Ventris/Chadwick (1956) 1973   Ventris, M. / Chadwick, J.: Documents in Mycenaean Greek,
                     Cambridge ²1973 (¹1956).

Vernant 1982   Vernant, J.-P.: La belle mort et le cadavre outragé, in: La mort, les morts
                     dans les sociétés anciennes, hrsg. von G. Gnoli und J.-P. Vernant,
                     Cambridge u.a. 1982, 45–76 (engl. Übers. in: Oxford Readings in
                     Homer's Iliad, hrsg. von D.L. Cairns, Oxford 2001, 311–341).

Vester 1956   Vester, H.: Nestor. Funktion und Gestalt in der Ilias, Diss. Tübingen 1956.

Vetten 1990   Vetten, C.-P.: Das mythische Vorbild in der Ilias, Diss. Bonn 1990.

Visser 1987   Visser, E.: Homerische Versifikationstechnik. Versuch einer Rekonstruk-
                     tion (Europ. Hochschulschriften, 15.34), Frankfurt a.M. u.a. 1987.

Visser 1997   Visser, E.: Homers Katalog der Schiffe, Stuttgart/Leipzig 1997.

Vivante 1970   Vivante, P.: The Homeric Imagination, Bloomington 1970.

Von der Mühll (1930) 1976   Von der Mühll, P.: Der Grosse Aias, in: ders., Ausgewählte
                     kleine Schriften, hrsg. von B. Wyss (Schweiz. Beitr. zur Altertumswiss.,
                     12, Basel 1976, 435–472 (urspr.: Rektoratsprogramm der Universität
                     Basel für das Jahr 1930, Basel 1930).

Von der Mühll 1952   Von der Mühll, P.: Kritisches Hypomnema zur Ilias (Schweiz. Beitr.
                     zur Altertumswiss., 4), Basel 1952.

Vonhoff 2008   Vonhoff, Chr.: Darstellungen von Kampf und Krieg in der minoischen
                     und mykenischen Kultur (Internationale Archäologie, 109), Rahden 2008.

Waanders 2000	Waanders, F.M.J.: Πέλομαι: to be ... or to become?, in: ZAnt 50, 2000, 257–272.
Wachter 2001	Wachter, R.: Non-Attic Greek Vase Inscriptions, Oxford 2001.
Wachter 2012	Wachter, R.: The Other View. Focus on Linguistic Innovations in the Homeric Epics, in: Relative Chronology in Early Greek Epic Poetry, hrsg. von Ø. Andersen und D.T.T. Haug, Cambridge 2012, 65–79.
Wackernagel (1877) 1953	Wackernagel, J.: Zum homerischen Dual, in: ders. 1953, 538–546 (urspr. in: KZ 23, 1877, 302–310).
Wackernagel (1885) 1953	Wackernagel, J.: Miszellen zur griechischen Grammatik: 3. ἐν im Ionischen und Attischen, in: ders. 1953, 573–591 (urspr. in: KZ 27, 1885, 262–280).
Wackernagel 1889	Wackernagel, J.: Das Dehnungsgesetz der griechischen Composita, Basel 1889.
Wackernagel (1914) 1953	Wackernagel, J.: Akzentstudien III: Zum homerischen Akzent, in: ders. 1953, 1154–1187 (urspr. in: GN 1914, 97–130).
Wackernagel (1920) 1926	Wackernagel, J.: Vorlesungen über Syntax mit besonderer Berücksichtigung von Griechisch, Lateinisch und Deutsch. Erste Reihe, Basel ²1926 u.ö. (¹1920).
Wackernagel (1924) 1928	Wackernagel, J.: Vorlesungen über Syntax mit besonderer Berücksichtigung von Griechisch, Lateinisch und Deutsch. Zweite Reihe, Basel ²1928 (¹1924).
Wackernagel 1953	Wackernagel, J.: Kleine Schriften Bd. 1–2, hrsg. von der Akademie der Wissenschaften zu Göttingen, Göttingen 1953.
Wakker 1994	Wakker, G.C.: Conditions and Conditionals. An Investigation of Ancient Greek, Amsterdam 1994.
Wakker 1997	Wakker, G.C.: Modal Particles and Different Points of View in Herodotus and Thukydides, in: Grammar as Interpretation. Greek Literature in its Linguistic Contexts, hrsg. von E.J. Bakker (Mnemosyne, Suppl. 171), Leiden u.a. 1997, 215–250.
Walsh 2005	Walsh, T.R.: Fighting Words and Feuding Words. Anger and the Homeric Poems, Lanham u.a. 2005.
van Wees 1986	Wees, H. van: Leaders of Men? Military Organisation in the Iliad, in: CQ 36, 1986, 285–303.
van Wees 1988	Wees, H. van: Kings in Combat and Heroes in the Iliad, in: CQ 38, 1988, 285–303.
van Wees 1992	Wees, H. van: Status Warriors. War, Violence and Society in Homer and History, Amsterdam 1992.
van Wees 1994	Wees, H. van: The Homeric Way of War: The Iliad and the Hoplite Phalanx, in: G&R 41, 1994, 1–18. 131–155 (S. 1–18 auch in: de Jong 1999, Bd. 2, 221–238).
van Wees 1997	Wees, H. van: Homeric Warfare, in: A New Companion to Homer, hrsg. von I. Morris und B. Powell, Leiden u.a. 1997, 668–693.
van Wees 2003	Wees, H. van: Rez. zu Hellmann 2000, in: Gnomon 75, 2003, 577–580.
Werner 1948	Werner, R.: η und ει vor Vokal bei Homer (Diss. Zürich), Freiburg 1948.

West 1988   West, M.L.: The Rise of the Greek Epic, in: JHS 108, 1988, 151–172
                   (auch in: Greek Literature. Bd. 1: The Oral Traditional Background of
                   Ancient Greek Literature, hrsg. von G. Nagy, New York/London 2001,
                   191–212).

West 1997   West, M.L.: The East Face of Helicon. West Asiatic Elements in Greek
                   Poetry and Myth, Oxford 1997.

West 1998   West, M.L.: Praefatio, in: Homeri Ilias. Recensuit / testimonia congessit
                   M.L. W., Bd. 1, Stuttgart/Leipzig 1998, V–XXXVII.

West 2001   West, M.L.: Studies in the Text and Transmission of the Iliad, Mün-
                   chen/Leipzig 2001.

West 2004   West, M.L.: An Indo-European Stilistic Feature in Homer, in: Bierl u.a.
                   2004, 33–49.

West 2007   West, M.L.: Indo-European Poetry and Myth, Oxford 2007.

West 2011   West, M.L.: The Making of the Iliad. Disquisition and Analytical Com-
                   mentary, Oxford 2011.

West 2013   West, M.L.: The Epic Cycle. A Commentary on the Lost Troy Epics,
                   Oxford 2013.

West 2013a   West, M.L.: λυκάβας, λυκηγενής, ἀμφιλύκη, in: Glotta 89, 2013, 253–
                   264.

Whallon 1969   Whallon, W.: Formula, Character, and Context. Studies in Homeric, Old
                   English and Old Testament Poetry, Cambridge, Mass., 1969.

Wiesner 1968   Wiesner, J.: Fahren und Reiten, ArchHom Kap. F, Göttingen 1968.

Wiessner 1940   Wiessner, K.: Bauformen der Ilias (Preisschriften, gekrönt und hrsg. von
                   der fürstlich Jablonowskischen Gesellschaft, 55), Leipzig 1940.

Wilamowitz (1891) 1937 Wilamowitz-Moellendorff, U. von: Die sieben Tore Thebens, in:
                   Kleine Schriften, hrsg. von P. Maas u.a., V.1: Geschichte, Epigraphik, Ar-
                   chäologie, Berlin 1937, 26–77 (urspr. in: Hermes 26, 1891, 191–241.
                   Nachtrag 241f.).

Wilamowitz 1914   Wilamowitz-Moellendorff, U. von: Aischylos. Interpretationen, Berlin
                   1914.

Wilamowitz 1916   Wilamowitz-Moellendorff, U. von: Die Ilias und Homer, Berlin 1916.

Willcock (1964) 2001 Willcock, M.M: Mythological Paradeigma in the Iliad, in: Cairns
                   2001, 435–455 (urspr. in: CQ 14, 1964, 141–154; auch in: de Jong 1999,
                   Bd. 3, 385–402).

Willcock 2002   Willcock, M.: Menelaos in the Iliad, in: Epea pteroenta. Beiträge zur
                   Homerforschung. Festschrift für Wolfgang Kullmann zum 75. Geburtstag,
                   hrsg. von M. Reichel und A. Rengakos, Stuttgart 2002, 221–229.

Willcock 2004   Willcock, M.: Traditional Epithets, in: Bierl u.a. 2004, 51–62.

Willenbrock (1944) 1969 Willenbrock, H.: Die poetische Bedeutung der Gegenstände in Ho-
                   mers Ilias (Diss. Marburg 1944), Marburg/Lahn 1969.

Williams (1993) 2000 Williams, B.: Scham, Schuld und Notwendigkeit. Eine Wiederbele-
                   bung antiker Begriffe der Moral (Polis, 1), Berlin 2000 (engl. Original:
                   Shame and Necessity, Berkeley u.a. 1993).

Willmott 2007   Willmott, J.: The Moods of Homeric Greek, Cambridge 2007.

Wilson 2002   Wilson, D.F.: Ransom, Revenge, and Heroic Identity in the Iliad,
                   Cambridge 2002.

Wißmann 1997   Wißmann, J.: Motivation und Schmähung. Feigheit in der Ilias und in der
                    griechischen Tragödie (Drama, Beiheft 7), Stuttgart 1997.

Wittwer 1970   Wittwer, M.: Über die kontrastierende Funktion des griechischen Suffixes
                    -τερος, in: Glotta 47, 1970, 54–109.

Wöhrle 1999   Wöhrle, G.: Telemachs Reise. Väter und Söhne in der Ilias und Odyssee
                    oder ein Beitrag zur Erforschung der Männlichkeitsideologie in der home-
                    rischen Welt (Hypomnemata, 124), Göttingen 1999.

Wyatt 1969   Wyatt Jr., W.F.: Metrical Lengthening in Homer (Incunabula Graeca, 35),
                    Rom 1969.

Yadin 1963   Yadin, Y.: The Art of Warfare in Biblical Lands in the Light of Archaeo-
                    logical Study, Bd. 1, New York u.a. 1963.

Yamagata 1994   Yamagata, N.: Homeric Morality (Mnemosyne, Suppl. 131), Leiden 1994.

Zanker 1994   Zanker, G.: The Heart of Achilles. Characterization and Personal Ethics in
                    the Iliad, Ann Arbor 1994.

Zielinski 1899/2001 Zielinski, Th.: Die Behandlung gleichzeitiger Ereignisse im antiken
                    Epos, in: Philologus Suppl. 8, 1899/1901, 405–449 (gekürzte engl. Übers.
                    in: de Jong 1999, Bd. 4, 317–327).

Zink 1962   Zink, N.: Griechische Ausdrucksweisen für warm und kalt im seelischen
                    Bereich (Diss. Mainz), Heidelberg 1962.